T0243194

El país de las mil caras

Mario Vargas Llosa

El país de las mil caras

Escritos sobre el Perú

Obra periodística II

Edición de Carlos Granés

Papel certificado por el Forest Stewardship Council®

MIXTO
Papel | Apoyando la
silvicultura responsable
FSC® C117695
www.fsc.org
FSC

Penguin
Random House
Grupo Editorial

Primera edición: junio de 2024

© 2024, Mario Vargas Llosa
© 2024, Carlos Granés, por el prólogo
© 2024, Penguin Random House Grupo Editorial, S. A. U.
Travessera de Gràcia, 47-49. 08021 Barcelona

Printed in Spain – Impreso en España

ISBN: 978-84-204-6040-6
Depósito legal: B-7920-2024

Compuesto en MT Color & Diseño, S. L.
Impreso en Unigraf, S. L., Móstoles (Madrid)

A L 6 0 4 0 6

Índice

4. EL PERÚ POLÍTICO II: LAS DICTADURAS DE LOS GENERALES JUAN VELASCO ALVARADO Y FRANCISCO MORALES BERMÚDEZ (1968-1980)

5. EL LEGADO PREHISPÁNICO

9. En campaña

10. El Perú político IV: El fujimorato (1990-2000)

11. Tensiones culturales y conflictos sociales

15. Escritos autobiográficos

El Perú de Vargas Llosa
Prólogo

Éste es el Perú de Mario Vargas Llosa, el que recorrió, vivió y vio evolucionar social, cultural y políticamente. El país en el que se inspiró para escribir sus novelas, el que incubó sus demonios literarios y el que despertó su inconformismo y su curiosidad intelectual. Éste es el Perú en el que proyectó sus ilusiones y con el que se enfrascó en más de una escaramuza; la sociedad que quiso transformar desde la acción política y que finalmente ayudó a moldear desde el debate público. Si como novelista Vargas Llosa logró fijar una imagen del Perú que hoy es mundialmente reconocida —una imagen ficticia, mítica, que sin embargo resume de manera fiel los conflictos, dilemas, frustraciones y anhelos de la vida peruana—, como intelectual logró contagiar a la sociedad con sus preocupaciones, ideas, gustos y valores. No es exagerado decir que la conversación pública en el Perú actual es la que es, en gran medida, porque a lo largo del último medio siglo Vargas Llosa publicó determinados artículos y determinados ensayos, y porque con ellos logró abrir debates económicos, morales, ideológicos y estéticos de enorme impacto en los distintos ámbitos de la vida peruana.

En definitiva, es imposible analizar la obra de Vargas Llosa sin hablar del Perú y es imposible analizar al Perú de los últimos cincuenta o sesenta años sin hablar de Vargas Llosa. Esta exhaustiva selección de crónicas, ensayos, columnas de opinión, conferencias e intervenciones, todos ellos publicados entre 1958 y 2023, da testimonio de esa intensa y apasionada relación. Son la prueba humeante del esfuerzo intelectual del autor por hacer inteligible un país de enorme complejidad, dividido en zonas geográficas muy distintas —selva, sierra y costa— y en permanente tensión debido a las diversas culturas y temporalidades —el pasado prehispánico, el legado colonial y la modernidad— que conviven en su territorio. Las distintas secciones que componen este volumen intentan acotar las inquietudes que el Perú ha despertado en Vargas Llosa. La primera reúne sus crónicas de viaje, esas piezas que empezó a escribir en 1958 y en las que destella el asombro que le produjeron, y le siguen produciendo, las realidades secretas que encierra su propio país, y la última recoge escritos autobiográficos que refrendan el vínculo entre su experiencia vital y el país donde nació y creció. Entre estas dos secciones aparecen las grandes pasiones del escritor: la literatura, el arte, el legado prehispánico, la cultura popular y, cómo no, inevitable, la historia política del país, incluidas la investigación sobre la masacre de Uchuraccay y su propio paso por la campaña presidencial de 1990.

La prehistoria de Vargas Llosa como periodista se remonta a 1952, cuando con apenas quince años entró a la redacción de *La Crónica*, en Lima, y luego a la de *La Industria* de Piura, donde escribió sus primeras notas sobre literatura peruana. Seis años más tarde estaba a punto de terminar su carrera de Letras, participaba activamente en la vida cultural limeña y escribía los cuentos y ensayos que inauguraban su carrera como escritor. A la vuelta de la esquina lo aguardaban *La ciudad y los perros*, el Boom latinoamericano y el movimiento cultural que surgió después de la Revolución cubana, logros cosechados en los sesenta que sin embargo debían mucho a las disputas estéticas que Vargas Llosa había dado como miembro precoz de la generación de los cincuenta. A lo largo de esa década, tanto en el Perú como en el resto de América Latina irrumpían nuevas vanguardias que revaluaban los criterios e ideales artísticos surgidos en los años veinte. Gracias a una nueva generación liderada por pintores como Fernando de Szyszlo, arquitectos como Luis Miró Quesada y escritores como Sebastián Salazar Bondy, Luis Loayza o Carlos Germán Belli, la cultura peruana empezó a renovarse. El indigenismo artístico de José Sabogal y el realismo social que practicaban los poetas vinculados al APRA, movimientos umbilicalmente dependientes de la realidad y de propósitos moralizantes e ideológicos, fueron duramente criticados. Vargas Llosa y sus compañeros de generación rompieron con estas corrientes estéticas e introdujeron en el Perú la preocupación por la forma artística. El tema autóctono y el compromiso social, que tanta importancia habían tenido en la primera vanguardia peruana, pasaron a un segundo plano. Ahora la prioridad no era la originalidad o la relevancia social del tema, sino el tratamiento formal que se le daba. Al creador le correspondía inventar mundos nuevos, autónomos, que desmintieran la realidad y no que la reflejaran. La novela y la pintura podían inspirarse en la experiencia raigal y en lo autóctono, incluso en el legado prehispánico, pero no para registrar ni radiografiar un mundo preexistente, sino para añadirle algo que antes no existía.

Aquella forma de pensar, revolucionaria en los cincuenta, abría campo a los delirios del surrealismo en la poesía, a la abstracción en la pintura, al funcionalismo en el diseño arquitectónico y al modernismo en la narrativa. Más importante aún: emancipaba al artista. El pintor o el novelista ya no tendría que servir a la realidad denunciando sus males, sino que podría servirse de ella para edificar obras de arte cuya virtud no podría señalarse en función de su cercanía o lejanía con el contexto social, menos aún por el grado de compromiso revolucionario que expresara el autor. Sólo por su poder de persuasión. Éste fue el credo estético que Vargas Llosa forjó en el Perú de los cincuenta; ésas fueron las ideas que lo sedujeron, lo convencieron y le dieron la clave para convertir sus experiencias personales —sus viajes por la selva y por los Andes, sus años en el colegio Leoncio Prado, en Piura y en la Universidad de San Marcos— en complejas elaboraciones ficticias. La ruptura estética había desempolvado los versos y las narraciones de moralina e ideología, había liberado al arte de todas sus obligaciones y había despertado el interés por esos juegos con los puntos de vista del narrador, con el tiempo y con el espacio en los que Vargas Llosa adquiriría pericia hasta convertirse en un maestro consumado.

En las notas y ensayos que escribió —aquí recuperados— sobre César Moro o Carlos Germán Belli, poetas que se rebelaron contra el compromiso y el realismo social, asoman sus propias ideas. De Moro había asimilado la máxima surrealista por excelencia: la libertad creativa. El poeta peruano había sido uno de los primeros artistas, junto con los mexicanos de la revista *Contemporáneos*, en desafiar la poderosa influencia que habían proyectado el indigenismo y el muralismo sobre el continente. Con virulencia surrealista, Moro desmitificó el indigenismo y defendió la individualidad creadora, la fragua ardiente de visiones personales, de sueños y pesadillas, de donde surgían imágenes que no describían el mundo como es, sino como podría ser. Detrás de Moro siguió

Emilio Adolfo Westphalen, y en esa misma línea aparecieron Szyszlo, Miró Quesada, el mismo Belli, Jorge Eduardo Eielson y Blanca Varela, y eso explica que sobre todos ellos hubiera escrito Vargas Llosa. Fueron sus amigos, pero sobre todo fue la generación que defendió las ideas que modernizaron la cultura y la política peruanas.

La realidad política del Perú también fue una desafiante escuela que convirtió a Vargas Llosa en un amante radical y enfurecido de la libertad. Para entender la razón basta con pasar revista al listado de dictadores que rigieron los destinos nacionales a lo largo del siglo xx. Entre el año 1936 en que nació Vargas Llosa y el imprevisible presente de inestabilidad y polarización política al que asistimos hoy, el Perú padeció ocho gobiernos autoritarios. En total, casi cuatro décadas de mandatos verticales, unos de derecha y otros de izquierda, unos militares y otros civiles, todos ellos lesivos para las libertades individuales y para el adecuado funcionamiento de las instituciones liberales. Ése ha sido uno de los peores vicios políticos del Perú: su tentación autoritaria, la vacua idea de que la mano dura soluciona los problemas, y que el efecto viril de un caudillo autoritario impone el orden y estimula el desarrollo. De ser cierta esa idea, Perú en particular y América Latina en general estarían a la vanguardia del mundo, porque si algo ha abundado en estos países en la misma proporción en que ha escaseado la democracia, ha sido el despotismo y el militarismo.

Fue bajo el ochenio de Odría, mientras estudiaba en la Universidad de San Marcos, que Vargas Llosa tuvo sus primeros acercamientos a la política. Hartos de las dictaduras militares de derecha, tanto él como sus amigos de generación —Salazar Bondy, Oquendo, Loayza— creyeron que el camino a la libertad pasaba por la revolución socialista. Los primeros escritos políticos de Vargas Llosa referidos al Perú expresan esa creencia; algunos, incluso, tratan sobre amigos muy cercanos que dejaron sus respectivas vocaciones —en el caso de Javier Heraud la poesía— para tomar las armas y morir en la intentona revolucionaria. Fue el efecto de la Revolución cubana, la sorprendente gesta de Fidel Castro que inoculó en toda una generación la fantasía de que América Latina había encontrado su propio camino a la modernidad social y cultural, y de que bastaban unos cuantos focos guerrilleros para transformar

16

de arriba abajo el continente. El fervor fue tan intenso como la decepción. Una década más tarde la revolución antiimperialista ya no podía ocultar una imprevista deriva, que la alejaba del americanismo de Martí y la acercaba a la dictadura comunista.

La frustración con Cuba tuvo una réplica en suelo peruano. En 1968 el general Juan Velasco Alvarado había dado un golpe de Estado, y un año después había sorprendido a la izquierda peruana imponiendo la reforma agraria más audaz del continente. Vargas Llosa valoró favorablemente las medidas radicales del militar socialista, pero a partir de 1974 su entusiasmo se transformó en desconfianza. Una carta dirigida al general Velasco Alvarado y una serie de artículos en los que denunciaba sin reparos, con rabia incluso, el hecho de que en el Perú se estuviera repitiendo la misma historia que en Cuba señalaban el distanciamiento del escritor con el Gobierno. Esta vez no se trataba de la penosa autoinculpación de un poeta que se había burlado de Castro, lo que se conoció como el «caso Padilla», sino de la censura de la revista *Caretas* y de la persecución de periodistas como Enrique Zileri. Sin importar que fuera de derecha o de izquierda, socialista o capitalista, bienintencionada o despótica, todas las dictaduras acababan repitiendo los mismos vicios, empezando por reprimir la voz crítica del periodista o del escritor. Vargas Llosa ya lo había padecido con Odría, el derechista, y ahora volvía a ver lo mismo con Castro y con Velasco Alvarado, los izquierdistas. La conclusión era evidente: el problema no era la inclinación ideológica del Gobierno; el problema era la ausencia de instituciones que garantizaran ciertos derechos fundamentales.

Durante buena parte del siglo xx la democracia no fue muy popular en el Perú ni en el resto de América Latina, mucho menos entre los intelectuales. Ésa ha sido una de las tragedias latinoamericanas, que sus voces más conspicuas y elocuentes hayan defendido nacionalismos populares o nacionalismos jerárquicos, revoluciones marxistas o revoluciones fascistas, populismos de izquierda o populismos de derecha, pero desde luego no la democracia. En los años veinte y treinta, porque la democracia parecía muy poca cosa, un resuello burocrático lento y parsimonioso, para colmo importado de la América sajona, incapaz de amoldarse a la turbulencia y al dinamismo del siglo xx. Luego, en los sesenta y setenta, porque se asoció con la burguesía y con el capitalismo, cuando no con los oligarcas vendepatrias vinculados a los intereses económicos imperialistas. Ni siquiera el APRA, a pesar de su renuncia a la vía revolucionaria, demostró tener un compromiso serio con la democracia. Fue la encrucijada peruana: si la derecha de Augusto Leguía, de Sánchez Cerro, de Benavides o de Odría era una amenaza para la libertad, su contraparte izquierdista —el APRA, los militares socialistas o las corrientes indigenistas y comunistas inspiradas en José Carlos Mariátegui— tampoco ofrecía garantías democráticas. El liberalismo no existía. Había sido desterrado del suelo latinoamericano en 1900, y ahora, setenta y cinco años más tarde, Vargas Llosa empezaba a reconsiderar sus postulados y a defenderlos en la vida pública peruana.

Lo que estaba a punto de hacer en el campo político era tan radical como lo que su generación ya había hecho en el campo de la cultura: defender un sistema que garantizara la libertad de expresión, que conectara al Perú con el resto del mundo y que modernizara las instituciones de gobierno. Lo más parecido a este proyecto fue la presidencia de Fernando Belaúnde Terry de 1980, un pequeño oasis democrático en medio de largos años autoritarios. Vargas Llosa apoyó ese regreso de la democracia, sin imaginar que esta vez la extraña criatura llegaría acompañada de una nueva amenaza, invisible y difícil de comprender, que con el tiempo tomaría la siniestra forma de un grupo terrorista: Sendero Luminoso.

Inspirada en delirantes nociones maoístas pasadas por el psicopático filtro de Abimael Guzmán, los senderistas usaron el terror para limpiar el mundo de cuanto se interpusiera entre ellos y su proyecto redentor. Las víctimas fueron, en su mayoría, los habitantes de la sierra, muchos de ellos forzados a adherirse a una lucha incomprensible bajo la amenaza del asesinato. El tumor que había sembrado Sendero Luminoso hizo metástasis cuando llegó el Ejército. En su desquiciado afán de acabar con el terrorismo, los militares involucraron a la población civil. Con muertos cayendo por las balas de uno y otro bando —en total serían 69.280—, un acontecimiento sacudió la opinión nacional e internacional. Ocho periodistas, que habían viajado a las zonas altas de los Andes ayacuchanos a cubrir las masacres de Sendero Luminoso, fueron confundidos con terroristas y asesinados por los comuneros de la sierra. La «matanza de Uchuraccay», como se la llamó, forzó al presidente Belaúnde Terry a nombrar una comisión de expertos que investigara lo ocurrido, al frente de la cual puso a Vargas Llosa. Aquella experiencia le permitió al escritor palpar muy de cerca la realidad de los Andes y el fanatismo feroz de Sendero Luminoso. El Informe de Uchuraccay que escribió al terminar la pesquisa, además de algunas controversias e intervenciones a las que dio lugar, se recoge en este volumen, y no sólo por su relevancia histórica. El texto es mucho más que un simple recuento de sucesos que condujeron a la tragedia, también es una crónica, un estudio de la realidad de los Andes y un nuevo insumo para la imaginación del novelista. Si del viaje a la selva que realizó en 1958 —la febril crónica que abre estas páginas— Vargas Llosa logró recabar material para cuatro historias, de esta incursión en los Andes extraería insumos para otras tres novelas.

Estamos ya en 1983 y Vargas Llosa, además de ser una figura clave de las letras latinoamericanas, es un intelectual público con una visibilidad cada vez más notoria. Los artículos que ha publicado en diversos medios defendiendo la libertad de expresión y denunciando los excesos de las dictaduras lo han convertido en un enemigo declarado del autoritarismo y del despotismo. Al mismo tiempo, sus declaraciones en contra de Sendero Luminoso y su rechazo de la revolución y de los métodos violentos como medio para llegar al poder le han dado credenciales liberales. Había asumido un compromiso público con todos los asuntos peruanos, desde sus procesos culturales a sus desvaríos políticos, pero hasta ese momento se había limitado a plasmar sus opiniones en artículos, ensayos y conferencias como los aquí seleccionados. Era difícil imaginar que estaba a punto de poner entre paréntesis su vida como escritor para bajar al fango y medirse en la acción política.

La historia es bien conocida: en 1987 el presidente Alan García intentó remediar el desastroso manejo que venía haciendo de la economía huyendo hacia delante. Anunció que nacionalizaría la banca, las compañías de seguros y las financieras, medidas que no estaban en su programa de gobierno y que más parecían un recurso desesperado para retomar el control de un país que se desmoronaba entre las bombas senderistas y una hiperinflación que ya sobrepasaba el mil por ciento. Después de redactar un manifiesto —aquí rescatado—, Vargas Llosa y algunos de sus amigos se movilizaron para revertir la que vieron como una «amenaza totalitaria». El éxito de sus protestas, que frenaron el impulso estatista del presidente, incubó la esperanza de convertir aquel movimiento cívico en un partido político capaz de disputar las elecciones de 1990. De un momento a otro, sin haberlo planeado y sin haber calibrado los infernales juegos y azares de la política, Vargas Llosa entró en campaña.

El resultado, lo sabemos, le fue adverso, pero como no hay mal que por bien no venga, la derrota en las urnas lo devolvió a la literatura y, de paso, a la carrera por el Premio Nobel. Mientras tanto, el Perú quedaba en manos de un nuevo aprendiz de dictador, Alberto Fujimori. El *outsider* que incurrió en estrategias populistas para vencer al escritor gobernó durante dos años ateniéndose a las reglas del juego, hasta que el 5 de abril de 1992 sorprendió al Perú con un autogolpe que lo perpetuó en el poder durante toda la década. Vargas Llosa rompió entonces la promesa que había hecho de no opinar sobre su acción de gobierno, y se convirtió en el crítico más certero y feroz del fujimorismo.

A lo largo de las últimas dos décadas, luego de que se destapara la podredumbre del fujimorato y el dictador acabara entre rejas, una de las prioridades de Vargas Llosa ha sido recordar los crímenes que cometieron Fujimori y Vladimiro Montesinos. No ha dejado de señalar la pústula de corrupción que sembró en la sociedad peruana, ni la perversa mentalidad que instauró entre sus élites. Los artículos de opinión más decisivos que ha escrito Vagas Llosa en los últimos años, por eso mismo, han sido los que advertían sobre las consecuencias nefastas que tendría el regreso del fujimorismo al poder, ahora encarnado en su hija Keiko Fujimori. Por eso sorprendió tanto que, en las últimas elecciones, ante una disyuntiva imposible, capaz incluso de abrumar a un país habituado a elegir cada cinco años el «mal menor», el escritor hubiera optado por apoyar a Keiko Fujimori.

El caos institucional en el que había quedado el Perú tras la destitución de Pedro Pablo Kuczynski, agravado por la pandemia de Covid 19, se reflejó en la campaña de 2021, en la que participaron más de veinte candidaturas, muchas de ellas animadas por antiguallas ideológicas, desde una derecha beata de cilicio y teorías de la conspiración a una izquierda leninista y mariateguista, empeñada en hacer funcionar en el Perú lo que ya había fallado en Cuba y en los países socialistas. La fragmentación del voto convirtió el proceso electoral en una tómbola que dejó al país una situación inédita. Si entre 2000 y 2016 los peruanos habían tenido que elegir entre opciones que entrañaban cierto riesgo para la democracia, una más que la otra, en junio de 2021 tuvieron que enfrentarse a una situación imposible. Las opciones fueron Keiko Fujimori, la hija del dictador que Vargas Llosa criticó sin tregua desde 1992, y Pedro Castillo, un maestro rural afiliado a Perú Libre, un partido controlado por un neurocirujano educado en Cuba y abiertamente defensor de un sistema comunista.

Las opciones eran ésas: el regreso del fujimorismo que había corrompido hasta el tuétano de la sociedad, o la posibilidad de que, tras la aprobación de una Constituyente, el Perú se uniera al bloque de países prohijados por Cuba y el desnortado rumbo de Nicaragua o Venezuela. Vargas Llosa entendió el dilema imposible, ya no como la elección de dos candidatos sino de dos sistemas: el giro al imprevisible populismo de izquierdas de Castillo, con la conmoción económica y democrática que podría tener, o la continuidad de un modelo y la esperanza de que Keiko Fujimori hiciera honor a sus promesas de campaña y no pervirtiera, como hizo su padre, las instituciones desde dentro. Así de grave era la situación; así de dramático era el escenario. Esta vez, a diferencia de lo que había ocurrido en las últimas tres elecciones, los peruanos votaron mayoritariamente por un candidato distinto al reivindicado por Vargas Llosa. Luego vendrían el fallido autogolpe de Castillo, el ascenso de Dina Boluarte y un nuevo período de corrupción y decadencia democrática.

Pero el Perú, afortunadamente, no se agota en la política, y eso también queda patente en los artículos de este volumen. Los debates sociales y los conflictos culturales relacionados con los procesos de modernización, la integración de Perú a Occidente, la globalización, la liberalización de las costumbres, la maldición del nacionalismo y las tensiones fronterizas con Ecuador también han pasado por su escrutinio. Varios de sus artículos han versado sobre un aspecto de la vida peruana que siempre ha interesado a Vargas Llosa y que emerge constantemente en sus novelas: la cultura popular y sus expresiones musicales, folclóricas, gastronómicas y lingüísticas. Como se ve, la relación de Vargas Llosa con el Perú ha sido intensa, íntima, a veces casi suicida. A lo largo de su vida ha recorrido el país, lo ha estudiado, lo ha reinventado con la imaginación, lo ha encaminado con sus juicios y valores. En pocas palabras: lo ha vivido, lo ha sufrido, lo ha gozado. Fuego para la imaginación, desafío intelectual, permanente dolor de cabeza político y fuente infinita de satisfacciones estéticas y culturales, aquí está, éste es el Perú de Mario Vargas Llosa.

CARLOS GRANÉS
Madrid, abril de 2024

1. Crónicas del Perú

Crónica de un viaje a la selva

En el mes de agosto pasado estuvo en el Perú el antropólogo mexicano Juan Comas. Con este motivo, el Instituto Lingüístico de Verano organizó una expedición relámpago a los centros indígenas del Alto Marañón y del río Morona. Acompañaron al ilustre visitante y a su esposa, en esta expedición, generosamente invitados por el instituto, los doctores José Matos Mar y Efraín Morote Best, de las universidades de San Marcos y del Cusco, respectivamente; José Flores Aráoz, director de Cultura Peruana, *y el autor de esta crónica.*

La aventura comenzó en la madrugada. En el *hall* de la Córpac, Guillermo Townsend, director del instituto, nos despidió advirtiéndonos que sería mejor acercarse a la selva sin ideas preconcebidas. Su observación resultó acertada pero ineficaz: la realidad se mostraría ante nosotros demasiado tajante y definitiva para que intentáramos compararla con la idea que llevábamos sobre ella. Desde el viaje a Pucallpa en avión, comenzó un espectáculo majestuoso que en lo sucesivo habría de crecer en colorido y enormidad. Detrás de las bombillas de oxígeno, que nos pusieron para soportar la altura, vimos admirados los picos más altos de la cordillera: el Huascarán, emergiendo de las nubes como una divinidad blanca rodeada de espuma y, más allá, el Huandoy, más frágil y esbelto, y en torno a ellos, hasta perderse de vista, el lomo de los Andes, inconmovible, erizado de gigantescas agujas de rocas sobre abismos azules, solitario, trágico. Más tarde el avión comenzó a descender y la cordillera a teñirse de verde: al principio, unas manchas dispersas; luego, más espesas y nítidas, y pronto estuvimos sobre una alfombra de árboles que ocultaba todo vestigio de tierra. «Desde aquí parecen muy pequeños —dijo, en un momento, uno de los viajeros—. Pero cuando se está allá abajo, no se ve el sol. Esos árboles alcanzan a veces cien metros de altura».

En Pucallpa nos esperaba el calor, Gerardo Elder, jefe del instituto en Yarinacocha, y un aeropuerto en ruinas. Es lamentable que esta ciudad próspera disponga de una pista de aterrizaje en tal estado de abandono. Una semana después de nuestra llegada, los diarios informarían de un accidente ocurrido allí. No es extraño. Sorprende, más bien, que en esa pista de tierra, desnivelada, con baches y hierbas, no ocurran con más frecuencia accidentes semejantes. Antes de partir hacia Yarinacocha —base de operaciones del Instituto Lingüístico— estuvimos un buen rato en Pucallpa. Allí, Efraín Morote Best debía adquirir machetes y telas para llevarlos a la tribu de los shapras, con el fin de que Tariri, el curaca shapra, enviara esos objetos a los shapras de Shutka —enemigos tradicionales de su pueblo—, por intermedio de un prisionero, al que podría en libertad como muestra de su propósito de reconciliación y de paz.

Pucallpa es una población económicamente importante y en pleno desarrollo. Sin embargo, muestra gran pobreza: sus calles son irregulares y de tierra; sus construcciones, rústicas, y la vegetación la rodea como una coraza. Minutos después de abandonar Pucallpa en un *jeep* del instituto, Gerardo Elder nos señaló un árbol extraño, a la orilla de la trocha: un árbol inmenso, de tronco limpio, cuya base aparece cubierta de pliegues en forma de aletas. Morote Best nos explicó: aquel árbol se llama *lupuna* y los indígenas le temen. Evitan pasar junto a él en las noches, porque en su interior viven los duendes malignos.

La base del instituto se extiende a las orillas del lago de Yarinacocha, o lago de las Palmeras, a una media hora de camino de Pucallpa. Entre la base y la ciudad, en un claro, se halla el pueblo de Nuevo Callao, de cabañas uniformadas de blanco y azul. La base está dividida en dos sectores: el primero, comprende los bungalows de los lingüistas, el hangar, una pequeña clínica y la estación de radio; el otro, las cabañas donde se dictan los cursos de capacitación a los naturales que vienen desde el interior de la selva y las cabañas donde los alojan. Los asistentes al curso de verano regresan después de tres meses a su lugar de origen, armados de vocabularios, gramáticas, lápices, cuadernos y una bandera peruana. Sería difícil describir la sorpresa que produce encontrar en las tribus selváticas más remotas una bandera flameando sobre hombres que

26

ignoran nuestro idioma, nuestras ciudades y nuestras costumbres, y que sólo ahora comienzan a tener una noción del Perú.

LA PRIMERA REVELACIÓN: UN NEGOCIO EN TRES TIEMPOS

Todo el resto del día visitamos la base. Vimos allí una gran sobriedad: los lingüistas habitan en cabañas cómodas, pero modestas, visten con visible sencillez y no fuman ni beben. Los indígenas selváticos han entrado en contacto con la civilización a través de ellos, no han tenido oportunidad, por esto, de aprender ciertos vicios que son consustanciales a Occidente: en los pueblos aguarunas y shapra en que estuvimos, por ejemplo, ningún indio había aprendido a fumar.

Además de visitar la base, procuramos documentarnos sobre las tribus que íbamos a recorrer en los días siguientes. Interrogamos a lingüistas, indígenas, residentes en Yarinacocha y a otros visitantes, más conocedores de la selva. De este modo nos enteramos de muchas cosas, algunas de las cuales constataríamos más tarde. Una de ellas, referente al sistema económico impuesto a los selvícolas por los «patrones» o comerciantes de la Amazonía. Las tribus vinculadas a la «civilización» viven, sobre todo, del caucho, que venden a los «patrones», los que, a su vez, lo venden a los centros industriales o al Banco de Fomento Agropecuario. El «patrón» compra el kilogramo de caucho a un precio que oscila entre 1,20 y 5 soles. El mismo día, vende ese caucho en Contamana, a un precio tres y cuatro veces mayor. Pero ése es sólo uno de los tres filones del negocio. La mayoría de los indígenas proveedores de caucho no sabe leer, ni escribir, ni contar. Así, al pasar el caucho es el patrón quien determina el peso que marca la balanza, el que, naturalmente, resulta siempre inferior al peso real. Pero hay más: la transferencia entre patrón e indígena no se hace a base de dinero, sino de especies. El patrón paga en machetes, escopetas, vestidos, cuyo precio fija. De este modo, el selvícola resulta por tres veces consecutivas víctima de un atropello: el precio que le pagan por kilogramo de caucho es tres o cuatro veces inferior al verdadero; al pesar el caucho, es nuevamente engañado, porque el patrón señala el peso de su mercadería, que él no puede determinar, y, finalmente, para colmo, el selvícola ni siquiera recibe el dinero que le corresponde por esa venta, sino un instrumento, avaluado arbitrariamente. De este sistema resulta que al entregar el caucho el selvícola queda siempre en deuda con el patrón. El machete, la escopeta, los víveres o la ropa que recibe no alcanzan nunca a ser pagados por el caucho que ha obtenido, de modo que debe penetrar una vez más en la maleza, a fin de extraer más caucho, que unos meses después, en una nueva transacción con el intermediario, aumentará su deuda. Este sistema no es nuevo: existe, parece, hace decenas de años y uno se maravilla al constatar cómo esta explotación no sólo no ha quebrado material y espiritualmente al indio de la selva, sino que éste sobrevive y con una voluntad firme de superar su condición.

La labor del Instituto Lingüístico

Ciertos filmes de aventuras, las historietas infantiles y el periodismo sin escrúpulos han difundido una imagen espectacular y malsana de la selva. De acuerdo a ella, se piensa en una región exuberante, sombría, temible, poblada de seres feroces: el jaguar, la pantera, el león, los negros, o, entre nosotros, los chunchos. El héroe es el blanco, explorador o cazador de fieras, que avanza por el bosque desafiando los peligros que acechan a cada paso y aniquilando animales salvajes con soberbio coraje. Dentro de esa imagen perniciosa, el natural de la selva es el enemigo: el reductor de cabezas, el caníbal, el bárbaro que hay que exterminar como a la víbora.

Tanto pensar en esa selva en colores, elaborada en los estudios cinematográficos y en las redacciones de los cómics, hemos olvidado a la verdadera selva, que cubre cerca de la mitad de nuestro territorio y donde una población diseminada y nómade vive en la postración y el abandono. La situación del selvícola peruano es deplorable; parece, sin embargo, que en los últimos años ha mejorado notablemente. Algunos hombres conscientes, desde puestos oficiales o instituciones privadas han comenzado a dar la batalla de la selva: una batalla sin armas, pacífica, grandiosa, ignorada. Es innecesario advertir, por cierto, que la iniciativa individual de hombres como Morote Best, de quien ya hablaremos, o de entidades particulares como el Instituto Lingüístico no bastan para extirpar la cuantiosa injusticia que anida en la Amazonía, y que ello se logrará sólo a través de una acción del Estado vasta, enérgica y radical. Pero aquello constituye un ejemplo y un estímulo, realmente admirable.

El Instituto Lingüístico, asociado a la Universidad de Oklahoma, fue fundado en 1934 por los doctores W. Townsend y J. J. Leggters y funciona en el Perú desde 1945, a raíz de un contrato que firmó con el Gobierno. Tiene su centro de operaciones en Yarinacocha. De allí parten los lingüistas en grupos de dos o tres —una pareja de esposos, dos jóvenes, hombres o mujeres— hacia las tribus, adonde llegan, según ha descrito Morote, en «balsa, en canoa, en avión o a pie, generalmente después de largos y fatigosos viajes a través del bosque lleno de mortíferos insectos y grandes lodazales». Los lingüistas permanecen en la tribu, haciendo vida en común con los indígenas, cerca de ocho meses al año, durante los cuales aprenden el idioma. Conviven con el natural, no turban ni obstaculizan su modo de vida y recogen datos sobre sus costumbres y su lengua, que ordenan y clasifican al regresar a Yarinacocha. Allí, durante el verano, redactan vocabularios y gramáticas de los idiomas indígenas, con los cuales los selvícolas aprenden a leer y escribir en su propia lengua, en las escuelas bilingües del Estado. Las escuelas están a cargo de hombres de la misma tribu, que son llevados a Yarinacocha, donde siguen un curso de capacitación de tres meses. Concluido el verano los lingüistas regresan a la tribu, donde permanecen ocho meses más. Además de su labor científica, los lingüistas curan a los indígenas y les inculcan normas de higiene y de moral. El instituto cuenta en el Perú con ciento setenta y tres miembros, la mitad de los cuales trabaja en las tribus.

Yo he visto a los lingüistas en algunos centros de trabajo, en sitios completamente aislados, casi inaccesibles, rodeados por un paisaje indómito y un clima terriblemente duro para el forastero, confraternizando con los nativos, quienes los tratan de igual a igual, pues no se ha establecido allí esas subordinaciones o tutorías que suelen imponer ciertos «civilizadores», y por ello he rectificado mi opinión que hasta entonces era, equivocadamente, adversa al instituto.

Conviene insistir en este punto, porque para nadie es un misterio que el Instituto Lingüístico se ve constantemente convertido en blanco de ataques. Se dice, por ejemplo, que constituye un peligro porque podría originar una división nacional idiomática el enseñar inglés a los indígenas o un castellano sajonizado. Ocurre que los lingüistas no van a las tribus a enseñar ningún idioma, ni español ni inglés. Van, por el contrario, a aprender el idioma de la tribu. Es en el idioma nativo que ellos confeccionan vocabularios y gramáticas que el Ministerio de Educación revisa y es a través de las escuelas bilingües, a las que el instituto presta ayuda invalorable, que el indígena aprende el castellano de una manera gradual y efectiva.

Pero son, sobre todo, los medios católicos los que impugnan la labor del instituto. Nos aseguran sus voceros que los lingüistas no son tales, sino misioneros protestantes que persiguen capturar espiritualmente a los indígenas de la Amazonía, lo que en el futuro podría significar una división religiosa en un país tradicionalmente católico. Personalmente, no me preocupa esta hipotética amenaza, ni la considero tan temible. Pero creo que, incluso para el punto de vista católico, no existe ese peligro. A pesar de ir prevenido, no he encontrado una sola prueba que indique que el instituto utiliza el pretexto de la investigación científica para realizar una labor de sectarismo religioso. Los indígenas vinculados al instituto con quien conversé, no mostraban la menor señal de haber sido «catequizados» a favor de una facción religiosa. Algunos ejercitaban ciertas normas generales de una moral cristiana, amplias, que encuadrarían dentro de cualquier sistema religioso. No he visto, por otra parte, en los lingüistas ningún signo de animadversión hacia la Iglesia católica o hacia los misioneros de la selva, y sí he visto, en cambio, enviar rápidamente y desde la base de Yarinacocha un hidroavión al monasterio de Santa María de Nieva para transportar hacia un centro urbano a una monja que había sufrido un accidente.

Se dice, finalmente, que el instituto es algo así como una punta de lanza del imperialismo yanqui. Los lingüistas, según me aseguró hace algunos meses un estudiante comunista, son emisarios disimulados del State Department: tratan de localizar las escondidas riquezas de la selva y los puntos geográficos económica y militarmente importantes. Ignoro por completo las vinculaciones que pueda tener el instituto con el Gobierno americano o con los grandes industriales del norte. Pero me parece improbable que exista esa alianza: no resulta verosímil que uno de esos norteamericanos que está sepultado desde hace cinco o seis años en una perdida tribu del corazón de la Amazonía se sostenga allí sólo con el propósito de hallar una veta de uranio. Por otra parte, en Yarinacocha descubrí que el director es autor de una de las más importantes biografías de Lázaro Cárdenas, de quien es, según contó Juan Comas, gran amigo: ¿se concibe a un defensor y amigo personal del hombre que nacionalizó el petróleo mexicano como el jefe de una organización de tanteo imperialista?

Los cargos contra el instituto son, creo, infundados. Su labor debe ser apreciada con la misma simpatía que sus miembros tienen para con los indígenas de la selva, a quienes están ayudando noblemente. En esa excursión por la Amazonía hemos visto las ostentosas manifestaciones de afecto con que los pueblos aguarunas del Alto Marañón recibieron a Jeanne Grover, que fue nuestra compañera en el viaje, que ha pasado cerca de cinco años en aquellas comunidades. La misma simpatía y gratitud era evidente en los indios shapras hacia Loretta Andersen, que hace ocho años que vive con ellos. Este sentimiento que los lingüistas han sabido ganarse les permite conocer íntimamente el pensamiento, las costumbres, la mentalidad de los selvícolas, que han hecho de ellos sus consejeros y confidentes. Ese conocimiento de la estructura material y espiritual de las culturas selvícolas, que se vierte en estudios, servirá de inestimable ayuda cuando se trace un plan nacional a favor de los indios de la Amazonía y se decida, definitivamente, incorporarlos a la nación.

El pueblo de la muerte

El día que llegamos a Yarinacocha, tuvimos, en la noche, una reunión con los lingüistas. Durante dos horas se nos refirió las costumbres y creencias de algunos pueblos indígenas de la selva. Los narradores ilustraron sus relatos hablando los idiomas nativos y revelándonos parte de las innumerables dificultades que implica su labor. El trabajo del lingüista no es sencillo: los obstáculos son constantes e inesperados. Los esposos Snell, que trabajan con los machiguengas, en la región limitada por los ríos Urubamba, Paucartambo y Misagua, relatan, por ejemplo, que los hombres de esa comunidad se han acostumbrado a llamar «el ala» a la hélice del avión anfibio. Los indígenas han observado que la hélice impulsa y eleva al avión; es por lo tanto su elemento más importante, así como las alas en las aves. Por ello designan la hélice con ese nombre, y a las alas hélice. Supimos, también, que ciertas tribus temen profundamente algo en apariencia inofensivo: el estornudo. Si un forastero desprevenido estornuda, los indígenas huyen despavoridos. Ocurre que la gripe es uno de los azotes más crueles para los pueblos amazónicos. El selvícola, mal alimentado, sin defensas, es presa fácil del mal, que lo debilita rápidamente y acaba a veces con su vida. El contagio se propaga pronto por la falta de precauciones higiénicas. Para combatir la fiebre, los enfermos se echan al río. De este modo una epidemia de gripe diezma una comunidad. Se explica, pues, que el estornudo sea temido como el anuncio de un demonio.

La delicada y compleja labor de inculcar al indígena las normas occidentales está revelada en este hecho ocurrido en un pueblo aguaruna: se explicaba a los indígenas la inconveniencia de escupir constantemente. Se les recomendó que no lo hicieran. He aquí que los indígenas, al oír esto, se mostraron enormemente sorprendidos y desconcertados. ¿Qué había ocurrido? Los aguarunas consideran que sólo aquel hombre que escupe mientras habla dice la verdad; quien no lo hace, miente. Al recomendarles que evitaran escupir, sin saberlo, se les estaba recomendando que no dijeran nunca la verdad.

Pero sin duda, la exposición más interesante que escuchamos aquella noche, en la sala de la casa de Guillermo Townsend, entre el persistente rumor de las cigarras y el ladrido lúgubre de un perro invisible, fue la de Betty de Snell, acerca de los machiguengas. En ese pueblo, Wayne Snell trabaja desde 1951 y su esposa desde el año siguiente. El indígena machiguenga vive obsesionado con la muerte. Las enfermedades y las trágicas condiciones de vida que soporta han depositado en él una concepción fatalista de la vida. Sus actos son por ello, siempre, efímeros, instantáneos. El machiguenga no hace nunca planes porque cree que la muerte lo sorprenderá antes de cumplirlos. Incluso el más nimio aspecto de su actividad diaria está rodeado de un sentimiento de eminente catástrofe. La señora Snell cuenta que al alcanzarle unas medicinas a un indígena para que las tomara unas horas más tarde, éste respondió: «Cuando llegue esa hora seguramente habré muerto». La dramática situación del pueblo machiguenga se constata entre sus niños. Morote Best consigna que «la mayoría de los alumnos de las escuelas bilingües machiguengas está constituida por huérfanos». Los maestros de esas escuelas, que son indígenas también, cumplen, por ello, una doble labor: se encargan de la enseñanza y, a la vez, del alimento y del vestido de los niños, en lo que gastan casi todos sus haberes. En sus horas libres, los niños machiguengas, según el informe de Morote Best, se dedican casi exclusivamente a tratar de procurarse alimentos: pescan en el río, que es de «limitadas condiciones ictiológicas, ascienden hacia las quebradas en pos de pequeños cangrejos y camarones, que cogen en cantidades que difícilmente llegan a la decena y, por la noche, duermen calentándose en la lumbre del fogón o al calor de los perros, compartiendo, raras veces, un solo mosquitero entre varios o sin ninguna protección. Todas las mañanas amanecen los más bañados en sangre por las mordeduras de los murciélagos que abundan en la zona».

NEPOTISMO A ORILLAS DEL RÍO MARAÑÓN

El distrito de Barranca pertenece a la provincia de Amazonas, y es un pequeño pueblo, importante porque en él se encuentra una de las guarniciones militares que resguardan la frontera. A ese pequeño pueblo llegamos, al día siguiente de nuestro viaje, después de dos horas de vuelo, en uno de los hidroaviones del instituto, que nunca olvidaremos, por sus tres intentos fallidos al despegar en el lago de Yarinacocha. El avión era seguro, pero estaba cargado con exceso y, además, no había viento. La primera vez que se intentó el despegue fue impresionante: el aparato se deslizaba a toda velocidad sobre la laguna rugiendo ferozmente y alcanzó a levantar la parte delantera de los flotadores. Así avanzó, perpendicularmente, sujeto a la laguna por la cola, unos instantes eternos y terribles, y luego se detuvo. Regresamos al punto de partida. Jimmy Baptista, el piloto, indicó que la cola debía ir sin peso. Todas las maletas y bultos que iban allí fueron sobre nuestras rodillas, pero aun así, el avión se negó a elevarse. Todavía tenía mucho peso la cola. Fue con Morote Best, levantado sobre nosotros, por los brazos de Juan Comas, que se intentó por tercera vez el despegue. El avión se elevó en esta oportunidad, suavemente. En lo sucesivo, en los innumerables vuelos que hizo el aparato, procedimos a echar sobre nosotros toda la carga y Juan Comas levantaba diestramente a Morote Best encima de ella.

En Barranca estuvimos sólo unos momentos, los suficientes para proveer de gasolina al avión y tomar unos refrescos, pero ellos bastaron para que conociéramos, aunque de oídas, un curioso caso de nepotismo local, que ya creíamos inadmisible en el Perú. Un grupo de familiares ha conseguido, en Barranca, ocupar todas las funciones públicas, las que usufructúa como si se tratara de un patrimonio personal. El gobernador del distrito se llama Carlos Valcárcel Peña; su hermano Germán es el juez de paz, el suegro de éste, Julio Wong, el alcalde y la hija del gobernador, la directora del Correo. Así como la familia comparte los cargos públicos y administrativos, comparte un solo local. Si alguien pregunta en Barranca por la oficina de Correos o el juzgado, le señalarán la casa del gobernador. Pero si va allí encontrará, casi siempre, que esa casa está cerrada. Porque, y aquí viene algo sorprendente, ni el gobernador ni el alcalde, ni el juez viven en Barranca. Sus negocios particulares los tienen alejados la mayor parte del año del lugar donde debían ejercer sus cargos y sólo visitan Barranca esporádicamente. Lo más grave del asunto es que este caso de nepotismo podría ser sólo un indicio de lo que ocurre en otros pueblos selváticos, más alejados de los centros urbanos más importantes.

En Chicais, pueblo aguaruna

De Barranca continuamos hacia la región de los aguarunas. Llegamos al pueblo de Chicais, aproximadamente a una hora y media de vuelo, después de divisar, desde el aire, el Pongo de Manseriche, la guarnición de Borja y la Misión de Santa María de Nieva. Varias decenas de hombres, mujeres y niños se acercaron al avión cuando éste acuatizó a orillas del pueblo. Agitaban sus manos febrilmente, en torno de su rostro y sus hombros. Pronto supimos que aquello no era una manifestación de saludo, ni un misterioso gesto ritual, sino una manera de evitar a los zancudos. Éstos abundan tanto que no exagero afirmando que las veinte horas que permanecimos en Chicais tuvimos, cada uno de los viajeros, a millares de ellos rondándonos perversamente.

Los aguarunas, que viven en las márgenes del Alto Marañón, estaban hasta hace algunos años dispersos, llevaban una existencia nómade. Hoy están agrupados en diez pueblos. En casi todos funcionan las escuelas bilingües y muchos niños dominan ya el español. En la noche de ese día, después de la comida, José Matos y Morote Best tuvieron una reunión, a la luz de las linternas, con los maestros indígenas y el alcalde del pueblo. Allí se les informó que no hacía mucho se había celebrado en Chicais un congreso de los alcaldes de los diferentes pueblos aguarunas, donde se trataron los problemas comunes. Entre otros acuerdos, se decidió formar la cooperativa aguaruna. Los indígenas reunirán el caucho y las pieles que consiguen en Chicais y una vez al año llevarán todo lo reunido a Iquitos, para venderlo directamente a los industriales. De este modo, evitarán al intermediario que hace años viene abusando inicuamente del trabajo de los indígenas. Los aguarunas son hombres de acción: nosotros encontramos la cooperativa en marcha. Se había construido como depósito una cabaña amplia, a la orilla del bosque. Allí, junto a algunas bolas de caucho y pieles de tapir, jaguar y caimán, que despedían un olor desagradable, levantamos los mosquiteros esa noche. A pocos pasos de esa cabaña, un sendero minúsculo desciende hacia un remanso del río. Nos precipitamos con tal entusiasmo hacia esa laguna, poco después de llegar, para bañarnos, que Juan Comas, el más decidido del grupo, se hundió en el fango hasta las rodillas y tuvo que permanecer descalzo toda la tarde y la noche, mientras sus zapatos se retorcían y oreaban en la tibia brisa selvática.

El desamparo escolar

Mientras cenábamos aquella noche —una cena admirable, preparada por Jeanne Grover y la señora Comas, a la que se agregó un pescado de nombre extraño que nos regalaron los indígenas—,

35

se acercaron a hablar con Morote dos niños del pueblo, de unos catorce años. Ambos concluyen este año el ciclo de la escuela bilingüe, que dura tres y que equivale, creo, al segundo año de primaria. El Estado ha emprendido una obra valiosa con las escuelas bilingües. Pero en aquellos niños, tímidos y corteses, que nos preguntaban qué harían al año siguiente, se constataba el peligro de que aquella acción emprendida por el Estado vaya a resultar trunca. A través de las escuelas bilingües el Estado, durante tres años, pone a los niños indígenas en disponibilidad para conocer y aceptar la cultura occidental. Pero luego, estos niños, que han roto la limitada estructura cultural nativa y que se hallan preparados para recibir una formación intelectual intensa, se encuentran súbitamente en el desamparo. El Estado los abandona. No se puede exigirles que concurran a la Escuela Fiscal; ésta sólo existe en los distritos, separados de los centros indígenas por varios días de viaje en canoa, y no puede exigirles tampoco que la instrucción, útil pero ínfima, que han recibido baste para integrarlos definitivamente a la cultura. Por el contrario, el niño que ha sido adiestrado por la escuela bilingüe, que ha sido despojado de ciertos hábitos y otras ideas que no llega nunca a conocer, se convierte en un desadaptado. Su situación intermedia, su vacío, lo sume en la confusión y la infelicidad. Esta realidad es tanto más dramática, debido a que hay gente empeñada en impedir la educación del indígena, pues con ella vendrá, irremediablemente, la desaparición del sistema de explotación ominosa implantada por los patrones.

TUSHIA, BARBA AZUL DE LA SELVA

El patrón interesado fundamentalmente en que el abandono, la miseria del indígena, se perpetúen, combate por todos los medios a la escuela bilingüe. Este personaje de la selva utiliza para neutralizar la acción educacional del Estado el engaño y la violencia, como ya veremos. La primera referencia concreta que tuve acerca de algún patrón fue en Chicais. Allí se nos habló de uno de ellos, muy famoso, que parece extraído de una novela macabra. Se llama Tushia —es de origen japonés— y vive en el río Santiago, donde posee una isla. En esa región inaccesible, Tushia reina como un señor feudal. Tiene un harén para su uso, compuesto de numerosas mujeres —once nos dijeron—, la mayoría de las cuales han sido arrebatadas por sus matones a los pueblos aguarunas o huambisa. Una de estas mujeres (una niña de doce años) había huido de la isla y acababa de pasar por Chicais cuando nosotros estuvimos allí.

Una actuación escolar

Al día siguiente, asistimos a una actuación escolar. Chicais tiene cuatro maestros indígenas, encargados de la instrucción de cuarenta niños cada uno. Es director de la escuela, desde hace cinco años, Daniel Dánduchu Pinchíram. Los niños, formados en el claro central del pueblo, entonaron primero el himno a la bandera; luego, desfilaron hacia una especie de anfiteatro, cubierto, situado en una esquina del claro. El número principal fue ejecutado por cuatro parejas de indígenas, que danzaron y cantaron piezas nativas. Los hombres llevaban en la frente una cinta con plumas de papagayo, rojas y amarillas y un collar blanco. Tenían el torso descubierto. Las mujeres, con los cabellos sueltos cayéndoles hasta los talones, al bailar, agitaban unos gruesos cinturones de conchas de caracol y los adornos atados en torno a los brazos y las piernas. Todos estaban descalzos y con el rostro, los brazos y los tobillos pintados con tintura roja y negra.

Los aguarunas cantan sus canciones, de acuerdo a su estado de ánimo, con su propio tono, y simultáneamente. Los que están alegres cantan piezas optimistas a voz en cuello; los que sufren, canciones melancólicas y tristes con voz temblorosa. Pero todos cantan a la vez, de modo que, en conjunto, lo que se escucha es una caótica mezcolanza de sonidos disímiles, una especie de concierto de música concreta.

Historia de una niña aguaruna

Esther Chuwik es una niña de unos diez años. Es alta, frágil, de ojos claros y voz suave. Conversamos con ella después de la actuación escolar. Esta niña, como otras niñas de la selva, fue raptada tres años atrás. Sus raptores la llevaron primero a Chiclayo y luego a Lima, donde se la utilizaba como sirvienta. Efraín Morote Best, cuando era Coordinador del Ministerio de Educación en la selva, llegó un día a Chiclayo y el maestro de la escuela le mostró a una pareja de indios que lloraba. Eran los padres de Esther Chuwik. Morote siguió la pista de los raptores en la capital y consiguió rescatar a la niña y devolverla a su pueblo. Ahora es alumna de la escuela bilingüe de Chicais y su compañero de carpeta es su padre.

El rapto de niños es frecuente en la selva. Sólo en Chicais se han constatado veintinueve raptos. Los patrones, los ingenieros que hacen trabajos de exploración en el interior de la Amazonía, los oficiales de las guarniciones e incluso los misioneros suelen llevarse una niña para dedicarla a las labores domésticas. Algunos se llevan varias para regalarlas a sus amigos. Esto me hubiera parecido, si alguien me lo hubiera contado, demasiado monstruoso para creerlo, si no hubiera conocido a Esther Chuwik y si no hubiera tenido el testimonio directo de algunos indígenas, confirmado por Morote Best, cuya opinión, en este caso, tiene para mí valor definitivo.

UNA LUCHA DESIGUAL Y ADMIRABLE

Vale la pena explicar por qué Morote Best fue nombrado hace dos años Coordinador del Ministerio de Educación en la Selva. Debía controlar y ayudar a las escuelas indígenas del interior. Durante dos años, Morote, abandonando su trabajo en la Universidad del Cusco, recorrió prácticamente toda la Amazonía, en condiciones terriblemente penosas. Acompañado a veces por un indígena y a veces solo, remontó en una canoa los ríos amazónicos, durmiendo en la intemperie, donde lo sorprendiera la noche, en medio del bosque o en las playas, y alimentándose de lo que los indígenas le ofrecían. Morote no se limitó a proveer de materiales de trabajo a los maestros indígenas y a organizar escuelas, sino que estudió cuidadosamente las condiciones de vida de los pueblos selváticos, su sistema de trabajo, sus creencias, sus problemas. Estos datos recogidos por él aparecen en dos informes suyos al Ministerio, donde se consigna, objetivamente, la dramática situación del selvícola peruano y se proponen algunas medidas para aliviarla. Morote tiene concluido, además, un libro sobre su trabajo de dos años en la Amazonía.

La labor de Morote fue más allá aún. Así como en el caso de Esther Chuwik, intervino decididamente a favor de los indígenas cada vez que constató una injusticia o un atropello. Si en los pocos días que duró nuestro viaje vimos tanta injusticia y tanto dolor, es difícil imaginar todo lo que debió ver Morote en dos años. Pero más difícil aún resulta imaginar su lucha en defensa del indígena, que tiene enemigos innumerables y poderosos. Los ministerios de Educación y de Guerra, y las subprefecturas y prefecturas de la Selva fueron prácticamente inundadas, durante esos dos años, con los partes de Morote, denunciando raptos, robos, abuso de autoridad, boicots a las escuelas bilingües, etcétera. Otras veces se enfrentó personalmente con los autores de los atropellos, impidiendo, en la medida de sus fuerzas, que éstos se consumaran. No tiene nada de extraño que fuera amenazado de muerte. Incluso por escrito, Morote ha sido advertido que no debe acercarse a ciertas regiones porque será automáticamente eliminado.

Toda esta historia resulta demasiado espectacular, pero es cierta. Voy a permitirme contar un hecho del que fui testigo. Cuando estábamos en el pueblo aguaruna de Urakusa, llegó un indígena procedente de Santa María de Nieva. El hombre mostró gran sorpresa al ver a Morote. Más tarde supimos la razón. Las autoridades de ese pueblo, donde hace poco se perpetró un acto inquisitorial incalificable, para acentuar su poder y sembrar el temor entre los indígenas, acercan a éstos a un aparato de radio. Las canciones o chillidos de ciertos locutores de las emisoras de Lima suenan a los oídos del indígena, que no sabe español y que nunca ha oído esas canciones, como gemidos y gritos de auxilio. «Ves —les decían a los indígenas—. Ese hombre que está llorando ahí es Morote. Lo están golpeando por haberse metido con nosotros». Al encontrar a Morote en Urakusa el indígena creía hallarse frente a un resucitado.

Los indígenas de la selva han correspondido a la labor de Morote en forma amplia y generosa. Resultó conmovedor para nosotros ver la cordialidad y la alegría con que era recibido en los pueblos indígenas. Acudían a él sonrientes y, de inmediato, comenzaban a darle sus quejas y a referirle sus problemas, con optimismo visible.

Morote, sin embargo, en este viaje, ya no era funcionario del Ministerio. Había renunciado al cargo, porque, parece, su trabajo no recibía el apoyo necesario de algunas autoridades. Cuando escribo estas páginas me entero que el doctor Jorge Basadre ha pedido a Morote que regrese nuevamente a la selva, como Coordinador. Al hacerlo, Basadre ejecuta uno de los actos más importantes de su gestión.

Jum de Urakusa, hombre flagelado

Al mediodía del lunes 18 de agosto abandonamos Chicais, en dirección a Urakusa. El avión no podía despegar desde las orillas del pueblo, porque el río tenía poco fondo, y tuvimos que remontarlo en canoa, durante unos veinte minutos. El maravilloso paisaje de las márgenes, adonde llegaba una vegetación bravía y enmarañada, no fue, por desdicha, suficientemente apreciado durante este viaje en canoa por Flores Aráoz y por mí, navegantes inexpertos, que tuvimos que hacer prodigios de equilibrio para evitar que la movediza embarcación zozobrara. A ratos, yo me serenaba observando los gestos extrañísimos que hacía Flores Aráoz con el balanceo de la canoa, pero el joven aguaruna que remaba parecía divertirse más observando mis propios gestos que los del director de *Cultura Peruana*.

En Urakusa conocimos la historia de Jum, alcalde del pueblo. Ocurrió en marzo de este año. Un cabo de la guarnición de Borja, llamado Roberto Delgado Campos, pidió a sus jefes en esa época licencia para ir a su tierra natal, Bagua. Con siete indígenas de Borja, el cabo emprendió la travesía hacia su pueblo. Cuando en Urakusa se supo que se aproximaba el grupo de los indígenas, como medida de precaución, abandonaron el pueblo y se internaron en el bosque. El cabo y sus hombres pernoctaron en esa comunidad solitaria aquella noche. Partieron al día siguiente. En las alforjas de los acompañantes de Delgado Campos partían, también, provisiones, caucho y otros objetos extraídos del pueblo. Cuando la gente de Urakusa regresó y comprobó que había sido robada, persiguió a los ladrones. Éstos fueron alcanzados días después, mientras dormían en el bosque. El cabo Delgado Campos y tres de sus hombres fueron llevados a Urakusa prisioneros. Al llegar al pueblo, los captores se encontraron con Jum, el alcalde, que acababa de regresar de un viaje de varios días por la selva. Éste, que hasta el momento estaba totalmente al margen de lo ocurrido, ordenó la libertad de Campos e incluso prestó a éste su canoa para que regresara a Bagua.

Unos días más tarde llegaba a Urakusa, procedente de Santa María de Nieva, una expedición, para tomar cuentas al pueblo de lo ocurrido. La formaban once hombres e iba precedida por el gobernador de Nieva, Julio Reátegui. Al llegar al pueblo, Jum se acercó a saludar al gobernador. Éste, como respuesta lo golpeó con su linterna, rompiéndole la cabeza. Junto con Jum, cinco indígenas varones, dos mujeres y varios niños fueron apresados. El resto del pueblo alcanzó a huir. Los seis prisioneros quedaron atados en una cabaña del pueblo, que yo conocí. Allí fueron azotados y golpeados a puntapiés por los soldados que acompañaban al gobernador. Las dos mujeres indígenas capturadas fueron violadas. Una de ellas, la mujer del indígena Tandim, que se encontraba amarrada con Jum y que había sido herida en el rostro, fue ultrajada ocho veces delante de Tandim y de sus hijos.

Aún no ha concluido la historia. Al día siguiente, Jum fue transportado, solo, a Santa María de Nieva. Allí se le colgó en la plaza, desnudo. Recibió azotes hasta perder el conocimiento. Macabramente, se le quemó las axilas con huevos calientes. A la tortura siguió la humillación: fue rapado. Los autores materiales de este acto demoníaco son: el teniente gobernador de Santa María de Nieva, Julio Reátegui; el juez de paz, Arévalo Benzas; el alcalde, Manuel Águila, y el teniente del Batallón de Ingenieros número cinco, Ernesto Bohórquez Rojas. Asistieron como espectadores y cómplices —pues no hicieron nada para impedirlo— la ex maestra del lugar, Alicia de Reátegui, y un misionero jesuita.

Después de tres días de torturas, Jum fue puesto en libertad y regresó a su pueblo. Las autoridades de Lima tienen, hace tiempo, conocimiento de los sucesos. Sin embargo, increíblemente, ninguno de los culpables de Nieva ha sido procesado, ni siquiera separado de su cargo.

El incidente con el cabo Campos no basta para explicar ese torrente de crueldad que cayó sobre Jum. La razón profunda del sadismo de las autoridades de Nieva parece haber sido el propósito de los aguarunas de organizar una cooperativa para escapar a la explotación de los patrones. Las autoridades de Nieva son «patrones» o intermediarios. Lo demás se explica solo.

Métodos de la «civilización»

En Urakusa, pueblo trágico, conocimos también los métodos que utilizan algunas personas bien intencionadas para imponer la civilización. Las escuelas misionales no funcionan en las mismas tribus, sino en los centros misionales, que se hallan relativamente cercanos a las comunidades. La misión que controla el Alto Marañón es la de Santa María de Nieva. Allí hay una escuela católica. Aunque la distancia que la separa de las tribus aguarunas no es grande en kilómetros, el hecho de que el único medio de comunicación sea el río hace que el viaje demore cerca de dos días. Debido a ello la escuela no tiene muchos alumnos. Para subsanar esta escasez los misioneros salen, cada cierto tiempo, en busca de niños indígenas. La recolección de alumnos tiene a veces, según se me informó, caracteres de rapto. El recolector suele hacerse acompañar de soldados para neutralizar cualquier resistencia de los selvícolas a entregar a sus hijos. En Urakusa, algunos meses atrás, Morote Best, por ejemplo, consiguió rescatar a dos niñas separadas por este arbitrario sistema de su pueblo. He visto las fotos tomadas en aquella oportunidad por Morote: sobre una lancha se ve a dos monjas de rostro taciturno, rodeadas de soldados y, a su lado, niñas raptadas.

En Capirona, junto a la laguna de las boas gigantes

A unas dos horas de vuelo de Urakusa, se halla, junto al lago Capirona, el pueblo shapra de Tariri. El lago se une al río Morona por un «caño» delgadísimo, cubierto por los árboles, que al día siguiente nosotros atravesaríamos en canoa. El lago Capirona es muy grande, tranquilo, de espesas aguas verdosas y limitado por una vegetación violenta y uniforme. Como en Chicais, los habitantes del pueblo se acercaron al hidroavión cuando éste acuatizó. Al frente estaba el cacique Tariri, con botas, pantalón kaki, camisa azul y una cinta de colores vivos alrededor de la frente. Habitualmente Tariri va descalzo y con la especie de túnica que usan los indígenas, pero, nos explicaron, cada vez que siente el ruido de un avión que se aproxima, se pone botas y pantalones. Es un homenaje a los forasteros. Tariri acababa de regresar del puesto de policía que ha sido levantado por sus hombres en un punto intermedio entre Capirona y el territorio ocupado por la tribu shapra que comandan los descendientes de Shutka, enemigos de Tariri. El puesto servirá de control a esta enemistad que dura años y que ha originado muchas muertes en ambos pueblos. Tariri tiene, como recuerdo de ella, una herida de bala en el pecho.

A las orillas del lago Capirona estaba, también, Loretta Anderson, que vive en la tribu hace ocho años, con breves intervalos de dos o tres meses, que pasa en Yarinacocha. La señorita Anderson, unos quince días atrás, a la caída de la tarde, se hallaba en una canoa, paseando por el lago. Sorpresivamente sintió un ruido extraño junto a ella. Una boa había emergido su cabeza —«del tamaño de una cabeza de perro»— y parte de su escuálido cuerpo, al lado de la embarcación. Tariri, que se hallaba en la canoa, logró descargar su machete contra el animal, que huyó. De todos modos, Loretta Anderson recibió una mordedura en el brazo, no grave felizmente.

Hablando de boas, esa noche tuvimos una conversación escalofriante. En torno del fogón, escuchamos a Morote y a Tariri hablarnos acerca de la boa de los lagos y los ríos amazónicos, el animal más temido por los indígenas. Parece que la *yacu-mama* alcanza a veces cerca de veinte metros de largo. Una maestra indígena en una región vecina había desaparecido, atacada cuando se hallaba en una canoa por uno de estos animales. La boa no mastica a su presa: se la traga íntegra. Por ello, a veces, se encuentra en el intestino de la boa un lagarto o un caimán pequeño, intactos en apariencia, como si durmieran.

Esa misma noche, la conversación saltó de las boas a los reducidores de cabeza. Tariri es un hombre que no ha aprendido aún a mentir: con franqueza estremecedora, nos refirió, entre grandes escupitajos y en voz enérgica y alegre, que él fue experto «reducidor». Morote le preguntó cuántas cabezas había cortado. Caviló unos instantes. Luego dijo que no podía recordar pero que fueron

43

muchas. Nos explicó, después, que un solo golpe de machete separaba la cabeza del tronco de sus víctimas. La cabeza era depositada en una vasija de agua que se hacía hervir, con un cocimiento de hierbas, durante horas. Cuando se había «ablandado» lo conveniente, se sepultaba entre piedras especiales que servían de prensas. Estas piedras eran renovadas varias veces, hasta que el «objeto» alcanzara las dimensiones que se quería. Las cabezas disminuidas eran colgadas en la puerta de su cabaña, de una liana.

Después de esta tonificante charla, nos fuimos a dormir. Esta vez no tuvimos a nuestra disposición una cabaña. Levantamos los mosquiteros sobre una plataforma descubierta, en el centro del pueblo. Durante la noche, el recuerdo de las boas gigantes y las cabezas diminutas, la presencia de un joven shapra armado de una carabina que vino a observarnos y los misteriosos ruidos de la selva causaron en algunos un inquieto desvelo; la tensión llegó al clímax cuando uno de nosotros confundió los estremecedores ronquidos de José Matos con los rugidos de una fiera próxima a atacar.

EL PERRO PRISIONERO

Tariri tiene en su pueblo dos prisioneros de la tribu de los shapras de Shutka. Ambos fueron sorprendidos por las cercanías de Capirona, y ahora sirven de rehenes. Extrañamente, los hombres se encuentran absolutamente libres de vigilancia. Andan sueltos y conversan con la gente de Tariri. En cambio, el perro de uno de los presos ha sido encarcelado en una jaula levantada en la puerta de la cabaña del cacique. Sus lúgubres aullidos fueron una permanente música de fondo mientras permanecimos en el pueblo.

El pueblo de Capirona está siempre alerta. La antigua enemistad que tiene con los hombres de Shutka motiva que los hombres y mujeres del pueblo de Tariri crean que en cualquier momento se producirá una invasión. A diferencia de los aguarunas, los shapras dan de inmediato la impresión de un pueblo guerrero. Las innumerables luchas en que han intervenido los han hecho así. Nueve hombres de Tariri estaban armados y no abandonaron ni por un momento su escopeta. Sin embargo, se mostraron con nosotros muy cordiales. Los shapras se maquillan y adornan más recargadamente que los aguarunas. Hombres, mujeres y niños tenían el rostro, los brazos y las piernas surcados de líneas rojas, negras y azules; algunos llevaban las orejas atravesadas por unas cañas huecas y con dibujos geométricos en los extremos, trazados muy minuciosamente.

Tres de estos hombres nos llevaron en canoa hasta el río Morona, a través del caño que sale del lago Capirona. Fue la última experiencia importante del viaje, y quizá la más hermosa. El canal que une a la laguna con el río se va adelgazando a medida que penetra en la maleza hasta convertirse en un pequeño conducto cuyas márgenes se pueden tocar desde la canoa, estirando los brazos. Sobre él cae la inmensa, la indescriptible vegetación amazónica: una bóveda verde llena de ruidos misteriosos, mariposas de colores inverosímiles, hormigas del largo de un cigarrillo, troncos atroces, lianas, insectos y una sombra eterna: el sol no es suficientemente poderoso para cruzar esa maraña.

1958

Mi pariente de Arequipa

Pienso en una muchacha: la hija menor de la tatarabuela de mi bisabuela.

Había nacido en una casa de sillar, balcones y puertas con clavos, en la calle Real, por la que entonces corría una acequia que llevaba al río Chilí las basuras de las casas y gentes de Arequipa. Ya hacía tiempo que ese centenar de españoles que volvían de la guerra fundaran la ciudad y ya para entonces habían visto la luz en ella muchos curas, abogados, revueltas y conspiraciones; ya era una ciudad de rectas calles de adoquines, plazas íntimas, casonas gallardas, portales e innumerables iglesias. Ya la llamaban «blanca» por haber sido erigida con sillar, ese fuego de sus tres volcanes que se convierte en una piedra dócil donde están atrapados todos los matices del blanco. Ya era Arequipa, entonces, la ciudad bella, piadosa y revoltosa que sería.

Había crecido entre los mimos de un enjambre de mujeres —la madre, las abuelas, las tías, las vecinas, las esclavas— y su recuerdo más vivo de los años en que apenas sabía hablar era el viaje de la familia, en los veranos, a lomo de mula —la de su madre, la de sus hermanas y la de ella llevaban parasol—, a una finca de Camaná. Había sido una criatura feliz: una cara redonda, unos ojos curiosos flotando entre baberos, blusas y polcos con pompones de lana (que ella se tragó aquella vez de la indigestión y las fiebres y de la sangría que le hicieron las manos diestras de don Juan Gonzalo de Somocurcio y Ureta, galeno, poeta y orador). Había sido una niña traviesa, vivaz: saltaba, gritaba, corría, se escabullía perseguida por Loreta y Dominga, quienes, los días feriados, la llevaban después de misa de once a ver a los cómicos de la plaza de San Juan de Dios.

Ya sabía las oraciones, las reverencias a los mayores y dar órdenes a la gente inferior, pero aún no había aprendido a leer ni escribir cuando un día, después de una fiesta familiar con masitas, suspiros, bizcochos, peditos de monja y chocolate con vainilla, la llevaron donde las madres, a desposarse con el Señor. Diez sirvientes cargaron su ajuar por las calles curiosas: las vecinas la salían a mirar, le hacían adiós, derramaban una lágrima. En la puerta del monasterio de Santa Catalina una nube de domésticas acarreó los arcones hasta la casita construida especialmente para ella, donde, a partir de ese día, moraría siempre.

Con ella se quedaron en Santa Catalina sus dos esclavas Loreta y Dominga, y la hijita de la cocinera María Locumba, la costeña, para que fuera su compañera de juegos durante la primera etapa del noviciado (o sea: mientras seguía niña).

Nunca más salió de Santa Catalina, entre esas gordas paredes pasó los años que le faltaba vivir. Tenía doce el día que entró, murió tres antes de cumplir noventa.

Fue una monjita ejemplar: piadosa, trabajadora, dulce, servicial. Cuando el terremoto, una cornisa del patio de los naranjos cayó sobre ella y le rompió la pierna. Desde entonces, cojeó. Cuando la guerra llenó de heridos la ciudad, y las monjas y sus servidoras pasaron tres días refugiadas en el refectorio y los sótanos, oliendo a pólvora y a una chamusquina de infierno —en el cielo se divisaban las lenguas rojas de los incendios— y oyendo los ayes y los juramentos de las víctimas —algunas venían a tocar las puertas del convento pidiendo socorro o comida—, ella fue la de temple más recio. Alentaba a las ancianas, confortaba a las llorosas y volvía a la razón a las asustadas que chillaban: «Entrarán y nos matarán, ay de nosotras». Fue la que se opuso con más ardor a la sugerencia del obispo de que las religiosas evacuaran el monasterio hasta que terminara la contienda.

Estos dos hechos históricos —el terremoto y la guerra— constituyeron toda su vida civil. Lo demás de esos setenta y cinco años de encierro fue rezar, bordar, oír misa, confesarse, hacer delantales para los pobres y pastitas y niños jesuses para los ricos, y, naturalmente, alimentarse y dormir (ambas cosas muy avaramente). Los primeros diez años en el monasterio recibió visitas de la familia. Una vez cada dos meses, una hora cada vez, hablaba con su madre y sus hermanas detrás de las rejas del locutorio y ellas le daban noticia de las muertes y los nacimientos en la familia, siempre incontables. Pero desde que su madre murió —cuánto lamentó no haber podido acompañarla en su entierro, cuánto rezó para que Dios la tuviera con él— sus hermanas espaciaron las visitas a sólo dos veces por año, luego a una y después no vinieron más. Para entonces ya se había muerto Loreta. Dominga duró bastante más, pero nunca se acostumbró al encierro y los últimos años de su vida los pasó muda. La hijita de María Locumba, pobre infeliz, se escapó cuando andaba por los veinte años. Una madre aseguraba que la había visto saltar el muro de la huerta al anochecer. Otra —pero era un poco turbada del espíritu—, que Satanás se la había llevado por el desagüe de los lavaderos, convertida en rana.

Quedarse sin nadie más que la sirviera no le importó. Como a otras flagelarse o dormir con cilicio por amor a Dios, a ella le gustaba trabajar, usar las manos, hacer fuerza, transpirar. Perder el aliento la eximía de pensar, de imaginar mundanidades, de recordar.

Murió a los catorce días de no poderse incorporar, por unos dolores de cuchillo en el pecho y en el bajo vientre que la despertaron a medianoche rugiendo. La madre superiora hizo que una novicia de manos de alabastro y ojos de carbón la acompañara día y noche, le diera el caldo a la boca y le limpiara la caca. Estuvo lúcida hasta el final y recibió la extremaunción riendo.

El mismo día que murió vino, según la costumbre de Santa Catalina, el pintor a hacer su retrato. Pero no se esmeró, porque el cuerpo ya olía y él, visiblemente, quería acabar cuanto antes. Todavía está ahí su imagen, colgada en la pared de la casita más meridional del monasterio de Santa Catalina, esa ciudad que hay en Arequipa, mi ciudad. Sí, ese esqueleto con hábitos, de ojos ciegos, boca sin labios, indeseable nariz y dedos de agorera, es mi querida pariente, la hija menor de la tatarabuela de mi bisabuela. Vez que visito Santa Catalina, como el cementerio es todavía de clausura, echo flores por encima de la tapia con la ilusión de que caigan cerca de la tierra que alimentaron sus gusanos.

Lima, enero de 1981

El último mangache

Todo el mundo sabe cuándo nació Piura, la primera ciudad española de América del Sur, esa ciudad que Néstor S. Martós, mi viejo profesor de historia del Colegio San Miguel, llamaba la «ciudad volante», pues anduvo mudándose de Tangarará a Paita, de Paita a Pirúa y de Pirúa al Chilcal, su emplazamiento definitivo. Pero ¿qué historiador sabe cuándo nació La Mangachería?

Ocurre que el verdadero asiento de La Mangachería no es la historia sino la leyenda. Las fechas precisas, los datos concretos, los documentos verificables no congenian con la naturaleza escurridiza, con la turbulencia y la alegría viscerales de este barrio que, para mí, es como el alma de Piura. A él se llega y se lo conoce mejor con la fantasía que a través de la investigación científica.

Don Félix Floriano Ramos, por lo pronto, no sabe cuándo nació La Mangachería. Va a cumplir pronto ochenta años y los ha pasado aquí, desde el primero hasta el último. «Estuvo aquí siempre», me asegura. Es una teoría más, la de la eternidad e intemporalidad del barrio, que no tengo por qué discutir. Pero prefiero otra, acaso más fantástica que la anterior: que durante la Colonia, un puñado de negros malgaches cimarrones dieron vida y nombre a La Mangachería. Amurallados en este rincón del arenal, a la vera de la trocha a Sullana, habrían defendido su libertad a sangre y fuego y convertido el lugar en un refugio de fugitivos y escorias que imprimieron al barrio, desde un comienzo, esa personalidad díscola, ruidosa, multicolor, delictuosa y pecaminosa que aún era la suya cuando yo lo conocí, allá por 1945.

Don Félix Floriano Ramos se acuerda muy bien de esa época. «Los mangaches siempre fueron buenos para la trompada o para la guitarra, y a veces para las dos cosas». Él es prueba viviente de este axioma. Tiene los diez dedos de las manos retorcidos como las raíces de un tamarindo y me asegura, con esa formidable aptitud para la patraña de todo mangache que se respete, que se le pusieron así «de tanto tocar la guitarra». Todavía puede hacerlo, con esos garfios carnosos en que terminan sus brazos. Le pido que me lo demuestre e, inmediatamente, toca y canta tres canciones: un vals y dos tonderos.

Su voz tiene estrías y a ratos se pierde, pero luego resucita, siempre entonada. La media docena de cabritas que nos rodean siguen comiendo mientras don Félix canta y, en la calle, un chanchito gruñe con vulgaridad. El chanchito es ajeno pero las cabras son de don Félix. Dice que cada día camina cinco kilómetros por el arenal, llevando su rebaño a alimentarse, o —lo que es más bravo— trayéndole un costal de frutos secos de algarrobo que recoge allá por el rumbo de Castilla. En sus idas y venidas atraviesa dos veces La Mangachería, de principio a fin.

¿Se da cuenta, don Félix, en esos recorridos junto a su escuálido rebaño, que él y sus cabras son ya una excentricidad y casi una provocación en el barrio? Estoy seguro que los mangaches de ahora miran a este vecino sin camisa y sin zapatos, de oscura piel apergaminada, uñas negras y mugriento pantalón, como a un intruso venido desde el fondo del tiempo a recordarles unos ancestros que quisieran borrar de la memoria piurana. Porque La Mangachería se ha adecentado. Sus calles ya no son de arena sino de asfalto y piedra. Las cabañitas de barro y cañabrava han cedido el lugar a casas de ladrillos, cemento y calamina, de uno o dos pisos, y hasta varios edificios se yerguen, prepotentes, sobre los techos del barrio. Y en cuanto a los mangaches, ahora andan todos con zapatos, bien trajeados, ¡y entre automóviles! Los rarísimos «piajenos» (burritos) que todavía transitan por estas calles irreconocibles parecen aturdidos y acomplejados.

La vivienda de don Félix Floriano Ramos, en cambio, es, como él, una reminiscencia de los viejos tiempos: tabiques de cañas, maderas, latas, tierra apisonada y un corralito cercado de alambres, al pie de un frondoso algarrobo. Las cosas han cambiado tanto que para encontrar esta jarra de «clarito» que ahora compartimos ha habido que dar una buena caminata, hasta la única casa que todavía produce chicha en la vecindad. Porque hasta las chicherías mangaches han desaparecido. Le cuento a don Félix cómo me impresionó, en 1945, ese bosque de pendones blancos y rojos que flameaban en las viviendas mangaches, ofreciendo chicha. Entonces, de cada cinco, una era sitio para oír música, comer y beber. El más pobre y popular de los barrios piuranos era también el más alegre. Aquí habían nacido los mejores tocadores de guitarra, cajón, arpa y quijada de la ciudad y aquí venían todos los piuranos, blancos y cholos, pobres y ricos, a rematar sus fiestas y a cortar sus borracheras. Aquí —y no en Morropón ni en Catacaos, como pontifican los expertos— era donde se bailaba con más pimienta y sal el tondero norteño.

Ése era un perfil de La Mangachería: el jaranista. El otro era el violento. Las trompeaderas, los desafíos, las cuchilladas. En la cabeza de don Félix se mezclan ambos, como ocurría en la realidad. Me cuenta algunos episodios memorables, que él vivió, y que yo estoy seguro de haber oído contar de niño. Por ejemplo, la paliza que recibió un subprefecto, al que los mangaches despellejaron rociándolo con agua hirviente, y algunas hazañas de esa pareja de hermanas, apodadas «las Chivillas», «urracas» acérrimas que encabezaban —cuchillo y garrote en mano— todas las manifestaciones y asonadas de la Unión Revolucionaria en la ciudad, en los años treinta y cuarenta.

Porque entonces La Mangachería era «urraca» hasta los tuétanos y hasta el último de los mangaches. Don Félix Floriano Ramos también, por supuesto. Escarbando en un cajón de cachivaches rescata y me muestra, orgulloso, su carnet de la Unión Revolucionaria —año 1933—, con la foto del general Sánchez Cerro y la firma del doctor Luis A. Flores. Yo le cuento que mi abuelo, prefecto de Piura entonces, temblaba cada vez que venían a Piura Luciano Castillo o Haya de la Torre y los socialistas y apristas preparaban mítines para recibirlos. «Ahora saldrán los mangaches en contramanifestación y habrá lío». Siempre salían a dar guerra a los apristas y socialistas y siempre había lío.

¿Por qué seguían siendo «urracos» los mangaches, don Félix, cuando la Unión Revolucionaria ya no existía en ninguna otra parte del Perú y el propio general Sánchez Cerro era cadáver hacía quince años? Sé lo que me va a contestar, pero se lo pregunto porque quiero oírlo: «Porque el general Sánchez Cerro era mangache, pues». Otro mito, firmemente arraigado en este barrio mítico. Pero también en esto el tiempo cambió a La Mangachería. A un grupo de «churres» (niños) que encontré en una esquina y con los que estuve charlando, les pregunté y ninguno de ellos sabía que alguna vez hubo un partido de ese nombre, y Sánchez Cerro era algo que les sonaba lejísimos, como Manco Cápac o Bolívar.

¿Es mejor o peor que antes La Mangachería de ahora, don Félix? Sin vacilar me asegura que es mejor ahora. Tiene razón, por supuesto. Sólo un imbécil negaría una evidencia tan flagrante. ¿Cómo se puede comparar esa extinta barriada polvorienta, de cholos pendencieros, con este próspero barrio impersonal de clase media en el que estamos? Sin embargo, mi querido don Félix, esa Mangachería que desapareció y es ahora fantasma vive aún. Usted la representa y cuando usted desaparezca ella seguirá sobreviviendo, contra toda realidad, en mi memoria y mi nostalgia.

Piura, marzo de 1981

Una visita a Lurigancho

Los presos del pabellón número 2 de la cárcel de Lima me invitaron a la inauguración de una biblioteca, a la que alguien tuvo la idea de bautizar con mi nombre, y decidí asistir, movido, supongo, por la curiosidad de comprobar si eran ciertas las cosas que había oído sobre Lurigancho. Sí, lo son, y tan deprimentes que me cuesta trabajo resumir con objetividad mis recuerdos de esa mañana.

Para llegar a Lurigancho hay que pasar frente a la plaza de toros, atravesar Zárate y después pobres barriadas y, por fin, muladares donde se revuelcan y alimentan los chanchos y donde la pista pierde el asfalto y se llena de agujeros. En la húmeda mañana, entonces, medio borrados por la neblina, aparecen los pabellones de cemento, incoloros como los arenales del contorno. Incluso a esa distancia se advierte que las innumerables ventanitas han perdido todos los vidrios, si alguna vez los tuvieron, y que la animación que se percibe en los cuadraditos simétricos son caras, ojos, atisbando el exterior.

Concebidos para un millar y medio de personas, esos locales albergan ahora cerca de siete mil. ¿Qué instalaciones pueden funcionar con semejante sobrecarga? Ese hacinamiento, que desindividualiza a los reos y los torna una masa constreñida y asfixiada —sin espacio, sin servicios, sin trabajo, sin actividades—, explica buena parte de los problemas de la cárcel y está, con el alcoholismo y la drogadicción, en la raíz de esa violencia que estalla periódicamente en refriegas y crímenes entre los propios reclusos. De mi ya remota experiencia de un internado (que, en comparación con Lurigancho, era, claro está, un paraíso) saqué una certidumbre que hasta hoy ninguna experiencia ha podido corregir: el resultado de cualquier sistema en el que los hombres son tratados como animales es que aquéllos terminan fatalmente por conducirse como tales.

Aunque quizá sea injusto decir que los reos de la cárcel de Lima viven como animales: éstos tienen, por lo común, más espacio para moverse y las perreras, pollerías, palomares, establos y aun chiqueros que recuerdo eran más higiénicos y menos inhumanos que los pabellones de Lurigancho.

No acuso a nadie en particular y menos que a nadie al actual director, a quien, por lo que vi, los reclusos tratan con deferencia, ni a los médicos y otros funcionarios de la administración de la cárcel cuya tarea, penosísima, dificilísima, está lejos de ser envidiable. El mal, obviamente, viene de atrás y de todo un contexto económico y social del que los casos de ineptitud, incuria y corrupción de ciertos funcionarios son apenas un aspecto. Lo evidente, en todo caso, es que la cárcel nunca será saneada mientras la ateste una población cinco veces más numerosa de la que cabe realmente en el establecimiento y que, por lo mismo, ha convertido a éste en algo tan invivible como inmanejable.

Todas las personas con las que hablé me aseguraron que cuando menos una tercera parte de los reclusos que están allí han cumplido ya su condena, hace meses o años, y esperan una libertad que nunca llega. ¿Y por qué no llega? Por la atrofia del Poder Judicial, sobrecargado, también, como el penal de presos, de expedientes, de un papelerío que la burocracia no alcanza a dar curso. Como es natural, son los reos que pueden costearse un abogado, ejercitar alguna influencia o pagar una coima los que primero salen. Los otros languidecen, en la desesperación o la rabia, a la espera del golpe de suerte que venga a liberarlos. ¿Es de extrañar que se acuchillen, a veces, por el pretexto más nimio?

Los pabellones están alineados en dos hileras, los impares adelante, los pares atrás. Estos últimos son de presos reincidentes o autores de delitos mayores, en tanto que ocupan los impares los que cumplen condena por primera vez. Entre los pabellones corre el llamado Jirón de la Unión, un pasadizo al que antes se podía acceder desde aquéllos, pero esas entradas fueron tapiadas porque, al parecer, en ese corredor se producían los choques más sangrientos entre las bandas e individuos rivales del penal. La índole del delito no es el único factor que determina la ubicación del reo; también, el lugar de procedencia, pues se ha comprobado que la convivencia es menos difícil entre los vecinos de un mismo barrio.

En el pabellón número 2 la mayoría de los reclusos viene de El Agustino.

Para llegar hasta allí circundamos los pabellones impares y tuvimos que franquear dos alambradas. Los guardias no entran a este sector (salvo en las emergencias) ni nadie que tenga un arma de fuego; unos celadores con bastones se encargan de la vigilancia. Desde que cruzamos la primera reja, una pequeña multitud nos rodeó, gesticulando. Se dirigían al director, hablaban a la vez, exponían «su caso», protestaban por algo, pedían diligencias. Algunos se expresaban con coherencias y otros no. Más que violentos, se les notaba desasosegados, impacientes, aturdidos. Mientras avanzábamos, teníamos, a nuestra izquierda, la explicación de la sólida hediondez y de las nubes de moscas que nos acosaban: un basural de por lo menos un metro de altura en el que deben haberse ido acumulando los desperdicios de la cárcel a lo largo de meses y años. Un reo semidesnudo dormía a pierna suelta entre la inmundicia. Me indicaron que era uno de los locos del penal, a los que se acostumbra distribuir en los pabellones de menos peligrosidad, los impares.

Separado de los otros, asimétrico, en una esquina del penal, se halla el pabellón de los homosexuales. Está tapiado, como medida de protección, y se ha erigido además un muro en la parte trasera de los pabellones vecinos. Pero esta última barrera es más nominal que efectiva, pues, mientras pasábamos, vimos descolgarse por ella a varios reos para venir al encuentro del director, el que era solicitado, también, a voz en cuello, por las caras aplastadas detrás de los barrotes de aquel pabellón especial. Se ha escrito ya todo sobre lo que significa el mundo carcelario en el dominio sexual: las violaciones, el bestialismo, la vertiginosa degradación a que puede precipitar al ser humano. Y ciertamente que es mucho más difícil pedir un control de sus instintos y formas elevadas de conducta a quienes se tiene viviendo en promiscuidad, en socavones en los que ha desaparecido todo rastro de servicios higiénicos y donde la posesión de un espacio para tenderse a dormir, entre excrementos, bichos y desperdicios, es una lucha cotidiana. Entre los hombres que nos rodearon, hablando en tropel, había dos, borrachos perdidos, que desvariaban. Cuando llegamos al pabellón número 2 habían pasado apenas unos minutos y, sin embargo, tenía la impresión de haber hecho un largo viaje por el infortunio humano.

Una doble fila de reos flanqueaban las gradas desportilladas del local. La biblioteca que íbamos a inaugurar estaba casi a la entrada, en un recinto de techo bajo, oscuro —la luz se hallaba cortada—, frío y húmedo, con unos ventanales altos por los que entraba un canto, el rumor de una disputa, y la pestilencia del muladar. Sentí una extraña sensación al ver escrito mi nombre y pintada mi cara en una pared, sobre el estante, un cajón pintado, en el que se alineaban, pobres y maltratados, como la humanidad apretada en torno a nosotros, el puñado de libros que componían la biblioteca. Juraría que no llegaban a veinte. En otra esquina de la habitación había un botiquín de primeros auxilios, igualmente modesto, y creado también por iniciativa de los presos.

De la ceremonia que siguió conservo, sobre todo, más elocuentes que las palabras de los reos que hablaron, las expresiones de quienes escuchaban: impaciencia o resignación, rabia contenida o una lúgubre indolencia en la que parecía empozarse algo más amenazador todavía que la cólera. En media ceremonia se presentó un recluso del pabellón número 8. Quería hacer una denuncia y traía el discurso aprendido de memoria. Lo recitó con una vehemencia que caldeó la atmósfera. Dos o tres días antes habrían entrado los guardias a su pabellón, disparando a diestra y siniestra, y el resultado serían dos muertos y varios heridos. Exigía una investigación o, caso contrario, él y todos sus compañeros iniciarían una huelga de hambre. Emulado por su ejemplo, otro orador denunció abusos, habló de malos tratos y de los tráficos y corrupción que cometerían ciertos funcionarios. Pero, a la vez, tanto él como los otros oradores exoneraban de sus protestas al director, a quien le reconocían buena voluntad y empeño para mejorar las condiciones de vida en el penal. Cuando éste les habló, felicitándolos por haber creado esta biblioteca y este botiquín, exhortándolos a no emborracharse ni drogarse y a evitar las peleas, el clima volvió a distenderse. El acto pudo acabar, con un vaso de chicha de yuca fermentada, fuertísima, fabricada para la ocasión.

Cuando desandábamos el camino hacia la entrada, a través de alambradas y pabellones, asediados como a la ida por figuras en distinto grado de excitación, y volvíamos a divisar al loco semidesnudo tumbado en el basural, pensé en lo que hubiera debido decirles a los inquilinos del pabellón número 2, cuando me tocó hablar.

Había sido torpe y fuera de lugar referirme a Cervantes, a Dostoievs-ki y a otros escritores que pasaron por la experiencia de la cárcel y sacaron de ella libros que el mundo admira, porque lo que hubiera debido decirles es que, sean cuales fueran los delitos que los han llevado a Lurigancho —y desde luego que no me hago ilusiones al respecto y me imagino muy bien el caudal de latrocinios y violen-cias que representa ese lugar—, ninguna sociedad tiene derecho a tratar a sus reos como bestias y a hacerlos vivir en la abyección y esperar que cuando se reincorporen a la calle sean seres respetuosos de la ley y del prójimo. Hubiera debido, también, decirles que lo que, en verdad, quería agradecerles, no era la ocurrencia de poner mi nombre a su biblioteca, sino haberme permitido, con ese moti-vo, comprobar, una vez más, hasta qué punto es triste y horrible nuestro subdesarrollo y lo insensatos que somos para no darnos cuenta que, a menos de reformarla y humanizarla, esa ignominia que es Lurigancho nos será devuelta con creces en inseguridad y toda clase de crímenes.

Lima, 19 de agosto de 1981

El valle de las maravillas

A las vicuñas habría que verlas siempre como se las ve, a cuatro mil metros de altura, detrás de los volcanes que custodian a Arequipa, en la Reserva Nacional de Aguada Blanca. Los animales en libertad, en su ámbito natural, son más auténticos que detrás de las rejas de los zoológicos, más bellos que inmovilizados en las fotografías. Ágiles, sedosas, delicadas, en la Pampa de Cañahuas las vicuñas parecen desembarazarse de su timidez proverbial. Sus grandes ojos inteligentes observan con altivez al visitante que interrumpe sus paseos o su yantar y sólo se alejan —despacio, con elegancia, sin miedo— si éste les acerca demasiado la cámara. Merodean entre las hierbas en grupos de cinco o seis —un macho y su grácil harén— o, en vastas manadas, se las ve —color de miel— bebiendo en unas lagunitas azules, en amigable compañía con patos salvajes, gaviotas andinas y hasta inesperados flamencos. Son cerca de tres mil y están dichosas. Cuatro volcanes —el Misti, el Chachani, el Pichu Pichu y el Ubinas— forman el lindero occidental de su dominio. El oriental, un abismo vertiginoso en cuyo fondo discurre un río. Sus aguas mojan un rincón del país lleno de maravillas: el valle del Colca.

Los que vivimos sumidos en la fealdad de Lima nos olvidamos a veces de las cosas hermosas del Perú. Una de ellas es este valle del sur, al noroeste de Arequipa, al que se llega después de arañar las cumbres de los Andes y recorrer de punta a punta la meseta de las vicuñas. Toda la historia del hombre peruano está resumida en estos cien kilómetros de paisaje sobrecogedor que, hasta hace apenas ocho años, permanecía incomunicado con el resto del territorio. La irrigación que, a través de decenas de kilómetros de túneles, lleva las aguas del Colca al otro lado de estas montañas, a la pampa de Majes, hizo que se abriera un camino y que ahora se pueda venir en auto a este lugar adonde antes sólo se llegaba en mula o a pie.

Pero el turismo es todavía escaso y el hombre moderno no ha tenido los años necesarios para depredar el valle. Sólo el tiempo lo ha hecho, aunque, por fortuna, moderadamente.

Antes de bajar al valle, entre unas formaciones de arcilla sorprendentes, que, a la distancia, semejan templos tibetanos o castillos de la Edad Media, los más remotos habitantes de estas tierras dejaron huellas de su paso, en las paredes de unas grutas. El clima seco ha conservado las siluetas rojizas de esas figurillas prehistóricas, de miles de años de antigüedad, que el hombre primitivo pintó o grabó aquí, igual que en Europa o en Oceanía, con el trazo rudimentario y casi abstracto del arte infantil. Se distinguen escenas de caza, zorros, aves, astros, llamas: imágenes elementales, sin rasgos ni movimiento, que parecen emerger misteriosamente de las profundidades de la roca, como en la pintura de Dubuffet.

Todo el valle está sembrado de restos arqueológicos collaguas e incas. Estos últimos, aparentemente, sojuzgaron la región sólo por corto tiempo. Una leyenda dice que el Inca Mayta Cápac se prendó de una muchacha del lugar y que se la llevó al Cusco y la desposó. La más impresionante de estas ruinas se halla en un lugar innominado, equidistante de Yanque y Achoma, desde el que se avista un amplio territorio. Los muros, caminos, construcciones escalan la montaña y se propagan a derecha e izquierda en lo que debió de ser una formidable ciudadela. Quienes vivieron aquí, hace siglos, fueron numerosos y desde este nido de águilas controlaban el valle. Las paredes de sus viviendas, adoratorios y depósitos son altas, de piedras bastas, a las que ha protegido del deterioro un enlucido de barro. Mauricio de Romaña, un enamorado de esta región, a la que explora y publicita desde hace años, me asegura que los arqueólogos sólo han comenzado a estudiar estas ruinas en los últimos tiempos y que todavía no están catalogadas ni defendidas por una ley. En todo caso, a juzgar por estas piedras majestuosas, los collaguas alcanzaron un alto grado de civilización y fueron arquitectos tan adelantados como los incas.

Fueron, también, industriosos y prósperos. Buena parte del paisaje, a lo largo del valle, fue creado gracias a su diligencia e imaginación. Ni en el Cusco ni en ninguna otra zona de los Andes he visto unas andenerías que suban y bajen los cerros con semejante desprecio de la ley de gravedad. En algunos puntos es como si la montaña entera, por una suerte de milagro geológico, se hubiera contorsionado y encogido para que las aguas del río y de los delgados arroyos en que deshielan sus cumbres fertilicen todos sus recovecos, de la cabeza a los pies. Poco han cambiado estas gradientes, en las que se suceden todas las tonalidades del verde, en severo contraste con el ocre y el gris de las partes altas de la cordillera y con las crestas blancas de los nevados, desde que los antiguos peruanos las construyeron, afirmándolas con muros que han resistido la embestida de los siglos, hasta ahora, en que el campesino sigue roturando la tierra con la «taclla» (el arado de pie tradicional), sembrando los mismos productos y usando a la llama como bestia de carga. Pero, sin duda, la pobreza de las poblaciones es ahora mayor que la de entonces. Cuando uno contempla estos andenes llega casi a creer lo que aseguran los historiadores: que el antiguo Perú dio de comer a todos sus habitantes, hazaña que no ha sido capaz de repetir ningún régimen posterior.

Los españoles ocuparon el valle en 1540, año en que Gonzalo Pizarro estableció el Corregimiento Collaguas. Pero fue el virrey Toledo quien, al disponer que la dispersa población campesina se concentrara en reducciones, dio a la región el perfil urbano que ha mantenido hasta nuestros días. Catorce pueblos surgieron a consecuencia de las ordenanzas. Están allí, poco menos que intactos, aunque algunas horribles calaminas han reemplazado los techos de paja ancestrales en las viviendas de las familias más prósperas (aunque hablar de prosperidad, aquí, resulta siempre un poco obsceno).

El aislamiento casi total en que estos catorce pueblos vivieron desde la Colonia hasta que comenzaron los trabajos de la irrigación de Majes les ha preservado la apariencia original. Allí están su plaza mayor, sus calles trazadas a cordel, sus iglesias de altas torres que se divisan desde lejos. Y, allí, sus nombres eufónicos y señoriales: Cabanaconde, Pinchollo, Maca, Chivay, Achoma, Yanque, Tuti. Aunque algunas tienen revoque de cal, la mayoría de las iglesias lucen desnudas las piedras de su fábrica: el sol las dora a mediodía y las enrojece en las tardes; sus campanarios son todavía el vértice de la localidad, la altura desde la cual se avizoran los campos. Me dicen que han sido menos saqueadas que las iglesias de los caseríos cusqueños, puneños o ayacuchanos; que sus retablos, altares, púlpitos, frescos y cuadros del XVII y del XVIII todavía están allí.

Yo sólo pude visitar el interior de la iglesita de Maca, la que, en efecto, tiene un sugestivo altar y unos óleos interesantes.

El secreto de la conservación de estos interiores son, probablemente, sus sacristanes, hombres feroces e incorruptibles que no dejan franquear sus puertas sino a los vecinos y conocidos. El párroco de Cabanoconde me negó la entrada con el argumento de que para visitar la iglesia era necesario —ni más ni menos que para meter la nariz en un convento de clausura— un permiso escrito del arzobispo. Cuando intenté discutir, me advirtió francamente que a su iglesia no entraba ningún forastero porque había mucho ladrón suelto. El sacristán de Yanque, en cambio, más astuto e irrefutable, me despachó así: «No abro nunca la iglesia cuando estoy borracho». (Lo estaba).

Los pueblos parecen estar muy cerca uno del otro pero no es verdad. Es un espejismo, causado por la pureza de la atmósfera, que acorta las distancias y da relieve y nitidez a los hombres y a las cosas, una sensación que al venido de la costa, de neblinas que afantasman el paisaje, le resulta mágica. La naturaleza es una presencia continua, más cierta y más próxima. Entre pueblo y pueblo, cruzan la trocha vizcachas, perdices, algún venado, y entre los eucaliptos parlotean bandadas de loros.

A medida que va bajando, el valle se estrecha hasta convertirse, a los tres mil metros de altura, en el Cañón del Colca. Es el plato fuerte de la excursión, su momento dramático. Desde un pequeño roquedal, abierto al vacío, se ve, mil metros abajo, precipitarse al río, encabritado por los obstáculos, entre una doble pared de rocas, al encuentro del río Majes, con el que irá a desaparecer en los arenales costeños. El espectáculo es, en verdad, imponente. Y, para que no falte nada, sobre el rugiente despeñadero surca los cielos un cóndor —mancha negra bajo el sol luciente— que busca cadáveres.

Otra maravilla del Colca es la Madre Antonia. Vive con otras dos gringuitas como ella —la Madre Mariella, la Madre Rosemarie— en lo que fue la sacristía de la iglesia de Yanque, unos aposentos de piedras glaciales a los que las tres monjitas Maryknoll calientan con su simpatía y buen humor. La Madre Mariella es médico y las otras dos hacen las veces de enfermeras; también, de profesoras y asistentas sociales. Pero, en verdad, son unas campesinas que viven de lo que pueden producir en el topo de tierra que tienen, contiguo a la iglesia. Basta verles las manos y los pies para darse cuenta lo rudo que es trabajar la tierra en las condiciones que la trabajan los campesinos del Colca, y para comprender hasta qué punto estas mujeres se han integrado a la sociedad en la que viven. Una vez al mes, publican a mimeógrafo un boletín con noticias e información religiosa, sanitaria, agrícola y artesanal que venden a diez soles. La Madre Antonia lleva en Yanque doce años. Aquí aprendió quechua. Antes vivió cinco años entre los campesinos de Puno, quienes le enseñaron aymara. Y, antes, otros cinco entre los pobres de Lima, con quienes perfeccionó su español. ¿Qué vientos trajeron a esta neoyorquina del Bronx al Perú? Buenos vientos, no hay duda. Conversar con ella, oírla contar anécdotas, es una pura delicia. Como en Yanque no hay policía, a la Madre Antonia le ha tocado hacer las veces, y, por ejemplo, enfrentarse a los bandidos del pueblo. Son tres hermanos: abigeos, matones y estupradores. El más valiente ya le dio una paliza; los otros, la tienen amenazada de muerte. No parece asustarla, porque lo cuenta riéndose. Tiene un español lleno de erres y eses serranas y pronuncia la elle como sólo saben los arequipeños.

Arequipa, agosto de 1983

El país de las mil caras

La ciudad en la que nací, Arequipa, situada en el sur del Perú, en un valle de los Andes, ha sido célebre por su espíritu clerical y revoltoso, por sus juristas y sus volcanes, la limpieza de su cielo, lo sabroso de sus camarones y su regionalismo. También, por «la nevada», una forma de neurosis transitoria que aqueja a sus nativos. Un buen día, el más manso de los arequipeños deja de responder el saludo, se pasa las horas con la cara fruncida, hace y dice los más extravagantes disparates y, por una simple divergencia de opiniones, trata de acogotar a su mejor amigo. Nadie se extraña ni enoja, pues todos entienden que este hombre está con «la nevada» y que mañana será otra vez el benigno mortal de costumbre. Aunque al año de haber nacido, mi familia me sacó de Arequipa y nunca he vuelto a vivir en esa ciudad, siempre me he sentido muy arequipeño, y yo también creo que las bromas contra nosotros que corren por el Perú —dicen que somos arrogantes, antipáticos y hasta locos— se deben a que nos tienen envidia. ¿No hablamos el castellano más castizo del país? ¿No tenemos ese prodigio arquitectónico, Santa Catalina, un convento de clausura donde llegaron a vivir quinientas mujeres durante la Colonia? ¿No hemos sido el escenario de los más grandilocuentes terremotos y el mayor número de revoluciones en la historia peruana?

De uno a diez años viví en Cochabamba, Bolivia, y de esa ciudad, donde fui inocente y feliz, recuerdo, más que las cosas que hice y las personas que conocí, los libros que leí: Sandokán, Nostradamus, *Los tres mosqueteros*, Cagliostro, *Tom Sawyer*, Simbad. Las historias de piratas, exploradores y bandidos, los amores románticos, y, también, los versos que escondía mi madre en el velador (y que yo leía sin entender, sólo porque tenían el encanto de lo prohibido) ocupaban lo mejor de mis horas. Como era intolerable que esos libros hechiceros se acabaran, a veces les inventaba nuevos capítulos o les cambiaba el final. Esas continuaciones y enmiendas de historias ajenas fueron las primeras cosas que escribí, los primeros indicios de mi vocación de contador de historias.

Como ocurre siempre a las familias forasteras, vivir en el extranjero acentuó nuestro patriotismo. Hasta los diez años fui un convencido de que la mejor de las suertes era ser peruano. Mi idea del Perú, entonces, tenía que ver más con el país de los incas y de los conquistadores que con el Perú real. A éste sólo lo conocí en 1946. La familia se trasladó de Cochabamba a Piura, adonde mi abuelo había sido nombrado prefecto. Viajamos por tierra, con una escala en Arequipa. Recuerdo mi emoción al llegar a mi ciudad natal, y los mimos del tío Eduardo, un solterón que era juez y muy beato. Vivía con su sirvienta Inocencia, como un caballero español de provincia, atildado, metódico, envejeciendo en medio de viejísimos muebles, viejos retratos y viejísimos objetos. Recuerdo mi excitación al ver por primera vez el mar, en Camaná. Chillé y fastidié hasta que mis abuelos accedieron a detener el automóvil para que pudiera darme una zambullida en esa playa brava y salvaje. Mi bautizo marino no fue muy exitoso porque me picó un cangrejo. Pero, aun así, mi amor a primera vista con la costa peruana ha continuado. Esos tres mil kilómetros de desiertos, apenas interrumpidos por breves valles surgidos a las márgenes de los ríos que bajan de los Andes y contra los que rompen las aguas del Pacífico, tienen detractores. Los defensores a ultranza de nuestra tradición india y denostadores de lo hispánico acusan a la costa de extranjerizante y frívola, y aseguran que fue una gran desgracia que el eje de la vida política y económica peruana se desplazara de la sierra a la costa —del Cusco a Lima—, pues esto fue el origen del asfixiante centralismo que ha hecho del Perú una suerte de araña: un país con una enorme cabeza —la capital— y unas extremidades raquíticas. Un historiador llamó a Lima y a la costa «el anti Perú». Yo, como arequipeño, es decir, «serrano», debería tomar partido por los Andes y en contra de los desiertos marinos en esta polémica. Sin embargo, si me pusieran en el dilema de elegir entre este paisaje, o los Andes, o la selva amazónica —las tres regiones que dividen longitudinalmente al Perú— es probable que me quedara con estas arenas y estas olas.

La costa fue la periferia del Imperio de los incas, civilización que irradió desde el Cusco. No fue la única cultura peruana prehispánica, pero sí la más poderosa. Se extendió por Perú, Bolivia, Ecuador y parte de Chile, Colombia y Argentina. En su corta existencia de poco más de un siglo, los incas conquistaron decenas de pueblos, construyeron caminos, regadíos, fortalezas, ciudadelas, y establecieron un sistema administrativo que les permitió producir lo suficiente para que todos los peruanos comieran, algo que ningún otro régimen ha conseguido después. A pesar de que los monumentos que dejaron, como Machu Picchu o Sacsayhuamán, me deslumbran, siempre he pensado que la tristeza peruana —rasgo saltante de nuestro carácter— acaso nació con el Incario: una sociedad regimentada y burocrática, de hombres-hormigas en los que un rodillo compresor omnipotente anuló toda personalidad individual.

Para mantener sometidos a los pueblos que sojuzgaron, los incas se valieron de refinadas astucias, como apropiarse de sus dioses y elevar a su aristocracia a los curacas vasallos. También, de los mitimaes, o trasplantes de poblaciones, a las que arrancaban de su hábitat e injertaban en otro, muy alejado. Los más antiguos poemas quechuas que han llegado hasta nosotros son elegías de estos hombres aturdidos en tierras extrañas que cantan a su patria perdida. Cinco siglos antes que la *Gran Enciclopedia Soviética* y que la novela *1984*, de George Orwell, los incas practicaron la manipulación del pasado en función de las necesidades políticas del presente. Cada emperador cusqueño subía al trono con una corte de amautas o sabios encargados de rectificar la historia para demostrar que ésta alcanzaba su apogeo con el Inca reinante, al que se atribuían desde entonces todas las conquistas y hazañas de sus predecesores. El resultado es que es imposible reconstruir esta historia tan borgianamente tergiversada. Los incas tuvieron un elaborado sistema nemotécnico para registrar cantidades —los quipus— pero no conocieron la escritura, y a mí siempre me ha parecido persuasiva la tesis de que no quisieron conocerla, ya que constituía un peligro para su tipo de sociedad. El arte de los incas es austero y frío, sin la fantasía y la destreza que se advierten en otras culturas preincas, como las de Nazca y Paracas, de donde proceden esos mantos de plumas de increíble delicadeza y esos tejidos de enigmáticas figuras que han conservado hasta hoy sus colores y su hechizo.

Después del Incario, el hombre peruano debió soportar otro rodillo compresor: el dominio español. Los conquistadores trajeron al Perú el idioma y la religión que hoy hablamos y profesamos la mayoría de los peruanos. Pero la glorificación indiscriminada de la Colonia es tan falaz como la idealización de los incas. Porque la Colonia, aunque hizo del Perú la cabeza de un virreinato que abarcó, también, territorios que son hoy los de varias repúblicas, y, de Lima, una capital donde refulgían una suntuosa corte y una importante vida académica y ceremonial, significó el oscurantismo religioso, la Inquisición, una censura que llegó a prohibir un género literario —la novela— y la persecución del impío y el hereje, lo que quería decir en muchos casos, simplemente, la del hombre que se atrevía a pensar. La Colonia significó la explotación del indio y del negro y el establecimiento de castas económicas que han pervivido, haciendo del Perú un país de inmensas desigualdades. La independencia fue un fenómeno político, que alteró apenas esta sociedad escindida entre una minoría, que disfruta de los privilegios de la vida moderna, y una masa que vive en la ignorancia y la pobreza. Los fastos del Incario, la Colonia y la República no han podido hacerme olvidar que todos los regímenes bajo los cuales hemos vivido han sido incapaces de reducir a proporciones tolerables las diferencias que separan a los peruanos, y este estigma no puede ser compensado por monumentos arquitectónicos ni hazañas guerreras o brillos cortesanos.

Nada de esto se me pasaba por la cabeza, desde luego, al volver de Bolivia. Mi familia tenía costumbres bíblicas: se trasladaba entera —tíos y tías, primos y primas— detrás de los abuelos, el tronco familiar. Así llegamos a Piura. Esta ciudad, rodeada de arenales, fue mi primera experiencia peruana. En el Colegio Salesiano, mis compañeros se burlaban de mí porque hablaba como «serrano» —haciendo sonar las erres y las eses— y porque creía que a los bebés los traían las cigüeñas de París. Ellos me explicaron que las cosas sucedían de manera menos aérea.

Mi memoria está llena de imágenes de los dos años que pasé en esa tierra. Los piuranos son extrovertidos, superficiales, bromistas, cálidos. En la Piura de entonces se tomaba muy buena chicha y se bailaba con gracia el baile regional —el tondero—, y las relaciones entre «cholos» y «blancos» eran menos estiradas que en otros lugares: la informalidad y el espíritu jaranista de los piuranos acortaban las distancias sociales. Los enamorados daban serenatas al pie del balcón a las muchachas, y los novios que encontraban oposición se robaban a la novia: se la llevaban a una hacienda por un par de días para luego —final feliz, familias reconciliadas— realizar el matrimonio religioso a todo bombo, en la catedral. Los raptos eran anunciados y festejados, como la llegada del río, que, por unos meses al año, traía la vida a las haciendas algodoneras.

El gran pueblo que era Piura estaba lleno de sucesos que encendían la imaginación. Había la Mangachería, de cabañas de barro y caña brava, donde estaban las mejores chicherías, y la Gallinacera, entre el río y el camal. Ambos barrios se odiaban y surgían a veces batallas campales entre «mangaches» y «gallinazos». Y había también la Casa Verde, el prostíbulo de la ciudad levantado en pleno desierto, del que en la noche salían luces, ruidos y siluetas inquietantes. Ese sitio contra el que tronaban los padres del Salesiano me asustaba y fascinaba, y me pasaba las horas hablando de él, espiándolo y fantaseando sobre lo que ocurriría en su interior. Esa precaria armazón de madera, donde tocaba una orquesta de la Mangachería y adonde los piuranos iban a comer, oír música, hablar de negocios tanto como a hacer el amor —las parejas lo hacían al aire libre, bajo las estrellas, en la tibia arena—, es uno de mis más sugestivos recuerdos de infancia. De él nació *La casa verde*, una novela en la que, a través de los trastornos que en la vida y en la fantasía de los piuranos causa la instalación del prostíbulo, y de las hazañas e infortunios de un grupo de aventureros de la Amazonía, traté de unir, en una ficción, a dos regiones del Perú —el desierto y la jungla— tan distantes como distintas. A recuerdos de Piura debo también el impulso que me llevó a escribir varias historias de mi primer libro: *Los jefes*. Cuando esta colección de relatos apareció, algunos críticos vieron en ella una radiografía del machismo latinoamericano. No sé si es verdad, pero sí sé que los peruanos de mi edad crecimos en medio de esa tierna violencia —o ternura violenta— que intenté recrear en mis primeros cuentos.

Conocí Lima cuando empezaba a dejar de ser niño y es una ciudad que odié desde el primer instante, porque fui en ella bastante desdichado. Mis padres habían estado separados y, luego de diez años, volvieron a juntarse. Vivir con mi padre significó separarme de mis abuelos y tíos y someterme a la disciplina de un hombre severísimo que era para mí un desconocido. Mis primeros recuerdos de Lima están asociados a esta experiencia difícil. Vivíamos en Magdalena, un típico distrito de clase media. Pero yo iba a pasar los fines de semana, cuando sacaba buenas notas —era mi premio—, donde unos tíos, en Miraflores, barrio más próspero, vecino al mar. Allí conocí a un grupo de muchachos y muchachas de mi edad con los que compartí los ritos de la adolescencia. Eso era lo que se llamaba entonces «tener un barrio»: familia paralela, cuyo hogar era la esquina, y con quienes se jugaba al fútbol, se fumaba a escondidas, se aprendía a bailar el mambo y a declararse a las chicas. Comparados con las generaciones que nos han seguido, éramos arcangélicos. Los jóvenes limeños de hoy hacen el amor al mismo tiempo que la primera comunión y fuman su primer «pito» de marihuana cuando aún están cambiando la voz. Nosotros ni sabíamos que las drogas existían. Nuestras mataperradas no iban más allá de colarnos a las películas prohibidas —que la censura eclesiástica calificaba de «impropias para señoritas»— o tomarnos un «capitán» —venenosa mezcla de *vermouth* y pisco—, en el almacén de la esquina, antes de entrar a la fiesta de los sábados, en las que nunca se servía bebidas alcohólicas. Recuerdo una discusión muy seria que tuvimos los varones del barrio —seríamos de catorce o quince años— para determinar la manera legítima de besar a la enamorada en la matiné del domingo. Lo que Giacomo Casanova llama chauvinísticamente el «estilo italiano» —o beso lingüístico— fue unánimemente descartado, como pecado mortal.

La Lima de entonces era todavía —fines de los cuarenta— una ciudad pequeña, segura, tranquila y mentirosa. Vivíamos en compartimentos estancos. Los ricos y acomodados en Orrantia y San Isidro; la clase media de más ingresos en Miraflores, y la de menos en Magdalena, San Miguel, Barranco; los pobres, en La Victoria, Lince, Bajo el Puente, El Porvenir. Los muchachos de clases privilegiadas a los pobres casi no los veíamos y ni siquiera nos dábamos cuenta de su existencia: ellos estaban allá, en sus barrios, sitios peligrosos y remotos donde, al parecer, había crímenes. Un muchacho de mi medio, si no salía de Lima, podía pasarse la vida con la ilusión de vivir en un país de hispanohablantes, blancos y mestizos, totalmente ignorante de los millones de indios —un tercio de la población—, quechuahablantes y con unos modos de vida completamente diferentes.

Yo tuve la suerte de romper en algo esa barrera. Ahora me parece una suerte. Pero entonces —1950— fue un verdadero drama. Mi padre, que había descubierto que yo escribía poemas, tembló por mi futuro —un poeta está condenado a morirse de hambre— y por mi «hombría» (la creencia de que los poetas son todos un poco maricas está aún muy extendida en cierto sector) y, para precaverme contra estos peligros, pensó que el antídoto ideal era el Colegio Militar Leoncio Prado. Permanecí dos años en dicho internado. El Leoncio Prado era un microcosmos de la sociedad peruana. Entraban a él muchachos de clases altas, a quienes sus padres mandaban allí como a un reformatorio, muchachos de clases medias que aspiraban a seguir las carreras militares, y también jóvenes de los sectores humildes, pues el colegio tenía un sistema de becas que abría sus puertas a los hijos de las familias más pobres. Era una de las pocas instituciones del Perú donde convivían ricos, pobres y medianos: blancos, cholos, indios, negros y chinos; limeños y provincianos. El encierro y la disciplina militar fueron para mí insoportables, así como la atmósfera de brutalidad y matonería. Pero creo que en esos dos años aprendí a conocer la verdadera sociedad peruana, esos contrastes, tensiones, prejuicios, abusos y resentimientos que un muchacho miraflorino no llegaba a sospechar que existían. Estoy agradecido al Leoncio Prado también por otra cosa: me dio la experiencia que fue la materia prima de mi primera novela. *La ciudad y los perros* recrea, con muchas invenciones, por supuesto, la vida de ese microcosmos peruano. El libro tuvo un llamativo recibimiento. Mil ejemplares fueron quemados ceremonialmente en el patio del colegio y varios generales lo atacaron con dureza. Uno de ellos dijo que el libro había sido escrito por «una mente degenerada», y otro, más imaginativo, que sin duda era una novela pagada por el Ecuador para desprestigiar al Ejército peruano. El libro tuvo éxito, pero yo me quedé siempre con la duda de si era por sus méritos o por el escándalo.

En los últimos veinte años, millones de emigrantes de la sierra han venido a instalarse en Lima, en barriadas —eufemísticamente llamadas pueblos jóvenes— que cercan a los antiguos barrios. A diferencia de nosotros, los muchachos de la clase media limeña descubren hoy la realidad del país con sólo abrir las ventanas de su casa. Ahora, los pobres están por todas partes, en forma de vendedores ambulantes, de vagabundos, de mendigos, de asaltantes. Con sus cinco y medio o seis millones de habitantes y sus enormes problemas —las basuras, el deficiente transporte, la falta de viviendas, la delincuencia—, Lima ha perdido muchos encantos, como su barrio colonial y sus balcones con celosías, su tranquilidad y sus ruidosos y empapados carnavales. Pero ahora es, verdaderamente, la capital del Perú, porque ahora todas las gentes y los problemas del país están representados en ella.

Dicen que el odio se confunde con el amor y debe de ser cierto porque a mí, que me paso la vida hablando pestes de Lima, hay muchas cosas de la ciudad que me emocionan. Por ejemplo, su neblina, esa gasa que la recubre de mayo a noviembre y que impresionó tanto a Melville cuando pasó por aquí (llamó a Lima, en *Moby Dick*, «la ciudad más triste y extraña que se pueda imaginar», porque «ha tomado el velo blanco» que «acrecienta el horror de la angustia»). Me gusta su garúa, lluviecita invisible que uno siente como patitas de araña en la cara y que hace que todo ande siempre húmedo y que los vecinos de la ciudad nos sintamos en invierno algo batracios. Me gustan sus playas de aguas frías y olas grandes, ideales para el *surf*. Y me gusta su viejo estadio donde voy a los partidos de fútbol a hacerle barra al Universitario de Deportes. Pero sé que éstas son debilidades muy personales y que las cosas más hermosas de mi país no están en ella sino en el interior, en sus desiertos, o en los Andes, o en la selva.

Un surrealista peruano, César Moro, fechó uno de sus poemas, agresivamente, en «Lima, la horrible». Años después, otro escritor, Sebastián Salazar Bondy, retomó la agraviante expresión y escribió, con ese título, un ensayo destinado a demoler el mito de Lima, la idealización de la ciudad en los cuentos y leyendas y en las letras de la música criolla, y a mostrar los contrastes entre esa ciudad supuestamente morisca y andaluza, de celosías de filigrana detrás de las cuales las «tapadas», de belleza misteriosa y diabólica, tentaban a los caballeros de pelucas empolvadas, y la Lima real, difícil, sucia y enconada. Toda la literatura peruana podría dividirse en dos tendencias: los endiosadores y los detractores de Lima. La verdadera ciudad probablemente no es tan bella como dicen unos ni tan atroz como aseguran los otros.

Aunque, en conjunto, es una ciudad sin personalidad, hay en ella lugares hermosos, como ciertas plazas, conventos e iglesias, y esa joya que es Acho, la plaza de toros. Lima mantiene la afición taurina desde la época colonial y el aficionado limeño es un conocedor tan entendido como el de México o el de Madrid. Soy uno de esos entusiastas que procura no perderse ninguna corrida de la Feria de Octubre. Me inculcó esta afición mi tío Juan, otro de mis infinitos parientes por el lado materno. Su padre había sido amigo de Juan Belmonte, el gran torero, y éste le había regalado uno de los trajes de luces con los que toreó en Lima. Ese vestido se guardaba en casa del tío Juan como una reliquia y a los niños de la familia nos lo mostraban en las grandes ocasiones.

Tan limeñas como las corridas de toros son las dictaduras militares. Los peruanos de mi generación han vivido más tiempo bajo gobiernos de fuerza que en democracia. La primera dictadura que sufrí en carne propia fue la del general Manuel Apolinario Odría, de 1948 a 1956, años en que los peruanos de mi edad pasamos de niños a hombres. El general Odría derrocó a un abogado arequipeño, José Luis Bustamante y Rivero, primo de mi abuelo. Yo lo conocía, pues, cuando vivíamos en Cochabamba, vino a alojarse a casa de mis abuelos, y recordaba lo bien hablado que era —lo escuchábamos boquiabiertos— y las propinas que me deslizaba en las manos antes de partir. Bustamante fue candidato de un Frente Democrático en las elecciones de 1945, una alianza dentro de la cual tenía mayoría el Partido Aprista, de Víctor Raúl Haya de la Torre. Los apristas —de centro izquierda— habían sido duramente reprimidos por las dictaduras. Bustamante, un independiente, fue candidato del APRA porque este partido no podía presentar candidato propio. Apenas elegido —por una gran mayoría— el APRA comenzó a actuar como si Bustamante fuera un títere suyo. Al mismo tiempo, la derecha —cavernícola y troglodita— desató una hostilidad feroz contra quien consideraba un instrumento de su bestia negra: el APRA. Bustamante mantuvo su independencia, resistió las presiones de izquierda y de derecha, y gobernó respetando la libertad de expresión, la vida sindical y los partidos políticos. Sólo duró tres años, con agitación callejera, crímenes políticos y levantamientos, hasta el golpe de Odría. La admiración que tuve de niño por ese señor de corbata pajarita, que caminaba como Chaplin, la sigo teniendo, pues de Bustamante se pueden decir cosas que son rarezas en la serie de gobernantes que ha tenido mi país:

que salió del poder más pobre de lo que entró, que fue tolerante con sus adversarios y severo con sus partidarios a fin de que nadie pudiera acusarlo de parcial, y que respetó las leyes hasta el extremo de su suicidio político.

Con el general Odría, la barbarie volvió a instalarse en el Perú. Aunque Odría mató, encarceló y deportó a buen número de peruanos, el ochenio fue menos sanguinario que otras dictaduras sudamericanas de la época. Pero, compensatoriamente, fue más corrupta. No sólo porque los jerarcas del régimen se llenaron los bolsillos, sino, cosa aún más grave, porque la mentira, la prebenda, el chantaje, la delación, el abuso adquirieron carácter de instituciones públicas y contaminaron toda la vida del país.

Yo entré a la Universidad de San Marcos en esa época (1953), a estudiar Derecho y Letras. Mi familia tenía la esperanza de que entrara a la Católica, universidad a la que iban los jóvenes de lo que se conocía entonces como «familias decentes». Pero yo había perdido la fe entre los catorce y los quince y no quería ser un «niño bien». Había descubierto el problema social en el último año del colegio, de esa manera romántica en la que un niño descubre el prejuicio y las desigualdades sociales, y quería identificarme con los pobres y hacer una revolución que trajera la justicia al Perú. San Marcos —universidad laica y nacional— tenía una tradición de inconformismo que a mí me atraía tanto como sus posibilidades académicas.

La dictadura había desmantelado la Universidad. Había profesores en el exilio, y el año anterior, 1952, una gran redada había enviado a decenas de estudiantes a la cárcel o al extranjero. Una atmósfera de recelo reinaba en las aulas, donde la dictadura tenía matriculados como alumnos a muchos policías. Los partidos estaban fuera de la ley y los apristas y los comunistas —grandes rivales, entonces— trabajaban en la clandestinidad.

Al poco tiempo de entrar a San Marcos comencé a militar en Cahuide, nombre con el que trataba de resucitar el Partido Comunista, muy golpeado por la dictadura. Nuestra militancia resultó bastante inofensiva. Nos reuníamos secretamente, en pequeñas células, a estudiar marxismo; imprimíamos volantes contra el régimen, peleábamos con los apristas; conspirábamos para que la Universidad apoyara las luchas obreras —nuestra hazaña fue conseguir una huelga de San Marcos en solidaridad con los obreros tranviarios— y para que nuestra gente copara los organismos universitarios. Era la época del reinado absoluto del estalinismo, y, en el campo literario, la estética oficial del partido era el realismo socialista. Fue, eso creo, lo que primero me desencantó de Cahuide. Aunque con reticencias, que se debían a la contrainfluencia de Sartre —a quien admiraba mucho—, llegué a resignarme al materialismo dialéctico y al materialismo histórico. Pero nunca pude aceptar los postulados aberrantes del realismo socialista, que eliminaban el misterio y convertían el quehacer literario en una gimnasia propagandística. Nuestras discusiones eran interminables y en uno de esos debates, en el que dije que *Así se templó el acero*, de Nikolai Ostrovski, era una novela anestésica y defendí *Los alimentos terrestres* del decadente André Gide, uno de mis camaradas me apostrofó así: «Eres un subhombre».

Y, en cierta forma, lo era, pues leía con voracidad y admiración crecientes a una serie de escritores considerados por los marxistas de la época «sepultureros de la cultura occidental»: Henry Miller, Joyce, Hemingway, Proust, Malraux, Céline, Borges. Pero, sobre todo, Faulkner. Quizá lo más perdurable de mis años universitarios no fue lo que aprendí en las aulas, sino en las novelas y cuentos que relatan la saga de Yoknapatawpha County. Recuerdo el deslumbramiento que fue leer —lápiz y papel a la mano— *Luz de agosto, Las palmeras salvajes, Mientras agonizo, El sonido y la furia*, etcétera, y aprender en esas páginas la infinita complejidad de matices y resonancias y la riqueza textual y conceptual que podía tener la novela. También, que contar bien exigía una técnica de prestidigitador. Mis modelos literarios de juventud se han ido empequeñeciendo, como Sartre, a quien ahora no puedo releer. Pero Faulkner sigue siendo un autor de cabecera y cada vez que lo releo me convenzo de que su obra es una *summa* novelesca comparable a la de los grandes clásicos. En los años cincuenta, los latinoamericanos leíamos sobre todo a europeos y norteamericanos y apenas a nuestros escritores. Esto ha cambiado: los lectores de América Latina descubrieron a sus novelistas al mismo tiempo que lo hacían otras regiones del mundo.

Un hecho capital para mí, en esos años, fue conocer al jefe de seguridad de la dictadura, el hombre más odiado después del propio Odría. Era yo entonces delegado de la Federación Universitaria de San Marcos. Había muchos sanmarquinos en la cárcel y supimos que los tenían durmiendo en el suelo de los calabozos, sin colchones ni mantas. Hicimos una colecta y compramos frazadas. Pero cuando quisimos llevárselas, en la Penitenciaría —la cárcel, que estaba donde se halla hoy el Hotel Sheraton, en algunos de cuyos cuartos, de dice, «penan» las almas de los torturados en la antigua mazmorra— nos dijeron que sólo el director de Gobierno, don Alejandro Esparza Zañartu, podía autorizar la entrega. En la Federación se acordó que cinco delegados le solicitaran la audiencia. Yo fui uno de los cinco.

Tengo muy vívida la impresión que me hizo ver de cerca —en su oficina del Ministerio de Gobierno, en la plaza Italia— al temido personaje. Era un hombre menudo, cincuentón, apergaminado y aburrido, que parecía mirarnos a través del agua y no escucharnos en absoluto. Nos dejó hablar —nosotros temblábamos— y cuando terminamos todavía nos quedó mirando, sin decir nada, como burlándose de nuestra confusión. Luego, abrió un cajón de su escritorio y sacó unos números de *Cahuide*, un periodiquito a mimeógrafo que publicábamos clandestinamente y en el que, por supuesto, lo atacábamos. «Yo sé quién de ustedes ha escrito cada uno de estos artículos —nos dijo—, dónde se reúnen para imprimirlo y lo que traman en sus células». Y, en efecto, parecía dotado de omnisciencia. Pero, a la vez, daba una impresión deplorable, de lastimosa mediocridad. Se expresaba con faltas gramaticales y su indigencia intelectual era patente. En esa entrevista, viéndolo, tuve por primera vez la idea de una novela que escribiría quince años más tarde: *Conversación en La Catedral*. En ella quise describir los efectos que en la vida cotidiana de la gente —en sus estudios, trabajo, amores, sueños y ambiciones— tiene una dictadura con las características del ochenio odriísta. Me costó tiempo encontrar un hilo conductor para la masa de personajes y episodios: el encuentro casual y la charla que celebran, a lo largo de la historia, un antiguo guardaespaldas y esbirro de la dictadura y un periodista, hijo de un hombre de negocios que prosperó con el régimen. Al salir el libro, el ex director de Gobierno —retirado ya de la política y dedicado a la filantropía— comentó: «Si Vargas Llosa hubiera venido a verme, yo hubiera podido contarle cosas más interesantes».

Así como el Colegio Militar Leoncio Prado me ayudó a conocer a mi país, también me abrió muchas de sus puertas el periodismo, profesión que me llevó a explorar todos los ambientes, clases sociales, lugares y actividades. Empecé a trabajar de periodista a los quince años, en las vacaciones del cuarto año de secundaria, en el diario *La Crónica*, como redactor de locales, y, luego, de policiales. Era alucinante recorrer de noche las comisarías para averiguar qué crímenes, robos, asaltos, accidentes habían ocurrido, y, también, las investigaciones sobre los casos espectaculares, como el de «La Mariposa Nocturna», una prostituta asesinada a cuchilladas en El Porvenir, que me llevó a hacer una excursión por los centros prostibularios de Lima, las *boîtes* de mala muerte, los bares de rufianes y maricones. En aquel tiempo el periodismo y el hampa —o por lo menos, la bohemia más malafamada— confundían un poco sus fronteras. Al terminar el trabajo, era un ritual obligado ir a sepultarse con los colegas en algún luctuoso cafetín, generalmente atendido por chinos y con el suelo lleno de aserrín para disimular los vómitos de los borrachos. Y, luego, a los burdeles, donde los periodistas policiales —por el temor al escándalo— recibían un tratamiento preferente.

Durante los últimos años en la universidad trabajé en una radio —Panamericana—, en los boletines informativos. Allí tuve ocasión de ver de cerca —de adentro— el mundo del radioteatro, universo fascinante, de sensiblerías y truculencias, casualidades maravillosas e infinita cursilería, que parecía una versión moderna del folletín decimonónico y que tenía una audiencia tal que, se decía, un transeúnte podía escuchar, caminando por cualquier calle de Lima, los capítulos de *El derecho de nacer* de Félix B. Caignet, pues no había un solo hogar que no los escuchara. Ese mundillo efervescente y pintoresco me sugirió el tema de otra de mis novelas: *La tía Julia y el escribidor*. En apariencia, se trata de una novela sobre el radioteatro y el melodrama: en el fondo, es una historia sobre algo que siempre me ha fascinado, algo a lo que dedico la mayor parte de mi vida y que nunca he acabado de entender: por qué escribo, qué es escribir. Desde niño, he vivido acosado por la tentación de convertir en ficciones todas las cosas que me pasan, al extremo que a ratos tengo la impresión de que todo lo que hago y me hacen —toda la vida— no es más que un pretexto para fabricar historias. ¿Qué hay detrás de esa incesante transmutación de la realidad en cuento? ¿La pretensión de salvar del tiempo devorador ciertas experiencias queridas? ¿El deseo de exorcizar, transfigurándolos, ciertos hechos dolorosos y terribles? ¿O, simplemente, un juego, una borrachera de palabras y fantasía? Mientras más escribo, la respuesta me parece más difícil de encontrar.

Terminé la universidad en 1957. Al año siguiente presenté mi tesis y obtuve una beca para hacer un doctorado en Madrid. Ir a Europa —llegar de algún modo a París— era un sueño que acariciaba desde que leí a Alejandro Dumas, Julio Verne y Victor Hugo. Estaba feliz, preparando mis maletas, cuando un hecho casual me brindó la posibilidad de hacer un viaje a la Amazonía. Un antropólogo mexicano, Juan Comas, iba a recorrer el Alto Marañón, donde se hallan las tribus aguarunas y huambisas, y en la expedición había un sitio, que ocupé gracias a una amiga de San Marcos.

Estas semanas en el Alto Marañón, visitando tribus, caseríos y aldeas, fue una experiencia inolvidable, que me mostró otra dimensión de mi país (el Perú, está visto, es el país de las mil caras). Pasar de Lima a Chicais o Urakusa era saltar del siglo xx a la edad de piedra, entrar en contacto con compatriotas que vivían semidesnudos, en condiciones de primitivismo extremo y que, además, eran explotados de manera inmisericorde. Los explotadores, a su vez, eran pobres mercaderes, descalzos y semialfabetos, que comerciaban en caucho y pieles compradas a las tribus a precios irrisorios, seres que castigaban con salvajismo cualquier intento de los indígenas de emanciparse de su tutela. Al llegar al caserío de Urakusa, salió a recibirnos el cacique, un aguaruna llamado Jum, y verlo y escuchar su historia fue tremendo, pues este hombre había sido torturado hacía poco, por haber intentado crear una cooperativa. En las aldeas perdidas del Alto Marañón vi y palpé la violencia que podía alcanzar la lucha por la vida en mi país.

Pero la Amazonía no era sólo sufrimiento, abuso, áspera coexistencia de peruanos de distintas mentalidades y épocas históricas. Era, también, un mundo de exuberancia y fuerza prodigiosas, donde alguien venido de la ciudad descubría la naturaleza sin domesticar ni depredar, el soberbio espectáculo de grandes ríos caudalosos y de bosques vírgenes, animales que parecían salidos de leyendas y hombres y mujeres de vidas arriesgadas y libérrimas, parecidas a las de esos protagonistas de las novelas de aventuras que habían hecho un viaje más fértil que ése, a mediados de 1958. Muchas de las cosas que hice, vi y oí fermentaron más tarde en historias.

En ese viaje tuve por primera vez la intuición de lo que Isaiah Berlin llama «las verdades contradictorias». Fue en Santa María de Nieva, pequeña localidad donde, en los años cuarenta, se había instalado una misión. Las monjitas abrieron una escuela para las niñas de las tribus. Pero como éstas no acudían voluntariamente, las traían con ayuda de la Guardia Civil. Algunas de estas niñas, luego de un tiempo en la misión, habían perdido todo contacto con su mundo familiar y no podían retomar la vida de la que habían sido rescatadas. ¿Qué ocurría con ellas, entonces? Eran confiadas a los representantes de la «civilización» que pasaban por Santa María de Nieva —ingenieros, militares, comerciantes—, quienes se las llevaban como sirvientas. Lo dramático era que las misioneras no sólo no advertían las consecuencias de toda la operación, sino que, para llevarla a cabo, daban pruebas de un verdadero heroísmo. Las condiciones en que vivían eran muy difíciles y su aislamiento prácticamente total en los meses de crecida de los ríos. Que con las mejores intenciones del mundo y a costa de sacrificio ilimitado se pudiera causar tanto daño es una lección que tengo siempre presente. Ella me ha enseñado lo escurridiza que es la línea que separa el bien y el mal, la prudencia que hace falta para juzgar las acciones humanas y para decidir las soluciones a los problemas sociales si se quiere evitar que los remedios resulten más nocivos que la enfermedad.

Partí a Europa y no volví a vivir en mi país de manera estable hasta 1974. Entre los veintidós años que tenía cuando me fui y los treinta y ocho que había cumplido al regresar, pasaron muchas cosas, y, en muchos sentidos, al volver yo era una persona totalmente distinta. Pero en lo que se refiere a la relación con mi país creo que sigue siendo la de mi adolescencia. Una relación que podría definirse con ayuda de metáforas más que de conceptos. El Perú es para mí una especie de enfermedad incurable y mi relación con él es intensa, áspera, llena de la violencia que caracteriza a la pasión. El novelista Juan Carlos Onetti dijo una vez que la diferencia entre él y yo, como escritores, era que yo tenía una relación matrimonial con la literatura, y él, una relación adúltera. Tengo la impresión de que mi relación con el Perú es más adulterina que conyugal: es decir, impregnada de recelos, apasionamientos y furores. Conscientemente lucho contra toda forma de nacionalismo, algo que me parece una de las grandes taras humanas y que ha servido de coartada para los peores contrabandos. Pero es un hecho que las cosas de mi país me exasperan o me exaltan más y que lo que ocurre o deja de ocurrir en él me concierne de una manera íntima e inevitable. Es posible que, si hiciera un balance, resultaría que, a la hora de escribir, lo que tengo más presente del Perú son sus defectos. También, que he sido un crítico severo hasta la injusticia de todo aquello que lo aflige. Pero creo que, debajo de esas críticas, alienta una solidaridad profunda. Aunque me haya ocurrido odiar al Perú, ese odio, como en el verso de César Vallejo, ha estado siempre impregnado de ternura.

Lima, agosto de 1983

El Parque Salazar

Durante mucho tiempo los peruanos vivieron de espaldas al mar. Temían a los terremotos, que, en el siglo XX, devastaron algunas veces las rancherías y balnearios veraniegos de Chorrillos y El Barranco donde las familias pudientes venían a pasar los veranos. Luego, retornaban a los barrios del interior de la ciudad, más pegados a la cordillera, que les parecían de suelo más firme. De este modo se privaban del espectáculo más bello que ofrece Lima, acaso el Perú y tal vez el continente: el generoso mar Pacífico, visto desde lo alto de los acantilados, cuando el sol, una enorme bola de fuego llameante, se hunde en el horizonte marino provocando, por unos instantes, un soberbio incendio.

Cuando yo llegué a vivir a Miraflores, barrio que también colinda con el mar, los limeños de clase media ya comenzaban a perder el pánico ancestral a los temblores, y acercaban sus casas a los empinados farallones y al mar. Era un rito, para las parejas de enamorados, llegarse al malecón, y desde allí, tomadas de la mano, contemplar el crepúsculo. Existía la creencia de que el deseo formulado al instante de zambullirse el sol en el mar se cumplía y que el amor renovado cada tarde con esta ceremonia pagana sería indestructible.

Asistir al crepúsculo marino desde el malecón era una de las rarísimas ocasiones en que estas familias severísimas de mi infancia permitían a los niños y niñas, o adolescentes, salir de casa. Lo normal era que, de lunes a viernes, después del colegio, los niños se encerraran a hacer las tareas escolares, y que, luego de escuchar en la radio algún programa cómico o musical —los más famosos que recuerdo eran los del Zorro y el de la Chola Purificación Chauca—, comieran temprano y se metieran a la cama. Eran tiempos en que se dormía más, mucho más que en éstos, tan apurados, de ahora.

Tal vez por esa estricta rutina esperábamos con tanta ilusión la llegada de sábados y domingos. La felicidad comenzaba el sábado al mediodía, al terminar las clases de la semana con la entrega de la libreta de notas. En las tardes uno ya era libre y salía a la esquina, el cuartel general del barrio, a reunirse con los amigos, y también con las chicas, y a patinar juntos, montar bicicleta por las calles del rededor, jugar fulbito, o simplemente conversar, contar chistes, y disfrutar de esa rara promiscuidad entre pantalones y faldas, aderezada por la picardía y la malicia incipientes.

En la noche del sábado solía haber fiestas, para celebrar algún cumpleaños. Eran fiestas benignas a más no poder, donde se comían tortas y pastelitos, y se bebían refrescos, pero jamás de los jamases una gota de alcohol. Por eso, cuando uno empezaba a sentirse grande, antes de entrar a la fiesta del sábado se tomaba en *el chino* de la esquina un «capitán», una copita de pisco mezclado con *vermouth*, que encendía la sangre y alborotaba los cerebros. Se bailaba los boleros, los valses, las huarachas y (después) los mambos, con mucha corrección, bajo la vigilancia de los dueños de casa y a menudo de las chaperonas de las muchachas. Pese a ello eran fiestas excitantes, maravillosas, que quedaban grabadas en la memoria y ayudaban a resistir el resto de la semana. Allí, al cálido amparo de las voces de Lucho Gatica o Leo Marini, uno podía declararse, y si la chica decía «sí, sí quiero estar contigo», ya se tenía enamorada: era algo que confería seguridad y superioridad a cualquier adolescente.

A la enamorada uno podía verla dos o tres veces el domingo, el día más feliz. Primero, en la misa de once, en la iglesia, y luego, dando una o dos vueltas a su lado, bajo los altos ficus y los laureles del parque, entre los cuales se había entrometido un pequeño cinema ya desaparecido, el Ricardo Palma. Y después, en la encubridora matiné de las tardes, donde, por fin, se entrelazaban las manos, y había besos y caricias, lo que, en lenguaje viril, se conocía como «tirar plan», algo que, por lo demás, expresaba un mero deseo, no una realidad. Después de la matiné era obligatorio tomar helados en el Cream-Rica o en el D'Onofrio, y finalmente —el clímax de la maravilla— pasear por el Parque Salazar, que estaba sobre el mar, al final de esa avenida Larco que, prolongada por la larguísima avenida Arequipa, comunicaba a los barrios marinos con el centro de la ciudad (unos diez kilómetros de distancia).

El Parque Salazar era el sitio más bonito de Miraflores, y tal vez de Lima. Allí terminaba la ciudad, en un acantilado cortado a pico, y golpeado por las olas. Ese ruido y el de la resaca, arrastrando las piedras, en aquella profundidad que iban ganando las sombras mientras dábamos vueltas al parque cuyo ombligo era la estatua en memoria de un aviador —el teniente Salazar Southwell— servía de música de fondo a las conversaciones, y era un murmullo acariciador, repetitivo, cuya monotonía nunca fatigaba.

Formar parte, de la mano con la enamorada, de esa espesa serpiente de jóvenes que daba vueltas y vueltas por los caminillos de piedras entre cuyas junturas brotaba la hierba, a la hora del crepúsculo, cada domingo, era la alegría, el absoluto, la felicidad. Allí uno se sentía seguro, respaldado, inmerso en una colectividad privilegiada, sana, próspera, intocable, superior. Era un sentimiento falaz, una ilusión estúpida, y, sin embargo, a la distancia de los años, es imposible no recordarla con la nostalgia y el cariño que merecen las cosas idas que nos hicieron soñar y que la memoria preservó.

Lo bonito del Parque Salazar era su intimidad, su limpieza, el verde intenso de su césped, sus arriates de flores, y la multitud de árboles, arbustos y arbolitos que lo erizaban y que a cada paso creaban pequeños enclaves de soledad. A lo largo del bordillo de ladrillos rojos del malecón, que lo limitaba, había unas bancas de piedra, donde se instalaban los adultos intrusos e impertinentes que osaban invadir aquel territorio donde la juventud reinaba y tronaba por doquier.

Nosotros nos sentábamos en el bordillo, para hacer una pausa y gozar de un cuchicheo y una cercanía corporal más estrecha con la enamorada. Allí había susurros muy románticos, promesas de amor formuladas por unos labios tímidos a la orilla de los oídos de las chicas, apretones de manos, roces de brazos y de piernas y hasta besos furtivos (por supuesto, nunca con lengua: eso no debía hacerse con la enamorada, sólo con las chicas de medio pelo, las cholitas). Medio siglo después, hasta la imbecilidad y los prejuicios racistas de la niñez parecen tiernos.

Mientras viví en Lima fui siempre a dar una vuelta por el Parque Salazar, y, vez que podía, a gozar desde allí el éxtasis de los crepúsculos. Lo hice también después, cuando vivía en el extranjero, cada vez que volvía a la ciudad de mi juventud, como una peregrinación a las fuentes más ricas de mi memoria. Y, en tanto que todo cambiaba alrededor, desaparecían las casitas con jardines y se levantaban edificios y se anchaban las calles y se repletaban de automóviles, el Parque Salazar seguía siempre allí, igual al de antes, ejemplo vivo de continuidad, de lealtad a una tradición, casi un símbolo de eternidad. Pero ahora, con esa irresistible vocación destructora que se apoderó de la ciudad, al bello Parque Salazar también lo degradaron y mataron. Apenas llegué a Lima, hace tres días, y corrí a la cita acostumbrada, él ya no estaba allí, sino su impostura.

No estoy contra el progreso ni la modernidad. Cinemero pertinaz, aplaudo que ahora haya allí, a los pies del antiguo parquecito, tantas salas donde ver películas, y restaurantes, y, por supuesto, una librería. Lo que nunca entenderé, por qué, para construir todo aquello, fue preciso exterminar aquellos árboles, y secar aquellos jardincillos llenos de geranios, y reemplazar el césped por el cemento, y convertir aquel vergel en una explanada sin vida y sin carácter, maculada, además, por dos espantosas chimeneas que celebran la fealdad, el mal gusto y la prepotencia arquitectónica y exhalan malos olores.

Barajo algunas explicaciones: ya no hacen falta parquecitos recoletos en Lima, porque ya no hay niños ni jóvenes en esta ciudad, sólo adultos de distintas edades. Y tampoco enamorados, porque el amor se volvió anacrónico, nada sentimental, ferozmente carnal y expeditivo: un amor que en vez de parques cómplices y rumores marinos, necesita sólo camas. Amar se volvió sinónimo de fornicar, sin los prolegómenos sentimentales y espirituales, sin los ritos preliminares de antaño. Y, de otro lado, en esta vida de ritmo tan frenético, de galopantes horarios y distancias enloquecedoras, ¿hay acaso gentes dispuestas a perder el tiempo, a desperdiciar la vida, dando vueltas, como un asno en la noria, por un parque? «Quelle horrible époque!», exclamaba aquella viejecita proustiana, elevando el puñito arrugado.

Adiós, parquecito Salazar de antaño: descansa en paz.

Lima, mayo de 2000

Peregrinación a las fuentes

Cuando la conocí, siendo un niño de pantalón corto, Piura era una ciudad de treinta mil almas y el desierto, que la rodeaba por sus cuatro costados, se veía desde todas sus esquinas: arenas blancas y doradas, alborotadas de algarrobos y de médanos que el viento hacía y deshacía a su capricho. En la ciudad de trescientos mil habitantes que es ahora, el desierto ha retrocedido hasta volverse invisible, ahuyentado por innumerables barriadas donde la pobreza se repite y multiplica como pesadilla recurrente.

La Piura de entonces se moría de sed. El río que lleva su nombre era río de avenida y asomaba por la ciudad cada comienzo del verano, en medio de la alegría general: con las aguas llegaba la vida y la recibían todos los piuranos, lanzando cohetones y reventando pólvora, la bendecía el obispo y los churres (los niños) nos revolcábamos en las lenguas líquidas que iban lamiendo el cauce seco, humedeciéndolo, formando pozas y estanques antes de inundarlo y colmarlo. Los seis meses que estaba seco, el cauce del río Piura servía de cancha de fútbol, de refugio a las parejas, y, sobre todo, de escenario para las grandes trompeaderas de los alumnos del Colegio San Miguel, donde hice el último año de la secundaria. Los combatientes se golpeaban en el centro de un gran círculo de espectadores que los enardecía y alentaba con barras y gritos. Con la memoria de estos pugilatos escribí un cuento adolescente, «El desafío», que me ganó, oh maravilla, un viaje a París.

La Piura de estos días vive bajo la amenaza de los aniegos y devastaciones que las lluvias y las crecientes del Niño vienen causando hace años en sus tierras, comunidades y en la misma ciudad. Para contener la furia de esas aguas embravecidas, las alegres barandas del Malecón Eguiguren, donde venían los enamorados a contar las estrellas y a ver la luna bañándose en el río, han sido reemplazadas por unos contrafuertes de cemento que han convertido el más lindo rincón de la antigua ciudad en una especie de búnker. ¡Qué espanto!

Edificios como paquidermos de cemento armado han aplastado a las viejas casonas de portones con clavos y balcones de rejas, y la casita donde yo viví, y fui feliz, en la esquina de Tacna y la avenida Sánchez Cerro, es ahora un chifa lleno de colorines y luces cegadoras, de donde sale una música que rompe los tímpanos. La plaza Merino parece ser la misma, pero estaba enterrada bajo los toldos y quioscos de una feria y apenas se la divisaba. En todo caso, es seguro que en la casa parroquial de la esquina ya no vive el padre García, filatelista y cascarrabias, que fue mi profesor de religión y que vociferaba desde el púlpito contra la Casa Verde, ni, en la acera de enfrente, esa alumna del Colegio Lourdes que caminaba como patinando y que a los sanmiguelinos nos cortaba la respiración.

Pero la plaza de Armas casi no ha cambiado. Ahí están los altos, frondosos y rumorosos tamarindos, las estatuas de los héroes epónimos y las bancas de varillas atestadas de vecinos que han salido a refrescarse, después de un día de calor infernal, con la brisa de la noche. El ambiente es efusivo y jovial, los piropos atrevidos, la coquetería de las chicas audaz, y, en un momento, me pareció que iba a surgir, de pronto, del extinto pasado, la inconfundible silueta de Joaquín Ramos, eximio recitador y bohemio, con sus ojos afiebrados, su monóculo alemán, su barba crecida, sus exabruptos y la cabrita que jalaba con un cordel y a la que llamaba su gacela.

Todos mis profesores del Colegio San Miguel han muerto, menos José H. Estrada Morales, que está más vivo que nunca y que, según rumores persistentes, es inmortal. Su prodigiosa memoria me resucita detalles y frases de hace medio siglo con una claridad cenital. Nadie alentó tanto como él, en mis años de colegio, mi vocación literaria. Sin su ayuda, jamás hubiera podido presentar en el teatro Variedades —ahora asesinado y mudado en almacén— mi primera obra de teatro, *La huida del Inca*, en aquel año, venturoso para mí, de 1952.

El diario *La Industria*, donde ese año trabajé como redactor y columnista, a la vez que estudiaba el quinto año de Media, desapareció. Donde estuvo, hay ahora una anodina vivienda que parece deshabitada. A esa casa entraba, montado en su mula, el dueño del periódico, don Miguel Cerro, anciano incombustible, de paso a su fundo, en el rumbo de Catacaos, a tomarnos cuentas al director y a los tres redactores. Nosotros lo tratábamos con inmenso respeto. Pero el señor Nieves, el cajista, lo tuteaba. Ver al señor Nieves armar el periódico componiendo los textos con la mano derecha mientras con la izquierda sostenía las cuartillas que le llevábamos, tenía algo de magia, de prestidigitación.

Al viejo puente de madera de mi infancia que enlazaba Piura con Castilla se lo llevó el río en una de las crecientes del Niño. Pero luego lo reconstruyeron y ahora está de nuevo allí, como un fantasmón averiado, caricatura del original. Cruzar ese puente y asomar por Castilla significaba, cuando yo era niño, ingresar en territorio prohibido. La vasta ciudad que es ahora Castilla era entonces una mínima barriada de chozas de barro y caña brava, llena de picanterías y chicherías con pendones blancos y rojos flameando en sus fachadas. Un poco aparte de ella, entre médanos y macizos de algarrobos y palmeras, titilaban las lucecitas de la Casa Verde. Desde que escribí la novela que lleva su nombre, visitantes de ocasión que pasan por Piura me muestran fotos con un guiño pícaro y me preguntan si reconozco en esas casas, conventos, hoteles, que José Estrada Morales les hizo creer era el mítico prostíbulo de la Piura de los años cuarenta y cincuenta, la legendaria mansión que exaltó y asustó mi niñez. Ninguna lo es, por supuesto. Después de más de medio siglo, ya ni siquiera estoy seguro de que alguna vez estuviera del todo en la mediocre realidad esa hospitalaria vivienda de mi memoria, donde fraternizaban los piuranos de todas las clases, tomando vasos de cerveza, bailando valses y tonderos, y saliendo las parejas a hacer el amor sobre la tibia arena, bajo las fosforescencias de la noche norteña.

La Mangachería ya no existe. Ese barrio bravío, de palomillas, guitarristas, cuchilleros, santeras, forajidos, atiborrado de piajenos (burros) y de churres descalzos, donde la Guardia Civil vacilaba en entrar, es ahora «barrio de blancos». Se adecentó y desapareció, y, con él, una Corte de los Milagros que llenó de leyendas, jaranas, fechorías insignes y amores sangrientos la historia de Piura. También desapareció el barrio rival, la Gallinacera, las manzanas apretujadas en torno del camal que, naturalmente, también se ha extinguido. Ya no habrá más, pues, esos enfrentamientos homéricos entre gallinazos y mangaches que chisporroteaban en las chismografías y recuerdos de los piuranos proyectos y que a nosotros, los niños y adolescentes que los escuchábamos, nos disparaban la fantasía y la emoción.

La Piura moderna se ha llenado de colegios, universidades, urbanizaciones, hoteles, edificios, vehículos. Pero le queda un solo cine, y la de mi prehistoria tenía tres. Cuatro, si añadimos al Variedades, el Municipal y el Piura, ese precario cine al aire libre que funcionaba en los arenales de Castilla, y al que los espectadores debíamos llevar nuestras sillas y una paciencia a prueba de balas, pues, como tenía un solo proyector, cada cierto tiempo la función se interrumpía para que el operador rebobinara y cambiara los rollos. Las películas, en lugar de hora y media, duraban tres.

En los días que acabo de pasar en Piura, pese a la afabilidad abrumadora de la gente, estuve a menudo sobresaltado, con la dolida sensación de que me habían robado mis recuerdos, desvanecido hitos cruciales de mi memoria. Ésta ha sido más fiel a Piura que a ninguna otra ciudad donde he vivido. Sólo pasé dos años en ella —cuando tenía diez y dieciséis— y, sin embargo, esos dos breves períodos me han amueblado la cabeza de recuerdos imperecederos, de iniciativas formidables para escribir e inventar historias, algunas de las cuales me rondan todavía. La relación que uno entabla con una ciudad es tan espontánea y misteriosa como la que establece con las personas: de simpatía o antipatía, de interés o indiferencia, de amor u odio. La Piura de mi infancia se me metió en el cuerpo y en el alma hace más de medio siglo, y nunca ha salido de allí. Pero, en cambio, se salió de la realidad, pues ya no existe, sino como una pálida sombra que se va eclipsando y pronto se borrará del todo.

¿Y los rebaños de cabras dónde están, dónde se fueron? Antes no sólo cruzaban y descruzaban el desierto y se aglomeraban alrededor de los algarrobos para disputarse las vainas que se desprendían de sus ramas. También se las veía con frecuencia en la ciudad, atravesando las calles, ruidosas y gregarias, con sus ojos despiertos y a paso de intranquilidad. Ahora no vi ni una, ni en la ciudad, ni en las barriadas, ni en los descampados de la periferia, ni en las afueras de Sullana, donde, en cambio, me di con dos enormes iguanas prehistóricas, abrazándose dichosas en el fuego de sol, y un par de lechuzas despectivas. Por fin, en las cercanías de Poechos, en una curva del polvoriento camino, asustadas, atolondradas, aparecieron media docena de cabritas en medio de la carretera, como extraviadas y desamparadas en un territorio que ya no es el de ellas, ni el mío, sobrevivientes de un mundo que definitivamente se nos fue.

Piura, diciembre de 2002

Antonia y los cóndores

Durante varios siglos, el valle del Colca, al noroeste de Arequipa, en el sur del Perú, vivió prácticamente aislado del resto del mundo, y sus catorce pueblos, fundados en el siglo XVI por los españoles —la zona formó parte del repartimiento de indios que recibió Gonzalo Pizarro, hermano de Francisco, en 1540—, languidecieron fuera del tiempo y de la historia hasta que la irrigación del río Majes abrió trochas que, desde hace unas tres décadas, lo conectaron a Arequipa. Ahora, el valle y su profundo cañón, su reserva de vicuñas, sus cóndores, sus petroglifos y pinturas rupestres, las andenerías que construyeron los collahuas, los cabanas y los incas y que mil quinientos años después siguen usando los campesinos para sus sembríos, se han convertido en una de las principales atracciones turísticas del Perú.

Con toda justicia, hay que decirlo. El paisaje es deslumbrante y, aunque conviene tener los riñones bien puestos para resistir el zangoloteo en algunos tramos de los ciento ochenta kilómetros que separan el valle de Arequipa, el espectáculo de los soberbios volcanes, los nevados, las punas con sus recuas de llamas y guanacos, las bellísimas vicuñas de la reserva de Aguada Blanca, así como el descenso del ubérrimo valle al que las lluvias recientes han esmaltado con todos los matices del verde compensan al viajero con creces de cualquier incomodidad.

Los catorce pueblos del Colca son una curiosidad histórica única. En ellos los tres siglos de vida colonial se han preservado casi intactos: ahí está la plaza mayor, las calles tiradas a cordel, las casas construidas según las disposiciones del virrey Toledo cuando ordenó las reducciones (o concentraciones) de indígenas, con sus muros de piedra volcánica (el sillar) y sus techos de paja, aunque éstos comienzan a ser reemplazados por la calamina. Y se conserva, sobre todo, el ritmo pausado de esa vida que parece intemporal, marcado por las faenas agrícolas y el cambio de las estaciones.

Las catorce iglesias, cuya fábrica es del siglo xvi, aunque casi todas fueron remodeladas y acabadas en los siglos xvii y xviii, son una pura maravilla. Cuando yo vine al Colca la primera vez, hace un cuarto de siglo, muchas de ellas estaban muy deterioradas por el tiempo y los terremotos y varias parecían a punto de desplomarse. Pero ahora, gracias a la Cooperación española, van siendo restauradas con rigor histórico, buen gusto y la activa participación de los vecinos, a quienes se capacita en las técnicas de la restauración, a fin de que se involucren psicológica y afectivamente en la reconstrucción de su patrimonio arquitectónico y artístico. Emociona comprobar el entusiasmo y el orgullo con que las muchachas y muchachos campesinos de los pueblos de Ichupampa, Maca, Coporaque, Yanque y otros muestran a los forasteros la técnica que emplean para retirar el revoque de los muros y sacar a la luz las pinturas escondidas bajo las capas de yeso y cal o para limpiar y reparar los retablos e imágenes arrebosados de polvo y de mugre. La iglesia de Lari, totalmente rehabilitada en todo su esplendor, es tan bella, con su profunda cúpula, sus barrocos altares mestizos y la suave luz tamizada por las piedras translúcidas de Huamanga que se desparrama por su vasta nave, que ella sola justifica el viaje al Colca.

Ahora bien, si tengo que quedarme con sólo dos de las maravillas de este rincón de los Andes, me quedo con los cóndores y la Madre Antonia. El cóndor es el animal mitológico por excelencia de casi todas las culturas peruanas prehispánicas y su majestuosa figura de tres metros de largo cuando tiene las alas desplegadas, su plumaje pardo y negro con manchas blancas en la pechera y en las alas, surca los espacios de tejidos, huacos, muros y, aquí en el Colca, de cavernas y grandes rocas con petroglifos a los que se calculan varios miles de años de antigüedad. Pero, probablemente, el único lugar del mundo donde se puede ver a los cóndores de muy cerca, hendiendo los aires, dejándose ascender o bajar o arrastrar al compás de las corrientes, sea en los miradores naturales que existen en los escarpados flancos de estas montañas. Los cóndores vuelan muy alto y se espantan con facilidad cuando salen en busca de cadáveres (son animales carroñeros). Aquí, en el estrecho desfiladero al fondo del cual ruge el torrentoso cañón, es posible contemplarlos, trazando sus elegantes acrobacias a muy poca distancia, y, los días de buen tiempo, incluso, vislumbrar su cresta carnosa, su pico curvo, su collarín blancuzco y su mirada fría, carnicera.

Esta vez, a diferencia de lo que me ocurrió hace veinticinco años, en que vi a los cóndores tan de cerca que me parecía que hubiera podido tocarlos —las distancias se acortan debido a la limpidez cristalina del aire a los tres mil setecientos metros de altura—, los vi sólo de lejos, flotando en curvas entre los escarpados picachos. En la Cruz del Cóndor, el más elevado de los miradores, un cóndor al que la brusca llegada de las nubes espesas había obligado a refugiarse en uno de los andenes de la montaña esperaba inmóvil que despejara algo el cielo para proseguir su vuelo. Era un espectáculo dramático el del gran pájaro en esa saliente, paralizado por el mal tiempo, oteando con alarma la espesa neblina, temblando de zozobra sin duda por la cercanía de nosotros, los observadores, sin atreverse a lanzarse a volar entre aquellas densas nubes que podrían confundirlo y estrellarlo contra las filudas paredes de la montaña.

Cuando yo la conocí, en mi primer viaje al Colca, en 1981, la Madre Antonia llevaba ya doce años en Yanque, uno de los principales pueblos del valle. Era un personaje conocido en toda la región, protagonista de una fosforescente mitología. En toda la zona no había un solo policía y esta hermana Maryknoll se había echado sobre los hombros la temeraria obligación de defender a los débiles de los abusos de los fuertes, perseguir a los abigeos e impedir que los ladrones saquearan las iglesias o, si lo hacían, recuperar los cuadros e imágenes birlados. No tenía reparos en ir a amonestar a los maridos borrachos que daban palizas a sus mujeres —ya le habían dado algunas palizas a ella por hacerlo— o en irrumpir en las reyertas de aldeanos para impedir que los contrincantes se acuchillaran. Había recibido muchas amenazas de muerte, que la tenían perfectamente sin cuidado.

Me sorprendió —y me alegró mucho— saber que la Madre Antonia estaba aún en pie, y en Yanque, dando la guerra de siempre contra la injusticia. Debe de ser nonagenaria, pero su energía no ha mermado un ápice. Sigue viviendo en lo que fue la glacial sacristía de la iglesia de Yanque y se ha encogido y subsumido al extremo de que parece una niñita. Calza esas ojotas de llanta de los indios y un grueso sacón de rombos colorados y se ha curvado tanto que su espalda es un signo de interrogación. Pero su risa franca, generosa, y la lucecita risueña de sus ojos son las mismas que yo recordaba.

La fe produce a veces monstruos —los fanáticos— pero también ángeles, y no hay la menor duda de que la Madre Antonia es una de estos últimos. Nació en el Bronx, en Nueva York, y después de hacer allí su noviciado en los Maryknoll, estuvo en Panamá y en Colombia, antes de ser enviada al Perú. Trabajó un tiempo en los barrios marginales de Lima y se vino al valle del Colca hace treinta y cinco años, cuando llegar hasta aquí era una larga y difícil travesía en lomo de mula. Sólo una vez ha vuelto a ver a su familia neoyorquina, a fines de los años setenta, cuando dos de sus hermanos vinieron a visitarla. Aquí, en Yanque, ha aprendido el quechua y el aymara. Tiene un español sabroso, de arrastradas erres serranas.

A comienzos de los años ochenta, la corriente del Niño causó estragos en el Perú, provocando verdaderos cataclismos en la agricultura. En los catorce pueblos del Colca el desplome de la economía rural empobreció aún más a quienes ya sobrevivían a duras penas. Entonces, la Madre Antonia, secundada por voluntarios de Yanque, organizó «la campaña de la sopa», que todavía funciona. Se reparten unos seiscientos cincuenta platos de sopa cada día, a las cinco de la madrugada —comienzan a prepararse a las tres— a los campesinos paupérrimos, antes de que salgan a trabajar en el campo, y esa sopa es, precisa la Madre Antonia, para la gran mayoría de ellos, la única comida del día.

Todos los ingredientes de esa sopa salen de la huerta que esta anciana incombustible trabaja con esas manos llenas de nudos y callos que ella agita de tanto en tanto en medio de una risotada. «No sólo tiene verduras», añade, chupándose los labios, «a veces nos cae algún donativo y podemos echarle también unos pedazos de carne. Es saludable y riquísima». Lo dice con tanta convicción que es imposible no creerle.

Yanque, valle del Colca, 17 de marzo de 2006

91

La desaparición de los «piajenos»

Han desaparecido los burritos de las calles y los alrededores de Piura. Los piuranos los llamaban «piajenos» y el sobrenombre les caía como anillo al dedo: eran los pies de los demás. Y, por supuesto, también los lomos y los brazos. Estoicos y pacientes cargaban costales de fruta, leña, gentes, todo lo que se podía cargar, y se los veía trotando día y noche por las calles de altas veredas, soportando maltratos de los malhumorados y los sádicos, alimentándose de lo que encontraban al paso o viviendo del aire y de su mera terquedad de no resignarse a morir. Pero ahora se han extinguido y a nadie le importa, y algunos lo celebran porque saben que la desaparición de los piajenos es, ay, síntoma inequívoco de modernización y de progreso.

Y es verdad: los cambios en todo Piura son impresionantes. La Piura de mi memoria se ha volatilizado en un torbellino de gigantescos centros comerciales, flamantes urbanizaciones que se comen el desierto, gallardos edificios, universidades, colegios, fábricas, nuevas avenidas, nuevos hoteles y plantaciones de agroindustria para la exportación que han puesto a esta región a la vanguardia del desarrollo peruano. Al igual que Ica, que ya lo alcanzó, Piura raspa ya ese milagro, el pleno empleo, y en ciertas épocas del año debe importar trabajadores de la sierra para cubrir las demandas de mano de obra para el campo y la construcción. En la plaza de Chulucanas escucho un parlante que invita a la gente local a enrolarse para ir a trabajar a la capital del departamento; ofrecen «buen trato, buen salario, contrato y seguridad social». Nunca creí que lo vería y ahora lo veo: el Perú despegó por fin y la Piura querida de mi infancia y adolescencia está en el pelotón de cabeza de esta transformación.

Pero, para alguien de mi generación, toda ciudad es ya, como lo era Madrid en el poema de Dámaso Alonso, un cementerio de un millón de cadáveres. La guadaña del tiempo se ha llevado no sólo a todos mis profesores del Colegio San Miguel de Piura, sino también a mis compañeros de clase y a buena parte del elenco, los escenógrafos y los técnicos con los que subimos a escena, en el ya desaparecido teatro Variedades, *La huida del Inca*, la primera obrita de teatro que escribí, en aquella Semana de Piura de julio de 1952, la experiencia más conmovedora para mí en ese año extraordinario que pasé en casa de mis tíos Lucho y Olga, en el que, además de alumno sanmiguelino, fui periodista en el diario *La Industria*, fabricante de versos y de cuentos, autor y director de teatro, y hasta líder, con Javier Silva Ruete, de una huelga estudiantil.

Alguien ha encontrado una fotografía del estreno de *La huida del Inca* —siempre creí que no existía ninguna— y el momento más emocionante de esta visita es rememorar, gracias a aquella imagen, esa noche inolvidable. Ahí están, medio sepultados bajo los emplumados ornamentos con que Carmela Garcés y el profesor Aldana los vistieron de incas, Yolanda Vilela y la bella Ruth Rojas, y ese hombre-ídolo que blande la mascaipacha imperial debe ser Ricardo Raygada. Yo, aunque no aparezco en la borrosa foto, es seguro que estoy también ahí, escondido en esas bambalinas que se divisan a un costado, enternado de azul y comiéndome las uñas de tanta emoción.

El Hotel de Turistas, en la plaza de Armas de los eternos tamarindos, donde a mis once años descubrí que tenía un padre vivo y vi al personaje por primera vez, está siempre allí, pero ahora se llama Los Portales y el patio de los «sábados bailables» se transformó en un comedor. El Viejo Puente se desplomó, se lo llevó el río en una de sus crecidas, y lo ha reemplazado un puente colgante que ahora es peatonal. Los estragos causados por el Niño desvistieron el elegante Malecón Eguiguren y dieron buena cuenta de gran parte de las nobles casonas que lo engalanaban. El urbanicidio más triste es el de la Casa Eguiguren, seguramente la de mayor prestancia e historia de la ciudad, desfondada, desenrejada, saqueada de sus azulejos, de su artesonado, de sus puertas con clavos y convertida en un amasijo de ruinas pestilentes.

Pero la Plazuela del pintor Merino se conserva casi intacta, con la iglesita del Carmen, convertida en un museo de arte religioso, y la casita donde vivía el párroco, el padre Santos García, salmantino, cascarrabias, filatelista y profesor de religión, quien, en ciertas clases, presa de inspiración bíblica, tronaba de tal modo que hacía estremecerse las viejas paredes de quincha del Colegio San Miguel. Éste se halla aún en pie, con sus aulas de techos altísimos, sus patios centenarios, su teatrín colonial, y hay esperanzas de que se convierta en un gran centro de cultura.

Cuando yo vine a Piura por primera vez, el río Piura era de avenida, y la llegada de las aguas, al comenzar el verano, se celebraba con una fiesta en la que participaba toda la ciudad. Había fuegos artificiales, bandas de música, y el mismísimo obispo se metía al cauce con sus hábitos morados, a bendecir la llegada del agua que traía vida, trabajo y alegría a los piuranos. Ahora el Piura es un río de aguas permanentes y la orilla opuesta ya no tiene arenales y algarrobos sino modernos edificios, las nuevas instalaciones del Colegio Salesiano y el gigantesco campus de la Universidad Nacional de Piura. En algún lugar de lo que es ahora el vasto distrito de Castilla yacen las cenizas de lo que fue, alguna vez, la pecaminosa Casa Verde.

El desierto, que rodeaba a la ciudad y la llenaba de arena las tardes de viento fuerte, ha desaparecido. Los cincuenta kilómetros que separan a Piura de Chulucanas están ahora llenos de árboles, matorrales, pastos, sembríos, y hasta los lejanos contrafuertes de la cordillera, que yo recordaba grises y pelados, se han cubierto de verdura. Sólo el pueblecito de Yapatera, a unos cinco kilómetros de la capital de Morropón, permanece fiel a sí mismo, pequeño y acogedor, calcinándose al sol con sus casitas frágiles de adobe y de cañas, y su iglesita austera y despojada, con su techo de calamina y la coloreada imagen de san Sebastián. La casa de los McDonald, donde pasé algún fin de semana y monté caballo por primera vez, es una ruina de la que han tomado posesión un búho y unos murciélagos que, ominosos y silentes, trazan círculos sobre mi cabeza cuando recorro esos escombros tratando de localizar la terraza donde el dueño de casa, un inglés, y su esposa Pepita tomaban todas las tardes el *five o'clock tea*, contemplando el quebrado horizonte de la cordillera Negra.

Yapatera es un caso aparte porque, en un entorno social de indios, cholos y blancos, fue durante mucho tiempo un pueblo negro. Según don Fernando Barranzuela, el sabio del lugar, en el año de 1609, en plena Colonia, el señor feudal de Yapatera compró catorce esclavos negros —diez hombres y cuatro mujeres— procedentes de Cumaná (Venezuela), a los que los indios del lugar apodaron los «cumananeros». Así nacieron las famosas cumananas, contrapuntos líricos de versos rimados —desafío y réplica— en que son maestros consumados los yapateranos. Paso cerca de un par de horas, bajo los molles, sauces y algarrobos de la placita de Yapatera, oyendo las cumananas con que don Fernando Barranzuela y Juan Manuel Guardado, los dos bardos locales, se provocan y burlan de sí mismos. Las letras son por lo general de afiebrado contenido sexual y, como suele ser frecuente en la poesía popular, rezuman machismo, racismo y chauvinismo. (Desafío: «Me puse a lavar un negro / a ver si se desteñía; / cuanto más lo jabonaba / más negro se me ponía». / Réplica: «Yo también bañé a un blanquito / a ver qué cosa decía; / le metí un dedo al potito / y el maricón se movía»).

Toda esta región en los viejos tiempos estaba llena de cañaverales y trapiches y hasta el aire parecía impregnado con la dulcísima miel de la chancaca. Ya no queda uno solo. Alrededor de Yapatera hay todavía arrozales pero todo el contorno está dedicado a la siembra de frutas para la exportación. Hago un alto en la antigua hacienda de Sol Sol y de nuevo me doy de bruces con la Piura modernísima del siglo XXI: viñedos que se extienden hasta perderse de vista, alineados al milímetro y se diría podados por artistas; almacenes, depósitos, empaquetadoras, comedores y baños relucientes; sembríos de paltas y mangos. Los dueños de la empresa Saturno me explican que sus clientes abarcan un abanico de países de varios continentes y que, en los períodos de mayor actividad, más de dos mil familias viven del trabajo en esta finca.

Ya de regreso a la ciudad, veo a orillas de la carretera, en una ranchería de chozas donde se ofrecen bebidas y carne seca a los viajeros, algo que me hace detener. Está tumbado al sol, revolviéndose sobre sí mismo en la tierra parda y áspera, peludo, grisáceo y, a juzgar por los desafinados rebuznos que lanza de pronto, sin ton ni son, gozando del instante. El último piajeno de Piura parece feliz.

Piura, marzo de 2012

Chacas y el cielo

Chacas está más cerca del cielo que cualquier otro lugar del planeta. Para llegar allí hay que escalar los nevados de la cordillera de los Andes, cruzar abismos vertiginosos, alturas que raspan los cinco mil metros y bajar luego, por laderas escarpadas que sobrevuelan los cóndores, al callejón de Conchucos, en el departamento de Ancash. Allí, entre quebradas, riachuelos, lagunas, sembríos, pastizales y un contorno donde se divisan todas las tonalidades del verde está el pueblo, de mil quinientos habitantes y capital de una provincia que alberga más de veinte mil.

La extraordinaria belleza de este lugar no es sólo física, también social y espiritual, gracias al padre Ugo de Censi, un sacerdote italiano que llegó a Chacas como párroco en 1976. Alto, elocuente, simpático, fornido y ágil pese a sus casi noventa años, posee una energía contagiosa y una voluntad capaz de mover montañas. En los treinta y siete años que lleva aquí ha convertido a esta región, una de las más pobres del Perú, en un mundo de paz y de trabajo, de solidaridad humana y de creatividad artística.

Las ideas del padre Ugo son muy personales y muchas veces deben haber puesto a los superiores de su orden —los salesianos— y a los jerarcas de la Iglesia muy nerviosos. Y a los economistas y sociólogos, no se diga. Cree que el dinero y la inteligencia son el diablo, que los enrevesados discursos y teorías abstractas de la teología y la filosofía no acercan a Dios, más bien alejan de él, y que tampoco la razón sirve de gran cosa para llegar al Ser Supremo. A éste, en vez de tratar de explicarlo, hay que desearlo, tener sed de él, y, si uno lo halla, abandonarse al pasmo, esa exaltación del corazón que produce el amor. Detesta la codicia y el lucro, el piélago burocrático, el rentismo, los seguros, las jubilaciones, y cree que si hay que hacer alguna crítica a la Iglesia católica es haberse apartado de los pobres y marginados entre los que nació. Ve a la propiedad privada con desconfianza. La palabra que en su boca aparece con más frecuencia, impregnada de ternura y acentos poéticos, es caridad.

Cree, y ha dedicado su vida a probarlo, que la pobreza se debe combatir desde la misma pobreza, identificándose con ella y viviéndola junto a los pobres, y que la manera de atraer a los jóvenes a la religión y a Dios, de los cuales todo en el mundo actual tiende a apartarlos, es proponiéndoles vivir la espiritualidad como una aventura, entregando su tiempo, sus brazos, sus conocimientos, su vida a luchar contra el sufrimiento humano y las grandes injusticias de que son víctimas tantos millones de seres humanos.

Los utopistas y grandes soñadores sociales suelen ser vanidosos y autorreferentes, pero el padre Ugo es la persona más sencilla de la tierra y cuando, con ese sentido del humor que chispea en él sin descanso, dice: «Me gustaría ser un niño, pero creo que soy sobre todo un revoltoso y un *stupido*» (palabra que, en español, se debe traducir no por estúpido sino por sonsito o tontín), dice exactamente lo que piensa.

Lo curioso es que este religioso algo anarquista y soñador es, al mismo tiempo, un hombre de acción, un realizador de polendas, que, sin pedir un centavo al Estado y poniendo en práctica sus peregrinas ideas, ha llevado a cabo en Chacas y alrededores una verdadera revolución económica y social. Ha construido dos centrales eléctricas y canales y depósitos que dan luz y agua al pueblo y a muchos distritos y anexos, varios colegios, una clínica de sesenta camas equipada con los más modernos instrumentos clínicos y quirúrgicos, una escuela de enfermeras, talleres de escultura, carpintería y diseño de muebles, granjas agrícolas donde se aplican los métodos más modernos de cultivo y se respetan todas las prescripciones ecológicas, escuela de guías de altura, de picapedreros, de restauración de obras de arte colonial, una fábrica de vidrio y talleres para la elaboración de vitrales, hilanderías, queserías, refugios de montaña, hospicios para niños discapacitados, hospicios para ancianos, cooperativas de agricultores y de artesanos, iglesias, canales de regadío, y este año, en agosto, se inaugurará en Chacas una universidad para la formación de adultos.

Esta incompleta y fría enumeración no dice gran cosa; hay que ver de cerca y tocar todas estas obras, y las otras que están en marcha, para maravillarse y conmoverse. ¿Cómo ha sido posible? Gracias a esa caridad de la que el padre Ugo habla tanto y que desde hace casi cuatro décadas trae a estas alturas a decenas de decenas de voluntarios italianos —médicos, ingenieros, técnicos, maestros, artesanos, obreros, artistas, estudiantes— a trabajar gratis, viviendo con los pobres y trabajando hombro a hombro con ellos, para acabar con la miseria e ir haciendo retroceder a la pobreza. Pero, sobre todo, devolviendo a los campesinos la dignidad y la humanidad que la explotación, el abandono y las inicuas condiciones de vida les habían arrebatado. Los voluntarios y sus familias se pagan los pasajes, reciben alojamiento y comida pero no salario alguno, tampoco seguro médico ni jubilación, de modo que formar parte de este proyecto les significa entregar su futuro y el de los suyos a la incertidumbre más total.

Y sin embargo allí están, vacunando niños y tirando lampa para embalsar un río, levantando casas para comuneros misérrimos en San Luis, diseñando muebles, vitrales, estatuas y mosaicos que irán a San Diego y a Calabria, dando de comer o haciendo terapia a los enfermos terminales del asilo de Santa Teresita de Pomallucay, levantando una nueva central eléctrica, cocinando las setecientas comidas diarias que se distribuyen gratuitamente y formando técnicos, artesanos, maestros, agricultores que aseguren el futuro de los jóvenes de la región. Uno de estos jóvenes voluntarios se llamaba Giulio Rocca y trabajaba en Jangos, donde lo asesinó un comando de Sendero Luminoso, explicándole antes que lo que él hacía allí era un obstáculo intolerable para la revolución maoísta. Años después, otro miembro del proyecto, el padre Daniele Badiali, fue asesinado también porque se negó a entregar el rescate que le pedía un puñado de ladrones.

En la actualidad hay unos cincuenta voluntarios en Chacas y unos trescientos cincuenta en toda la región. Viven modestísimamente, en comunidad los solteros y en viviendas las parejas con hijos, mezclados con los pobres, y, repito, no ganan salario alguno. Las obras que construyen, apenas terminadas, las ceden al Estado o a los propios usufructuarios; según la filosofía del padre Ugo, el proyecto Mato Grosso no tiene bienes propios; todos los que crea los administra sólo temporalmente y en beneficio de los necesitados, a quienes los cede apenas son operativos. La financiación de las obras proviene, además de la exportación de muebles, de donativos de instituciones, empresas o personas de muchos lugares del mundo, pero principalmente de Italia.

Los voluntarios vienen por seis meses, uno, dos, tres, diez años, y muchos se quedan o regresan; traen a sus niños o los tienen aquí, en esa modernísima clínica donde los usuarios sólo pagan lo que pueden o son atendidos gratuitamente si no pueden. Es divertido ver a esa nube de niños y niñas de ojos claros y cabellos rubios, en la misa del domingo, entreverados con los niños y las niñas del lugar cantando en quechua, italiano, español y hasta en latín. A muchos de estos voluntarios les pregunté si no los angustiaba a veces pensar en el futuro, el de ellos y el de sus hijos, un futuro para el que no habían tomado la menor precaución, ni ahorrado un centavo. Porque sólo en Chacas los pobres tienen asegurado un plato de comida, una cama donde dormir y un médico que los atienda en caso de enfermedad. En el resto del mundo, donde reinan aquellos valores que el padre Ugo llama diabólicos, los pobres se mueren de hambre y la gente mira para otro lado. Se encogían de hombros, hacían bromas, siempre habría un amigo en alguna parte para echarles una mano, la Madonna proveerá. La confianza y la alegría son como el aire puro que se respira en Chacas.

Estoy convencido de que, pese a la notable grandeza moral del padre Ugo y sus discípulos y de la fantástica labor que vienen realizando en los cuatro países donde tienen misiones —Perú, Bolivia, Ecuador y Brasil—, no es éste el método gracias al cual se puede acabar con la pobreza en el mundo. Y no lo creo porque mi escepticismo me dice que no hay, en el vasto planeta, suficientes dosis de idealismo, desinterés y caridad como para producir transformaciones como las de aquí. Pero qué estimulante es vivir, aunque sea sólo por un puñado de días, la experiencia de Chacas y descubrir que todavía hay en este mundo egoísta hombres y mujeres entregados a ayudar a los demás, a hacer eso que llamamos el bien, y que encuentran en esa entrega y ese sacrificio la justificación de su existencia. ¡Ah, si hubiera tantos *stupidi* en el mundo como en Chacas, querido y admirado padre Ugo!

Chacas, marzo de 2013

Cusco en el tiempo

Como Jerusalén, Roma, El Cairo o México, en el Cusco el pasado forma parte esencial del presente y a menudo lo reemplaza con la irresistible presencia de la historia. No hay espectáculo más impresionante que ver amanecer desde la plaza de Armas de la antigua ciudad, cuando despuntan en la imprecisa luminosidad del alba los macizos templos color ocre oscuro y los balcones coloniales, los techos de tejas, la erupción de campanarios y torres y, en todo el rededor, el horizonte quebrado de los Andes que circunda como una muralla medieval al que fue el orgulloso «ombligo del mundo» en tiempo de los incas.

Hay algo religioso y sagrado en el ambiente y uno entiende, según cuentan los primeros cronistas que visitaron la ciudad imperial y dejaron testimonio escrito de su deslumbramiento, que, en el pasado, quienes se acercaban al Cusco debían saludar con reverencia a quienes partían de allí, como si el haber estado en la capital del Incario les hubiera conferido prestigio, dignidad, una cierta nobleza. Ya en tiempos prehispánicos era una ciudad cosmopolita donde, además del quechua —el *runa simi* o lengua general—, se hablaban todas las lenguas y dialectos del imperio. Hoy ocurre lo mismo, con la diferencia de que las lenguas que escucho a mi alrededor, en estas primeras horas mágicas del día, provienen del mundo entero, porque el turismo que invade Cusco a lo largo del año procede de los cuatro puntos cardinales.

He estado cerca de siete u ocho veces en el Cusco y ahora vuelvo luego de cinco años. Como siempre, los dos primeros días los tres mil cuatrocientos metros de altura los siento en la presión de las sienes y en el ritmo acelerado del corazón, pero la emoción es la misma, un sentimiento agridulce de asombro ante la belleza del paisaje urbano y geográfico y de agobio ante el presentimiento de la infinita violencia que está detrás de esos templos, palacios, conventos, donde, como en pocos lugares del planeta, se mezclan y funden dos culturas, dos historias, costumbres, lenguas y tradiciones diferentes.

Los arqueólogos han descubierto que, en las entrañas cusqueñas, hay sustratos preincaicos importantes, que se remontan a la antiquísima época de la desintegración del Tiahuanaco, y que en la raíz de muchas construcciones incas está presente el legado de los wari. Pero a simple vista lo que se manifiesta por doquier, en las ciudades, las aldeas y el campo cusqueños, es la fusión de lo incaico y lo español. Templos, iglesias, palacios están levantados con las piedras monumentales, rectilíneas y simétricas de las grandes construcciones incas y muchas de sus callecitas estrechas son las mismas que conducían a los grandes adoratorios del sol y de la luna, a las residencias imperiales o a los santuarios de las vestales consagradas al culto solar. El resultado de este mestizaje, presente por todas partes, ha dado lugar a unas formas estéticas en las que es ya difícil, si no imposible, discriminar cuál es precisamente el aporte de cada civilización.

Un buen ejemplo de ello y, también, del progreso que ha experimentado el Cusco en este último lustro es la ruta del barroco andino. Recorrer antaño los templos coloniales de la provincia de Quispicanchi era arduo y frustrante, por los malos caminos y el estado de deterioro en que aquéllos se encontraban. Hoy hay una moderna carretera y la restauración de las iglesias de Canincunca, Huaro y Andahuaylillas está terminada y es soberbia. Las tres iglesias son una verdadera maravilla y es difícil decir cuál es más bella. Muros, tejados, retablos, campanarios, lienzos, tallas, frescos, incluso el veterano órgano de Andahuaylillas, lucen impecables. Pero acaso lo más importante es que están lejos de ser museos, es decir, de haberse quedado congelados en el tiempo. Por el contrario, y, en gran parte gracias al empeño de los jesuitas que están a cargo de ellos y de los voluntarios que los ayudan, se hallan vivos y operantes, con escuelas, talleres, bibliotecas, centros de formación agrícola y artesanal, unidades sanitarias, oficinas de promoción de la mujer, consultorios jurídicos y de derechos humanos y hasta un taller de luthería (en Huaro) donde los jóvenes aprenden a fabricar arpas, guitarras y violines. Las comunidades que rodean a estas parroquias denotan un dinamismo pujante que parece irradiar desde aquellos templos.

Pasé largo rato contemplando las pinturas, tallas, frescos y esculturas de las iglesias de Quispicanchi. Lo indio está tan presente que a veces supera a lo español. Es evidente que aquello ocurrió naturalmente, sin premeditación alguna por parte de los pintores y artesanos indígenas que los elaboraron, volcando de manera espontánea en lo que hacían su sensibilidad, sus tradiciones, su cultura. Las pieles de los santos y los cristos se fueron oscureciendo; los rostros, el cabello, bruñendo; los ojos y hasta las posturas y ademanes, sutilmente indianizando; y el paisaje, también, poblándose de llamas, vicuñas, vizcachas y de molles, saucos y maizales.

Entre las salinas de Maras y los andenes circulares de Moray, en el valle del Urubamba, asisto a una pequeña procesión en la que los cargadores del anda de la Virgen del Carmen —una indiecita recubierta de alhajas— van disfrazados de incas y, luego, se celebra una fiesta en la que grupos de estudiantes de la Universidad de San Antonio Abad bailan huaynos y pasillos. Un antropólogo, del mismo centro académico, me explica que tanto la música como los polícromos calzones y polleras de los danzarines son, todos, de origen colonial. El mestizaje reina por doquier en esta tierra, incluso en ese animado folclore que los guías turísticos se empeñan en hacer retroceder hasta los tiempos de Pachacútec.

Pero muchas cosas han cambiado también en el Cusco en estos últimos cinco años. Uno de los mejores escritores cusqueños, José Uriel García, publicó en los años veinte del siglo pasado un precioso ensayo en el que llamaba a la chichería «la caverna de la nacionalidad». En esa rústica y miserable taberna, de fogón y de paredes tiznadas, donde se comían los guisos populares más picantes y se emborrachaban los parroquianos con la brava chicha de maíz fermentado, se estaba forjando, según él, «el nuevo indio», crisol de la peruanidad. Pues bien, en el Cusco de nuestros días, si las chicherías no han desaparecido del todo, quedan ya muy pocas y hay que ir a buscarlas —con lupa— en los más alejados arrabales. Ya sólo sobreviven en las aldeas y pueblos más remotos. En la ciudad las han reemplazado las pollerías, los chifas, las pizzerías, los McDonald's, los restaurantes vegetarianos y de comida fusión. Todavía proliferan por doquier los modestos albergues para mochileros y *hippies* que vienen al Cusco a darse un baño de espiritualidad bebiendo mates de coca (o masticándola) y transubstanciándose con los *Apus* andinos, pero, además, tanto en la ciudad como a orillas del Urubamba y al pie de Machu Picchu, han surgido hoteles de cinco estrellas, modernísimos. Algunos de ellos, como El Monasterio y Las Nazarenas, han restaurado con esmero y buen gusto antiguos edificios coloniales.

En esta ciudad, en gran parte bilingüe, los cusqueños quechuahablantes suelen jactarse de hablar el quechua más clásico y puro del Perú, lo que, como es natural, despierta envidia y rencor, además de acusaciones de presunción, en las demás regiones andinas donde la lengua de los incas está viva y coleando. Como no hablo quechua no puedo pronunciarme al respecto. Pero sí puedo decir que el español que se habla en el Cusco es un dechado de elegancia, desenvoltura y discreción, sobre todo cuando lo hablan las personas cultas. Mechado de lindos arcaísmos, suena con una música alegre que parece salida de los manantiales saltarines que bajan de los cerros, o, si se endurece en las discusiones y arrebatos, resuena grave, solemne y antiguo, con un deje de autoridad. Está cuidadosamente pronunciado, con unas erres y jotas vibrantes, y es siempre elocuente, discreto, amable y educado.

No es raro, por eso, que aquí naciera uno de los grandes prosistas del Renacimiento español: el Inca Garcilaso de la Vega. La probable casa en la que nació ha sido rehabilitada con tanto exceso que es ya irreconocible. Pero, aun así, aquí pasó su infancia y adolescencia, y vio con sus propios ojos y guardó para siempre en su memoria esa época tumultuosa y terrible de la conquista y el desgarramiento cultural y humano que generó. Aquí escuchó a los sobrevivientes de la nobleza incaica, a la que pertenecía su madre, llorar ese glorioso pasado imperial «que se tornaría vasallaje» y que evocaría luego, en Andalucía, en las hermosas páginas de *Los Comentarios Reales*. Siempre que he venido al Cusco he peregrinado hasta la casa del Inca Garcilaso, el primero en reivindicar sus ancestros indios y españoles y en llamarse a sí mismo «un peruano».

Cusco, enero de 2015

2. El Perú político I: Tiempo de revolución (1962-1968)

Homenaje a Javier Heraud

¿Qué significa este encarnizamiento de la muerte con los jóvenes poetas del Perú de talento probado y sentimientos nobles? ¿Qué maldición fulmina a los mejores de nosotros apenas comienzan a vivir y a crear? Ayer, Enrique Alvarado, Oquendo de Amat, el chiclayano Lora cayeron aniquilados en plena juventud, cuando su vocación acababa de cuajar en obras precozmente maduras; hoy, Javier Heraud. Todavía no consigo asimilar, en sus escandalosas dimensiones, la noticia de esta muerte atroz. ¿Javier Heraud muerto por la policía en la selva amazónica? ¿Javier Heraud arrojado a la fosa común de Puerto Maldonado por los propios homicidas? ¿Javier Heraud enterrado lejos de los suyos, en los umbrales de la jungla? Los diarios de Lima mienten y calumnian como un hombre respira, son la abyección hecha tinta y papel. Pero esta vez quiero creerles, tiene que ser cierto que ese muchacho al que todos queríamos ha muerto con las armas en la mano, defendiendo su vida hasta el final. No es posible que los guardias, esos perros de presa del orden social de gamonales, generales y banqueros, lo mataran a mansalva. Sería inicuo, demencial. Estoy seguro que este amigo entrañable ha caído como caen los héroes, derrochando coraje, sereno y exaltado a la vez, con la bella tranquilidad con que afirmaba en ese poema suyo que es un estremecedor vaticinio: «No tengo miedo de morir entre pájaros y árboles».

Que Javier Heraud decidiera empuñar las armas y hacerse guerrillero sólo significa que el Perú ha llegado a una situación límite. Nadie más ajeno a la violencia que él, por temperamento y convicción. Los que no lo conocieron pueden abrir sus libros, esas dos breves entregas de poesía diáfana, *El río* y *El viaje*, en los que un joven de palabra melancólica expresa su encantamiento ante la naturaleza y el tiempo irreversible, y su ternura, su infinita piedad por las cosas humanas: las casas, los jardines, los objetos, los libros. Qué negra debe ser la injusticia, qué feroz miseria tiene que asolar al Perú para que este adolescente que cantaba la soledad y el paso de las estaciones decida convertirse en un guerrero. Cuando alguien como Javier Heraud estima que ha llegado la hora de tomar el fusil, para mí no hay duda posible, su gesto me demuestra mejor que cualquier argumento que hemos llegado a lo que Miguel Hernández, otro poeta mártir, llamaba «el apogeo del horror», que son inútiles ya la persuasión y el diálogo.

Yo no puedo hablar de él ahora como quisiera. La perplejidad y la ira me turban demasiado para evocar su obra y decir hasta qué punto son limpias y conmovedoras las imágenes de sus poemas, qué irreprochable su música. Ni el presentimiento de la muerte que ronda su segundo libro crispa esta poesía que fluye siempre serenamente, pone nombres a las cosas, contempla gozosa las nubes, las aves y los árboles, cruza las ciudades y discurre con inocencia sobre el corazón humano, la vida y el amor.

El hombre y la obra no son disociables, pero en este momento trágico sólo quiero evocar el recuerdo de ese muchacho grande y de gestos desamparados, que pasó por París hace dos años. Juntos recorrimos librerías, museos, hicimos largas caminatas hablando de literatura y del Perú, pasamos una noche entera leyendo poemas. Es difícil, es horrible aceptar la evidencia. ¿Cómo admitir que ese cuerpo vivo, que esa voz honda y cordial pertenecen ya al pasado? Acabo de releer la última carta que recibí de él. Es fogosa, llena de pasión por Cuba, que lo había deslumbrado, de un optimismo insólito pues era predispuesto a la tristeza. Pronostica un porvenir ancho y hermoso para el Perú. Él no podrá ver ya ese país que ambicionaba, ni sabrá que, vencido este período de sacrificios cruentos, las futuras generaciones pronunciarán su nombre con respeto y dirán: «El primero de nuestros héroes fue un joven poeta».

París, 19 de mayo de 1963

Toma de posición

1. El movimiento de guerrillas que ha estallado en la sierra peruana no constituye un fenómeno importado, aberrante o ajeno a nuestra realidad, sino que es la consecuencia natural de una situación secular que se caracteriza por la miseria, la injusticia, la explotación, el inmovilismo y el abandono en que nuestros gobernantes han mantenido siempre al país.

2. Ciento cincuenta años de vida republicana nos han enseñado que el poder lo han detentado alternativamente dictaduras militares o representantes civiles de la oligarquía, que no se han preocupado de otra cosa que de acrecentar sus privilegios o de crear otros nuevos, a expensas de la mayoría del pueblo peruano, y que las pocas mejoras que éste ha obtenido fueron conquistadas al precio de luchas sindicales, de exterminación de obreros y campesinos, de sacrificios innumerables de vidas humanas y de la acción de grupos minoritarios de intelectuales.

3. El actual Gobierno, suponiendo que sus intenciones iniciales fueran loables, continúa las líneas generales de los precedentes: no ha logrado hasta ahora modificar las estructuras del país, se ha contentado con tímidas tentativas reformistas, destinadas más a paliar el descontento popular que a solucionar realmente los problemas existentes, ha tolerado una política obstruccionista llevada a cabo por el sector más reaccionario de la nación y ha desperdiciado en una palabra la ocasión de romper con nuestra tradición de gobernantes venales, entreguistas o irresolutos.

4. En estas condiciones consideramos que para que el campesino disfrute de la tierra que trabaja, para que el obrero lleve una vida digna, para que las clases medias no vivan bajo un complejo permanente de frustración, para que el país sea el beneficiario de sus riquezas y para que el Estado sea el árbitro de su destino no queda otro camino que la lucha armada.

5. Por ello, aprobamos la lucha armada iniciada por el MIR, condenamos a la prensa interesada que desvirtúa el carácter nacionalista y reivindicatorio de las guerrillas, censuramos la violenta represión gubernamental —que con el pretexto de la insurrección pretende liquidar las organizaciones más progresistas y dinámicas del país— y ofrecemos nuestra caución moral a los hombres que en estos momentos entregan su vida para que todos los peruanos puedan vivir mejor.

Milton Albán Zapata, Sigfrido Lastre, Humberto Rodríguez, Alfredo Ruiz Rosas, Federico Camino, Hugo Neyra, Julio Ramón Ribeyro, Mario Vargas Llosa.[*]

París, 22 de julio de 1965

---

[*] Aunque firmamos este texto ocho peruanos, creo recordar que su redacción fue obra sólo de Hugo Neyra, de Julio Ramón Ribeyro y mía. *(N. del A.)*

En un pueblo normando recordando a Paúl Escobar*

Paúl Escobar me había hablado algunas veces de Montivilliers y yo la creía una ciudad. Es sólo una aldea, algo escondida entre las colinas que van ondulando desde Rouen hasta el mar. Nunca la había imaginado tan pequeña, tan estrecha de calles, tan húmeda y leal. Llegué antes de las seis y el cielo estaba oscuro ya y la menuda lluvia que caía recordaba la garúa de Lima. En la plaza, unas señoras con paraguas me mostraron el Liceo, y en el Liceo un pizarrón me indicó que no era allí, sino cruzando un descampado, un riachuelo y una iglesia, en un local ancho y vetusto en cuya fachada había un cartelón: SALA DE FIESTAS.

Adentro, la reunión ya había comenzado. En un tabladillo rústico, unos muchachos cantaban, recitaban, ante un auditorio grave y provinciano, y de rato en rato un señor tomaba el micro y hablaba de Paúl («*Monsieur Escobar*», «*notre cher confrère*»). Yo me decía que, tal vez, los asistentes habían venido con sus sillas, como se hacía en el arenoso y descubierto cine Castilla, en Piura, veinte años atrás. ¿Quiénes eran estos ancianos bigotudos, estos niños, estas mujeres abrigadas? ¿Habían conocido a Paúl o estaban allí por curiosidad? ¿Venían a recordar al profesor de ese remoto país que dio a sus hijos las primeras lecciones de español o a matar la soñolienta monotonía de una noche de invierno de provincia? Era conmovedor: mi amigo había sido aquí, durante dos años, un puntual y querido profesor (así, con estas palabras, acababa de decirlo el director), y yo, en todo ese tiempo, aunque continuaba viendo a

---

* Este pequeño homenaje a Paúl Escobar, que murió en 1965, en un encuentro con el Ejército peruano, en Mesa Pelada —pertenecía a la guerrilla del MIR, de Luis de la Puente—, fue enviado en 1965 o 1966 a *Expreso*, de Lima, donde yo colaboraba. El diario decidió no publicarlo. El texto estuvo durmiendo en mis papeles hasta mayo de 1981 en que lo publiqué en *El Comercio* de Lima. *(N. del A.)*

Paúl, no sospeché siquiera en qué consistía esta otra vida que lleva-ba tres días a la semana, fuera de París, aquí, en la tierra de Flau-bert, no lejos del pueblecito normando donde según dicen vivió, soñó y se envenenó Madame Bovary.

En el tabladillo, una mujer de brazos largos leía un poema de Vallejo en una traducción atroz y yo pensaba en Madrid: había un tocadiscos en el suelo y alrededor un grupo de peruanos empeña-dos en aprender a bailar huaynos, marineras y tonderos para parti-cipar en un festival de folclore. Mal que mal, se llegó a formar un conjunto y fuimos a Extremadura y hasta nos premiaron llevándo-nos por muchas ciudades donde nos hacían bailar en las plazas de toros. ¿Bailaba bien Paúl? Era un gordito simpático y discutidor, siempre detrás de las muchachas, y en Cáceres, ahora me acuerdo clarito, una noche se trompeó. Luego, en Madrid, comenzamos a vernos seguido y nos hicimos amigos. Vivía mal y estudiaba algo, aunque sin mucha convicción, y siempre andaba contando chistes. Creo que nunca lo vi de mal humor. Caía al Jute, una tasca que está cerca del parque del Retiro, a eso de las seis, y él «¿todavía vas a es-cribir?», yo «sí, media hora más», y él «no, ya basta, vamos a pa-sear». Era muy agradable salir a caminar con él, muy chistoso verlo escudriñar, perseguir y piropear a las chicas. Un día me dijo que se iba a París y yo pensé que probablemente no nos veríamos más. En la segunda fila, una viejecita con zuecos se ha puesto a tejer, pero mantiene la cabeza alta y escucha. Ha subido al tabladillo un con-junto musical.

Cuando lo volví a ver, meses después, en París, apenas lo reco-nocí. Se había casado y ya no era el palomilla, el bohemio, el bro-mista de antes, sino un hombre que se rompía el alma para subsis-tir. Conservaba, no sé cómo, su gordura generosa y sus bruscos, incluso un poco ingenuos, arrebatos de bondad. Wetter Hotel, calle de Sommerard: tantos años ya. Ése fue un año difícil y, sin embargo, cuánto entusiasmo, qué magníficos proyectos, qué for-midable amistad: Lucho Loayza estaba allí, Jorge González, los Córdoba (Elsa también, qué horrible, acababa de morir), ¿quién más?, un antipático al que le decían, no sé por qué, «Pachito Eché». ¿Qué hacía Paúl, de qué vivía? Trata de recordar: iba y venía con maletas por los barrios de París. ¿Era vendedor? Además, se había puesto a estudiar y a admirar a Sartre, al hijo que tuvo lo llamó

Jean-Paul, yo me reí de él, le dije sentimental. ¿Qué estudiaba? Algo raro, que se relacionaba con números, física o química, ¿o estadística?, acuérdate que iba a veces a seguir unos cursos en el centro de Saclay: ingeniería, una cosa así. El primer año aprobó y cambió de empleo, encontró una ocupación que le permitía estudiar: velador de un viejito tullido. Lo vestía, lo bañaba, lo alimentaba y después nos contaba y nos reíamos, era como un chiste cruel. El segundo año también aprobó, pero el viejito se murió y Paúl debió buscarse otro empleo: cocinero. El restaurante se llamaba México Lindo, sí, el de la rue de Cannettes, ¿será cierto que los platos que introdujo (que inventó) están todavía en el menú?, un día de éstos date una vuelta por ahí y verás. Ese empleo lo engordó tanto que parecía rodar por la calle, no caminar. Los peruanos, los sudamericanos merodeábamos hambrientamente por la rue de Cannettes cuando Paúl estaba allí y él se las arreglaba para darnos a todos de comer, cómo haría. Incluso nos traía al hotel, a sus amigos, unos manjares picantes, escondidos en bolsitas de papel, pobre Paúl. Ahora se han puesto a aplaudir y habla de nuevo el director. Había habido aquí, en el Liceo de Montivilliers, una semana de conferencias sobre América Latina, organizada por Paúl. Cuándo sería, nunca te contó.

El tercer año también aprobó y tú le decías quién te viera y quién te ve, gordo, te felicito hombre, qué bien. Ya era profesor, aquí, éstos eran sus alumnos, ésos sus colegas, ese que está hablando en el tabladillo, su patrón, «Monsieur le directeur». Adivínalo ante el pizarrón, con una tiza en la mano, pronunciando lentamente papá, mamá, sintiendo lo que se siente cuando se enseña español: erre, jovencito, erre, erre, no diga gué. En ese tiempo venía a menudo a despertarte y almorzábamos juntos, en ese restaurante barato y atestado del Odeón: La Petite Chaise. ¿Te recibes este año, Paúl? No, todavía le faltaban dos. Qué apetito tenía, qué seguro y maduro parecía caminando vestido de azul, un maletín bajo el brazo y en la cabeza un ridículo (pero abrigador, hermano) gorrito de piel. Le decías, mira cómo son las cosas, te has vuelto un burgués. Y una mañana, hermano, me voy al Perú. ¿Lo has pensado bien, gordo? Sí. ¿A pelear, tú, gordo? Sí, como avergonzado, hermano, sí.

Trata ahora de imaginar a esa montaña de carne con un fusil en la mano, trata de verlo jadeando entre los cerros, trepando cuestas y ocultándose entre los árboles. Parece imposible, ¿no es cierto? Y sin embargo es cierto, y también que murió y que es ahora un cuerpo sin rostro que se pudre en algún lugar de la sierra. ¿Cuál es, cómo se llama ese secreto designio que va del palomilla al vendedor, al estudiante, al cocinero, al profesor, al guerrillero? Pero la reunión se ha terminado ya, la gente está saliendo y es hora de que regreses a París. Adiós, querido Paúl.

París, 1965

3. Literatura peruana

Nota sobre César Moro

Recuerdo imprecisamente a César Moro: lo veo, entre nieblas, dictando sus clases en el Colegio Leoncio Prado, imperturbable ante la salvaje hostilidad de los alumnos, que desahogábamos en ese profesor frío y cortés la amargura del internado y la humillación sistemática que nos imponían los instructores militares. Alguien había corrido el rumor de que era homosexual y poeta: eso levantó a su alrededor una curiosidad maligna y un odio agresivo que lo asediaba sin descanso desde que atravesaba la puerta del colegio. Nadie se interesaba por el curso de francés que dictaba, nadie escuchaba sus clases. Extrañamente, sin embargo, este profesor no descuidaba un instante su trabajo. Acosado por una lluvia de invectivas, carcajadas insolentes, bromas monstruosas, desarrollaba sus explicaciones y trazaba cuadros sinópticos en la pizarra, sin detenerse un momento, como si, junto al desaforado auditorio que formaban los cadetes, hubiera otro, invisible y atento. Jamás adulaba a sus alumnos. Nunca utilizaba a los temibles suboficiales para imponer la disciplina. Ni una vez pidió que cesara la campaña de provocación y escarnio desatada contra él. Su actitud nos desconcertaba, sobre todo porque parecía consciente, lúcida. En cualquier momento hubiera podido corregir de raíz ese estado de cosas que, a todas luces, lo estaba destruyendo: le bastaba servirse de uno de los innumerables recursos de coacción y terror que aplicaban, en desenfrenada competencia, sus «colegas» civiles y militares; sin embargo, no lo hizo. Aunque nada sabíamos de él, muchas veces, mis compañeros y yo debimos preguntarnos qué hacía Moro en ese recinto húmedo e inhóspito, desempeñando un oficio oscuro y doloroso, en el que parecía absolutamente fuera de lugar.

Ocho años después me pregunto cómo situar a Moro en la poesía peruana, a la que parece, también, sustancialmente extraño. En efecto, ¿cómo situar a un poeta auténtico, a una obra realmente original y valiosa, junto a tanta basura, cómo integrarlo dentro de una tradición de impostores y plagio, cómo rodearlo de poetas payasos? Quizá baste señalar que nada vincula a Moro con la vacilante poesía peruana, que nada lo enlaza ni siquiera con las direcciones estimables que ésta ha alcanzado en períodos fugaces. Es cierto que se trata de un poeta puro, porque jamás comercializó el arte, ni falsificó sus sentimientos, ni posó de profeta a la manera de quienes creen que la revolución les exige sólo convertir a la poesía en una harapienta vociferante, pero su pureza no tiene nada que ver con esa suerte de fuego de artificio, con esa actitud de aislamiento, de prescindencia del hombre y de la vida que impregna a cierta poesía de gabinete con un penetrante olor a onanismo y sarcófago. Es cierto que se trata de un poeta *comprometido*, con una fe y una emoción a las que nunca traicionó, pero la lealtad y la limpieza con que asumió su compromiso niega y deja en ridículo precisamente a aquellos poetas que se llaman comprometidos porque repiten una retórica ajena y explotan ciertos tópicos que sólo los preocupan de la piel para afuera, con una insinceridad *snob* tan evidente como la de aquellos pintores indigenistas, fabricantes de pastiches y traficantes innobles de una realidad lacerante, que clama por combatientes, no por mercaderes fotógrafos. Pero además de ser auténtico, sincero, Moro es también un gran poeta. Es sabido que este calificativo no se gana como el cielo, sólo con buenas intenciones. No basta ser consecuente consigo mismo, ajustar estrictamente una conducta a la moral que se postula, respaldar una obra con una actitud convincente, para ser un gran poeta. Es preciso aquella cualidad indefinible que ciertos autores nos revelan al ponernos en contacto inmediato con aspectos inusitados de la realidad, al descubrirnos zonas imprevistas de la sensibilidad y la emoción, al transmitirnos el misterio, la alegría o el dolor de las cosas y los hombres.

César Moro murió hace dos años, el 10 de enero de 1956. Al igual que su obra, su vida es casi totalmente desconocida en el Perú. Nació en Lima, en 1903. En 1925, viajó a Europa. Formó parte del movimiento surrealista. Colaboró en *Le Surréalisme au service de la Révolution* y el homenaje a Violette Nozière. En 1933 los surrealistas franceses firmaron, a su iniciativa, una nota de protesta por los fusilamientos ordenados por Sánchez Cerro. Los originales de su primer libro de poemas, que data de ese año, fueron extraviados por Paul Éluard. Al regresar a Lima editó, con Emilio Adolfo Westphalen y Manuel Moreno Jimeno, un boletín a favor de la República española, que acarreó persecución policial a sus autores. Tuvo una polémica violenta con el chileno Vicente Huidobro. Con Westphalen fundó la revista *El Uso de la Palabra*. Viajó a México en 1938. En 1940 organizó allí, con André Breton y Wolfang Paalen, la Exposición Internacional del Surrealismo. En México, también, publicó *Château de Grisou* y *Lettre d'Amour*. En esa época se aparta del movimiento surrealista. Regresa a Lima en 1948. *Trafalgar Square* aparece en 1954. Al morir, dejó varias obras inéditas. André Coyné, que editó el año pasado en París *Amour à Mort*, ha preparado la publicación de sus dos únicos libros en español, *La tortuga Ecuestre* y *Los anteojos de azufre*. Los poemas que aparecen en estas páginas pertenecen al primero de los libros nombrados. Al publicarlos, quienes editamos esta revista queremos rendir nuestro homenaje a César Moro y señalar que, sin participar de muchas de sus convicciones, su obra nos merece profunda admiración y respeto.

Lima, febrero de 1958

Belli y la rebelión

Hace ya algunos años, la poesía peruana sufrió un agravio premeditado y sonoro: a la caída de un ceniciento crepúsculo de diciembre, unos jóvenes arbitrarios invadieron la Asociación Nacional de Escritores y Artistas y, en torno al patrimonio lírico del país, que allí se exhibía en nítidos manuscritos, depositaron grabados de impresionantes deformaciones biológicas e inscripciones de una agresividad irrepetible. En los salones del recinto de los intelectuales del Perú, los agresores sembraron luego, perversamente, papel higiénico, barro y anilina y, sobre una mesa de la sala central, donde lucía el más significativo poema de la muestra, clavaron —¡oh humillación!— una bacinica viejísima, rescatada poco antes de un muladar aledaño a la ciudad.

Aquel asalto, que indignó a la prensa y a los escritores, fue, en realidad, algo más que una pasajera y adolescente exhibición de irreverencia y malhumor: a través de esa acción rápida y teatral una generación expresaba su voluntad de rebelión. Tal vez la protesta de esos jóvenes no iba exclusivamente dirigida a la realidad literaria peruana; quizá, ambiciosamente, pretendía abarcar todos los órdenes de una sociedad en estado de crisis. Es posible, además, que aquel acto fuera ingenuo, ineficaz, efímero. Pero, en cuanto a la literatura se refiere, tenía una significación indudable, aunque fuera únicamente simbólica. Basta recordar el desprestigio en que había caído la poesía peruana en aquellos años, por obra de cholistas, indigenistas y evasionistas de toda calaña, para justificar esa actitud de desafío y condena. Es verdad que los autores de aquel gesto espectacular no constituían un movimiento, ni actuaban bajo el estímulo de postulados precisos, y que no consiguieron permanecer unidos en torno a una labor constructiva y permanente. Pero sería innoble no reconocer que con ese asalto truculento, un puñado de inconformes proclamaba su propósito limpio y admirable de restablecer la dignidad y el prestigio de la actividad literaria en el Perú.

Entre los inconformes de entonces estaba Carlos Germán Belli. Sólo un profundo y auténtico sentimiento de rebelión pudo haber empujado a ese muchacho tímido, terriblemente modesto y silencioso hasta la exasperación de sus amigos, a intervenir en un acto de violencia, tan ajeno a su personalidad, a su bondad y cortesía innatas. Sólo un convencimiento hondo y radical de la necesidad de reformar un estado de cosas equivocado y lamentable pudo romper su sobriedad y pacifismo habituales. Han pasado cerca de ocho años desde aquella tarde de diciembre, y Belli vuelve ahora a demostrar que aquella convicción rebelde de su juventud ha permanecido intacta. En los poemas que acaba de reunir en un libro, surgen, nuevamente, esta vez en imágenes hermosas, la denuncia de una realidad injusta y el clamor de su reforma. Solo, sin estridencia, sin una publicidad planificada, Belli, con esta brevísima edición, se coloca en primera línea, entre los auténticos poetas rebeldes del Perú.

Su libro de poemas, por otra parte, aparece muy oportunamente, porque viene a echar luz sobre un problema que hoy conmueve a la poesía peruana y amenaza con aniquilarla. Los partidarios de la llamada poesía social que, aparentemente, han ganado la batalla contra los poetas puros, han impuesto, numéricamente, su actitud y su concepción de la poesía. Y a tal extremo que casi podría afirmarse que el único requisito indispensable que se exige ahora, entre nosotros, a un poeta es una profesión de fe revolucionaria, un testimonio social: si un libro de poemas no repite las fórmulas consabidas, el llamado a la revolución, la protesta contra la miseria de la sociedad occidental, si el rostro maciento de un obrero no asoma en sus páginas, se considera que ese libro no tiene valor. Más aún: se niega un juicio estrictamente literario sobre él. Basta decir que se trata de un autor reaccionario. Como tal, en cierto modo, sobre sus hombros recae todo el drama social de nuestro tiempo. Naturalmente que un responsable indirecto de la invasión imperialista a Egipto y de las torturas infligidas a los patriotas argelinos no puede ser, de ningún modo, un buen poeta. Y, a la inversa, ¿alguien se atreve a acusar de poetastro a quien ha cantado, en tercetos asonantes, el hambre del indio, la victoria de una huelga de los trabajadores del petróleo? No, porque aquel autor, se dice, ha cumplido su deber: se ha comprometido, se ha afiliado a la causa de la liberación del hombre. Y eso, automáticamente, lo inmuniza. Esta actitud frente a la literatura, además, ya no se utiliza únicamente para juzgar el presente: con ella se juzga, también, a los escritores del pasado. Yo recuerdo haber escuchado proclamar en San Marcos, a un compañero de clase, gallardamente que Góngora no fue un buen poeta porque la oscuridad y complejidad de sus escritos son los instrumentos que utiliza la burguesía para convertir a la cultura en patrimonio de clase.

De este modo se ha llegado a la confusión actual, a la patética falsificación de valores que preside la naciente actividad literaria peruana. Belli tiene el mérito de no haber incurrido en ninguno de los prejuicios vigentes: sus poemas, por el contrario, despejan de hecho los errores más difundidos por los teóricos criollos del realismo social y rescatan el ejercicio literario del pozo de mediocridad sonora a que aquéllos le habían arrojado. Los poemas de Belli confirman bellamente que se puede ser rebelde y que se puede hacer una poesía de la rebelión sin necesidad de escribir estruendosos libelos rimados, cuya ferocidad, por desdicha, hiere al lenguaje con más frecuencia que al State Department. Belli no ha olvidado que el escritor contemporáneo no sólo tiene la obligación de comprometerse con la sociedad en la que vive, sino que, como escritor, tiene, además, una responsabilidad inicial, básica, frente al oficio que ejerce. El escritor tiene la obligación fundamental de escribir bien y debe ser juzgado de acuerdo a esa premisa: no exclusivamente por la trascendencia o significación de los temas que ha tocado, sino, también y a la vez, por la originalidad de sus medios expresivos, por su mayor o menor habilidad para tratar aquéllos artísticamente, es decir, en un plano de decoro y belleza verbal. Si incumple este requisito, si sacrifica y traiciona el aspecto formal en nombre de una absorbente preocupación social, se podrá decir que es un honesto revolucionario, un apóstol respetable pero no un buen escritor. Esta última calificación es estrictamente literaria, aquélla es una calificación moral. Es absurdo y trágico reducir la crítica a una condena o absolución éticas. Este procedimiento adolece de un prejuicio fundamental y entraña un peligro efectivo: amenaza con deformar y estancar el ejercicio literario en toda una generación y elimina la posibilidad de una crítica libre. De ambos casos tenemos ejemplos próximos: nuestros poetas adolescentes, a juzgar por sus escritos, se muestran más interesados en repetir un vocabulario convencional *ad hoc* que en aprender gramática y, ante cualquier intento de revisión de los autores nativos, los teóricos del realismo oponen a sus adversarios un veto moral, como ocurrió hace un año, cuando Luis Loayza y yo pusimos en tela de juicio la vigencia y valía poética de Chocano y fuimos acusados, indirectamente, por Francisco Bendezú, ni más ni menos que de traición a la patria.

Belli no ha incurrido en ninguna de estas concesiones que llevan al holocausto de la poesía en nombre de una fe. Tampoco ha intentado la evasión. Belli sabe que la evasión no sólo es inmoral, también es imposible. El escritor puede desearla, perseguirla, pero no la conseguirá jamás. Aun cuando se sumerja en el cerebralismo, en laberínticos juegos verbales, aun cuando invente misteriosos territorios poéticos para uso personal o un orden mágico privado, aun cuando su inteligencia y voluntad se empeñen férrea y ciegamente en crear un arte puro, en el mal sentido de la palabra, esto es, despojado de todo contacto con el mundo y los hombres, su empeño será inútil, porque la evasión constituye una flagrante toma de posición al revés frente a aquella realidad que se trata de eludir. Con su silencio, el poeta que vuelve la espalda a la realidad porque sus males y defectos le repugnan se hace cómplice: su actitud, objetivamente, contribuye a que aquéllos permanezcan. Belli no quiere evadirse, no quiere eludir un pronunciamiento. Al contrario: el sentimiento de rebelión que vive en él ha sido trasladado a sus poemas en toda su pureza original.

La rebelión surge primero como la constatación de un drama exterior. Y en los poemas de Belli hay testimonios inequívocos de la amargura, de la angustia del hombre de hoy acosado desde todos los flancos por aquella «voz airada» que descubrimos a cada instante, apostada «entre viejo cierzo» y nos reclama «ajena deuda y costras de mil llagas». Esa voz ha convertido al mundo en una «pradera helada» cuyo rigor hiere la vida contemporánea «y la destroza», «al alma hurtando en cada instante tierno / nuestro calor, ay, nuestra lumbre hermosa». Una sensación de inestabilidad, de desamparo creciente, atormenta al hombre de hoy, que no se siente solidario con el orden que rige la sociedad en que habita, sino un ser abandonado y en peligro:

> *No me encuentro en mi salsa:*
> *veo que ustedes se avergüenzan*
> *de nuestro perfil*
> *de nuestro pellejo,*
> *de nuestro tamaño*
> *y escucho una voz que me dice:*
> *«ésta no es su casa, usted es un salvaje».*

Cuando descubre que aquel orden que impugna no lo afrenta sólo a él, sino también a muchos otros, aunque en grado distinto, el poeta no se limita a expresar una actitud individual. Su reclamo incluye a todo un vasto sector humano, espiritual y materialmente aliado por un drama común:

> *Yo, mamá, mis dos hermanos*
> *y muchos peruanitos*
> *abrimos un hueco hondo, hondo*
> *donde nos guarecemos,*
> *porque arriba todo tiene dueño*
> *todo está cerrado con llave,*
> *sellado firmemente,*
> *porque arriba todo tiene reserva...*

Pero la simple toma de conciencia de conflicto del hombre y la sociedad contemporánea, y del ambiente de zozobra y desconfianza en que aquél vive, no basta. Es preciso asumir una posición ante este estado de cosas, no sólo conocerlo. La respuesta de Belli a la realidad, al orden establecido en el predominio de la injusticia y el abuso, es el llamado a la rebelión. El poeta rechaza el monopolio de la felicidad por aquel «grupo de personas que han graduado, con el poderío de la escala de haberes del país, la serenidad de sus expresiones fisonómicas, la soltura de sus extremidades y el volumen de su voz» y, a la vez, clama por una reacción integral contra esta situación. Todo ello ocurre en el estricto recinto de la poesía: Belli, que no se propone difundir una doctrina política —tal vez porque no se ha adherido a ninguna, tal vez porque sabe que la poesía es el instrumento más definitivamente inapropiado para hacerlo—, sino una emoción, no utiliza la anécdota. Con el solo lenguaje admisible de la imagen, Belli advierte el peligro de mantenerse impasible ante aquellos «buenos hijos de familia», adiestrados por «los jefes», que se sienten, cada uno, «como el hijo de su feroz conquistador blanco», y ante «aquellos que han mejorado de jerarquía», que ya «comienzan a mostrar un insospechado odio» y que «se alistan a formar parte de la milicia del mes encargada del exterminio». Contra ellos y contra «la invisible telaraña chic» que han escalado, Belli propone la acción, el rechazo concluyente: «Tendremos que destruir el secreto régimen municipal que nos impide alcanzar el bocado fino de cuerpo y alma, que todos aspiramos desde los seis años de edad. Tendremos que hacer la revuelta para transformar el amor. No puedo soportar más tal situación. En las próximas horas apandillaré a mis amigos para hacer iniciar una acción en pos de nuestro primer bocado fino. Porque ya es hora. Y además sería penoso que, andando el tiempo, nuestros hijos sufrieran de encanecimiento precoz».

El poeta no ha intentado huir del mundo. Está firmemente establecido en él y su poesía está llena de vida. Belli ha recogido y transmitido «el gran alarido» de la realidad circundante, y ha orientado su sensibilidad y su emoción hacia el triunfo de su «hermosa y antigua» «ley de compensaciones». La rebelión que él postula es inmensa: se extiende a todos los sectores y planos de la realidad y el sentimiento. Belli cree en ella hondamente. Por eso, cuando vaticina los alcances que tendrá, su poesía, que está sobrecogida de angustia e inquietud, tiene un estremecimiento optimista. La «revuelta» ansiada no sólo impondrá una relación justa y pacífica entre los hombres: además, restaurará la pureza del amor —al que Belli ha dedicado un poema bellísimo, el primero de su libro— e impondrá para siempre la alegría:

A similitud de los manantiales
que brotan de repente
de la roca más dura
en medio del ozono azul del viento
la revuelta te dará facultades

para hablar,
escribir
y andar sobre las nubes,
más una chispa de hulla a la mirada.

Los poemas de Belli tienen una coherencia y unidad internas, disimulada a veces por su versatilidad expresiva. Todos ellos son signos de un mismo proceso en el que la constante principal es la actitud de insumisión. Esta actitud, en una época, fue expresada anárquica y descontroladamente, con simples ademanes. A esta época deben corresponder los «fonemas» que Belli ha incluido en su libro —supongo que sólo por un deber de lealtad consigo mismo— y que son lo correspondiente, en poesía, a aquella rebeldía ya superada de la simple gesticulación o la mímica.

Finalmente, si bien la rebeldía es el motivo central de los poemas de Belli, el hilo subterráneo que los une, ella no es el único factor dominante. Tras la indignación y la violencia, en los poemas de Belli está siempre el amor, el gran tema de la poesía de todos los tiempos, suavizando su expresión, impregnando su lenguaje, como en las «Variaciones para mi hermano Alfonso», de una particular delicadeza y ternura, y demostrando que su rebeldía es justificable porque no está construida sobre el odio, la frivolidad o la estupidez, los tres grandes enemigos de la literatura contemporánea del Perú.

1958

César Vallejo, poeta trágico

El 15 de abril de cada año, un grupo de estudiantes peruanos residentes en París atraviesa la Puerta de Orléans y va a inclinarse unos momentos, en señal de homenaje, ante una tumba austera del cementerio vecino de Montrouge. Allí yace, desde 1938, César Vallejo, hombre insobornable y ejemplar, y una de las voces más altas y profundas de la poesía moderna.

Rara vez una vida y una obra se corresponden y prolongan de manera tan rigurosa y fiel como en el caso de Vallejo: una misma sustancia recorre, anima y tiene en pie a esos dos vasos comunicantes. La biografía de Vallejo se resume en dos palabras, injusticia y dolor, y su obra es un testimonio patético de esta experiencia: su poesía muestra con palabra desnuda y trágica los abscesos sociales y los males de su tiempo y es, a la vez, un canto a la solidaridad humana, un mensaje de adhesión a todos aquellos que sienten, como Vallejo, «la cólera del pobre».

Su vida es un drama sin tregua, que comienza aún antes de su nacimiento, ocurrido un día incierto de marzo de 1892, en Santiago de Chuco, un pueblecito de los Andes, al norte del Perú. La injusticia lo precede —sus abuelos son dos sacerdotes españoles y dos indias—, acosa su juventud de estudiante pobre y rodea la aparición de su primer libro, *Los heraldos negros* (1918), que es recibido en Lima con silencio o desdén. Sin embargo, en esos poemas donde todavía se encuentran huellas de lecturas, hay ya una actitud que va contra la corriente —Vallejo habla más de los otros que de él—, un acento personal al evocar la desdicha y la angustia, y un esfuerzo por insertar en la lírica un vasto vocabulario tomado directamente de la vida cotidiana, del habla popular. En 1920, la injusticia le impide viajar a Europa: testigo involuntario de una asonada local, Vallejo será absurdamente acusado de agitador y de incendiario y encerrado en la cárcel.

Dos años después, publica su segundo libro, *Trilce*, peor recibido que el primero. Casi nadie descubrirá en esos poemas vanguardistas la osadía que esconden: una agresiva voluntad de dominio y de castigo del idioma, un empeño implacable de liberar a la poesía en lengua española del libertinaje retórico en que ha naufragado por culpa de los seguidores de Rubén Darío. *Trilce* es un libro frustrado sólo a medias, pues lo salvan su temeridad y su honradez, su ambicioso anhelo de amaestrar una lengua desbocada por los excesos formales, devolver a la palabra poética su limpieza original y, una vez despojada de escorias, hacer de ella nuevamente un vehículo de comunicación entre el poeta y los hombres.

Vallejo abandona el Perú, para siempre, a mediados de 1923. En París, lleva una vida lastimosa y oscura: hoteles de última categoría, noches de vigilia en los cafés del Barrio Latino, una miseria monótona, un hambre constante. Las personas que lo conocieron en esta época son terminantes: Vallejo vive la pobreza con elegancia, con una dignidad sin límites. Por lo demás, no faltan pruebas de su altura moral: en 1926 renuncia a una beca en España porque no tolera el gobierno de Primo de Rivera.

En esos años de indigencia, su generosidad, su bondad naturales despiertan su inquietud política. Estudia doctrinas revolucionarias, escribe artículos sobre problemas sociales; en 1928, viaja a Rusia. Al año siguiente, contrae matrimonio con una muchacha francesa, Georgette, que será una compañera abnegada de aventuras y desventuras. Poco después vuelve a la URSS y consigna sus impresiones de este viaje en un libro polémico: *Rusia en 1931. Reflexiones al pie del Kremlin* (1931). Está en España cuando el derrumbe de la monarquía y la instalación de la República. Este acontecimiento debió fascinarlo: en ese entonces brota en él, sin duda, ese amor ferviente por el pueblo español que impregna los poemas de *España, aparta de mí este cáliz* de su turbadora intensidad elegíaca.

Al estallar la guerra civil española, Vallejo queda como fulminado. Entra en un período de actividad febril: va dos veces a la Península, una de ellas para intervenir en el Segundo Congreso de Escritores Antifascistas (1937), es uno de los fundadores en París del Comité Iberoamericano para la Defensa de la República Española, publica artículos combativos, firma manifiestos. «La causa

del pueblo es sagrada y triunfará hoy, mañana o pasado mañana»,
escribe a su amigo, el poeta Juan Larrea.

En la segunda mitad de 1937 y a principios del año siguiente,
sumergido en ese clima de pesadumbre y de exaltación por el drama español, César Vallejo escribe la mayor parte de los poemas de
su libro capital: *Poemas humanos*. Una parte del libro está dedicada
exclusivamente a cantar con palabras que estremecen por su sinceridad y su amargura la resistencia de los republicanos españoles.
Poemas humanos es una colección de poemas en verso y en prosa
que constituye una de las tentativas más audaces y feroces por describir la condición humana, libre de disfraces. Poemas esenciales,
que exponen a la luz como llagas abiertas el desamparo y el horror
de una época, y aquella grandeza escondida en el corazón del hombre desdichado que resiste a todos los extravíos, a todas las mentiras, es difícil decir hasta qué punto la belleza de *Poemas humanos* es
sombría e inquietante. Sólo algunos místicos del Siglo de Oro consiguieron dar a la poesía en lengua española la sobriedad, el eriza-
miento y el furor que tanto nos conmueven en los *Poemas humanos*. Pero San Juan de la Cruz y Santa Teresa se inspiraban en Dios;
Vallejo, sólo en el hombre.

César Vallejo murió en una clínica del Boulevard Arago. Los
milicianos de Cataluña imprimieron los poemas de *España, aparta
de mí este cáliz* para repartirlos en las trincheras. El libro completo
apareció por primera vez, un año después de la muerte de Vallejo,
a mediados de 1939, en París, gracias al cuidado de Georgette y a
la buena voluntad de algunos amigos.

1962

José María Arguedas descubre al indio auténtico

Los escritores peruanos descubrieron al indio cuatro siglos después que los conquistadores españoles y su comportamiento con él no fue menos criminal que el de Pizarro. Ocurrió hace medio siglo. Era la época del modernismo y lo exótico estaba de moda. Herederos del simbolismo, los novecentistas vivían fascinados por las ciudades lejanas y adoraban los tapices persas, las lacas y sedas de China, los biombos japoneses, la pintura caligráfica. Y, de pronto, descubrieron al alcance de la mano un universo inexplorado, hermético: los Andes. Sobrevino entonces una verdadera inundación en la literatura peruana: los motivos «andinos» anegaron los escritos modernistas, poemas y relatos se poblaron de llamas, vicuñas, huanacos, ponchos, indios, huaynos, chicha y maíz. Ventura García Calderón, que probablemente no había visto un indio en su vida, publicó un libro de cuentos que fue célebre en Europa: *La venganza del cóndor*. Traducido a diez idiomas, valió a su autor ser mencionado entre los candidatos al Premio Nobel. En esos relatos, García Calderón deleitaba a sus lectores refiriéndoles las costumbres de unos personajes de grandes pómulos cobrizos y labios tumefactos que, en las alturas andinas, fornicaban con llamas blancas y se comían los piojos unos a otros. Casi al mismo tiempo, aparecieron los *Cuentos andinos* de Enrique López Albújar: un impresionante catálogo de depravaciones sexuales y furores homicidas del indio, al que López Albújar, funcionario del Poder Judicial en distintos lugares del Perú, sólo parece haber visto en el banquillo de los acusados. Y el poeta José Santos Chocano, ese simpático aventurero que ignora los escrúpulos en la literatura y en la vida, comienza a fabricar rimas y sonetos en los que canta a los indios de «soñadora frente y ojos siempre dormidos» y evoca las desdichas de la «raza vencida» con la misma desenvoltura con que adula a Alfonso XIII y al dictador Estrada Cabrera, su protector.

En realidad, ninguno de los modernistas ve en el indio otra cosa que un tema de composición literaria. Todos ellos pertenecen a la burguesía de la costa y en el Perú las clases sociales están separadas desde la Colonia por un sistema de compartimentos estancos: un limeño de clase media puede pasarse la vida sin ver a un indio.

Los modernistas conocían la realidad andina de oídas, en el mejor de los casos tenían de ella una visión exterior, turística. El indio les era esencialmente extraño y nada en sus escritos nos asegura que lo consideraran un semejante. Lo que los llevó a utilizarlo como motivo literario fue justamente la diferencia que veían entre ellos y ese hombre de piel de otro color, de lengua y costumbres distintas. Nada tiene de raro, pues, que el testimonio modernista sobre el indio fuera falso y caricatural.

¿Cómo hubiera podido ser de otro modo? Un escritor responsable escribe siempre a partir de una experiencia y los modernistas no tenían la menor experiencia de lo indígena. Tampoco hablaban de los indios movidos por un sentimiento de solidaridad, sino por amor a lo raro, por esnobismo. Su actitud profunda hacia lo indígena era la curiosidad y el desdén. Conviene recordar que el modernismo coincide en el Perú con el apogeo del «hispanismo», ese formidable simulacro ideológico que tuvo como teórico principal, precisamente, a un novecentista: José de la Riva Agüero. El «hispanismo» consistió, de un lado, en la justificación sistemática de la conquista y en la defensa, indiscriminada y beata, de los aportes españoles a la historia del Perú. De otro, en una abyecta empresa de rebajamiento y desprecio del pasado precolombino y de la realidad indígena contemporánea. Aristócrata, intoxicado de erudición y de prejuicios, Riva Agüero se sumerge resueltamente en el ridículo en 1920 (nunca más saldría de él) con un libro hinchado de pretensión y de citas, *El Perú histórico y artístico*, escrito para demostrar que el Perú recibió durante la Colonia numerosas familias ilustres de Burgos, que se asentaron y perpetuaron en él, y dieron origen a una élite de «sangre azul» nacional, en la que, claro está, figura su familia. Siempre dispuesto a perdonar las matanzas y saqueos de la conquista y a explicar el letargo cultural de la Colonia, Riva Agüero es implacable cuando señala los defectos de las víctimas. «Los incas», dice, «eran una tímida grey de esclavos taciturnos», «acostumbrados al yugo», añade, «acogía con tranquila indiferencia a los nuevos amos, cualquiera que fuesen». «Es la quechua una raza dulce, soñadora y quejumbrosa, fina aún en medio de su presente degradación». Todos los modernistas compartían el «hispanismo» de Riva Agüero y, bajo las fórmulas de paternalismo hipócrita que empleaban para hablar del indio, alentaban sentimientos racistas. En estas condiciones, era imposible que escribieran sobre él de manera veraz.

La falsificación de los temas andinos por la literatura modernista originó una reacción radical; en términos dialécticos, diríamos que provocó una antítesis. Contribuyó a ello la Revolución mexicana, al propagar por todo el continente un afán de reivindicación de los valores autóctonos. Seducido por el ejemplo de los naturalistas mexicanos, José Sabogal inicia en el Perú un movimiento plástico inspirado en el paisaje y el hombre de los Andes. En el crepúsculo del modernismo, de sus ruinas, surge un grupo de escritores y poetas que se propone elaborar una literatura «indígena». Este movimiento bien intencionado adoleció, por desgracia, de defectos capitales. En primer lugar su parasitismo ideológico. Los nativistas se alimentaban de aquello que querían combatir: el «hispanismo». Alejandro Peralta, Nazario Chávez Aliaga, Emilio Armaza y otros «nativistas», en efecto, enfrentaron a los prejuicios de la literatura costeña y blanca un sistema equivalente de prejuicios serranos e indigenistas. Al hispanismo de principio de los novecentistas, respondieron con una hostilidad, también de principio, contra lo hispánico y, por extensión, contra lo accidental. Un historiador de talento, Luis F. Valcárcel, llegó incluso a afirmar en su libro *Ruta cultural del Perú* que los monumentos arqueológicos coloniales son ajenos a la nacionalidad y que Lima y la costa representaban el «anti Perú». De este modo, se establece en la vida cultural peruana un maniqueísmo artificial que trae como consecuencia inmediata la deformación de la realidad, por escritores de ambos bandos.

Porque resulta que el Perú no es «español» ni «indio», sino esas dos cosas y, además, otras. Existe también una comunidad «mestiza» y pequeños grupos demográficos dotados de personalidad propia: negros, chinos, indígenas selváticos. El proceso de integración de las dos unidades demográficas principales, la blanca y la india, es muy lento, pues ambas comunidades se mantienen separadas por una estructura económica que, desde la Colonia, impide al indio incorporarse a la vida oficial y concentra todos los privilegios —el dinero, la tierra, el poder político— en manos de una casta, que a su vez constituye una ridícula minoría dentro de la minoría blanca. La integración sólo comenzará a ser efectiva cuando aquella estructura sea reemplazada por otra, que destruya las barreras económicas que hoy separan a blancos, indios y mestizos y ofrezca a todos las mismas posibilidades. Pero atengámonos a la situación actual del Perú. La integración no se ha producido ni puede producirse dentro del sistema vigente. Por lo tanto, resulta una pretensión irreal querer fundar una literatura peruana, exclusivamente en función de una de las comunidades culturales, renegando de las otras. No sería menos iluso creer que puede surgir una «literatura proletaria» mientras la burguesía siga en el poder. El «hispanismo» y el «indigenismo» son tentativas de ese género y su fracaso se explica por la escasa noción de la realidad histórica de sus autores. Lo mismo ocurre con esos efímeros movimientos que se llamaron «criollismo» y «cholismo», de perspectivas más ingenuas todavía, pues se empeñaban en reducir lo nacional a un mestizaje que sólo existe actualmente como fenómeno localizado, incipiente y primario.

Por lo demás, los indigenistas, aunque albergaban hacia el indio sentimientos generosos, tampoco estaban en condiciones de hablar de él con autenticidad. Su nativismo era intelectual y emocional, no se respaldaba en un conocimiento directo e íntimo de la realidad andina. Los indios de Peralta o de Chávez Aliaga son los mismos que aparecen en las tarjetas postales; sus paisajes, los de un álbum de turistas. Se trata de un «indigenismo» epidérmico. Basta echar una ojeada a dos poemas de Peralta:

> *Ha venido el indio Antonio*
> *con el habla triturada y los ojos como candelas.*
> *En la puerta ha manchado las cortinas de sol.*
> *De las cuevas de los cerros*
> *los indios sacarán rugidos como culebras*
> *para amarrar a la muerta*
> *(El indio Antonio)*

Titicaca emperador
En los hombros su peplum de alas de prusia
(Titicaca emperador)

Decididamente, la visión es tan extranjera como la de cualquier modernista, algo más demagógica también. Con una diferencia, sin embargo: aquéllos elegían mejor sus modelos estéticos, imitaban a Verlaine o a Darío, y Peralta copia a Marinetti. Es una de las razones por las que, de acuerdo con premisas estrictamente literarias, el modernismo peruano dejó algunas obras de valor, en tanto que resulta muy difícil encontrar textos de calidad en las publicaciones nativistas. Ello se debe, asimismo, a un vicio introducido por los indigenistas y que todavía causa estragos. A pesar de sus prejuicios intelectuales y sociales, los modernistas tenían cierto respeto por su oficio de escritores. No es sorprendente: se trataba de adoradores de la forma. Los indigenistas, que detestaban el «formalismo» modernista, reaccionaron concentrando toda su atención en el «contenido», en los temas, y desdeñaron tanto los problemas de procedimiento, los métodos de la creación, que acabaron escribiendo con los pies. Olvidaron que la literatura sólo puede ser un instrumento en tanto que tal, es decir, que un poema o una narración deben justificarse estéticamente para ser eficaces vehículos ideológicos. La significación moral y social de una obra presupone un coeficiente estético. Si no es así, no hay literatura. Las buenas intenciones no sirven para nada si no van acompañadas, o precedidas mejor, de eso que los románticos llamaban «inspiración», los simbolistas «rigor» y los realistas «conciencia profesional». El escritor tiene un compromiso con los demás y, a la vez, consigo mismo; con su tiempo y, simultáneamente, con su propia vocación. La literatura es un medio, pero también un fin, para ser «útil» debe primero existir. Conviene recordarlo a esos poetas que se llaman «revolucionarios» e incurren en nuestros días en el error de los indigenistas de hace treinta años: ser un buen poeta no consiste en ser un buen militante.

El fracaso del indigenismo fue doble: como instrumento de reivindicación del indio, por su racismo al revés y su criterio histórico estrecho, y como movimiento literario por su mediocridad estética. Hispanistas e indigenistas levantaron una doble barrera de prejuicios y exclusivismos paralelos que, en la práctica, se tradujo en testimonios literarios inauténticos y falaces de la realidad indígena. Las princesas incas de Chocano son tan irreales como el emperador Titicaca con su peplum de alas de Prusia de Alejandro Peralta. Ambas ficciones expresan un mundo por la más frágil y provisional de sus características: el decorado. En definitiva, no son representaciones estéticas, trasposiciones de una realidad, sino simples construcciones del espíritu sin asiento histórico ni social. Por caminos muy distintos, hispanistas o indigenistas fueron víctimas de una misma alienación y responsables de una impostura idéntica.

Los primeros en superar estas contradicciones y romper el círculo vicioso en que giraba la literatura peruana son César Vallejo, en poesía, y José María Arguedas, en la narrativa.

José María Arguedas publica en 1935 un volumen de cuentos, *Agua*; cinco años más tarde aparece su novela *Yawar Fiesta*; en 1954, *Diamantes y pedernales* y en 1959 se imprime en Buenos Aires su obra principal, *Los ríos profundos*. Con estos libros el indio ingresa de verdad en la literatura peruana y también la belleza y la violencia sombrías de los Andes, sus contradicciones cruciales, su poesía tierna y sus mitos.

A diferencia de sus predecesores, Arguedas no habla de los indios de oídas, no tiene de ellos una información precaria; los conoce desde adentro y es lógico, pues, culturalmente hablando, ha sido un indio. Arguedas, que nació en Andahuaylas en 1911, muy niño quedó huérfano de madre y fue obligado a vivir en el pequeño pueblo de San Juan de Lucanas, donde por circunstancias crueles tuvo que compartir la vida de los sirvientes indígenas. Aprendió a hablar el quechua y su infancia fue tan dura como la de cualquier indio. Conoció en carne propia, y a una edad en la que los recuerdos se graban con fuego en el corazón del hombre, la injusticia radical de que es víctima el indígena. Su adolescencia transcurrió entre indios, en el desolado paisaje de los Andes que recorrió durante años en todas direcciones. Cuando en 1929 llegó a Lima, hablaba con dificultad el español y debió sufrir mucho para asimilar totalmente la lengua y las costumbres del hombre de la costa. Lo consiguió al cabo de grandes esfuerzos, pero sin renegar ni olvidar su juventud india, de la que sería siempre integralmente solidario. Más todavía, esta lealtad hacia los Andes influyó en su vocación literaria de manera decisiva. Cuando llegó a Lima y leyó algo de literatura peruana sufrió, según sus propias palabras, «una gran decepción porque las obras más famosas de la época mostraban a los indígenas como seres decadentes». «Entonces», nos dice, «sentí una gran indignación y una aguda necesidad de revelar la verdadera realidad humana del indio, totalmente diferente de la presentada por la literatura imperante». Y empezó a escribir.

Ni su experiencia vital de la sierra, ni el sentimiento de legítima indignación que sirvió de estímulo a su vocación bastan para explicar la importancia de la obra de Arguedas, claro está. Su vinculación, honda y personal, con la realidad que evocan sus libros de nada serviría, literariamente hablando, si Arguedas no fuera un gran creador, uno de los más puros y originales que han nacido en América. Estos adjetivos han sido derrochados, atribuidos abusivamente y han perdido su eficacia, pero en el caso de Arguedas son insustituibles. Suele emplearse la palabra pureza para calificar la intención que preside una obra, en juicios críticos de misericordia; todos hemos acabado por creer con Gide que las buenas intenciones producen mala literatura. Otras veces, se utiliza para designar el contenido de una obra, y así se llama «puros» a los poetas que fundan su poesía en la perfección de un lenguaje o a los esteticistas que anteponen la belleza a la verdad. La obra de Arguedas es pura en el sentido clásico, constituye una búsqueda simultánea de la belleza y la verdad y, por lo mismo, un combate contra las imposturas históricas y la mentira sustancial que significa en literatura la falta de rigor, el descuido formal, el libertinaje retórico. Obra íntimamente vinculada a una vida, su significación moral parece una prolongación espontánea de la propia biografía de Arguedas. Porque este hombre tímido y austero, conmovedoramente modesto, víctima muchas veces, se ha sentido siempre concernido por la injusticia ajena. Es revelador ese episodio de su juventud, en Pampas, un pueblecito serrano donde Arguedas presenció cuando tenía quince años escenas que le horrorizaban. Esa noche, solo, dejó escrita su protesta en las calles del lugar, que cubrió de inscripciones y carteles. También es revelador que, en Sicuani, diera clases gratuitas de castellano a los indios. El sentimiento de rebeldía y amor que inspira estos actos es el mismo que impregna toda su obra y da a ésta su fascinante dimensión moral.

Casi todos los libros de José María Arguedas están dedicados a los Andes. Sólo su novela *El sexto* (1961) es de ambiente limeño, y aun en este testimonio atroz sobre la prisión de Lima donde Arguedas fue arbitrariamente encarcelado en 1937 por la dictadura de Óscar R. Benavides la sierra asoma también en páginas que constituyen tal vez lo más logrado del libro; la majestuosa procesión de los cóndores cautivos por un pueblecito andino, el episodio del niño serrano violado por los vagos. En sus otros libros, la sierra y el indio ocupan siempre el primer plano de la narración.

Pero Arguedas no sólo difiere de los escritores peruanos que han tratado temas andinos por su conocimiento de la sierra, también por la actitud con que se enfrenta a esta realidad. Arguedas no muestra hacia el indio conmiseración, benevolencia, ninguno de esos sentimientos que expresan sobre todo una distancia entre quien escribe y aquello sobre lo que escribe, sino una identidad previa y total: habla de la sierra como de sí mismo. Por eso, aunque señale vicios y haga críticas, jamás parece un juez, siempre un testigo imparcial. Esta actitud se manifiesta en la serena desenvoltura de su prosa, en su particular acento de sinceridad. Ahora bien, nadie puede engañarse. Arguedas es un escritor objetivo, pero a partir de una adhesión primera y radical con el indio. Esta adhesión nace de su amor por él, de la fascinación que ejerce en Arguedas la cultura quechua. No olvidemos que una gran parte de su labor intelectual ha consistido en la recopilación y traducción al español del folclore indígena. En *Canto quechua* (1938), *Canciones y cuentos del pueblo quechua* (1948), *Cuentos mágico-realistas y canciones de fiestas tradicionales en el valle del Mantaro* (1953), Arguedas rescata mitos, leyendas y poemas indígenas, que vierte bellamente al español, con un fervor y cuidado que muestran hasta qué punto es profunda su identificación espiritual con la cultura andina.

Pero lo principal de su obra son sus libros de ficción. En sus novelas y cuentos, José María Arguedas consigue —el primero en América Latina— reemplazar los indios abstractos y subjetivos que crearon modernistas e indigenistas por *personajes reales*, es decir, seres concretos, objetivos, situados social e históricamente. Las dificultades que tuvo que vencer para llevar a cabo esta empresa eran enormes, pueden medirse por el fracaso de sus predecesores. En efecto, no bastaba conocer de cerca al hombre de los Andes y hablar su lengua. Había que encontrar un estilo que permitiese re-constituir, en español y dentro de perspectivas culturales occiden-tales, un mundo cuyas raíces profundas son diferentes y hasta opuestas a las nuestras. El obstáculo principal, claro está, era el idioma. El indio habla y piensa en quechua; sus conocimientos del español son rudimentarios, a veces nulos. El indígena que baja a la costa y se convierte en sirviente no abandona su lengua materna, pero por necesidad aprende un español elemental y práctico, que le sirve para comunicarse con el blanco; este español empobrecido no representa en modo alguno el habla del indio, como parecen creerlo los indigenistas que hacen hablar a sus personajes indios entre ellos en ese dialecto bárbaro y adulterado de los sirvientes de la costa. Hasta un escritor del talento innegable de Ciro Alegría ha caído a veces en esta trampa, que es también una mistificación: re-sulta lo mismo que se hiciera hablar a los obreros argelinos de París entre ellos en el francés balbuceante y caricatural que emplean con los franceses. La solución residía en encontrar en español un estilo que diera por su sintaxis, su ritmo y aun su vocabulario *el equiva-lente* del idioma del indio. Los indigenistas reducían todo a una superchería fonética. Arguedas ha conseguido llevar a los lectores de habla española una *traducción* del lenguaje propio del indio. Y de este modo pudo, a la vez, recrear en español el mundo íntimo del indio, su sensibilidad, su psicología, su mítica: ya sabemos que todas las características emocionales y espirituales de un pueblo se hallan representadas en su lengua.

La impresión de autenticidad flagrante que tenemos ante los indios de Arguedas proviene ante todo de su manera de hablar. El lenguaje los define de inmediato, los singulariza, les da un relieve propio. Recordemos las épicas placeras de Abancay que aparecen en *Los ríos profundos*, los comuneros kayaus de *Yawar Fiesta*, el danzante de *La agonía de Rasu Ñiti*: son personajes de psicología inconfundible, ligados a la naturaleza por un complejo sistema de vínculos sensoriales y emotivos, unidos entre sí por una comuni-dad de intereses, creencias y actitudes. Se trata de seres que reaccio-nan ante los estímulos de la realidad exterior con actos originales, cuyos dolores y alegrías se expresan con modalidades típicas. José María Arguedas es el primer escritor que nos introduce en el seno mismo de la cultura indígena y nos revela la riqueza y la complejidad anímica del indio, de la manera viviente y directa con que sólo la literatura puede hacerlo. Sería muy extenso (e inútil, no se trata aquí de analizar estilísticamente la obra de Arguedas, sólo de señalar su situación en el proceso literario peruano) describir los procedimientos formales que emplea Arguedas. Señalemos uno, sin embargo: la ruptura sistemática de la sintaxis tradicional, que cede el paso a una organización de las palabras dentro de la frase no de acuerdo a un orden lógico, sino emocional e intuitivo. Cuando hablan, los indios de Arguedas expresan ante todo sensaciones y de ellas derivan los conceptos.

Hagamos un alto momentáneo en ese inolvidable tercer capítulo de *Yawar Fiesta* titulado: «Wakawak'ras trompetas de la tierra». En el primer capítulo, Arguedas describe el escenario geográfico y social de su historia; el pueblo de Puquio se yergue como una pirámide jerárquica, con barrios, casas y habitantes rigurosamente diferenciados según se trate de comuneros indios, mestizos comerciantes o blancos propietarios. En el segundo capítulo traza la historia del pueblo: asistimos al proceso que dio a Puquio, en su origen comunidad india, su actual conformación. Arguedas evoca el despojo de las tierras comunales por los blancos arruinados con el cierre de sus minas, que los obligó a convertirse en hacendados y ganaderos. Esos dos capítulos son como el prefacio de la novela, las coordenadas históricas y sociales del medio. Pero la acción novelesca comienza en el tercer capítulo: una sucesión de rumores, voces anónimas recogidas aquí y allá, en las chozas indias, en los zaguanes de las casas de los blancos, en los mostradores de las tiendas mestizas. En el chisporroteo sonoro, descubrimos que el pueblo anda alborotado con la noticia de una próxima corrida de toros, una de las comunidades indias quiere lidiar a una fiera célebre por su bravura. Es un capítulo sin personajes, las voces son anónimas, proceden de todos los medios de Puquio. Sin embargo, no hay confusión posible en el espíritu del lector, que distingue de inmediato cuándo hablan los blancos, cuándo los indios, una subterránea ternura que procede de la abundancia de diminutivos y de vocativos, de su ritmo jadeante y quejumbroso, de su expresionismo poético. Se trata de un lenguaje oral y colectivo, en el sentido más estricto, no sólo por su origen, sino por su propia estructura; en las frases de los indios casi no aparecen esas referencias a la individualidad que son los artículos; a veces los vocablos castellanos se deforman fonéticamente, pero su carácter principal es el resultado de su insólita sintaxis. El lector sabe que la frase «ahí está tus ovejitas, ahí está tus vacas» y que la exclamación «¡Dónde te van a llevar, papacito!» sólo pueden ser de indios.

Imitando a Arguedas, muchos indigenistas del Perú, Ecuador y Bolivia han tratado luego de elaborar una literatura del indio, a base de un lenguaje «figurado» y casi siempre, por imprudencia o abuso, naufragaron en el exceso formalista, en el manierismo.

Por cierto, lo más fácil resulta condimentar el habla figurada de los indios con quechuismos y alterar los vocablos, imprimirles una fonética bárbara. Lo admirable en Arguedas es haber construido un lenguaje indio deformando la estructura misma del idioma.

Los aportes de Arguedas no son sólo formales. Lo que más debemos agradecerle es seguramente que haya sabido expresar al indio como es en realidad: un ser múltiple. En otras palabras, de describir al indígena en situación, dentro de un marco geográfico y social variable y según el cual es inteligible su conducta. El paisaje desempeña por eso un papel tan importante en la obra de Arguedas: la flora, la fauna, la luz y el aire de los Andes tienen en él a un apasionado descriptor. La conformación espiritual del indígena debe mucho a su medio natural, así como su conducta se comprende a la luz de su estatuto social. El mejor libro de Arguedas, *Los ríos profundos* (quiero decir el de prosa más bella, el de más aliento), está dedicado principalmente al paisaje de los Andes, es un deslumbrante testimonio poético del suelo andino. En cambio, su mejor novela (la mejor construida, la de personajes más nítidos) es *Yawar Fiesta*. En ella el paisaje es secundario, el elemento humano prevalece. Allí aparece el indio visto desde todos los ángulos: el indio entre los indios, frente al blanco, frente al mestizo. Esta diversidad de enfoques es enormemente instructiva. Esos comuneros que van a pedir a don Julio Arosemena que les regale un toro para lidiarlo en las Fiestas Patrias son dóciles, tímidos, su respeto hacia el gamonal va hasta el servilismo y la franca adulación. Pero ¿cómo podríamos equivocarnos? Esos comuneros (los mismos que, por iniciativa propia y con sólo las manos, construyeron en veintitrés días una carretera de Puquio a Nazca, los mismos que a base de puro coraje vencerán al Misutu) proceden así por estrategia. Su servilismo es aparente, una medida de defensa contra el enemigo. Entre ellos, en cambio, la actitud es otra, la solidaridad no tiene limites, la dignidad preside las relaciones en el hogar y en el trabajo. Esos indios miserables que construyen viviendas para los sobrevivientes de los cañaverales de la costa, y esos otros, que bajan desde las alturas a llorar por la inminente muerte del Misutu, son espíritus ejemplares. Y son los mismos hombres que se doblan como juncos al paso del gamonal y se muestran obsecuentes y solícitos con los blancos.

El testimonio de Arguedas es definitivo: el indio no es obsecuente, ni servil, ni mentiroso, ni hipócrita, pero su conducta lo es en determinadas circunstancias y por necesidad. Esas máscaras son en realidad escudos que le evitan nuevas agresiones, nuevos atropellos. El indio se muestra así a sabiendas ante el hombre que le roba sus tierras y sus animales, que lo encarcela y viola a su mujer y a sus hijos. Pero en la vida interna de la comunidad el indio no se humilla jamás, abomina de la mentira y tiene la religión del respeto a las normas morales que se ha dado. Arguedas, al mostrar al indio en sus diferentes situaciones, al descubrir el verdadero sentido de su actitud frente al blanco, al revelar el mundo de sueños y ambiciones que esconde el alma del indio, nos da todos los elementos de juicio necesarios para comprenderlo y llegar hasta él. Esa visión totalizadora de un mundo es el verdadero realismo literario.

De otro lado, además de describir la índole real de las relaciones del indio y el blanco en el escenario de los Andes, Arguedas muestra también los fenómenos de transculturación que origina el enfrentamiento de las dos comunidades, los intercambios que genera, la asimilación y transformación por el indio de usos y costumbres del blanco de acuerdo con su propia psicología y con su sistema de valores. Conviene para ver ello de más cerca volver a referirse a *Yawar Fiesta*. El episodio central de la novela es una corrida de toros, una fiesta qua trajeron al Perú los españoles. Pero ¿tiene ya algo que ver esa ceremonia importada con el «Yawar punchay»? Casi nada, la fiesta se ha convertido en una especie de trágica epopeya colectiva donde el virtuosismo ha sido reemplazado por el despliegue de arrojo puro, donde el espectáculo queda sumergido por la violencia. Esos indios que enfrentan a la bestia a pecho descubierto y la enfurecen, y vencen con cartuchos de dinamita, son gladiadores y no toreros. Todo ha cambiado: la música, las danzas, los cantos que acompañan a la fiesta son indios y ésta ya no es una fiesta, sino un rito pavoroso, que sirve a un pueblo entero para expresar, de manera simbólica, su dolor y su cólera; el espíritu mismo del espectáculo se ha transformado.

Arguedas no se detiene allí. Muestra también el fenómeno contrario: la «indianización» espiritual inconsciente del blanco de la sierra. Esos gamonales racistas y brutales, tan orgullosos de su condición de blancos, en realidad lo son apenas ya: sin que lo sepan ni presientan, la comunidad que avasallan los ha ido conquistando, colonizando imperceptiblemente. Las reacciones de Julio Arosemena y Pancho Jiménez cuando el subprefecto de Puquio quiere prohibir el «Yawar punchay» «son sintomáticas: se sienten heridos, enfurecidos, afectados personalmente. Ellos no consideran bárbaro el "Yawar punchay" y desprecian a ese costeño que quiere suprimir una de "sus" fiestas».

Finalmente, es preciso señalar el talento con que Arguedas ha mostrado el espíritu colectivista del indio. En sus cuentos y novelas hay algo que sorprende: la falta de héroes individuales. Algunos personajes desempeñan papeles más importantes que otros. Pero, de hecho, la acción narrativa nunca gira de manera excluyente en torno a un personaje que se destaque sobre los otros. En realidad, el personaje central es siempre colectivo: los comuneros en *Yawar Fiesta*, la ciudad de Abancay en *Los ríos profundos*, la muchedumbre larval y subhumana de los penados comunes en *El sexto*. El colectivismo aparece en sus novelas y cuentos, a la vez como una característica propia de la comunidad que él evoca y como un procedimiento formal. Es una prueba más de la fusión que se opera en la obra de Arguedas de dos realidades: la social, la literaria. Una prueba, también, del rigor con que Arguedas ha asumido su vocación.

19 de julio de 1963

Un mito, un libro y una casta

Sebastián Salazar Bondy es una de las contadas personas que, en un país donde la literatura se suele practicar sin convicción y sin constancia, como un pasatiempo de domingo, ha sabido ser, ante todo, un escritor. Para conseguirlo, en otras partes se requiere lealtad hacia la vocación y cierto esfuerzo; en el Perú, además de eso, un silencioso heroísmo. Ciudadanos de una tierra donde casi nadie lee, los pobres porque son analfabetos, los ricos por pereza o simple estupidez; donde la cultura, por las absurdas estructuras en las que se asienta la vida, es una actividad mediatizada y caricatural, el escritor peruano es un hombre sin audiencia y sin fe. La literatura no cumple una función social efectiva entre nosotros ya que carece de público, y, por lo mismo, no es un medio de vida para nadie, un oficio que comprometa una existencia. Quienes la eligen deben ganarse el sustento en otros órdenes, practicarla a ratos, hacer de ella un oficio original y casi vergonzante. Sin editores, sin lectores, ¿cómo no se dejarían ganar pronto por el desaliento? No es raro que los escritores peruanos lo sean a medias y por épocas, que se exilien, se refugien en el alcohol, deserten la literatura o la encanallen.

Dentro de ese contexto, honra a Salazar Bondy la fidelidad hacia su vocación, y su obra, aunque fuera sólo por esto, tendría ya entre nosotros carácter ejemplar. Pero desde luego que ostenta otras virtudes. Se trata de una obra vasta para la edad del autor, y es una obra múltiple, en la que el teatro ocupa el lugar primordial; junto a él, y con igual decoro, se hallan la poesía, el relato y la crónica. Si hubiera que calificarla en una fórmula breve, yo diría que lo más significativo en ella era, hasta ahora, la decencia formal. Barroco y hasta laberíntico en un principio, cuando escribía farsas y poemas herméticos, más tarde llano y preciso en su teatro y en su poesía, el estilo de Salazar Bondy es siempre impermeable al mal gusto y al lugar común, fluido, forjado a base de una dosificación inteligente de humor y de gravedad.

Otra característica de esta obra era hasta hoy una especie de continuidad y de equilibrio, sin caídas ni vuelos, como si en su poesía, su teatro y sus relatos, Salazar Bondy hubiera expresado todas las posibilidades creativas, manifestando todo su talento. Parecía que su obra no iba a ir más allá de sus límites presentes y discurriría hasta el final, como hasta ahora, por un cauce de belleza pareja, medida, digna, no excepcional.

Era falso y una vez más queda demostrado que en el dominio de la creación todo es provisional y nada conocido de antemano, que un libro puede, bruscamente, rescatar o perder una obra o, como en este caso, extender sus fronteras, darle una nueva dimensión. Salazar Bondy acaba de publicar un libro que por su materia, su escritura y sus móviles renueva entre nosotros un género y convierte a su autor en un espléndido ensayista.

Se trata de un libro breve, de lenguaje ceñido y rigurosa construcción: *Lima la horrible*. Salazar Bondy ha elegido para título de su ensayo esta frase agresiva de un poeta extraño y sobresaliente, César Moro, que vivió y escribió en una deliberada oscuridad, y cuya vida y obra fueron un alegato sin tregua por una moral sin concesiones y un arte auténtico. Nada podía convenir tanto como la evocación preliminar de César Moro a este libro que denuncia una vasta impostura.

Lima tiene el privilegio, que es también una deshonra, de vivir en el corazón de una leyenda. Un mito nació en ella, creció y sus raíces, como las de un bosque tentacular, invadieron lo visible y lo invisible, sojuzgaron cuerpos y espíritus y así surgió, superpuesta a la real, una Lima adventicia que a la larga prevalecería sobre aquélla. Esta empresa compleja y formidable es lo que Salazar Bondy llama «la conspiración colonialista», «el mito de la Arcadia colonial».

Siempre resulta difícil resumir un libro en unas líneas sin traicionarlo. Más en este caso, ya que el rigor de la argumentación, la calidad del lenguaje y la exactitud de sus ejemplos hacen de *Lima la horrible* una entidad maciza donde todo resulta necesario. Simultáneamente, el libro progresa en dos direcciones, una descriptiva, que expone todas las proyecciones de un fenómeno, y otra crítica, que explica este fenómeno y lo juzga.

En Lima el pasado es más real que el presente. Pero, contrariamente a lo que ocurre en México o en Bolivia, donde la actualidad
vive embebida de pasado prehispánico, y el viejo mundo indígena
resucita a cada paso con su violencia y sus enigmas, el pasado que
anega Lima y en el que la ciudad funda su orgullo es, justamente,
el que debía avergonzarla: la Colonia. Ésta «abraza hogar y escuela,
política y prensa, folclore y literatura, religión y mundanidad». No
sólo es una época que se recuerda con nostalgia, también un arque-
tipo que el presente quiere repetir. Las costumbres coloniales gan-
grenan todas las manifestaciones de la vida en la Lima de hoy y son
como murallas levantadas contra el tiempo. Así, el presente limeño
es una constante negación de sí mismo, una afanosa, tragicómica
reproducción de una época vencida, y este perpetuo historicidio no
sería tal vez del todo sorprendente si ese pasado por el cual el presente abdica de sí mismo hubiera cuando menos existido. Porque
he aquí lo extraordinario: la fascinación conservadora de Lima
apunta a una colonia apócrifa y es sólo la segunda parte del fenómeno; la primera consistió en inventar ese pasado, en desnaturali-
zarlo más bien, embelleciendo la Colonia, atribuyéndole lo que
Salazar Bondy llama «virtudes arcádicas». El subdesarrollo ofrece
un excelente caldo de cultivo para supercherías de ese género.

   ¿Qué significa en realidad este mito? ¿Cuál es la razón de su
terca existencia? Las páginas de *Lima la horrible* absuelven magis-
tralmente estas preguntas. El mito de la Arcadia colonial tiene unos
cuantos responsables y un puñado de beneficiarios; sus víctimas
son el país entero. Salazar Bondy acusa con razón a escritores como
Palma y Chocano de haber contribuido a la formación del mito, al
dar en sus obras una visión rosácea, edénica, de la época virreinal.
El autor de las *Tradiciones* y el poeta aventurero sirvieron de este
modo, sin proponérselo, los designios de una casta. Porque, y éste es
uno de los aciertos mayores de su libro, Salazar Bondy muestra que
la enajenación del presente limeño por un pasado mítico pudo ser
en su origen un fenómeno psicológico y cultural, pero tiene en la
actualidad un trasfondo económico y político.

   En su origen, el mito debió ser para los limeños algo como una
compensación. Humillados por un ejército extranjero que los derrotó y ocupó su ciudad, desmoralizados ante un futuro que el
derrumbe económico, político y moral del país hacía aparecer tan

sombrío como el presente, los limeños buscaron refugio en el pasado. La obra de Palma, producto en cierta forma de este estado de espíritu, estimuló la ensoñación colectiva. Pero han pasado muchos años desde entonces, la causa ha desaparecido y el mito sigue en pie, más vivo que nunca. ¿Por qué? Porque a su amparo se lleva a cabo un sucio tráfico.

Los beneficiarios del mito son las *Grandes Familias* (Salazar Bondy designa con esta fórmula sarcástica a la oligarquía peruana). Conviene recordar (pero es inútil, todos lo tenemos muy presente) que en el Perú de hoy la riqueza se distribuye según una sencilla norma establecida en la Colonia: mucho para unos pocos, poco para la gran mayoría. Ese abismo económico, claro está, no asoma para nada en las aguas turbias del mito arcádico que refleja la Colonia como un mundo igualitario, donde todos, desde su situación particular, disfrutan de «supuestas abundancias y serenidades». Fomentando el mito, las *Grandes Familias* inculcan a sus víctimas el dogma del respeto por lo establecido y el horror a cualquier cambio. «Los usufructuarios del sistema que satura el presente de pretérito y anula el futuro revertiéndolo suponen que mientras perdure la falacia habrá orden». «Porque no se trata de un amor desinteresado por la historia, ni de una falta de perspectiva hacia el progreso del hombre —dice Salazar Bondy para explicar la supervivencia del mito—, ni de una loca borrachera de anacronismo, nada de eso, sino del mantenimiento, al socaire de esta especie de fetichismo funerario, del sistema en que pertenecen al señor la hacienda y la vida de quien la trabaja». En otras palabras, los herederos de los privilegios que la Colonia instituyó, la pequeña falange de grandes propietarios, banqueros y nuevos ricos surgidos a la sombra de las empresas extranjeras son ignaros, pero no del todo imbéciles: en vez de combatir abiertamente el progreso (que sería mortal para sus intereses), estimulan el culto de un pasado que degenera el presente. El objetivo actual del mito es, pues, bien claro: el inmovilismo social, la perpetuación del sistema que creó la opulencia de aquella falange y ahora la alimenta.

Una de las propiedades del mito arcádico ha sido su capacidad de propagación, su aptitud para infiltrarse disimuladamente en diversos dominios. Amurallado en las *Tradiciones* de Palma, en los poemas de Chocano, en los trabajos históricos de Riva Agüero, el

146

mito no habría capturado los espíritus: ya dijimos que en el Perú apenas se lee. Pero la casta ha sabido difundirlo a través de toda clase de productos de consumo, pasarlo de contrabando en manifestaciones más o menos populares que, de este modo, resultaban adulteradas. Era como matar dos pájaros de un tiro. Un caso típico es el *criollismo*, movimiento híbrido de exaltación, más o menos ingenua, más o menos beata, de cierta música, cierta cocina, cierto atuendo, cierto lenguaje y ciertas costumbres como expresiones típicas de la nacionalidad. Salazar Bondy analiza con maestría el *criollismo*, exhibe sus contradicciones y su vacío. Las *Grandes Familias*, que tienen playas, clubs, universidades y colegios privados a fin de evitar la promiscuidad con el indio, el cholo, el chino y el negro, por los que alientan sentimientos racistas, que no pierden la ocasión de ufanarse de presuntos abolengos, son a la vez encendidas defensoras de lo *criollo* (el vals, las butifarras y la devoción a santa Rosa, todo mezclado). Ocurre que el *criollismo* es el gran instrumento de difusión popular del mito arcádico.

Salazar Bondy establece, también, cómo el mito ha impregnado insidiosamente la religión y a través de ella adormece y enajena a los fieles, cómo, para servir los objetivos de la casta, la Iglesia se acomoda en el Perú con la licencia y la injusticia social, pero no con el desacato al sistema, actitud contra la cual ejercita una incesante ofensiva moral. Y en otro capítulo explica brillantemente las limitaciones del arte pictórico colonial, nacido de espaldas al país y por cuyo intermedio la casta se empeña en vigorizar el mito arcádico.

Para apuntalar el mito, ha sido preciso también el extravío de la crítica literaria, que endiosó a los autores cuyas obras lo servían, y relegó o silenció a quienes testimoniaban sinceramente sobre la realidad del Perú. Salazar Bondy reivindica a González Prada, el iconoclasta de conducta ejemplar y prosa lapidaria, y al primer pensador marxista peruano, José Carlos Mariátegui, y propone una interpretación magistral del poeta José María Eguren «que oxidó la chatarra chocanesca con su pertinacia de brisa» y prefirió integrarse con la niebla, ser una imprecisión más en el ambiente, quintaesenciar hasta el zumo substancial la irrealidad limeña. Pudo mencionar también en su magnífico ensayo a un compañero de generación, el poeta Carlos Germán Belli, que, en su poesía hecha de patetismo, irrisión y dolor animal, ha dado en nuestros días la representación lírica más auténtica de la miseria material y moral de «esta Bética no bella» como él llama a Lima.

Lúcido, profundamente anclado en la realidad, original, *Lima la horrible* es un libro de violencia constructiva.

París, abril de 1964

En torno a un dictador y al libro de un amigo

Hace varios meses ya que trato de escribir unas líneas sobre la novela de Luis Loayza, *Una piel de serpiente*, y vez que me siento ante la máquina de escribir, un malestar difuso e incontrolable me paraliza o me dicta siempre las mismas frases triviales y, en lugar de un juicio sincero sobre el libro, el papel se llena de cobardes, elusivas oscuridades retóricas.

Todas las veces debo arrojar esos borradores al canasto y levantarme del escritorio crispado, disgustado, con remordimientos. Y, sin embargo, cuando vi impresa *Una piel de serpiente* me sentí tan contento como al ver editado mi primer libro, y si sobre alguien quisiera escribir con lealtad, lucidez y brillantez, es precisamente sobre Luis Loayza. Porque es mi amigo.

Supongo que por esta misma razón no puedo hacerlo. Tendría que disociar esa novela de su autor y hablar de ella como de algo soberano, en un tono impersonal, y sería una clamorosa mentira, porque en esa ficción yo sólo veo un testimonio cifrado, como cuando releo un texto mío, y una tentativa para recuperar y exorcizar una experiencia odiosa (ahora melancólica) que compartimos. Detrás de Juan, de Carmen, de Tito, del señor Arriaga, yo sólo lo veo a él, y me veo, y veo también a ese otro amigo que Loayza y yo, quién sabe por qué, bautizamos con el nombre de delfín. E, incluso, en esas descripciones glaciales y perfectas de Miraflores, de su ondulante acantilado, de los viejos olivos nudosos de San Isidro y los tristísimos baños de Barranco, que aparecen en su libro, me resulta imposible diferenciar lo que pertenece a la literatura y a nuestros propios recuerdos. Porque esos lugares son el territorio donde creció nuestra amistad como un refugio contra tantas cosas que odiábamos, en esos años turbios y mediocres de la dictadura de Odría en los que, justamente, transcurre su novela.

Y es otra de las razones, sin duda, por las que no puedo releer *Una piel de serpiente* sin que la atmósfera frígida, rigurosamente objetiva del libro, se convierta a los pocos momentos en algo subjetivo, y me arroje de nuevo esos cálidos, nauseabundos olores que respirábamos los que hace dos lustros salíamos de la adolescencia, como Juan, abúlicos y un poco encanallados. «Mi generación fue tumultuosa», dice Georges Bataille en el prólogo de uno de sus libros. Los jóvenes apristas y comunistas que Odría encarceló o exilió podrán decir algo parecido y recordar esos años con orgullo y furor. Nosotros, en cambio, los adolescentes de esa tibia clase media a los que la dictadura se contentó con envilecer, disgustándolos del Perú, de la política, de sí mismos, o haciendo de ellos conformistas y cachorros de tigre, sólo podríamos decir: fuimos una generación de sonámbulos.

Dentro de diez, veinte o cincuenta años, en un Perú distinto, emancipado de la injusticia radical que hoy lo corroe, jóvenes lectores abrirán *Una piel de serpiente* y se sentirán perplejos y confusos: ¿hubo gentes así? Sí, nosotros fuimos ese vacío y ese desgano visceral que corrompía anticipadamente todos nuestros actos. Contradicciones vivientes, detestábamos nuestro mundillo, sus prejuicios, su hipocresía y su buena conciencia, pero no hacíamos nada para romper con él, y, al contrario, nos preparábamos a ser buenos abogados. Éramos escritores, nada en el mundo nos importaba tanto como la literatura (y el delfín era deslumbrante hablando sobre poesía, y yo envidiaba la memoria de Loayza que, por ejemplo, recitaba sin equivocarse la enumeración de *El Aleph* de Borges, y a mí me decían «el Sartrecillo valiente» por repetir frases de Sartre como mías), pero apenas si escribíamos y ninguno osaba asumir su verdadera vocación como hay que hacerlo: exclusiva, totalmente. E incluso el amor (¿a quién no irritará esa anodina, lastimosa relación de Juan y Carmen o, todavía más, ese calculado noviazgo limeño entre ésta y Fernando?) fue para nosotros impostura y simulacro mistificador de la realidad. Como en ese poema de Belli padecíamos de «encanecimiento precoz». Y está bien citar a Belli aquí, pues fue por esa época que Loayza descubrió unos poemas suyos aparecidos en *Mercurio Peruano* y recuerdo nuestro entusiasmo al leerlos, al escuchar en esa voz enferma, de bestia enjaulada, que patéticamente protestaba contra la ruindad y el tedio del ambiente, un pesimismo y un disgusto idénticos a los nuestros.

Pero en la fastidiosa blandura de esos días, mientras el dictador veía desmoronarse su régimen discretamente, y sus aliados pasaban a la oposición uno tras otro, y en el Jirón de la Unión había cada tarde esas inocuas tentativas de manifestación que Loayza describe (eran tal cual: caricaturas), y en las sombras se reconstruía con variantes de personas el mismo régimen, había también la amistad, que era una evasión y un antídoto. Ella no figura en *Una piel de serpiente*, o, mejor dicho, es una muestra más de la enajenación esencial de los personajes. Con Tito y Alfonso, Juan distrae su aburrimiento jugando a la política, y con el Chino y Jopo oyendo jazz y bebiendo. Pero ninguna solidaridad profunda lo une a ellos. Son sus compañeros casuales, no elegidos, en esa existencia común, hecha de infinita pereza, de abdicaciones constantes y de inhibiciones y de uno que otro ralo placer solitario, como el que parece sentir Juan en la playa, acariciado por el sol y la arena, rodeado de gaviotas. Loayza no ha hecho ninguna concesión a esa clase que muestra en todo su bochorno y su entumecimiento letárgico. Pero leyendo su libro yo no puedo dejar de evocar, todo el tiempo, esa amistad que fue la de nosotros tres y que tal vez hubiera podido significar la salud para Juan, Felipe e incluso Fernando. Nació en esa época y, además de ser un bello recuerdo de mi adolescencia, es casi su única justificación. Era agradable ver llegar a Loayza, cada día, al último piso de Radio Panamericana, o escucharlo abominar de sus absurdos quehaceres alimenticios de la jornada, y poder abominar ante él de los míos. Luego íbamos a buscar al delfín para que abominara de los suyos ante nosotros y era formidable, entonces, salir a caminar y hacer proyectos (sacamos una revista, incluso), y jurarnos que pronto acabaría esa maldita rutina, esos trabajos emprendidos sin convicción, y decidir bruscamente, eufóricamente, románticamente, abandonarlo todo para escribir. Iríamos lejos, viviríamos a pan y agua, organizaríamos un taller literario, se acabó el juego retórico, hay que ser serios: en adelante publicaríamos libros. No hace diez años de todo esto y es como si hiciera siglos.

Ahora Loayza está en Nueva York, el delfín en Lima, yo en París y quién diablos sabe cuándo y si, todo puede ocurrir, volveremos a estar juntos. Pero aunque sigamos separados, esta amistad que se fraguó a la sombra de los ficus de Miraflores, en días de dictadura, seguirá creciendo y sólo morirá con nosotros. La lectura de *Una piel de serpiente* recordará a algunos un momento particularmente triste de la historia peruana, ilustrará a todos sobre la lánguida y medrosa juventud que depara nuestra tierra a los hijos de la burguesía, y les revelará el encanto medido, como avergonzado, de ciertas calles, playas y parques de Lima. A unos y a otros les descubrirá un escritor lúcido, frío y exigente. A mí el libro me recuerda sobre todo a un par de amigos que están lejos y por eso hablo de él de esta manera nostálgica.

París, diciembre de 1964

Ensoñación y magia en José María Arguedas

El hilo conductor entre los episodios de este libro traspasado de nostalgia y, a ratos de pasión, es un niño desgarrado por una doble filiación que simultáneamente lo enraíza en dos mundos hostiles. Hijo de blancos, criado entre indios, vuelto al mundo de los blancos, Ernesto, el narrador de *Los ríos profundos*, es un desadaptado, un solitario y también un testigo que goza de una situación de privilegio para evocar la trágica oposición de dos mundos que se desconocen, rechazan y ni siquiera en su propia persona coexisten sin dolor.

Al comenzar la novela, a la sombra de esas piedras cuzqueñas en las que, al igual que en Ernesto (y en el propio Arguedas), ásperamente se tocan lo indio y lo español, la suerte del niño está sellada. Él no cambiará ya y, a lo largo de toda la historia, será una simple presencia aturdida por la violencia con que chocan a cada instante, en mil formas sutiles o arteras, dos razas, dos culturas, dos clases, en el grave escenario de los Andes. Subjetivamente solidario de los indios que lo criaron («Me criaron los indios; otros, más hombres que éstos») y que para él, ya lo veremos, representan el paraíso perdido, pero lejos de ellos por su posición social que, objetivamente, lo hace solidario de esos blancos de Abancay que lo indignan y entristecen por su actitud injusta, torpe o simplemente ciega hacia los indios, el mundo de los hombres es para Ernesto una contradicción imposible. No es raro que los sentimientos que le inspire sean el desconcierto y, a veces, un horror tan profundo que llega a no sentirse entre sus prójimos en ese mundo, a imaginar que procede de una especie distinta a la humana, a preguntarse si el canto de la calandria es «la materia de que estoy hecho, la difusa región de donde me arrancaron para lanzarme entre los hombres».

Hay que vivir, sin embargo, y Ernesto, que no puede escapar a su condición, debe buscar la manera de soportarla. Para ello, tiene dos armas: la primera es el refugio interior, la ensoñación; la segunda, una desesperada voluntad de comunicación con lo que queda del mundo, excluidos los hombres, la naturaleza. Estas dos actitudes conforman la personalidad de Ernesto y se proyectan curiosamente en la estructura del libro. La corriente nostálgica que fluye por la novela proviene de la continua evocación melancólica de esa época en que Ernesto ignoraba la fuerza «poderosa y triste que golpea a los niños, cuando deben enfrentarse solos a un mundo cargado de monstruos y de fuego». Ese enfrentamiento con el «mundo cargado de monstruos» coincide con su llegada a Abancay y su ingreso al colegio donde se educan los jóvenes acomodados de la ciudad. Ante ellos, Ernesto descubre las diferencias abismales que lo separan de los demás, su soledad, su condición de exiliado: «Mis zapatos de hule, los puños largos de mi camisa, mi corbata, me cohibían, me trastornaban. No pedía acomodarme. ¿Junto a quién, en dónde?». Ya no puede volver atrás, retornar al *ayllu*: ahora sabe que él tampoco es indio. No puede, pero, a pesar suyo, sin darse cuenta, tratará locamente de hacerlo y vivirá como hechizado por el espectáculo de su «inocencia» perdida. Este estado de añoranza y solicitación tenaz del pasado hace que la realidad más vívidamente reflejada en *Los ríos profundos* no sea nunca la inmediata, es decir, aquella que Ernesto encara durante el transcurso de la intriga central de la novela (situada en Abancay), sino una realidad pretérita, decantada, diluida, enriquecida por la memoria. Esto determina, también, ciertas características formales: el lirismo acendrado de la escritura, su tono poético reminiscente y la idealización constante de objetos y de seres que nos son dados tal como el propio Ernesto los rescata del pasado, a través de recuerdos.

Una determinación voraz: vivir de imágenes

En el último capítulo de *Los ríos profundos*, Ernesto pasea por el patio del colegio, «más atento a los recuerdos que a las cosas externas». En verdad, ésta es una actitud casi permanente en él; incluso cuando su atención recae en algo inmediato que parece absorberlo, su conciencia está confrontando la experiencia presente con otra pasada, apoyándose en lo actual para impulsarla hacia atrás. Ya desde las primeras páginas de la novela, el niño lamenta melancólicamente que su padre decidiera «irse siempre de un pueblo a otro, cuando las montañas, los caminos, los campos de juego, el lugar donde duermen los pájaros, cuando los detalles del pueblo empezaban a formar parte de la memoria». Es fácil suponer que desde entonces hay ya en él una determinación voraz: capturar esa realidad fugitiva, conservar en su espíritu las imágenes de esos paisajes y pueblos donde nunca se queda. Más tarde, vivirá de esas imágenes. Los recuerdos afloran en la mente de Ernesto ante cualquier circunstancia, como si se tratara de un viejo, y con una precisión desconcertante («el charango formaba un torbellino que grababa en la memoria la letra y la música de los cantos»): ocurre que es un ser enteramente consagrado a la tarea de recordar, pues el pasado es su mejor estímulo para vivir. En el colegio (es significativo que el padre director lo llame «tonto», «tonto vagabundo», por no ser como los otros), sueña con huir para reunirse con su padre. Pero no lo hace y espera, «contemplándolo todo, fijándolo en la memoria». En una novela tan visiblemente autobiográfica, se puede decir que Arguedas ha trasplantado de manera simbólica a la narración su propia tentativa. Ese niño que el autor evoca y extrae del pasado, en función de una experiencia anterior de su vida, está representado en una actitud idéntica: viviendo también del pasado.

Como en esas cajas chinas que encierran, cada una, una caja más pequeña, en *Los ríos profundos*, la materia que da origen al libro es la memoria del autor; de ella surge esa ficción en la que el protagonista, a su vez, vive alimentado por una realidad caduca, viva sólo en su propia memoria.

Tras esa constante operación de rescate del pasado, Ernesto descubre su añoranza de una realidad no mejor que la presente sino vivida en la inocencia, en la inconsciencia incluso, cuando todavía ignoraba (aunque estuviera sumergido en él su víctima) el mal. En Abancay, los días de salida, el niño merodea por las chicherías, oye la música y allí «me acordaba de los campos y de las piedras, de las plazas y los templos, de los pequeños ríos donde fui feliz». La idea de felicidad aparece ya, en esta evocación, asociada más a un orden natural que social: habla de campos, piedras y pequeños ríos. Porque ésta es la otra vertiente de su espíritu, el vínculo más sólido con la realidad presente.

EL PAISAJE, PROTAGONISTA PRINCIPAL

En cierta forma, Ernesto es consciente de esa naturaleza suya refractaria a lo actual, pasadista, y a menudo intuye su futuro condicionado por ella. Los domingos, sus compañeros de colegio cortejan a las muchachas en la plaza de Armas de Abancay, pero él prefiere vagar por el campo, recordando a esa joven alta «de hermoso rostro, que vivía en aquel pueblo salvaje de las huertas de capulí». Sueña entonces con merecer algún día el amor de una mujer que «pudiera adivinar y tomar para sí mis sueños, la memoria de mis viajes, de los ríos y montañas que había visto». Habla de sí mismo en pasado, como se habla de los muertos, porque él es una especie de muerto: vive entre fantasmas y aspira a que su compañera futura se instale, con él, entre esas sombras idas familiares.

Un muerto, pero sólo a medias, pues aunque una invisible muralla lo aísla de los hombres con quienes se codea, hay algo que lo retiene todavía, como un cordón umbilical, en la vida presente: el paisaje. Esa «impagable ternura» que el niño se resiste a volcar en sus condiscípulos crueles o en los religiosos hipócritas y fanáticos del internado, y que no tiene ocasión ya de entregar efectivamente al indio, prisionero como está de una clase social que practica, sin decirlo, una severa segregación racial, la verterá en las plantas, los animales y el aire de los Andes. A ello se debe que el paisaje andino desempeñe, en este libro, un papel primordial y sea el protagonista de mayor relieve en la novela.

¿No es sintomático que el título, *Los ríos profundos*, aluda exclusivamente al orden natural? Pero este orden no aparece, en la novela, contrapuesto al humano y reivindicado en tal sentido. Todo lo contrario: se halla humanizado hasta un límite que va más allá, a apartar los grillos de las aceras «donde corrían tanto peligro». En el capítulo titulado «Zumbayllu», hay una bellísima y tierna elegía por el «tankayllu», ese tábano de «cuerpo afelpado» que desaparece en la luz y cuya miel perdura en aquellos que la beben como un aliento tibio que los protege «contra el rencor y la melancolía». Siempre que describe flores, insectos, piedras, riachuelos, el lenguaje de Arguedas adquiere su temperatura mejor, reúne los vocablos más delicados y personales, discurre con animación, se musicaliza, endulza y exalta de imágenes pasionales: «El limón abanquino, grande, de cáscara gruesa y comestible por dentro, fácil de pelar, contiene un jugo que mezclado con la chancaca negra, forma el manjar más delicado y poderoso del mundo. Arde y endulza. Infunde alegría. Es como si se bebiera la luz del Sol».

UNA CONCEPCIÓN ANIMISTA DEL MUNDO

Este entusiasmo desmedido por la naturaleza, de raíz compensatoria, colinda con el embeleso místico. El espectáculo de la aparición del sol en medio de lluvias dispares deja al niño «indeciso» y anula en él la facultad de razonar. Ese arrobo contiene en sí una verdadera alienación, entraña en germen una concepción animista del mundo. Su sensibilidad exacerbada hasta el ensimismamiento por la realidad natural llevará a Ernesto a idealizar paganamente plantas, objetos, animales, y a atribuirles propiedades no sólo humanas, también divinas: a sacralizarlas. Muchas de las supersticiones de Ernesto proceden de su infancia, son como un legado de su mitad espiritual india, y el niño se aferra a ellas en una subconsciente manifestación de solidaridad con esa cultura, pero, además, su propia situación explica y favorece esa inclinación a renegar de la razón como vínculo con la realidad y a preferirle oscuras intuiciones y devociones mágicas. Desde su condición particular, Ernesto reproduce un proceso que el indio ha cumplido colectivamente y es por ello un personaje simbólico. Así como para el comunero explotado, vejado y humillado en todos los instantes de su vida, sin defensas contra la enfermedad y la miseria, la realidad difícilmente puede ser «lógica», para el niño paria, sin arraigo entre los hombres, exilado para siempre, el mundo no es racional sino esencialmente absurdo: de ahí su irracionalismo fatalista, su animismo y ese solapado fetichismo que lo lleva a venerar con unción religiosa los objetos más diversos. Uno, sobre todo, que ejerce una función totémica a lo largo de la novela: el zumbayllu, ese «trompo silbador» que es para Ernesto «un ser nuevo, una aparición en el mundo hostil, un lazo que me unía a ese patio odiado, a ese valle doliente, al Colegio».

La condición de desamparo alimenta las supersticiones de Ernesto. El mundo es para él un escenario donde oscuras fuerzas batallan contra el hombre indefenso y atemorizado que ve por doquier la presencia de la muerte. Ésta es anunciada por el «chirinka», una mosca azul que zumba aún en la oscuridad «y que siente al que ha de ser cadáver horas antes, y ronda cerca». Y además hay la peste que en cualquier momento puede venir «subiendo la cuesta», «disfrazado de viejo, a pie o a caballo». Frente a tales amenazas, el hombre sólo puede recurrir a deleznables exorcismos mágico-religiosos que humillan todavía más su condición: los indios «repugnan del piojo» y sin embargo les muelen la cabeza con los dientes, «pero es contra la muerte que hacen eso». Cuando muere la opa, Ernesto corta las flores del patio del colegio donde los alumnos venían a copular con la infeliz, porque creía que «arrancada esa planta, echadas al agua sus raíces y la tierra que la alimentaba, quemadas sus flores, el único testigo vivo de la brutalidad humana que la opa desencadenó, por orden de Dios, había desaparecido».

Un culto subrepticio, una religión clandestina

Refractario a los otros, Ernesto lo es también a aquello que los otros creen y adoran: su fe no es la de ellos, su Dios no es el de él. En el interior de ese mundo cristiano en que está inmerso, el niño solitario entroniza una religión personal, un culto subrepticio, una divinidad propia. De ahí su hostilidad hacia los ministros de la fe «adversaria»: el padre director del internado, el «Santo» de Abancay, es presentado al lector como encarnación de la duplicidad humana y cómplice de la injusticia. Una ola de furor irrumpe en *Los ríos profundos* cuando asoma este personaje. El discurso masoquista que el padre director pronuncia ante los indios de Patibamba y su alocución untuosa y falaz para aplacar a las mujeres sublevadas rozan la caricatura. Ni el gamonal que explota al indio, ni el soldado que lo reprime son tan duramente retratados en *Los ríos profundos* como el cura que le inculca la resignación y combate su rebeldía esporádica con dogmas. Esto se comprende: el asiento de la novela, ya lo dijimos, es la realidad interior, aquella donde el elemento religioso despliega sus sutiles y eficaces poderes. El gamonal no aparece sino de paso, aunque el problema del feudalismo andino sí es mencionado con frecuencia e, incluso, alegóricamente representado en la ciudad de Abancay, «pueblo cautivo, levantado en la tierra ajena de una hacienda».

Una violencia insoportable en un mar de nostalgia

Desde su refugio interior, Ernesto participa emocionalmente en la pugna terrible que opone al indio y a sus amos. Dos episodios fundamentales de la novela testimonian sobre esta guerra secular que nadie nombra: el motín de las placeras y los estragos de la peste. Son los dos momentos de mayor intensidad, dos radiadores que desplazan una corriente de energía violenta hacia el resto del libro, dinamizando los otros episodios, concebidos casi siempre como cuadros estáticos e independientes. Y es como si esa lava quemante que mana de esos dos focos anegara incluso al narrador, ese niño cohibido y retraído, y lo convirtiera en otro hombre: son los momentos en que la nostalgia es sumergida por la pasión. Cuando las placeras de Abancay se rebelan y los vecinos de la ciudad se parapetan en sus casas, acobardados, Ernesto se lanza a la calle y corre, regocijado y excitado, entre las polleras multicolores de las indias, cantando como ellas en quechua. Y más tarde, con esa propensión suya a sacralizar lo vivido y proyectar su experiencia del mundo en mitos, Ernesto hace de Felipa, la chichera caudillo, un símbolo de redención: «Tú eres como el río, señora. No te alcanzarán. ¡Jajayllas! Y volverás. Miraré tu rostro que es poderoso como el sol de mediodía. ¡Quemaremos, incendiaremos!». Es curioso ver cómo un libro volcado hacia el mundo interior, que extrae su materia primordial de la contemplación de la naturaleza y de la soledad melancólica de un niño, puede de pronto cargarse de una violencia insoportable. Arguedas no parece muy preocupado por el aspecto técnico de la novela e incurre, a veces, en defectos de construcción, como el capítulo «Cal y Canto», donde el punto de vista del relato se traslada, sin razón, de la primera a la tercera persona, pero a pesar de ello su intuición suele guiarlo certeramente en la distribución de sus materiales. Esos pequeños coágulos de violencia cruda, por ejemplo, estratégicamente insertados en el cuerpo sereno de la narración, son una auténtica proeza formal. Desde la primera vez que leí *Los ríos profundos*, hace seis años, he conservado viva la terrible impresión que deja uno de esos coágulos que iluminan el relato con una luz de incendio: la imagen de la niña, en el pueblo apestado, con «el sexo pequeñito cubierto de bolsas blancas, de granos enormes de piques». Estos minúsculos cráteres activos que salpican la lisa superficie de la novela crean un sistema circulatorio de emociones, tensiones y vivencias que enriquecen su belleza con un avasallador flujo de vida.

UN TESTIMONIO LITERARIO VÁLIDO

¿Una conciencia atormentada? ¿Un niño al que contradicciones imposibles apartan de los demás y enclaustran en una realidad pasada cuyo soporte es la memoria? ¿Un predominio del orden natural sobre el orden social? No faltará quienes digan que se trata de un testimonio alienado sobre los Andes, que Arguedas falsea el problema al trasponer en una ficción las mistificaciones de una realidad en vez de denunciarlas. Este reproche sería equivocado. Es lícito exigir a cualquier escritor que hable de los Andes mostrar la injusticia en que se funda allí la vida, pero nadie puede exigirle una manera de hacerlo. Todo el horror de las alturas serranas está en *Los ríos profundos*: es la realidad anterior, el supuesto sin el cual el desgarramiento de Ernesto sería incomprensible. La tragedia singular de este niño es un testimonio indirecto, pero inequívoco, de aquel horror, es su producto. En su confusión, en su soledad, en su miedo, en su ingenua aproximación mágica a las plantas y a los insectos, se transparentan las raíces del mal. La literatura testimonia así sobre la realidad social y económica, por refracción y por símbolos, registrando las repercusiones de los acontecimientos históricos y de los grandes problemas colectivos a un nivel individual: es la única manera de que el testimonio literario sea viviente y no cristalice en un esquema muerto.

Lima, abril de 1966

Sebastián Salazar Bondy y la vocación del escritor en el Perú

Al adversario valiente que mataban en buena o mala lid y al que hasta entonces habían odiado y combatido sin desmayo, los iracundos héroes de las novelas de caballerías rendían los más ceremoniosos honores. Hombre o dragón, moro o cristiano, plebeyo o de alta alcurnia, el enemigo gallardo era llorado, recordado, glorificado por los vencedores. Vivo, lo acosaban implacablemente y a fin de destruirlo recurrían a dios y al diablo —a la fuerza física, a las intrigas, a las armas, al veneno, a los hechizos—; muerto, defendían su nombre, lo instalaban en la memoria como a un familiar o a un amigo querido e iban, en sus andanzas por el mundo, proclamando a los cuatro vientos sus méritos y hazañas. Esta costumbre, curiosa y algo atroz, se practica también en nuestros días, aunque con cierto disimulo: los mudables vencedores son las burguesías, las víctimas rehabilitadas después de muertas son los escritores. Humillados, ignorados, perseguidos, a duras penas tolerados, ciertos poetas, ciertos narradores son luego inofensivos ya en sus tumbas, transformados en personajes históricos y motivos de orgullo nacional. Todo lo que antes aparecía en ellos como reprobable o ridículo es más tarde disculpado e incluso celebrado por los antiguos censores. Luis Cernuda escribió páginas bellamente feroces contra esta hipócrita, interesada asimilación a posteriori del creador que realiza la sociedad burguesa y la denunció en uno de sus mejores poemas, «Birds in the night».

La burguesía peruana no ha incurrido casi en esta práctica falaz. Más consecuente consigo misma (también más torpe) que otras, ella no ha sentido la obligación moral de recuperar póstumamente a los escritores, esos refractarios salidos con frecuencia de su seno. Vivos o muertos, los condena al mismo olvido desdeñoso, a idéntico destierro. Hay pocas excepciones a esta regla y una de ellas es, precisamente, Sebastián Salazar Bondy.

Yo no estaba en Lima cuando él murió, pero he sabido, por los diarios y las cartas de los amigos, que la noche que lo velaron la Casa de la Cultura hervía de flores y de gente, que su entierro fue multitudinario y solemne, que Lima entera lo lloró. Y he leído los homenajes que le tributó la prensa unánime, los dolientes editoriales, los testimonios de duelo, y sé que hubo discursos en el Parlamento, que autoridades y, como se dice, «personalidades», siguieron el cortejo fúnebre y manifestaron su pesar por esta muerte que «enlutaba la cultura del Perú». Poco faltó, parece, para que pusieran a media asta las banderas de la ciudad. La simpatía personal de Sebastián, con haber sido tan grande, no basta para explicar estas caudalosas demostraciones de reconocimiento y afecto, y tampoco la obra que deja, pese a ser indiscutiblemente valiosa, pues ella sólo pudo ser apreciada por los peruanos lectores o espectadores de teatro, que son ¿cuántos? Yo creo que se trata de otra cosa. Tal vez oscuramente esas coronas innumerables, ese compacto cortejo no mostraban el dolor del Perú, de Lima, por el hombre cordial y generoso que partía, ni su gratitud por el autor de poemas, dramas, ensayos destinados a durar, sino, más bien, la admiración, el asombro de este país, de esta ciudad, ante aquel que había osado, durante años hasta el último día de su vida, librar con él, con ella, un áspero, furtivo, indomable combate. Yo quisiera también exaltar al bravo y tenaz luchador que fue Salazar Bondy, describiendo —breve, superficialmente— esa clandestina y, en cierto modo, ejemplar guerra sorda que libró.

Una guerra misteriosa, invisible, muy cruel pero tan refinadamente sutil que ni siquiera sabemos en qué momento comenzó. Debe haber sido mucho tiempo atrás, quizá en la misma infancia de Sebastián y ahí, en los alrededores de esa calle del Corazón de Jesús, donde había nacido en 1924, a poca distancia de la casa de otro guerrero solitario (aunque de índole distinta): el poeta Martín Adán. ¿La crisis que trajo a su familia a la capital y la convirtió, de acomodada y principal que era en Chiclayo, en modesta y anónima en Lima, influyó en la vocación de Sebastián? ¿Comenzó a escribir cuando estaba en el Colegio Alemán, cuando pasó al de San Agustín? Seguramente en 1940, al ingresar a la Universidad de San Marcos, se sentía ya inclinado hacia las letras, aunque su vocación no fuera entonces exclusivamente literaria. En 1955, Sebastián confesó que:

Si en Lima hace diez años hubiera habido la misma actividad teatral que hay hoy en día, yo hubiera sido actor. Siempre sentí vocación por el arte escénico, pero frustró esa ambición la carencia absoluta de vida teatral en Lima cuando tenía la edad en que se concreta una vocación.

Como ocurre generalmente, la literatura se fue imponiendo a él de una manera subrepticia, gradual, distraída, involuntaria al principio. Quizás fue decisiva la amistad, nacida de esa época, de un pintor, Szyszlo, y de dos poetas de su edad, Sologuren y Eielson; tal vez contribuyó a despertar en él la necesidad de escribir. Luis Fabio Xammar, el único maestro que recordaría más tarde con cariño:

No era un escritor notable (dijo él) ni tenía una extraordinaria cultura, pero era, en cambio, el único profesor en contacto vivo con los alumnos, a quienes ayudaba y animaba incansablemente.

Sus primeros poemas («Rótulo de esfinge», «Voz desde la vigilia») aparecieron en 1943 cuando era estudiante universitario. Terminó sus estudios en la Facultad de Letras y ya había comenzado a enseñar en diversos colegios, pero es evidente que en ningún momento pensó dedicarse a la carrera universitaria pues nunca llegó a graduarse (un poco por desidia, otro por haber planeado una tesis demasiado brillante que sólo se quedó en proyecto). No sería actor, tampoco profesor, ¿por qué no bibliotecario? Sebastián no tomó su trabajo en la Biblioteca Nacional como un simple *modus vivendi*; Jorge Basadre, que dirigía esa institución en aquella época, señala que tuvo en él a un colaborador eficaz y aun apasionado:

¿Se acuerda usted, Sebastián, de nuestros trabajos y de nuestras zozobras sin reposo al lado de un puñado de gentes buenas y entusiastas en esa Biblioteca Nacional sin libros, sin personal y sin edificio? ¿Recuerda usted cuando registrábamos los anaqueles casi vacíos para hacer listas (por desgracia, jamás concluidas) de obras que no debían faltar, dábamos vida a una escuela de bibliotecarios, hacíamos fórmulas para encontrar dinero y hasta nos convertimos en agentes y productores de un noticiario?

Sin embargo, en 1945 renuncia a la Biblioteca Nacional para entregarse simultáneamente a la política, en el Frente Democrático Nacional, y al periodismo, en *La Nación*, diario de tendencia centrista que, según Basadre, su principal animador, pretendía rebelarse «contra el Perú tradicional de la vieja política y contra el Perú subversivo también tradicional». El periodismo, la política partidista: su vocación era ya una vigorosa solitaria firmemente arraigada en sus entrañas, cuando estas dos actividades a la vez tan absorbentes y disolventes no la desviaron ni mataron. Muy clara y elocuente ya, pues en esos años publica nuevos poemas (*Cuaderno de la persona oscura*, 1946), estrena su primera pieza teatral (*Amor gran laberinto*, 1947) y escribe un juguete escénico (*Los novios*, 1947) que sólo se representaría mucho después. Cuando Salazar Bondy partió a la Argentina, en 1947, para un exilio voluntario que duraría casi cinco años, no hay duda posible; había elegido la literatura como un destino.

¿Qué quiere decir esto? Que a los veintitrés años, casi sin proponérselo, un poco a pesar de sí mismo, Sebastián había aceptado entablar las silenciosas hostilidades de las que hablábamos. Ni actor, ni profesor, ni bibliotecario, ni periodista, ni político profesional: el escritor había ido abriéndose paso a través de estos distintos, fugaces personajes, había cobrado forma, endureciéndose, imponiéndose a ellos, relegándolos. Sebastián acababa de ganar una batalla, pero la guerra sólo estaba comenzando y él no podía ignorar, a estas alturas, que esa guerra que emprendía estaba, más tarde o más temprano, fatalmente perdida.

Porque todo escritor peruano es a la larga un derrotado. Ocurren muchas cosas desde el momento en que un peruano se elige así mismo como escritor hasta que se consuma esa derrota, y precisamente en el trayecto que separa ese principio de ese fin se sitúa el heroico combate de Sebastián.

La batalla ganada consistió en asumir una vocación contra la cual una sociedad como la nuestra se halla perfectamente vacunada, una vocación que mediante una poderosísima pero callada má-

164

quina de disuasión psicológica y moral el Perú ataja y liquida en embrión. Sebastián venció ese instinto de conservación que aparta a otros jóvenes de sus inclinaciones literarias cuando comprenden o presienten que, aquí, escribir significa poco menos que la muerte civil, poco más que llevar la imprecisa, deprimente vida de paria. ¿Cómo podría ser de otro modo? En una sociedad en la que la literatura no cumple función alguna porque la mayoría de sus miembros no saben o no están en condiciones de leer y la minoría que sabe y puede leer no lo hace nunca, el escritor resulta un ser anómalo, sin ubicación precisa, un individuo pintoresco y excéntrico, una especie de loco benigno al que se deja en libertad porque, después de todo, su demencia no es contagiosa —¿cómo haría daño a los demás si no lo leen?—, pero a quien en todo caso conviene mediatizar con una inasible camisa de fuerza, manteniéndolo a distancia, frecuentándolo con reservas, tolerándolo con desconfianza sistemática. Sebastián no podía ignorar, cuando decidió ser escritor, el estatuto social que le reservaba el porvenir; una condición ambigua, marginal, una situación de segregado. Años más tarde, en su ensayo sobre *Lima la horrible*, Sebastián describía la resistencia que tradicionalmente opusieron las clases dirigentes peruanas a la literatura y el arte:

> Lo estético encuentra en Lima un obstáculo obstinado: su aparente gratuidad. Sin valor de uso para el adoctrinamiento o lo sensual, la belleza creada por el talento artístico no tiene destino.

Así es hoy todavía. Esto no le impidió acatar su vocación. Pero ya sabemos, la «juventud es idealista e impulsiva» y no es difícil tomar una decisión audaz cuando se tiene veinte años: lo notable es ser leal a ella contra viento y marea a lo largo del tiempo, seguir nadando contra la corriente cuando se ha cumplido cuarenta o más. El mérito de Sebastián está en no haber sido, como la mayoría de los adolescentes peruanos que ambicionan escribir, un desertor.

No sería justo, por lo demás, condenar rápidamente a esos jóvenes que reniegan de su vocación, es preciso examinar antes las razones que los mueven a desertar. En efecto, ¿qué significa, en el Perú, ser escritor?

165

«No me encuentro en mi salsa», dice en uno de sus poemas Carlos Germán Belli. Nadie que tome en serio la literatura en el Perú se sentirá jamás en su salsa, porque la sociedad lo obligará a vivir en una especie de perpetua cuarentena. En el dominio específico de la literatura, aunque sus contemporáneos no lo lean, aunque deba superar dificultades muy grandes para publicar lo que escribe, aunque sólo se interesen por su trabajo y lo acepten y discutan otros poetas, otros narradores, y tenga la lastimosa y constante sensación de escribir para nadie, el joven tiene siquiera el dudoso consuelo de ser descubierto, leído y juzgado póstumamente. Pero sabe que su vida cotidiana transcurrirá en un claustro asfixiante y será una continua, gris, irremediable sucesión de frustraciones. En primer lugar, claro está, su vocación no le dará de comer, hará de él un productor disminuido y *ad honorem*. Pero, además, el hecho mismo de ser escritor será un lastre, un moderado estigma en lo que se refiere a ganarse el sustento. Si el joven siente auténticamente la urgencia de escribir, sabe también que esta vocación es excluyente y tiránica, que la solitaria exige a sus adeptos una entrega total, y si él es honesto y quiere asumir así su vocación, ¿qué hará para vivir? Ésta será su primera derrota, su frustración inicial. Tendrá que practicar otros oficios, divorciar su vocación de su acción diaria, deberá repartirse, desdoblarse; será periodista, profesor, empleado, trabajador volante y múltiple. Pero, a diferencia de lo que ocurre en otras partes, la literatura no es aquí una buena carta de recomendación para aspirar a otros quehaceres, entre nosotros ella es más bien un *handicap*. «Ése es medio escritor, ése es medio poeta», dice la gente y en realidad está diciendo «ése es medio payaso, ése es medio anormal». Ser escritor implica que al joven se le cierren muchas puertas, que lo excluyan de oportunidades abiertas a otros; su vocación lo condenará no sólo a buscarse la vida al margen de la literatura, sino a tareas mal retribuidas, a sombríos menesteres alimenticios que cumplirá sin fe, muchas veces a disgusto. Pero el Perú es un país subdesarrollado, es decir, una jungla donde hay que ganar el derecho a la supervivencia a dentelladas y a zarpazos. El escritor se embarcará en obligaciones que, fuera de no despertar su adhesión íntima, muchas veces repugnarán a sus convicciones y le darán mala conciencia. Y, además, absorberán su tiempo. Dedicará cada vez más horas al «otro oficio» y por la fuerza de las circunstancias leerá poco, escribirá menos, la literatura acabará siendo en su vida un ejercicio de domingos y días feriados, un pasatiempo: ésa es también una manera de desertar o de ser derrotado. Relegada, convertida en una práctica eventual, casi en un juego, la literatura toma su desquite. Ella es una pasión y la pasión no admite ser compartida. No se puede amar a una mujer y pasarse la vida entregado a otra y exigir de la primera una lealtad desinteresada y sin límites. Todos los escritores saben que a la solitaria hay que conquistarla y conservarla mediante una empecinada, rabiosa asiduidad. Porque el escritor, que es el hombre más libre frente a los demás y el mundo, ante su vocación es un esclavo. Si no se la sirve y alimenta diariamente, la solitaria se resiente y se va. El que no quiere exponerse, el puro que adivina el peligro que corre su vocación en la lucha por la vida, no tiene otra solución que renunciar de antemano a esa lucha. Si teme ser paulatinamente alejado de lo que para él constituye lo esencial, debe resignarse a no tener lo que la gente llama un «porvenir». Pero es comprensible que muy pocos jóvenes entren a la literatura como se entra en religión: haciendo voto de pobreza. Porque ¿acaso hay un solo indicio de que el sacrificio que significa aceptar la inseguridad y la sordidez como normas de vida será justificado? ¿Y si esa vocación que pone tantas exigencias para sobrevivir al medio no fuera profunda y real, sino un capricho pasajero, un espejismo? ¿Y si aun siendo auténtica el joven careciera de la voluntad, la paciencia y la locura indispensables para llegar a ser de veras, más tarde, un creador? La vocación literaria es una apuesta a ciegas, adoptarla no garantiza a nadie ser algún día un poeta legible, un decoroso novelista, un dramaturgo de valor. Se trata, en suma, de renunciar a muchas cosas —a la estricta holgura a veces, al decoro elemental— para intentar una travesía que tal vez no conduce a ninguna parte o se interrumpe brutalmente en un páramo de desilusión y fracaso.

Éstas son las perspectivas que se alzan frente al joven peruano que se siente invadido por la solitaria. Sebastián mostró hábilmente, en «Recuperada», uno de los relatos de su libro *Náufragos y sobrevivientes*, cómo el medio arrolla y desbarata la vocación cultural. Eloísa, joven de clase media, alumna de San Marcos, vacila entre continuar sus estudios o «casarse con Delmonte, tener hijos, administrar una casa, declinar bajo esas sombras». Su «inquieto corazón» se resiste a aceptar el destino que *con tanta naturalidad* admitían «su prima Luz y su amiga Esmeralda: mujeres plácidas, un poco gordas, tal vez dichosas, que vivían en casas más o menos pulcras, rodeadas de criaturas, y satisfechas del carácter trivial e invariable de la existencia». Una conversación de apariencia intrascendente, en los patios de San Marcos, con Gustavo, un viejo amor, convence a Eloísa «del absurdo que significaba tratar de ser diferente del modelo tradicional. Filosofía, Historia, palabreo bonito [afirma Gustavo]... No dan plata, y la vida es plata, plata... Ustedes son mujeres, pueden darse el lujo... Claro, hasta que se casen... Las letras no sirven para la vida, y la vida es plata, hay que convencerse». Eloísa comprende que «resultaba imposible intentar evadirse», renuncia a su vocación y «es recuperada para la normalidad». Lo terrible es que Gustavo tiene razón: «Las letras no dan plata»; más todavía, son un obstáculo para vivir sin angustias materiales y en paz.

El caso de Eloísa se repite un sinnúmero de veces: casi siempre, la vocación literaria muere pronto, el converso cuelga los hábitos a tiempo, desaloja de sí a la solitaria como a un parásito dañino. Para medir en su justo valor el coraje de Sebastián, su consecuencia, su terquedad magnífica, habría que hacer un balance de su generación y entonces veríamos cuántos compañeros suyos que, entre los años cuarenta y cuarenta y cinco, tenían lo que él llamó «mi fosforescente vicio» e iban a ser poetas, dramaturgos, narradores, enmendaron oportunamente el rumbo, acobardados por el porvenir que les hubiera tocado, de insistir. Habría que preguntarse cuántos de ellos, además de desistir, traicionaron a la solitaria y adoptaron la indiferencia, el reservado desprecio que siente por la literatura esa burguesía peruana en la que se hallan ahora inmersos como corifeos o anodinos secuaces. Así comprobaríamos cómo, por el solo hecho de haber sido un escritor, Sebastián constituye en el Perú un caso de originalidad y de arrojo. Pero sus méritos son, desde luego, muchos más. Aquellos que no desertan, los que, como él, osan comprometerse con esta desamparada vocación, deben desde un principio hacer frente a innumerables escollos y riesgos para traducir en hechos esta decisión; esos audaces deben todavía encontrar la manera de que la realidad peruana no frustre en la práctica sus ambiciones y propósitos; deben arreglárselas para cumplir consigo mismos y escribir. Sebastián encaró este problema de una manera desusada, agresivamente audaz.

A primera vista, las cosas parecen bastante simples: si la sociedad peruana no tiene sitio para él, resulta casi lógico y forzoso que el escritor vuelva la espalda al medio hostil y haga su camino al margen de él: cada cual por su lado, cada quien a sus asuntos. Por eso, el escritor peruano que no deserta, el que osa serlo, se exila. Todos nuestros creadores fueron o son, de algún modo, en algún momento, exilados. Hay muchas formas de exilarse y todas significan, en este caso, responder al desdén del Perú por el creador con el desdén del creador por el Perú. Hay, ante todo, el exilio físico. El escritor peruano ha sentido tradicionalmente la tentación de huir a otros mundos, en busca de un medio más compatible con su vocación, menos inhóspito, en procura de una atmósfera de mayor densidad y riqueza cultural, en pos de un clima más estimulante y fecundo. Sería moroso, fatigante, recordar a todos los poetas y escritores peruanos que han pasado una parte de su vida en el extranjero, que escribieron parcial o totalmente su obra en el destierro. ¿Cuántos murieron fuera del Perú? Resulta simbólico en este sentido que los dos autores más importantes de nuestra literatura y, sin duda, los únicos en plena vigencia universal, Garcilaso y Vallejo, terminaran sus días lejos de aquí.

Hay, sin embargo, otra forma de exilio para la cual es indiferente permanecer en el Perú o marcharse. La literatura es universal, qué duda cabe, pero los aportes peruanos a ese universo son tan escasos y tan pobres, que se comprende que el joven escritor aplaque el apetito de la solitaria, en lo que a lecturas se refiere, sobre todo con libros y autores foráneos, que busque afinidades, consonancias, guía y aliento en la literatura no peruana. Nuestra realidad cultural no le deja otra escapatoria. Si se contentara con beber única o preferentemente en las fuentes literarias nativas, sería más tarde, tal vez, una especie de patriota, pero también y sin tal vez, culturalmente hablando, un provinciano y un confuso. Por este camino se llega, con frecuencia sin desearlo, a ese exilio que llamaremos interior. Consiste, en pocas palabras, en protegerse contra la pobreza, la ignorancia o la hostilidad disfrazada del ambiente, entronizando un enclave espiritual donde asilarse, un mundo propio y distinto, celosamente defendido, elevando un pequeño y soberbio fortín cultural al amparo de cuyas murallas crecerá, vivirá, obrará la solitaria. Ella acepta esta existencia claustral, incluso suele desarrollarse así espléndidamente y dar frutos excelentes y durables. Los escritores peruanos que no se exilan a la manera de Vallejo, Oquendo de Amat, Hidalgo, lo hacen sin salir del Perú como José María Eguren o Martín Adán. Muchos practican a la vez estas dos formas de exilio. El caso extremo del creador peruano exilado es, seguramente, el del poeta César Moro. Muy pocos sintieron tan íntegra y desesperadamente el demonio de la creación como él, muy pocos sirvieron a la solitaria con tanta pasión y sacrificio como él. Y esta devoción, esta dramática lealtad permanecieron ignoradas de casi todo el mundo. Moro pasó muchos años de su vida en el extranjero, primero en Europa y luego en México, y aquí, en el Perú, donde transcurrieron sus últimos años, fue poco menos que un fantasma. Vivió oculto, disimulando su verdadero ser tras un seudónimo, tras un mediocre oficio, escribiendo en la más irreductible soledad, en un idioma que no era el suyo. Él adoptó todos los exilios, levantó entre su solitaria y el Perú la geografía, la lengua, la cultura, la imaginación, hasta los sueños. Habitó entre nosotros escondiendo al creador escandaloso y fulgurante que había en él bajo la apacible máscara de un hombrecillo tímido y cortés que enseñaba francés y se dejaba atropellar por los alumnos. Dejó esta imagen apócrifa al morir y quién sabe si algún día la literatura del Perú resucitará al otro Moro, al verdadero y magnífico que se llevó con él a la tumba.

Salazar Bondy fue también, en la primera parte de su vida de escritor, un exilado en estos dos sentidos. Su prolongada permanencia en Buenos Aires, donde los primeros meses tuvo que luchar duramente para vivir —trabajó como vendedor callejero de navajas de afeitar, fue redactor de publicidad, corrector de pruebas y varias cosas más antes de ingresar al suplemento literario de *La Nación* y al cuerpo de colaboradores de la revista *Sur*, ese reducto de evadidos—, revela una enérgica, perseverante voluntad de destierro. También, quizá, pensó apartarse físicamente del Perú por un largo tiempo o para siempre cuando, en 1952, partió como asesor literario de la Compañía de López Lagar con la que recorrió Ecuador, Colombia y Venezuela. Pero esta segunda vez, aunque sin duda él no lo sabía aún, aquella voluntad de evasión había comenzado a ceder el terreno a una poderosa, avasalladora decisión de afincamiento corporal en el Perú (quizá sería mejor decir Lima). En realidad, Sebastián no volverá a plantearse con seriedad la idea de vivir fuera de aquí. Ni el año que pasó en Francia (1956-1957), becado, siguiendo cursos de dirección teatral junto a Jean Vilar y en el Conservatorio de Arte Dramático de París, ni ninguna de sus múltiples salidas posteriores al extranjero significaron otro amago de ruptura material, nuevas tentativas de exilio geográfico. Él no quería reconocerlo, pero sus amigos comprendíamos que íntimamente era un asunto resuelto: había decidido vivir y morir en el Perú. Yo lo sé muy bien, pues en los últimos años, más precisamente desde su viaje a Cuba, en 1962, alarmado por esa absurda vida que llevaba, por los trajines y afanes que devoraban sus días y apenas si le dejaban tiempo para escribir, yo lo urgía a partir. Él conocía a medio mundo y todos lo querían, yo sabía que, pese a no ser fácil, él conseguiría instalarse en Europa, que allá tendría la paz y las horas necesarias para realizar obras de aliento. Él me engañaba —sí, ya vendría, que hablara con fulano, que averiguara las condiciones de tal beca— y se engañaba a sí mismo porque hasta pedía precios de pasajes y anunciaba por cartas el día del viaje. Puro cuento, siempre había alguna razón para dar marcha atrás a último minuto, siempre surgía (¿él la inventaba?) una complicación que lo llevaba a postergar la fecha decisiva. En realidad, no quería, no podía partir, porque en la segunda etapa de su vida de escritor, Sebastián había renunciado definitivamente a separar el ejercicio de la literatura del contacto carnal con el Perú y ambos constituían para él una misma, indivisible necesidad vital. El ambiguo exilado había cambiado de piel, el deseo de evasión de su juventud se había transformado en una arrolladora, obsesionante voluntad de arraigo.

Pero él no sólo fue un exilado físico, al principio fue también un exilado espiritual. En un reportaje aparecido en noviembre de 1955, poco después de una ruidosa polémica en la que Salazar Bondy defendió la necesidad de una literatura americana, declaró que esta convicción estética era producto de una *evolución*, ya que él había sido partidario, antes, de lo que se ha llamado, algo tontamente, una literatura pura.

Tuve una oposición esteticista [dijo] a base de rezagos dadás, surrealistas, es decir de las llamadas corrientes de vanguardia. Eso enseña que lo único que importa es crear una obra de arte, es decir algo bello. Posteriormente —es posible que a partir de mis lecturas de los realistas norteamericanos— llegué a la conclusión de que una obra de arte tiene validez en cuanto es reflejo de un momento histórico de la vida del hombre y, precisamente, de la condición de estar limitada a una realidad proviene su belleza.

La frontera entre ambas actitudes se sitúa aproximadamente entre 1950 y 1952; el regreso de Salazar Bondy de Buenos Aires a Lima coincidió con el fin de su exilio cultural. Así lo da a entender él, en una nota sobre Luis Valle Goicochea, a quien dice, pese a haberlo leído antes, sólo descubrió en 1950: «Todo en mí, por esas fechas, volvía a mí. Me explico: la infección cosmopolita amenguaba a mi espíritu y la convalecencia me obligaba a buscar, como tónico, lo más auténtico, no me importa si simple, de mi contorno». «Infección», «convalecencia»: conviene no tomar al pie de la letra esos términos despectivos, los cito sólo como un indicio de ese cambio espiritual y de lo perfectamente consciente que de él fue Salazar Bondy. En todo caso, el mejor testimonio que tenemos para verificar dicha mudanza está en sus obras, las que sólo desde 1951 —año que apareció uno de sus mejores libros de poesía, *Los ojos del pródigo*— son realistas no sólo por su texto sino también por su contexto y explícitamente vinculadas al Perú. Hasta entonces su teatro y sus poemas eran creaciones que expresaban un mundo interior, sin raíces históricas ni sociales, cuyo único punto de apoyo en la realidad objetiva era el lenguaje.

Salazar Bondy juzgaba severamente su poesía inicial. En su intervención poco antes de su muerte, en el encuentro de narradores peruanos celebrado en Arequipa en junio de 1965, declaró que sus primeros poemas publicados lo avergonzaban, aunque no precisó si se refería únicamente a su primer cuadernillo (*Rótulo de la esfinge*, publicado en colaboración con Antenor Samaniego en 1943), texto que nunca volvió a citar en sus bibliografías, o a todos sus escritos poéticos de exilado interior, el último de los cuales es de 1949 (*Máscara del que duerme*, Buenos Aires). En todo caso, esta autocrítica es demasiado dura, aun para los primeros poemas, y no puede aceptarse sin reservas. No hay nada indecoroso, ni torpe, ni falso, ni irritante en esas cuatro recopilaciones poéticas, y más bien (sobre todo en *Cuaderno de la persona oscura*) se percibe en ellas una maestría formal cierta, un conocimiento profundo y vasto de la tradición clásica española y de los grandes poetas modernos, una soltura grande en el empleo del vocabulario y de los ritmos. Pero se trata de una poesía de un hermetismo premeditado, glacial, que refleja experiencias culturales más que vitales, lecturas y no emociones o pasiones íntimas, que deben mucho al intelecto y a la destreza artesanal y poco al corazón. La palabra poética aparece como aherrojada por densas y algo gratuitas oscuridades retóricas que debilitan su poder comunicativo y a veces la hielan. Incluso poemas tan logrados como «Muerto irreparable», escrito en homenaje a Miguel Hernández, o el «Discurso del amor o la contemplación» no nos descubren la intimidad real del poeta, nos la velan con una máscara verbal de contornos perfectos pero rígidos. Más que «cosmopolita», como la denominó el propio Salazar Bondy, esta poesía suya de la época del exilio espiritual merecería denominarse abstracta. Su materia, exclusivamente subjetiva, se disimula con atuendos de un barroquismo «conceptual y plástico, casi siempre rico, a veces deslumbrante, pero tan recargado y enigmático que aquélla se mantiene siempre a distancia del lector, aislada, fría, inasequible. En *La poesía contemporánea del Perú*, antología que publicó con Javier Sologuren y Jorge E. Eielson en 1946, los comentarios de Sebastián en torno a los poetas elegidos para integrar el libro nos ilustran claramente sobre lo que, en ese momento, significaba para él la poesía, lo que apreciaba principalmente en el creador lírico y, por lo tanto, sobre lo que ambicionaba hacer y ser él mismo. Luego de condenar la «soterrada tradición de sentimentalismo vulgar» de la poesía peruana, de reconocer a González Prada el mérito de haber descubierto «que la moda del verso teórico, insuflado de pedantería, y voceo, no constituía en ningún caso una expresión propia y valedera» y de fulminar a Chocano, señala a Eguren como maestro de su generación con estas palabras reveladoras:

Mas la misma permanencia soledosa de Eguren, que por evasión renunció al ambiente, se hizo pueril y se enclaustró dentro de sí hasta el punto de borrar toda frontera entre la realidad y la imaginación, fue ejemplar modelo para quienes, jóvenes aún, fueron descubriendo las afinadas calidades que tras sus versos, llenos de fantasía multicolor, se escondían.

No se divisa rastro alguno de influencia temática o formal de Eguren en la primera poesía de Sebastián. Lo que a todas luces le parecía «modelo ejemplar» en el autor de *Simbólicas* era su conducta frente al mundo: la elaboración de una obra autónoma, independiente del contorno material, alimentada por fuentes exclusivamente interiores y que expresara niveles de realidad situadas «por debajo o, si se quiere, por encima de las realidades evidentes». Incluso cuando elogia a Vallejo, Salazar Bondy se apresura a señalar que «por eso la peruanidad, si la hay, de la poesía vallejiana es universal y rebasa cualquier ubicación geográfica». Más tarde, celebra el «altísimo y atormentado confinamiento» de Enrique Peña, y de Oquendo de Amat dice que su poesía admirable nació bajo «el signo de la intimidad y el recato cotidianos».

Esta actitud de repliegue claustral, de desapego, indiferente ante la realidad exterior y concreta, de aislamiento frente al mundo varía radicalmente en los últimos meses de la residencia de Salazar Bondy en Buenos Aires. En 1950 publica un poema titulado «Tres confesiones» que constituye un testimonio inequívoco de ese cambio: «Es grato oírse llamar por su nombre / y ser amigo de otros hombres y otras mujeres / cuando retornan a la ternura / desde las islas en donde fueron confinados». Todo el poema describe la ambición del autor de salir para siempre de su cárcel de «papeles y humo» y sumergirse en la vida de los otros, en la «multitud / que es como un beso de mujer en la intimidad del lecho». El poeta no sólo descubre a los demás y a la realidad exterior, sino también esa específica porción del mundo que lo rodea: «Doblo la cabeza sobre América dura y hostil, / sobre su oro y sus cadáveres, y retorno / del viaje que hice...». El poema forma parte de *Los ojos del pródigo*, libro publicado al año siguiente que consolida definitivamente la nueva actitud de Salazar Bondy e inaugura en su poesía ese tono confesional, directo, impregnado de suave melancolía sentimental, que perdurará a lo largo de toda su obra poética futura.

Los ojos del pródigo es un libro de expatriado que no soporta ya el destierro y quiere librarse de él mediante un regreso figurado, imaginario y psicológico, al hogar, a la tierra ausentes. Enfermo de nostalgia y de añoranza, el poeta recuerda «esos puertos que abandonó / porque vivir era sentirse extranjero» y abomina «su soledad de pródigo». Para adormecer la angustia que lo invade, evoca su barrio de adolescente, su «pequeño país de amigos» distantes, adivina la ceremonia familiar la noche de Navidad donde será recordado por los suyos, habla con un viejo antepasado cuya presencia contempló en un óleo «desde niño / y que de mayor, hasta este instante, olvidé», y rescata de la memoria algunas imágenes de su ciudad: la plaza de Armas con «su fuente de grifos eróticos», los puentes del Rímac que «unen las dos orillas familiares / con un salto frágil de tranvías», un balcón encaramado sobre «los callejones del Chirimoyo / cuya miseria cede amargamente fermentada», una pordiosera limeña que juntaba perros y la misa de nueve de Santo Tomás a la que acompañaba a su madre. Hay también poemas dedicados a «América» y al «Cielo textil de Paracas». Este regreso simulado, a través de la poesía, a su infancia, a su familia, a su ciudad, a su país, marca el término del exilio espiritual de Salazar Bondy. En adelante su obra tendrá como sustento primordial no la vida interior sino la exterior, y en vez de reflejar, como hasta entonces, mundos culturales, imaginarios y oníricos, transmitirá experiencias concretas de una realidad objetiva que, a menudo, será expresamente mencionada por el poeta. Hay que decir, de paso, que a diferencia de lo que, a mi juicio, ocurre con su producción dramática, esta segunda etapa enriqueció notablemente su poesía, que en ella alcanzó Salazar Bondy sus mejores momentos líricos. Existe, creo, un visible desnivel estético entre su poesía del ciclo de exilio, poesía inteligente, formalmente impecable, culta, pero descarnada, inmóvil, sin flujo vital, y la que va de *Los ojos del pródigo* al *Tacto de la araña*, poesía confidencial y directa, abierta al mundo, que canta con armoniosa serenidad y elocuencia la melancolía, la inquietud, el goce, el odio y el amor que inspiran al poeta esas «realidades evidentes» que antes prefería ignorar en su poesía.

El teatro de Salazar Bondy registra también las dos fases antagónicas de su vida de escritor, pero no tan nítidamente como su poesía: en él la línea divisoria es algo fluctuante. En el prólogo a *Seis juguetes* —libro que reúne seis obras cortas, escritas entre noviembre de 1947 y abril de 1953—, Salazar Bondy afirma que «estas piezas intentan ser expresión del primordial anhelo de recrear en el tablado hechos que, por su índole y sentido, son manifestaciones de la realidad del hombre y su circunstancia de aquí y ahora». Esta profesión de fe a favor de un realismo inspirado en la circunstancia peruana conviene, sin duda, al propósito de obras como *En el cielo no hay petróleo* (1954) y *Un cierto tic tac* (1956), pero no es válida para las otras. Ni *Los novios*, ni *El de la valija*, ni *El espejo no hace milagros* ni la pantomima *La soltera y el ladrón* (escrita entre 1947 y 1953) se hallan física o anímicamente situadas. Su realismo es aparente, ficticio; personajes, lenguaje y temas tienen un carácter, esta vez sí, cosmopolita, en cuanto esto significa desarraigo histórico, geográfico y social. Sin embargo, un año antes de escribir una de estas piezas «cosmopolitas», Salazar Bondy había estrenado un drama histórico, *Rodil* (1952), que rompía con su costumbre anterior de prescindencia, en la elección de asuntos y personajes dramáticos y, también, en la hechura del diálogo teatral, del mundo circundante. Así pues, *Rodil* ocupa en su teatro el mismo lugar limítrofe que *Los ojos del pródigo* en su poesía y documenta un cambio profundo de actitud respecto a las relaciones del creador con su sociedad. A partir de 1953, el teatro de Salazar Bondy sigue un proceso de «descosmopolitización», de progresiva inmersión en el tema específicamente nacional. A *Rodil* siguen dos obras de un realismo peruano existencial (*No hay isla feliz*, 1954, y *Algo que quiere morir*, 1957), luego esta tendencia adopta otra vez la forma de un drama histórico (*Flora Tristán*, 1959) y se reduce más tarde espacial y temáticamente a la estricta circunstancia anecdótica limeña con una serie de comedias de costumbres (la primera, *Dos viejas van por la calle*, es de 1959 y la última, *Ifigenia en el mercado*, de 1963). Curiosamente, la última obra dramática de Salazar Bondy, *El rabdomante* (1964), drama simbólico vinculado de modo muy frágil y parabólico con el Perú y con la realidad objetiva, significa una ruptura del proceso iniciado en 1952 y, en cierta forma, un retorno a la manera dramática inicial. Hay, desde luego, grandes diferencias entre *Amor gran laberinto* (1947), farsa barroca y brillante, cuyos seres se mueven como muñecos y actúan con gratuidad, y este drama áspero, impregnado de símbolos y de contenidos metafísicos, pero ambas piezas, cada una a su manera, delatan una intención idéntica: esquivar lo que tiene la realidad de decorativo y de actualidad pasajera para instalar la obra artística en una zona más perenne y esencial a la que el creador puede acceder sólo volviendo los ojos hacia adentro de sí mismo. Si el realismo y la sencillez expresiva sirvieron para imprimir a la poesía de Salazar Bondy más humanidad y belleza, yo pienso que la apertura sobre el mundo exterior y la voluntad de dramatizar asuntos *de aquí y de ahora* debilitaron estéticamente su obra teatral. Sus ensayos, algunos valiosos, otros estimables, otros discutibles, para crear un teatro realista peruano, me parecen menos logrados desde un punto de vista artístico que estas dos obras suyas *Amor gran laberinto* y *El rabdomante* —a las que habría que añadir esa espléndida pieza corta de ritmo y diálogos delirantes, *Los novios*—, en las que se advierten una intuición penetrante de la *irrealidad* que contiene en sí el teatro como espectáculo, un lenguaje eficaz para la creación de atmósferas insólitas o simplemente distintas a las conocidas por la experiencia y una técnica hábil y segura para dar a cada asunto el movimiento, la estructura y el tratamiento formal capaces de sacarle el mayor provecho dramático.

Esta breve incursión en la obra poética y teatral de Salazar Bondy tenía por objeto mostrar que en ella se grabó fielmente su exilio espiritual y que éste cesó en un período que abarca sus últimos meses de estancia en la Argentina y los primeros de su retorno al Perú. Su obra narrativa es posterior a este momento fronterizo: *Náufragos y sobrevivientes* (1954) y *Pobre gente de París* (1958) nacieron cuando Sebastián había dejado atrás aquella primera etapa e, incluso, el segundo de estos libros encierra una dura sátira de quienes huyen espiritual y físicamente de su mundo y pretenden integrarse a otro, más sensible y adecuado a la vocación literaria o artística. Esa pandilla de latinoamericanos frustrados y alienados que desfila por los cuentos de *Pobre gente de París* nos informa de manera veraz sobre el convencimiento a que había llegado Salazar Bondy de que el exilio no era una solución o, más bien, de que esta solución entrañaba, a la larga, el riesgo de una derrota más trágica que la de hacer frente, como creador y como hombre, a la realidad propia, a la sociedad suya. Cuando escribió estos relatos, Sebastián llevaba varios años empeñado en probarse a sí mismo que un escritor peruano podía asumir y ejercer su vocación sin necesidad de huir al extranjero o de parapetarse en su mundo interior. Desde su regreso de Buenos Aires hasta su muerte, Sebastián batalló callada, secamente, por convertir en hechos este glorioso anhelo: ser leal a la literatura sin dejarse expulsar (fuera del país o dentro de sí mismo), en cuanto escritor, de la sociedad peruana: ser miembro activo y pleno de su comunidad histórica y social sin abdicar, para conseguirlo, de la literatura. Esto significó, para Sebastián, extender considerablemente el combate que ya había iniciado al ponerse al servicio de la solitaria, emprender una acción mucho más ardua y desgarradora.

Porque el escritor peruano que no vende su alma al diablo (es decir, que no renuncia a escribir) y que tampoco se exila corporal o espiritualmente no tiene más remedio que convertirse en algo parecido a un cruzado o un apóstol. Hablo, claro está, del creador, de aquel para quien la literatura constituye no una actividad más, sino la más urgente, obligatoria y fatídica necesidad vital del hombre en el que la vocación literaria es, como decía Flaubert, «una función casi física, una manera de existir que abarca a todo el individuo». El escritor es aquel que adapta su vida a la literatura, quien organiza su existencia diaria en función de la literatura y no el que elige una vida por consideraciones de otra índole (la seguridad, la comodidad, la fortuna o el poder) y destina luego una parcela de ella para morada de la solitaria, el que cree posible adaptar la literatura a una existencia consagrada a otro amo (eso es precisamente lo que hace el escritor que vende su alma al diablo). Sebastián vivió para la literatura y nunca la sacrificó, pero, a la vez, en los últimos quince años de su vida, fue también y sin que ello entrañara la menor traición a su solitaria, un hombre que luchó esforzadamente por acercar a esos adversarios, la literatura y el Perú, por reconciliarlos y hacerlos compatibles. En contra de lo que le decían la historia y su experiencia, él afirmó con actos que se podía bregar a la vez por defender su propia vocación de escritor contra un medio hostil y por vencer la hostilidad de ese medio contra la literatura y el creador. Él no se contentó con ser un escritor, simultáneamente quiso imponer la literatura al Perú. Hundido hasta los cabellos en esa sociedad enemiga, él fue aquí, entre nosotros, el valedor, el solitario combatiente de una causa todavía perdida: la literatura.

Recordemos someramente qué ocurría con la literatura en el Perú hace quince años, qué hizo Sebastián cuando llegó a Lima.

No había casi nada y él trató de hacerlo todo, a su alrededor reinaba un desolador vacío y él se consagró en cuerpo y alma a llenarlo. No había teatro (Jorge Basadre recuerda, en el prólogo a *No hay isla feliz*, la desilusión del crítico norteamericano Epstein que vino a Lima para estudiar el teatro peruano contemporáneo y debió regresar a su país con las manos vacías) y él fue autor teatral; no había crítica ni información teatral y él fue crítico y columnista teatral; no había conjuntos ni compañías teatrales y él auspició la creación de un club de teatro y fue profesor y hasta director teatral; no había quien editara obras dramáticas y él fue su propio editor. No había crítica literaria y él se dedicó a reseñar los libros de creación interesantes o importantes que aparecían en el extranjero y a comentar lo que se publicaba en poesía, cuento o novela en el Perú y a alentar, aconsejar y ayudar a los jóvenes autores que surgían. No había crítica de arte y él fue crítico de arte, conferencista, organizador de exposiciones y hasta preparó, con el título *Del hueso tallado al arte abstracto*, una introducción al arte universal para «escolares y lectores bisoños». Fue promotor de revistas y concursos, agitó y polemizó sobre literatura sin dejar de escribir poemas, dramas, ensayos y relatos y continuó así, sin rendirse ni agotarse, casi solo, multiplicándose, siendo a la vez cien personas distintas y una sola pasión. Durante mucho tiempo, con aliados de ocasión, encarnó la vida literaria del Perú. Yo lo recuerdo muy bien porque, diez años atrás y por esta razón, su nombre y su persona resultaban fascinantes para mí. Todo, en el Perú, contradecía la vocación de escritor, en el ambiente peruano ella adoptaba una silueta quimérica, una existencia irreal. Pero ahí estaba ese caso extraño, ese hombre orquesta, esa demostración viviente de que sí, de que a pesar de todo alguien lo había conseguido. ¿Quién de mi generación se atrevería a negar lo estimulante, lo decisivo que fue para nosotros el ejemplo centelleante de Sebastián? ¿Cuántos nos atrevimos a intentar ser escritores gracias a su poderoso contagio?

Sería torpe querer disociar o juzgar por separado, en Sebastián, al animador y al creador, al nervioso propagandista y al autor. Lo sorprendente es que él fuera indisolublemente ambas cosas y cumpliera con las dos por igual. Él acometió esa arriesgadísima empresa plural de crear literatura, sirviendo al mismo tiempo de intermediario entre la literatura y el público, de ser a la vez un creador de poemas, dramas y relatos y un creador de lectores y de espectadores, y, como consecuencia, un creador de creadores de literatura. No es difícil adivinar la tensión, la energía, la voluntad que ello le exigió. En una sociedad culturalmente subdesarrollada como la nuestra cada una de esas funciones distintas y apenas conciliables significa una guerra; él las libró todas a la vez.

Pero, en la segunda etapa de su vida de escritor, al combate por la literatura Salazar Bondy añadió una acción política. Él fue un rebelde, no sólo como escritor, también lo fue como ciudadano.

Por cierto que todo escritor es un rebelde, un inconforme con el mundo en que vive, pero esta rebeldía íntima que precipita la vocación literaria es de índole muy diversa. Muchas veces la insatisfacción que lleva a un hombre a oponer realidades verbales a la realidad objetiva escapa a su razón; casi siempre el poeta, el escritor, es incapaz de explicar los orígenes de su inconformidad profunda, cuyas raíces se pierden en un ignorado trauma infantil, en un conflicto familiar de apariencia intrascendente, en un drama personal que parecía superado. A esta oscura rebeldía, a esta protesta inconsciente y singular que es una vocación literaria se superpone en el Perú casi siempre otra, de carácter social, que no es raíz sino fruto de esta vocación. Crear es dialogar, escribir es tener siempre presente al *hypocrite lecteur, mon semblabe, mon frère*, de Baudelaire. Ni Adán ni Robinson Crusoe hubieran sido poetas, narradores, pero ocurre que en el Perú los escritores son poco menos que adanes, robinsones. Cuando Sebastián comenzaba a escribir (también ahora, aunque no tanto como entonces), la literatura resultaba aquí un quehacer clandestino, un monólogo forzado, algo tan estérilmente laborioso y personal como el onanismo. Todo ocurría como si la sociedad peruana pudiera prescindir de la literatura, como si no necesitara para nada de la poesía, o del teatro, o de la novela, como si éstas fueran actividades negadas al Perú. El escritor sin editores ni lectores, falto de un público que lo estimule y que le exija, que lo obligue a ser riguroso y responsable, no tarda en preguntarse por la razón de ser de esta lastimosa situación. Descubre entonces que hay una culpa y que ella recae en ciertos rostros. El escritor frustrado, reducido a la soledad y al papel del paria, no puede, a menos de ser ciego e imbécil, atribuir su desamparo, su marginalidad y la miserable condición de la literatura a los hombres del campo y de los suburbios que mueren sin haber aprendido a leer y para quienes, naturalmente, la literatura no puede ser una necesidad vital ni superficial, porque para ellos no existe. El escritor no puede pedir cuentas por la falta de una cultura nacional a quienes no tuvieron jamás la oportunidad de crearla porque vivieron vejados y asfixiados. Su resentimiento, su furor se vuelven lógicamente hacia ese sector privilegiado del Perú que sí sabe leer y sin embargo no lee, a esas familias que sí están en condiciones de comprar libros y que no lo hacen, hacia esa clase que tuvo en sus manos los medios y el poder de hacer del Perú un país culto y digno y que no lo hizo. No es extraño, por eso, que en nuestro país se pueda contar con los dedos de una mano a los escritores de algún valor que hayan hecho causa común con la burguesía. ¿Qué escritor que tome en serio su vocación se sentiría solidario de una clase que lo castiga por querer escribir, con frustraciones, derrotas y el exilio? Por el hecho de ser un creador, aquí se entra al campo de víctimas de la burguesía. De ahí hay sólo un paso para que el escritor tome conciencia de esta situación, la reivindique y se declare solidario de los desheredados del Perú, enemigo de sus dueños. Éste fue el caso de Salazar Bondy.

Al coraje de ser escritor en un país que no necesita de escritores, Sebastián sumó la valentía de declararse socialista en una sociedad en la que esta sola palabra es motivo de persecución y espanto. Esto no lo condujo a la cárcel como a otros, pero sí le significó vivir en constante zozobra económica, ser privado de trabajos, vetado para muchas cosas, hizo áspera y cruel su lucha cotidiana. Al igual que sus convicciones estéticas, su posición política sufrió una transformación honda en la segunda etapa de su vida, se hizo más radical y enérgica. Entre el reformista de 1945 y el amigo de la Revolución cubana que en *Lima la horrible* escribía «el tiempo que deviene sin controversia pasatista pone en evidencia más y más que la humanidad —y el Perú, y Lima— quiere y requiere una revolución», se extiende todo un proceso de maduración ideológica del que dan fe la militancia de Sebastián en el Movimiento Social Progresista, sus colaboraciones en el órgano de esta agrupación, *Libertad*, su conferencia titulada significativamente *Cuba, nuestra revolución*, sus innumerables artículos políticos en la prensa internacional de izquierda —como *Marcha* de Montevideo, la revista marxista norteamericana *Monthly Review*, la revista francesa *Partisans*, etcétera—, las palabras finales de su ensayo sobre el mito de Lima y su intervención en el encuentro de narradores de Arequipa en la que explicó su posición política. Para conocer de manera detallada y cabal el pensamiento de Sebastián sobre la realidad histórica y social, el sentido preciso de su adhesión al socialismo, el grado de adhesión que lo ligó al marxismo, habría que revisar y confrontar dichos textos. Pero en todo caso, nadie puede poner en tela de juicio que, en la dramática alternativa contemporánea entre capitalismo y socialismo, él optó decidida y claramente por esta segunda opción. Una prueba elocuente de ello es el homenaje que le rindieron los escritores revolucionarios cubanos en la revista de la Casa de las Américas de La Habana —a cuyo consejo de redacción pertenecía—, deplorando esa muerte «que nos arranca a un amigo fraternal, a un maestro, a un compañero de las mejores batallas».[*] Pero hay que decir también que, a diferencia de otros escritores que, explicablemente exasperados por la postración del Perú y la injusticia que lo avasalla, creen útil condicionar, orientar su vocación por razones de eficacia revolucionaria, Sebastián supo diferenciar perfectamente sus obligaciones de creador de sus responsabilidades de ciudadano. Él no eludió ningún riesgo como hombre de izquierda, pero no cayó en la generosa, ingenua actitud de quienes subordinan la literatura a la militancia política creyendo servir así mejor a su sociedad. Él no había sacrificado la literatura para ser admitido en la injusta sociedad que le tocó, no había renunciado a escribir para ser algún día influyente, rico, poderoso; tampoco abandonó la literatura para hacer de la revolución una tarea exclusiva y primordial, tampoco mató a la solitaria para dedicarse únicamente a luchar por un país distinto, emancipado de sus prejuicios y de sus estructuras anacrónicas, donde fuera posible la literatura. Él supo comprometerse políticamente salvaguardando su independencia, su espontaneidad de creador, porque sabía que, en cuanto ciudadano, podía decidir, calcular, premeditar racionalmente sus acciones, pero que, como escritor, su misión consistía en servir y obedecer las órdenes, a menudo incomprensibles para el creador, los caprichos y obsesiones de incalculables consecuencias, de la so-

---

Casa de las Américas, Año V, n.º 31, julio-agosto de 1965, La Habana. *(N. del E.)*

litaria, ese amo libre, voluntariamente admitido en su ser. Como había defendido su vocación contra la iniquidad y la mezquina sordidez, él la defendió contra las tentaciones del idealismo y el fervor social.

Ésa es la única conducta posible del escritor y lo demás es retórica: anteponer la solitaria a todo lo demás, sacrificarle el mal y el bien. Yo no sé si Sebastián admitiría o rechazaría esta divisa; tal vez el generoso incorregible que había en él diría que no, que en ciertos casos, cuando los vacíos, las deficiencias, las heridas de una realidad lo reclaman, el escritor debe abandonar parcial o enteramente el servicio de la solitaria para entregarse a tareas más urgentes y de utilidad social más inmediata y previsible que la literatura. Pero, aun cuando él no lo quisiera reconocer y lo negara, un examen de su vida y de su obra, incluso rápido y superficial como éste, deja abrumadoramente al descubierto esta verdad: en todo momento, aquí en el Perú o en el exilio, en las circunstancias mejores o peores de su vida, en cualquier empresa o aventura de las muchas que intentó, cuando hacía periodismo, enseñaba o militaba, la literatura seguía ocupando el primer lugar y acababa siempre por oscurecer a cualquier otra actividad con su sombra devoradora, inconmovible y pertinaz. Ante, y sobre todo, a pesar de su terrible bondad, de su inagotable curiosidad por todas las manifestaciones de la vida y su aguda percepción de los problemas humanos, Sebastián fue ese egoísta intransigente que es, para consigo mismo, un escritor, y de todos los combates que sostuvo, el principal y sin duda el que motivó todos los demás fue el que tenía la solitaria como ideal.

Es difícil, entre nosotros, hallar escritores que lo sean realmente, es decir, que estén vivos como creadores, a la edad que tenía Sebastián cuando murió. José Miguel Oviedo ha señalado con razón «esa triste ley de la literatura peruana que ha condenado a sus poetas a la muerte prematura —esto es, al silencio— al borde de los treinta años». En efecto, los poetas, los escritores peruanos lo son mientras son jóvenes; luego el medio los va transformando: a unos los recupera, asimila; a otros los vence y aniquila y los abandona, derrotados moralmente, frustrados en su vocación, en sus tristísimos refugios: la pereza, el escepticismo, la bohemia, la neurosis, el alcohol. Algunos no reniegan propiamente de su vocación, sino que la modifican y consiguen aclimatarla al ambiente: se convierten en profesores, dejan de crear para enseñar e investigar, tareas necesarias y valiosas pero esencialmente distintas a las de un creador. Pero ¿escritores vivos a la edad de Sebastián? Vivos, es decir, curiosos, inquietos, informados de lo que se escribe aquí y allá, lectores ávidos, creadores en perpetua y tormentosa agitación, envenenados de dudas, apetitos y proyectos, activos, incansables, ¿cuántos había al morir Sebastián, cuántos hay ahora mismo en el Perú? Cuando van a la tumba, la mayoría de los escritores peruanos son ya cadáveres a medias tiempo atrás y el Perú no suele conmoverse por esas víctimas que derrotó diez, quince, veinte años antes que la muerte. En Sebastián, nuestra ciudad, nuestro país tuvieron a un resistente superior; la muerte lo sorprendió en el apogeo de su fuerza, cuando no sólo soportaba sino agredía, con todas las armas a la mano, a su enemigo numeroso y sutil. Los homenajes que se le rindieron, la conmoción que su muerte causó, las múltiples manifestaciones de duelo y de pesar, esas coronas, esos artículos, esos discursos, ese compacto cortejo son el toque de silencio, los cuarenta cañonazos, las honras fúnebres que merecía tan porfiado y sobresaliente luchador.

Lima, abril de 1966

184

Ciro Alegría

La novela ha sido en el Perú un género tardío y esporádico. Asomó ya adelantado el siglo xix, gracias a un puñado de escritores de ocasión (había entre ellos algunas respetables matronas) cuyos méritos son sobre todo históricos, apenas literarios. En ese siglo de prodigiosas sumas novelescas —el siglo de *La comedia humana* y de Dickens— que vio surgir en casi todo el mundo una novela nacional (Chile tuvo su Balzac en Blest Gana y Brasil en Machado de Assis), el narrador peruano más original fue un cuentista risueño y anacrónico cuya obra es un rico, multicolor, aunque ligero mosaico de estampas, anécdotas, crónicas y chismes. No tuvimos un gran novelista romántico que resucitara en una ambiciosa ficción los años arduos de la conquista o la vida letárgica y claustral de la Colonia o los trajines militares de la emancipación, ni un gran realista que describiera con imaginación y rigor los años tragicómicos del caudillismo y de la modorra republicana, ni un gran naturalista que laboriosamente diseccionara el cuerpo enfermo de la sociedad peruana y exhibiera sus tumores, sus úlceras, en una novela perdurable. El libro que vino, en cierta forma, a llenar ese vacío, a proponer una imagen novelesca representativa del Perú a la manera clásica (es decir, con audacia, soltura e inocencia) fue *El mundo es ancho y ajeno*. Pese a su edad, relativamente breve, esta novela es por eso, de algún modo, el punto de partida de la literatura narrativa moderna peruana, y su autor nuestro primer novelista clásico.

Sería injusto, desde luego, disminuir la importancia de los otros libros de Ciro Alegría. Incluso, desde puntos de vista muy concretos, algunos críticos han preferido a *El mundo es ancho y ajeno* la construcción más ceñida, la prosa más artísticamente trabajada de *La serpiente de oro* o la intensidad emocional más concentrada de *Los perros hambrientos*. Pero, aun cuando en ciertos aspectos estos dos últimos libros ofrezcan aciertos más flagrantes, dentro de una concepción general, la obra mayor de Alegría —la de más aliento, la más compleja y osada como tentativa creadora— fue, sin lugar a dudas, *El mundo es ancho y ajeno*. Este libro es clásico no sólo porque constituye el más ilustre antecedente de la novela peruana contemporánea, sino también porque en su factura y en sus propósitos puede asimilarse sin dificultad a la mejor tradición de la novela romántica y naturalista, cuyas características esenciales comparte. Se trata de una historia épica, contada con un lenguaje impresionista y ambientada de manera estrictamente realista: una síntesis americana de Victor Hugo y de Zola. Las vicisitudes de la comunidad indígena de Rumi, la heroica, vana lucha de Rosendo Maqui por defender las tierras de su pueblo contra el apetito feudal del hacendado Álvaro Amenábar, a quien amparan las leyes injustas y la fuerza bruta de las armas, constituyen nuestra representación literaria más difundida, el gran fresco narrativo nacional, el equivalente peruano de *Los miserables* o de los *Episodios nacionales* de Galdós.

Novela surgida dentro de una corriente literaria en nuestros días ya difunta —el indigenismo—, *El mundo es ancho y ajeno* ha conservado, sin embargo, su plena vigencia testimonial (porque en términos sociales los problemas que describe aún existen) y, lo que es más importante, su poderosa vitalidad literaria. A diferencia de lo que ocurre, por ejemplo, con libros como *Raza de bronce* o *La vorágine* o *Huasipungo*, que han envejecido terriblemente y aparecen, ante los ojos del lector contemporáneo, como piezas de museo, interesantes históricamente porque en ellos se registra y fija un momento fundamental de la literatura americana —el momento en que los narradores toman conciencia de sus propias sociedades e intentan fogosamente proyectar en populosos murales los males que aquejan a las desamparadas mayorías, describir los tipos humanos y el egregio cuadro geográfico de la puna y la selva americana—, pero literariamente pobres, por la tosquedad rudimentaria de su forma y la estrechez provinciana de su visión, *El mundo es ancho y ajeno* ha resistido admirablemente el paso del tiempo y sobrevive indemne al naufragio indigenista. Ello se debe, sobre todo, a que en esta novela Ciro Alegría supo crear un puñado de personajes que son algo más que la mecánica emanación de una naturaleza o de un ambiente, un grupo de seres que, a diferencia de lo que ocurre con tanta frecuencia en la literatura costumbrista, perduran en la memoria del lector por su psicología particular, su físico y sus conductas y no como meras entelequias folclóricas. El fiero Vásquez, el insurrecto Benito Castro, el venerable Rosendo Maqui, el pérfido Amenábar y tantos otros personajes de la trágica odisea de Rumi sin «héroes» diferenciados a la manera romántica: cada cual encarna una virtud, un vicio, una forma de ser única, y a lo largo de la epopeya piensa y actúa en perfecta consecuencia con el rol que representa, sin traicionarlo jamás. Ni el paisaje ni los usos y costumbres —que Alegría describe con morosa grandilocuencia— devoran estas naturalezas humanas llamativas y sólidas que luchan, sufren, aman y mueren en consonancia con el imponente decorado que las rodea: soberbiamente. Es verdad que todo es excesivo y desmesurado en el drama de la comunidad de Rumi: el medio, las situaciones, las conductas. No basta decir que la realidad peruana es excesiva —lo que, naturalmente, es cierto— y que sus males son desmesurados para justificar el tremendismo como corriente literaria. Alegría, sin embargo, sorteó los peligros de verismo gracias a un sentido notable de coherencia interna, que es la condición primordial para que una novela sea —además de un documento social— una obra de arte. En *El mundo es ancho y ajeno* todo —desde su hermoso título, que proclama las intenciones críticas que animan al autor, hasta el estampido de los máuseres con que concluye la historia— se corresponde: la enormidad de las injusticias que denuncia, la plasticidad metafórica del lenguaje, el suntuoso panorama geográfico, la rica variedad de tipos humanos, el ritmo solemne en el que se desarrolla la acción de la novela. Esa perfecta adecuación de sus elementos da a *El mundo es ancho y ajeno* su eficacia y su justificación literaria, su verosimilitud como creación.

Ciro Alegría parecía haber aceptado su situación de (literaria, no cronológicamente) fundador de la novela peruana; su largo silencio, apenas alterado por la publicación de *Duelo de caballeros*, revela sobre todo una adhesión sentimental a un modo de concebir la novela que ya resulta extemporáneo, una negativa discreta pero firme a renovar y modernizar esa concepción. Su obra, como resultado de una época literaria liquidada, constituye una fuente muy valiosa, un punto de referencia obligado, una tradición altamente estimable. Empeñarse en nuestros días en perpetuar la visión romántico-naturalista de la realidad que entraña una novela como *El mundo es ancho y ajeno* hubiera resultado un anacronismo: el color local, el pintoresquismo, la distribución maniquea del bien y del mal en personajes antinómicos, el desdén de la técnica narrativa, la falta de un punto de vista (o de varios) que sirva de eje argumental y dé a la historia soberanía parecen ya injustificables en la novela moderna. Ese silencio, que muchos lamentaban en Ciro Alegría, fue tal vez una cabal renuncia a insistir con una forma de literatura que comprendía ya superada pero de la que, al mismo tiempo, seguía sintiéndose irremediablemente solidario. Gracias a Alegría el movimiento literario indigenista tuvo una especie de apogeo, gracias a él alcanzó una difusión internacional muy amplia y decisiva. Sería inútil negar que en nuestros días ya no se pueden compartir las convicciones literarias que él tuvo, que los métodos y procedimientos que él empleó para apresar la realidad y proyectarla en ficciones resultan ahora limitados. Ocultar esto porque Alegría acaba de morir sería injuriarlo, ya que todo escritor aspira a que sus obras sean juzgadas con prescindencia de consideraciones personales. Además, disentir de una concepción literaria de ningún modo significa restar méritos a las obras que originó y mucho menos en este caso, ya que, precisamente, tanto *El mundo es ancho y ajeno* como *La serpiente de oro* valen más que las tesis estéticas que las inspiran, y demuestran, una vez más, que la intuición y la ambición creadora de un escritor son suficientes para producir libros originales y valiosos y para romper las barreras que pudieran oponerle los prejuicios de una escuela o las convenciones de una época.

Lima, marzo de 1967

En Londres el poeta Cisneros
ha sorteado las dos amenazas

Por primera vez un peruano ha ganado uno de los premios literarios que convoca anualmente la Casa de las Américas de La Habana y en condiciones que significan una auténtica consagración internacional: entre doscientos once concursantes y por unanimidad. El jurado que concedió el Premio de Poesía a Antonio Cisneros (por un libro presentado con el espartano título de *En memoria*, pero que se llamará, mas risueña y felizmente, *Canto ceremonial contra un oso hormiguero*) estuvo integrado por la salvadoreña Claribel Alegría, el ecuatoriano Jorge Enrique Adoum, el colombiano León de Greiff, el chileno Juvencio Valle y el cubano Fayad Jamís, poetas de generaciones distintas y convicciones estéticas poco conciliables, por lo que la coincidencia en este fallo, que asegura a Cisneros, además de una recompensa de mil dólares, una edición de varios miles de ejemplares, resulta todavía más honrosa.

Todo esto es, sin duda, muy halagador para la poesía peruana, que, con la excepción de Vallejo, sólo en contadas excepciones ha alcanzado otros públicos, y ha vivido dentro de las fronteras nacionales, enclaustrada y heroica, gracias a puñados de tenaces creadores que eran también —o poco menos— sus únicos lectores. Pero lo es más el hecho de que este premio, que brinda notoriedad y audiencia americanas a un joven poeta peruano, haya recaído en un libro de poesía singular, en el que admirablemente se condensan la observación inteligente y la dicción elocuente de la realidad que preocupa al poeta, la libertad con que éste desvela sus nostalgias, sus cóleras, sus dudas y ambiciones íntimas, y la felicidad imaginativa y la seguridad verbal con que proyecta la descripción de su mundo personal en un plano de genuina creación, es decir, de intuiciones universales y bellas formas artísticas.

Antonio Cisneros nació en Lima, en 1942, estudió Literatura en la Universidad Católica y en San Marcos —también nueve desganados meses de Derecho—, fue profesor de castellano en la Universidad de Ayacucho y ha publicado tres colecciones de poemas: *Destierro* (1961), *David* (1962) y *Comentarios reales* (1964). Por este último libro obtuvo el Premio Nacional de Poesía en 1964. El año pasado vino a Londres, con la beca Javier Prado, y es actualmente lector de español en la Universidad de Southampton, en la que pasa tres días por semana adoctrinando pérfidamente a sus alumnos para que descuiden los estudios literarios españoles y se ocupen más de los autores latinoamericanos. Largo, afectuoso, casi escuálido, apasionado de la literatura y la amistad (los poemas de su último libro están dedicados a sus compañeros de generación, y dos de ellos tienen como tema profundo la amistad), ha viajado por Francia y España, y asistió, hace poco, al Congreso Cultural de La Habana, de donde vino conmovido. En las desvaídas, destempladas mañanas de este invierno británico, resultaba muy grato demorarse con él, en los inhóspitos locales de las inmediaciones de Earl's Court, conversando alrededor de unas ácidas tazas de té.

Dos reacciones extremas amenazan a los jóvenes sudamericanos que llegan a Europa: una melancolía provinciana que los catapulta en la soledad y en la neurosis más paralizantes, o una euforia de bárbaros hechizados por los prestigios artificiales y llamativos de la vida bohemia, que los lleva a disolverse en un cosmopolitismo invertebrado. Cisneros ha sorteado estas dos trampas y, aunque corta, su experiencia europea le ha sido ya sumamente provechosa: ha ensanchado su visión del mundo, disciplinado su vocación, fortalecido espiritual y emocionalmente su personalidad de creador. La trayectoria de este enriquecimiento puede advertirse en las tres partes que componen *Canto ceremonial contra un oso hormiguero*. La más antigua es una versión ceñida y castigada de un poema que apareció en una revista limeña hace tres años: «Crónica de Chapi, 1965». El título alude a una matanza de campesinos operada por las «fuerzas del orden» en la época de las guerrillas, y el poema es, en el fondo, una elegía, un canto fúnebre a esas víctimas, pero su apariencia es la narración grave, impersonal, de una marcha sonámbula y heroica: un grupo de combatientes avanza, perseguido, por un paisaje frugal y muy áspero, que a alguno de ellos le recuerda el mar, con un fondo de lamentos indígenas. Aunque ninguna declamación, grandilocuencia o arrebato lírico interrumpe la severa relación, a veces, bajo la contenida solemnidad de las palabras, entre los acentos casi religiosos y la monotonía lúgubre del ritmo, asoma, en un sarcasmo hiriente, en una imagen lapidaria, el sentimiento de ira y de solidaridad que mueve la mano del poeta, en estado puro, disociado del mundo verbal, enfrentado a él. Esos momentáneos desajustes entre emoción y expresión no frustran el poema, que consigue casi siempre comunicar la pasión con belleza discreta y digna, pero conviene mencionarlos para destacar más el logro de la poesía de Cisneros: el equilibrio entre las ideas y emociones y la palabra poética que las expresa.

La segunda parte del libro reúne, bajo el título de «Animales domésticos», media docena de poemas —algunos aparecieron en la revista *Amaru*— más breves y menos ambiciosos temáticamente que «Crónica de Chapi» pero en los que se siente al poeta mucho más seguro de sí mismo, más diestro y audaz en el uso de sus medios expresivos, más original en sus hallazgos. Una ojeada superficial a sus títulos y motivos, a la fauna que los puebla, al tono ligero, leve, alegre que adoptan a veces, podría hacer creer que se trata de brillantes juegos ingeniosos, de alardes. En realidad, son trabajadas alegorías: una realidad intensa y dramática late debajo de ese territorio de «cangrejos muertos ha muchos días», arañas groseras y malhumoradas, ballenas hospitalarias y hormigueros capaces de hospedar a un hombre. Dramática, porque esa realidad es una prisión, en la que el poeta se siente encarcelado, como Jonás en el vientre del soberbio mamífero marino, a oscuras, enterrado vivo en el corazón de un hormiguero, condenado a morir víctima de esa araña que «almuerza todo lo que se enreda en su tela». Intensa porque el poeta sufre en carne propia ese encierro que es también la vida de su tribu («Y estoy por creer que vivo en la barriga de alguna ballena / con mi mujer y Diego y todos mis abuelos»). Se trata de una realidad estrecha, limitada por implacables barrotes. Los seis poemas son variaciones —hábiles, lúcidas, imaginativas— sobre un tema único: el disgusto de una sociedad hostil, el rechazo de esa vida que lo atenaza como camisa de fuerza y le ofrece, como furtiva compensación, un placer animal: abrazarse bajo el sol, tumbado frente al mar, sobre arenales candentes.

Esta facultad de trasponer en alegorías poéticas, en construcciones verbales independientes, en objetos artísticos autónomos las preocupaciones que conforman su mundo interior, alcanza en la tercera parte del libro de Cisneros —casi todos poemas escritos luego de su salida de Lima— un desarrollo notable. Doce poemas integran *Canto ceremonial contra un oso hormiguero* y todos ellos constituyen, por separado, una hazaña creadora. Incluso el menos importante de ellos, que da título al libro —una abominación de humor negro contra un «oso hormiguero», que puede ser un ser particular, el mundo de la maledicencia y el chisme limeño, o la simple estupidez humana—, es una pieza maestra de dominio verbal, de coherencia intelectual y soltura rítmica. Hay un elemento racional que prevalece siempre en los poemas de Cisneros, un control de la razón sobre la imaginación y las emociones, y éste es uno de los factores de la originalidad de su poesía, en un mundo, el de la poesía de lengua española, donde la tendencia predominante es más bien la contraria. Pero el hecho de que las ideas desempeñen un papel primordial en su poesía no ha restado a esta osadía imaginativa ni ha mermado su vitalidad. Al contrario: en poemas como «París 5e» y «Karl Marx Died 1883 Aged 65», una meditación perfectamente lógica cobra una jerarquía artística sobresaliente porque cada uno de los pensamientos que la componen genera imágenes, asociaciones inesperadas e insolentes, se dispara en direcciones múltiples de la realidad, en fantasías oníricas, en símbolos, en metáforas, sin que estas audacias desvíen el curso de la reflexión. El solitario tema de «Animales domésticos» se ha convertido en un abanico vasto que abraza asuntos múltiples: una evocación ominosa de Lima, un examen de conciencia ante una amistad que se ha roto, las primeras impresiones europeas, una averiguación de las luchas, dudas y pasiones políticas que agitaron sus años de adolescencia, añoranzas de personas y paisajes de la ciudad abandonada un año atrás, una interrogación ante el problema de la cultura y el destino de América, una definición frente a Cuba. Individuales o colectivos, culturales o políticos, los temas de estos poemas encarnan siempre en formas verbales de ejecución tan perfectamente adecuada al pensamiento y la emoción que los informa, que se emancipan de la experiencia particular del autor. El verso —casi siempre largo, de música grave— adopta a veces un tono confidencial, suavemente patético («Yo vi a los manes de mi generación, a los lares, cantar en ceremonias...»); otras, es irónicamente marcial (como cuando evoca sus luchas contra la modorra, a la que corporiza en un monstruo zoológico, el Rey de los Enanos); otras se disfraza de fábula mítica, canto religioso o soliloquio. Esa diversidad, sin embargo, no revela una búsqueda, sino la riqueza de movimientos, la flexibilidad de matices y maneras de una voz que ha conquistado una poderosa madurez.

Londres, febrero de 1968

Homenaje a Emilio Adolfo Westphalen

La importancia de Emilio Westphalen no se puede medir en términos de cantidad. Sus dos libros de poemas (*Las ínsulas extrañas*, 1933, y *Abolición de la muerte*, 1935), breves y casi secretos, que él se ha negado hasta ahora a reeditar, han sido, sin embargo, ávidamente leídos por los jóvenes poetas y es opinión unánime que marcan un hito en nuestra poesía. Pero la significación de Westphalen no está sólo en esos textos de inquietantes imágenes en las que una soterrada voz habla, en la dispersa y suntuosa manera surrealista, de los viejos asuntos de la soledad, la muerte y el amor. Las revistas que él ha dirigido, *Las moradas* y *Amaru*, son las mejores publicaciones literarias que han visto la luz en el Perú (la importancia de *Amauta* fue política; desde el punto de vista literario, la revista de Mariátegui era, como lo dijo César Moro, «confusa»). Ambas son dignas de figurar entre las más coherentes y de mejor gusto que se han publicado en América Latina (como *Orígenes, El hijo pródigo, Sur, Plural*). Pero ni siquiera la proeza de haber editado, en el páramo cultural peruano —y, en el caso de *Las moradas*, a base de sacrificio personal—, revistas cuyo nivel de exigencia estética parecía presuponer un contexto social de alta cultura, dice todo lo que Westphalen representa.

Él es, sobre todo, un caso de moral literaria sin concesiones. Así asumió, desde un principio, y así ha mantenido hasta ahora, su vocación de poeta y de hombre de cultura. Su silencio no es más que manifestación elocuente de esta actitud: una forma extrema de probidad. Cierto que ha escrito poco, ¿pero de cuántos escritores se puede decir, como él, que *todo* lo que ha dado a la imprenta —conferencias y artículos sobre literatura y pintura, traducciones, catálogos, notas— verdaderamente lo representa, que está respaldado por una convicción y un saber profundos, que ha sido hecho con ese esfuerzo sumo de rigor y autenticidad que requiere la más ambiciosa creación, la obra maestra? Y, a la inversa, de él se puede decir que no ha escrito una sola línea, ya no que repugnara a sus convicciones, sino que fuera hija del mero compromiso, una forma u otra de rendición a la necesidad, a la amistad, a la facilidad. Ese género de pureza literaria sólo se puede asumir a costo de un riesgo enorme y suele concluir en una suerte de autodestrucción. Que haya quienes, poseídos de esta alta idea moral de lo que significa el quehacer intelectual, sean capaces de encarnarla es indispensable para la cultura de un país. Ellos fijan los topes o paradigmas de la conducta artística, son el ejemplo que anima o avergüenza a los demás.

Callar no es siempre renunciar. En el caso de Westphalen ha sido una manera de no transigir con las limitaciones de un medio, un modo trágico de mantenerse íntegro, vivo y al día. Creo que él es uno de los hombres más cultos que he conocido. Cultura no quiere decir, claro está, erudición. La variedad de materias sobre las que él puede opinar con soltura (pero lo hace poco y en ocasiones de excepción ante un grupo privilegiado de amigos) es menos importante que haber sido capaz de integrar esa suma de conocimientos en una visión personal. Quienes pueden realizar esa integración, a partir de su propia sensibilidad y experiencia, hacen renovarse y crecer espiritualmente al medio en el que viven. Recuerdo, como una bella cosa de mi vida, una caminata de muchas horas, por Roma, con Westphalen, que comenzó hablando de mármoles bizantinos y que terminó en el departamento de Vassily Vassilikos citando versos de Cavafis. Escuchándolo, redescubriendo las piedras, las calles, las galerías de esa ciudad gracias a él, yo, fascinado, lo redescubría también a Westphalen: aunque éramos ya amigos, tenía la impresión de que era la primera vez que lo oía hablar.

El subdesarrollo es una condición económica y política, no cultural. En el arte y la literatura, por ejemplo, esa camisa de fuerza se rompe, a través del esfuerzo y la intuición de algunos individuos. Lo más difícil de vencer es la tentación de sentirse satisfecho siendo tuerto en el país de los ciegos, de conformarse con ser cabeza de ratón. Es decir, exigirse, aunque nadie alrededor pueda saberlo ni premiarlo, lo más difícil, lo más alto, lo mejor. Ésa ha sido la costumbre intelectual de Westphalen, lo que ha hecho de él lo que es.

A mí me gusta pensar que si hubiera nacido argentino, sería tal vez Borges; si mexicano, Octavio Paz; habiendo nacido en el Perú, ha sido Westphalen.

Lima, enero de 1977

Ribeyro y las sirenas

Aunque la obra más importante de Julio Ramón Ribeyro son sus cuentos y novelas, tengo una predilección especial por estas *Prosas apátridas* que, aparecidas en 1975, aumentaron con sesenta y un textos inéditos en la reedición de 1978 y se enriquecen ahora con otro medio centenar en esta tercera versión. Libro inclasificable y marginal, compuesto sin un designio preciso, al correr de los años, casi involuntariamente, en momentos de entusiasmo, vacío o desesperación, al sesgo de su trabajo de narrador, tiene algo de diario secreto y de libro de aforismos, de ensayo filosófico y de borrador de ficciones, de poesía y de tratado de moral, pero es, sobre todo, un testimonio —de prosa exacta e incitantes ideas— sobre el propio Julio Ramón Ribeyro.

Leyéndolo, se tiene la sensación de entrar a una intimidad prohibida, de recibir una confesión impúdica, algún secreto inconfesable. Y algo de eso ocurre, pero no en un sentido anecdótico ni chismográfico, sino intelectual y moral. Aunque en algunos de estos textos Ribeyro habla de su vida privada, esos episodios autobiográficos pierden casi instantáneamente su carácter confidencial al disolverse en reflexiones sobre los grandes temas. Es esta operación lo atrevido y escandaloso del libro. ¿Los grandes temas? Sí: la muerte, el sentido o sinsentido de la historia, la salud y la enfermedad, la cultura, el placer, la belleza, el progreso, la razón, el éxito, el destino, la literatura. Cuando no son Nietzsche o Baudelaire (o sus pares) quienes osan abordar en pequeñas prosas esos grandes asuntos, los resultados suelen ser la pedantería y la indigencia, una asimetría atroz entre la magnitud del problema y el pensamiento que suscita. En *Prosas apátridas* no hay tal desproporción: bajo las rápidas estampas, entre los apuntes y bocetos, bullen las ideas, aceradas, sarcásticas, estimulantes, personales, siempre novedosas. El temor al ridículo aleja al escritor contemporáneo de esos grandes temas y lo lleva a confinarse a veces en intrascendencias, sobre las que cualquier idea puede parecer original. Sin proponérselo, en estos textos que fue escribiendo poco menos que a escondidas, sin ánimo de que vieran la luz, para ejercitar la mano u obligarse a meditar, Ribeyro ha hecho exactamente lo contrario: tomar al toro por las astas, pronunciarse sobre lo esencial.

Al organizar estos textos dice que tuvo en mente *Le Spleen de Paris*. A mí me hacen pensar, también, en el *Dictionaire des idées reçues*, de Flaubert, y en los *Carnets* de Camus. Tienen del primero el escepticismo y la ferocidad realista en la descripción de las flaquezas humanas, el desprecio de la política y el cuidado maniático de la forma artística; del segundo: la elegancia, la sensibilidad depurada y un pesimismo que no está reñido con el amor a la vida, pues ve en ella, aunque carezca de finalidad y de lógica, una maravillosa fuente de goce y plenitud.

«La duda, que es el signo de mi inteligencia, es también la tara más ominosa de mi carácter», dice una de las prosas. «Ella me ha hecho ver y no ver, actuar y no actuar, ha impedido en mí la formación de convicciones duraderas, ha matado hasta la pasión y me ha dado finalmente del mundo la imagen de un remolino donde se ahogan los fantasmas de los días, sin dejar otra cosa que briznas de sucesos locos y gesticulaciones sin causa ni finalidad». Es una radiografía exacta pero incompleta, pues la duda, además de cierta incapacidad para asumir plenamente la vida —para perderse en ella como se pierde uno en un sueño deleitoso o en la embriaguez—, le ha dado también esa vida sustitutoria y paralela, la de la ficción, creada para que los hombres completen imaginariamente su destino, viviendo, en la ilusión de la literatura, aquellas experiencias que su fantasía y su deseo reclaman y que las circunstancias o su propio carácter vuelven, en la realidad real, inalcanzables.

«Escribir significa desoír el canto de sirena de la vida», dice otra de las prosas. Y también: «El acto creativo está basado en la autodestrucción». Es verdad que todo aquel que escribe ficciones —y, en cierta forma, el que las lee— tiene siempre, en un recodo de la mente, aun en los momentos de mayor hechizo, la conciencia de que aquello no es la vida sino su simulacro —a veces majestuoso y a veces misérrimo, pero siempre fantoche— y de que la literatura, al aguzar nuestra sensibilidad y activar nuestra imaginación, termina, al devolvernos a la vida, por revelarnos más hondamente nuestra pobreza frente a la abundancia que nos rodea. Pero no es cierto que la vida simulada con las palabras nos prive de la otra, la que se toca, se gusta, se huele, se ve y se oye. Es más bien al revés. Las ficciones se escriben y se leen para poder tocar, gustar, oler, ver y oír aquello que, de otro modo, permanecería —como las sirenas— irremediablemente fuera de nuestra vida.

La literatura no sólo extiende los horizontes de nuestra experiencia; también, nos proporciona una vida de naturaleza distinta: ella hace que lo que no fue sea, y que la vida se rehaga en función del capricho o la locura del hombre que escribe sus sueños para que otros, al leerlo, sueñen. Gravemente enfermo en un cuarto de hospital, su cuerpo martirizado por inyecciones, sondas, sueros, debilidad extrema y dolor, Ribeyro siente que se evapora en él la capacidad de resistencia, el instinto de sobrevivir. Está literalmente rozando la muerte cuando una imagen —una ficción—, la de un árbol al que la primavera debe haber cargado de verdura, lo salva, devolviéndole el apetito vital, la voluntad de continuar en este mundo hermoso y cruel. El bello texto resume, con insuperable concisión, una noción metafísica. La vida es sufrimiento y absurdo, entremezclados con manantiales de dicha en los que el hombre puede sumergirse, no importa cuán remotos estén, no importa qué desamparado se halle, gracias a la más literaria de sus facultades: la fantasía. Ésa es la razón de ser de la literatura, parque frondoso de árboles exuberantes por el que pueden pasear, disfrutando de sus olores y colores, el ciego y el tullido y el sano al que los árboles de madera y hojas reales no serán nunca suficientes.

Las dudas, la timidez, la dispersión, todos aquellos defectos de su persona —así los llama en sus *Prosas apátridas*— que él autopsia con frialdad se vuelven, por su prosa y lucidez, en rasgos privilegiados de una perspectiva, en unos puntos de vista a partir de los cuales el mundo observado adopta una fisonomía particular, y los hombres y las cosas unas relaciones inéditas. La vida y la literatura no son la misma cosa, pero, como demuestra este libro, cuando la literatura es intensa y creadora, torna la vida más inteligible y soportable, más vivible.

Entre todos los escritores que conozco quizá Ribeyro sea aquel en el que la literatura y la vida se hallan más confundidas. (Recuerdo que en la agencia de noticias donde trabajábamos, hace mil años, él, entre cable y cable, se distraía describiendo animales sinuosos: cangrejos, pulpos, cucarachas). En una de sus prosas asegura que se ha destruido escribiendo, que la literatura ha sido para él un continuo consumirse en su fuego. Ella le habría impedido vivir, anteponiéndose como una pantalla entre él y el mundo. Acaso más justo sea decir que él ha trastornado persistentemente la vida que vivía en literatura, convirtiendo la suma de estrecheces, frustraciones, monotonías y banalidades que conforman la biografía de la inmensa mayoría de los humanos en esa fascinante epopeya de la mediocridad que trazan sus ficciones. Desdeñoso de las vanguardias y de los experimentos, pero conocedor sutil de todos los malabares de la estrategia narrativa, la forma de sus cuentos y novelas —cronología lineal, punto de vista de narrador omnisciente— suele ser de una transparencia clásica. Sin embargo, como en esos clásicos de los que está tan próximo, se trata de una transparencia engañosa. Si se fija bien la mirada, se advierte que, bajo la clara superficie de esas historias, anida un mundo complejo e inquietante en el que casi inevitablemente la estupidez y la maldad prevalecen. La pulcritud de la forma —una palabra precisa, que nombra con exactitud y no se excede jamás— disimula lo gris de la visión.

Como ocurre a menudo a los protagonistas de sus historias, el azar, la torpeza —y su propio desinterés— han impedido que Julio Ramón Ribeyro tuviera, fuera de su país, el reconocimiento que su talento merecía. Ahora, por fin, los lectores van descubriendo en sus relatos al gran escritor. Estas *Prosas apátridas* muestran que, tan original y fino como el cuentista, es el pensador.

Londres, junio de 1984

Contra la amnesia

Han pasado apenas unos tres años y los peruanos comienzan a olvidarse ya de los horrores que vivieron los diez años que duró la dictadura de Fujimori y Montesinos. Connotados esbirros de corbata blanca y domésticos intelectuales del régimen de asesinos y cleptómanos que saqueó al país y envileció todas las instituciones, y que se salvaron de ir a la cárcel nadie sabe por qué, reflotan poco a poco en la vida pública, y las páginas sociales los retratan dando clases de gramática, y a veces de moral, o en los cócteles, el vaso de whisky en la mano y la sonrisa de oreja a oreja, proponiendo olvidar el pasado y la reconciliación de la familia peruana. En los medios, rara vez aparece una información sobre los crímenes, mentiras, estafas, robos, torturas, desapariciones que marcaron esa década, pero, en cambio, son frecuentes, y a menudo feroces, las diatribas contra los jueces, fiscales y procuradores que osan proseguir las investigaciones y los juicios contra los corruptos, traficantes y asesinos y sus cómplices, a quienes se acusa de ensañarse por una enfermiza sed de venganza contra aquellos infelices compatriotas. Si las encuestas no mienten, a uno de cada cinco peruanos le gustaría que el delincuente prófugo refugiado en el Japón, pero que tiene un programa de radio en el Perú, volviera al poder.

Es verdad que buena parte de este lastimoso espectáculo es un montaje fabricado por los fujimoristas presos, enjuiciados o huidos, que todavía poseen un gran poder económico a consecuencia de sus negociados y una inserción considerable en los medios de comunicación. Pero también lo es que, de acuerdo a una costumbre tan antigua como el Perú, una parte considerable de la ciudadanía, al verse frustrada en sus esperanzas de que la restauración de la democracia le diera empleo o mejorara sus niveles de vida, se ha puesto, contra toda razón, a hacer suya la creencia de que cualquier tiempo pasado fue mejor y a echar de menos a Fujimori. Aquella peste del olvido que aquejó a Macondo empieza, una vez más en nuestra historia, a socavar, poquito a poco, la precaria y apenas renaciente democracia peruana.

Uno de los peruanos que se resiste a aceptar este degradante estado de cosas es Alonso Cueto, un escritor que, como un manifiesto contra la amnesia política, acaba de publicar una novela que resucita en páginas recorridas por una rabia fría y una indignación contagiosa los aspectos más sucios y sanguinarios de los años en que Fujimori y Montesinos fueron los amos del Perú: *Grandes miradas*. La historia está basada en un hecho real y un personaje que existió, una de las incontables salvajadas que se cometieron en aquellos años y que, debido a la humildad de la víctima y al nulo poder de su familia para desencadenar una protesta efectiva, permaneció desconocida del gran público y, por supuesto, impune. Un oscuro juez, un hombre del montón, en la novela llamado Guido Pazos (y en la vida real César Díaz Gutiérrez), se encontró de pronto convertido en un pequeño obstáculo para las constantes tropelías judiciales que perpetraba el Servicio Nacional de Inteligencia, instrumento de Montesinos, porque redactaba sus informes o dictaba sus fallos de acuerdo a su conciencia, sin obedecer las órdenes en contrario que le impartían sus superiores. El SIN lo hizo asesinar, después de torturarlo con una crueldad demencial, por tres de los forajidos que le servían para estas operaciones, y disfrazó el asesinato político de crimen común.

Guido Pazos no se sentía un héroe, ni mucho menos. Ni siquiera le interesaba la política. Le gustaba su oficio, impartir justicia, y trataba de hacerlo lo mejor posible, sabiendo muy bien que podía a veces errar. Era un católico practicante y su sentido del deber lo había heredado tal vez de sus padres, gentes sencillas, rectas y limpias a las que quería emular. Sabía muy bien que, negándose a redactar sus informes o sentencias como le ordenaban los rufianes que gobernaban el Perú, ponía en peligro su carrera, acaso su vida, y naturalmente que esto lo angustiaba y llenaba de pavor. Pero, simplemente, la decencia que había en él era más fuerte que su miedo —una decencia visceral—, y, aunque esto lo tuviera desvelado en las noches y viviera en constante sobresalto, seguía actuando de acuerdo con sus principios, sabiendo muy bien que nadie se lo agradecería, que si le ocurría algo a nadie le importaría, y, sobre todo, que su sacrificio sería totalmente inútil, incapaz de hacer la menor mella en el todopoderoso régimen, y que sus propios colegas se limitarían ante su cadáver a sacar la inevitable conclusión: «Él se las buscó».

¿Hubo muchos Guido Pazos, es decir, muchos César Díaz Gutiérrez, en aquellos años de la desvergüenza? Es imposible saberlo, desde luego, porque gentes como ellos no salen en los periódicos ni en la televisión, y no asoman jamás en los libros de historia: viven y mueren en el anonimato. Pero son gentes así las que forjan, de esa manera discreta, con su conducta cotidiana y consecuente con un ideal y unos valores, la verdadera grandeza de un país, los que crean una cultura cívica, los que cargan de sustancia real a las ideas de libertad, de justicia, de coexistencia, los que hacen posible que una democracia funcione de verdad y los que vacunan a las sociedades contra las dictaduras. Un Guido Pazos basta para salvar el honor de la institución a la que pertenecía, en la que tantos jueces por cobardía o venalidad legitimaron tantos atropellos, absolvieron a tantos delincuentes y cohonestaron los peores tráficos y enjuagues de la podredumbre fujimorista.

Buena parte de este testimonio retrospectivo de la claudicación de una sociedad ante una dictadura que es *Grandes miradas* ocurre en el mundo de las comunicaciones, los periódicos y la televisión, que todo régimen autoritario se apresura siempre a poner a su servicio porque ellos le permiten manipular a la opinión pública, haciendo pasar mentiras por verdades, verdades por mentiras, calumniar a sus críticos y ensalzar a sus sirvientes. La verdad es que el envilecimiento de buena parte de los medios de comunicación comenzó en el Perú mucho antes de Fujimori, en 1974, cuando la dictadura militar del general Velasco Alvarado expropió los diarios, las estaciones de radio y los canales de la televisión y los puso en manos de periodistas mercenarios —el dictador los llamaba sus mastines— cuya función consistía en rociar de incienso y loas todas las decisiones del poder, impedir las críticas y bañar en mugre a los silenciados adversarios. Al retornar la democracia, en 1980, Belaúnde Terry devolvió todos los medios a sus propietarios, pero el mal estaba hecho: el periodismo había adquirido unas costumbres y descendido a unos niveles de mediocridad y falta de ética de los que nunca ha podido sacudirse, aunque haya, claro está, aquellas excepciones que sirven para confirmar la regla. La dictadura de Fujimori, por eso, no tuvo necesidad de apoderarse de los diarios, las radios y los canales (lo hizo sólo con uno): le bastó corromper a sus dueños y a un puñado de periodistas, asustándolos o comprándolos, y de este modo, salvo unas publicaciones para las que sobraban los dedos de una mano, tuvo a una prensa dócil, ciega y sorda, o abyectamente servil. Con la excepción de una humilde redactora, Ángela, a la que un sobresalto ético semejante al del inolvidable personaje de la novela de Tabucchi *Sostiene Pereira* convierte en justiciera, todos los periodistas de diarios y televisión que circulan por el libro de Alonso Cueto producen náuseas.

Es muy difícil escribir una novela comprometida con una actualidad política tan cercana como *Grandes miradas* sin que ella parezca en muchas páginas más reportaje que ficción, aun en aquellos personajes o sucesos visiblemente inventados que, por vecindad y contaminación, tienden a imponerse al lector también como tomados de la historia reciente y apenas retocados. De otro lado, los grandes gerifaltes de la dictadura, Fujimori y Montesinos, están todavía demasiado próximos y con unas biografías aún haciéndose, lo que es un obstáculo mayor para convertirlos en personajes de ficción, es decir, para que un novelista los deshaga y rehaga con absoluta libertad, transformándolos de pies a cabeza en función de las necesidades exclusivas de la historia novelesca. Esto hace que, curiosamente, los dos personajes más reales de *Grandes miradas* resulten los menos realistas, los más desvaídos y abstractos. Pese a ello, uno de los episodios más vivaces del libro es el primer encuentro de Gabriela, la compañera del asesinado Guido Pazos, con Montesinos, en el hotel de Miraflores donde éste celebraba sus orgías —whisky y putas a granel— con los generales adictos. El personaje adquiere allí, por un momento, una fuerza viscosa y un halo pestilencial que se graban en la memoria del lector como una pesadilla.

El libro está escrito con gran economía, en una prosa rápida y arrolladora, que mezcla descripciones, diálogos, reflexiones y monólogos en una misma frase, y se compone de episodios ceñidos, breves como viñetas, que recuerdan a veces los crucigramas que eran las novelas de John Dos Passos. Se lee con un interés cargado de ira y de disgusto, y deja en el lector la impresión de que sería falso confinar esta historia en el estricto dominio de la literatura, porque es más o menos que ese quehacer que modifica la realidad y la embellece y eterniza con palabras, creando una realidad aparte, otra vida. No: *Grandes miradas* no sale de este mundo, es una inmersión brutal en una vida recientísima, que todavía colea e infecta la vida peruana, una vida hecha de muerte y mentira, de tráficos inmundos, de cobardía y vilezas inconmensurables, y de algunos heroísmos secretos de aquellos seres que Camus llamaba los justos, esos seres humanos que, según la tradición bíblica, son tan puros y tan íntegros que bastan para redimir los pecados de toda su sociedad.

Lima, 8 de enero de 2004

Elogio de Blanca Varela

Llueven los premios sobre Blanca Varela —ayer el Octavio Paz de Poesía y Ensayo, el Ciudad de Granada, el Federico García Lorca, ahora el Reina Sofía— justamente cuando no está en condiciones de saberlo, pues se halla retirada y sola en un territorio que imagino tan privado, misterioso y mágico como su poesía. Pero, si pudiera enterarse, sé muy bien cuál sería su reacción: de maravillamiento y susto, porque, entre todos los poetas de este tiempo que me ha tocado conocer, no hay uno solo tan ajeno a la feria de las vanidades y a la ilusión o a la codicia del éxito como Blanca Varela. Aunque, sin duda, la poesía haya sido la pasión más sostenida de su vida, para ella nunca fue un oficio, un quehacer público. Más bien, un vicio recóndito, inconfesable, cultivado en la clandestinidad, con celo y reserva tenaces, como si su exposición a la luz, a los ojos de los demás, pudiera dañarlo.

Que llegara a publicar esa media docena de libros ha sido una especie de milagro, más obra de la insistencia de sus amigos que de su propia voluntad. Entre esos lectores privilegiados a los que mostraba sus versos a escondidas estuvo Octavio Paz, que prologó su primer libro y la ayudó a ponerle título. (Ella quería que se llamara *Puerto Supe* y a él no le gustaba. «Pero ese puerto existe, Octavio». «Ahí tienes el título, Blanca: *Ese puerto existe*»).

La conocí a mediados de 1958, cuando ella y su esposo de entonces, el pintor Fernando de Szyszlo, hacían maletas para viajar a los Estados Unidos, donde pasarían dos años. Vivían en un estudio precario construido en una azotea del barrio limeño de Santa Beatriz. Yo partía en esos días a Europa y durante cuatro años no volví a verla, pero, sin embargo, desde ese primer día la quise y la admiré, como han querido y admirado a Blanca Varela todos quienes han tenido la fortuna de frecuentarla, de gozar de su generosidad y de su inteligencia, de esa manera tan cálida y tan limpia de entregarse a la amistad, de enriquecer la vida de quienes se le acercan. En medio siglo de amistad, sobre todo en aquellas largas reuniones de los sábados, la he oído hablar casi de todo. De esa generación de poetas del cincuenta de que formó parte Sebastián Salazar Bondy, Javier Sologuren, Jorge Eduardo Eielson, que, con dos poetas de una generación anterior, César Moro y Emilio Adolfo Westphalen, revolucionaría la poesía peruana, enclavándola en la vanguardia de la modernidad. De Breton y los surrealistas, de Sartre, Simone de Beauvoir y los existencialistas a los que conoció en los años que vivió en París. De sus filias y fobias literarias y de tanta gente que la impresionaba y que amó o detestó. Y la he oído, cómo no, muchas veces, ayudada por un par de whiskies para vencer su timidez, decir esas maldades y ferocidades impregnadas de tanta gracia y humor que hacían la felicidad de sus oyentes y que irremediablemente se volvían bondades porque Blanca, pese a haber pasado por experiencias muy difíciles y haber sido tan perceptible y tan sensible al dolor y al sacrificio, ha sido siempre un ser ontológicamente alérgico a toda forma de maldad, mezquindad e incluso a esas menudas miserias que resultan de la vanidad, el egoísmo y demás sordideces de la condición humana. Pero estoy seguro de no haberla oído jamás decir palabra sobre su propia poesía, y, en cambio, la he visto tantas veces, cuando la interrogaban sobre ella, escabullirse con frases esquivas y cambiar rápidamente de conversación.

Su poesía participa de esa misma reserva y, aunque alude a muchos temas, es de una parquedad glacial sobre sí misma. A diferencia de otras, a veces de alta estirpe, que se lucen y pavonean, orgullosas de sí mismas, la de Blanca Varela se retrae y disimula, mostrándose apenas en escorzos y dejando sólo huellas, anticipos, a fin de que, nuestro apetito desatado por esos lampos de belleza, busquemos, indaguemos lo que oculta en su entraña, ejercitando nuestra fantasía y volcando nuestros deseos para gozarla a cabalidad.

Discreta y elegante, como las hadas de los cuentos, la poesía de Blanca Varela ha ido apareciendo de tanto en tanto, con largos intervalos, en unos poemarios breves, ceñidos y perfectos, *Ese puerto existe* (1959), *Luz de día* (1963), *Valses y otras falsas confesiones* (1972), *Canto villano* (1978), *Ejercicios materiales* (1993) y, por fin, su poesía reunida, con dos recopilaciones inéditas, *Donde todo termina abre las alas* (2001). Cada libro suyo dejaba a su paso un relente de imágenes de engañosa apariencia, pues, bajo la delicadeza de su factura, sus juegos de palabras, la levedad de su música, se embosca una áspera impregnación de la existencia, una fría abjuración del ser en trance de vivir para morir. La vida late siempre en ellas, pero amenazada y en capilla, sometida sin cesar a ordalías atroces. En uno de sus más intensos poemas, de *Ejercicios materiales*, la vida («más antigua y oscura que la muerte») aparece transfigurada en una ternera a la que acosan miles de moscas, un patético animal impotente para defenderse de las menudas bestezuelas que la atormentan. La fuerza del poema reside en que consigue hacernos sentir que aquel destino no es sólo lastimoso, que hay en él cierta inevitable grandeza, la de los héroes de las tragedias clásicas, que morían sin resignarse, resistiendo, a sabiendas de que la derrota sería inevitable.

Así ha resistido Blanca la adversidad y las pruebas a que está sometida toda vida, con gran coraje y estoicismo, y con una elegancia natural, inconsciente. Toda su vida trabajó, en trabajos alimenticios que afrontaba con buen humor y empeño —periodismo, relaciones públicas, librera, editora—, creciéndose hasta lo indecible, con temple de hierro, ante las vicisitudes más duras, incluida la más terrible de todas: la pérdida de su hijo Lorenzo, en un accidente de aviación, hace once años. Al mismo tiempo, siempre hubo en ella el ser que escribía, un ser frágil, delicado, inseguro, sensible, indefenso por su inconmensurable decencia e integridad ante las vilezas y ruindades cotidianas de este mundo sórdido, de frustraciones y traiciones, por el que ella siempre consiguió pasar incontaminada, sin hacer una sola concesión, sin desfallecimientos ni cobardía. Ésa es la historia que relata su avara y sutil poesía, bajo sus inusitadas metáforas, y sus extrañas exploraciones en el mundo de las cosas menudas, los insectos, los rumores del mar, los pájaros marinos, las voces del arenal y los paisajes del cielo.

A fines de los años setenta, cuando, más por amistad hacia mí, que se lo pedí, que porque la tarea la entusiasmara, Blanca resucitó el centro peruano del PEN, viajamos juntos a esas conferencias y congresos que convoca aquella organización de escritores que por tres años me tocó presidir. En Egipto, en Dinamarca, en Alemania, en España recuerdo a Blanca haciendo esfuerzos denodados para pasar inadvertida, para ser invisible, y la angustia que la sobrecogía cuando no tenía más remedio que intervenir (lo hacía en voz baja y veloz, en un francés monosilábico, pálida y demacrada por el esfuerzo). Y, sin embargo, todos los que se codearon con ella y la conocieron en aquellas reuniones la recuerdan, y siempre voy encontrando por el mundo poetas y escritores que me preguntan por ella, porque en esos fugaces encuentros su inconfundible manera de ser, su halo, su varita, su silencio locuaz, su encanto involuntario, los chispazos luminosos de su inteligencia se les grabaron en la memoria, y les dejaron el convencimiento de haber entrevisto a un ser fuera de lo común, a una mujer de carne y hueso que estaba también hecha de sueño, gracia y fantasía.

Pese a ella misma, en los últimos años, poco a poco, la poesía de Blanca Varela ha ido conquistando dentro y fuera del Perú los lectores y la admiración que merecía, rompiendo el círculo entrañable en que hasta entonces estuvo reducida, y muchos poetas jóvenes, sobre todo mujeres, se han ido acercando a ella, buscando su amistad y sus consejos. Eso debe haberla hecho feliz, sin duda: sentir que estaba viva entre los seres más vivos que tiene la existencia, que son los jóvenes, y, sobre todo, saber que su poesía no sólo a ella la había hecho vivir y defendido contra el infortunio, que también a otros ayudaba y daba fuerzas para soportar la existencia y ánimos para escribir.

Blanca, queridísima Blanca: yo siempre lo supe, pero qué bueno que en este invierno callado de tu vida, cada vez más gente lo sepa también, y te lea, te quiera, te premie y reconozca en ti toda la inmensa sabiduría, talento y humanidad generosa que has contagiado a tu alrededor, con que has escrito y vivido la poesía.

Lima, mayo de 2007

Vivir es una obra maestra

Jorge Eduardo Eielson (1924-2006) perteneció a la llamada «generación del 50», que contribuyó de manera decisiva a romper los límites regionalistas de la poesía peruana y a integrarla en la modernidad. Siguió en este empeño el ejemplo de algunos ilustres predecesores: José María Eguren, César Vallejo, Martín Adán, César Moro y Emilio Adolfo Westphalen.

Dentro de la «generación del 50», de la que formaron parte Javier Sologuren, Sebastián Salazar Bondy, Blanca Varela, Raúl Deustua y Carlos Germán Belli, Eielson fue uno de los poetas más precoces y de más definida personalidad. Lector apasionado de los clásicos, de los griegos, del Siglo de Oro, de la poesía francesa, de Rilke, de los surrealistas, sus primeras publicaciones, desde el casi adolescente *Reinos* (1945), muestran a un poeta lujoso y exaltado, de voz muy personal, que ambiciona hacer suya toda la mejor tradición cultural del Occidente. Dos años antes, en 1943, había escrito una hermosa transfiguración visionaria de *La Chanson de Roland*, *Canción y muerte de Rolando*, poema en prosa que, a la vez que evoca la célebre gesta de Roncesvalles, discurre como un río de imágenes audaces e imprevisibles y de gran belleza verbal. Antígona, Ájax, el Quijote son también pretextos para evocaciones líricas en las que el joven creador manifiesta su vocación universal y la soltura con que aprovecha a los clásicos como una plataforma donde construir su propia personalidad. En 1948, cuando Eielson parte a Europa, donde, de hecho, pasará el resto de su vida, es ya un poeta formado, de acento singular y, culturalmente hablando, un ciudadano del mundo.

Nunca renegará de esta condición de artista que no admite fronteras, ni geográficas ni culturales, y toda su vida mantendrá un espíritu abierto, curioso y voraz que lo llevaría, no contento con cultivar un solo género, a saltar de la poesía a la pintura, al teatro, a la novela, a los espectáculos (él los llamaba «performances» y «acciones»), a la instalación e incluso al circo (a Martha Canfield le dijo, muy en serio, que sólo se consideraba un «saltimbanqui» y «un payaso»). Se interesó por todo: la arqueología, la ciencia, las religiones, y, desde fines de los años cincuenta, sobre todo por el budismo zen. Participó de algún modo en todas las modas intelectuales y artísticas de la posguerra europea pero nunca formó parte de secta o grupo alguno, defendiendo siempre su independencia y soledad, y preservando, aun en los períodos más exhibicionistas de su trayectoria, como cuando «colocaba» poemas invisibles en las naves espaciales o en monumentos públicos famosos, una distancia discreta y secreta con aquello que hacía. A diferencia de otros artistas contemporáneos que incurrían a menudo en la bufonería por razones de autopromoción, Eielson mostró a lo largo de toda su vida una indiferencia olímpica por el éxito y una seriedad rigurosa en todo lo que emprendía como artista, incluso en aquellas burlas repletas de humor. Su desprecio por la fama fue tal que por muchos años su poesía resultaba casi imposible de leer, por falta de ediciones accesibles.

Su pintura está sutilmente inspirada en las telas y quipus prehispánicos que le interesaron desde joven y, asimismo, en las artes y creencias de los pueblos primitivos a los que estudió con devoción en sus años europeos. Los «nudos» que recorren sus telas, dibujos y objetos, no son sin embargo reconstrucciones arqueológicas, pastiches, sino variaciones, a partir de unas formas provenientes de una cultura ancestral, que a Eielson le permitían ejercitar su imaginación y volcar una sensibilidad singular en la que se fundían su recóndito misticismo, su vasta versación en disciplinas y materias disímiles y su pasión por la belleza. Nunca se aburrió y con su existencia probó que era cierto aquel título que eligió para uno de sus libros: *Vivir es una obra maestra*.

Eielson, como persona, tuvo siempre algo secreto, una intimidad que mantenía fuera del alcance incluso de sus amigos más cercanos. Ese fondo misterioso que intrigaba y fascinaba a quienes lo conocían está muy presente en sus escritos, en sus esculturas y en sus cuadros. Y acaso sea uno de los elementos que garanticen la perennidad de una obra plástica y poética que, aunque inseparable del tiempo en que se fraguó, merece sobrevivir y testimoniar, allá, en el futuro, ante las nuevas generaciones, sobre los mitos, sueños, miserias y hazañas del mundo en el que Eielson padeció y gozó.

Florencia, 2008

Los ensayos de Luis Loayza

Es un placer leer los ensayos de Luis Loayza y, a la vez, es imposible no sentir, mientras uno goza con ellos, esa melancólica tristeza que nos inspiran las buenas cosas que se acaban, que el tiempo va dejando atrás. Porque el ensayo literario que Loayza ha practicado toda su vida fue el que escritores como Edmund Wilson y Cyril Connolly en el mundo anglosajón, o Paul Valéry, Jean Pauhlan y Maurice Blanchot en Francia, o Alfonso Reyes, Octavio Paz y Ortega y Gasset en español utilizaron para expresar sus simpatías y diferencias a la vez que, al hacerlo, escribían textos de gran belleza literaria.

En nuestro tiempo, la crítica se ha apartado de esa buena tradición y escindido en dos direcciones que están, ambas, a años luz de la que encarnan los ensayos de Luis Loayza. Hay una crítica universitaria, erudita, generalmente enfardelada en una jerga técnica que la pone fuera del alcance de los no especialistas y, a menudo, vanidosa y abstrusa, que disimula detrás de sus enredadas teorizaciones lingüísticas, antropológicas o psicoanalíticas, su nadería. Y hay otra, periodística, superficial, hecha de reseñas y comentarios breves y ligeros, que dan cuenta de las nuevas publicaciones y que no disponen ni del espacio ni del ánimo para profundizar algo en los libros que comentan o fundamentar con argumentos sus valorizaciones.

El ensayo al que yo me refiero es a la vez profundo y asequible al lector profano, libre y creativo, que utiliza las obras literarias ajenas como una materia prima para ejercitar la imaginación crítica y que, a la vez que enriquece la comprensión de las obras que lo inspiran, es en sí mismo excelente literatura. Para lograr ambas cosas hace falta amar de veras los libros, ser un lector pertinaz, estar dotado de lucidez y sutileza de juicio, y escribir con inteligencia y claridad.

Luis Loayza tiene todo ello en abundancia. Hasta ahora ha sido un autor poco menos que secreto, en torno al cual ha ido surgiendo una especie de culto entre los jóvenes escritores peruanos, que hacían milagros para leerlo, porque tanto sus relatos como sus ensayos habían aparecido en ediciones de escasa difusión, algo clandestinas, por el absoluto desinterés que él tuvo siempre por la difusión de su obra, algo a lo que parece haberse más bien resignado debido a la presión de sus amigos. Loayza es uno de esos extrañísimos escritores que escribe por escribir, no para publicar.

Había la idea de que, además de secreto, era autor de una obra muy breve. Pero, ahora que la Universidad Ricardo Palma, de Lima, ha tenido la magnífica idea de publicar dos volúmenes con sus ensayos y relatos, se advierte que esta obra no es tan escasa, que en sus casi setenta y siete años de vida Luis Loayza ha escrito una considerable cantidad de textos, que, además, tienen la virtud de ser de pareja calidad, de notable coherencia intelectual y de una gran elegancia literaria.

Yo hablo ahora de sus ensayos porque acabo de releerlos, y no de sus relatos, pues me guardo ese placer para más adelante, pero sé que también en estos últimos aparece esa prosa tan persuasiva, limpia y clara, impregnada de ideas, de buen gusto, juiciosa y delicada, que enaltece al autor tanto como al que la lee. Loayza es uno de los grandes prosistas de nuestra lengua y estoy seguro de que tarde o temprano será reconocido como tal.

Ya lo era cuando yo lo conocí, en la Lima de los años cincuenta. Aunque ahora nos veamos muy poco, no creo que haya cambiado mucho. Lector voraz, desdeñoso de la feria y la pompa literaria, ha escrito sólo por placer, sin importarle si será leído, pero, acaso por eso mismo, todo lo que ha escrito exhala un vaho de verdad y de autenticidad que engancha al lector desde las primeras frases y lo seduce y tiene magnetizado hasta el final. Sus ensayos cubren un vasto abanico de temas y de autores y delatan un espíritu curioso, cosmopolita, políglota, en el que, pese a haber vivido tantos años en el extranjero —París, Nueva York, Ginebra—, ese Perú donde hace cerca de veinte años no pone los pies está siempre presente, como una enfermedad entrañable.

Hable del *Ulises* de Joyce, de la biografía de Borges que escribió Rodríguez Monegal, o de la breve aparición de dos personajes peruanos en *Rojo y negro* de Stendhal y *En busca del tiempo perdido* de Proust, los ensayos de Loayza resultan siempre sorprendentes y originales, por la perspectiva en que los temas son abordados, o por la astuta observación que desentraña en esos textos aspectos y significados que nadie había percibido antes que él. Es el caso de la serie de estudios que consagró al Novecientos, en los que ese período de la cultura y la historia peruanas resucita con un semblante totalmente inédito.

Loayza nunca hace trampas. No hay, en este volumen de casi quinientas páginas, una sola de esas frases pretenciosas en que los críticos inevitablemente caen alguna vez, para exhibir su vasta cultura, o esos oscurantismos mentirosos que disimulan su indigencia de ideas y su vanidad. Y hay, en cambio, en todos ellos, siempre, un esfuerzo de claridad y sencillez que el lector siente como una prueba de consideración y respeto hacia él, y de probidad intelectual. En los extensos análisis, como el prólogo que escribió para su traducción de las obras de De Quincey, o las dos o tres páginas deliciosas que dedica a «Simbad el Maligno», los ensayos de Loayza son un canto de amor a la literatura. Todos ellos nos muestran, de manera contagiosa, que la literatura enriquece la vida, la hace más comprensiva y llevadera, que las obras logradas nos civilizan y humanizan, alejándonos del bruto que llevamos dentro, ese que fuimos antes de que los buenos libros, las buenas historias, la buena poesía y la buena prosa lo domesticaran y enjaularan.

Al mismo tiempo que leía los ensayos de Luis Loayza he estado hojeando los tres números de la revista *Literatura* que sacamos con él y con Abelardo Oquendo en la Lima de finales de los años cincuenta, cuando éramos tres letraheridos que aprovechábamos todos los minutos libres que nos dejaban los trabajos alimenticios para vernos y hablar y discutir con pasión y fanatismo de libros y autores. Por esa época, Loayza contrajo una curiosa alergia contra todo lo feo que se encontraba al paso en este mundo. Una desagradable exposición de pintura, una mala película, un poema vulgar, un bípedo antipático, y empezaba a ponerse muy pálido, se le hundían los ojos y le sobrevenían incómodas arcadas. Abelardo y yo nos burlábamos, creyendo que exageraba. Pero había una honda verdad en esa pose. Porque ese rechazo de la fealdad es un rasgo perenne de todo lo que ha escrito. No hay en esta colección de ensayos elaborados a lo largo de toda su vida nada que desentone, ofenda, desmoralice o disguste al lector. Y sí, siempre, una pulcritud y rigor en la palabra y en la idea que lo llenan de halago y gratitud.

Tenía algo de temor con esta reedición de *Literatura* que ha hecho la Universidad Nacional Mayor de San Marcos, pues pensaba que los años podían haber destrozado aquella revista juvenil. Pero, no, no hay en sus páginas nada de que avergonzarse. Protestamos contra la pena de muerte, rendimos homenaje a César Moro —casi desconocido entonces—, polemizamos contra el realismo socialista, publicamos bellos poemas de Raúl Deustua y de Sebastián Salazar Bondy, un hermoso cuento de Paul Bowles, traducido por Loayza, y nos solidarizamos con los barbudos que en la Sierra Maestra se habían alzado contra la dictadura de Batista. Todas sus páginas expresan la inconmensurable ilusión de ser escritores alguna vez. Muy decoroso, en verdad.

En estos días en que el Perú, para no perder la costumbre, parece a punto de cometer un nuevo suicidio político, ha sido grato escapar de la cruda realidad por unas cuantas horas al día y refugiarme, gracias a Luis Loayza, en la añoranza de la juventud, la amistad y la buena literatura.

Lima, abril de 2011

4. El Perú político II: Las dictaduras de los generales Juan Velasco Alvarado y Francisco Morales Bermúdez (1968-1980)

Carta abierta al general de división Juan Velasco Alvarado, presidente del Perú

23 de marzo de 1975

General de división Juan Velasco Alvarado, presidente del Perú.

Sr. presidente:

El objeto de esta carta es protestar públicamente por la clausura de la revista *Caretas*, la detención de sus redactores y la deportación a Buenos Aires de Enrique Zileri, su director. Con el cierre de esta publicación desaparece el último órgano independiente del Perú y se instala definitivamente la noche de la obsecuencia en los medios de comunicación del país. Con la misma firmeza con que he aplaudido todas las reformas de la revolución —como la entrega de la tierra a los campesinos, la participación de los trabajadores en la gestión y propiedad de las empresas, el rescate de las riquezas y la política internacional independiente— quiero manifestar mi desacuerdo con esta política autoritaria, que ha ido agravándose de manera sistemática en los últimos meses, desde que, con el argumento de su transferencia a los «sectores nacionales» (que no existen, y que, como usted bien sabe, tardarán todavía muchos años en organizarse en federaciones y sindicatos genuinamente representativos), los diarios fueron expropiados, entregados a comités de incondicionales y convertidos en meros ventrílocuos del poder.

Quienes desde el primer momento criticamos esta ley de Prensa, no desde el punto de vista de los dueños de los diarios expropiados, sino desde el punto de vista de la propia revolución, para la cual nada podría ser tan dañino como la eliminación de voces independientes y los excesos inevitables en todo proceso revolucionario, hemos visto, con angustia creciente, ir desapareciendo, una tras otra, las revistas que se atrevían a discrepar de la política oficial, y a sus redactores ser encarcelados y exilados.

No es razón suficiente

Se ha dicho que los organismos suprimidos son todos de derecha. Aunque yo no admito que profesar ideas conservadoras sea una razón suficiente para haber silenciado y castigado (estoy por la destrucción de los intereses conservadores, pero no por la persecución de las ideas conservadoras, que deberían tener también derecho a comparecer en el debate político, y que, aun cuando sea como negatividad polémica, pueden prestar un servicio a la revolución), quiero desmentir la falsedad que ha circulado por América Latina. Entre las publicaciones cerradas figuran revistas como *Sociedad y Política* y *Oiga* que estaban identificadas con el cambio y que criticaban a la revolución desde sus posiciones progresistas. Éste es también el caso de la víctima de ahora. *Caretas* criticó muy severamente los regímenes de Prado y Belaúnde y durante este gobierno se ha limitado a combatir (en condiciones realmente heroicas) los abusos —por desgracia los ha habido y los hay— y no los aciertos del régimen.

Se logró el efecto contrario

Mucho me temo que usted no haya advertido el daño que ha causado a la revolución la intolerancia para con la crítica. Esta actitud le ha enajenado la adhesión de millares de peruanos de la clase media y los sectores populares, es decir, de personas que deberían constituir los cimientos de la revolución. Un hecho decisivo, para esta pérdida de popularidad del régimen, ha sido la política represora en materia de información y de opinión. El hecho de que la radio, la televisión y la prensa entera del país se hayan convertido en organismos de exclusiva propaganda ha conseguido el efecto contrario al perseguido: en vez de eliminar la crítica la ha multiplicado. Es cierto que ellas ya no aparecen en los diarios, donde sólo se leen la loa y la alabanza, pero esas críticas están en las mentes y en las bocas de los peruanos, y eso es, a fin de cuentas, lo que debería importarle al régimen. Permítame decirle, con todo respeto, que comete un error en preferir, en vez de periodistas, como Enrique Zileri y Francisco Igartua, que, con honestidad y valentía obligaban a la revolución a reflexionar continuamente sobre sí misma, a ese enjambre de mediocres que, en la prensa oficial, sólo escriben lo que les ordenen o (lo que es todavía peor) lo que suponen que les ordenarían. Por ese camino hay el peligro de que la revolución peruana, como muchas otras, deje de serlo.

Porque nada me entristecería más que eso ocurriera, he decidido enviarle esta carta abierta, que, como ya no tengo tribuna donde opinar en el Perú, me veo obligado a publicar en el extranjero.

Atentamente,

MARIO VARGAS LLOSA

Caretas, Oiga y unos jóvenes amables

Desde hace algunos días, las casas comerciales que han dado aviso a las revistas *Oiga* y *Caretas* reciben visitas de funcionarios de la PIP.* Se trata de investigadores bastante distintos de aquellos, clásicos, que solían comunicar una impresión de ignorancia y brutalidad. Generalmente jóvenes, educados, algunos con excelentes maneras y una cierta facilidad de expresión, solicitan del gerente, dueño o dueña del local visitado el contrato de publicidad firmado con *Oiga* o *Caretas*. Lo revisan con prolijidad, indagan detalles, circunstancias, fechas, toman notas, sonríen. Si se trata de un restaurante, piden alguna bebida no alcohólica, un café o un bocadillo, y se empeñan en pagar la cuenta. Luego, sin grosería, con firmeza, hacen saber a su interlocutor, que el Gobierno —pero entiendo que algunos dicen «el presidente de la República»— estima incomprensible, y francamente inamistoso, que la firma indicada dé publicidad a órganos hostiles al régimen. Añaden que no se trata de una *amenaza*, pero que «el Gobierno» (o «el presidente») vería con muy buenos ojos que esa situación no se repita en el futuro. Se despiden con venias.

Me interesa señalar que estas discretas visitas se han venido llevando a cabo exactamente en los mismos días que, en Caracas, los periodistas oficiales pronuncian retumbantes discursos poniendo por las nubes el hecho de que, como ha dicho uno de ellos, con poesía, «por primera vez florece prístina la libertad de prensa en el Perú». Sofocar económicamente a una revista, privándola de publicidad, dejándola huérfana de imprenta —porque también las imprentas donde se imprimen han recibido la visita de los amables funcionarios—, no es menos grave que clausurarla, pero sí es, en

---

* Policía de Investigaciones del Perú. *(N. del E.)*

222

cambio, más hipócrita. Quiero creer que, como tantas veces ocurre, esta operación de amedrentamiento y que constituye un flagrante atentado contra la libertad de prensa que el régimen se ha comprometido a respetar se lleva a cabo por iniciativa de funcionarios subalternos, ganosos de hacer méritos, y no por instrucciones de las autoridades responsables de velar por que esa libertad, que el presidente de la República acaba una vez más de garantizar en su último discurso, sea rigurosamente resguardada.

La existencia de órganos de oposición, para todos quienes queremos que las reformas fundamentales que está viviendo el Perú se mantengan y profundicen, y que esta revolución tenga una fisonomía propia y sea realmente compatible con un sistema político de apertura y tolerancia donde todas las ideas puedan cotejarse, es tan indispensable como la de que el régimen tenga órganos de prensa encargados de divulgar y defender su política. El peligro mortal es que desaparezca toda forma de oposición en la prensa y se instale una gris y servil uniformidad. Nadie debe engañarse; las discrepancias, personales o de matiz doctrinario, que afloran a veces en los diarios expropiados (sobre todo a nivel de insinuación o chisme) no deben dar la ilusión de la libertad de expresión. Ésta existe de verdad cuando el propio poder es directamente enjuiciado y sus decisiones y sus hombres sometidos a crítica. Que eso ocurra —aun cuando esa crítica se equivoque o sea injusta— no sólo es necesario: es la única garantía realmente eficaz de que esas decisiones puedan ser certeramente evaluadas, la opinión pública esté en condiciones de manifestar su aprobación o su rechazo de ellas, y de que los hombres del poder no sucumban a la tentación inevitable del autoritarismo, que asedia como una pesadilla fatídica a todas las revoluciones.

La *oposición* ha desaparecido de la radio, de la televisión y de la prensa diaria en el Perú. Ella subsiste, mínima, hostigada desde las columnas de todos los periódicos, a veces con argumentos, pero a veces con las armas bajas del insulto y la insinuación desleal (hasta mi amigo Julio Ortega, uno de los periodistas más independientes del régimen, habla del «negocio de la oposición» y propone «abofetear» a los diplomáticos que opinan en contra), en *Caretas* y (en ésta sólo a medias) en *Oiga*. Su supervivencia es vital, no tanto para las fuerzas adversarias a la revolución, sino, más bien, para todos los peruanos beneficiados por los cambios y las reformas. Sólo ella puede mantener abierta, para todos, la posibilidad, el día de hoy o de mañana, de oponerse y decir no, y eso es lo único de que dependerá, en el futuro, que la revolución sea una realidad viva y operante o la palabra muerta tras la que se disimula la dictadura. Es en nombre de la propia revolución y de su futuro, por eso, que exhorto a las autoridades pertinentes —el ministro del Interior, por ejemplo— a desautorizar a los cordiales funcionarios de la PIP y a garantizar explícitamente el derecho de las firmas comerciales a anunciar en *Oiga* y *Caretas*, y a las imprentas a editarlas, sin que penda sobre ellas la amenaza de la represalia oficial.

Lima, 23 de octubre de 1974

La revolución y los desmanes

Lo ocurrido en Lima el 5 de febrero y los días siguientes es sumamente grave, tal vez la crisis más importante que ha experimentado el régimen. Los peruanos que ambicionan la transformación del país en una sociedad civilizada y, muy en especial, las autoridades que encabezan este proceso deberían efectuar un análisis desapasionado y responsable de lo sucedido, para evitar que se repita y para corregir las fallas de la revolución que los lamentables sucesos hicieron patentes.

Antes que nada conviene resumir, con la mayor objetividad posible, lo que efectivamente ocurrió. Un movimiento de reivindicación, de carácter económico y gremial, en el seno de la Guardia Civil, desembocó en un paro que fue reprimido por el Ejército en el amanecer del día miércoles, luego de un tiroteo en el que, según el parte oficial, resultaron heridos siete guardias. Esta acción, a su vez, originó demostraciones hostiles por parte de sectores de la población civil, primero en La Victoria y luego en otros puntos de la capital. Todo indica que, aun en los momentos más álgidos de los incidentes callejeros, los manifestantes *políticos* eran sólo unos pocos millares de personas. Los incendios de *Correo* y *Ojo*, del Círculo Militar, del Centro Cívico, y las tentativas de asalto a *Expreso* y a *La Prensa* fueron obra de algunos centenares de exaltados, principalmente jóvenes, entre ellos muchos estudiantes universitarios. Estas acciones culminaron luego, con la participación de toda la ralea limeña y de mucha gente humilde, en el saqueo de las tiendas del centro y de algunos barrios periféricos, que, durante buena parte del día 5, estuvieron totalmente desprovistos de custodia policial. Cuando el pillaje tomaba proporciones considerables, las fuerzas del Ejército salieron a las calles y pusieron orden haciendo fuego contra los saqueadores. Varias decenas de muertos y casi dos centenares de heridos es el balance trágico de esta operación, aparte del enorme saldo de daños materiales que causaron los desmanes. La prensa oficialista, que había guardado un silencio sepulcral sobre el paro de los guardias, una vez concluidos los incidentes desató una estridente campaña presentando lo ocurrido como el resultado de una conjura cuidadosamente planeada por el APRA y la CIA.

El paro de los guardias

No existe la menor prueba de que el movimiento de los guardias tuviera carácter contrarrevolucionario y sí hay, en cambio, pruebas de que en todo momento los huelguistas declararon su adhesión a la revolución y al general Velasco. Lo dicen así, explícitamente, los toscos volantes, de ingenua sintaxis, que hicieron circular. En ellos se insiste en que el paro no tiene otra razón que apoyar reclamos de salario y gremiales. Y así lo confirma un documento interno de la Iglesia, en el que el obispo auxiliar de Lima, Luis A. Bambarén (quien, a pedido de los guardias, hiciera de mediador en un momento de las negociaciones con el Ministerio del Interior), informa a los «agentes pastorales» sobre su actuación. Según este documento, los huelguistas pedían estos cuatro puntos:

a) mejora de sueldos (para el bienio 75-76 sólo recibirían un aumento de cuatrocientos soles);

b) mejor trato;

c) paso de la mutualista de subalternos de la Guardia Civil a manos de ellos, previa auditoría;

d) no represalias contra el personal en paro.

Que este conflicto, en el que a todas luces se esgrimían razones atendibles, no se resolviera pacíficamente es lamentable desde varios puntos de vista. En primer lugar, se hubiera evitado la conmoción política y social que sobrevino después. En segundo, no habría ocurrido el enfrentamiento entre instituciones castrenses que, aunque breve y casi ínfimo, perjudica seriamente la imagen de la unidad de las Fuerzas Armadas que conducen este proceso revolucionario. Las razones por las que el régimen decidió llevar a cabo un acto de fuerza, aun simbólico, son obvias. Una «huelga» dentro de una institución militar es algo absolutamente anómalo, que resquebraja la esencia misma de lo castrense —la disciplina— y constituye de por sí un hecho político aun cuando los motivos determinantes de la huelga no lo sean. Había, pues, que hacer respetar el principio de autoridad y realizar un escarmiento. Hay un hecho, sin embargo, que debilita este razonamiento. Desde el año 1968, las Fuerzas Armadas han asumido resueltamente en el Perú funciones políticas y no es de extrañar que lo que ocurre en el vértice de la pirámide acabe, tarde o temprano, por contaminar la base. En última instancia un paro de guardias civiles es, desde el punto de vista institucional, tan inusitado como que todas las autoridades políticas importantes del país sean oficiales de las Fuerzas Armadas. Para ser congruente consigo mismo, pues, el Gobierno debió proceder en este caso política y no militarmente. La lenidad, la negociación, la comprensión hubieran ahorrado vidas humanas e impedido que un conflicto a fin de cuentas insignificante degenerara en una crisis nacional.

Las manifestaciones políticas

Incendiar periódicos y edificios públicos es un acto criminal y por lo tanto absolutamente repudiable. Que entre los centenares de desaforados que llevaron a cabo esos incendios haya apristas, belaundistas y ultraizquierdistas es evidente, pero no lo es, en cambio, que la dirigencia de algún partido de oposición, concretamente el APRA, haya alentado (y ni siquiera imaginado que podían ocurrir) esos horrores. No tengo el menor interés en exonerar a nadie en especial de lo ocurrido, y menos al APRA, partido del que siempre me he sentido alejado. Lo que quiero subrayar es que esas manifestaciones políticas de hostilidad al régimen representan un abanico más amplio que la militancia aprista y revelan un descontento grande en un sector que *debería* sentirse solidario de la revolución peruana, como es la clase media limeña. Esta vez ni siquiera la prensa oficialista —que ha demostrado ser capaz de proferir mentiras de cualquier calibre— ha podido acusar a los manifestantes de ser «pitucos», hijos de «familias bien», como lo hizo cuando las manifestaciones que motivaron la expropiación de los diarios. Es dramático para esta revolución que haya estudiantes universitarios y personas de familias modestas, es decir, sectores que sólo recibirán beneficios de una transformación radical de la sociedad peruana, capaces de incurrir en actos criminales como el incendio de *Correo* y del Círculo Militar para expresar su repudio del régimen. Y es todavía más dramático que esto ocurra ante la indiferencia, la pasividad, para no decir la secreta complicidad de muchos otros sectores de la población. Lo ocurrido ha demostrado, una vez más, que, por lo menos aquí, en Lima, la revolución peruana está huérfana de calor popular. Para mí, la explicación de esta realidad, que no me alegra en absoluto, que más bien me apena, no se llama la reforma agraria, ni la ley de propiedad social, ni la ley de comunidades industriales. Su nombre es el progresivo deterioro de las libertades en el país y su apellido, la ley que ha convertido a los diarios en algo que constituye un verdadero ultraje a la inteligencia de los peruanos.

LOS DIARIOS

En estos días, los he leído y releído todos, y he sentido el mismo vértigo que hace veinte años, cuando hojeaba los pasquines que la dictadura odriísta financió con la ayuda de algunos intelectuales corruptos. ¿Son estas montañas de demagogia y de dicterios, de silencios y falsedades, el ejemplo de la prensa «libre» del nuevo Perú? ¿No comprende el Gobierno que esta prensa servil está ganándole cada día más adversarios, que gentes cuyos intereses e ideas coinciden con los de la revolución se apartan de ella, disgustados por las raciones de odio, mentira y propaganda torpe que les infligen los diarios? La manera como han informado sobre los sucesos los pintan de cuerpo entero. Comenzaron por silenciar el paro de los guardias, cuando este hecho era conocido ya por todo el mundo.

Luego, magnificaron y desnaturalizaron lo sucedido de una manera sistemática, para obtener beneficios políticos. Finalmente, han tratado por todos los medios de ahondar la división nacional predicando una cacería de brujas contra los partidos de oposición, sobre todo el APRA, alentando la delación y deslizando insinuaciones venenosas entre ellos para, valiéndose de lo ocurrido, ganar puntos en las querellas intestinas que los oponen. Con la excepción de *Última Hora*, el único que pareció no haber perdido la serenidad y que hizo repetidos llamados a la moderación, y de *El Comercio*, firmemente convencido de que la política que le conviene es la del avestruz, los otros diarios —sobre todo *La Crónica* con su amarillismo y *Expreso* con su sectarismo frenético— han dado la impresión, en estos días, de que en el Perú hubiera estallado (o, lo que es peor, que *debiera estallar* de una vez) la guerra civil.

Como, al mismo tiempo, el Gobierno requisó a las pocas revistas independientes —además de *Caretas* fueron víctimas del atropello *Gente* y *Libre*, y algunas revistas extranjeras, como *Time*, fueron deshojadas de la información sobre los sucesos peruanos—, el público se quedó sin otras fuentes que las oficiales. El resultado ha sido, por supuesto, que la «credibilidad» de la revolución en materia informativa ha sufrido un nuevo y rudo impacto. Valga la oportunidad para exhortar al Gobierno, una vez más, a enmendar su política en lo concerniente a la prensa. De nada le sirve eliminar las críticas en las páginas de los diarios, si estas críticas existen en las mentes y en las bocas de los peruanos. Todos los poetas y sociólogos de la República pueden ser incorporados al presupuesto para entonar alabanzas, pero esa sinfonía será perfectamente inútil si en ella los demás peruanos no reconocen su propia música. Nada contribuiría tanto, en estos momentos de tensión, a humanizar la atmósfera del país, como una apertura genuina en el dominio de la información. Es ridículo pretender que las «bolas» desaparezcan con avisos televisivos. Los rumores son productos de la claustrofobia derivada de una prensa unilateral. Cuando diarios y revistas de signo diferente reflejen auténticamente las diversas tendencias políticas que componen al Perú, las «bolas» no tendrán razón de ser.

LOS DESMANES

Ellos constituyen el hecho más trágico, doloroso y también el más instructivo de todo lo ocurrido. Es verdad que todos los ladrones de Lima comparecieron en el centro, debido a la ausencia de policías. Pero también es verdad que los profesionales del delito no son tantos, y que muchos millares de los hombres y mujeres que asaltaron las tiendas fueron delincuentes novatos, producto de esa circunstancia excepcional y de la miseria y la ignorancia animales en que viven. Ha quedado clarísimo, es una evidencia que quema los ojos. Somos un país de hombres hambrientos y bárbaros, cuyas condiciones de vida son incompatibles con ciertos códigos morales, con ciertos comportamientos indispensables para que la vida en comunidad sea posible. Eso se llama subdesarrollo y ésa es la realidad peruana. Las balas de los soldados pudieron poner fin al pillaje; pero éste es sólo un efecto de algo más profundo. Mientras la causa no sea atendida, los horrores del día 5 de febrero podrán repetirse en cualquier momento y aun en peores proporciones. Lo verdaderamente atroz no es el robo y el saqueo sino que haya millares y millares de peruanos que, apenas desaparece la policía, están dispuestos a robar y a saquear. Eso es lo que hay que corregir, elevando el nivel de vida del país, distribuyendo más justamente la riqueza, eliminando las diferencias abismales que separan a los peruanos, desarrollando al mismo tiempo que esta política de progreso económico y de justicia social una labor educativa y una promoción cultural que abarque a todos los sectores de la sociedad. Es porque esta tarea es impostergable, a menos de que se prefiera el apocalipsis, que yo, como muchos, a pesar de sus errores, intolerancias y exclusivismos, apoyamos todavía a este régimen. En las actuales circunstancias, no creo que haya otro capaz de llevar a cabo esa misión.

Lima, 17 de febrero de 1975

El Ratón Mickey subversivo

El Decreto Ley 21380 que prohíbe importar una variada colección de publicaciones extranjeras, con el argumento de que atentan «contra la formación intelectual, moral y cívica de la población, así como contra el patrimonio histórico cultural del país», es el último desafuero del Gobierno Revolucionario de la Fuerza Armada contra las libertades de pensamiento y de información, que corona un rico prontuario de yerros en este campo. Las razones para pedir que sea revocado están al alcance de cualquier persona de sentido común:

1) La tesis según la cual las tiras cómicas y las revistas de modas atentan contra la cultura peruana es peregrina. Cierto que hay lecturas más elevadas, pero éstas —si realmente se quiere mejorar el nivel cultural del país— deben conquistar terreno compitiendo y coexistiendo con las otras, las ligeras y frívolas, las mismas que, por lo demás, tienen también, con el mismo derecho que aquéllas, una función que cumplir dentro de cualquier sociedad moderna. El ocio es tan importante como el trabajo, el humor contrapesa la seriedad y lo superficial es un ingrediente tan genuino de lo humano como lo profundo: sólo los incultos creen que la cultura se escribe con mayúscula y que ella expresa únicamente el aspecto laborioso, solemne y complejo de la vida.

2) El decreto establece una forma de censura mediante la cual se puede prohibir el ingreso al Perú de cualquier publicación, sobre todo las verdaderamente importantes. Hay que recordar que todo libro creador constituye una crítica, atenta contra lo que los poderes establecidos consideran la verdad. La auténtica cultura es aquella que se forja impugnando, socavando, renovando las verdades oficiales en todas las comarcas del saber. Es por esta razón que en ningún país libre y culto un Gobierno osa estipular por decreto lo

que los ciudadanos pueden y lo que no pueden leer. Eso sólo ocurre en las sociedades bárbaras y en las autoritarias, y la vigilancia cultural es también una manera de conseguir que sigan siéndolo. Las prohibiciones no defienden la cultura: la atrofian.

3) Si ningún Gobierno tiene derecho a establecer cortapisas para la lectura, el Gobierno peruano actual está particularmente mal situado para legislar en este asunto. En efecto, la revolución ha tenido aciertos en otros dominios, pero en el de la información sólo ha cometido errores. La intervención estatal en la radio y en la televisión no ha elevado en lo más mínimo el nivel cultural de los programas, que son ahora peor que antes, pero en cambio sí ha logrado que todas las informaciones sean unilaterales, de un oficialismo adulatorio que hace ruborizar a quien las escucha. ¿Y la prensa? ¿En qué se han convertido los diarios después de la supuesta socialización? ¿Quién, dotado de una cuota moderada de uso de razón, puede creer que *Superman* o *Vanidades* son más dañinos para la «formación» (sustantivo de música marcial) de los peruanos que publicaciones como *La Crónica* o *Expreso*?

4) Como toda medida de represión cultural, ésta será contraproducente, es decir, tendrá efectos opuestos a los que, al menos verbalmente, se propone. (Porque es posible que, más pedestremente de lo que sugiere su fárrago culturista, el decreto sólo trate de ahorrar divisas: pero eso había que decirlo). Toda prohibición confiere atractivo, aureola de cierta dignidad, al objeto prohibido. El monótono y a menudo soporífero Marqués de Sade y el desmañado Henry Miller jamás hubieran sido tan leídos si no hubiera sido por la censura. En este caso, sólo por el hecho de ser perseguidas (entiendo que amenazadas, incluso, con el fuego inquisitorial si cruzan la frontera) unas publicaciones originalmente inocuas cobran, de pronto, un interés inusitado, se cargan de una naturaleza inquietante, sediciosa. Es decir, por obra del decreto, se convierten en objetos culturalmente eficaces...

A este respecto hay una anécdota muy educativa que refiere Juan Goytisolo. Un joven contestatario soviético, después de algunos rodeos, le preguntó una noche, en Moscú, si era verdad que en España había tantas procesiones. «Bueno, sí, muchas, pero no creas, también existen agnósticos en mi país», explicaba el novelista español. «¿Y es verdad que son procesiones con encapuchados?», insistía el joven. «Bueno, sí, es cierto, pero tampoco hay que tomarlos muy en serio, muchos se ponen el capirote por espíritu de imitación, por snobismo...». «¿Y penitentes que arrastran cruces, cadenas, penitentes que se azotan?», se atoraba el joven. «Bueno, sí, algunos», admitió, confuso, Goytisolo. El contestatario moscovita no pudo más. Cogiéndolo del brazo, con los ojos brillantes de codicia, exclamó: «¡Qué país formidable debe ser España, Juan!».

Emociona imaginar, de aquí a algunas semanas o meses, entre los jóvenes idealistas y rebeldes del Perú, un nervioso tráfico clandestino de literatura subversiva: el Ratón Mickey, el Pato Donald, las novelitas de Corín Tellado...

1976

El caso Zileri: Un aniversario penoso

El 21 de este mes hará un año que Enrique Zileri, en medio de un almuerzo con que los periodistas de *Caretas* celebraban la salida de la cárcel de una compañera, fue detenido por la policía y deportado a la Argentina. El pretexto: una información sobre el Hospital Dos de Mayo que las autoridades consideraron calumniosa. (Hace apenas unas semanas, el nuevo ministro de Salud fue un crítico más severo de ese hospital que la propia *Caretas*). Luego, la Corte Suprema añadió un broche de oro a este exilio, condenando a Zileri a tres años y medio de cárcel, por un artículo sobre el incobrado (y ya inmentado) adeudo de seiscientos noventa millones de soles de la IPC al Perú.

Al tomar el poder, el general Morales Bermúdez amnistió a los exilados y autorizó la reaparición de las revistas clausuradas, medidas que fueron nacionalmente aplaudidas. Todo el mundo esperaba que esta iniciativa sería complementada retirando las acciones judiciales con las que, en la primera fase, el Gobierno había hostilizado a periodistas como Francisco Igartua, e indultando a los que, como Zileri, ya habían sido condenados. Inexplicablemente, no ha sido así. En el año transcurrido, son incontables las peticiones de indulto a Zileri que han circulado, con firmas, incluso, de intelectuales íntimamente vinculados al régimen. Éste jamás ha dicho por qué ese ensañamiento contra el director de *Caretas*.

El argumento según el cual no se indulta a Zileri para no herir la susceptibilidad del Poder Judicial es apenas atendible. Por encima de los maquiavelismos forenses, está la moral y es ésta la que ha sido ofendida, con una sentencia semejante a un periodista cuyo delito, a los ojos de todo el mundo, no eran los artículos incriminados, sino haber mantenido una actitud de oposición al régimen del general Velasco. De otro lado, desde que está en el poder, el general Morales Bermúdez ha puesto en práctica ya, por lo menos en dos ocasiones, la noble facultad de la gracia, indultando a delincuentes comunes. ¿Es Enrique Zileri menos digno de la generosidad presidencial que los ladrones, violadores y estafadores?

Vez que he podido hablar con altos funcionarios del régimen he abogado a favor de Zileri y lo curioso es que nunca jamás, ninguno de ellos, me pareció hostil al indulto. Todo lo contrario, siempre se mostraron partidarios de que se le conceda. El propio presidente, en una conferencia de prensa, se refirió una vez al asunto Zileri de una manera que parecía implicar una solución próxima y digna. ¿Qué es lo que pasa, entonces? ¿Quién o quiénes, desde las sombras, intrigan y presionan para impedir que esa solución venga?

El retorno de Zileri y la reapertura de *Caretas* nos concierne a todos los que quisiéramos ver a este país convertido en una sociedad civilizada. Porque Enrique Zileri y su revista cumplieron, en los últimos años, una función que a ellos los honró y que a todos los demás nos fue muy útil. No compartí todas las críticas al régimen del general Velasco que aparecieron en *Caretas* (y alguna vez discrepé profundamente de ellas), pero que se hicieran, que hubiera alguien con el coraje y la convicción suficientes para imprimirlas, me pareció siempre necesario y admirable. Necesario porque el régimen del general Velasco, que comenzó con tan buenos auspicios como fueron el rescate del petróleo y la reforma agraria, incurrió pronto, como casi todos los regímenes nacidos de la fuerza, en la intolerancia para con la crítica y ésta, de no haber sido por *Caretas*, durante un buen tiempo al menos, hubiera desaparecido del Perú. Imperturbables ante las amenazas, las multas y el acoso sistemático, Zileri y su revista encarnaron, hasta el exilio y la clausura, una forma genuina e indoblegable del espíritu libertario (ese del que hablaban tanto, y hablan todavía, los discursos oficiales). En el dominio político, la línea fronteriza entre la civilización y la barbarie está dada por la existencia o la inexistencia de la crítica. Mientras ésta exista, siempre habrá esperanza: ella es la mejor garantía de convivencia, de cambio, de diálogo, de eso que (también los discursos) llaman pluralismo. Cuando desaparece, hay que estar preparados para lo peor: eliminado ese freno, tarde o temprano, los abusos del poder se multiplicarán, los peores delitos permanecerán impunes, el país entrará en la espiral del horror autoritario. Haber contribuido, a costa de su libertad y de su comodidad, sin importarle la ruina de su empresa y de su vida, a impedir que esa delgada línea que separa la noche y el día se borrara en el Perú es algo que debemos agradecer a Zileri. Y es por lo que todos, también, deberíamos reclamar que vuelva.

Yo estaba dictando un curso en la Universidad de Columbia, en Nueva York, cuando Enrique Zileri recibió el Premio Moors Cabot y asistí a la ceremonia. Mientras lo veía, allá en el estrado (muy incómodo en la toga y el birrete que le habían embutido), y escuchaba el elogio que hacía de él el director de la Escuela de Periodismo de la universidad (con un coro de estudiantes que, a lo lejos, cantaba en latín), me decía que sería muy posible que el Perú perdiera a este periodista, como, por injusticia o por desidia, ha perdido ya a tantos peruanos valiosos que andan desperdigados por el mundo. En efecto, ¿qué impediría que Zileri organice su vida en el extranjero y permanezca allá? Obviamente, no va a pasar los años que le quedan, con las maletas hechas, en el modesto hotel de Buenos Aires donde vive, esperando.

¿Es ése el cálculo de los fantasmas intrigantes que hasta ahora han conseguido demorar el indulto? ¿Que siga pasando el tiempo, que la gente se olvide, que ya no se hable más? En esto, al menos, se equivocan. Habemos algunos peruanos a quienes, mientras más se alarga, la injusticia contra Zileri nos parece más escandalosa, y, mientras haya una hoja de mimeógrafo independiente en el país, seguiremos diciéndolo.

1976

Perú: La revolución de los sables*

Pronto hará ocho años que las Fuerzas Armadas tomaron el poder en el Perú; pronto hará uno que el general Francisco Morales Bermúdez sustituyó, con un discreto golpe «institucional», al general Juan Velasco Alvarado en la jefatura del Estado. Su subida a la presidencia constituyó un alivio para los peruanos, que, en los últimos años, vivían en un ambiente asfixiante de represión, desinformación y demagogia. El general Morales Bermúdez dictó una amplia amnistía que permitió salir de la cárcel a muchos presos políticos y regresar al Perú a muchos periodistas exilados. Además, autorizó la reapertura de las revistas de oposición que habían sido, *todas*, clausuradas en el Gobierno anterior. (Los diarios habían sido previamente amordazados, mediante una fraudulenta transferencia a los *sectores sociales*: en realidad, convertidos en órganos del Gobierno, quien desde entonces pone y depone a sus directores). De otro lado, el general Morales Bermúdez admitió que la corrupción administrativa había alcanzado niveles vertiginosos y emprendió una campaña de moralización que envió a la cárcel (o hizo fugar al extranjero) a dos ex ministros de Velasco —y a buen número de sus parientes y colaboradores íntimos—. Aunque en sus discursos el general Morales Bermúdez aseguraba que su gobierno era la segunda fase de la revolución y que había tomado el poder sólo para corregir el personalismo de la primera fase, en la práctica su gobierno parecía más una ruptura que una continuación y muchos pensaban que, luego de un tiempo, transferiría el poder a la población civil mediante elecciones.

---

* Este artículo fue escrito a pedido del *New York Times* y enviado en la fecha que figura al pie. Nunca salió publicado, que yo sepa, y hasta ahora no sé si ello se debió a decisión del diario, o si mi carta fue interceptada por la censura peruana o simplemente se extravió. *(N. del A.)*

237

Eran demasiado optimistas. Hoy, apenas unos meses después de esas alentadoras medidas, las cárceles peruanas se llenan de presos políticos y sindicales (sobre todo estos últimos), el Gobierno recurre de nuevo a la deportación (el abogado Díaz Chávez, asesor de sindicatos, acaba de ser despachado a España), de nuevo han sido clausuradas *todas* las revistas de oposición y la gente sólo puede leer los diarios oficiales, que —aunque han cambiado sus directores y muchos redactores— de nuevo son instrumentos de adulación y servilismo, al igual que la televisión (también estatizada) y que las radios (estatizadas en un cincuenta por ciento). De nuevo, mi país se instala en el oscurantismo político, la falta de libertad de expresión, la falta de garantías elementales, la mentira y la brutalidad. Lo único diferente es que los turiferarios del régimen no son, como cuando Velasco, gente que se proclamaba de izquierda y estaba muy próxima al Partido Comunista, sino más bien gente de derecha, y que en sus conferencias de prensa, el actual presidente de la República, más cultivado que su predecesor, se expresa con mejor sintaxis y menos palabrotas.

En un aspecto esencial, por lo demás, las cosas han empeorado: la economía está en ruinas. Los voceros del régimen achacan esta realidad a la «crisis mundial del capitalismo», pero lo cierto es que la subida del petróleo, la desaparición de la anchoveta y la baja de los precios de nuestros productos de exportación (como el cobre) son sólo algunos motivos de la crisis. Otro es la catastrófica política económica del régimen. Medidas bien intencionadas pero mal concebidas y peor aplicadas, como la reforma agraria, o como la ley de comunidades industriales, han sembrado el caos, ocasionando la caída vertical de la producción en el campo, y precipitado una recesión industrial que ha multiplicado el desempleo. El sector estatizado, ahora gigantesco, es largamente deficitario, por la corrupción, incompetencia e inflación burocrática, el sector privado no progresa por la inseguridad en que viven los empresarios desde los tiempos de Velasco y el sector llamado de propiedad social —empresas formadas por trabajadores y financiadas por el Estado— no sólo no despega sino que es otro hervidero de burócratas que merma el exhausto erario nacional.

Para hacer frente a la crisis, el régimen acaba de dictar una serie de medidas drásticas, que ponen sobre los hombros de las clases más pobres el grueso del esfuerzo: una devaluación del 44,44 por ciento de la moneda, congelación de salarios por seis meses, alza generalizada de los artículos de primera necesidad (en algunos casos hasta del cien por cien) y el combustible, recorte radical del gasto público. Y, al mismo tiempo, hace gestiones desesperadas ante nuestros acreedores externos para que nos permitan renegociar nuestra deuda y nos mantengan abiertas las líneas de crédito a fin de sobrevivir.

¿Qué queda de la llamada revolución peruana, de esa democracia social de participación plena que, según la propaganda, nos iba a librar del imperialismo, del subdesarrollo, de la mentira de la «democracia formal» y que iba a instalar un auténtico socialismo libertario? Nada, sino un ruido de sables. Es decir, una retórica en la que ya nadie cree, ni siquiera los pobres intelectuales contratados para seguir produciéndola. Queda una dictadura militar latinoamericana típica, en la que las Fuerzas Armadas operan como un partido político único. Queda un país más pobre y endeudado que antes, en el que es verdad que algunos antiguos latifundistas han perdido sus haciendas y algunos industriales han debido repartir utilidades entre sus trabajadores (ambas cosas muy dignas de encomio), pero a cambio de lo cual han surgido abundantes nuevos ricos por los métodos más turbios, y donde la división de la población entre pobres y millonarios, entre cultos e ignorantes, entre privilegiados y explotados, en vez de disminuir se ha agravado.

Es hora, por eso, que las Fuerzas Armadas regresen a sus funciones específicas y confíen la dirección del Estado a aquellas personas que los peruanos designen mediante su voto. El restablecimiento de la democracia y de la libertad no va a resolver, desde luego, por arte de magia, la crisis económica ni va a producir las reformas que el Perú requiere para superar la miseria y la injusticia. Pero, al menos, va a crear la verdadera participación, hacer que la mayoría de la población, de mera víctima de la historia, pase a ser protagonista. Ése es el paso primero, indispensable, urgente, para empezar a salir del túnel.

Lima, 5 de julio de 1976

La commedia è finita

Ahora que se conocen los resultados oficiales de las elecciones para la Asamblea Constituyente, se pueden sacar algunas conclusiones del voto de los peruanos. La más obvia es que se trata de un voto masivo, casi unánime, contra las botas, o, mejor dicho, contra el régimen militar que gobierna el Perú desde octubre de 1968. La llamada segunda fase (del general Morales Bermúdez) ni siquiera estaba representada en estas elecciones por movimiento o grupo civil alguno, lo que habla por sí solo: jamás se ha visto orfandad parecida en nuestra historia, pues aun los regímenes militares de pintorescos individuos como Sánchez Cerro y Odría fueron capaces de constituir, a base de paniaguados y de oportunistas, agrupaciones electorales. Pero la primera fase (del general Velasco) sí corría en esta prueba, defendida por los dos partidos que se habían disputado los despojos del ex mandatario el día de su entierro: la Democracia Cristiana del doctor Cornejo Chávez y el Partido Socialista Revolucionario del general Leónidas Rodríguez. Ambos, reunidos, no llegan al ocho por ciento de la votación.

Hay que precisar, todavía, que el seis por ciento del PSR es probablemente más de lo que hubiera alcanzado en condiciones normales, si el Gobierno de la segunda fase no hubiera —en flagrante violación de la ley y de la ética y con verdadera torpeza política—hostigado a este partido, cerrándole tribunas y exilando a algunos de sus dirigentes, lo que siempre crea un movimiento de simpatía hacia las víctimas. En cambio, el insignificante y casi cómico dos por ciento de la Democracia Cristiana es, clarísimamente, la respuesta de los peruanos a las trapacerías políticas del doctor Cornejo Chávez, el habilidoso abogado que surgió a la vida pública hace un cuarto de siglo combatiendo por el derecho y la libertad, y terminó de instigador y cómplice de una dictadura militar y, al parecer, de cerebro intelectual de las dos medidas más degradantes que ésta infligió a los peruanos: la destrucción de los últimos vestigios de independencia del Poder Judicial (mediante la creación del Consejo Nacional de Justicia) y la desaparición de la libertad de prensa con la estatalización de los diarios. Muchos peruanos que leímos, con estupor y náusea, el editorial que el doctor Cornejo Chávez escribió el día que, rodeado de bayonetas, ocupó *El Comercio*, anunciando que a partir de ese momento se inauguraba la verdadera libertad de prensa en el Perú, hemos tenido un suspiro de alivio al ver cómo el pueblo peruano, a través del sereno recurso del ánfora, daba su merecido a semejante conducta, expectorando a la nada política a su autor.

Aunque ya he renunciado a intentar convencer a muchos amigos europeos de que rompan las orejeras ideológicas con que suelen juzgar la realidad latinoamericana (por ejemplo, a los periodistas de *Le Monde*), confío que a algunos de ellos, cuando menos, estas elecciones les abran los ojos sobre una evidencia. El régimen militar —en su primera o segunda fase— no tuvo nunca respaldo popular, ni siquiera cuando algunas de las reformas que introdujo —desde arriba y a golpes, con tanta precipitación y demagogia que las buenas intenciones escondidas en ellas alcanzaron resultados opuestos— pudieron dar la ilusión de que el Perú vivía un cambio profundo de naturaleza. ¿No es elocuente al respecto el veredicto electoral? ¿No se traduce en esta frase escueta dirigida a quienes mandan: «Ustedes no existen, váyanse a sus casas»?

La segunda conclusión es que el fracaso del régimen no es sólo económico y moral, sino sobre todo político. Una de las ambiciones de los militares golpistas del 68 fue eliminar del panorama nacional —robándole en cierto modo su programa, o, más bien, la retórica de su programa— al viejo adversario: el Partido Aprista. Pues bien, diez años después el APRA obtiene la más alta votación que, en números absolutos, haya obtenido partido alguno en el Perú, y aparece como la primera fuerza política del país. Otra ambición era impedir el desarrollo del comunismo, mediante una transformación de estructuras que lo privara de base social. Pues bien, por primera vez en estas elecciones las diversas organizaciones marxistas y asimiladas suman un tercio del electorado. Pero es significativo que los auténticos triunfadores, entre ellas, no sean quienes, como el Partido Comunista, medraron y celestinearon con el general Velasco, sino los candidatos del FOCEP (doce por ciento), la ultraizquierda pequinesa y trotskista que atacó sin tregua al régimen y cuyos líderes —como Hugo Blanco y Genaro Ledesma— fueron encarcelados y deportados por la primera y la segunda fase.

Éstas son conclusiones que podrían llamarse negativas. Pero hay otra, positiva. El electorado peruano está casi simétricamente dividido en tres grandes tendencias de centro (representado por el APRA), de derecha (el Partido Popular Cristiano del doctor Bedoya Reyes, veintiocho por ciento del voto) y la izquierda (adicionando a moscovitas, pequineses y trotskistas, el PSR y la yapa democristiana). He oído decir que esta fragmentación tripartita es trágica, pues ningún Gobierno sólido puede nacer de ella, ya que será siempre minoritario y con una oposición de dos tercios del electorado. Creo que esta apreciación equivoca el mensaje del voto. A mi juicio, al votar como lo ha hecho, el pueblo peruano está diciendo que, en las actuales circunstancias de bancarrota económica y naufragio institucional, no puede ni debe haber en este país un gobierno sectario y exclusivista de ninguna de las tres tendencias, sino, obligatoriamente, un gobierno de alianza y entendimiento entre dos de ellas. Como es antinatural suponer que lleguen a un acuerdo los dos extremos, cuyas posiciones son incompatibles, todo indica que la llave de esta colaboración es el centro (que, significativamente, tiene la mayor votación). Por lo dividida que está, y por el odio que profesa al APRA, es dudoso que la izquierda propicie o acepte semejante alianza. En cambio, aunque difícil, no es imposible que ella se forje en la otra dirección. Si los apristas, de un lado, y, del otro, el PPC o/y Acción Popular son lo bastante lúcidos para, deponiendo las rivalidades y ambiciones, unirse en un amplio acuerdo nacional, el Gobierno tendrá en 1980 una base de dos tercios de la población que le permitirá exigir los sacrificios y hacer las reformas severas que saquen al Perú de la miseria moral y material en que lo han sumido estos diez años de régimen castrense. Que ese Gobierno de centro derecha tenga la oposición de una izquierda vigorosa es algo perfectamente saludable. Éste es el mensaje —lleno de sentido común y a favor de la tolerancia y la urbanidad política— que yo leo en el voto peruano del 18 de junio.

Lima, junio de 1978

Libertad de información y derecho de crítica*

El asunto motivo de esta charla casi no se ha tocado, o se ha tocado por encima, como algo secundario, en la campaña electoral para la Asamblea Constituyente. Es, sin embargo, un tema de viva actualidad en nuestro país, porque en el Perú no se puede decir seriamente que exista una libertad de información y un derecho de crítica dignos de ese nombre: sólo migajas de ambas cosas (que en realidad son una sola). Decir que hay muchos países que en este campo están peor que nosotros es cierto, por supuesto, pero eso no es un consuelo, o es en todo caso un consuelo de tontos. Sería lo mismo tratar de demostrar que en el Perú los derechos humanos se respetan con el argumento de que peor que nosotros se hallan en ese terreno los habitantes de Uganda, bajo el régimen de Idi Amin.

Pero no sólo es tema de actualidad éste por lo deteriorada que está su situación en el país, sino también porque la libertad de información y el derecho de crítica son el primero de los asuntos que debe resolver un país que quiera solucionar de verdad —es decir, a fondo— los demás problemas. A algunos de ustedes les parecerá tal vez una exageración sostener semejante cosa en un país que vive calamidades tan dramáticas como el desempleo o subempleo de la mitad de la población con capacidad laboral, o como el analfabetismo de millones de peruanos, o como las grandes desigualdades sociales, y como la crisis económica en que se halla el Perú, etcétera. Y sin embargo estoy convencido que es así. ¿En qué sentido lo es? En el siguiente: si las medidas que se requieren para hacer frente a esos grandes males no son oportunamente conocidas, aprobadas y criticadas —y su ejecución sometida a un proceso de control

* Versión grabada de una charla en Acción Popular en julio de 1978, que publicó la revista *Oiga*. Se reproduce el texto que apareció en la revista, con mínimas correcciones. *(N. del E.)*

y revisión constante—, estas medidas corren el riesgo de frustrarse y por lo tanto de no solucionar los problemas o, lo que es todavía más grave, el de crear otros temas y agravar los que iban a corregir. Tenemos en nuestro país ejemplos elocuentes de lo que estoy diciendo.

Estoy convencido que, hecho el balance respectivo, la llamada revolución peruana fracasó en casi todos los campos donde pretendió «reformar las estructuras», según la fraseología de sus ideólogos. Sin embargo, no estoy en contra, y dudo que la mayoría de los peruanos lo estén, de ciertos principios en cuyo nombre se hicieron aquellas reformas. ¿No es justo y necesario que la tierra sea de quien la trabaja? ¿No es justo que el obrero tenga participación en la marcha y en los beneficios de la empresa? ¿No es urgente en el Perú una política educativa que erradique el analfabetismo, dé al país los técnicos y profesionales que necesita y eleve el nivel cultural de los peruanos? Y sin embargo estamos ahora sufriendo las consecuencias de una reforma agraria que dio tierra y trabajo a trescientas mil familias, pero agravó la condición de otros varios millones de campesinos (para quienes no hay tierras) por el colapso de la producción agrícola que trajo consigo, debido a la mentalidad burocrática, paternalista y, en ciertos casos, de colectivismo cuasi forzado con que fue hecha. El caso de la reforma de la empresa —la llamada comunidad industrial— fue todavía peor. Ella, por su falta de realismo, provocó una fuga simultánea de capitales y de empresarios, sembró el desorden y es una de las razones de esa parálisis productiva a la que se deben en buena cuenta el pavoroso desempleo y subempleo que sufrimos. Y esos cien mil maestros en huelga, que luchan por mejorar los sueldos de hambre en que por obra de la revolución peruana se han convertido sus haberes, y los millones de niños que pueden perder el año, ¿no son una prueba viviente del fracaso de la tan voceada reforma de la educación?

Desde luego que buena parte de la explicación de esos fracasos se debe al hecho de que quien ejecutó esas reformas era un régimen nacido y sostenido en la fuerza y no en los votos de los peruanos y que carecía de la fiscalización de un Parlamento y de un sistema democrático. Pero otra parte no menos grande de esos fracasos se debe, indudablemente, a que esas medidas se planearon y aplicaron sin que existiera un sistema de información que permitiera saber a los peruanos las medidas que se iban a aplicar y les diera ocasión de criticarlas. Sólo ahora, cuando el mal está hecho y el régimen militar ha abierto algo las compuertas a la información libre, saben los peruanos la magnitud de los errores cometidos: es decir, cuando es tarde para impedirlos o enmendarlos. La conclusión viene por sí sola: las soluciones a los problemas sociales, políticos y económicos, para ser auténticas sólo pueden adoptarse dentro de un régimen de libre información que permita a los beneficiados (y también, por supuesto, a los inevitables perjudicados de toda reforma) expresar su aprobación, sus críticas, sus sugerencias y sus protestas. Es por ello que el problema de la información es el primero de los problemas que una sociedad debe resolver para librarse de sus males. La censura es el flagelo número uno que una sociedad debe erradicar para erradicar los otros males. Un ensayista político francés, Jean-François Revel, ha escrito: «... la gran batalla del final del siglo xx, aquella de la cual depende el resultado de todas las demás, es la batalla contra la censura... De cualquier lado que venga, cualquiera que sea el pretexto que se esgrima, la censura es el mal radical, porque ella despoja día a día a la humanidad de su propio destino...».

El mismo Revel dice en otro ensayo que una manera de identificar a los enemigos de la libertad es averiguar quiénes andan empeñados en definirla: si, después de todo lo que se ha escrito y experimentado en torno a la libertad, alguien cree que hace falta definirla, es seguro que esa persona no tiene intención de ponerla en práctica y en su fuero íntimo lo que quiere es suprimirla. Es algo que a los peruanos nos viene como anillo al dedo, pues, como ustedes recordarán, nunca se oyeron y leyeron en el Perú tantas definiciones de la libertad de información y de la libertad de prensa —las genuinas, las auténticas, las revolucionarias— como en los días en que el régimen de la llamada primera fase decretaba el Estatuto de Prensa intimidatorio y censor o se apoderaba de la televisión mediante el control de la mayoría de sus acciones y de muchas radios o incautaba los diarios para, aparentemente, transferirlos a las «mayorías» nacionales. Es verdad que sólo un bobo o un malintencionado puede exigir hoy una definición para saber de qué se trata, qué es la libertad de información: todos reconocemos de inmediato cuándo ella existe y cuándo ha desaparecido o cuándo sólo sobrevive de manera raquítica y viciada. Pero, de todas formas, para facilitar lo que quiero decir sobre este tema, voy a intentar darles una definición que me parece resumir lo que todos sabemos y sentimos al respecto. Pienso que se podría decir que *hay libertad de información* en una sociedad cuando en ella los ciudadanos, a través de los distintos medios de comunicación, pueden *criticar al poder*, o, *mejor dicho, a los poderes*. A todos los poderes, se entiende. No sólo el poder político sino también el económico, el militar, el eclesiástico, y los distintos poderes que representan las diversas instituciones sociales, como los sindicatos o, desde luego, como los propios medios de comunicación.

Lo primero que responderán a esto los enemigos de la libertad de información es que un sistema como el que acabo de definir no existe en ninguna parte del mundo; que en todos los países alguna limitación o recorte existe a esa facultad de criticar mediante la prensa escrita, hablada o televisiva a todas las instituciones. Y es verdad, sin duda, que en su forma ideal (y extrema) ese sistema no existe. Pero lo que aquéllos no dicen y que es igualmente cierto es que hay países donde el sistema de información está muy cerca de esa meta ideal y casi se confunde con ella y que hay otros que están a gran distancia de él y que hay algunos que se hallan exactamente en sus antípodas.

Y los países que, precisamente, se hallan en el otro polo de un sistema de libertad de información como el que he descrito son los países socialistas. ¿Por qué digo *precisamente*? Lo digo porque el modelo que el Gobierno de la primera fase utilizó para «reformar» la televisión, la prensa y la radio peruanas fue el modelo socialista marxista. El ejemplo que lo inspiró era un pésimo ejemplo, una verdadera aberración, porque en los países socialistas, en los cuales hay por cierto muchas cosas útiles que imitar, lo único que nadie en su sano juicio democrático, es decir, nadie empeñado en establecer un sistema informativo *libre*, puede copiar es un sistema que ha convertido la información en un puro y simple instrumento de propaganda al servicio del poder político. Esto no lo digo sólo yo, ni lo dicen solamente los adversarios conservadores o liberales o socialdemócratas del marxismo; esto lo dicen, hoy día, y poco menos que con estas mismas palabras, numerosos intelectuales y líderes políticos comunistas de Europa occidental. Ésta es una crítica

—la falta total de libertad de información en el modelo marxista soviético o chino— que hacen con severidad los comunistas italianos, españoles y hasta los franceses (es decir, los eurocomunistas más cautelosos).

Permítanme aquí un paréntesis personal, para que lo que estoy diciendo no sea malinterpretado. De joven estuve muy cerca del marxismo y luego de diversas experiencias que fueron otras tantas decepciones lo fui estando cada vez menos y hoy día creo estar en discrepancia casi total con la visión marxista del hombre y de la sociedad, aunque no ha variado un ápice el horror que me inspiran las desigualdades económicas y la explotación de los más por los menos ni mi voluntad de que esa situación se corrija radicalmente en mi país y en el mundo. Justamente, un factor que fue decisivo en mi cambio de opinión sobre el marxismo es la comprobación de que los métodos y la política inspirados en él para corregir las injusticias son mucho menos eficaces para conseguirlo que aquellas doctrinas y filosofías liberales y democráticas —es decir, aquellas que no sacrifican la libertad en nombre de la justicia— de los sistemas que han hecho lo que son hoy a los países de justicia social más avanzados —es decir, de hombres más iguales, más cultos y más libres— del mundo, como Suecia o como Israel. Y son menos eficaces porque implican, una vez que el marxismo se convierte en filosofía de gobierno, la desaparición de la libertad de información (y del consiguiente derecho de crítica). Todas las terribles injusticias que el propio comunismo denunció con el nombre púdico de «estalinismo» y las que cada día denuncian los disidentes que, a pesar de la dura represión, aparecen en los países socialistas —en todos ellos, sin una sola excepción— tienen en el fondo una raíz común y es justamente que todas aquellas revoluciones dificultaron y demoraron o frustraron la realización de sus ideales justicieros, porque lo primero que ellas hicieron fue establecer un rígido sistema de censura, ese *mal radical* del que proceden todos los otros.

Dicho esto, quiero advertir que aunque mi crítica al sistema de censura en el socialismo es frontal, estoy lejos de sostener, como lo hacen los anticomunistas conservadores, que todo en los países socialistas es negativo. Eso es injusto y falso. Hay, en ellos, logros indiscutibles y muy dignos de servir de ejemplo a un país como el nuestro, donde casi todo está por hacer. Por ejemplo, es admirable lo que el socialismo ha conseguido en el campo de la alfabetización y de la educación, en el de la salud pública, en el de los deportes, en el abaratamiento y popularización de la cultura, etcétera. Y, en lo que a mí concierne como escritor, sólo tengo motivos de agradecimiento con muchos países socialistas, empezando por la URSS, donde, pese a que jamás he callado mis críticas, mis novelas se traducen y se publican en ediciones bastante más numerosas que en cualquier país capitalista. En ninguno se han hecho tantas ediciones y reediciones de mis novelas y cuentos como en Polonia o en Hungría. Perdónenme estas informaciones, que no hago por narcisismo ni vanidad, sólo para convencerlos a ustedes que cuando digo que el sistema de información en los países comunistas es la negación misma de un sistema libre y un ejemplo extremo de sistema censor, lo digo por principio y sin alegría, con sincero pesar por países en los que admiro otras cosas y en los que por lo demás tengo no sólo lectores sino también buenos amigos. Alguna vez he sido acusado, cuando hacía este tipo de crítica a los países socialistas, de hablar por «interés». Todo lo contrario: si algún «interés» tengo que defender como autor él está mucho más cerca de los países socialistas que de los capitalistas.

Cerrado este paréntesis personal, creo que vale la pena preguntarse: ¿qué ha llevado a los países socialistas a establecer ese sistema esencialmente antidemocrático que es el del reinado todopoderoso de la censura y la mudanza mágica de la información en una técnica de propaganda al servicio del poder político? Todos los heterodoxos del marxismo, aquellos que censuran en el marxismo ortodoxo su sistema informativo, explican esto como una «deformación» de la doctrina original marxista, la que, dicen, si hubiera sido fielmente aplicada, habría sido perfectamente compatible con una auténtica libertad de información y con una genuina democracia política. Esto es, en buena cuenta, lo que incluso llega a sugerir el propio Santiago Carrillo (secretario general del Partido Comunista español) en su controvertido ensayo: *Eurocomunismo y Estado*. Yo no comparto esta creencia y, más bien, pienso que el régimen de la censura —es decir, de la falta de información auténtica y de la abolición del derecho de crítica— es una consecuencia ineluctable, automática, fatídica, de uno de los axiomas de la teoría marxista: la llamada «socialización» de los medios de producción, medida que en la práctica se traduce siempre en algo que con más propiedad debería llamarse su «estatización». En otras palabras, creo que la libertad de información y de crítica desaparece en los regímenes marxistas en la medida en que en ellos desaparece la empresa privada. No hay un solo caso en la historia moderna de sociedad en la que, una vez que el Estado ha tomado bajo su control los medios de comunicación, hayan sobrevivido la libertad informativa y la crítica al poder. Esto vale para los regímenes fascistas, para los marxistas y para esos híbridos de ambas cosas que proliferan en el llamado Tercer Mundo. No importa la ideología en cuyo nombre se lleve a cabo la estatización: nasserismo, nacionalismo árabe de Gadafi o Bumedián, maoísmo, franquismo, «sociedad autogestionaria de participación plena» (la fórmula del general Velasco), leninismo, fidelismo, africanización socialista, peronismo, etcétera. Una vez que el Estado —o, mejor dicho, quien habla en su nombre: el poder político gobernante— echa mano a la prensa, a las radios, a la televisión (siempre con el mismo argumento: transferirlos a las «mayorías nacionales», al «pueblo organizado»), el resultado es idéntico: estos medios, de manera inmediata o gradual, pierden independencia, iniciativa crítica y tarde o temprano se convierten en meras cajas de resonancia de las camarillas, tiranuelos o partidos gobernantes a los que terminarán sirviendo de propagandistas y áulicos hasta extremos a menudo de verdadera abyección. Todo hecho o voz hostil al poder es ocultado, toda verdad incómoda deformada y toda mentira útil machacada en los ojos, los oídos y las mentes del pueblo hasta convertirla en verdad inamovible.

Y bien, no tiene nada de extraordinario que ocurra así. El poder, todo poder, tiene una doble vocación congénita a, de un lado, crecer y, de otro, durar. Si no hay barreras que se lo impidan progresará en ambas direcciones hasta ser omnímodo y eterno. Y esto vale para todos los poderes. Pues bien, la barrera más eficaz para impedir esa predisposición congénita del poder político o económico o de cualquier orden a crecer y a durar (es decir, a la impunidad y a la perpetuidad) es la libertad de información y el derecho de crítica ejercido a través de los medios de comunicación. Si éstos se convierten en monopolio del poder político —que es lo que realmente ocurre, como hemos visto los peruanos, cuando ellos se confiscan para «transferirlos al pueblo organizado»—, éste se ve libre de una de esas barreras y puede dar rienda suelta a esa vocación congénita de manera inevitable. ¿Cómo iría el poder contra sí mismo, por qué recortaría sus fuerzas dando armas tan poderosas a esos fiscales latentes que son todos aquellos que se benefician o perjudican con sus acciones? Lo cierto es que nunca ha ido contra sí mismo. Una vez que ha tomado ese control (operación retóricamente embellecida con la fórmula «socialización», «nacionalización», etcétera) el resultado es uno sólo: los medios de comunicación se tornan meros ventrílocuos cacofónicos del poder.

Ésta es la razón por la cual la libertad de información y el derecho de crítica, para que puedan existir y ejercitarse en una sociedad, requieren que la propiedad de los medios de comunicación no sea estatal sino privada. Es la independencia económica la que garantiza la independencia para informar y para criticar. Desde luego que el poder político puede y debe tener sus propios órganos para explicar y defender sus actos y para dar su propia interpretación de la verdad (que casi nunca es unívoca, sino casi siempre ambigua y sujeta a diversas visiones y revisiones), pero, junto —o, más exactamente, *frente*— a ellos, si se quiere que las radios, la televisión, las revistas y los diarios ejerzan esa función indispensable para el progreso humano y el avance de la libertad en general —informar y criticar—, es requisito indispensable que su propiedad no sea monopolio del Estado. (Esto no quiere decir, claro está —la aclaración puede parecer inútil, pero no lo es porque ustedes saben hasta qué punto son tortuosos y deshonestos al juzgar las tesis del adversario los enemigos de la libertad—, que toda sociedad de economía no estatizada goce, automáticamente, de libertad de información. Sabemos muy bien que abundan los países donde los medios de comunicación son privados, y en los que no se puede hablar de libertad de información ni de derecho de crítica, como ocurre por ejemplo en Chile o en Argentina o en Filipinas, etcétera. Pero, permítaseme acotar también, como ejemplo de lo que digo, que incluso en esas tres dictaduras —que han perpetrado y perpetran tantas violaciones a los derechos humanos— hay menos censura, y por lo tanto más resquicios de libertad en la información y más atisbos de crítica al poder, que en los países donde el control de la información es estatal). Lo único que estoy diciendo es que para que la libertad de informar y de criticar exista es indispensable que prevalezca eso que el septenato, el propio general Velasco y los intelectuales que lo servían pretendieron ridiculizar *ad nauseam*: la *famosa* libertad de empresa.

¿Cuántas veces oímos decir en esos años, para justificar la toma de los periódicos, que aquí «nunca existió libertad de prensa, sólo libertad de empresa»? Pero lo cierto es que no sólo ellos, que lo decían de manera interesada —y con el propósito, simplemente, de tener unos medios de comunicación domesticados—, sino muchos peruanos, bien intencionados y deseosos de que reine una auténtica libertad en el país, han llegado a admitir semejante dislate: que libertad de prensa y libertad de empresa son incompatibles. La verdad es exactamente la contraria: para que sean capaces de informar y opinar libremente, los medios de comunicación deben ser empresas económicamente independientes del Estado. Jamás se ha visto a un órgano de prensa estatal denunciar arbitrariedades oficiales y provocar por sus denuncias la caída de un Gobierno o a una prensa estatizada servir de tribuna para campañas que obliguen a un Estado a cesar una guerra. Y ambas cosas las hemos visto, en cambio, en Estados Unidos, donde la caída del otrora todopoderoso presidente Nixon fue posible gracias al llamado escándalo Watergate, que fue conocido por el pueblo norteamericano gracias a la prensa —el *Washington Post*, primero, y luego toda la prensa liberal del país—. ¿Y la paz en Vietnam no fue poco menos que impuesta al Gobierno de Washington gracias a la campaña hostil a esa guerra de los liberales y radicales norteamericanos que fue voceada y a menudo agresivamente apoyada por diarios del prestigio de *The New York Times*? Y yo acabo de ver, en Inglaterra, cómo el todopoderoso presidente del directorio de una de las más grandes corporaciones estatales —la Leyland Motor Company— se veía obligado a renunciar, de manera poco honorable, por la denuncia de un pequeño semanario izquierdista —*Libération*, de tendencia trotskista— quien lo acusó —con pruebas, por supuesto— de haber proferido expresiones despectivas y racistas contra los inmigrantes pakistaníes e indios. Desafío a que alguien me dé ejemplos parecidos en cualquier país donde no existe esa denostada libertad de empresa en el campo de la información.

Ahora bien, una crítica que se suele hacer, a veces de buena fe, es la siguiente. Si los medios de información están en manos privadas sólo expresarán los puntos de vista y defenderán los intereses de los poderosos, los únicos capaces de adquirirlos. Y, en efecto, hay un peligro de este tipo que debe ser conjurado. Pero, ante todo, es preciso dejar en claro que si para conjurar este peligro real se procede a estatizar los medios de comunicación —es decir, se aplica la receta velasquista o marxista—, se está tratando de curar una enfermedad mediante la fantástica terapéutica de matar al enfermo. Porque para la censura rígida que implica el control estatal de la información no hay remedio; en cambio, para las limitaciones y riesgos que la propiedad privada de los medios de la información trae consigo, sí los hay. Ésa es la diferencia capital entre una y otra. Permítanme citar, una vez más, a Jean-François Revel:

«Cuando un sicario de la buena palabra trata de demostrarme que el monopolio de Estado, es decir, el monólogo de Estado de la información, ejercido directamente por él o mediante algún subterfugio, es lo único que puede poner la prensa y la televisión al servicio del pueblo, ya que, me dice, todos sabemos lo que es la "falsa objetividad" de *The New York Times*, de *La Stampa* o de la NBC, inmediatamente comprendo que este personaje tiene el firme propósito de suprimir la información y de reemplazarla por la propaganda. Ya que, no hay duda, la "falsa objetividad" existe. Pero ella sólo existe donde la verdadera también puede existir. Las sociedades bajo censura no pueden ni siquiera ofrecerse el lujo de la "falsa objetividad" porque carecen de la verdadera. Y, en las civilizaciones de la libertad, la misión de luchar contra la falsa objetividad incumbe precisamente a la verdadera y no a alguna burocracia exterior a la cultura. Es la historia seria la que elimina o rechaza a la historia parcial; es el periodismo probo el que puede hacer retroceder al periodismo venal y no una comisión administrativa, cuyo primer cuidado es, por lo común, distribuir fondos secretos. Una prensa libre no es una prensa que tiene siempre la razón y que es siempre honesta, del mismo modo que un hombre libre no es un hombre que tenga razón y que sea siempre honesto... No comprender que la libertad es un valor en sí mismo, cuyo ejercicio conlleva necesariamente un polo positivo y otro negativo, es ser refractario resuelto a la cultura democrática».

Después de haber dicho lo que he dicho —mi convicción de que, si no se privatizan, los medios de comunicación nunca son libres— veamos los peligros y deficiencias, muy concretos y reales, de estos medios cuando se hallan en manos privadas. Veamos el caso, que todos conocemos, del Perú, antes de las leyes que entregaron al Estado el control de la televisión, de muchas radios y de los diarios «de circulación nacional». Unas y otros estaban lejos de ser medios de comunicación ejemplarmente democráticos. No hay duda, por ejemplo, que un diario como *El Comercio*, por su antiaprismo obsesivo y sistemático, fue injusto con personas e instituciones y, muchas veces, infiel a la verdad, y que por su anticomunismo obsesivo y sistemático un diario como *La Prensa* hizo otro tanto. Yo fui periodista, de joven, en Radio Panamericana, en *La Crónica*, en *Turismo*, en *Cultura Peruana*, en *El Comercio*, en *Expreso*, y en todos estos órganos viví en carne propia, en algún momento, las limitaciones en las cosas sobre las que podía escribir u opinar, que eran siempre las de las líneas editoriales de los dueños de esos órganos, de las que era difícil si no imposible distanciarse y discrepar públicamente. De manera que a mí nadie va a darme lecciones sobre el espíritu estrecho, a veces intolerante para con el adversario, de los dueños de las radios, la televisión o los periódicos peruanos. Eso es cierto y desde luego que es lamentable que haya sido así, porque esa mentalidad y política poco democráticas contribuyeron en mucho a que cuando el septenato hizo espejear el abalorio de «la transferencia a los sectores sociales» muchos periodistas y colaboradores de esos órganos privados, resentidos y dolidos por las presiones y limitaciones de que habían sido víctimas, fueran ingenuamente los entusiastas aliados de la estatización, sin saber que iban a saltar de la sartén al fuego o, como decimos en el Perú con cierta vulgaridad, a cambiar mocos por babas. Por eso fuimos muy pocos los intelectuales peruanos que condenamos desde el principio el fraude de la «socialización».

Pero es una flagrante falsedad que estas cadenas de televisión o de radio o estos diarios sólo representaran a sus dueños y estuvieran de espaldas al resto del Perú. Ésa es, simplemente, una exageración ridícula. Lo cierto es que sectores muy importantes de los peruanos se sentían identificados con las ideas y las posiciones de estos órganos y que incluso compartían sus fobias y sus excesos políticos. Porque no hay que olvidar tampoco —como intentaron hacérnoslo creer los áulicos del septenato, metiendo en un solo paquete a todos los diarios, por ejemplo— que entre estos órganos había diferencias marcadas que originaron entre ellos controversias continuas, y que estas diferencias no eran sólo personales o de grupos, sino políticas y económicas: *La Prensa* era librecambista y *El Comercio* controlista, éste tenía una línea estatizante en la cuestión petrolera y *La Prensa* defendía a machamartillo el sistema empresarial privado, etcétera. Tampoco hay que olvidar que, aunque se pueda decir de una manera algo esquemática que todos los diarios tomados por el septenato defendían líneas conservadoras o de centro derecha, medios como *Expreso* o *Correo* representaban un matiz particular y, en muchas ocasiones, claramente diferenciado de los otros. Sectores muy amplios —aunque no creo que se pueda decir mayoritarios: ésta es, desde luego, una simple presunción— se sentían representados en esa prensa y en esas radios y en esa televisión, pese a sus inocultables deficiencias.

Pero no hay duda que amplios sectores peruanos no se sentían expresados ni defendidos por esos órganos: sectores políticos, económicos y sociales diversos. Por lo menos todo ese Perú que en estas elecciones ha votado por la extrema izquierda (un tercio del electorado, no lo olvidemos) no hay duda que no era tenido en cuenta ni tenía acceso equitativo a la información y a la crítica y era víctima de una encubierta —y, lo que es más grave, en muchos casos inconsciente— censura en el sistema informativo peruano. Desde luego que esa situación era antidemocrática e injusta y que todo peruano deseoso de que este país sea democrático y libre debería coincidir en la necesidad de facilitar a ese sector de la población que tenga también sus órganos de expresión en los que pueda expresar sus ideas, sus intereses y ambiciones y también, desde luego, para ser equitativos, sus fobias y sus excesos. Una reforma democrática de los medios de comunicación debió, lógicamente, fijarse ese objetivo: dotar a los peruanos que estaban o se sentían marginados en este campo de sus propias tribunas de prensa y —ya que por razones técnicas y económicas no es posible que las estaciones de televisión proliferen como los diarios— crear un sistema en el que ellos también pudieran acceder a la televisión. Si se trataba de democratizarlo, se debió ampliar y mejorar el sistema existente a fin de que todos los peruanos tuvieran derecho a expresar su propia versión de la verdad y a refutar la del adversario. En vez de eso se procedió a concentrar todos los órganos existentes en las manos de un solo dueño todopoderoso e intangible: el Gobierno. Y como éste no era un Gobierno elegido, democrático, apoyado en la población, sino nacido de la fuerza y que, si en algún momento llegó a tener alguna popularidad, luego, a medida que sus errores se hacían visibles, la fue perdiendo, muy pronto ocurrió que los medios de comunicación del Perú —de haber sido expresión y tribuna de sólo unos cuantos millones de peruanos— pasaron a ser propiedad, expresión y tribuna de un general funcionario semianónimo, escondido en las oficinas de la OCI (Oficina Central de Información) y del grupúsculo infinitesimal de sus colaboradores. Porque, ahora, después de haber visto y admitido las deficiencias del sistema anterior, veamos en qué forma cambiaron las cosas cuando el Gobierno militar tomó el control de la televisión, de muchas radios y de los diarios de circulación nacional.

¿Alguien se atrevería a decir que la «socialización» de la prensa ha sido un éxito, ha hecho a los diarios más libres y democráticos, que ha extendido a todos los peruanos el derecho de crítica, que ahora por fin las masas de campesinos y de obreros, y todos los humildes del Perú, tienen sus propios voceros periodísticos? De la extrema derecha a la extrema izquierda, pasando por todos los estratos políticos intermedios, uno de los pocos acuerdos que parecen existir entre los peruanos es la conciencia del clamoroso fracaso de la «socialización». Lo ha dicho hasta el propio doctor Cornejo Chávez, quien, al parecer, redactó la famosa ley y en todo caso la defendió, anunciando, en ese inolvidable editorial que escribió el día que rodeado de bayonetas ocupó la dirección de *El Comercio*, que ese día se iniciaba la verdadera libertad de prensa en el Perú. Y lo mismo que el doctor Cornejo Chávez, casi todos los panegiristas de la famosa ley, que eran siempre, por cierto, los periodistas o políticos o plumarios que el Gobierno iba colocando al frente o en las mesas de redacción de los diarios ocupados, se han ido luego decepcionando y criticándola, enfurecidos y confusos, cada vez que la nueva administración los despedía —y a veces con una prepotencia y rudeza que jamás hubieran podido permitirse los dueños anteriores—. No olvidemos que algunos despedidos de los diarios oficiales fueron exilados (alguno de ellos lo está todavía).

Todos sabemos lo que ha ocurrido —lo sufrimos cada mañana o cada tarde, cuando abrimos sus páginas—, pero vale la pena resumirlo. La «transferencia» a los sectores nacionales era, como resultaba previsible para quien no fuera ingenuo, una figura retórica para encubrir la verdad de la medida: poner los diarios al servicio del Gobierno. En todos los países de prensa estatizada la figura retórica es siempre la misma; en los países socialistas, por ejemplo, los diarios son órganos de los sindicatos, del Ejército, de los campesinos, etcétera. En realidad son órganos del comité central —y a veces nada más que del secretario general del partido y del jefe de la policía—. Aquí, muy pronto —como nos lo ha contado alguien que tiene por qué saberlo: Guillermo Thorndike en *No, mi general*— el amo absoluto de los diarios fue la OCI. Un amo por lo general menos ilustrado pero sí mas intolerante y abusivo que lo que lo fueron o pudieron serlo jamás los antiguos dueños. Los peruanos tuvimos así la oportunidad de descubrir que —pese a ser deficiente y criticable la prensa anterior— no sabíamos nada todavía en materia de periodismo inmoral, mentiroso, calumnioso, servil ante el poder, triunfalista y demagógico. No estoy metiendo a todo el mundo en una sola bolsa, porque sería injusto. No olvido que, entre los periodistas de los diarios parametrados, hubo muchos que aceptaron el sistema por error y luego tuvieron el coraje y la decencia de dar marcha atrás y reconocerlo y que, entre los propios periodistas identificados con el sistema, hay que hacer diferencias muy considerables. Hubo y hay entre los directores, por ejemplo, bribones junto a tontos de capirote, hombres cultos e inteligentes con un pasado muy digno, que trataron y tratan en la medida de lo posible de hacer un periodismo decente, y también hubo rábulas oportunistas que fueron más genuflexos aún de lo que les pedían. Pero el resultado, a fin de cuentas, ha sido el mismo: los diarios han sido, son y seguirán siéndolo hasta que la «socialización» acabe, meras emanaciones del Poder Ejecutivo, al que han servido y sirven como órganos de propaganda cuya función no es informar lo que sucede y dar tribuna a las críticas sino justificar sus acciones y entronizar la verdad que éste quiere imponer como la única válida. Nunca jamás, ni en las peores dictaduras peruanas, la prensa diaria ocultó tanto la verdad ni estuvo más a la espalda de los peruanos, como desde que fue «socializada».

Y nunca, tampoco, en el pasado, el hombre de prensa, aquel que hace posible la información, estuvo tan inseguro en su trabajo, tan ofendido a diario en su dignidad y tan impelido, para sobrevivir y no ser víctima de las purgas que han acompañado cada cambio de línea o de personas en el régimen militar, a degradarse moralmente. Jubilado a la fuerza o puesto en la calle sin contemplaciones por ser anticomunista o por no estar inscrito en el sindicato, un año después era jubilado a la fuerza o puesto en la calle con menos contemplaciones aún por ser comunista o por estar sindicalizado; bajado de categoría y sustituido por advenedizos por no ser lo bastante dócil al equipo recién catapultado a la dirección, un año o meses después, cuando ya había aprendido o se había resignado a serlo, era degradado o sustituido por el nuevo equipo que quería tener corte propia. La vida profesional del periodista peruano se ha visto distorsionada, vapuleada y menospreciada escandalosamente. ¿Cuántos periodistas han perdido el trabajo en todos los vaivenes administrativos y los cambios de línea de estos años? El número exacto no lo sé pero sí sé que son varios cientos. Y los nuevos, esos que sobreviven, y que ahora firman patéticos manifiestos defendiendo la ley de «transferencia», en la que ya nadie cree, para estar seguros de sobrevivir una vez más, ¿no son un ejemplo viviente, en su orfandad, del terrible daño que en su dignidad y en su conducta moral ha inferido esta ley a los hombres de la prensa en el Perú? Y en cuanto al ejercicio mismo del periodismo, la situación es tan mala o peor. Si, antes, su margen de libertad para informar se veía limitado, ahora su función pasó casi exclusivamente a ser la de glosar o dar forma material a las opiniones —mejor dicho, a la opinión única y cacofónica— de esa entidad semifantasma, la OCI, de donde penden y a cuyo compás se mueven como marionetas los hilos del periodismo peruano. Y hay todavía voces —en la extrema izquierda— clamando que esta lastimosa situación de la prensa se debe, no a la ley de «transferencia», sino a que ella no se llevara a cabo y fuera «traicionada» por el propio poder. Es difícil saber hasta qué punto hay ingenuidad y hasta qué punto cinismo en semejante tesis. La famosa «transferencia» no se hizo porque simplemente no podía hacerse: no hay sectores nacionales organizados como los que define la ley. Pero aun si hubieran existido, en el mejor de los casos los diarios se hubieran entregado a pequeñas minorías, a camarillas, que hablarían en nombre de esos sectores igual que la OCI pretende hablar en nombre de toda la nación, y el problema sería exactamente el mismo: la desaparición de la diversidad y de la controversia, del pluralismo crítico e informativo. ¿Dónde se ha hecho jamás una transferencia real a las mayorías de un diario a través de una estatización? El diario *Pueblo* de Madrid era el órgano de los sindicatos, por ejemplo, en la época de Franco.

Pues bien, en vista del fracaso clamoroso de la política de la primera fase en el campo de las comunicaciones, lo que ahora importa y urge es su remedio. No tiene sentido seguir enumerando el catálogo de las taras de un sistema que prácticamente todos los peruanos —desde uno u otro punto de vista— rechazan. Lo importante es presentar alternativas viables que no sólo rectifiquen los grandes errores cometidos por la primera fase sino, también, que a la vez sirvan para corregir las deficiencias del sistema informativo tal como existía antes de que se dieran las leyes represivas y estatizadoras. Y es imperioso presentar estas alternativas de una forma constructiva y realista, de tal manera que esta segunda fase —que ya ha intentado, es legítimo reconocerlo, enmendar en varios campos los entuertos y malos pasos de la primera— esté en condiciones, sin perder la cara y apuntándose incluso un tanto a favor entre los peruanos, de llevarla a cabo.

La primera medida que se impone, si realmente se quiere que exista la libertad de información y el derecho de crítica en el Perú, es poner fin al monopolio que ejerce el Gobierno en los grandes medios de comunicación: televisión y diarios de circulación nacional. No hay duda que es justo y necesario que el Poder Ejecutivo tenga sus propios órganos de expresión —un diario oficial, una cadena de televisión y una radio nacionales—, pero no es justo ni necesario que los controle todos. Ellos deben volver a ser empresas independientes del Estado y deben volver a serlo de tal modo que su independencia económica, prestigio o desprestigio, popularidad o impopularidad dependan enteramente de la manera como compitan entre ellas para representar, para expresar, para servir de tribuna a los peruanos. El objetivo sólo puede ser uno: que el mayor número posible de peruanos tengan voces y tribunas en los medios de comunicación.

Quisiera referirme, primero, al caso de los diarios de circulación nacional. La medida que de inmediato debe desaparecer —por írrita y absurda— es aquella que impide que se constituyan nuevos diarios independientes. La política sensata es justamente la contraria: la de dar todas las facilidades para que aquellos peruanos que no se sienten expresados en los diarios existentes funden los propios. Y que sobrevivan aquellos que por su talento, su honestidad y su eficacia sepan ganar más lectores. Ya oigo a los enemigos de la libertad, a los partidarios del monopolio estatal, exclamar: «Eso es posible en teoría pero no en la práctica. En la práctica, lo que ocurrirá será que los diarios no respaldados por intereses económicos poderosos serán estrangulados económicamente». Pues bien, eso es falso. Y tenemos una prueba luminosa con lo que está ocurriendo hoy día en el Perú con las revistas: los semanarios, bisemanarios y quincenarios. Ellos —gracias a la estatización de los diarios: y es lo único positivo de esa medida— se han multiplicado y —pese a la injusta y esperemos que transitoria clausura de *El Tiempo*— yo me atrevo a decir que estas publicaciones no diarias representan, tal vez por primera vez en la historia de nuestra patria, en sus distintas posiciones y filosofías políticas, prácticamente todas las tendencias del pueblo peruano. Las hay de extrema derecha y de derecha, de centro y de izquierda y de extrema izquierda. Y las mejores de cada tendencia han conseguido abrir una brecha en sectores políticos no afines que las leen o porque están bien pensadas y bien escritas o para saber qué opina y piensa el adversario. No dudo que ellas tienen dificultades, que a veces son hostilizadas con métodos *non sanctos*. De acuerdo. Pero lo cierto es que en ese campo reducido y específico hay hoy día en el Perú eso que es la esencia misma de la libertad: diversidad, controversia, pluralidad. Pues bien, eso es —y, si es posible, perfeccionado— lo que debemos tratar que se reproduzca con los diarios. Y para ello es elemental que se dé a los peruanos de centro, de izquierda, de derecha o de cualquier matiz intermedio el derecho a tener su propio diario y de disputar, en sana competencia democrática con los demás, los favores del público. La función del Estado, si es democrático y quiere la democracia, está en garantizar que esa competencia sea sana y genuina. Es decir, en garantizar la distribución equitativa de papel dentro de nuestras posibilidades y —sobre todo ahora que el sector público ha crecido elefantiásicamente— en distribuir el avisaje público con un criterio realmente pluralista, sin preferencias políticas que perjudiquen al adversario. El Estado no puede olvidar, en este sentido, que las minorías —para que una democracia funcione en cualquier terreno— son tan importantes como las mayorías: cuando aquéllas desaparecen, desaparece también la democracia. Quiero decir con esto que los sectores minoritarios deben ser estimulados y apoyados, con créditos y con exoneraciones fiscales, para que estén presentes también entre los diarios.

A la vez que se restablece el sistema de libre competencia en lo que concierne a los medios, debe cesar el régimen de los diarios que fueron «socializados». El Congreso de Periodistas que se reunió en Arequipa y otras voces han pedido que ellos sean devueltos a sus propietarios, es decir, que se vuelva exactamente al régimen que tenían antes del 27 de julio de 1974. Yo fui opuesto, desde el primer momento, a ese despojo que consideré injusto y conducente al amordazamiento de toda la información en el Perú, como efectivamente ocurrió. Y fui opuesto, no por coincidencia ideológica con los diarios tomados, sino por una cuestión de principio: si uno admite que las empresas con las que no está de acuerdo o los bienes de las personas que no estima sean confiscados, *todo* —repito, todo: mi biblioteca y su taller de zapatería, su taxi y su fábrica y su colegio y los ahorros que ha hecho en toda su vida y su casa y hasta la ropa que lleva puesta—, puede ser víctima de un despojo parecido. Y con el mismo pretexto y razones: siempre tendrá el poder a un doctor Cornejo Chávez a la mano para demostrar —con ampulosas citas jurídicas y mala prosa forense— que esa «socialización» se hace por motivos de verdadera utilidad pública y para que las bibliotecas, los talleres de zapatería, los taxis, las fábricas, los colegios, las casas y la ropa estén realmente en manos del «pueblo» del Perú. De manera que por una cuestión de principio —a menos que uno esté de acuerdo con que el poder político basado en la fuerza tiene el derecho de apropiarse de lo que se le antoje con el cuento de transferirlo a las «mayorías»— deberíamos apoyar esa posición de que se devuelvan los diarios a sus legítimos dueños.

Pero creo que no es realista hacerlo. Hay la consabida razón de Estado de por medio —razón de Estado con la que uno jamás debería estar de acuerdo, pero que existe y que no se puede dejar de tener en cuenta si lo que se quiere es, de veras, facilitar una solución de este grave problema— y ésta provoca, sin duda, en las esferas de Gobierno una resistencia enorme a tomar una medida que sería, pura y simplemente, la autoconfesión pública del fracaso calamitoso de la llamada «transferencia» y «socialización», algo que todos sabemos es así, empezando por el régimen, pero que jamás reconocerá públicamente (ésa es la razón de Estado). Y hay, de otro lado, los intereses y situaciones de hecho que se crearon —en el campo del empleo— en las empresas confiscadas. No sería fácil, después de todos los cambios —despidos, contratos, reorganizaciones, odios y revanchas—, volver a fojas cero. Pues bien, resignémonos a la realidad y aceptemos la solución intermedia y equilibrada que han propugnado ya por lo menos líderes de las tres principales agrupaciones políticas. Que el Estado expropie —pagando lo que corresponde, desde luego— los locales, talleres y equipos de los diarios —no para seguirlos explotando, desde luego, sino para devolverlos al público, sacándolos a remate o confiándolos a sus propios trabajadores como empresas cooperativas— y, eso sí, devuelva a quienes pertenecía lo que no puede ser materia de expropiación alguna: su propiedad intelectual, los nombres de aquello que era suyo. La devolución de los logotipos es lo mínimo que se puede exigir a cualquier reforma realmente orientada a democratizar la prensa diaria y ella es la que he oído defender y aceptar a líderes de Acción Popular, al doctor Townsend del APRA o al doctor Alayza Grundy del PPC, tres partidos que sin duda constituyen una mayoría del electorado, lo que significa que esta fórmula de una solución armónica y sensata cuenta con el sentir mayoritario de los votantes peruanos.

¿Y qué hará el régimen, entonces, con esos locales, maquinaria, equipos periodísticos expropiados? Pues, justamente, he aquí una oportunidad magnífica —si realmente se quiere que reine en el campo de la información el pluralismo y que todas las tendencias significativas de la sociedad tengan sus tribunas— de permitir que esos sectores que no tuvieron nunca —ni antes, ni durante la «socialización»— sus órganos de expresión, esta vez los tengan.

Pero es evidente que esta liberación de la prensa diaria y la creación de estímulos y facilidades para que haya un verdadero pluralismo no es de por sí suficiente. Es igualmente necesario que el periodista, sea reportero o editorialista, o simple colaborador de un diario, no esté más sujeto —como en el pasado y mucho menos como lo ha estado durante la «socialización»— a la coacción y que no se vea obligado a mentir o a escribir en contra de sus convicciones. La libertad de información y el derecho de crítica no pueden existir de los diarios —o empresas de comunicación— para afuera, sino también internamente. Quiero decir que aquí también debe ser posible —como lo es en todos los grandes diarios de los países democráticos del mundo: por ejemplo *El País* o *Le Monde* o *The New York Times*, o como es en Venezuela el caso de *El Nacional* y de *El Universal*— que aunque los dueños o directores tengan su propia línea editorial, sus colaboradores y redactores puedan —con su firma y a título propio, claro está— apartarse ocasionalmente de ella y debatir sus diferencias en sus páginas, sin verse por ello amenazados o sancionados. Quien habla de libertad y de democracia debe comenzar por aplicarlas en su propia casa. Sólo si el hombre que escribe es respetado en sus ideas y no convertido en un instrumento del poder, manipulado —como lo ha sido en el pasado y lo es en el presente—, podremos elevar nuestro nivel periodístico y cultural. Asimismo, es indispensable evitar —no mediante estatutos represores, sino a través del Poder Judicial y de tribunales de honor de las propias asociaciones de la prensa y de los periodistas— que la prensa sea utilizada —como lo ha sido— para calumniar, mentir y difamar impunemente a los adversarios. Es verdad que éste es uno de los riesgos de la libertad: pero si uno deja que ese riesgo se convierta en realidad cotidiana, quienes ganan son los enemigos de la libertad, pues el pueblo tiende a identificar ésta con el abuso y escarnio que hacen de ella quienes la utilizan como biombo para ese género de acciones. Es por eso indispensable que el derecho de réplica sea rigurosamente respetado para que quien, con razón o sin ella, se sienta vejado u ofendido o malinterpretado tenga la oportunidad de hacer pública su propia versión de los hechos, su propia verdad. Para que esto sea posible no hacen falta estatutos de prensa: hace falta, sobre todo, un consenso nacional, una opinión pública lo suficientemente sensible como para exigir un comportamiento ético de los órganos de expresión y para sancionar (condenándolos al fracaso, que en régimen de empresa privada significa quiebra, es decir, muerte) a quien lo incumple.

Creo que lo que he dicho sobre los diarios es perfectamente aplicable a las radioemisoras, donde es fácil fomentar una diversidad y un pluralismo que más o menos coincidan con los de la sociedad peruana. No lo es, en cambio, en el de la televisión, donde, por razones de tecnología y de altísimo coste, no es concebible semejante proliferación de canales. Y, al mismo tiempo, ya sabemos el poder extraordinario que tiene la televisión y su masiva influencia en la sociedad contemporánea. Hay, sobre esto, distintos modelos en el mundo. Hay, por ejemplo, países donde la televisión, aunque es monopolio del Estado, es una institución pluralista y libre —como en Italia o como en la España de hoy—. Pero eso ocurre porque en esos países en todos los otros medios de comunicación y en la vida política hay un pluralismo que hace las veces de controlador y fiscalizador de la política democrática, abierta a todas las tendencias, de la televisión. Yo, personalmente, creo que en el Perú esto no funcionaría así porque ese contexto democrático no existe aún con bastante fuerza institucional como para garantizar ese control y para evitar que el Estado, si controla la información y la opinión televisiva, lo haga no como árbitro imparcial de todas las tendencias sino en provecho de su propia tendencia y en contra de todas las otras. Por eso creo que el Estado debe tener su propio canal, el mismo que debe verse obligado a competir con los otros y a ganar —por su eficacia y honestidad— los favores del público. Y en cuanto a los otros canales, los independientes, es obvio que debe haber una regulación claramente democrática que dé acceso a ellos a todas esas tendencias nacionales y no sólo a aquellas lo suficientemente poderosas para pagar los altísimos costos de los espacios. Hay que reconocer que en esta campaña electoral hemos tenido un atisbo de lo que podría ser una televisión libre, con la disposición —democrática ciento por ciento— que se dio de conceder espacios gratuitos y equitativos a todos los partidos y movimientos que competían para la Asamblea Constituyente. Estoy convencido que esto es lo que permitió, por ejemplo, la altísima votación que esta vez ha tenido la extrema izquierda. Pues bien, no veo por qué no abrirían periódicamente sus puertas los canales de televisión —no sólo durante las campañas electorales, sino de manera permanente— a todos los partidos o movimientos realmente representativos (el criterio puede ser muy simple: todos aquellos representados en el Parlamento, cuando éste exista) para que en programas semanales o quincenales o mensuales tengan ocasión, sin discriminación de ningún orden, de dirigirse directamente al pueblo peruano en programas que no tienen por qué ser siempre políticos sino también informativos o sociales o culturales. Así ocurre en Holanda, por ejemplo, otro modelo de país democrático.

Sé muy bien que nada de esto es fácil, que ese sistema de libertad, es decir, de pluralidad y divergencia constante, conlleva no sólo dificultades sino también peligros y que estará siempre amenazado en un país como el Perú, donde la democracia ha sido a lo largo de su historia sólo breves paréntesis entre largos años de dictadura. Pero no hay otro camino que éste. Ya hemos visto a dónde conduce el monopolio de la información por parte del Estado, la caricatura en que se convierte. Este otro es complicado y a menudo, por nuestra falta de costumbre democrática, nos hará vivir momentos de libertinaje o de caos, de abuso de la libertad, y podrá dar la impresión que todo ello en vez de facilitar demorará y paralizará lo más urgente: nuestra lucha contra el hambre, contra la injusticia y la desigualdad social, contra la ignorancia, contra el atraso económico. No debemos sucumbir a ese error. Con todos sus defectos y taras, la libertad es lo único que puede garantizar realmente el verdadero progreso, que no es aquel que se mide sólo en términos materiales sino, al mismo tiempo, en términos morales y culturales. Y ese progreso integral sólo es posible pagando a diario y a cada instante el duro precio de la libertad de información y el respeto del derecho de crítica.

Lima, julio de 1978

5. El legado prehispánico

Una doncella

Tiene la edad de la Julieta de Shakespeare —catorce años— y, como ésta, una historia romántica y trágica. Es bellísima, principalmente vista de perfil. Su rostro exótico, alargado, de pómulos altos y sus ojos grandes y algo sesgados sugieren una remota estirpe oriental. Tiene la boca abierta, como desafiando al mundo con la blancura de sus dientes perfectos, levemente salidos, que fruncen su labio superior en coqueto mohín. Su larguísima cabellera negra, recogida en dos bandas, enmarca su rostro como la toca de una novicia y se repliega luego en una trenza que baja hasta su cintura y la circunda. Se mantiene silente e inmóvil, como un personaje de teatro japonés, en sus vestiduras de finísima alpaca. Se llama Juanita. Nació hace más de quinientos años en algún lugar de los Andes y ahora vive en una urna de cristal (que, en verdad, es una computadora disimulada), en un ámbito glacial de diecinueve grados bajo cero, a salvo del tacto humano y de la corrosión.

Detesto las momias y todas las que he visto, en museos, tumbas o colecciones particulares, me han producido siempre infinita repugnancia. Jamás he sentido la emoción que inspiran a tantos seres humanos —no sólo a los arqueólogos— esas calaveras agujereadas y trepanadas, de cuencas vacías y huesos calcinados, que testimonian sobre las civilizaciones extinguidas. A mí me recuerdan sobre todo nuestra perecible condición y la horrenda materia en que quedaremos convertidos, si no elegimos la incineración.

Me resigné a visitar a Juanita, en el pequeño museo especialmente construido para ella por la Universidad Católica de Arequipa, porque a mi amigo, el pintor Fernando de Szyszlo, que tiene la pasión precolombina, le hacía ilusión. Pero fui convencido de que el espectáculo de la calavera pueril y centenaria me revolvería las tripas. No ha sido así. Nada más verla, quedé conmovido, prendado de la belleza de Juanita, y, si no fuera por el qué dirán, me la robaría e instalaría en mi casa como dueña y señora de mi vida.

Su historia es tan exótica como sus delicados rasgos y su ambigua postura, que podría ser de esclava sumisa o despótica emperatriz. El antropólogo Johan Reinhard, acompañado por el guía andinista Miguel Zárate, se hallaba, el 18 de septiembre de 1995, escalando la cumbre del volcán Ampato (6.380 metros de altura), en el sur del Perú. No buscaban restos prehistóricos, sino una visión próxima de un volcán vecino, el nevado Sabancaya, que se encontraba en plena erupción. Nubes de ceniza blancuzca y ardiente llovían sobre el Ampato y habían derretido la coraza de nieve eterna de la cumbre, de la que Reinhard y Zárate se encontraban a poca distancia. De pronto, Zárate divisó entre las rocas, sobresaliendo de la nieve, una llamarada de colores: las plumas de una cofia o tocado inca. A poco de rastrear el contorno, encontraron el resto: un fardo funerario, que, por efecto de la desintegración del hielo de la cumbre, había salido a la superficie y rodado sesenta metros desde el lugar donde, cinco siglos atrás, fue enterrado. La caída no había hecho daño a Juanita (bautizada así por el nombre de pila de Reinhard, Johan); apenas desgarrado la primera manta en que estaba envuelta. En los veintitrés años que lleva escalando montañas —ocho en el Himalaya, quince en los Andes— en pos de huellas del pasado, Johan Reinhard no había sentido nada parecido a lo que sintió aquella mañana, a seis mil metros de altura, bajo un sol ígneo, cuando tuvo a aquella jovencita inca en sus brazos. Johan es un gringo simpático, que me explicó toda aquella aventura con una sobreexcitación arqueológica que (por primera vez en mi vida) encontré totalmente justificada.

Convencidos de que si dejaban a Juanita a la intemperie en aquellas alturas hasta regresar a buscarla con una expedición, se corría el riesgo de que fuera robada por los saqueadores de tumbas, o quedara sepultada bajo un aluvión, decidieron llevársela consigo. La relación detallada de los tres días que les tomó bajar con Juanita a cuestas las faldas del Ampato —el fardo funerario de ochenta libras de peso bien amarrado a la mochila del antropólogo— tiene todo el color y los sobresaltos de una buena película, que, sin duda, más pronto o más tarde, se hará.

En los dos años y pico que han corrido desde entonces, la bella Juanita se ha convertido en una celebridad internacional. Con los auspicios de la National Geographic viajó a Estados Unidos, donde fue visitada por un cuarto de millón de personas, entre ellas el presidente Clinton. Un célebre odontólogo escribió: «Ojalá las muchachas norteamericanas tuvieran dentaduras tan blancas, sanas y completas como la de esta jovencita peruana».

Pasada por toda clase de máquinas de altísima tecnología en la John Hopkins University; examinada, hurgada y adivinada por ejércitos de sabios y técnicos, y, finalmente, regresada a Arequipa en esa urna-computadora especialmente construida para ella, ha sido posible reconstruir, con una precisión de detalles que linda con la ciencia-ficción, casi toda la historia de Juanita.

Esta niña fue sacrificada al *Apu* (dios) Ampato, en la misma cumbre del volcán, para apaciguar su virulencia y a fin de que trajera bonanza a los asentamientos incas de la comarca. Exactamente seis horas antes de su ejecución por el sacrificador, se le dio de comer un guiso de verduras. La receta de ese menú está siendo revivida por un equipo de biólogos. No fue degollada ni asfixiada. Su muerte ocurrió gracias a un certero golpe de garrote en la sien derecha. «Tan perfectamente ejecutado que no debió sentir el menor dolor», me aseguró el doctor José Antonio Chávez, que codirigió con Reinhard una nueva expedición a los volcanes de la zona, donde encontraron las tumbas de otros dos niños, también sacrificados a la voracidad de los *Apus* andinos.

Es probable que, luego de ser elegida como víctima propiciatoria, Juanita fuera reverenciada y paseada por los Andes —tal vez llevada hasta el Cusco y presentada al Inca—, antes de subir en procesión ritual, desde el valle del Colca y seguida por llamas alhajadas, músicos y danzantes y centenares de devotos, por las empinadas faldas del Ampato, hasta las orillas del cráter, donde estaba la plataforma de los sacrificios. ¿Tuvo miedo, pánico, Juanita, en aquellos momentos finales? A juzgar por la absoluta serenidad estampada en su delicada calavera, por la tranquila arrogancia con que recibe las miradas de sus innumerables visitantes, se diría que no. Que, tal vez, aceptó con resignación y acaso regocijo aquel trámite brutal, de pocos segundos, que la trasladaría al mundo de los dioses andinos, convertida ella misma en una diosa.

Fue enterrada con una vestimenta suntuosa, la cabeza tocada con un arcoíris de plumas trenzadas, el cuerpo envuelto en tres capas de vestidos finísimamente tejidos en lana de alpaca, los pies enfundados en unas ligeras sandalias de cuero. Prendedores de plata, vasos burilados, un recipiente de chicha, un plato de maíz, una llamita de metal y otros objetos de culto o domésticos —rescatados intactos todos ellos— la acompañaron en su reposo de siglos, junto a la boca de aquel volcán, hasta que el accidental calentamiento del casquete glacial del Ampato derritió las paredes que protegían su descanso y la lanzó, o poco menos, en los brazos de Johan Reinhard y Miguel Zárate.

Ahí está ahora, en una casita de clase media de la recoleta ciudad donde nací, iniciando una nueva etapa de su vida, que durará tal vez otros quinientos años, en una urna computarizada, preservada de la extinción por un frío polar, y testimoniando —depende del cristal con que se la mire— sobre la riqueza ceremonial y las misteriosas creencias de una civilización ida, o sobre la infinita crueldad con que solía (y suele todavía) conjurar sus miedos la estupidez humana.

Arequipa, noviembre de 1997

El largo viaje

Hace dos mil quinientos años, muchos hombres hacían el mismo recorrido que yo hago ahora, pero en condiciones más difíciles, rumbo al centro ceremonial de Chavín de Huántar. Cruzaban los desiertos candentes de la costa, escalaban los Andes occidentales hasta alturas que rozaban los cinco mil metros, y luego de cruzar lo que muchos siglos después se llamaría el callejón de Huaylas, iniciarían el descenso de la vertiente oriental andina, entre precipicios vertiginosos y montañas cargadas de vegetación o de nieve, y súbitas lagunas que sobrevuelan bandadas de patos salvajes y esas garzas de largos cuellos y vistoso plumaje llamadas parihuanas.

En esos remotos tiempos el paisaje era más bravío y salvaje, sin los eucaliptos de ahora, y cargado de bosques infestados de pumas y serpientes, que debían de dar cuenta de buen número de peregrinos antes de que llegaran al imponente santuario. Y lo mismo ocurriría con los hombres y mujeres que subían hasta aquí desde la selva, la futura Amazonía —la fuente de la civilización que representó Chavín de Huántar, según el arqueólogo Julio C. Tello—, desafiando el espanto y el vértigo, para pedir mercedes a ese horrible dios, híbrido de pájaro, crótalo y felino que todavía nos contempla recién llegados, con sus fríos ojos de piedra y sus cuatro colmillos cruzados.

Carezco de imaginación arqueológica y, generalmente, cuando visito ruinas me quedo en tinieblas sobre lo que debió haber sido la vida, la muerte, los ritos, las creencias, la guerra y el amor entre las gentes, cuando estas piedras eran templos, palacios, viviendas, hormigueantes ciudades. Pero en Chavín de Huántar he tenido por primera vez la sensación de acercarme, a través de estos restos —plazas, murallas, ídolos, galerías subterráneas, el célebre «Lanzón»—, a quienes hace casi tres milenios peregrinaban hasta aquí, venciendo el miedo y los indecibles obstáculos de la geografía y la ignorancia, para pedir salud, venganzas, poder o magia a estas sanguinarias divinidades que, todavía hoy, incluso a un incrédulo pertinaz como yo, producen escalofríos.

El lugar es uno de los más bellos que he visto en mi vida. El gran templo o santuario está cercado por escarpadas montañas donde florea la amarilla retama, entre quenchuales, eucaliptos y pequeños sembríos de papas y ollucos casi verticales, a orillas de un río que canta en las piedras y al que desaguan las lluvias y corrientes que deshiela la montaña aún ahora por conductos subterráneos que fueron construidos hace cientos de años. El cielo es diáfano, hay manchones de nieve en las cumbres y aquí abajo, mientras trepamos escalinatas, recorremos túneles y visitamos aposentos, nos ahogamos de calor. Hay una gran plaza cuadrada y otra circular que algunos imaginativos llaman «la plaza del hombre» y «la plaza de la mujer», y de las enormes cabezas-clavas de piedra sólo una permanece aferrada a la muralla, tal como la colocaron quienes la labraron y clavaron aquí, para que cuidara el santuario y alertara a los peregrinos sobre el desmesurado poder de los dioses y demonios que lo habitaban. A las otras cabezas las derribaron los terremotos o los aludes (los huaicos) que han desarreglado la arquitectura de Chavín de Huántar, sepultando algunas de las construcciones bajo toneladas de rocas y desenterrando otras, desplazando paredes y decapitando y mutilando estelas, ídolos, ceramios. Un anciano, que fue testigo y casi víctima del terrible huaico de los años cuarenta, nos señala la trayectoria que siguió el desprendimiento de la montaña, imita el rugido infernal que acompañaba la carrera de esos bólidos de piedra y barro que destruyeron medio pueblo y evoca el pánico de él y sus amigos, mientras corrían, despavoridos, alejándose de la avalancha. Pero pese a las catástrofes naturales, a la incuria de los humanos y a la usura del tiempo, Chavín de Huántar está todavía ahí, entre la selva y la montaña, como testimonio de uno de los más avanzados intentos civilizadores en la prehistoria de América.

Según arqueólogos e historiadores, Chavín no fue un imperio, ni un Estado, sino una laxa confederación de poblaciones y culturas desparramadas por la costa, la selva y la región andina, que tenía en este santuario su centro ceremonial, y, también, el nudo gordiano de un vasto tramado de intercambios y relaciones comerciales. Pero cuando uno visita este soberbio complejo arquitectónico —ayudado por las explicaciones del amable arqueólogo del sitio— no tiene la menor duda: la función espiritual y religiosa de Chavín prevaleció sobre la económica y la política. Los primitivos peruanos venían hasta aquí arrostrando los más grandes peligros, antes que a comerciar y a guerrear, a salvar sus almas, a asegurarse un porvenir de paz o de dicha en el otro mundo, luego del trámite de la muerte.

Esas mujeres y esos hombres vivían, día y noche, en la más absoluta inseguridad, devorados por el miedo. De ese misterioso entorno geográfico que amenazaba con enterrarlos súbitamente cuando la tierra se encolerizaba y se ponía a temblar y a rugir hasta que las montañas de deshacían y les caían encima, o los inundaba y ahogaba con las bruscas subidas de las aguas que hinchaban los ríos y los desbordaban en aniegos que arruinaban las cosechas y hundían las viviendas y sumergían a los perros, los cuyes, las llamas, las vicuñas. Pero, más todavía que al temblor, al rayo, los aniegos y el huaico, la razón primordial de su pavor eran las garras y los colmillos del puma y el jaguar, o la mordedura del crótalo, que anidaban por doquier en estos bosques intrincados y que debían causar innumerables víctimas en las aldeas y caseríos. Por eso los convirtieron en divinidades y trataron de sobornarlos y aplacarlos, construyéndoles este majestuoso santuario, donde venían a traerles ofrendas y hacer sacrificios atroces, desde las regiones más remotas. El miedo que sentían explica el salvajismo al que se entregaban, la inaudita violencia a que recurrían tratando de conseguir la benevolencia de esas fieras que seguramente, además de sus bosques y riscos, poblaban también sus sueños y sus pesadillas, e, incluso cuando dormían, los picaban y mordían, inoculándoles un veneno que los hacía morir a cuentagotas, entre dolores horribles, y descoyuntándolos y cercenándoles piernas, brazos, manos.

A curarse de ese miedo cerval —miedo pánico, en el sentido cabal de la palabra— venían a Chavín de Huántar, desde los cuatro confines de lo que sólo dos mil años más tarde se llamaría el Perú. Eran tantos que el santuario se llenó de habitaciones y recintos para alojar a estos peregrinos, que hablaban distintas lenguas y se vestían con atuendos diferentes, se entendían por señas y tenían de común sólo su miedo inconmensurable y su fe en estas divinidades pétreas. La espera debía ser larga, de días y semanas, por la afluencia de

273

peregrinos y por la estrechez de los túneles que tenían que recorrer a cinco o seis metros bajo tierra rumbo al encuentro con el dios.

Entiendo perfectamente lo que sentían mientras, al bajar a estas galerías de ultratumba, angostas, iluminadas por sustancias resinosas, se desnudaban, y en estos cubículos que parecen nichos, se entregaban a los ritos purificadores, acaso azotándose y lavándose y depilándose, y tomando cocimientos alucinógenos. Cuando, por fin, el peregrino entraba al minúsculo reducto, donde quedaba a solas, frente a frente, con el Lanzón, la formidable piedra esculpida de más de dos metros de altura donde la trinidad de la teología Chavín —el felino, la serpiente y el pájaro— se confunde en un tremebundo personaje pesadillesco, debía sentir algo muy parecido a lo que siente el devoto mahometano que llega a la Meca, o el católico que entra al Vaticano y besa la mano del Papa. Pero en Chavín todo era más dramático y espectacular, de acuerdo a la barbarie de los tiempos. Porque el Lanzón al que se enfrentaba el peregrino en la soledad asfixiante de este recinto que a mí me acelera el corazón por la insoportable claustrofobia que de pronto se apodera de mí, estaba impregnado de sangre humana, que chorreaba sobre él, de las víctimas sacrificadas por los sacerdotes, allá arriba, en el templo, en la piedra que era el ara propiciatoria, estratégicamente colocada del tal modo que la sangre del sacrificado bañara al dios de la caverna. Muchos peregrinos caerían fulminados, aquí, de terror y devoción.

¿Regresaban a sus comunidades aliviados, exaltados, reconciliados consigo mismos, luego del largo viaje a Chavín de Huántar? Eso no hay manera de saberlo, desde luego. Pero cabe suponer que así sería, pues, si no ¿por qué seguirían emprendiendo la peregrinación a Chavín de Huántar aún ahora tantos brujos, chamanes, curanderos, desde los más remotos pueblos del Perú, dos mil novecientos años después de construido el santuario? El arqueólogo del sitio me asegura que vienen muchos, que en esta plaza y sobre estos muros perpetran sus ceremonias, con coca o ayahuasca, y que luego parten, envalentonados, purificados, fortalecidos en sus magias, por el contacto con los manes de este sagrado lugar, hacia sus lugares de origen. Qué tales bobos, ¿no es verdad? ¿Pero por qué diablos, al emprender el retorno a Huaraz, de repente empiezo a sentir cierta envidia de estos aprendices de paganos?

Madrid, febrero de 2003

274

Eros primitivo

Entre los indicadores del nivel de civilización alcanzado por un pueblo, la manera de hacer el amor debería figurar en lugar primordial. Es un error suponer que todas las sociedades han avanzado del mismo modo en la conquista de la naturaleza, la organización comunitaria, la vida religiosa y la evolución de los usos y costumbres.

Algunas prefirieron hacer la guerra antes que el amor y otras volcaron el ímpetu vital y la imaginación más en la búsqueda del placer y la diversión que en la expansión territorial, el saqueo y esclavización de los vecinos y el establecimiento de colonias y pueblos vasallos. Aunque las primeras son las estrellas de la historia de la humanidad —los grandes imperios conquistadores—, son estas últimas, sociedades a veces efímeras y de existencia casi secreta, las que más han hecho progresar la civilización. Porque si esta palabra tiene un sentido válido, no hay que buscarlo en el poderío militar ni en las dudosas técnicas de la carnicería alcanzados por un pueblo, sino en los ritos y ceremonias inventados por una comunidad para emancipar el acto del amor físico de la mera función reproductora y la satisfacción de un instinto animal y convertirlo en una fuente de creatividad y de placer en la que intervienen, junto a los deseos, la imaginación, la invención y la sensibilidad. Son estos últimos pueblos donde surgió primero la idea del derecho de gentes, donde la igualdad entre los sexos y la coexistencia pacífica entre culturas diversas se fue abriendo camino primero y donde el arte, la literatura y el pensamiento florecieron. Los griegos fueron superiores a los espartanos, ante todo, porque dieron al amor físico una importancia que estos últimos —bárbaros— ignoraron.

No es exagerado decir que lo propiamente humano va definiéndose en la cama antes que en la matanza. Aquélla es un campo de batalla mucho más refinado, sutil y de proyecciones más importantes para el progreso de una sociedad que el arte del aniquilamiento del prójimo. Los antropoides que se descerebraban a garrotazos en la caverna primitiva no se diferenciaban mucho de los animales a los que disputaban la primacía de la existencia. Pero aquellos primitivos que, por instinto y azar, fueron descubriendo poco a poco que entre las piernas poseían unos órganos que podían hacer de ellos, en los instantes del placer, unos seres más intensos, más libres, más felices de lo que eran en el resto de sus miserables existencias, y se dedicaron a cultivarlos, a adorarlos, a rodearlos de una escenografía y un culto preferencial, se fueron distanciando rápidamente del ser primitivo y animal, pura fuerza e instinto de supervivencia, y empujando la civilización en aquella dirección que, emancipando al ser humano de la tribu y creando al individuo soberano, un día lejano lo llevaría a dominar la materia y viajar a las estrellas.

Esta exposición sobre «El primer Eros» da cuenta de ese misterioso despegue de la humanidad de sus raíces remotísimas hacia formas más elevadas de vida, en brazos del amor. Un amor que fue siempre, en el principio, físico, un compromiso del cuerpo y los sentidos, que, luego, y sin duda muy despacio, a lo largo del tiempo fue enriqueciéndose con sentimientos, espiritualizándose, sublimándose y proyectándose en una frondosa materia artística —poesía, pintura, escultura, música, danza— en cuya entraña más profunda es siempre posible rastrear esos orígenes eróticos de la civilización.

Un hecho inquietante es el siguiente: casi al mismo tiempo que, en los albores de la humanidad, unos grupos humanos descubrían en la vida sexual un tesoro de goce y un estímulo para la vida y se entregaban a ella con alegría y libertad, otros, como asustados de los riesgos y hallazgos a que podía conducirlos cruzar aquella puerta, se retraían y rodeaban al sexo de prohibiciones y tabúes, y a veces de mutilaciones atroces, inaugurando una tradición represiva en materia sexual que, aunque haya experimentado algunas derrotas en la era moderna, todavía sigue siendo muy robusta en buena parte de las sociedades del planeta.

Los europeos que llegaron a América a fines del siglo XV encontraron manifestaciones de ambas actitudes frente al sexo en las culturas prehispánicas. En el Perú, la civilización incaica, guerrera, burocrática y colectivista, no dejaba casi respirar al individuo dentro de las mallas administrativas en que encerraba su existencia, desde la cuna hasta la tumba. Eran buenos guerreros y excelentes funcionarios, aunque debían de aburrirse mucho cuando no peleaban, trabajaban o dormían. Pero, antes que los incas, multitud de culturas y civilizaciones habían florecido en América del Sur, y algunas de ellas, asentadas en el litoral, han dejado huellas extraordinarias, en cerámicas, tejidos y objetos múltiples, de un refinamiento exquisito y una gran libertad en el ámbito sexual. La que está a la vanguardia, en este campo, es la cultura Moche. Floreció en el norte del Perú entre los años 300 y 700 de nuestra era, y esta exposición presenta de ella una muy representativa muestra.

Los mochicas tenían frente al amor, a juzgar por las bellas figuritas de barro que modelaron sus artistas y han llegado hasta nosotros, una visión muy generosa. No basta decir que en sus huacos fálicos o de parejas entregadas al sexo rendían culto a la fertilidad y a la reproducción. Sin duda lo hacían. Pero, ante todo, dejaban testimonio de lo felices que los hacía acariciarse, amarse, recibir o dar placer, ensayando poses diversas y sin restricciones, es decir, introduciendo ese elemento imaginativo y creador gracias al cual el sexo se desanimaliza, humaniza, y llega a alcanzar la dignidad de una creación artística. Al igual que los mochicas, los pueblos que, practicando el sexo, descubrieron el erotismo, no sólo gozaron más que los otros; también fueron más libres y contribuyeron de manera decisiva al desarrollo de la libertad humana.

Lima, febrero de 2004

277

Viaje a las fuentes

La civilización más antigua de América floreció hace unos cuatro o cinco mil años y ha dejado unos testimonios impresionantes de su complejidad y poderío a unos doscientos kilómetros al norte de Lima. Nunca sabremos cómo la llamaban y se llamaban entre sí sus pobladores, pues el nombre con que ahora se la conoce —Caral— apareció seguramente en la región muchos siglos después de que aquella notable sociedad se hubiera extinguido tan brusca y misteriosamente como ocurrió, en América Central, con la civilización maya.

Cuando la arqueóloga Ruth Shady Solís llegó hasta aquí, en 1993, y se instaló a vivir en una carpa para iniciar sus investigaciones, esta gigantesca explanada salpicada de colinas (que en verdad eran adoratorios y templos) y cercada por los contrafuertes color tierra de las estribaciones de la cordillera de los Andes debía parecer un paisaje lunar. Imponente y bellísimo, eso sí, con su profundo silencio, su soledad, sus piedras milenarias y la miríada de estrellas chisporroteantes iluminando las noches despejadas. Durante mucho tiempo sus únicos compañeros fueron los zorros, las lagartijas y alguna que otra culebra del desierto.

Ruth no fue el primer arqueólogo en saber que la zona de Supe-Barranca-Pativilca del litoral peruano escondía restos arqueológicos. Existía un catastro que, desde años atrás, lo señalaba. Pero lo que ni ella, ni nadie, podía sospechar era la magnitud de las construcciones —templos, sepulturas, plazas, anfiteatros, altares— enterradas en aquel páramo y, mucho menos, su milenaria antigüedad.

Algún día se escribirá una biografía de Ruth Shady Solís y, aunque todo lo que en ella se cuente sea estricta verdad, se leerá con el hechizo que se leen las buenas novelas. Su padre era un judío centro europeo que llegó al Perú huyendo de las persecuciones antisemitas, un hombre culto y apasionado del pasado y de las piedras cargadas de historia, que la llevaba de niña a recorrer los monumentos prehispánicos de los alrededores de Lima y, más tarde, del resto del Perú. Su vocación por la arqueología fue, pues, precoz. Estudió en San Marcos. En los años ochenta hacía trabajo de campo en Bagua, una región amazónica que por aquella época se vio ensangrentada por las acciones terroristas y antiterroristas, que causaron estragos entre las comunidades nativas. Ruth debió dejar Bagua, muy a su pesar, y estuvo un tiempo vacilando entre distintos lugares donde concentrar su trabajo. El día que eligió Caral se encontró con su destino, como diría Borges.

Diecisiete años después se puede decir que ella ha protagonizado la más extraordinaria aventura que puede vivir un arqueólogo: haber sacado a la luz, de cabo a rabo, toda una civilización, de un elaborado refinamiento en su organización social y económica y en su destreza constructora, que ha añadido algunos miles de años de historia al continente americano. Porque los templos y las murallas de Caral, sus pirámides, sus plazas circulares y sus entierros y depósitos se extienden por un espacio considerable: unos trescientos kilómetros de ancho por cuatrocientos kilómetros de largo. Su apogeo es contemporáneo del Egipto de los faraones, las ciudades sumerias de Mesopotamia y unos mil ochocientos años anterior al de los mayas.

No sólo fue suerte y oportunidad lo que le permitió esta formidable hazaña creativa. También, y acaso sobre todo, perseverancia, fe, pasión, y un espíritu pragmático que, enriquecido por una vocación vivida como una mística, permitieron a Ruth ir venciendo los innumerables obstáculos que jalonaron estos diecisiete años. Ella es una persona discreta y no se jacta de sus logros. Pero basta escucharla explicar lo que se ha podido saber de la civilización Caral —su aguzado espíritu comercial y de intercambios con todo su entorno, el protagonismo de la mujer en la vida social, su ingeniosa manera de servirse del medio ambiente adaptándose a él sin depredarlo— para sentir la energía que la anima. Es algo que Ruth ha sabido contagiar a sus colaboradores, una veintena de arqueólogos, hombres y mujeres jóvenes en su mayoría, que transpiran entusiasmo y cuyos esfuerzos han convertido estas ruinas en uno de los lugares más interesantes y bellos del Perú. Pues, ahora, hay en Caral centros de información, laboratorios, tiendas, librerías, comercios de objetos folclóricos y guías para turistas, construidos con buen gusto y perfecta adecuación al paisaje. Gracias a acuerdos suscritos con diversas universidades del mundo, científicos de muchos lugares vienen a participar en los trabajos e investigaciones que continúan en toda la región. El día que yo estuve allí, llegaba una vasta delegación de japoneses.

Entre los percances que debió vencer Ruth en estos diecisiete años consagrados a Caral, figura una emboscada a la camioneta en que ella venía de la costa, acompañada de un chofer, con el dinero de la planilla para los trabajadores. La pandilla de asaltantes había bloqueado la trocha con pedruscos. Recibió al vehículo con una lluvia de balas. Ruth ordenó a gritos al conductor que no se detuviera. La camioneta consiguió franquear las piedras dando bandazos y escapar. Pero tanto Ruth como el chofer recibieron disparos en el cuerpo y llegaron al hospital desangrándose. Ocurrió en el año 2003 y el jefe de la banda de los frustrados forajidos, apodado «Orejas», anda todavía suelto, cebando su gran panza cervecera en los bares de Supe y de Huacho. A quien quiera escucharlo acostumbra decir que con los dólares que lleva en el bolsillo no hay policía ni juez que lo ponga entre rejas. Ahora, esos sobresaltos son anécdotas que Ruth comparte con los amigos, pero no debieron ser divertidos cuando los padeció. Ellos dan apenas un indicio de todas las pruebas que la arqueóloga de Caral debió enfrentar para sacar adelante su magna obra.

Hay gente que tiene una fértil imaginación arqueológica, que fácilmente le permite reconstruir, a partir de los restos y vestigios desenterrados por los arqueólogos, los palacios, los puentes, los templos y las plazas que alguna vez fueron y las costumbres de los hombres y mujeres que los habitaron. Yo carezco de esa aptitud. A mí me cuesta llevar a cabo esa restitución de lo ido y, por eso, las ruinas arqueológicas me suelen dejar indiferente y aburrirme. A no ser que la belleza del entorno natural sea un atractivo suplementario al histórico, como ocurre en Machu Picchu.

Pero, en la visita a Caral, me he sentido no sólo interesado, también conmovido. Tal vez porque el paisaje en que se alzan los templos, hecho de desiertos y montañas peladas, es sobrecogedor y deslumbrante, un gran estímulo para la imaginación. Tal vez porque las construcciones desenterradas están en buen estado y facilitan al visitante concebir más fácilmente que otras aquellos ritos y funciones para los que sirvieron. O tal vez por la vivacidad y el amor con que Ruth Shady Solís nos va informando —indiferente al destemplado sol que taladra los cráneos de los visitantes— sobre aquellos antiquísimos ancestros. Eran gente bastante atractiva, a primera vista. No parecían tener una inclinación preferencial por la guerra y la matanza, porque casi no figuran las armas entre los utensilios que colocaron en sus entierros. Practicaban los sacrificios humanos, desde luego, pero, al parecer, de manera esporádica. De otro lado, su sentido musical debía ser muy desarrollado, a juzgar por las delicadas cornetas y flautas traversas de hueso de auquénidos y de venados que se han encontrado a orillas del gran anfiteatro circular —el círculo y la espiral son figuras constantes de su arquitectura— que preside la ronda de pirámides de Caral.

Me despido de este lugar sin esa anticipada melancolía que suele embargarnos al partir de un lugar hermoso y hospitalario. Porque tengo la absoluta certeza de que volveré aquí muchas veces todavía.

Lima, febrero de 2011

6. El Perú político III:
El regreso de la democracia.
Fernando Belaúnde Terry,
Alan García y el terrorismo
de Sendero Luminoso (1980-1990)

Las elecciones peruanas

En octubre de 1968 un grupo de militares asaltó Palacio de Gobierno y sacó del poder a Fernando Belaúnde Terry acusándolo de todos los delitos imaginables. La campaña de agravios continuó a lo largo de la llamada revolución peruana, con la poderosa caja de resonancia que eran los diarios, las radios y la televisión convertidos en títeres del Gobierno *de facto*. Doce años después —es decir, a la primera oportunidad que tiene de decir lo que quiere— el pueblo peruano regresa a Belaúnde al poder con la más alta votación que haya tenido nunca un presidente del Perú y da a su partido una representación en las Cámaras que ni siquiera sus más optimistas partidarios podían imaginar.

El mensaje no puede ser más claro. Los peruanos, votando de este modo por quien hace doce años representaba la legalidad constitucional del país, hacen saber lo que piensan de los usurpadores que abolieron el sistema representativo, las libertades públicas y la convivencia civilizada y los sustituyeron por la arbitrariedad, los atropellos, la demagogia y el encono social. Votando masivamente por quien personifica, más que nadie, a las víctimas de la «Revolución socialista, libertaria, nacionalista y de participación plena», proclaman de manera rotunda que el régimen en el que quieren vivir es el democrático, en el que las ánforas y no los cañones deciden quién ocupa la presidencia, y en el que las reformas se discuten y se votan en el Congreso y no se cocinan en la sombra —como los crímenes— por planificadores designados a dedo, a salvo de toda crítica, ni se implementan con la fuerza bruta.

Además de una bofetada nacional a los golpistas de ayer y a los de anteayer, el voto en favor de Belaúnde es un voto a favor del progreso en libertad, de los cambios sin trauma cataclísmico, del respeto a la ley, de la tolerancia a la crítica, de la pluralidad informativa. Eso es lo que Belaúnde representó en su período anterior y es eso, sin duda, lo que ha preservado la memoria de los peruanos, por encima de los errores, que, por supuesto, tuvo su Gobierno. En estos doce años de prepotencia, ese aspecto del régimen de Belaúnde recobra su verdadera significación. En estos años, en los que la función de todos los órganos de información no parecía otra que la de adular a quien mandaba y ocultar las verdades incómodas, los peruanos han aprendido a valorar la diferencia con lo que ocurría durante el Gobierno constitucional, en el que jamás se clausuró un diario ni una revista, ni un periodista fue encarcelado o exiliado, y en el que en todo momento —incluso cuando había guerrillas en la sierra— el poder pudo ser criticado, a menudo con ferocidad, desde el presidente hasta el último de los funcionarios.

Lo que en un momento pareció la debilidad de Belaúnde ha sido ahora, seguramente, otra razón de su victoria. Es decir, esa debilidad que no le permitió clausurar un Congreso que obstruía su programa de reformas y llamar a un plebiscito, como se lo pedían muchos partidarios. Después de haber saboreado doce años de arbitrariedad, se descubre lo importante que es que las instituciones públicas sean respetadas, lo indispensable que es para la salud de un país que un mandatario no pase sobre ellas o las cancele cuando no se pliegan a sus deseos.

Una crítica frecuente a Acción Popular es que carece de ideología definida, que es un movimiento más bien lírico, sin filosofía propia. Con intuición feliz, un adversario, Andrés Townsend Ezcurra, llamó al partido de Belaúnde «una federación de independientes». Creo que en estas elecciones, esas características, en vez de perjudicarlo, favorecieron a Acción Popular. La Revolución de la Fuerza Armada, sobre todo en su etapa velasquista, intoxicó al país de «ideologismo». Los peruanos aprendieron en carne propia los peligros que conlleva la ideología cuando, en vez de ser flexible y sumisa a la experiencia de la realidad, pretende absolver los problemas en abstracto y luego inscribir las soluciones en la vida, como si fuera una pizarra. El estrepitoso fracaso de muchas de las reformas llevadas a cabo por el Gobierno *de facto* se debió, precisamente, a lo que Raymond Aron ha llamado la «perversión ideológica»: confundir las ideas con los hechos, la realidad pensada con la vivida. Eran reformas planeadas en función de ciertas ideas —más bien, dogmas—, en la campana neumática de los gabinetes, sin someterlas a la prueba de la crítica, sin tener en cuenta la complejidad y multiplicidad de factores que rodean a cada problema, sin siquiera consultar a quienes serían los supuestos beneficiarios y sin medir las consecuencias. Esta manera de proceder es siempre peligrosa, y a menudo contraproducente, como lo fue en el Perú, donde, a medida que el régimen pregonaba al mundo sus victorias «estructurales» —y muchos bobos del exterior se lo creían—, los peruanos veían crecer el desempleo, aumentar la miseria, quebrar las industrias, endeudarse el país, extenderse la incultura, ancharse el abismo entre pobres y ricos. No es extraño que, después de semejante experiencia, los peruanos hayan preferido una aproximación más pragmática que ideológica a los problemas que confrontan, y hayan votado más por la integridad de las personas y la confianza que ellas les inspiran que por el brillo conceptual de los programas.

Belaúnde está situado al centro del abanico ideológico peruano. Lo está, sobre todo, por la composición social de sus partidarios, por su arraigo en las clases medias y populares, en los distritos y provincias de todo el país, ese vasto conglomerado de peruanos «independientes», de todo oficio y condición, que, es cierto, en vez de las grandes concepciones visionarias, aspiran a cosas simples, inmediatas, realizables, tangibles: trabajar en paz, en un clima de seguridad y de justicia, reformas sensatas que no destruyan más de lo que construyen y que efectivamente beneficien más a los que tienen menos, e irrestricta libertad para actuar, pensar y opinar. Es por este ideal «reformista» —esa bestia negra de tantos intelectuales hechizados por el apocalipsis— por el que ha votado esa abrumadora mayoría de peruanos, a la vez que, para que no hubiera ninguna duda sobre el sentido de su elección, se desplomaba por igual el número de electores de los dos extremos: la derecha y la izquierda.

Que el sentido común prevalezca de manera tan contundente en unas elecciones es algo que resulta muy alentador para alguien que ha llegado a la conclusión de que en la vida política el sentido común es lo que más importa (más aún que las ideas), como el que esto escribe. ¿Durará? No se puede ser excesivamente optimista, por desgracia. En los cuarenta y cuatro años que tengo, sólo un Gobierno constitucional peruano ha podido terminar normalmente su mandato. Los otros, o eran gobiernos fraudulentos o fueron derribados por cuartelazos. Los peruanos acaban de hacer saber, de manera rotunda, que están hartos de esa barbarie y que quieren vivir como viven los países civilizados. Ojalá lo tengan presente los políticos civiles que van a reemplazar a los uniformados. Ojalá recuerden que el régimen democrático lo forman no sólo aquellos que van a gobernar sino también quienes hacen oposición al Gobierno y que de ambos depende que no se desmorone lo que estas elecciones acaban de erigir y vuelvan otra vez a salir los tanques de los cuarteles y se reanude una vez más el fatídico ciclo.

Washington, 22 de mayo de 1980

La lógica del terror

«Nadie es inocente», gritó el anarquista Ravachol al arrojar una bomba contra los estupefactos comensales del Café de la Paix, en París, a los que hizo volar en pedazos. Y algo idéntico debió pensar el ácrata que, desde la galería, soltó otra bomba contra los desprevenidos espectadores de platea del teatro del Liceo, de Barcelona, en plena función de ópera.

El atentado terrorista no es, como algunos piensan, producto de la irreflexión, de impulsos ciegos, de una transitoria suspensión del juicio. Por el contrario, obedece a una rigurosa lógica, a una formulación intelectual estricta y coherente de la que los dinamitazos y pistoletazos, los secuestros y crímenes quieren ser una consecuencia necesaria.

La filosofía del terrorista está bien resumida en el grito de Ravachol. Hay una culpa —la injusticia económica, social y política— que la sociedad comparte y que debe ser castigada y corregida mediante la violencia. ¿Por qué mediante la violencia? Porque ésta es el único instrumento capaz de pulverizar las apariencias engañosas creadas por las clases dominantes para hacer creer a los explotados que las injusticias sociales pueden ser remediadas por métodos pacíficos y legales y obligarlas a desenmascararse, es decir, a mostrar su naturaleza represora y brutal.

Ante la ola de atentados terroristas que ha habido en el Perú, a los pocos meses de restablecido el sistema democrático —después de doce años de dictadura— muchos no podían creerlo; les parecía vivir un fantástico malentendido. ¿Terrorismo en el Perú, *ahora*? ¿Justamente cuando hay un Parlamento en el que están representadas todas las tendencias políticas del país, existe de nuevo un sistema informativo independiente en el que todas las ideologías tienen sus propios órganos de expresión y cuando los problemas pueden ser debatidos sin cortapisas, las autoridades criticadas e incluso removidas a través de las urnas electorales? ¿Por qué emplear la dinamita y la bala precisamente cuando los peruanos vuelven, luego de tan largo intervalo, a vivir en democracia y en libertad?

Porque para la lógica del terror «vivir en democracia y en libertad» es un espejismo, una mentira, una maquiavélica conspiración de los explotadores para mantener resignados a los explotados. Elecciones, prensa libre, derecho de crítica, sindicatos representativos, cámaras y alcaldías elegidas: trampas, simulacros, caretas destinadas a disfrazar la «violencia estructural» de la sociedad, a cegar a las víctimas de la burguesía respecto de los innumerables crímenes que se cometen contra ellas. ¿Acaso el hambre de los pobres y los desocupados y la ignorancia de los analfabetos y la vida ruin y sin horizonte de quienes reciben salarios miserables no son otros tantos actos de violencia perpetrados por los dueños de los bienes de producción, una ínfima minoría, contra la mayoría del pueblo?

Ésta es la verdad que el terrorista quiere iluminar con el incendio de los atentados. Él prefiere la dictadura a la democracia liberal o a una socialdemocracia. Porque la dictadura, con su rígido control de la información, su policía omnipresente, su implacable persecución a toda forma de disidencia y de crítica, sus cárceles, torturas, asesinatos y exilios le parece representar fielmente la realidad social, ser la expresión política genuina de la violencia estructural de la sociedad. En cambio, la democracia y sus libertades «formales» son un peligroso fraude capaz de desactivar la rebeldía de las masas contra su condición, amortiguando su voluntad de liberarse y retrasando por lo tanto la revolución. Éste es el motivo por el que son más frecuentes los estallidos terroristas en los países democráticos que en las dictaduras. ETA tuvo menos actividad durante el régimen de Franco que al instalarse la democracia en España, que es cuando entró en un verdadero frenesí homicida. Esto es lo que ha empezado a ocurrir en el Perú.

A menos de ser extremadamente corto, el terrorista «social» sabe muy bien que volando torres de electricidad, bancos y embajadas —o matando a ciertas personas—, en una sociedad democrática, no va a traer la sociedad igualitaria ni a desencadenar un proceso revolucionario, embarcando a los sectores populares en una acción insurreccional. No, su objetivo es provocar la represión, obligar al régimen a dejar de lado los métodos legales y a responder a la violencia con la violencia. Paradójicamente, ese hombre convencido de actuar en nombre de las víctimas, lo que ardientemente desea, con las bombas que pone, es que los organismos de seguridad se desencadenen contra aquellas víctimas en su búsqueda de culpables, y las atropellen y abusen. Y si las cárceles se repletan de inocentes y mueren obreros, campesinos, estudiantes, y debe intervenir el Ejército y las famosas libertades «formales» se suspenden y se decretan leyes de excepción, tanto mejor: el pueblo ya no vivirá engañado, sabrá a qué atenerse sobre sus enemigos, habrá descubierto prácticamente la necesidad de la revolución.

La falacia del razonamiento terrorista está en sus conclusiones, no en las premisas. Es falso que la violencia «estructural» de una sociedad no se pueda corregir a través de leyes y en un régimen de convivencia democrática: los países que han alcanzado los niveles más civilizados de vida lo lograron así y no mediante la violencia. Pero es cierto que una minoría decidida puede, recurriendo al atentado, crear una inseguridad tal que la democracia se envilezca y esfume. Los casos trágicos de Uruguay y Argentina están bastante cerca para probarlo. Las espectaculares operaciones de Tupamaros, Montoneros y el ERP consiguieron, en efecto, liquidar unos regímenes que, con las limitaciones que fuera, podían llamarse democráticos y reemplazarlos por gobiernos autoritarios. Es falso que una dictadura militar apresure la revolución, sea el detonante inevitable para que las masas se enrolen en la acción revolucionaria. Por el contrario, las primeras víctimas de la dictadura son las fuerzas de izquierda, que desaparecen o quedan tan lesionadas por la represión que les cuesta luego mucho tiempo y esfuerzos volver a reconstruir lo que habían logrado, como organización y audiencia, en la democracia.

Pero es vano tratar de argumentar así con quienes han hecho suya la lógica del terror. Ésta es rigurosa, coherente e impermeable al diálogo. El mayor peligro para una democracia no son los atentados, por dolorosos y onerosos que resulten; es aceptar las reglas de juego que el terror pretende implantar. Dos son los riesgos para un Gobierno democrático ante el terror: intimidarse o excederse. La pasividad frente a los atentados es suicida. Permitir que cunda la inestabilidad, la psicosis, el temor colectivo, es contribuir a crear un clima que favorece el golpe de Estado militar. El Gobierno democrático tiene la obligación de defenderse, con firmeza y sin complejos de inferioridad, con la seguridad de que defendiéndose defiende a toda la sociedad de un infortunio peor que los que padece. Al mismo tiempo, no debe olvidar un segundo que toda su fuerza depende de su legitimidad, que en ningún caso debe ir más allá de lo que las leyes y esas «formas» —que son también la esencia de la democracia— le permiten. Si se excede y a su vez comete abusos, se salta las leyes a la torera en razón de la eficacia, se vale de atropellos, puede ser que derrote al terrorista. Pero éste habrá ganado, demostrando una monstruosidad: que la justicia puede pasar necesariamente por la injusticia, que el camino hacia la libertad es la dictadura.

Lima, diciembre de 1980

Los riesgos de la libertad

Con la instalación de un régimen democrático en el Perú, ha desaparecido la censura cinematográfica. Los peruanos pueden ahora decidir por sí mismos, como gentes adultas, si las películas que llegan al país son buenas, malas o execrables. Durante los años de la dictadura éste era un privilegio del que disfrutaban los hombres del Gobierno, en la intimidad de las proyecciones privadas, y los censores, quienes, en uso de una personería que nadie les había conferido, prohibían, o, lo que es más grave, cortaban las cintas a su gusto y capricho, decidiendo de este modo lo que sus compatriotas debían y no debían ver. (Interrogado sobre sus funciones, a raíz de la prohibición de la versión cinematográfica de *Pantaleón y las visitadoras*, el jefe de la Junta de Supervigilancia de películas, como se llamaba, eufemísticamente, el organismo censor, resumió así su filosofía: «Siendo partidario de que se censuren los diarios y las revistas, ¿cómo no lo sería, también, de que se prohíban las películas?»).

De este modo, por prejuicio político, gazmoñería o simple idiotez de las gentes que aceptaban el triste oficio de inquisidor, muchas películas fueron prohibidas o mutiladas. Que los temores de los censores eran infundados, hijos de la razón obtusa y la ignorancia, ha quedado probado ahora, cuando las cintas antaño censuradas comienzan a exhibirse y no se producen los esperados cataclismos. *El último tango en París* de Bertolucci se ha visto en Lima y no hay indicios de que sus imágenes hayan desquiciado las costumbres amorosas de los limeños.

Sin embargo, el hecho de que ahora haya una Junta de Supervigilancia de películas que haga justicia a su nombre y, de acuerdo con la Constitución —que prohíbe explícitamente la censura—, se limite a clasificar las películas, alertando al público sobre su contenido, ha provocado un fenómeno que, aunque previsible, sorprende y asusta a mucha gente que se creía partidaria de la libertad y ahora ya no sabe si sigue siéndolo: una marejada de pornografía.

El fenómeno era previsible por varias razones. La curiosidad que rodea a todo lo prohibido, el aura de prestigio que adquiere incluso la basura cuando recae sobre ella alguna forma de excomunión, crea un público ávido para este género de mercancías cuando ellas pueden por fin circular, inmediatamente después de un período de represión. Es algo que ha ocurrido en todos los países del mundo al liberalizarse la censura, como lo saben los españoles, por ejemplo, que fueron víctimas en cines y teatros de una verdadera inundación pornográfica al cambiar de régimen. El falso prestigio de este producto, felizmente, sólo dura mientras vive a la sombra y está maldito: a plena luz se desvanece como los fantasmas de medianoche. La libertad lo mata. El caso más célebre es el de Dinamarca, inteligente país que hace quince años fue el primero en abolir todas las prohibiciones en materiales gráficos y cinematográficos. El resultado inmediato fue la aparición de una industria de inmundicias seudoeróticas que, apenas dos o tres años después, había quebrado por falta de público. Al mismo tiempo, las encuestas mostraron que, tal como lo habían predicho psicólogos, psiquiatras y sociólogos, la política «permisiva» redujo drásticamente el número de delitos sexuales en el país. (No es casual que la sociedad más represora del siglo XIX, la Inglaterra victoriana, fuera la patria de Jack el Destripador). Para la mayoría del público, la decepción y el hartazgo con la pornografía vienen pronto, una vez que la tienen a la mano y descubren lo aburrida y tonta que es. Esto debería bastar para eliminar el problema, es decir, para contener la inflación pornográfica y reducirla a proporciones tolerables.

Pero hay un factor que a veces impide que así ocurra: el criterio estrechamente mercantil y rastrero de ciertos distribuidores de películas y dueños de salas de exhibición, que, con tal de obtener beneficios a cualquier costo, no tienen escrúpulos en atiborrar la cartelera con detritus soporíferos tipo *Emanuelle negra* o *Pecados nefandos*. Este factor puede mantener artificialmente la inflación pornográfica, causando un grave perjuicio a la causa de la libertad. Nada mejor para desprestigiar a ésta que abusar de ella y degradarla: es lo que esperan sus enemigos para, en nombre de la moral, resucitar la censura. De otro lado, la proliferación pornográfica constituye un atentado contra la sensibilidad y el gusto del público aficionado al cine, al que dicho fenómeno pone en la lastimosa alternativa de privarse del espectáculo que ha sido llamado con justicia el arte del siglo xx o de empobrecerse intelectualmente viendo sólo porquerías. Asimismo, significa una obstrucción, un verdadero bloqueo contra el cine de calidad que se produce en el mundo, que no puede exhibirse en el país por la hegemonía que ejerce en el circuito exhibidor el de baja calidad.

Ocurre que la libertad nunca viene gratis, siempre hay un precio que pagar por ella y, a menudo, un alto precio. Lo importante, cuando uno se ve enfrentado a los riesgos que conlleva, en todos los campos, el imperio de la libertad, es tener presente que, a la larga, la falta de libertad siempre es peor, de consecuencias más dañinas y corruptoras para la sociedad y el individuo que las que puede generar su reinado. La pornografía no se combate restableciendo la censura, como sugieren algunos ingenuos. La censura no es nunca una solución. O, mejor dicho, es una mala solución porque trae más enfermedades que aquellas que cura. Admitir la necesidad de la censura es decretar que los ciudadanos de un país son incapaces irresponsables que necesitan ser tutelados, protegidos, conducidos por la vida como un niño, un retrasado mental o un invidente, para no accidentarse espiritualmente. Delegar en un pequeño cuerpo privilegiado la facultad de decidir lo que es bueno o malo, logrado o fallido, en términos artísticos y éticos, es, justamente, una manera de fabricar ciudadanos menores de edad, de incapacitar intelectualmente y de debilitar moralmente a una sociedad. Nadie debe ser privado de la responsabilidad de elegir y juzgar, en el mundo de la cultura y en el de la moral, del mismo modo que nadie debe ser privado de esa responsabilidad en el campo político.

Pero hay maneras democráticas de impedir que la pornografía cause estragos, de que las malas películas seudoeróticas impidan la circulación de las artísticas. Tal vez la solución que encontró Francia para este problema haya sido la más imaginativa y eficiente. Consistió, no en prohibir la basura cinematográfica, sino en reglamentarla de tal modo que no ejerciera una competencia desleal contra el buen cine, desplazándolo del mercado, ni pudiera sorprender a los incautos que entraban a la sala oscura a enfrentarse con algo que no esperaban y para lo que no estaban preparados. La Junta Calificadora de películas clasifica las cintas de acuerdo a su contenido. Una vez que una película ha sido catalogada como «pornográfica» (la designación oficial es, creo, de «circulación restringida»), ella debe ser publicitada como tal y queda impedida de hacer propaganda visual en diarios, revistas y vitrinas. Las salas que exhiben dichas películas están sujetas igualmente a un régimen especial de impuestos, de horarios de proyección y a un severo control para impedir el ingreso de menores. Si un productor o distribuidor considera que su película ha sido injustamente clasificada de «pornográfica» tiene la opción, claro está, de recurrir al Poder Judicial para enmendar el error.

Esta reglamentación motivó algunas críticas, en un primer momento, pues se temió que originara abusos, pero no ha sido así. El sistema ha funcionado en el sentido que se esperaba: reduciendo el mercado pornográfico a unas proporciones moderadas, marginal al del cine artístico, al que no llega a hacer sombra, y sin que este control haya servido de caballo de Troya para el retorno de las prácticas censoras del pasado. De este modo, se han conjurado dos peligros, de distinta índole pero de efectos igualmente desastrosos. Se ha impedido que, al amparo de la libertad, una mercancía fraudulenta desplazara en las salas de exhibición al cine de calidad y se ha evitado que, con el pretexto de impedir los abusos del libertinaje, se suprimiera la libertad, sin la cual toda forma de creación artística, incluido el cine, está amenazada de muerte.

Lima, enero de 1981

Las metas y los métodos*

Si sobre algo podemos estar de acuerdo todos los peruanos —que estamos en desacuerdo sobre tantas cosas— es en reconocer que la violencia ha alcanzado proporciones alarmantes en nuestro país.

Hay, entre las causas de este fenómeno, algunas permanentes, cuya erradicación será obra no de una sino de varias generaciones, y, otras, transitorias, de solución menos difícil. Entre las primeras, figuran las grandes desigualdades económicas y sociales del Perú. La violencia es el lenguaje de la incomunicación, la forma como se comunican los miembros de una sociedad en la que el diálogo ha desaparecido o no existido nunca. Quienes no pueden o quieren entenderse y están obligados a vivir juntos se hacen daño y terminan destruyéndose. La violencia social manifiesta la profunda incomunicación que caracteriza a una sociedad.

Y, por desgracia, la comunicación entre los peruanos está obstaculizada —a menudo impedida— por barreras de distinta índole. Las distancias entre los que tienen mucho, poco y los que no tienen nada son muy grandes. Son también enormes las distancias geográficas, culturales, psicológicas que separan a provincianos y capitalinos y a provincianos entre sí, a gentes del mundo rural y de la urbe, a hispanohablantes y quechuahablantes y a peruanos de la costa, de la sierra y de la selva. Estos múltiples hiatos —verticales y transversales— crean un sistema de comunicación lento, tortuoso o imposible y ello es uno de los orígenes de la violencia que padecemos. Porque estas distancias son fuente de rencor y de prejuicios, de resentimiento y de discriminación, de odios incluso, es decir, de sentimientos que generan conductas irracionales. El primer deber

---

* Texto leído el 13 de abril, en la inauguración de la Conferencia del Rotary International. *(N. del E.)*

de quien quiere erradicar la violencia en nuestro país es esforzarse para que los pobres sean menos pobres, para que disminuya el centralismo y los desniveles entre campesinos y citadinos y para tender puentes entre las distintas culturas que conforman —o deberán conformar un día, cuando seamos un país integrado— la civilización peruana.

Pero estas desigualdades no son el detonante de la violencia. La prueba es que otros países con realidades parecidas no la sufren. Más decisiva para explicarla es la inexistencia —o, por lo menos, la extrema flacura— de un consenso o acuerdo comunitario respecto a la legalidad: las reglas de juego que deben normar la vida política, el comportamiento social de individuos e instituciones. Este consenso es en nuestra sociedad precario y transeúnte. Sólo se establece en ocasiones extraordinarias. Por ejemplo, cuando nuestro equipo de fútbol o de voley gana un campeonato internacional y, por unas horas, todos los peruanos vibramos en una emoción compartida.

Uno de estos momentos extraordinarios de consenso lo experimentamos hace cuatro años, al final de la dictadura, con el retorno de la democracia. Un sentimiento de esperanza unificó a la mayoría de los peruanos en una expectativa común. Parecíamos de acuerdo sobre la manera de convivir.

Esta unidad es entre nosotros siempre efímera. Al advertir que la democracia no resolvía de inmediato los problemas sociales y económicos, y que algunos de estos problemas, incluso, se agravaban, renacieron el escepticismo, el desdén hacia esas reglas de juego que sustentan la vida democrática. Cuando desaparece el consenso, individuos, grupos, clases, vuelven a encerrarse en su particularismo y a monologar, sin oír ni dirigirse a los otros. Surge entonces el clima propicio para la violencia.

La democracia es un sistema de coexistencia de verdades contradictorias, opuesto a aquellos sistemas de verdad única, como los fascistas, comunistas o fundamentalistas religiosos (de ciertas sociedades islámicas), que se fortalece en la medida en que se fortalece la aceptación de una legalidad válida para todos y para todo: hacer frente a los problemas, solventar las diferencias y regular la marcha de las instituciones.

Ese consenso en nuestro país casi no existe. Tenemos, desde hace cuatro años, una genuina democracia política y manifestaciones de vida democrática —como la irrestricta libertad de prensa—, pero nuestra sociedad no es profundamente democrática. La mayoría de las instituciones no lo son y, como individuos, tampoco nos comportamos todo el tiempo, sino sólo por momentos, en determinadas circunstancias, de manera democrática. Somos demócratas cuando la democracia nos favorece. Dejamos de serlo cuando el sistema nos perjudica, defrauda y nos parece incapaz de enfrentar los asuntos del modo que quisiéramos. Entonces, desacatamos las reglas de juego.

Los ejemplos abundan. La ley universitaria que aprobó el Congreso es uno de ellos. El sistema establece mecanismos para que cualquier ley sea modificada o derogada. Pero estos mecanismos fueron puestos de lado y aquellos estudiantes y maestros hostiles a la ley recurrieron a formas ilegales —violentas— para expresar su desacuerdo. Otro ejemplo es el mal uso de la huelga, un derecho típico de la democracia y que no existe en ningún otro sistema. El uso de este derecho se vuelve abuso —violencia— cuando, como ha ocurrido con los microbuseros y con los médicos, se recurre a ella infringiendo los cánones que la reglamentan o para fines ajenos a los gremiales. No sólo los sindicatos tienen propensión a recurrir a la arbitrariedad en pos de sus objetivos. También los empresarios, como se ha visto con la desaparición de *Documento*. ¿Por qué clausuraron los directivos de Canal 9 ese programa? ¿Había mentido, calumniado, faltado a la ley? Había informado sobre corruptelas en el mundo de la construcción, lo que, al parecer, enojó a sus propietarios. Eligieron entonces la opción autoritaria —la censura—, sin comprender que, actuando así, no sólo agraviaban a unos periodistas, sino también a ese sistema de libertad y tolerancia que les permite a ellos, entre otras cosas, tener un canal de televisión independiente. Prácticamente no hay entidad que, en el Perú, esté vacunada contra el reflejo autoritario de querer hacer prevalecer sus intereses particulares sobre las reglas de juego colectivas.

¿Son democráticos nuestros partidos políticos? Algunos más, otros menos, pero, incluso aquellos que lo son más, suelen ser democráticos no a tiempo completo sino por horas. Utilizan la democracia en la medida en que puede abrirles las puertas del poder y garantizarles su disfrute. Cuando la democracia —los votos— los aleja de él y merma su poder no vacilan en saltarse a la torera las reglas para ganar el juego haciendo trampas.

Nuestras Fuerzas Armadas han aceptado el advenimiento de la democracia. ¿Significa eso que su adhesión al sistema es profunda y convencida? Una vieja tradición de irrespeto a la legalidad —la toma violenta del poder— ha inoculado en ellas, de manera inevitable, unas costumbres y una psicología que sólo el tiempo —es decir, la práctica democrática y el peso de la opinión pública— puede cambiar radicalmente. Mientras, el riesgo de golpe de Estado —con el pretexto de salvar el orden o de satisfacer una ambición— seguirá pesando sobre los frágiles hombros de la democracia peruana.

El Poder Judicial es pieza clave en el sistema, pues debe velar por la aplicación de la ley y sancionar sus violaciones. Nada promociona mejor un sistema democrático que una administración de justicia recta e independiente, que dé al ciudadano común la seguridad de que puede recurrir a ella en resguardo de sus derechos cuando éstos son vulnerados. Y, al mismo tiempo, nada puede desencantarlo más de la legalidad que advertir, en el Poder Judicial, ineficiencia, corrupción, parcialidad.

Augusto Elmore escribió hace poco que la violencia comienza cuando un conductor transgrede la luz roja de un semáforo. Es muy exacto. Si cunde el desapego hacia las reglas de juego, la ley es violada con naturalidad, sin escrúpulos de conciencia, porque ha desaparecido toda sanción moral del cuerpo social contra el infractor. Entonces, quien respeta las reglas y las leyes merece hasta la burla, como si se tratara de un bobo falto de picardía y de realismo.

Quienes defendemos el sistema democrático tenemos que ser conscientes de que éste no será una realidad cabal mientras nuestras instituciones no sean democráticas y la gran mayoría de peruanos no practiquemos las costumbres de la tolerancia y el respeto a la ley y al prójimo en nuestra vida diaria. No basta para consolidar el sistema que haya libertad de expresión, parlamentarios y alcaldes elegidos, independencia de poderes y renovación periódica del Ejecutivo. Esto es, simplemente, el marco dentro del cual debemos dar esa difícil batalla que, a la vez que derrote a la pobreza, disminuya nuestras desigualdades a proporciones humanas e integre a los peruanos en una civilización solidaria, vaya democratizando internamente a cada una de nuestras instituciones y a cada uno de nosotros.

El régimen que se estableció en el Perú, luego de los doce años de dictadura, no ha podido librar esa batalla. Se lo han impedido una serie de factores perturbadores y urgentísimos que lo tienen maniatado en tareas de supervivencia.

El primero de estos factores es la crisis económica, que ha golpeado con ferocidad a nuestro país, disminuyendo el nivel de vida de la población y sirviendo de combustible a la agitación social. Buena parte de esta crisis la hemos importado, a consecuencia de la recesión de la economía mundial y la caída vertical del precio de nuestros productos en los mercados internacionales. Otra de sus causas es el yugo que puso en el cuello de la democracia la dictadura pasada: una deuda de nueve mil millones de dólares y obligaciones que comprometían, de entrada, la mitad del producto de nuestras exportaciones. Si a eso se suman las catástrofes naturales de los dos últimos años y los errores del propio régimen, tenemos un cuadro de tensiones y frustraciones, que, con ayuda de una demagogia irresponsable y de los esfuerzos desestabilizadores de los enemigos de la democracia, han colocado a nuestra sociedad en la dramática situación en que se halla.

Otro factor de perturbación ha sido la insurrección armada en Ayacucho, la guerra proclamada —el mismo día en que los peruanos votábamos— por esos hombres de Sendero Luminoso que se creen dueños de una verdad absoluta y con derecho a imponerla a los peruanos mediante las balas y la dinamita. La subversión senderista ha sido una puñalada artera contra el régimen de legalidad por el que votó la inmensa mayoría. No sólo por lo que han costado al país sus atentados, sabotajes y crímenes en vidas humanas inocentes (casi siempre vidas humildes) y en destrucción de bienes privados y públicos, sino también porque ha obligado al país a distraer preciosos recursos en tareas de mera protección y vigilancia. Y porque han hecho que la democracia naciente, en su lucha contra el terrorismo, tuviera que mostrar su peor cara: la represiva. Quienes se levantaron en armas contra el poder legítimo sabían que, en esa lucha tortuosa y sucia, iban a enfrentársele instituciones insuficientemente preparadas para actuar dentro de los estrictos cánones de la legalidad y que se cometerían injusticias. Eso es lo que buscaban.

¿Para qué? Para, magnificando estos lamentables abusos contra los derechos humanos, organizar campañas desprestigiando al régimen en el Perú y en el resto del mundo.

Todo ello ha determinado que la violencia haya hecho presa de nuestro país, en distintas formas, y que en esa atmósfera el sistema haya perdido respaldo y dinamismo. Si queremos ganar la paz, tenemos que combatir ese desgano con resolución y de inmediato. Tenemos que devolver a nuestros compatriotas la convicción de que este sistema debe ser defendido y perfeccionado porque sólo a través de él podemos hacer retroceder a la injusticia sin perder la libertad. Nada es más urgente que combatir el monólogo de sordos que nuevamente nos amenaza y sustituirlo por el diálogo. Cuando hablan, los hombres dejan de entrematarse.

Para que haya diálogo es preciso un denominador común entre quienes dialogan. ¿Existe alguno que pueda inducirnos a levantar las barreras y a salvar las distancias que nos mantienen encerrados en soliloquios estériles? Sí y se puede resumir en esta fórmula: pongámonos de acuerdo sobre los métodos y discrepemos sobre las metas. Es utópico creer que una sociedad entera puede comulgar en un objetivo final, coincidir en el modelo de sociedad ambicionado. Tampoco es deseable esa unanimidad de pareceres. Ella se alcanza de manera artificial, mediante imposiciones autoritarias o a través del fanatismo. No existe un ideal único válido. La meta ideal es cambiante y compuesta, aquella a la que nunca se llega pero a la que una comunidad se va siempre aproximando mediante transacciones y conjugaciones de los proyectos disímiles que rivalizan en su seno.

Sí es posible, en cambio, ponerse de acuerdo sobre los métodos —las reglas de juego— para rivalizar sin deshacernos en el empeño de alcanzar aquel ideal que legítimamente tiene derecho a alentar cada grupo, partido o sector. Eso exigirá de nosotros continuas transigencias, ceder algo para lograr el consenso que asegura la convivencia en la diversidad. Conseguir eso es ser libres, conseguir eso es vivir en libertad. La convivencia en la diversidad significa un cambio continuo, una forma de progresar en el dominio de las reformas y de la justicia que, a la vez, nos va reformando; una manera de existir que tiene en cuenta a las mayorías sin sacrificar a las minorías; una forma de vida que no satisface por completo a ninguno pero que tampoco frustra a nadie. Eso es la democracia: avanzar, progresar, prosperar, teniendo en cuenta los intereses y ambiciones de todos, con rectificaciones y enmiendas que evitan o amortiguan la violencia, una constante concertación de los opuestos en aras de la paz social.

Cuando los dieciocho millones de peruanos nos pongamos de acuerdo por lo menos en eso —en que el diálogo es la única manera de no destruirnos— habremos dado el paso decisivo para atajar esa violencia que nos acecha por doquier. Y habremos echado los cimientos para que esta democracia política que recobramos en 1980 sea la herramienta que transforme a nuestro país en la sociedad libre, justa, pacífica, creativa, solidaria que nuestra historia reclama y que merece nuestro pueblo.

Lima, abril de 1984

Una cabeza fría en el incendio

Conocí a Richard Webb en 1979, en Lima, durante un certamen organizado por Hernando de Soto, al que la presencia y los ucases de liberalismo radical de Friedrich A. Hayek dieron su nota de color. (Fueron, también, un antídoto refrescante en un país semiasfixiado por diez años de estatismo, controles, cancerosa burocratización y prácticas represivas). Pero nos hicimos amigos sólo al año siguiente, en Washington, donde él era funcionario del Banco Mundial y yo, *fellow* del Woodrow Wilson Center. Compartíamos el entusiasmo por el cine y, luego del trabajo, solíamos zambullirnos en las salas de ensayo de Georgetown donde, por el precio de una, podíamos ver dos películas con las viejas glorias de Hollywood.

Compartíamos, también, una desconfianza intelectual e instintiva por las «soluciones ideológicas» a los problemas sociales. Para entendernos, llamo ideología a aquel cuerpo de ideas cerrado sobre sí mismo que pretende ser ciencia y es, en verdad, religión, acto de fe que no escucha ni acepta lecciones de la realidad: sólo las inflige. Richard era un pragmático viejo; yo todavía estoy aprendiendo a serlo. Pragmático no es quien desconfía de las ideas sino quien conoce sus límites. Ningún programa de desarrollo, ninguna solución a un problema económico o cultural son posibles, claro está, sin un previo esquema intelectual y abstracto. Pero la realidad es siempre más compleja e inesperada que las más sagaces teorías que pretenden describirla y el «pragmático», por eso, está dispuesto a enmendar sus esquemas o a sustituirlos por otros si, al ponerlos en práctica, resultan inoperantes.

El pragmatismo le viene a Richard Webb, acaso, de sus ancestros paternos ingleses. (Inglaterra es el país que elevó el sentido común a la dignidad de filosofía e hizo de él la herramienta de su civilización, y la cultura inglesa, a diferencia de las otras de Europa, ha sido, hasta los tiempos de Margaret Thatcher, al menos, persistentemente antiideológica). También, de su formación académica y su práctica profesional en el mundo anglosajón. Pero esa filiación no ha pesado más en él que la criolla, de su lado materno, que lo ha llevado a estudiar los asuntos de este país con verdadera devoción y a dedicarle sus mejores esfuerzos. Bajo su apariencia calma y como remota, hay escondido en Richard Webb un limeño de cebiche y mazamorra, que ha recorrido el Perú de arriba abajo para sentirlo y olerlo, un hombre animado por una intensa sensibilidad social y una rara avis indiferente a los dioses más poderosos del Olimpo moderno: el poder y el dinero. El pragmatismo, en su caso, no está reñido con el más genuino idealismo.

Salir del Perú, en 1968, a raíz del golpe militar, le trajo más beneficios que perjuicios. Es decir, perfeccionar su formación académica y hacer una distinguida carrera en una organización internacional donde podía conciliar su vocación de investigador con la necesidad de compulsar, día al día, los problemas concretos de los países que estudiaba. Sin embargo, cuando el Gobierno democrático recién instalado lo llamó al Banco Central de Reserva, no vaciló en cambiar la seguridad del Banco Mundial y las aulas de Princeton por la incertidumbre y los riesgos que amenazan en el Perú a todo funcionario que, además de competente, es responsable y honesto.

Es difícil en nuestro país ser las tres cosas a la vez, sobre todo cuando el cargo que se ejerce es político o roza la política, actividad que, por una vieja tradición, parece fomentar y atraer entre nosotros, más que ninguna otra, la incompetencia, la irresponsabilidad y la deshonestidad. Las dificultades y querellas que en estos cinco años ha tenido Richard Webb con ministros y parlamentarios del Gobierno que lo mandó llamar son demasiado conocidas para pormenorizarlas. Pero vale la pena recordar el hecho, infrecuente en nuestro medio, de un presidente del Banco Central de Reserva enfrentándose, con imperturbable tranquilidad, a quienes lo nombraron, en razón de sus principios, y resistiendo —amparado en el precepto constitucional que garantiza la autonomía de su cargo— a las presiones para que modificara una política que, a su entender, era la que servía mejor los intereses de los peruanos.

¿Estuvo acertado Richard Webb cada vez que tomó distancias con el Ministerio de Economía y cuando llegó, incluso, a desautorizar al Ejecutivo en momentos de aguda crisis política? La respuesta exige unos conocimientos especializados de los que carezco y no puedo pronunciarme al respecto. Pero una cosa sé: en todas las situaciones traumáticas que debió atravesar este Gobierno, la frágil democracia que recobramos en 1980 hubiera salido mejor librada si otros ministros y funcionarios hubieran mantenido una coherencia principista semejante a la que mostró Richard Webb en el dominio económico.

Hecho el balance de estos años tan difíciles del segundo gobierno de Belaúnde Terry, y cuando haya pasado el tiempo necesario para diluir las pasiones y cicatrizar las heridas, no me cabe duda de que aun sus más enconados adversarios reconocerán que una de las mejores credenciales que podrá presentar el régimen, en su defensa, habrá sido la gestión de Richard Webb. No porque los resultados —en el campo monetario— hayan sido óptimos, desde luego, sino porque, si esta gestión hubiera sido distinta, más complaciente con los deseos ministeriales, los resultados hubieran sido aún más graves de lo que fueron.

Ésta no es una perspectiva fácil de adoptar —confrontar lo que fue con lo que hubiera podido ser se presta siempre a la trampa—, pero es uno de los puntos de vista imprescindibles para emitir un juicio válido sobre el Perú entre 1980 y 1985. El partido de Belaúnde Terry, al que la inmensa mayoría de los peruanos confió la delicada misión de reconstruir la democracia después de doce años de dictadura militar, obtuvo, al término de su gestión, un porcentaje ínfimo de votos. ¿Qué penaliza esta severísima sanción electoral? Sin duda no la actuación del régimen en el campo de las libertades públicas, donde su *curriculum* es impecable: restablecimiento de la libertad de expresión, devolución de los medios de comunicación expropiados a sus propietarios, respeto riguroso de la crítica (e, incluso, para que nadie dudara de sus buenas intenciones en este campo, del dudoso derecho a la calumnia, la demagogia y el insulto, del que la oposición se sirvió a sus anchas). También lo es en el dominio político: elecciones limpias y dentro de los plazos debidos, respeto a la diferencia de poderes, a la libertad sindical, a los partidos y a las «formas» democráticas. Que, en la represión del terrorismo, se haya cometido abusos contra los derechos humanos es, por desgracia, cierto, pero ello, más que una política deliberada del Gobierno, ha sido el resultado de una impotencia: la que, en una democracia débil y defectuosa como es la nuestra, caracteriza el poder civil frente a las fuerzas militares. Es posible que estos abusos, que la oposición, exagerándolos y dramatizándolos hasta la ciencia ficción, utilizó para desprestigiar al régimen en el país y en el exterior, hayan jugado cierto papel en el desplome del populismo en las elecciones de 1985.

Pero es evidente que la razón principal de este colapso ha sido la política económica del Gobierno a la que, aceptando en esto las tesis de la oposición, la gran mayoría de los peruanos atribuye la responsabilidad de la grave crisis que vivimos: inflación galopante, caída brutal del salario real, recesión industrial, desempleo creciente, derrumbe de la producción agrícola, inmoralidad administrativa rampante. ¿Es cierto que el Gobierno de Belaúnde Terry es el único responsable de estas plagas de Egipto caídas sobre nuestras espaldas? Y si no es el único, ¿qué parte le cupo en la catástrofe? Responder con rigor y limpieza a estas preguntas no es una curiosidad histórica. Es averiguar, simplemente, si en un país como el Perú el desarrollo económico y el progreso social son posibles y compatibles con la libertad política y las prácticas democráticas o no lo son.

Los textos de Richard Webb reunidos en este volumen* son un material de consulta obligatoria para quien quiera sacar conclusiones al respecto que vayan más allá del estereotipo o la propaganda. Fueron escritos con una mano mientras que, con la otra, hacía frente a aquellas plagas. Lo más notable de ellos es, precisamente, su desapasionamiento, su equilibrio, su voluntad pedagógica —es decir, su visión de largo alcance—, actitudes difíciles de adoptar cuando se está inmerso en el debate político, cuya incandescencia por lo general hace que se confunda la rama con el bosque. No se trata de textos encaminados a defender las acciones del Gobierno, sino a situar los problemas económicos en su debido contexto y a tratar de explicar, a un público profano, lo que verdaderamente está en juego. Leídos en su orden cronológico producen una impresión iluminadora y dolorosa.

---

* Este artículo es el prólogo a *¿Por qué soy optimista?*, de Richard Webb. *(N. del E.)*

Lo que de ellos se desprende es que este Gobierno cometió, sin duda, muchos errores, pero los más graves no fueron los que le reprochaban sus adversarios sino, más bien, los opuestos. El primero de todos: no haber alertado al país, por un ánimo conciliatorio y pacificador mal entendido, sobre el estado calamitoso, deshecho, en que recibía ese Perú devastado en sus instituciones, su moral, sus costumbres políticas y su economía por la dictadura militar. Otros: no haber desmontado, cuando contaba con la popularidad para hacerlo, esos elefantes blancos, las empresas públicas deficitarias que los peruanos hemos estado manteniendo artificialmente todos estos años y que son la causa mayor de nuestro enorme déficit fiscal; no haberse atrevido, por un tabú incomprensible, a corregir las taras colectivistas y burocráticas de la reforma agraria. Lo extraño es que el Gobierno democrático parecía consciente de la necesidad de estas medidas, pero paralizado por un prurito: no despertar antagonismos, no ofrecer nuevos blancos al ataque de los adversarios, no dar argumentos que justificaran la acusación de que quería «retroceder la historia», resucitar el Perú «prerrevolucionario». Era caer en la trampa que le tendían sus críticos: contribuir a perpetuar el mito de que las reformas velasquistas realmente lo habían sido y, de carambola, asumir las consecuencias que han traído al Perú esas supuestas reformas. Nadie piensa, en 1985, que el Perú importa el triple de alimentos que en 1968 por la reforma agraria de la dictadura; todos creen que ello es debido a la política agraria del régimen democrático.

¿Habría cambiado mucho el panorama actual del país si el Gobierno de Belaúnde Terry hubiera actuado de manera diferente? La angustiosa impresión que el lector de estos artículos saca es que, probablemente, las cosas hubieran ido menos mal, pero en ningún caso bien. Ésa es la moraleja dolorosa y, por lo mismo, políticamente explosiva que entrañan. Dicho en pocas palabras: el margen de decisión que el Gobierno de un país como el nuestro tiene sobre las cuestiones esenciales de su economía es ínfimo. No está en nuestras manos influir en el precio de nuestros productos de exportación en los mercados internacionales y, tampoco, en la decisión de bajar o elevar los aranceles para la importación de los países que compran lo que estamos en condiciones de vender. Aquellos precios, en razón de la recesión mundial, cayeron en picada en estos años, y las políticas proteccionistas de los países compradores cerraron sus mercados para nuestros productos parcial o totalmente. Si a dichos factores se suman las catástrofes naturales —la sequía en el sur y los diluvios en el norte—, un porcentaje que va de la mitad a los tres cuartos de la crisis actual queda explicado. Un porcentaje, en todo caso, tan alto que muestra hasta qué punto es relativo el término de «soberanía» para un país del Tercer Mundo.

Queda, claro está, un campo en el que todo depende de nosotros. Como es tan reducido debería ser aprovechado siempre con la máxima eficiencia, no permitirnos cometer errores en él —o, si los cometemos, corregirlos a tiempo— porque de esto depende no sólo nuestra posibilidad de progresar sino, también, de defendernos contra los reveses en aquellos sectores en los que somos impotentes (es decir, dependientes). ¿Cuáles fueron los errores más serios cometidos por el Gobierno en este dominio? ¿Haber abierto nuestras fronteras a la importación, lo que habría destruido a la industria nacional, como aseguran sus adversarios? El libro de Richard Webb es esclarecedor, con argumentos tan escuetos como contundentes. No hay tal cosa. En primer lugar, las cifras indican que los aranceles se redujeron, del Gobierno de Morales Bermúdez al de Belaúnde Terry, en tres puntos apenas (del treinta y nueve al treinta y seis por ciento), en tanto que aquel Gobierno los redujo en treinta puntos (del sesenta y nueve al treinta y nueve por ciento). Y, en segundo, que la industria nacional no sólo no es la víctima de una política de esta índole sino su principal beneficiaria, pues el sector industrial es el importador número uno del país (los insumos productivos y las maquinarias representaban en 1983 el ochenta y cinco por ciento de las importaciones). Como en este tema, en muchos otros Webb desmitifica y derrumba ciertos espantapájaros construidos por los adversarios del régimen y que han llegado a tener la fuerza de verdades inamovibles por la pavorosa incompetencia de aquél para defender sus acciones aun cuando eran acertadas.

No lo fueron muchas veces, desde luego. Acaso su talón de Aquiles haya sido permitir —provocar— una inflación que en la actualidad se ha disparado a unos límites que son pura y simplemente incompatibles con cualquier política de desarrollo. Los artículos de Richard Webb explican cómo y por qué un país debe temerle a la inflación como a la más nociva de las pestes, en qué forma el encarecimiento sistemático de los precios guillotina la inversión y el ahorro y convierte a la especulación en la única actividad económica atractiva, la ilusión de creer que a más gasto público corresponde más empleo, sobre todo si el gasto público se financia fabricando billetes, y cómo la inflación termina siempre por minar las bases productivas que generan trabajo. ¿Podía el Gobierno haber combatido eficazmente la inflación? Sí, de dos maneras. La primera, imponiendo unos sacrificios que, en lo inmediato, hubieran dado la impresión de agravar aún más la crisis social, aumentando el desempleo y la recesión industrial. Esto, en un régimen de libertad, tiene un altísimo costo político y el Gobierno, dividido en querellas de grupo y personas por cuestiones de política menuda, no quiso correrlo, sin advertir que pagaría aún más caro en las elecciones no haberlo hecho. La otra manera es aquella por la que el buen ministro de Trabajo que fue Grados Bertorini luchó con empeño y la que Richard Webb, una y otra vez en estos artículos, trató de vender a los peruanos de uno y otro bando: la concertación. La única forma civilizada de luchar contra la inflación sin causar recesión, dice, es la concertación de trabajadores y empresarios sobre precios y salarios. Es, también, la única forma de dar una batalla frontal contra el subdesarrollo económico y las desigualdades extremas de nuestro país preservando la legalidad y la libertad. Concertación quiere decir compromiso de intereses opuestos, concesiones mutuas en aras de un objetivo que se reconoce como más alto y valioso que el que mueve a los intereses particulares enfrentados. En un momento, en estos años, pareció que ello iba a ocurrir, pero prevalecieron sobre los pragmáticos los ideológicos, aquellos que prefieren que la casa se queme antes que ponerse de acuerdo con el adversario para apagar el incendio. El resultado es que las llamas han empezado a lamer esta casa que se llama Perú. ¿Nos pondremos al fin, hombro con hombro, a lanzar baldes de agua y paladas de arena para, luego, conjurado el peligro de extinción, dirimir civilizadamente nuestras diferencias? A juzgar por lo ocurrido en estos años, el pesimismo parece más realista que el optimismo a la hora de hacer predicciones. Pero Richard Webb cree que es posible y esa confianza imprime, curiosamente, a estos textos que describen poco menos que una tragedia un tono esperanzador, algo así como la convicción subyacente de que, antes de tocar fondo, los peruanos, súbitamente ganados por la lucidez y la sensatez, acometerán de manera solidaria la lucha contra el enemigo común: los condicionamientos económicos del subdesarrollo. Torciéndole el pescuezo a mis dudas deseo ardientemente que tenga razón.

Londres, mayo de 1985

Epitafio para un caballero

Fernando Belaúnde Terry (1012-2002), que fue presidente del Perú en dos ocasiones (1963-1968 y 1980-1985), pertenecía a una dinastía de políticos latinoamericanos que, aunque minoritaria, esporádica y ensombrecida por la abrumadora presencia de los caudillos autoritarios y los jerarcas demagogos y ladrones, existió siempre, como alternativa a la ominosa tradición de los regímenes dictatoriales y los mandatarios irresponsables y corruptos: la de civiles idealistas y patriotas, genuinamente democráticos, honestos a carta cabal y convencidos de que con buenas ideas y la palabra persuasiva un gobernante podía resolver todos los problemas y traer prosperidad y progreso a su país.

Cuando entró a la política profesional, a mediados de los años cincuenta, a finales de la dictadura de Odría, era un profesor de arquitectura que había estudiado y conocía el Perú con una pasión de enamorado y que admiraba a Roosevelt y el *New Deal*, sus modelos políticos. Las imágenes del mandatario estadounidense pronunciando aquellas peroratas radiofónicas que devolvieron la confianza a una nación en crisis y de su Gobierno, que mediante un intenso programa de obras públicas reanimaba la economía y lideraba el crecimiento económico de los Estados Unidos luego de la Gran Depresión, guiaron siempre su conducta cuando estuvo al frente del Gobierno. Fue leal a ellas incluso contra de los desmentidos que le dio a veces la realidad. Por eso, siempre desconfió de las ideas liberales en el ámbito económico —«Sobre mi tumba no se escribirá: "Aquí yace un presidente que alcanzó la salud económica"», le oí bromear alguna vez—, como las relativas a un mercado libre y a un Estado no intervencionista, pero lo fue de manera cabal y extraordinaria en lo que el liberalismo tiene de adhesión a la democracia política, de tolerancia con la crítica, de respeto al adversario y de amor a la libertad.

Durante su primer gobierno, cuando él y su partido, Acción Popular, encarnaban una fuerza genuinamente progresista, que había roto el monopolio que hasta entonces ejercía el Partido Aprista como fuerza política con arraigo popular, su programa de reformas, pragmático, técnico y bien concebido, hubiera sacado al Perú de las cavernas —puesto fin al latifundismo, reforzado las instituciones de la sociedad civil, descentralizado la administración y la economía, tecnificado la burocracia—, pero sus adversarios políticos, el APRA y el odriísmo, aliados, que dominaban el Congreso, sabotearon todas estas iniciativas e hicieron una oposición cainita y suicida cuya secuela fue, naturalmente, un golpe militar. En esa época, un sector muy amplio de la opinión pública, y buena parte de sus colaboradores más cercanos, lo exhortaron a cerrar ese Parlamento cerril para hacer posibles las indispensables reformas. Belaúnde resistió todas esas presiones, alegando que el respeto de las formas —de las leyes— era la esencia misma de la democracia, para él algo inseparable de la civilización. En 1968, cuando el asalto al poder de la camarilla militar presidida por el general Velasco Alvarado, el Perú entró en un proceso de nacionalizaciones y degeneración institucional que lo empobrecieron, enconaron y atrasaron de una manera tan profunda, que hasta ahora ningún Gobierno ha conseguido revertir esas políticas. Por el contrario, el Gobierno de Alan García (1985-1990) y la dictadura de Fujimori (1990-2000) lo agravaron todavía más, añadiéndole unas dosis de demagogia, violencia y corrupción tales que, desde entonces, para muchos peruanos de las nuevas generaciones la palabra política resulta ahora indisociable del chanchullo, la mentira, la intriga menuda, la sinvergüencería y, sobre todo, la rapiña. Para que sepan que no siempre fue así, que en un pasado todavía reciente la política encarnó también en el Perú la generosidad, la probidad y la decencia será necesario que vuelvan la mirada hacia la figura de Fernando Belaúnde Terry.

Cuando, después de doce años de dictadura militar, los peruanos en 1980 pudieron votar de nuevo, volvieron a llevar a la presidencia a Belaúnde Terry. Por no provocar nuevas divisiones y antagonismos en una sociedad que aún lamía las heridas de ese largo naufragio autoritario, Belaúnde no corrigió las insensatas medidas estatizantes y colectivistas con las que la dictadura militar acabó destruyendo la agricultura, buena parte de la industria y envileciendo de raíz la vida económica peruana. Fue, desde mi punto de vista, un gravísimo error. Pero, adoptado por una razón superior. Para él, la primera prioridad de su nuevo Gobierno debía ser apuntalar la renaciente y frágil democracia, y evitar por tanto reformas de carácter traumático, que provocaran inestabilidad y pusieran en peligro la libertad y la legalidad recién recobradas.

Fue en esta época cuando yo comencé a tratarlo, aunque ya lo había visto alguna vez durante sus años de exilio, que pasó ganándose la vida como profesor universitario en los Estados Unidos. Empeñado en que yo hiciese política —pedírmelo era en su caso una gran muestra de aprecio, porque la política era para él el quehacer noble y patriótico por excelencia—, me citó varias veces, en Palacio, y tuvimos largas conversaciones, algunas muy personales, que nunca he olvidado. Siempre recordaré la lucidez con que avizoraba el turbulento futuro del Perú, y, también, la angustia, que se esforzaba por no dejar traslucir, por la impotencia en que se encontraba para impedirlo. Sus predicciones se cumplieron al pie de la letra. Más tarde, cuando fuimos aliados en el Frente Democrático Nacional, siempre mostró hacia mi candidatura una generosidad sin límites, pese a que algunas de mis ideas no eran las suyas. Discutimos muchas veces, pero, incluso en los momentos de mayores discrepancias, era imposible perderle el respeto, y casi inevitable manifestarle una cierta admiración, por la destreza con que dominaba el arte de la política y la elegancia con que guardaba siempre las formas y sabía expresarse aun en lo más fogoso de la discusión.

Ya la oratoria no es un valor en la vida política. Hoy, los políticos son por lo general marionetas a quienes los creadores de imágenes, expertos en publicidad y asesores programan y manipulan de acuerdo a técnicas perfectamente funcionales. Para Belaúnde la palabra, la voz, el gesto, la comunicación viva y directa con un público —desde una tribuna antes que desde un estudio televisivo— era el instrumento primordial de la vida política. Como era un hombre culto, de buenas lecturas y un gran don de gentes, tenía un repertorio riquísimo de ideas, de citas y de imágenes, que comparecían en sus espléndidos discursos para fijar la atención y a menudo conmover y hechizar a su público. La limpieza y desenvoltura con que manejaba el español tenían que ver con su buena formación intelectual, pero, también, con su limpia factura moral. Porque, increíblemente, a pesar de las desilusiones y agravios que recibió —las traiciones de tantos partidarios, las campañas de descrédito montadas contra él por la dictadura que lo depuso, la vileza con que solía atacarlo la oposición— nunca perdió el optimismo, ni esas saludables dosis de buena entraña y buen humor que traslucían todas sus intervenciones públicas.

Decir de él que no robó nunca, a pesar de haber estado cerca de diez años en el poder —del que salió, en las dos ocasiones, más pobre de lo que entró—, es decir mucho, en un país donde, en los últimos veinte años, el saqueo de la riqueza nacional y la cleptocracia gubernamental han sido prácticas generalizadas, pero es todavía decir muy poco de las cualidades morales que lo adornaron, porque ser honrado era para Belaúnde Terry algo tan espontáneo y natural como ser demócrata, antiautoritario y un amante de la libertad. Era, también, en lo personal, ingenioso, divertido, un gran contador de anécdotas, aunque guardando siempre una distancia con el interlocutor, aun el más próximo, lo que rodeaba su personalidad de cierto enigma.

Durante los diez años de oprobio de Fujimori y Montesinos, cuando tantos peruanos que habían parecido hasta entonces dignos y respetables, en el campo político, profesional y empresarial, se prostituían de la manera más inmunda, vendiéndose por cargos públicos, prebendas y negociados, o, pura y simplemente, a cambio de maletas llenas de dólares, la conducta de Belaúnde Terry fue ejemplar y, en algún momento, solitaria. Jamás hizo la menor concesión, ni en una sola oportunidad dejó de mostrar su rechazo y condena de un régimen al que millones de sus compatriotas, por unos supuestos logros económicos (que luego resultaron puro espejismo) perdonaban los crímenes, los fraudes electorales y el pillaje más frenético. En esos años Belaúnde nunca dejó de recordar aquella norma con la que fue consecuente a lo largo de toda su trayectoria cívica: en ningún caso, por ninguna razón, es aceptable la destrucción del orden constitucional, porque no hay progreso ni desarrollo reales cuando un poder arbitrario reemplaza la legalidad y la libertad.

¿Qué herencia política deja Fernando Belaúnde Terry? Aunque hay entre sus seguidores personas valiosas, yo dudo que Acción

Popular sobreviva, a menos que se renueve de raíz. Porque era un partido que reflejaba íntimamente la idiosincrasia y la persona de su fundador, una formación a la antigua usanza, nacida y estructurada en torno a una figura de gran seducción y carisma antes que a un programa o a una ideología, es decir, una institución que va siendo ya muy anacrónica en nuestros días, en que la política es cada vez más una tarea de equipos y de cuadros y de técnicas y cada vez menos de líderes y caudillos (aun en la mejor acepción cívica de esta palabra).

Su desaparición ha provocado una extraordinaria manifestación de pesar y de cariño en el Perú, una de las más multitudinarias y genuinas que hayan tenido lugar en muchas décadas. Es algo muy merecido, desde luego. Mucho me temo que lo que hemos despedido con él los peruanos en estos días melancólicos no vuelva a comparecer ya en nuestra vida política, la que, como en el resto del mundo, será cada vez más en el futuro un quehacer de gentes terriblemente pragmáticas y frías, calculadoras y de escasos escrúpulos, donde no habrá ya sitio para esos otros anacronismos que él también encarnó: la caballerosidad, las buenas maneras, el idealismo, el patriotismo, la elegancia.

Madrid, 6 de junio de 2002

El APRA y el Perú

Aunque nació con un programa continental —*indoamericano* según el vocabulario de su fundador—, el APRA es una creación peruana tan genuina como la marinera de Trujillo, Machu Picchu o las *Tradiciones* de Ricardo Palma. Víctor Raúl Haya de la Torre fue un pensador político de extraordinaria hondura, acaso el más original que haya producido América Latina, el primero en todo caso en formular una ideología propia de este continente, equidistante del marxismo y del liberalismo, de contenido social avanzado y, al mismo tiempo, democrático. Haya de la Torre percibió con lucidez las insuficiencias de la doctrina liberal anglosajona y la democracia representativa clásica para corregir las desigualdades sociales y las iniquidades económicas de países subdesarrollados como los nuestros, y, simultáneamente, los riesgos mortales que para la libertad y la eficiencia entrañaba una economía estatizada cuya consecuencia inevitable era un régimen político vertical y autocrático. Lo certero de su análisis, así como su valiente convicción de que los países latinoamericanos deben buscar juntos, superando las viejas rencillas nacionalistas, soluciones propias para sus problemas, en vez de importarlas de realidades distintas, tuvieron el mérito de la anticipación, su carácter pionero, pues fueron formulados desde los años veinte, cuando las utopías liberal y marxista parecían las únicas alternativas coherentes para América Latina (la dictadura militar nunca fue una opción, siempre una imposición).

La obra de Haya de la Torre no tiene carácter orgánico, no fue escrita con la serenidad y el reposo con que escribieron las suyas un Rodó, un Sarmiento o un Vasconcelos, sino —como la de Martí— en medio de la agitación y el desorden que significa la militancia y su servidumbre a la contingente actualidad. Sin embargo, a pesar de su fragmentación —casi todos sus libros son recopilaciones de artículos y ensayos concebidos bajo el imperio de la circunstancia—, es una obra maciza y congruente, que, a diferencia de lo que suele ser la literatura de un político, no está hecha de retórica efectista e insustancial, sino de imaginación y rigor, conocimientos vastos de las filosofías políticas, curiosidad científica y buenas lecturas literarias. Con seriedad y sin complejos frente a ellas, Haya de la Torre revisó las teorías sociales contemporáneas y rechazó todo lo que le pareció inaplicable, peligroso e inocuo para nuestra problemática. A la vez, forjó una teoría propia. Algunas de sus tesis —como la del espacio-tiempo histórico— pueden ser discutidas, acaso rebatidas. Pero ignorarlas, o negarles el indiscutible valor de ser audaces formulaciones intelectuales que tratan de proyectar a un nivel general de pensamiento la experiencia histórica concreta de nuestra América, es algo que sólo puede ser producto de la ignorancia o el prejuicio. En estos tiempos en que los políticos hablan, sí, y algunos escriben, pero rara vez contribuyen con ideas originales y renovadoras a la cultura de nuestro tiempo, el pensamiento de Haya de la Torre es algo que enriquece a América Latina y todos los peruanos deberíamos reconocerlo, apristas o no.

Ésta es la opinión de alguien que nunca ha sido aprista y que, por el contrario, debido a discrepancias con sus métodos, tomas de posición, pactos, conductas, en distintos momentos de su vida ha sido crítico y adversario del APRA. Pero la crisis que vive en estos momentos el partido fundado por Haya de la Torre me alarma por las consecuencias que pueda tener sobre este país que acaba de dejar atrás una dictadura militar de doce años y que, con la terrible hipoteca de una economía en ruinas que le dejó el régimen anterior, trata de reconstituir la democracia.

Haya de la Torre fue un gran pensador político, pero no creo que fuera un gran político (es el caso de Sarmiento, también). La razón de que el APRA no llegara nunca al poder no fue sólo la cerrazón mental de la oligarquía peruana, que lo combatió con encarnizamiento y sin escrúpulos; se debió también al hecho de que, a lo largo de su historia, la conducción política del aprismo tuvo muchos más errores que aciertos. Un ejemplo: la insensata oposición contra el régimen democrático de Bustamante y Rivero (1945-1948), al que había contribuido a llevar al poder y al que luego acosó y desestabilizó, creando el clima propicio para el golpe mili-

318

tar del general Odría (octubre de 1948) del que, por cierto, los apristas serían las primeras víctimas.

Otro error fue el caudillismo paternalista y totémico que, en desacuerdo con su pensamiento político, que era participacionista y democrático, ejerció Haya de la Torre dentro del APRA. Víctor Raúl fue más que el creador, inspirador, ideólogo y estratega del partido; fue asimismo autoridad infalible e inapelable, jefe omnímodo, padre y maestro de cada aprista. Al morir el superego, lógicamente, la familia aprista se vio presa de un sentimiento de orfandad, y, sin esa presencia tutelar que, gracias a la adhesión unánime que despertaba, abolía todas las discrepancias y rivalidades internas, éstas han aflorado a la superficie.

Esto no debería tener nada de extraño ni constituir una amenaza. Es natural que una formación como el APRA, con cientos de miles de militantes y millones de votantes, tenga tendencias diversas en su seno. Ocurre en todos los partidos democráticos: sólo las capillas totalitarias pueden ufanarse de un punto de vista único y unilateral. Es sano que esa diversidad exista y se preserve, pues es una garantía contra el anquilosamiento ideológico y a favor de la renovación de políticas y de dirigentes.

La expulsión del APRA del doctor Andrés Townsend Ezcurra, que acaba de ocurrir, desborda los límites de una querella partidaria. Tiene todo el aire de un arreglo de cuentas ideológico. Townsend Ezcurra se había opuesto a la *radicalización* del partido y a su acercamiento a la extrema izquierda (que, dicho sea de paso, trajo al APRA considerables pérdidas en las elecciones presidenciales de mayo y en las municipales de noviembre del año pasado y que, en cambio, resultó tan provechosa para los partidos marxistas). Es posible que su expulsión, que priva al APRA de uno de los herederos más serenos y cultos de Haya de la Torre, robustezca al sector *radical* que encabeza Armando Villanueva. Pero es seguro, también, que va a debilitar todavía más el caudal electoral del APRA. Aun si no se produce una escisión y un número importante de bases y comités no siguen a Townsend, es evidente que su separación del partido —medida de autoridad que zanja un debate con métodos quirúrgicos— va a mermar considerablemente las simpatías de esa periferia aprista en la que la figura flexible y ponderada de Townsend es popular.

Un Partido Aprista que, a través de una política de *radicalización*, hace continuas transfusiones de sangre por su izquierda y que anatematiza a sus *liberales* y enflaquece por su derecha es una perspectiva que no puede desear nadie que quiera la supervivencia del régimen democrático en el Perú. Para que éste dure y se fortalezca necesita, tanto como un Gobierno democrático, una oposición que respete las reglas democráticas y esté tan interesada como aquél en que se mantengan. Ésa es la función del APRA hoy. Su desintegración o debilitamiento dejaría frente al Gobierno a una oposición de extrema izquierda, buena parte de la cual proclama públicamente su desprecio de la democracia, a la que dice aceptar sólo *tácticamente*, como un entremés de la revolución. Una polarización de esa índole, en un país en el que el terrorismo acaba de estrenarse volando centrales eléctricas, ahorcando perros en los faroles y asesinando guardias republicanos, no desembocará en el paraíso socialista sino en una nueva dictadura militar. Ojalá lo entiendan los dirigentes del APRA y cesen esa guerra fratricida que puede ser nefasta para su partido y para la frágil democracia peruana.

Lima, enero de 1981

Una montaña de cadáveres.
Carta abierta a Alan García

La única vez que conversamos —aquella noche en casa de Mañé— nos tratamos de tú, pero en esta carta voy a usar el usted, para hacer evidente que me dirijo al jefe de Estado de mi país, elevado a ese alto cargo por el voto mayoritario de los peruanos y que encarna al sistema democrático que tenemos desde 1980. Quiero reflexionar ante usted sobre la montaña de cadáveres que ha quedado luego de que las Fuerzas Armadas retomaron los tres penales de Lima, amotinados por obra de los terroristas.

Digo «montaña de cadáveres» porque no sé cuántos son. Pienso que usted tampoco lo sabe y que la cifra exacta la ignoran, incluso, los oficiales que dirigieron el asalto a las cárceles, y que ella nunca se sabrá. ¿Trescientos, cuatrocientos? En todo caso, una cifra atroz que nos obliga a usted, a mí y a todos los peruanos que queremos unas formas de vida civilizadas para nuestro país, a preguntarnos si una matanza semejante era necesaria para preservar este sistema democrático gracias al cual ocupa usted ahora el Palacio de Gobierno.

Mi opinión es que no era necesaria y que hubiera podido y debido ser evitada. También, que esos cientos de cadáveres en lugar de consolidar nuestro sistema democrático lo debilitan y que, en vez de significar un golpe de muerte a la subversión y al terrorismo, tendrá el efecto de una poda de la que rebrotarán, multiplicados, el fanatismo y los crímenes de Sendero Luminoso y el Movimiento Revolucionario Túpac Amaru.

Desde luego que usted tiene la obligación de defender el orden democrático y de combatir, con las armas de la ley, a quienes quieren acabar con él a sangre y fuego. Pero lo sucedido en El Frontón, Lurigancho y la cárcel de Santa Bárbara —sobre todo en los dos primeros— muestra una desproporción tal entre el riesgo que los motines planteaban a la democracia y la manera de conjurarlo que resulta moral y legalmente injustificable.

Usted y yo sabemos, de sobra, las crueldades y las ignominias sin nombre que vienen cometiendo en nuestro país los terroristas. Pero sabemos, también, que lo que da superioridad moral y legitimidad a un Gobierno representativo frente a quienes se creen autorizados a matar, dinamitar o secuestrar en nombre de un ideal es que los métodos de aquél y de éstos son esencialmente distintos. La manera como se ha reprimido estos motines sugiere más un arreglo de cuentas con el enemigo que una operación cuyo objetivo era restablecer el orden.

Las consecuencias de esta matanza son incalculables. Lo más doloroso, en ella, es que junto a los culpables deben de haber muerto muchos inocentes, pues ya sabemos que uno de los aspectos más siniestros de nuestro sistema penal es que los reos pueden languidecer en las cárceles sin ser juzgados o aun habiendo cumplido sus sentencias, por simple incuria burocrática. Y es, de otra parte, muy grave que, durante las operaciones militares, ninguna autoridad civil ni representante alguno del Poder Judicial hubiera estado allí presente, para exigir que —aun en esas circunstancias difíciles— las fuerzas militares actuaran dentro de la ley. Uno de los actos más celebrados de su Gobierno fue el haber afirmado la autoridad del poder civil sobre las Fuerzas Armadas, requisito primordial de cualquier sistema democrático. Deploro y estoy seguro que muchísimos peruanos lo deploran conmigo, que en estos sucesos aquella autoridad civil haya brillado por su ausencia.

Es también muy grave que haya usted permitido la incautación de un órgano de prensa, *El Nuevo Diario*. Tal vez es cierto que este periódico desinformaba, mentía y alentaba la subversión. Pero, si era así, la obligación de su Gobierno era denunciarlo ante el Poder Judicial, no cerrarlo *manu militari*. Cerrar periódicos no son métodos de la democracia sino los de una dictadura.

No necesito decirle, pues sin duda usted lo sabe, lo que esta matanza va a significar —significa ya— para la imagen de nuestro país en el exterior. Desde luego que los enemigos de la democracia aprovecharán esta tragedia para, exagerando y calumniando sin escrúpulos, decir que el Perú es ya una dictadura sangrienta y usted mismo un genocida. Eso tampoco es verdad, y creo que es mi deber, y el de todos los peruanos que queremos salvar la democracia en el Perú, cerrar el paso a esas operaciones de desprestigio internacional promovidas por el extremismo no para corregir nuestra imperfecta democracia sino para destruirla. Como lo he hecho en el pasado, ahora también haré cuanto esté a mi alcance para hacer saber al mundo que esta tragedia es un revés y un error —sin duda graves y lamentables—, pero no el suicidio de nuestra democracia o, como han comenzado ya a propalar sus enemigos, su *bordaberrización*.

Me permito exhortarlo, en nombre de principios que, pese a todas las diferencias que podamos tener, compartimos, a no ahorrar esfuerzos para impedir que lo ocurrido sea aprovechado por quienes, desde uno u otro extremo, quisieran ganar posiciones, empujando a su Gobierno a adoptar políticas que no son aquellas, moderadas y de consenso, por las que votaron esos millones de peruanos que lo hicieron a usted presidente. Tan grave como ceder ante quienes, aplaudiendo la matanza de los penales, quisieran verlo a usted dar carta blanca a una represión indiscriminada y feroz contra el terrorismo, sería, ahora, para contrapesar de alguna manera el traspiés cometido, que su Gobierno emprendiera una demagógica campaña contra los países occidentales y la banca internacional —el *imperialismo*— para reconquistar la aureola de *progresista* empañada por la matanza. Cualquiera de ambas posturas sería, más que una concesión, una claudicación democrática de la que se perjudicaría aún más de lo que está nuestro pobre y maltratado país.

No voté por usted en las elecciones, como es de dominio público. Pero desde que usted tomó el gobierno he visto con simpatía y a veces admiración muchos de sus gestos, juveniles y enérgicos, que me parecían revitalizar nuestra democracia tan enflaquecida estos últimos años por culpa de la crisis económica y la violencia política y social. En esta carta no quiero sólo dejar sentada mi protesta por algo que considero un terrible error. También, mi convicción de que por trágicas que hayan sido las consecuencias de él, usted sigue siendo el hombre a quienes los peruanos confiaron, en mayoría abrumadora, la tarea de salvaguardar y perfeccionar este sistema de paz, legitimidad y libertad que recobramos en 1980. Su obligación es sacar adelante esta misión, a pesar de todas las amenazas y los errores.

Lima, 22 de junio de 1986

Hacia el Perú totalitario

La decisión del Gobierno de Alan García de estatizar los bancos, las compañías de seguros y las financieras es el paso más importante que se ha dado en el Perú para mantener a este país en el subdesarrollo y la pobreza y para conseguir que la incipiente democracia de que goza desde 1980, en vez de perfeccionarse, se degrade, volviéndose ficción.

A los argumentos del régimen según los cuales este despojo, que convertirá al Estado en el amo de los créditos y de los seguros y que a través de los paquetes accionarios de las entidades estatizadas extenderá sus tentáculos por innumerables industrias y comercios privados, se lleva a cabo para transferir aquellas empresas de «un grupo de banqueros a la Nación», hay que responder: «Eso es demagogia y mentira». La verdad es ésta. Aquellas empresas son arrebatadas —con contra de la letra y el espíritu de la Constitución que garantiza la propiedad y el pluralismo económico y prohíbe los monopolios— a quienes las crearon y desarrollaron, para ser confiadas a burócratas que, en el futuro, como ocurre con todas las burocracias de los países subdesarrollados sin una sola excepción, las administrarán en provecho propio y en el del poder político a cuya sombra medran.

En todo país subdesarrollado, como en todo país totalitario, la distinción entre Estado y Gobierno es un espejismo jurídico. Ello sólo es realidad en las democracias avanzadas. En aquellos países, las leyes y constituciones fingen separarlos y también los discursos oficiales. En la práctica, se confunden como dos gotas de agua. Quienes ocupan el Gobierno se apoderan del Estado y disponen de sus resortes a su antojo. ¿Qué mejor prueba que el famoso Sistema Nacional de Comunicación Social (SINACOSO), erigido por la dictadura militar y que, desde entonces, ha sido un dócil ventrílocuo de los gobiernos que la han sucedido? ¿Expresan acaso, en

324

modo alguno, esa cadena de radios, periódicos y canal de televisión, al Estado, es decir, a *todos* los peruanos? No. Esos medios publicitan, adulan y manipulan la información exclusivamente en favor de quienes gobiernan, con olímpica prescindencia de lo que piensan y creen los demás peruanos. La ineficiencia y la inmoralidad que acompañan, como su doble, a las estatizaciones y a las nacionalizaciones se originan principalmente en la dependencia servil en que la empresa transferida al sector público se halla del poder político. Los peruanos lo sabemos de sobra desde los tiempos de la dictadura velasquista, que, traicionando las reformas que todos anhelábamos, se las arregló, a fuerza de expropiaciones y confiscaciones, para quebrar industrias que habían alcanzado un índice notable de eficiencia —como la pesquería, el cemento o los ingenios azucareros— y hacernos importadores hasta de las papas que nuestros industriosos antepasados crearon para felicidad del mundo entero. Extendiendo el sector público de menos de diez a casi ciento setenta empresas, la dictadura —que alegaba, como justificación, la *justicia social*— acrecentó la pobreza y las desigualdades y dio a la práctica del cohecho y el negociado ilícito un impulso irresistible. Ambos han proliferado desde entonces de manera cancerosa, convirtiéndose en un obstáculo mayor para la creación de riqueza en nuestro país.

Éste es el modelo que el presidente García hace suyo, imprimiendo a nuestra economía, con la estatización de los bancos, los seguros y las financieras, un dirigismo controlista que nos coloca inmediatamente después de Cuba y casi a la par con Nicaragua. No olvido, claro está, que, a diferencia del general Velasco, Alan García es un gobernante elegido en comicios legítimos. Pero tampoco olvido que los peruanos lo eligieron, de esa manera abrumadora que sabemos, para que consolidara nuestra democracia política con reformas sociales; no para que hiciera una «revolución» cuasi socialista que acabara con ella.

Porque no hay democracia que sobreviva a una acumulación tan desorbitada del poder económico en manos del poder político. Si no, hay que preguntárselo a los mexicanos, donde, sin embargo, el Estado no dispone de un sector público tan vasto como el que usufructuará el Gobierno aprista una vez que se apruebe la ley de estatización.

Su primera víctima será la libertad de expresión. El Gobierno no necesitará proceder a la manera velasquista, asaltando, pistola en mano, los diarios, estaciones de radio y de televisión, aunque no se puede descartar que lo haga: ya hemos comprobado que a sus promesas se las lleva el viento como si fueran plumas, ecos... Convertido en el primer anunciador del país, bastará que los chantajee con el avisaje. O que, para ponerlos de rodillas, les cierre los créditos, sin los cuales ninguna empresa puede funcionar. No hay duda que, ante la perspectiva de morir de consunción, muchos medios optarán por el silencio o la obsecuencia; los dignos, perecerán. Y cuando la crítica se esfuma de la vida pública, la vocación congénita a todo poder de crecer y eternizarse tiene cómo hacerse realidad. De nuevo, la ominosa silueta del «ogro filantrópico» (como ha llamado Octavio Paz al PRI) se dibuja sobre el horizonte peruano.

El progreso de un país consiste en la extensión de la propiedad y de la libertad al mayor número de ciudadanos y en el fortalecimiento de unas reglas de juego —una legalidad y unas costumbres— que premien el esfuerzo y el talento, estimulen la responsabilidad, la iniciativa y la honestidad, y sancionen el parasitismo, el rentismo, la abulia y la inmoralidad. Todo ello es incompatible con un Estado macrocefálico donde el protagonista de la actividad económica será el funcionario en vez del empresario y el trabajador; y donde, en la mayoría de sus campos, la competencia habrá sido sustituida por un monopolio. Un Estado de esta índole desmoraliza y anula el espíritu empresarial y hace del tráfico de influencias y favores la profesión más codiciable y rentable. Ése es el camino que ha llevado a tantos países del Tercer Mundo a hundirse en el marasmo y a convertirse en feroces satrapías.

El Perú está todavía lejos de ello, por fortuna. Pero medidas como ésta que critico pueden catapultarnos en esa dirección. Hay que decirlo en alta voz para que lo oigan los pobres —que serán sus víctimas propiciatorias— y tratar de impedirlo por todos los medios legales a nuestro alcance. Sin atemorizarnos por las invectivas que lanzan ahora contra los críticos del Gobierno sus validos en la prensa adicta ni por *las masas* que el Partido Aprista, por boca de su secretario general, amenaza con sacar a las calles para intimidar a quienes protestan. Ambas cosas son inquietantes anticipos de lo que ocurrirá en nuestro país si el Gobierno concentra en sus manos ese poder económico absoluto que es siempre el primer paso hacia el absolutismo político.

Ciudadanos, instituciones y partidos democráticos debemos tratar de evitar que nuestro país —que padece ya de tantas desgracias— se convierta en una seudodemocracia manejada por burócratas incompetentes donde sólo prosperará la corrupción.

Lima, 1 de agosto de 1987

El Perú en llamas

Se ha escrito ya mucho sobre Sendero Luminoso y la guerra revolucionaria que inició hace once años en el Perú, pero probablemente el primer trabajo serio, desapasionado y totalizador sobre el tema sea el reciente del periodista Gustavo Gorriti Ellenbogen: *Sendero: historia de la guerra milenaria en el Perú* (Lima, Apoyo, 1990). Se trata de un primer volumen, que cubre la insurrección senderista desde sus inicios, en 1979, hasta 1982, al que seguirán otros dos, con los pormenores de la acción terrorista desde entonces hasta el presente y la historia de la gestación política e ideológica de Sendero como un desprendimiento maoísta del Partido Comunista peruano.

En su relación de los primeros años beligerantes de Sendero, Gorriti no hace revelaciones espectaculares, no ofrece primicias ni se jacta de haber tenido acceso a testigos o protagonistas de excepción. Ha entrevistado a mucha gente, sí, de todos los sectores, pero el grueso de su material de trabajo era más o menos público: partes policiales y militares, informaciones periodísticas y los documentos puestos en circulación por la propia organización subversiva.

Y, sin embargo, su libro tiene un semblante notablemente novedoso, como aquella inesperada imagen que aparece en el tablero cuando se colocan en su debido lugar todas las piezas del rompecabezas. Lo que a muchos parecía hasta ahora un caótico conjunto de crímenes y brutalidades, un empeño nihilista y anárquico sin más plan ni concierto que los que puede esperarse de una conducta psicópata, resulta, aquí, un orden riguroso, una secuencia lógica de iniciativas concatenadas inteligentemente para lograr un objetivo bien definido. Este proceso ha costado ya más de veinte mil vidas y daños materiales equivalentes a toda la deuda externa peruana. Pero esto no parece lo más grave. Porque la conclusión no escrita, aunque obvia, que extrae el desconcertado lector de este libro es que, por terrible que sea aquel balance, se trata apenas de un comienzo. Ya que no hay nada en perspectiva que puede ser capaz, en un futuro inmediato, de poner fin al avance de la insurrección senderista.

Dos peligros acechan a quien se enfrenta, como adversario o como tema de estudio, a Sendero Luminoso: la subestimación y la sobrestimación. La primera actitud es la que ha caracterizado a los gobiernos peruanos. Desde un año antes de que estallara, el levantamiento estaba anunciado y podía enterarse de lo que se venía todo el que tuviera ojos para ver y oídos para oír. Pese a ello, la dictadura militar —la del general Velasco y la del general Morales Bermúdez— bajo la cual se gestó, planeó y anunció la rebelión se mantuvo ciega y sorda y no movió un dedo para conjurarla. Y ni siquiera se dio por aludida cuando sus propios agentes policiales de Ayacucho —que, aunque parezca mentira, tenían infiltrado a Sendero Luminoso en sus organismos de dirección— le hacían llegar informes precisos sobre los lugares donde los senderistas hacían prácticas militares y las acciones que premeditaban. El país que dejó la dictadura en 1980 estaba ya minado.

Pero la ceguera y sordera continuaron —en verdad, se agravaron— con el Gobierno democrático que eligió el pueblo peruano en 1980. El testimonio que ofrece Gorriti es concluyente. En su primer año, la insurrección era precaria, mal organizada y huérfana de apoyo popular. Las poblaciones del campo y las aldeas la rechazaban abiertamente. Con los medios a su alcance, algo de visión y sentido común, el régimen hubiera podido derrotarla. En vez de ello, operó con una ineptitud que quita el habla. Una de las primeras medidas del ministro del Interior —hombre bueno y honesto pero negado para el cargo— fue marginar al jefe policial resuelto y limpio que quería actuar contra el terror, y reemplazarlo por otro que, además de incompetente, resultaría vinculado al narcotráfico.

Los reveses que experimenta la insurrección en el interior de Ayacucho en esta primera etapa son obra, antes que de las fuerzas del orden, de los campesinos y aldeanos. Ellos capturan a los asaltantes de comisarías y asesinos de gobernadores; ellos delatan a los subversivos infiltrados en los caseríos y colaboran —mejor dicho, tratan de colaborar— con el poder constituido, en contra de un levantamiento cuyas razones ni siquiera entienden. ¿Qué hace la autoridad? Se desentiende del problema. Niega que exista. No hay «terrorismo» en el Perú, sólo «petardismo». Es decir, los disfuerzos extravagantes de unos excéntricos. Y, más tarde, cuando la violencia ya ha alcanzado unas proporciones que es imposible soslayar, la exorciza, atribuyéndola a una conspiración extranjera, a «un portaviones anclado en el Caribe».

Pero, mucho más grave aún, vuelve la espalda a las poblaciones ayacuchanas, dejándolas a merced del terror. En el verano de 1983, cuando, como miembro de la comisión que investigó la muerte de ocho periodistas, supe que hacía cerca de dos años las autoridades habían cerrado las comisarías y retirado a los guardias civiles de los distritos de Ayacucho más acosados por la insurrección, creí estar soñando. Pues, como era previsible, junto con los policías habían huido de aquellos lugares los gobernadores, los jueces, los alcaldes y hasta los párrocos (ésta era la condición de Tambo, cuando la visité). Las explicaciones que escuché, para justificar esta deserción, tenían un retintín surrealista y farsesco: se trataba de proteger a las dotaciones policiales contra previsibles atentados, de reforzar las guarniciones de las capitales de provincias y cosas por el estilo.

Ahora, leyendo el libro de Gorriti, y viendo que aquella decisión de dejar abandonadas e inermes a las poblaciones civiles ayacuchanas no fue aparentemente cuestionada por ninguna autoridad civil ni militar del régimen democrático, he vuelto a sentir el mismo asombro de entonces. Por lo visto, a quienes eran responsables de defender la recién restablecida democracia no se les pasó por la cabeza la sospecha de que, en su loable designio de privar al terror de víctimas uniformadas, estaban entregando a regiones enteras al control absoluto de Sendero Luminoso. Y enviando un mensaje clarísimo a los campesinos que colaboraron con el Gobierno: que habían sido temerarios al confiar en unas instituciones y unas personas de las que se podía esperar cualquier cosa menos responsabilidad. No es sorprendente que en aquellas zonas pudiera instalar Sendero sus primeras «bases de apoyo» y que en ellas plantara los cimientos de lo que llama «Nueva Democracia».

Éste es un episodio, entre muchos, que muestra cómo los avances de Sendero Luminoso se deben tanto a la involuntaria colaboración de unos gobiernos incapaces de comprender lo que ocurría a su alrededor, como a la disciplina, dedicación y convicción fanática de sus militantes. Pero este segundo factor no debe ser desatendido.

Para vencer a una organización como Sendero Luminoso —caso de veras excepcional en la historia de las revoluciones latinoamericanas— es imprescindible comprenderla. Esto no es fácil, pues, además de lo escasos y abstrusos que son sus documentos y los escritos de su líder, ideólogo, estratega y santón, Abimael Guzmán —el famoso Camarada Gonzalo—, lo que de veras cuenta es la mentalidad que está detrás de aquellas ideas, que las ha generado, las mantiene vivas y día a día las traduce en acciones militares y políticas.

Esta mentalidad está más cerca de la religión que de la filosofía y la política. Su maoísmo radicalizado —si cabe la expresión— es un rosario de actos de fe, camuflados de historicismo, en el que a los estereotipos marxistas y maoístas se injertan consignas emocionales, delirios mesiánicos, razonamientos tautológicos y proclamas hiperbólicas que desmoralizan por su primitivismo, banalidad y confusión. Ese galimatías ideológico, sin embargo, no puede ser desaprensivamente echado a la basura por irreal e inactual, como si se tratara de una propuesta académica. Pues por él están matando y muriendo desde hace once años miles de personas, que, no importa cuán equivocadas estén, creen férreamente en esas ideas y consignas y están decididas a encarnarlas en la realidad social del Perú —del mundo—, aunque para ello tengan que sacrificar millones más de vidas y seguir matando y devastando por los siglos de los siglos. (En esto se muda, dentro del «Pensamiento Gonzalo», la doctrina maoísta de la guerra prolongada).

Quienes descubren la implacable coherencia con que actúan y el grado de entrega y sacrificio que Abimael Guzmán exige —y casi siempre obtiene— de sus seguidores, tienden a sobrestimar a Sendero Luminoso. A pensar que un partido así es invencible, sobre todo enfrentado a esos sistemas democráticos enclenques, y a menudo corruptos, que son todavía los nuestros. Algunos, incluso, caen en la locura de creer que sólo una dictadura militar genocida, como la que tuvo Argentina, podría acabar con él. Ésta es, claro, otra colaboración que los senderistas esperan de sus inhábiles adversarios: un régimen militar represivo que los legitime. (El asesinato de varios cientos de senderistas amotinados en las cárceles de Lima por el Gobierno de Alan García no debilitó a la insurrección. Por el contrario, como lo predije en la carta que escribí protestando por la matanza, tuvo el efecto de una poda).

Sendero Luminoso no es invencible, como no lo es ningún grupo fanático que se cree autorizado a aplicar el terror de manera sistemática en pos de sus utópicos sueños. La mayoría de hombres y mujeres de una sociedad se sienten repelidos por esos métodos, que son alérgicos al sentido común y a los anhelos de paz, de orden, de seguridad que alienta el común de los mortales. Esa mayoría ha terminado siempre por derrotar, en los países democráticos, los intentos de fuerzas extremistas que, como Sendero, creen que se puede traer el paraíso a la tierra en un gran incendio apocalíptico.

Para ello sólo —pero ése sólo es ya mucho— se necesita que quienes tienen la responsabilidad de velar por la ley y el orden actúen como se espera de ellos. Dentro de los límites de la moral, a fin de que quede claro en todo momento que entre los dos ideales en pugna hay uno más humano y más digno que el otro, pero con la misma entereza y convicción que quienes quieren destruirlos. Esto es lo que ha faltado y ésta es la causa principal por la que le ha tocado al Perú ser el único país latinoamericano (excluyo a Cuba del proceso) que parece retroceder en vez de avanzar en la consolidación democrática y en el que la sinrazón parece ganar cada día puntos sobre la razón en el campo político.

San Salvador, 4 de marzo de 1991

Alan García

Lo conocí durante la campaña electoral de 1985, por Manuel Checa Solari, un amigo común que se había empeñado en presentarnos y que nos dejó solos toda la noche. Era inteligente y simpático, pero algo en él me alarmó y al día siguiente fui a la televisión a decir que no votaría por Alan García sino por Luis Bedoya Reyes. No era rencoroso, pues, elegido presidente, me ofreció la embajada en España, que no acepté.

Su primer gobierno (1985-1990) fue un desastre económico y la inflación llegó a siete mil por ciento. Intentó nacionalizar los bancos, las compañías de seguros y todas las instituciones financieras, una medida que no sólo habría acabado de arruinar al Perú sino eternizado en el poder a su partido, el APRA, pero lo impedimos en una gran movilización popular hostil a la medida, que lo obligó a dar marcha atrás. Su apoyo fue decisivo para que ganara la próxima elección presidencial, en 1990, Alberto Fujimori, quien, dos años después, dio un golpe de Estado. Alan García tuvo que exiliarse. Su siguiente gobierno (2006-2011) fue mucho mejor que el primero, aunque, por desgracia, estropeado por la corrupción, sobre todo asociada a la empresa brasileña de Odebrecht que ganó licitaciones de obras públicas muy importantes corrompiendo a altos funcionarios gubernamentales. La fiscalía lo estaba investigando a él mismo sobre este asunto y había decretado su detención preliminar de diez días, cuando decidió suicidarse. Algún tiempo antes había intentado pedir asilo en Uruguay, alegando que era víctima de una persecución injusta, pero el Gobierno uruguayo desestimó su pedido por considerar —con toda justicia— que en el Perú actual el Poder Judicial es independiente del Gobierno y nadie es acosado por sus ideas y convicciones políticas.

Durante su segundo gobierno lo vi varias veces. La primera, cuando el fujimorismo quiso impedir que se abriera el Lugar de la

Memoria, en el que se daría cuenta de sus muchos crímenes políticos con el pretexto de la lucha antiterrorista, y, a su pedido, acepté presidir la comisión que puso en marcha ese proyecto que es ahora —felizmente— una realidad. Cuando el Nobel de Literatura, me llamó para felicitarme y me dio una cena en Palacio de Gobierno, en la que quiso animarme para que fuera candidato a la presidencia. «Creí que nos habíamos amistado», le bromeé. Me parece que lo vi una última vez en una obra en la que yo actuaba, *Las mil noches y una noche*.

Pero he seguido de muy cerca toda su trayectoria política y el protagonismo que ha tenido en los últimos treinta años de la vida pública del Perú. Era más inteligente que el promedio de quienes en mi país se dedican a hacer política, con bastantes lecturas, y un orador fuera de lo común. Alguna vez le oí decir que era lamentable que la Academia de la Lengua sólo incorporara escritores, cerrando la puerta a los «oradores», que, a su juicio, no eran menos originales y creadores que aquéllos (me imagino que lo decía en serio).

Cuando asumió la jefatura del partido que fundó Haya de la Torre, el APRA estaba dividida y, probablemente, en un proceso largo de extinción. Él la resucitó, la volvió muy popular y la llevó al poder, algo que nunca consiguió Haya, su maestro y modelo. Y uno de sus mejores méritos fue el haber aprendido la lección de su desastroso primer gobierno, en el que sus planes intervencionistas y nacionalizadores destruyeron la economía y empobrecieron al país mucho más de lo que estaba. Advirtió que el estatismo y el colectivismo eran absolutamente incompatibles con el desarrollo económico de un país y, en su segundo mandato, alentó las inversiones extranjeras, la empresa privada, la economía de mercado. Si, al mismo tiempo, hubiera combatido con la misma energía la corrupción, habría hecho una magnífica gestión. Pero en este campo, en vez de progresar, retrocedimos, aunque sin duda no al extremo vertiginoso de los robos y pillerías de Fujimori y Montesinos que, me parece, sentaron un tope inalcanzable para los gobiernos corruptos de América Latina.

¿Fue un político honesto, comparable a un José Luis Bustamante y Rivero o a Fernando Belaúnde Terry, dos presidentes que salieron de Palacio de Gobierno más pobres de lo que entraron? Yo creo sinceramente que no. Lo digo con tristeza porque, pese a que fuimos adversarios, no hay duda que había en él rasgos excepcionales como su carisma y energía a prueba de fuego. Pero mucho me temo que participaba de esa falta de escrúpulos, de esa tolerancia con los abusos y excesos tan extendidos entre los dirigentes políticos de América Latina que llegan al poder y se sienten autorizados a disponer de los bienes públicos como si fueran suyos, o, lo que es mucho peor, a hacer negocios privados aunque con ello violenten las leyes y traicionen la confianza depositada en ellos por los electores.

¿No es verdaderamente escandaloso, una vergüenza sin excusas, que los últimos cinco presidentes del Perú estén investigados por supuestos robos, coimas y negociados, cometidos durante el ejercicio de su mandato? Esta tradición viene de lejos y es uno de los mayores obstáculos para que la democracia funcione en América Latina y los latinoamericanos crean que las instituciones están allí para servirlos y no para que los altos funcionarios se llenen los bolsillos saqueándolas.

El pistoletazo con el que Alan García se voló los sesos pudiera querer decir que se sentía injustamente asediado por la justicia, pero, también, que quería que aquel estruendo y la sangre derramada corrigieran un pasado que lo atormentaba y que volvía para tomarle cuentas. Los indicios, por lo demás, son sumamente inquietantes: las cuentas abiertas en Andorra por sus colaboradores más cercanos, los millones de dólares entregados por Odebrecht al que fue secretario general de la presidencia, ahora detenido, y a otro allegado muy próximo, sus propios niveles de vida tan por encima de quien declaró, al prestar juramento sobre sus bienes al acceder a la primera presidencia: «Mi patrimonio es este reloj».

En el Perú, desde hace algún tiempo, hay un grupo de jueces y fiscales que ha sorprendido a todo el mundo por el coraje con el que han venido actuando para combatir la corrupción, sin dejarse amedrentar por la hostilidad desatada contra ellos desde la misma esfera del poder al que se enfrentan, investigando, sacando a la luz a los culpables, denunciando los malos manejos de los poderosos. Y, afortunadamente, pese al silencio cobarde de tantos medios de información, hay también un puñado de periodistas que sostienen la labor de aquellos funcionarios heroicos. Éste es un proceso que no puede ni debe detenerse porque de él depende que el país salga por fin del subdesarrollo y se fortalezcan las bases de la cultura democrática, para la cual la existencia de un Poder Judicial independiente y honesto es esencial. Sería trágico que en la comprensible emoción que ha causado el suicidio de Alan García, la labor de aquellos jueces y fiscales se viera interrumpida o saboteada, y los contados periodistas que los apoyan fueran silenciados.

Madrid, abril de 2019

7. La masacre de Uchuraccay*

* El extraño asesinato de ocho periodistas en la población de Uchuraccay mientras investigaban los asaltos de Sendero Luminoso animó al presidente Belaúnde Terry a convocar a un grupo de intelectuales, con Mario Vargas Llosa a la cabeza, para que investigara lo ocurrido. Además del informe final, aquí presentamos algunas de las piezas periodísticas que el autor escribió en respuesta al interés internacional que suscitó el caso y a las polémicas que despertaron los hallazgos. *(N. del E.)*

Informe sobre Uchuraccay*

Lima, marzo de 1983

Señor arquitecto
Fernando Belaúnde Terry
Presidente constitucional del Perú
Presente.

Señor presidente:

En cumplimiento con el encargo que usted nos confiara —«llevar adelante las investigaciones que juzgue convenientes y emitir un informe sobre los antecedentes, los hechos y consecuencias que tuvieron lugar en la comunidad de Uchuraccay, ocasionando la muerte de ocho miembros del periodismo nacional»—, nos honra entregarle, en el plazo previsto, el siguiente informe, que resume nuestras investigaciones sobre el trágico suceso.

El informe está dividido en cuatro partes. La primera, bajo el título «Cómo fue», reconstruye, con la mayor objetividad posible, los preparativos de la expedición de los periodistas, el itinerario e incidencias de su recorrido, el suceso mismo y los acontecimientos inmediatamente posteriores a él. En la segunda parte —bajo el título de «Por qué fue»—, el informe expone el contexto político, social, psicológico e histórico que, a juicio de la comisión, es imprescindible para entender cabalmente lo ocurrido.

La tercera parte comprende los informes de los antropólogos doctores Juan Ossio, Fernando Fuenzalida y Luis Millones, del jurista doctor Fernando de Trazegnies, del psicoanalista doctor Max Hernández, y de los lingüistas doctores Rodolfo Cerrón y Clodoaldo Soto, quienes —al igual que el licenciado Ricardo Val-

---

* Este informe lo redactó Mario Vargas Llosa, después de haber discutido y aprobado el contenido con los otros miembros de la Comisión Investigadora y con sus asesores. *(N. del E.)*

derrama—, en gesto que los enaltece, aceptaron asesorar a la Comisión Investigadora en el curso de su trabajo y cuyos consejos, opiniones y conocimientos fueron para nosotros de invalorable ayuda. La comisión desea subrayar, sin embargo, que las conclusiones del informe son exclusiva responsabilidad de sus tres miembros y que de ningún modo comprometen a estos distinguidos intelectuales, cuya competencia, vocación de servicio, probidad y generosidad queremos agradecer públicamente. La cuarta parte consta de las versiones grabadas y mecanografiadas de las informaciones que recibió de cuarenta y dos personas (o grupos de personas) y de la comunidad de Uchuraccay, de los documentos que le fueron entregados y de las fotografías tomadas en el curso de su investigación por el señor Roger Reyna, asesor gráfico de la comisión, designado por la Asociación de Reporteros Gráficos del Perú.

La comisión quiere agradecer la ayuda y colaboración recibidas por parte de múltiples instituciones y personas. Con muy escasas excepciones —de hecho, apenas tres—, todos los ciudadanos solicitados accedieron a proporcionarnos informaciones o nos suministraron documentación gráfica y escrita, o —en el caso de las autoridades— nos permitieron examinar materiales, algunos de carácter reservado —como partes operacionales y documentación de inteligencia—, sin los cuales nuestro trabajo hubiera sido materialmente imposible. La comisión desea destacar el hecho de gran significación democrática de que, acaso por primera vez en la historia de la República, civiles y militares, miembros del Gobierno y de la oposición, funcionarios y simples particulares aceptan comparecer ante una comisión independiente, desprovista de toda competencia judicial o policial, sin poderes coactivos de ninguna clase, y cuya única razón de ser ha sido contribuir al esclarecimiento de una verdad que reclamaban urgentemente la conciencia nacional y la opinión pública del resto del mundo.

A fin de que usted, señor presidente, y nuestros compatriotas puedan medir con exactitud el grado de certeza y convicción, o de incertidumbre y duda, a que la comisión ha llegado sobre cada uno de los hechos expuestos, utilizamos en este informe estas tres categorías para calificar a cada uno de los hechos, interpretaciones o documentos a que nos referimos: convicción absoluta, para asuntos que a juicio de la comisión resultan incontrovertibles y fehacientes; convicción relativa, para hechos que, aunque a juicio de la comisión parecen muy probables y posibles, adolecen, sin embargo, de una cierta oscuridad o inseguridad; y convicción dudosa, para asuntos que admiten interpretaciones distintas e igualmente persuasivas o que, a pesar de sus esfuerzos, a la comisión no le ha sido posible comprobar, rectificar o descartar.

CÓMO FUE

1. ¿CÓMO, DÓNDE, CUÁNDO Y ENTRE QUIÉNES SE PREPARÓ EL VIAJE DE LOS PERIODISTAS?

La comisión ha llegado a la convicción absoluta de que la expedición se decidió de manera definitiva el día martes 25 de enero y de que en su gestación fue decisiva la llegada a Ayacucho, en el avión procedente de Lima, esa misma mañana, del reportero gráfico de la revista *Oiga*, Amador García. Esto no significa que por primera vez consideraran sus colegas la idea del viaje al interior del departamento. Éste estaba en el aire, era una ambición compartida por muchos de los enviados especiales, corresponsales y periodistas de Ayacucho desde que las autoridades habían dado a conocer —el 23 de enero— la muerte de varios senderistas en las comunidades de las alturas de Huanta (y, más precisamente, en la comunidad de Huaychao).

La noticia de la muerte de senderistas a manos de los comuneros de Huaychao había sido recibida con cierto escepticismo por algunos hombres de prensa. Para otros, que carecían de opinión pública o presunción ideológica, la posibilidad de comprobar o desmentir el hecho, o de ilustrarlo y ampliarlo con datos precisos, constituía un poderoso incentivo. Sin embargo, el proyecto del viaje a Huaychao —única localidad donde la información oficial indicaba hasta entonces (incorrectamente, como se verá) choques de comuneros con terroristas— no prosperó antes del martes 25, probablemente por las dificultades materiales que entrañaba el llegar a una localidad tan remota y acaso por la opinión del periodista Luis Antonio Morales —corresponsal del *Diario de Marka* en Ayacucho—, quien asegura haber desanimado a sus colegas del

341

proyecto, por considerar que el viaje a Huaychao era demasiado largo y riesgoso. (La comisión tiene la *convicción relativa* de que este testimonio es cierto).

Pero el entusiasmo voluntarioso de Amador García resucita el proyecto, contagia a sus colegas y la expedición se decide en unas cuantas horas, entre la mañana y la tarde del martes.

Los planes y preparativos se inician febrilmente esa misma mañana, en el Hostal Santa Rosa, con la participación entusiasta de los periodistas: Jorge Sedano de *La República*, Eduardo de la Piniella y Pedro Sánchez del *Diario de Marka*, de Willy Retto y Jorge Luis Mendívil de *El Observador* y de otros periodistas que luego, por diversos motivos, desistirían de viajar, como Jorge Torres de la revista *Gente* y Javier Ascuez de *El Comercio* de Lima.

La comisión ha llegado a la *convicción absoluta* de que el viaje no fue preparado de manera secreta, sino a la luz pública, y que su objetivo —llegar a Huaychao para verificar la muerte de senderistas por los comuneros— fue objeto de discusión y comentarios entre participantes y diversos testigos, dentro y fuera del Hostal Santa Rosa, en el curso del día martes. La comisión está informada, por ejemplo, de que al comenzar la tarde del martes, Amador García buscó y propuso que se uniera a la expedición al corresponsal del Canal 5 y de la revista *Oiga* en Ayacucho, Mario Cueto Cárdenas, quien declinó hacerlo por compromisos de trabajo.

2. ¿SIGNIFICA ESTO QUE LAS AUTORIDADES DE AYACUCHO CONOCIERON CON ANTELACIÓN LOS PLANES DEL VIAJE?

Las autoridades de la Zona de Emergencia de mayor jerarquía, como el general Clemente Noel, jefe de la zona político-militar, el jefe de la Guardia Civil, coronel Pedro Benavides, y el coronel Víctor Pizarro de los Santos, jefe de la PIP en Ayacucho, afirman enfáticamente que ninguno de ellos tuvo conocimiento previo del viaje que se preparaba. La comisión ha llegado a la *convicción relativa* de que esto es verdad. El ligero margen de duda nace de un testimonio contradictorio e inverificable surgido al respecto: la revista *Oiga*, por intermedio del periodista Uri Ben Schmuel, llamó por teléfono, en Lima, el martes 25 a las 7:00 a. m., al comandante

Eulogio Ramos, asesor de Comunicaciones del Ministerio del Interior, para comunicarle el viaje de Amador García y su intención de ir hasta Huaychao, solicitándole facilidades y protección. El comandante Ramos ofreció hacer la respectiva gestión con la 9.ª Comisaría de Ayacucho de inmediato y por teléfono, pero, según su testimonio, no la hizo ese mismo día debido a un desperfecto que interrumpió las comunicaciones con Ayacucho, por lo cual sólo envió un radiograma a la 9.ª Comandancia en la mañana del día miércoles (es decir, cuando la expedición ya había partido) pidiendo facilidades para Amador García, sin especificar la naturaleza de la misión que éste pretendía llevar a cabo. Ahora bien, según el coronel Pedro Benavides el radiograma nunca llegó a la 9.ª Comisaría, ni Amador García se presentó en ella.

La comisión no descarta la posibilidad de que funcionarios y subordinados de menor jerarquía hayan tenido oídas del viaje que se preparaba —sobre todo teniendo en cuenta que en el Hostal Santa Rosa se albergaban, al igual que muchos periodistas, funcionarios de la PIP— pero sin concederle mayor importancia ni comunicarlo a las máximas autoridades. Funda estas suposiciones en que, en anteriores ocasiones, otras expediciones —acaso tan alejadas y peligrosas como ésta— fueron emprendidas por periodistas, más o menos de la misma manera, sin que esto pareciera inquietar mayormente a las autoridades ni las indujera a tomar providencias particulares. La comisión se refiere, por ejemplo, a dos viajes fuera de Ayacucho, de los periodistas del *Diario de Marka*, Pedro Sánchez y Gerardo Torres, y de éste y Severo Guaycochea, a lugares donde se habían producido choques armados y que podían, por lo tanto, ser tenidos como inseguros.

3. Antes de la partida

El chofer Salvador Luna Ramos, quien ya había prestado servicios con su automóvil a algunos de los periodistas concertados para el viaje, es requerido por primera vez para los fines de la expedición el martes 25 antes del mediodía. Un grupo, entre los que él recuerda a Jorge Sedano y a Amador García, le habla vagamente de un viaje hasta Yanaorco, le pide una tarifa y queda en confirmarle

343

el contrato ese mismo día. En ese momento, asegura Luna Ramos, los periodistas no mencionaron su propósito de ir hasta Huaychao, ni tampoco esa tarde, a las cinco, cuando volvieron para confirmarle el viaje hasta Yanaorco —donde se encuentra la torre de microondas atacada varias veces por Sendero Luminoso— y entregarle el anticipo de quince mil soles, la mitad de los treinta mil con que cerraron el acuerdo. Salvador Luna conviene en recoger a los periodistas en el Hostal Santa Rosa a las cinco de la madrugada.

Los preparativos del viaje son muy intensos toda la tarde del martes. De la Piniella consigue un mapa, que es estudiado por los expedicionarios en una mesa del hostal. Esa tarde se incorporan al proyecto dos periodistas ayacuchanos, Félix Gavilán y Octavio Infante, cuya participación —sobre todo la de este último— es decisiva para establecer el itinerario del viaje. En efecto, el director del diario *Noticias* tiene su madre y su familia materna —los Argumedo— en Chacabamba, pequeña localidad situada en las faldas de las montañas en cuyas punas se encuentran las comunidades iquichanas de Huaychao y de Uchuraccay. De acuerdo con la sugerencia de Infante, los periodistas deciden viajar por la carretera de Tambo hasta un punto, vecino a la laguna de Tocto —Toctococha— y muy próximo a Yanaorco, desde donde marcharían a pie hasta Chacabamba, para solicitar allí la ayuda y guía del medio hermano de Infante, Juan Argumedo, hombre de la región y quien podía conducirlos hasta Huaychao.

Algunos de los periodistas dedican la tarde del martes a hacer compras —adquieren zapatillas, chompas, plásticos para la lluvia— y dos de ellos se van luego al cine. Todo indica que, aunque sin duda hay en los expedicionarios excitación, impaciencia, ansiedad por el viaje, ninguno de ellos sospecha el gravísimo riesgo que se disponen a correr, ni tienen, por tanto, el menor atisbo de lo que está ocurriendo en las comunidades iquichanas de las alturas de Huanta en esos mismos instantes.

4. La partida de Ayacucho

El chofer Salvador Luna Ramos se presentó en el Hostal Santa Rosa a las 5:20 de la mañana del día miércoles. Lo recibió, ya des-

344

pierto, Jorge Sedano, quien se mostraba animoso y de excelente humor. El contrato de la víspera había sido hecho para siete periodistas, pero esa madrugada Sedano dijo al chofer que viajarían ocho.

Unos diez minutos después, los periodistas parten del Hostal Santa Rosa. Los despide Jorge Torres, de *Gente*, quien ha decidido no acompañarlos y a quien ellos gastan algunas bromas. El buen humor será la nota dominante de los viajeros hasta que, un par de horas después, abandonen el taxi.

Del hostal se dirigen a la calle Bellido en busca de Infante. Luego se detienen en el óvalo de Magdalena para que los periodistas compren cigarrillos, leche, galletas y otras provisiones.

Cuando el taxi deja atrás la ciudad de Ayacucho son aproximadamente las 6:30 de la mañana.

5. ¿PASARON CONTROLES POLICIALES DURANTE EL VIAJE?

Los viajeros pasaron un solo control, a la salida de Ayacucho: la barrera policial de la Magdalena. Este control fue más simbólico que real. El chofer apenas sobreparó, dentro de cierta congestión de vehículos, y, al acercarse el guardia, los pasajeros se identificaron como periodistas, enseñando los carnets, que aquél ni examinó ni registró, limitándose a decir: «Pasen». (La Comisión Investigadora ha comprobado, en el curso de sus desplazamientos fuera de la ciudad de Ayacucho, lo superficiales, para no decir inútiles, que son estas operaciones de control carretero. Ha comprobado, también, que entre Ayacucho y el lugar donde los periodistas se apearon del taxi, no existe ninguna otra garita de control. Las afirmaciones de ciertos diarios según los cuales hay una barrera policial a la altura de Yanaorco no tienen fundamento, pues la torre, aunque se divisa desde la carretera, se halla a unos dos kilómetros, en una cumbre a la que se llega por un desvío que los periodistas no tomaron). La comisión ha llegado a la *convicción absoluta* de que las autoridades de la Zona de Emergencia, por lo tanto, no pudieron ser informadas del desplazamiento y destino de los periodistas en el transcurso del viaje.

6. ¿Estaba ya definido el objetivo del viaje?

El chofer Luna Ramos asegura que fue contratado por los periodistas para llevarlos hasta Yanaorco y que sólo en el camino, por sus conversaciones, se enteró de que se proponían llegar a la comunidad de Huaychao. La Comisión Investigadora tiene la *convicción relativa* de que este testimonio es fiel.

Asimismo, los periodistas parecen haber viajado, también, con la intención de comprobar si la torre de microondas de Yanaorco había sido volada por Sendero Luminoso, pues, al divisarla indemne, exclamaron: «Nos engañaron». Pero sus datos tenían base: los despachos militares indican que en la noche del 22 de enero hubo un atentado contra la torre.

7. Desayuno en Pacclla

Antes de llegar a Yanaorco, los viajeros habían hecho un alto en el caserío de Pacclla, a las 7:30 aproximadamente, para tomar desayuno. Toda la hora de viaje que llevaban había sido festiva y cordial: intercambiaban chistes, burlas y, por ejemplo, decían a De la Piniella que llevaba una casaca verde, que vestido así podía ser confundido con un «terruco» o con un «sinchi».

En el pequeño caserío de Pacclla se detuvieron a tomar un caldo de gallina. Mientras los periodistas desayunaban, el chofer fue a llenar una galonera de agua a un riachuelo vecino. Cuando regresó, los periodistas estaban tomándose fotografías y uno de ellos, Willy Retto, se subió incluso a una roca para tener una buena perspectiva del grupo. En Pacclla permanecieron acaso hasta una media hora.

Al llegar a la altura de Yanaorco, los periodistas divisan la torre intacta y proponen al chofer del taxi que los lleve hasta allá, enrumbando por el desvío. Pero Luna Ramos se niega a hacerlo, por lo accidentado del terreno y porque, como la torre ha sido víctima de varios atentados, lo supone riesgoso. Esta negativa no importa mucho a los viajeros que piden al chofer avanzar un poco más por la carretera, pasar la laguna y detenerse unos setecientos metros más allá, en un punto que la Comisión Investigadora ha identificado y desde el cual emprenderán la ruta, a pie, hasta Chacabamba, en pos de Juan Argumedo. Aunque esta trayectoria no es un camino, sino una trocha incierta, la Comisión Investigadora ha recogido testimonios según los cuales los hombres de la región acostumbran tomar ese atajo, a través de la puna, para dirigirse a Chacabamba, o Balcón o Miscapampa, sin necesidad de llegar primero hasta Tambo, con lo que ahorran por lo menos una hora de viaje. Los ocho periodistas descendieron en ese punto desolado de la ruta entre las 8:00 y las 8:30 de la mañana, cancelaron a Salvador Luna los quince mil soles que le debían y comenzaron la marcha, guiados por Infante, quien había hecho con anterioridad ese camino. Tenían frente a ellos un escarpado cerro que vencer antes de divisar las viviendas de los Argumedo.

8. La caminata hasta Chacabamba

Debió tomarles unas dos horas y fue, para algunos de ellos —como Jorge Sedano, que era gordo y tenía cincuenta y dos años—, agotadora. Es preciso subrayar que, a la distancia —unos seis kilómetros— se añadía el hecho de lo abrupto del terreno —las continuas subidas y bajadas— y la altura, que por momentos superaba los cuatro mil metros.

9. En Chacabamba, donde la familia Argumedo

A eso de las 10:30 de la mañana, la señora Rosa de Argumedo —madre de Juan Argumedo y de Octavio Infante—, que estaba pastoreando a sus animales por los alrededores, es la primera en ver a los periodistas, acercándose a campo traviesa. Su emoción es muy viva al reconocer entre los recién llegados a su hijo Octavio, quien —según el testimonio de su hermana materna Juana Lidia Argumedo García— no había venido a Chacabamba hacía por lo menos un año. Conmovida, la señora Rosa se echó a llorar.

10. ¿Sabía la familia Argumedo de la venida de los periodistas?

Según el testimonio de Juana Lidia —al que, al igual que al de la señora Rosa de Argumedo y al de Julia Aguilar de Argumedo, la comisión le concede en esto *convicción absoluta* de veracidad— Octavio Infante se sorprende, al llegar a Chacabamba, de que su otro medio hermano, José Argumedo, no hubiera prevenido a la familia de su venida. Presumiblemente, en Ayacucho, Infante había encargado a José desde la víspera adelantarse a Chacabamba para alertar a la familia de su llegada, pero José aún no había asomado por el lugar, de modo que la aparición de Octavio Infante y los demás fue, para los Argumedo, una sorpresa.

11. Los periodistas en Chacabamba

Los viajeros no permanecen más de un cuarto de hora en Chacabamba. Están sedientos y exhaustos, sobre todo Jorge Sedano, y la señora Rosa les prepara una limonada que ellos mismos endulzan con el azúcar de sus provisiones.

Juan Argumedo se encontraba, al llegar el grupo, cortando unas tablas en el aserradero. Se une a los periodistas, que están tomando algunas fotos, y su hermano Octavio le pide ayuda en nombre de los viajeros: una mula para Sedano y un caballo para cargar maletines y provisiones. Asimismo, Octavio pide a Juan que, como él conoce la ruta hacia Huaychao, les sirva de guía. Los periodistas indican en todo momento que su objetivo es Huaychao, situado unos ocho kilómetros después de Uchuraccay.

Según la señora Julia de Argumedo su esposo muestra cierta reticencia a ir a Uchuraccay mismo, por las muertes de senderistas ocurridas en las alturas, y por eso se ofrece a llevarlos sólo hasta Huachhuaccasa, una elevación próxima a Uchuraccay. Desde allí, dice, regresará a Chacabamba trayéndose de vuelta las cabalgaduras prestadas.

Los periodistas pensaban que podrían regresar esa misma noche a pernoctar a Chacabamba, y, por eso, Octavio Infante pide a su madre, doña Rosa, que le prepare una cama con mantas donde cobijarse. Pero ella conoce la distancia que hay hasta Huaychao y deduce que los periodistas tendrían que pasar la noche en Uchuraccay. Para esa eventualidad, la señora Rosa les da el nombre de una conocida suya de la comunidad, doña Teodora viuda de Chávez, nombre que el periodista Félix Gavilán apunta.

12. ¿ERAN CONSCIENTES LOS PERIODISTAS Y LA FAMILIA ARGUMEDO DEL RIESGO QUE CORRÍAN AL EMPRENDER ESTA ETAPA DEL VIAJE?

La comisión tiene la *convicción absoluta* de que los ocho periodistas emprendían esta nueva etapa sin la menor alarma, ignorantes del riesgo que corrían, y confiados en que su condición de periodistas los protegería en caso de cualquier emergencia.

Esta convicción no es *absoluta* sino *relativa* en lo que concierne al hombre que, a partir de Chacabamba, les sirve de guía: Juan Argumedo. Es evidente que si éste hubiese tenido conciencia cabal de lo que, en esos mismos momentos, estaba ocurriendo en las comunidades de la altura, no hubiera hecho el viaje y hubiera tratado de disuadir a su hermano Octavio y a los amigos de éste de llevarlo a cabo. Ni Juan ni su familia desaconsejaron el viaje, lo que hace suponer también de su parte una cierta inconsciencia del peligro.

Aunque posible, no deja de ser sorprendente que en Chacabamba, lugar relativamente próximo a Uchuraccay y a las otras comunidades iquichanas, se desconociera la profunda perturbación, el estado de alarma y febrilidad que reinaba entre esos comuneros desde las muertes de senderistas ocurridas en los días anteriores. El linchamiento o asesinato de «siete senderistas» en Huaychao había sido dado a conocer al país el día 23 por las autoridades y esta noticia era obviamente sabida por los Argumedo. Pero, en realidad, estas muertes de reales o presuntos senderistas habían sido mucho más numerosas —alrededor de veinticinco— y habían tenido lugar, a juzgar por los partes oficiales reservados, no sólo en Huaychao, sino en otras comunidades iquichanas como Uchuraccay, donde los comuneros habían matado a cinco senderistas.

Que Juan Argumedo tenía cierta noción del riesgo que corría parece evidenciarse en su decisión de servirles de guía sólo hasta Huachhuaccasa y no hasta el mismo Uchuraccay. También es posible que esto, más que temor, fuera una vaga aprensión o la simple necesidad de regresar a Chacabamba los animales prestados. En todo caso, Juan Argumedo indicó a su familia que estaría de vuelta ese mismo día.

13. La partida hacia Uchuraccay

Los testimonios de la familia Argumedo coinciden en señalar que el grupo, al partir de Chacabamba, pese a la fatiga por el reciente recorrido, se muestra jovial —siguen intercambiando bromas entre ellos— y optimista. En casa de Juan Argumedo, algo más adelantada que la de la señora Rosa, se detienen a tomar un vaso de leche, mientras Juana Lidia Argumedo ensilla la mula en la cual se encarama con cierta dificultad —pues, según dijo, no sabía montar— Jorge Sedano. En la otra cabalgadura se aseguran los maletines y provisiones. Antes de partir, Eduardo de la Piniella se interesa por las condiciones en que viven los Argumedo en ese paraje apartado —¿dónde estudian los niños de doña Juana?, por ejemplo— y, en agradecimiento por la hospitalidad recibida, reparten unas galletas entre la madre, la esposa y la hermana del guía. Julia de Argumedo ve alejarse al grupo, rumbo a la quebrada que trepa hacia las punas, y su última visión es la de su esposo halando la mula de Sedano. La hora debe situarse entre las 11:00 y 11:30 de la mañana.

14. Rumbo a Uchuraccay

La distancia entre Chacabamba y Uchuraccay son unos quince kilómetros de camino abrupto y pedregoso, entre rocas y empinadas laderas. El terreno se eleva sistemáticamente hasta sobrepasar los cuatro mil metros de altura. Es probable que el itinerario seguido por los viajeros fuera, luego de dejar Chacabamba, Jachubamba, Minas Piccho y Huachhuaccasa, límite sur de la comunidad de Uchuraccay. Los naturales llegan a franquear este recorrido en el tiempo récord de dos horas. Pero para los periodistas, venidos en su mayoría de Lima, inexpertos en desplazamientos por la alta sierra, fatigados por la caminata de la mañana, la trayectoria debió ser larga, difícil, muy penosa, pues les tomó cerca de cinco horas.

Es casi seguro que su presencia fue detectada por comuneros de Uchuraccay —pastores casuales con sus rebaños o vigías especialmente apostados para señalar la llegada de extraños— cuando se hallaban en pleno tránsito hacia la comunidad.

15. El ataque

La comisión ha llegado a la convicción absoluta de que los comuneros que se encontraban en ese momento en Uchuraccay —y que eran tanto miembros de esa comunidad como, posiblemente, de otras comunidades iquichanas— confundieron a los nueve forasteros que se aproximaban con un destacamento de senderistas que venía, sin duda, a escarmentarlos por el linchamiento de varios de los suyos perpetrado en esa misma comunidad en los días anteriores. Esta operación de represalias era temida y esperada en las comunidades iquichanas que habían matado senderistas y mantenía a los comuneros en un estado de ánimo sobresaltado, medroso y furibundo a la vez, como atestiguan los periodistas Gustavo Gorriti y Óscar Medrano de *Caretas* —que llegaron a la mañana siguiente a la localidad vecina de Huaychao— y las señoras Rosa de Argumedo, Julia de Argumedo y Juana Lidia Argumedo, que llegaron, también a la mañana siguiente, a Uchuraccay en busca de Juan Argumedo. Este estado de ánimo excepcional, exacerbado por una suma de circunstancias sobre las que la segunda parte de este informe se explaya considerablemente, es, a juicio de la comisión, un factor que debe ser considerado como primordial para entender lo que ocurrió.

La comisión tiene la *convicción relativa* de que los periodistas debieron ser atacados de improviso, masivamente, sin que mediara un diálogo previo, y por una multitud a la que el miedo y la cólera, mezclados, enardecían y dotaban de una ferocidad infrecuente en su vida diaria y en circunstancias normales. La comisión llega a esta conclusión considerando el hecho de que tres de los periodistas hablaban quechua —Octavio Infante, Félix Gavilán y Amador García— y quienes, de haber tenido un diálogo con los comuneros, hubieran podido revelar su identidad, explicar su objetivo e intenciones y desarmar la desconfianza y hostilidad de sus atacantes. Pero la comisión no puede descartar, tampoco, que este intento de diálogo se produjera y fuese inútil debido al exceso de suspicacia, pánico y furor de los comuneros o a alguna imprudencia o error en el curso de la conversación por parte de los periodistas que agravase el malentendido en vez de disiparlo.

16. ¿LLEVABAN LOS PERIODISTAS UNA BANDERA ROJA?

En todo caso, la comisión tiene la *convicción absoluta* de que la acusación según la cual los periodistas se habrían presentado a Uchuraccay enarbolando una bandera roja y dando mueras al Gobierno y a los «sinchis» —acusación que hacen, unánimes, los comuneros de Uchuraccay— no tiene validez alguna ni resiste al más somero análisis. Todos los testigos, colegas o familiares, de la gestación y peripecias del viaje niegan categóricamente que alguno de los periodistas hubiera tenido consigo una bandera roja, o hubiese considerado jamás la posibilidad de llevarla, y es obvio que no se ve cuál hubiera podido ser la razón por la cual los periodistas hubieran acarreado consigo un objeto que sólo habría servido para traerles dificultades y riesgos con las patrullas de las fuerzas del orden o con los propios comuneros que, según las noticias oficiales, acababan de tener enfrentamientos con los senderistas. La única bandera en poder de los periodistas, según los informes recibidos por la comisión, era una sábana blanca, doblada y guardada por la esposa de Félix Gavilán en la bolsa de éste, y que el periodista ayacuchano decidió llevar para usarla como enseña de paz en caso de alguna situación de alarma que pudiera presentarse en el viaje.

17. ¿Qué explicación tiene, entonces, la acusación hecha a los periodistas por los comuneros de Uchuraccay de haberse presentado en la comunidad con una bandera roja?

Esta acusación la formulan los comuneros ante el teniente 1.º AP Ismael Bravo Reid, jefe de la patrulla mixta de guardias civiles e infantes de Marina que llega a Uchuraccay el viernes 28 a eso de las nueve de la noche, a quien comunican que han dado muerte a ocho supuestos terroristas y a quienes entregan la bandera roja, un teleobjetivo, doce rollos de películas —que resultarían sin usar— y algunas prendas de las víctimas. La acusación de la bandera la repiten los comuneros —aunque con contradicciones, señalando unos que la llevaban enarbolada y otros que la tenían en una maleta— en la mañana del domingo, al periodista de *Marka*, Luis Antonio Morales, en unas entrevistas grabadas que, luego de cuidadosa evaluación, la comisión ha llegado a la *convicción absoluta* de que son auténticas, y, finalmente, la reafirma unánimemente la comunidad de Uchuraccay ante la Comisión Investigadora en el cabildo abierto celebrado allí el lunes 14 de febrero.

Sin embargo, la esposa, la madre y la hermana de Juan Argumedo, que corren a Uchuraccay en la mañana del jueves 27 de enero —es decir, pocas horas después de la tragedia—, que permanecerán detenidas por la comunidad cerca de veinticuatro horas, y a quienes los comuneros confiesan haber dado muerte a un grupo de terroristas, no oyen en ningún momento semejante acusación. La comisión ha llegado a la *convicción relativa* de que el cargo de que los periodistas llevaban una bandera roja fue producto de una decisión adoptada por la comunidad, en el curso de ese día jueves o del siguiente, como una justificación o coartada de la terrible confusión que les hizo tomar a los periodistas por senderistas.

18. ¿En qué momento advirtieron los comuneros el error de que habían sido víctimas?

Sobre este punto la comisión carece de testimonios directos, por la resistencia total de los comuneros de Uchuraccay a entrar en detalles concretos sobre los sucesos, y estas hipótesis, que presenta con carácter de *dudosas*, han sido elaboradas a partir de la mera evidencia interna.

La primera posibilidad es que los comuneros —los más lúcidos entre ellos— sospecharan o advirtieran el error inmediatamente después de la matanza, al comprobar que sus víctimas no estaban armadas sino de inofensivas cámaras fotográficas.

También es posible que el malentendido se disipara con la captura de Juan Argumedo, quien, según varios indicios, no se encontraba con los periodistas en el instante de la matanza. Las primeras informaciones recogidas por sus tres familiares, al llegar a Uchuraccay a la mañana siguiente, indican que Argumedo se había quedado atrás, probablemente en el cerro de Huachhuaccasa, y que, al advertir el ataque a los periodistas, intentó huir en la mula. Fue perseguido por comuneros montados a caballo y alcanzado —según le refirió la comunera Roberta Huicho a la señora Rosa de Argumedo— a la altura de Yuracyaco (o Ruyacyaco), donde se le hizo prisionero. Es perfectamente plausible que a través de Juan Argumedo, quien, según diversos testimonios, permaneció prisionero de los comuneros en las horas siguientes a su captura, comprendieron éstos en toda su magnitud la equivocación que habían cometido.

En todo caso, no hay ninguna duda que la llegada a Uchuraccay, el jueves en la mañana, de Rosa de Argumedo, Juana Lidia Argumedo y Julia de Argumedo saca definitivamente a los comuneros de su error si aún albergaban dudas al respecto. La mejor prueba de ello es que, para soltarlas en la tarde del viernes, y luego de haber sido testigos de un «ajusticiamiento» —o juicio público— en la casa comunal de Uchuraccay, en el curso del cual las tres mujeres vieron cómo los comuneros «juzgaban» a trece prisioneros traídos de distintas comunidades iquichanas y acusados todos de ser senderistas o cómplices de éstos, la comunidad las hace jurar solemnemente, ante una vara con crucifijo —la vara del alcalde mayor—, que guardarán el más absoluto secreto sobre todo lo que han visto y oído desde que pisaron la comunidad. En ese juicio público, en la casa comunal de Uchuraccay, en el que participaron muchos comuneros venidos de diversas comunidades iquichanas —tantos que la señora de Argumedo llega a asegurar que había «varios miles», lo que a todas luces parece exagerado—, uno de los prisioneros es el teniente gobernador de Iquicha, a quien mantienen atado por el cuello con una bandera roja. Este hombre está acusado de haber izado esa bandera roja en su comunidad o de haber amparado el izamiento. Ha sido traído desde allá hasta Uchuraccay, muy maltratado. Los *varayocs* de Uchuraccay muestran esa bandera roja a la señora Rosa de Argumedo y le dicen: «Ésta es, pues, la bandera de los terroristas».

Es la única bandera roja que hay en Uchuraccay, según todas las apariencias. Y cuando, al anochecer del día siguiente, la patrulla del teniente 1.º Bravo Reid llegue al pueblo, los comuneros le entregarán una sola bandera roja, asegurando que estaba en poder de los periodistas. La conclusión que de todo ello se desprende tiene, a juicio de la comisión, fuertes visos de realidad. Los comuneros, para dar mayor asidero a su tesis de haber dado muerte a un grupo de ocho senderistas, ponen en manos de éstos —con el agregado inverosímil de los vítores a Sendero y los mueras a Belaúnde y a los «sinchis»— la bandera roja que flameó en Iquicha y que sirvió de collar al prisionero de esa comunidad.

19. ¿QUIÉNES EJECUTARON LA MATANZA?

La Comisión Investigadora ha llegado a la *convicción absoluta* de que el asesinato de los periodistas fue obra de los comuneros de Uchuraccay, posiblemente con la colaboración de comuneros de otras comunidades iquichanas, sin que, en el momento de la matanza, participaran en ella fuerzas del orden.

La comisión ha descartado, como falta de toda veracidad, la versión propalada por algunos diarios según la cual «un forastero trigueño, que hablaba castellano, dirigió la masacre». Tal afirmación es una recreación antojadiza y poco menos que fantástica del testimonio de Juana Lidia Argumedo, quien, cuando estuvo prisionera en Uchuraccay, vio en efecto a un joven de estas características, que fue amable con ella, le dirigió unas palabras de consuelo y disuadió a otros comuneros que pretendían lincharla como terrorista. Este joven era un mero espectador de lo que en esos momentos ocurría en Uchuraccay y no tenía ni autoridad ni intervención alguna en la ceremonia de «ajusticiamiento» —o juicio público— que los *varayocs* iquichanos llevaban a cabo con los prisioneros acusados de cómplices de los senderistas.

En un primer momento, Juana Lidia tomó a este joven como un forastero. Pero luego, su ahijado Lucio Gavilán, comunero iquichano —y quien defendió tenazmente a las Argumedo en el momento de ser «ajusticiadas» (juzgadas) por los comuneros—, enmendó su error y le hizo saber que el supuesto forastero era, en verdad, también un iquichano, de la comunidad de Puquia.

La comisión ha llegado también a la *convicción absoluta* de que los periodistas fueron asesinados porque los comuneros los creyeron terroristas y sin sospechar su verdadera condición.

Ha llegado a la *convicción absoluta* de que la decisión de dar muerte a los terroristas de Sendero Luminoso no fue súbita ni contemporánea al crimen, sino tomada previamente, en dos asambleas, con participación de varias y acaso de todas las comunidades de la familia étnica de Iquicha, exasperada por los abusos y exacciones (sobre todo robos, aunque en Uchuraccay señalan también el caso de dos campesinos asesinados por los terroristas y de otros heridos) de que habían sido víctimas en días y semanas anteriores por parte de Sendero Luminoso. (Sobre este punto, la segunda parte del informe se extiende largamente).

20. ¿Hubo instigación o aprobación de esta decisión por parte de las fuerzas del orden?

La Comisión Investigadora ha llegado a la *convicción absoluta* de que en la decisión colectiva, de los iquichanos en general y de los uchuraccaínos en particular, de matar a los terroristas que se acercaran a su territorio, jugó un papel importante, y acaso decisivo, la seguridad de los comuneros de que tenían autorización para actuar así por parte de la autoridad representada por los «sinchis».

En todos los testimonios ofrecidos por la comunidad aparece, transparente, esta seguridad. Las Argumedo los oyen decir, en su cautiverio de esa noche, que los «sinchis» les han aconsejado actuar así. Eso mismo confirman algunos comuneros en las entrevistas

356

que hace el domingo en la mañana el periodista Luis Antonio Morales y que oyen otros testigos presentes —como el fotógrafo de *La Crónica*, Virgilio Morales, que habla quechua— y, sobre todo, lo reafirman ante la Comisión Investigadora en el cabildo abierto, del 12 de febrero. Este último testimonio, y la manera como fue vertido —en el instante más dramático y tenso de la reunión—, tuvo valor persuasivo para la comisión. La afirmación de que «sinchis» venidos en helicóptero una vez, antes de los sucesos, habían dicho a los comuneros que si venían terroristas a Uchuraccay debían defenderse y matarlos, fue hecha ante la comisión por un comunero, espontáneamente. De inmediato, fue desmentida por otro, en estado de gran agitación y en un ambiente de verdadera efervescencia. Exhortados a decir la verdad, los comuneros de Uchuraccay, por intermedio del comunero mayordomo —y con la visible aquiescencia de todos los demás— corroboraron la primera versión.

21. ¿Es o ha sido una política generalizada de los «sinchis», como algunos órganos de prensa han asegurado, la de instar a las comunidades amenazadas por Sendero Luminoso a matar forasteros?

La Comisión Investigadora tiene la *convicción absoluta* de que los «sinchis» no han instigado sistemáticamente el asesinato como medida de represalia o de defensa; pero sí tiene la *convicción relativa* de que apoyaron tales acciones de manera aislada, de acuerdo a las circunstancias de la campaña que venían librando. En el caso concreto de Uchuraccay, interpreta así la versión de los comuneros: que los «sinchis» aquella vez que llegaron en helicóptero a Uchuraccay, en vez de materializar una política previamente planeada y sistemáticamente aplicada, respondieron a quienes les pedían protección contra los senderistas: «Defiéndanse y mátenlos». Aun así, esto plantea un delicado problema moral y jurídico al sistema democrático peruano sobre el que la comisión ha creído su deber pronunciarse en la segunda parte de este informe.

22. ¿Cuándo se produjo la venida de los «sinchis» en helicóptero a Uchuraccay?

Las primeras patrullas de «sinchis» llegaron a Uchuraccay, según el testimonio de la maestra Alejandrina de la Cruz, en mayo de 1981 —dos en un día—, luego retornaron en ese año a un ritmo de una vez cada dos meses. En el curso de 1982 la maestra no vio asomar por Uchuraccay a ninguna patrulla —ni oyó de los comuneros que se hubiera presentado ninguna durante sus vacaciones de verano y de Fiestas Patrias— hasta el día 18 de diciembre de 1982, en que abandonó la comunidad. De otro lado, según los comuneros, los «sinchis» vinieron en helicóptero «una sola vez». Esta visita, pues, debe situarse entre el 18 de diciembre de 1982 y el 23 de enero de 1983. En los partes operacionales de vuelo del Comando político-militar de la Zona de Emergencia no figura ni en diciembre ni en enero un vuelo específico a Uchuraccay, ni a las localidades iquichanas vecinas. Como en estos partes operacionales aparecen sólo los lugares de destino final de la misión, Uchuraccay debió ser, acaso, una simple escala, a la ida o venida de un viaje que tenía como destino otra localidad.

23. ¿Qué ocurrió con las cámaras fotográficas y el dinero de los periodistas?

Sobre el tema de la desaparición del dinero y de las cámaras de los periodistas, la comisión no logró testimonios precisos y sólo puede ofrecer algunas hipótesis, apoyadas en los hechos comprobados. Según el teniente 1.º AP Bravo Reid y el teniente GC Hugo Vidal, que encabezan la primera patrulla mixta que llega a Uchuraccay después de la muerte de los periodistas —el viernes a las 9:00 de la noche—, los comuneros, luego de informarles que han dado muerte a ocho senderistas, les entregan un teleobjetivo, unos maletines, la bandera roja, unos rollos de película y unos carnets, pero niegan saber absolutamente nada de las cámaras. En cuanto a la ropa que vestían los periodistas, dicen haberla quemado. Desde entonces, repetirán esta misma versión asegurando que todo lo que los periodistas traían lo entregaron a aquellas autoridades.

Sin embargo, es un hecho probado que los periodistas llevaban varias cámaras fotográficas y la comisión está convencida de que en el curso del viaje —tanto en el alto de Pacclla como en el de Chacabamba— las usaron. ¿Qué se hizo, pues, de las cámaras?

El hecho de que haya desaparecido con ellas el dinero de los periodistas podría sugerir la posibilidad de un latrocinio inspirado por el lucro. Pero un mero robo —por valiosas que fueran las cámaras— dentro del contexto de lo ocurrido resulta dudoso e inconvincente.

La hipótesis más plausible, a juicio de la comisión, es que los comuneros, enterados de su error, a la vez que ponían en manos de los periodistas una imaginaria bandera roja, tomaran la decisión de hacer desaparecer unas cámaras que podían muy bien delatar a algunos responsables concretos e individuales de un linchamiento que la comunidad se empeña en presentar como una acción colectiva. No se necesita gran esfuerzo de imaginación para saber que, al llegar a Uchuraccay y, más todavía, al sentirse atacados, uno o varios de los periodistas hicieron funcionar sus cámaras, reacción primera e instintiva de un reportero gráfico. ¿Están en condiciones los comuneros de Uchuraccay de identificar una cámara fotográfica y saber para qué sirve? Algunos de ellos, por lo menos, sin ninguna duda. La comisión tiene testimonios que prueban que en la comunidad hay artefactos como linternas, radios y tocadiscos a pilas. No es éste el primer caso de una sociedad en la que el primitivismo y el arcaísmo culturales pueden coexistir con el uso de ciertos productos manufacturados modernos.

Sin embargo, aunque más remota, la comisión no puede desechar enteramente la hipótesis de que las cámaras de los periodistas hayan sido requisadas por las fuerzas del orden —y más concretamente por sus servicios de inteligencia— acaso con el fin de tener, mediante el revelado de las fotografías, información inmediata de lo ocurrido.

24. ¿Cuál ha sido la suerte del guía Juan Argumedo?

A la primera patrulla que se presenta en Uchuraccay, los comuneros dicen haber matado a ocho senderistas y le muestran cuatro tumbas, donde aquéllos han sido enterrados por pares. La suerte de Juan Argumedo es rigurosamente silenciada. En el cabildo abierto que celebran el día 12 a la comisión que los interroga sobre el guía, los comuneros afirman enfáticamente no saber nada de él. Ésta es una de las preguntas que incomodan y desasosiegan más a la comunidad.

Como se ha dicho antes, hay testimonios, recogidos por los familiares de Argumedo en Uchuraccay, el jueves por la mañana, de que éste fue perseguido y capturado en Yuracyaco y llevado a la comunidad. Versiones posteriores llegadas a la misma familia y no comprobadas, dicen que Argumedo permaneció prisionero en Uchuraccay junto con un hombre de la propia comunidad, Huáscar Morales, y que ambos fueron asesinados posteriormente, acusados de proteger a un supuesto ladrón llamado Huamán. Sin embargo, el cadáver de Argumedo no ha sido hallado y el mutismo de los comuneros sobre su suerte sigue siendo total.

Tal vez este enigma no sea tan impenetrable si, adelantándonos a algunos de los temas de la segunda parte del informe, situamos el caso de Juan Argumedo dentro de su entorno social y geográfico y en el momento preciso en que accede a guiar a los periodistas hasta el cerro de Huachhuaccasa.

Un rumor difuso e inverificable, pero persistente, llegado por diversas vías a la comisión, señala a Juan Argumedo como presunto encubridor o cómplice de los senderistas. Los familiares rechazan enérgicamente este rumor, tal vez con toda justicia, pero niegan también haber visto u oído o haber sabido nada de Sendero Luminoso en Chacabamba, lo que a simple vista resulta inconcebible. Chacabamba está frente a Balcón y Miscapampa, en la desembocadura de la quebrada que baja desde San José de Secce hasta Tambo, pasando por Luricocha y Mayocc, es decir, en pleno corazón de una zona en la que, desde 1981, la presencia y las acciones de Sendero Luminoso —ataques a puestos de la Guardia Civil, asesinatos de autoridades, policías y supuestos confidentes, juicios populares, asaltos, etcétera— han sido tan numerosas y efectivas que llevaron al cierre de las comisarías de esos lugares, al éxodo prácticamente total de las autoridades civiles de la zona y —hasta la llegada de los infantes de Marina a Tambo, a mediados de enero, y el refuerzo reciente de la Guardia Civil— al abandono de toda la región a la influencia de los senderistas.

No sólo las autoridades de la Zona de Emergencia hablan de una fuerte «impregnación» subversiva en la zona en la que se halla Chacabamba. También los comuneros de Uchuraccay la califican así. En la lista de quejas que les escuchó la comisión, los comuneros explicaron sus rivalidades, roces y choques con los habitantes del valle y las comunidades de «abajo» por las aparentes simpatías y complicidades de estos últimos con Sendero Luminoso. El caso particular de Juan Argumedo puede ser diferente, tal vez, al de otros de su vecindad que, por un legítimo temor —ya que la zona había sido desertada por la autoridad— o por convicción, colaboraron con Sendero Luminoso. Pero para los hombres de las alturas, Juan Argumedo podía representar muy bien —con razón o sin ella— la prueba tangible de la llegada a Uchuraccay de esa expedición de represalias de los terroristas que esperaban. ¿Fue la persona de Juan Argumedo un factor que contribuyó al malentendido o, incluso, el que lo precipitó en un inicio? Es una hipótesis que no puede ser descartada.

De otro lado, es comprensible que, por razones de vecindad, parentesco espiritual, necesidad de continuo intercambio comercial y de tránsito por la región, los comuneros de Uchuraccay no reivindiquen el asesinato de Juan Argumedo como lo hacen con el de los otros periodistas. Reivindicarlo a la luz pública revestiría la característica de una verdadera declaratoria de guerra a los vecinos y comuneros de una zona con la que, pese a las rivalidades y animosidades que pudieran tener, están obligados a coexistir y de los que necesitan por múltiples razones. Los Argumedo tienen conocidos y parientes espirituales en las comunidades iquichanas; los comuneros de Uchuraccay comercian y recorren con sus productos la zona de Juan Argumedo. Es, sin duda, el temor de cerrarse esa salida natural y envenenar aún más de lo que están las relaciones con la zona de abajo lo que ha llevado a los comuneros de Uchuraccay a esa abolición retroactiva de Juan Argumedo en su versión de los hechos. Esta precaución, por lo demás, ha sido inútil pues desde casi inmediatamente después de los sucesos del 27 de enero, se han producido choques y encuentros violentos entre los comuneros de Uchuraccay y los vecinos de Balcón y otras comunidades del valle, en los que ambos se acusan recíprocamente de ser los provocadores.

25. ¿Quiénes son los responsables de la muerte de los periodistas?

La Comisión Investigadora ha llegado a la *convicción absoluta* de que hay una responsabilidad compartida por toda la comunidad de Uchuraccay y, sin duda, por todas las comunidades iquichanas que, reunidas en asamblea, decidieron enfrentar a los senderistas y darles muerte, en el asesinato de los periodistas, aunque sólo unos cuantos de ellos participaran en el hecho físico de la matanza. Corresponde, claro está, al Poder Judicial hacer el deslinde de responsabilidades en términos jurídicos y decidir si a las autoridades —el teniente gobernador, los *varayocs*— les cabe una culpa mayor en los sucesos y si es indispensable y pertinente extremar la investigación hasta identificar personalmente a cada uno de los que lanzaron las piedras y se encarnizaron contra las víctimas. Pero la comisión estima que, desde el punto de vista de la responsabilidad moral, esa culpa compartida colectivamente, que los comuneros no rehúyen y más bien reclaman, refleja una realidad objetiva. La decisión de matar a quien creían un enemigo fue colectiva; la ejecución pudo ser obra de algunos de ellos pero no cabe duda que los demás, si las circunstancias se lo hubieran permitido, hubieran actuado de idéntica manera.

¿POR QUÉ FUE?

La matanza de Uchuraccay no puede entenderse cabalmente, con todas sus implicaciones, si se la separa de un contexto de violencia cuyas causas inmediatas y mediatas constituyen un aspecto central de la problemática peruana.

Las causas inmediatas

1. La insurrección senderista

Entre las causas inmediatas de este contexto de violencia, que ilumina con una luz de incendio los sucesos de Uchuraccay, figura en primerísimo lugar la acción insurreccional desatada a partir de

1980 por Sendero Luminoso. A esta organización política —cuya ideología, historia, metas y praxis revolucionaria es materia del estudio del historiador y antropólogo doctor Luis Millones, que acompaña este informe— incumbe la responsabilidad de haber iniciado operaciones armadas de sabotaje y terrorismo que han causado graves daños materiales, numerosas víctimas y perturbado profundamente toda la región ayacuchana y de manera especial a las comunidades campesinas de Huanta.

Las estadísticas oficiales, hasta el 31 de diciembre de 1982, de las muertes ocasionadas por la rebelión son las siguientes:

29 guardias civiles
2 miembros de la PIP
6 guardias republicanos
1 soldado
9 autoridades civiles
71 civiles
48 senderistas

Se trata de cifras sumamente elocuentes que muestran, de manera flagrante, cómo el mayor número de víctimas no son combatientes —senderistas y fuerzas del orden— sino inocentes ciudadanos, en su gran mayoría de la clase campesina, sacrificados brutalmente en un conflicto en el que no les cupo iniciativa ni intervención alguna.

Es de público conocimiento que estas cifras han aumentado desde comienzos de año, de manera pavorosa: los ochenta civiles son ahora bastante más de un centenar y acaso el balance general se haya duplicado en el corto plazo de dos meses.

El caso de Sendero no debe ser tomado a la ligera ni desechado como un producto exógeno a la realidad peruana, artificialmente incrustado en nuestra patria por alguna potencia extranjera. Por el contrario, todos los indicios diseñan a esta facción desgajada en los años setenta de la subdivisión maoísta del Partido Comunista peruano, como un movimiento surgido en el ambiente altamente radicalizado de Ayacucho, con una interpretación del país y un programa de acción, de extremado esquematismo y rigidez dogmática, pero que ha venido aplicando con evidente consecuencia. Dentro de estos esquemas, el país «semifeudal y semicolonial» que, en su concepto, es el Perú, sólo alcanzará su liberación y accederá al socialismo a través de una guerra prolongada que, iniciada en el campo y teniendo como columna vertebral al campesinado, irá progresivamente copando las ciudades.

Al declarar esta «guerra prolongada», Sendero Luminoso eligió también unos métodos a los que se ha mantenido fiel: destrucción de torres de alta tensión, voladura de puentes, asesinato de guardias civiles, de autoridades políticas y municipales y de agricultores particulares, invasión de fundos y haciendas, juicios populares en localidades campesinas en el curso de los cuales personas consideradas hostiles o nocivas son humilladas, flageladas o ejecutadas; asaltos a comisarías, locales públicos y campamentos para apoderarse de armas, dinero y explosivos; ejecuciones de individuos considerados confidentes de las fuerzas del orden, etcétera.

No es necesario subrayar hasta qué punto dichas acciones han afectado a la población ayacuchana, en especial a las de las zonas rurales, donde tuvieron principalmente lugar, pero sí vale la pena destacar el hecho de que la suma de daños y perjuicios se abatía sobre una de las regiones más pobres y desamparadas del Perú, entre pueblos y comunidades en los que, por su extrema escasez e indefensión, las consecuencias destructivas eran aún más graves.

Pero, para el asunto que estamos tratando de esclarecer, conviene examinar más de cerca el trastorno que Sendero Luminoso significó para muchas comunidades campesinas y, en particular, para la de la provincia de Huanta.

Como se ha señalado, en el curso de 1981 y 1982, gracias a operaciones audaces y violentas, Sendero Luminoso consigue gradualmente una fuerte implantación en la parte baja de casi toda la provincia. En una actitud difícil de comprender, las autoridades asisten con indiferencia a este proceso, y en lugar de reforzar las comisarías y lugares públicos atacados dejan que éstos se cierren. La Guardia Civil clausura sus puestos de San José de Secce, de Mayocc, de Luricocha y de otros puntos, a la vez que numerosos gobernadores, tenientes gobernadores y alcaldes desertan esos lugares después de que algunos de ellos son víctimas de atentados y otros asesinados. El colapso del poder civil llega a ser casi completo en la región y la Comisión Investigadora ha podido comprobar que ésa es, todavía, la situación en la propia ciudad de Tambo, a la que aún no ha regresado ninguna autoridad civil (en cambio, el párroco, que también había huido, acaba de volver). Resulta académico preguntarse si las poblaciones campesinas así desamparadas por el poder civil vieron con simpatía la presencia de los destacamentos senderistas: es obvio que no tuvieron otra alternativa que la de acomodarse con el poder *de facto* que sustituía al poder prófugo y, de buena o mala gana, colaborar o por lo menos coexistir con él. Ésta es una de las primeras regiones que Sendero Luminoso proclama «zona liberada».

Mientras esto sucede en el valle, ¿qué ocurre en las alturas de Huanta, en esa zona fría y apartada donde se hallan diseminadas las comunidades iquichanas, entre las que figura Uchuraccay? En el estudio de los antropólogos doctores Juan Ossio y Fernando Fuenzalida que acompaña este informe se describe la naturaleza de esas comunidades y sus relaciones con las de abajo, más desarrolladas y occidentalizadas, pero se puede resumir desde ahora esta relación como difícil y áspera y sobre la que gravita una tradición de incomprensión y rivalidad.

Los esfuerzos de Sendero Luminoso por ganar para su causa a las comunidades iquichanas parecen haber sido débiles y esporádicos en 1981 y 1982. Su gran aislamiento, la dureza del clima y del terreno en que viven, su dispersión, su primitivismo, los llevaron acaso a no considerarlas un objetivo codiciable en su trabajo de adoctrinamiento o como potenciales bases de apoyo. Las zonas altas fueron utilizadas sólo como un corredor de paso que permitía a las «milicias» senderistas desplazarse de un extremo a otro del valle y la provincia con relativa seguridad y desaparecer después de llevar a cabo sus acciones armadas en Huanta, Tambo y otras localidades. Pero en esos desplazamientos, los senderistas tienen que alojarse y alimentarse en Uchuraccay, Huaychao, Iquicha, etcétera. En el curso del cabildo abierto, los comuneros acusaron ante la comisión, en repetidas oportunidades, a los terroristas de robarles sus alimentos y sus animales. Esto fue motivo de choques y fricciones y, en el curso de ellos, los guerrilleros mataron a dos comuneros uchuraccaínos: Alejandro Huamán y Venancio Aucatoma. Estos robos o cupos de alimentación tuvieron que resentir hondamente a comunidades como las de Uchuraccay, extremadamente pobres, cuyas reservas alimenticias son mínimas y cuya tierra les permite sembrar apenas papas y habas.

Pero acaso mayor efecto negativo tuvo y fue causa principal de la movilización beligerante de las comunidades iquichanas —y de las comunidades de otras regiones también— contra las «milicias», la decisión de Sendero Luminoso de aplicar, en las zonas que consideraba «liberadas», una política de «autosuficiencia» y control de la producción campesina. Las comunidades recibieron consignas de sembrar únicamente aquello que consumían, sin excedente, y de cesar todo comercio con las ciudades. ¿Perseguía esta política solamente el desabastecimiento de la ciudad o, también, ir inculcando al campesino un sistema de trabajo acorde con el abstracto modelo ideológico diseñado para la futura sociedad?

En todo caso, Sendero trató de materializar esta consigna con métodos contundentes y así, por ejemplo, a principios de enero invade y clausura la Feria de Lirio, en el punto extremo a donde había llegado la carretera de penetración a la selva, en la provincia de Huanta. Además, dinamita la carretera de manera que queda cortado el tráfico hacia aquella localidad. Además de ir a Huanta o a Tambo, los comuneros de las alturas bajaban a Lirio a vender sus magros excedentes y en esas ferias adquirían otros productos indispensables a su supervivencia o costumbres. El fin de la posibilidad de comerciar, por razones tácticas o ideológicas que obviamente les resultaban incomprensibles, debió ser sentido por las comunidades iquichanas como una intromisión que ponía en peligro su existencia. Ahora bien, en los estudios que acompañan este informe se advertirá que las comunidades iquichanas han reaccionado siempre, cuando se hallan en esta situación típica, con gran beligerancia y fiereza.

Dentro de este contexto se comprenden mejor aquellas asambleas, que deben haber tenido lugar hacia mediados de enero, en Carhuarán y en Uchuraccay —precisamente en los mismos lugares en donde en 1824 los iquichanos se reunieron para tomar la decisión de guerrear contra la naciente República y a favor de España—, en que los comuneros de las alturas de Huanta toman la determinación de enfrentarse a los senderistas (en el cabildo del 12 de febrero, los comuneros aseguran a la comisión que estaban reunidos en asamblea al llegar los periodistas). Aquella determinación es puesta en práctica, simultáneamente, en varias comunidades. Destacamentos de Sendero Luminoso y reales o supuestos colaboradores de la «milicia» son emboscados, maltratados o linchados. Los «siete senderistas» muertos en Huaychao, que el general Clemente Noel da a conocer en la conferencia de prensa del domingo 23 de enero son sólo una parte de los ejecutados por los comuneros. En Uchuraccay, el 22 de enero, son linchados otros cinco. El número de senderistas ejecutados en la zona de Iquicha, en los días que preceden a la expedición de los periodistas, se eleva aproximadamente a veinticuatro.

2. ¿Cuál es la reacción en el país al saberse la noticia de las muertes de senderistas en Huaychao?

Con una ligereza que los acontecimientos posteriores pondrían de manifiesto, autoridades civiles y militares, políticos del Gobierno y de la oposición, órganos de prensa democráticos y gran parte de la ciudadanía vio en estos linchamientos sumarios una reacción sana y lógica por parte del campesinado contra el terrorismo, un grave revés para Sendero Luminoso y una victoria para el sistema democrático (en tanto que los órganos de extrema izquierda se limitaban a poner en duda el hecho mismo de las ejecuciones y se las atribuían a «sinchis» disfrazados de campesinos).

Nadie, sin embargo, en el país, planteó, antes de la muerte de los periodistas, el grave problema jurídico y moral que esos linchamientos constituyen para un sistema democrático. En efecto, ¿pueden justificarse estos asesinatos en el principio de la legítima defensa? Aceptar o alentar a las comunidades campesinas a hacerse justicia por sus manos contra los abusos y crímenes de Sendero Luminoso significaba también socavar íntimamente el ordenamiento jurídico de la República y proveer, sin quererlo, una cobertura al amparo de la cual se podían cometer toda clase de venganzas personales, desquites regionales y étnicos, además de accidentes terribles. La matanza de los periodistas ha venido a recordar dramáticamente al país que un sistema democrático no puede olvidar jamás, ni siquiera cuando lucha por su supervivencia, que su superioridad moral sobre los sistemas autoritarios y totalitarios radica en que, en su caso, como dijo Albert Camus, son los métodos los que justifican los fines. En el caso que nos ocupa hubo una clara relajación de esos métodos sin la rectificación o amonestación correspondiente. En estas condiciones ¿cómo no hubieran sentido los comuneros iquichanos —si es que hasta ellos llegaban los ecos del país oficial— que habían actuado con absoluta legalidad y legitimidad?

Más que distribuir responsabilidades —que, en este caso, a juicio de la comisión, comparte todo lo que Jorge Basadre llamaba el Perú oficial, o por lo menos, el sector democrático de éste que recibió con alivio la noticia de las ejecuciones de senderistas—, la comisión cree necesario y urgente llamar la atención sobre el conflicto —desarrollado por el estudio del jurista, doctor Fernando de Trazegnies— que plantea, en nuestro país, la existencia junto al sistema jurídico occidentalizado y oficial, que en teoría regula la vida de la nación, de otro sistema jurídico, tradicional, arcaico, soterrado y a menudo en conflicto con aquél, al cual ajustan su vida y costumbres los peruanos de las alturas andinas como Huaychao y Uchuraccay.

3. La violencia antisubversiva

Quienes convencidos de que la única manera de liberar al pueblo peruano era la lucha armada, desafiando a las fuerzas policiales y militares del país, tienen su cuota de responsabilidad en la inevitable respuesta que provocó la violencia subversiva: la violencia generada por la contrainsurgencia.

Ni los dirigentes de Sendero Luminoso ni quienes, desde posiciones más seguras que las de aquéllos, proponen la lucha armada como método, pueden ignorar en qué país estamos, ni el carácter todavía defectuoso y precario que tienen muchas instituciones en la apenas renaciente democracia peruana. Por el contrario, es probable que entre sus previsiones estuvieran los inevitables excesos que cometería, en su tarea antisubversiva, una fuerza policial mal preparada para el tipo de guerra que debía librar y exasperada por el asesinato continuo de sus miembros. ¿Calculaban los insurrectos que, con estos excesos, las fuerzas del orden les ganarían adeptos? Era a todas luces un cálculo cruel, porque partía del sacrificio de inocentes para los fines de una causa política.

Estos excesos se han producido, efectivamente, y la comisión cree su obligación señalarlo porque este otro tipo de violencia, derivado de la acción represiva, ha contribuido también a crear ese contexto de anormalidad, recelo, pánico y odio que dio lugar a la matanza de los periodistas.

4. ¿Pueden las fuerzas del orden de un sistema democrático combatir la subversión y el terror con métodos que no son democráticos?

No se puede juzgar el crimen de Uchuraccay (ni el malentendido que lo provoca) haciendo abstracción de las circunstancias en que ocurrió, las únicas que pueden revelar la verdad profunda y compleja que hay detrás de esas muertes.

Los comuneros de Uchuraccay —donde sería más justo tal vez decir todos los comuneros iquichanos, y más aún, a juzgar por los últimos acontecimientos, todas las comunidades de Ayacucho y Huancavelica que han tomado una posición resuelta contra Sendero Luminoso— viven en un ambiente de guerra en el que, dentro de su visión, hay dos bandos que recíprocamente se destruyen. Los comuneros que optan por el «Gobierno» se sienten amenazados y atemorizados. Creen por su tradición, por su cultura, por las condiciones en que viven, por las prácticas cotidianas de su existencia, que en esta lucha por la supervivencia todo vale y que se trata de matar primero o de morir. La visita que los uchuraccaínos reciben de los «sinchis», representantes de la autoridad, no les permite hacer el necesario distingo entre legalidad e ilegalidad, ese distingo que precisamente diferencia a un sistema democrático del terrorismo porque, con sus consejos, aquéllos contribuyen más bien a fomentar la confusión. No hay duda que ha habido en esto un error por parte de las fuerzas del orden que defienden el sistema democrático, un sistema en que la ley no permite hacerse justicia por su propia mano (lo que, justamente, lo hace moralmente superior a quienes creen que sí pueden matar en nombre de sus ideas o sueños).

Ahora bien: ¿es posible hacer aquellos distingos jurídicos, clara y precisamente establecidos por nuestra Constitución y nuestras leyes, ante hombres que viven en las condiciones de primitivismo, aislamiento y abandono en Uchuraccay? ¿Es posible, a hombres que viven en el estado anímico de esos comuneros en los días que preceden a la matanza, ilustrarlos con exactitud y discernimiento sobre las sutilezas de un sistema jurídico que, en la práctica, está a menudo contradicho por las prácticas cotidianas y tradicionales de la vida comunal?

En comunidades aisladas y alejadas de toda autoridad, como Uchuraccay, es práctica extendida ejecutar sumariamente a los abigeos. ¿Por qué entenderían los comuneros que deben comportarse diferentemente con los senderistas a quienes, en la reunión de cabildo abierto con la comisión, designaron siempre con el apelativo de «terrorista sua» (terrorista ladrón)?

Por otro lado, es perentorio tener en cuenta las dificultades que experimentan las fuerzas del orden en su tarea antisubversiva: un inmenso territorio que vigilar, un enemigo que no ofrece un frente definido, que golpea y se disuelve en medio de una población rural de otra lengua y costumbres con la que las fuerzas del orden tienen escasa y a veces nula comunicación. El estricto respeto de la legalidad democrática, en muchos casos, puede significar, para soldados y guardias, simplemente el suicidio o la total impotencia. Ésta es una de las razones, sin duda, por la que esta legalidad es vulnerada por las fuerzas del orden. Pero esto es trágico para el sistema democrático, porque adoptar estos métodos en defensa del orden constituido es privar a éste de su legitimidad moral y legal y en cierto modo aceptar las reglas del juego establecidas por los terroristas. El dilema —defender el sistema democrático mediante actos rigurosamente lícitos que en la práctica pueden condenar a las fuerzas del orden a la parálisis o al sacrificio o combatir a la subversión violentando la ley— lo han vivido todos los países democráticos amenazados por el terror ideológico y ahora lo vive nuestro país.

La Comisión Investigadora no convalida, ni mucho menos, la campaña de cierta prensa de escarnio y menosprecio sistemático de las fuerzas del orden y tiene muy presente que éstas, con todos los errores y abusos que hayan podido cometer, combaten en defensa del sistema democrático. Pero al mismo tiempo tiene que dejar constancia del sentimiento de protesta y temor que ha advertido, entre algunos de sus informantes y en ciertos sectores de la población de la Zona de Emergencia, por atropellos cometidos por las tropas especiales de la Guardia Civil —los «sinchis»— en el curso de sus operaciones. El catálogo de quejas es largo y doloroso: arrestos injustificables, malos tratos, agravios contra ciudadanos pacíficos, hurtos al amparo del toque de queda, accidentes irreparables por obra de la prepotencia y el abuso del alcohol.

Es un hecho, comprobado por la comisión, que desde que las Fuerzas Armadas asumieron la responsabilidad de la lucha antisubversiva se han hecho esfuerzos para evitar estos excesos y, por ejemplo, en Huanta y Tambo —según testimonios recogidos por la comisión— la llegada de los infantes de Marina ha tenido un efecto moderador y mejorado notoriamente las relaciones entre las fuerzas del orden y la población civil. La comisión cree su deber hacer un llamado para que esta política de disciplina y estricto cumplimiento de la ley por parte de las fuerzas que se enfrentan al terror se prosiga sin concesiones, pues el respeto de la legalidad y de los derechos de la persona es el fundamento mismo del sistema por el cual se ha pronunciado la inmensa mayoría de los peruanos.

LAS CAUSAS MEDIATAS

1. La violencia estructural

La comisión cree que, para no quedarse en una mera descripción superficial de lo ocurrido, es necesario tener en cuenta el nivel de desarrollo de las comunidades iquichanas y las formas que asume en ellas la vida. Dentro de la región económicamente deprimida, sin recursos, con un altísimo índice de desempleo y un rendimiento paupérrimo de la tierra, que es el departamento de Ayacucho, las comunidades de las punas de Huanta representan acaso el conglomerado humano más miserable y desvalido. Sin agua, sin luz, sin atención médica, sin caminos que los enlacen con el resto del país, sin ninguna clase de asistencia técnica o servicio social, en las altas tierras inhóspitas de la cordillera donde han vivido aislados y olvidados desde los tiempos prehispánicos, los iquichanos han conocido de la cultura occidental, desde que se instaló la República, sólo las expresiones más odiosas: la explotación del gamonal, las exacciones y engaños del recaudador del tributo o los ramalazos de los motines y las guerras civiles. También, es verdad, una fe católica que, aunque ha calado hondamente en los comuneros, no ha desplazado del todo a las antiguas creencias como el culto a los *Apus* (cerros tutelares), el más ilustre de los cuales es el *Apu* Rasuwillca, deidad cuyo prestigio desborda el área iquichana. Para estos hombres y mujeres, analfabetos en su mayoría, condenados a sobrevivir con una dieta exigua de habas y papas, la lucha por la existencia ha sido tradicionalmente algo muy duro, un cotidiano desafío en el que la muerte por hambre, enfermedad, inanición o catástrofe natural acechaba a cada paso. La noción misma de superación o progreso debe ser difícil de concebir —o adoptar un contenido patético— para comunidades que, desde que sus miembros tienen memoria, no han experimentado mejora alguna en sus condiciones de vida sino, más bien, un prolongado estancamiento con periódicos retrocesos.

¿Tiene el Perú oficial el derecho de reclamar de esos hombres, a los que con su olvido e incuria mantuvo en el marasmo y el atraso, un comportamiento idéntico al de los peruanos que, pobres o ricos, andinos o costeños, rurales o citadinos, participan realmente de la modernidad y se rigen por leyes, ritos, usos y costumbres que desconocen (o difícilmente podrían entender) los iquichanos?

La comisión no pretende dar respuesta a esta pregunta pero sí cree oportuno formularla, pues ella constituye un problema al que da una actualidad dramática el asesinato de los ocho periodistas.

Los hombres que los mataron no son una comunidad anómala en la sierra peruana. Son parte de esa «nación cercada», como la llamó José María Arguedas, compuesta por cientos de miles —acaso millones— de compatriotas, que hablan otra lengua, tienen otras costumbres, y que, en condiciones a veces tan hostiles y solitarias como las de los iquichanos, han conseguido preservar una cultura —acaso arcaica, pero rica y profunda y que entronca con todo nuestro pasado prehispánico— que el Perú oficial ha desdeñado.

Dentro de este contexto, la brutalidad de la matanza de los ocho hombres de prensa no resulta menos atroz, pero es, sí, más entendible. Quienes lanzaron las piedras y blandieron los garrotes no sólo eran hombres empavorecidos y rabiosos que atacaban a un supuesto enemigo; eran también los ciudadanos de una sociedad en la que la violencia asume diariamente las manifestaciones más elementales y primarias y en la que, por la precariedad de los recursos, la defensa de lo propio, cuando se lo considera amenazado, suele generar reacciones de gran violencia como se advierte en el caso relativamente reciente de la comunidad de Carhuarán, mencionado en el estudio del doctor Fernando de Trazegnies, de diez abigeos linchados públicamente por los comuneros.

La brutalidad de las muertes de los periodistas, por otra parte, no parece haberse debido, únicamente, al tipo de armas de que disponían los comuneros —huaracas, palos, piedras, hachas— y a su rabia. Los antropólogos que asesoran a la comisión han encontrado ciertos indicios, por las características de las heridas sufridas por las víctimas y la manera como éstas fueron enterradas, de un crimen que, a la vez que político-social, pudo encerrar matices mágico-religiosos. Los ocho cadáveres fueron enterrados boca abajo, forma en que, en la mayor parte de las comunidades andinas, se sepulta tradicionalmente a quienes los comuneros consideran «diablos» o seres que en vida «hicieron pacto» con el espíritu del mal. (En los Andes, el diablo suele ser asimilado a la imagen de un «foráneo»). En el caso concreto de Uchuraccay, la maestra del lugar refirió a la comisión que esta creencia es profesada de manera explícita por los comuneros y la ilustró incluso con alguna anécdota. Asimismo, los periodistas fueron enterrados en un lugar periférico a la comunidad, como queriendo recalcar su condición de forasteros.

De otro lado, casi todos los cadáveres presentan huellas de haber sido especialmente maltratados en la boca y en los ojos. Es también creencia extendida en el mundo andino que la víctima sacrificada debe ser privada de los ojos, para que no pueda reconocer a sus victimarios, y de la lengua para que no pueda hablar y delatarlos, y que sus tobillos deben ser fracturados para que no pueda retornar a molestar a quienes le dieron muerte. Las lesiones de los cadáveres descritas por la autopsia apuntan a una cierta coincidencia con estas creencias.

Y también, de manera todavía más precisa, el hecho de que las ropas que los periodistas vestían al ser matados fueran, al parecer, primero lavadas y luego incineradas por los comuneros —según lo declararon al teniente 1.º AP Ismael Bravo Reid—. Quemar y lavar los vestidos de un muerto es típica ceremonia de exorcismo y purificación practicada en toda el área andina *(pichja)*.

2. La tradición iquichana

Finalmente, la Comisión quiere mencionar otro aspecto, desarrollado con más amplitud en los informes de los asesores doctores Ossio y Fuenzalida, que incide también en lo sucedido: la historia de las comunidades del grupo étnico de Iquicha. Esta historia se caracteriza por largos períodos de aislamiento casi total y por intempestivas irrupciones bélicas de esas comunidades en los acontecimientos de la región o de la nación.

La especificidad iquichana, su falta de articulación y solidaridad con otras etnias andinas, se trasluce, tal vez, en el hecho de haber sido utilizados estos comuneros durante la colonia, por las fuerzas realistas, para combatir contra los dos movimientos indígenas más importantes de los siglos XVIII y XIX: los de Túpac Amaru y de Mateo Pumacahua.

Las rebeliones que protagonizan luego, entre 1826 y 1839, tienen también un carácter netamente circunscrito y excéntrico al acontecer del resto de la nación, sea que se subleven por el rey de España, contra la naciente República, o que se nieguen a acatar las leyes y disposiciones que el Gobierno pretende aplicar en su territorio.

Este mismo sentido de empecinada defensa de la soberanía regional y comunal parece tener su participación activa al lado de Cáceres, durante la guerra con Chile, y, más todavía, el levantamiento que protagonizan en 1896, contra el impuesto a la sal, durante el cual dos mil iquichanos tomaron la ciudad de Huanta y lincharon al subprefecto.

La celosa preservación de un fuero propio, que, cada vez que sienten transgredido, los arranca de su vida relativamente pacífica y huraña, y los precipita a luchar con braveza y ferocidad aparece como una constante en la tradición iquichana y es la razón de ser de esa personalidad belicosa e indómita que se les atribuye en las zonas de abajo, sobre todo en las ciudades.

De su voluntad de retraimiento o de su resistencia a ver profundamente alterados o interferidos una cultura y unos modos de vida que, a fin de cuentas, por rudimentarios que sean, son lo único que los iquichanos tienen (y es por tanto lo más preciado de su existencia), la comisión ha recogido abundantes ejemplos contemporáneos. Los iquichanos reciben a comerciantes u hospedan a viajeros de paso, pero se han mostrado reacios y hostiles, por ejemplo, a recibir misiones de antropólogos o a los promotores de SINAMOS, es decir, a personas que, con razón o sin ella, los comuneros intuían como capaces de invadir su intimidad.

Es indudable que esta actitud atávica explica también, en parte, la decisión iquichana de combatir a Sendero Luminoso y de hacerlo con los métodos rudos y feroces que son los únicos a su alcance desde tiempos inmemoriales. Esta decisión y el convencimiento de que, aplicándolos, procedían de acuerdo con la única autoridad llegada hasta ellos, sería terriblemente puesta en tela de juicio —y exhibidos todos sus riesgos y peligros— con el malentendido del que resultó la muerte de los ocho periodistas.

La comisión cree haber esclarecido de este modo lo esencial del suceso, aunque algunos detalles y aspectos de la tragedia permanezcan en la sombra. Corresponde al Poder Judicial, con el tiempo y los instrumentos de que dispone, proseguir y perfeccionar la investigación, señalar las responsabilidades y dictar sentencia.

La comisión, sin embargo, cree necesario llamar a reflexión a los peruanos sobre la compleja problemática que la muerte de esos ocho periodistas ha puesto en evidencia y exhortarlos, como el mejor homenaje que se puede rendir a esos profesionales caídos en el desempeño de su trabajo, a deponer las pasiones y las simplificaciones fáciles, los aprovechamientos políticos y las fórmulas demagógicas, y a reconocer con humildad que, aunque los autores fueran unos cuantos, y sus instigadores y provocadores otros tantos, hay una responsabilidad histórica anterior y más vasta detrás de las piedras y palos sanguinarios de Uchuraccay que nos incumbe a una gran mayoría de peruanos.

Abraham Guzmán Figueroa
Mario Vargas Llosa
Mario Castro Arenas

Historia de una matanza

I) AMADOR RECIBE SU PRIMERA COMISIÓN IMPORTANTE

Al bajar del avión que lo llevó de Lima a Ayacucho esa mañana —martes 25 de enero de 1983— el reportero gráfico de *Oiga*, Amador García, no cabía en sí de contento. Por fin había obtenido lo que pedía hacía meses: un reportaje importante, en vez de las inocuas fotografías de modas y espectáculos. «Te vas a Ayacucho —le dijo el director de la revista—, llegas hasta Huaychao y averiguas qué pasó entre los indios y los guerrilleros. Mándame las fotos en el avión del jueves, pues quiero usarlas en la tapa. Buena suerte». Amador sabía que esa comisión era endemoniadamente difícil si quería una primicia, porque desde que se dieron a conocer los sucesos de Huaychao, Ayacucho hervía de corresponsales. Pero confiaba en ganar la partida a sus colegas. Era un hombre tímido y tenaz, que, antes de conseguir empleo en la revista, se había ganado la vida como fotógrafo ambulante. Casado, tenía dos hijos, de siete y dos años.

El corazón debía latirle con fuerza esa mañana, al pasar entre los centinelas armados con metralletas que custodian el aeropuerto de Ayacucho. Porque Amador volvía a su tierra. Había nacido en Ayacucho, hacía treinta y dos años, y hablaba quechua, lo que le sería de mucha ayuda en las cumbres de Huaychao, donde seguramente muy pocos campesinos entendían español. A alguien que conocía su idioma le contarían cómo había sido aquello de los terroristas.

Esa madrugada, desde el aeropuerto de Lima, Amador telefoneó a un redactor de *Oiga* para que no olvidara pedir a las autoridades que le brindaran facilidades. Mientras Amador se trasladaba al centro de Ayacucho, observando los cambios en la ciudad —esas tranquilas callecitas de antaño, repletas de iglesias y de casonas coloniales, tenían ahora sus paredes consteladas de consignas revolucionarias y de vivas a la lucha armada, estaban sometidas al toque de queda de diez de la noche a cinco de la mañana y en las esquinas surgían patrullas armadas—, en Lima, el redactor de *Oiga*, Uri Ben Schmuel, hablaba con el comandante de la Guardia Civil, Eulogio Ramos, del Ministerio del Interior, y obtenía de él la promesa de que telefonearía a la 9.ª Comandancia de Ayacucho. El comandante Ramos diría después que no cumplió su promesa porque la línea telefónica estaba estropeada, pero que envió un radiograma informando sobre el viaje de Amador. Según los jefes militares de Ayacucho este radiograma no llegó y Amador García no se presentó nunca en la 9.ª Comandancia.

¿Por qué no lo hizo? Tal vez porque, a los pocos minutos de pisar la plaza de Armas de su tierra, supo lo que ya sabían sus colegas venidos de Lima: que si pretendía llegar a Huaychao lo menos recomendable era solicitar ayuda a las autoridades militares. Éstas se mostraban esquivas cuando no hostiles con los periodistas, y, salvo raras excepciones, habían rechazado todas las solicitudes de llevar periodistas a los lugares donde hubo choques armados. Nadie, hasta ese martes, había conseguido facilidad alguna para ir a Huaychao, lugar, por otra parte, de difícil acceso. Está en la provincia de Huanta, a unos cuatro mil metros de altura, en unas cumbres a las que se trepa por laderas abruptas en las que se corría el riesgo de toparse con los guerrilleros o los «sinchis» (tropas antisubversivas de la Guardia Civil) que podían confundirlo a uno con el enemigo. Por esta razón, muchos periodistas habían renunciado al proyecto de ir a Huaychao.

Todo esto se lo contó a Amador García un colega de Lima, el reportero de *Gente* Jorge Torres, con quien se encontró en la plaza de Armas. Pero a Amador no lo iban a derrotar tan fácilmente las dificultades. En vez de desanimarse, alegó con tanta convicción que en pocos minutos era él quien había convencido a Torres de que debían partir a Huaychao fueran cuales fueran los obstáculos. ¿No sería formidable comprobar, con los propios ojos y las propias cámaras, lo ocurrido? Jorge Torres acompañó a Amador al Hostal Santa Rosa, donde se hospedan los periodistas que vienen a Ayacucho a informar sobre las guerrillas y buen número de los policías que vienen a combatirlas. En el hostal, Amador García se encontró

—algunos salían de la cama— con varios colegas de Lima, ávidos como él por ir a Huaychao, pero que, en vista de los problemas, habían desistido del viaje.

Sentados en el patio del hostal, en el grato calorcito mañanero —las noches son siempre frías y las mañanas cálidas en los Andes— y divisando, nítidos en el aire transparente, los cerros que rodean a la vieja ciudad en cuyas afueras las tropas de Simón Bolívar dieron la batalla que selló la independencia de América, Amador García y Jorge Torres discutieron con media docena de colegas. El resultado fue el acuerdo de todos de salir en expedición a Huaychao.

Poco antes del mediodía, un grupo —entre ellos el gordo Jorge Sedano de *La República* y Amador García— fue a la plaza de Armas y contrató un taxi para hacer un viaje fuera de la ciudad, a la madrugada siguiente. El chofer, Salvador Luna Ramos, aceptó llevarlos hasta Yanaorco —en la carretera de Tambo, a una hora de Ayacucho— por treinta mil soles. Los periodistas no le dijeron que su destino era Huaychao. ¿Se lo ocultaron por temor a que la noticia llegara a oídos de las autoridades militares y éstas prohibieran el viaje? Sin embargo, en el Hostal Santa Rosa, esa mañana y esa tarde, discutieron sus planes de viaje en alta voz y otros clientes, además del administrador, los vieron consultar mapas y planear el itinerario. Los periodistas entregaron quince mil soles al taxista y quedaron en que pasaría a buscarlos a la hora en que se levanta el toque de queda.

Para la ruta que eligieron fue decisivo que se sumaran al proyecto dos periodistas de Ayacucho: el director del diario *Noticias*, Octavio Infante, y el corresponsal en esa ciudad del *Diario de Marka*, Félix Gavilán. Infante tenía a su familia materna —los Argumedo— en Chacabamba, pequeña localidad situada en las faldas de la montaña donde se encuentra Huaychao. Decidieron viajar por la carretera de Tambo hasta la laguna de Tocto —Toctococha—, muy próxima a Yanaorco. De allí caminarían a Chacabamba a pedir al medio hermano de Infante, Juan Argumedo, que los condujera hasta Huaychao.

Hecho el plan de viaje, se fueron, unos, al mercado, a comprar zapatillas, pulóveres y plásticos para la lluvia, en tanto que otros —De la Piniella y Félix Gavilán— se metieron a un cine. Pudieron dormir tranquilos, pues esa noche no hubo dinamitazos ni tiros en Ayacucho. Aunque sin duda se hallaban excitados por el viaje, no sospechaban el gravísimo riesgo que iban a enfrentar. Con la excepción, acaso, de Félix Gavilán, quien, esa noche, pidió a su mujer que pusiera en su maletín de viaje una sábana blanca que podría servir de enseña de paz en caso de que se encontraran en el camino con los «sinchis» o los «terrucos».

Salvador Luna se presentó en el hostal a las cinco y veinte de la mañana. Lo recibió, lavado y vestido, Jorge Sedano. Había un cambio de planes: Jorge Torres decidió no viajar. Pero bajó a despedirlos y vio cómo sus compañeros se apiñaban en el automóvil, ante la cara larga del chofer, que no esperaba tantos pasajeros. Los viajeros gastaron unas bromas al «Bocón» Torres, y uno, incluso, le dijo, macabramente: «Anda, loco, tómanos la última foto». Pero —recuerda Torres— ninguno de sus colegas estaba realmente inquieto. Todos mostraban excelente humor.

II) Un general feliz de poder dar buenas noticias

¿Por qué querían llegar estos periodistas a esa aldea que no aparece en los mapas? ¿Por qué estaba el nombre de Huaychao en las bocas de todos los peruanos?

Porque tres días antes, el general Clemente Noel, jefe del Comando político-militar de la Zona de Emergencia, había hecho, en Ayacucho, una revelación sensacional: que los campesinos de Huaychao habían dado muerte a siete guerrilleros de Sendero Luminoso. Les habían quitado armas, municiones, banderas rojas y propaganda. El diminuto general resplandecía. Rompiendo su laconismo, se explayó, elogiando el coraje de los indios de Huaychao al enfrentarse a quienes él llama siempre «los delincuentes subversivos». La actitud de los comuneros, dijo, era una reacción contra «los desalmados que entran a las aldeas a robarse los animales, asesinar a las autoridades, violar a las mujeres y llevarse a los adolescentes».

La alegría del general se debía a que la matanza de Huaychao era la primera «buena noticia» que podía dar desde que asumió la jefatura de la lucha contra Sendero Luminoso, cinco semanas atrás.

Hasta entonces, aunque los comunicados militares hablaban a veces de choques con senderistas, la impresión era que las fuerzas del general Noel no conseguían echar mano a los guerrilleros, quienes se les escurrían entre los dedos gracias al apoyo, activo o pasivo, de las comunidades campesinas. Prueba de ello era que los senderistas proseguían dinamitando puentes y torres eléctricas, bloqueando caminos y ocupando aldeas en las que azotaban o ejecutaban a los ladrones, los confidentes y a las autoridades elegidas en las elecciones municipales de 1980. Los siete muertos de Huaychao eran, en cierto modo, los primeros guerrilleros genuinos abatidos que el jefe del Comando político-militar podía mostrar al país. También, el primer acontecimiento que, desde el comienzo de la insurrección, dos años atrás, parecía indicar que Sendero Luminoso no contaba con el apoyo del campesinado, o, al menos, con su neutralidad.

¿Cómo habían ocurrido los sucesos de Huaychao? El general Noel se mostró evasivo cuando le pidieron precisiones. Indicó que unos campesinos se habían presentado en la comisaría de Huanta a dar parte del hecho. Una patrulla, al mando de un teniente de la Guardia Civil, subió la cordillera hasta Huaychao —veinte horas por quebradas, precipicios y estepas desoladas— y comprobó el linchamiento. Las metralletas de los senderistas muertos habían sido robadas en distintos asaltos a puestos policiales del interior de Ayacucho.

Muchos pensaron que el general Noel sabía más de lo que decía. El general no tiene suerte con los periodistas. Es obvio que no ha sido preparado para lidiar con esas gentes que —a diferencia de los subordinados del cuartel— no se contentan con lo que oyen, hacen preguntas impertinentes y tienen, incluso, el atrevimiento de poner en duda lo que uno les dice. Ocurre que el general Clemente Noel está mal preparado para esa democracia que renació en el Perú en 1980, después de doce años de dictadura militar. Desde que se instaló el Gobierno de Belaúnde los diarios, la televisión y las radios expropiados por la dictadura fueron devueltos a sus dueños, se abrieron otros periódicos y se restableció la libertad de prensa. Ésta alcanza a veces ribetes tan destemplados que la desconfianza del general Noel no es del todo incomprensible, sobre todo con órganos como el *Diario de Marka* (de tendencia marxista) y *La*

República (fundado por antiguos funcionarios de la dictadura) en los que con frecuencia aparecían duros ataques contra las fuerzas antiguerrilleras, acusándolas de crímenes y abusos.

¿Callaba el general Noel porque no quería dar nuevos pretextos para atacar a los «sinchis» a la prensa de oposición? Lo cierto es que el general decía sólo generalidades porque hasta ese domingo 23 de enero no sabía más. Ni siquiera el teniente jefe de la patrulla que fue a Huaychao tenía una idea completa de lo ocurrido. Él y los guardias a su mando venían de otras regiones y sólo uno de ellos hablaba quechua. Durante el trayecto a Huaychao advirtieron grandes movilizaciones de indios por las cumbres, con banderas blancas. Esas masas de campesinos, muy agitados, los alarmaron. Pero no se produjo ningún incidente. En Huaychao encontraron los cadáveres de siete guerrilleros. Los campesinos pidieron quedarse con sus armas, pero el general Noel había dado órdenes de que no se las dejaran, pues, según él, las armas atraerían a los «delincuentes subversivos» con más fuerza todavía que el deseo de vengar a sus muertos. Los *varayocs* (autoridades tradicionales de la comunidad) refirieron, a través de un intérprete, que habían dado muerte a esos «terrucos» valiéndose de una estratagema. Al verlos acercarse, el pueblo de Huaychao salió a su encuentro, agitando banderas rojas y dando vítores al Partido Comunista del Perú (nombre oficial de Sendero Luminoso) y a la lucha armada. Coreando las consignas y cantos de «la milicia», escoltaron a los guerrilleros hasta la casa comunal. Cuando los tenían totalmente cercados, se abalanzaron sobre ellos y los mataron en pocos segundos con hachas, cuchillos y piedras que llevaban bajo los ponchos. Sólo un senderista consiguió huir, malherido. Eso era todo lo que sabía, en su jubilosa conferencia de prensa del 23 de enero, el general Clemente Noel. Ni siquiera estaba enterado de que tres de los siete guerrilleros linchados eran niños de catorce y quince años, alumnos del Colegio Nacional de Huanta, que habían desaparecido de casa de sus padres hacía algunos meses. Lo ocurrido en Huaychao era la punta del iceberg de unos tremendos sucesos que simultáneamente habían tenido lugar en muchas comunidades de las alturas de Huanta y que sólo se irían conociendo en los días y semanas posteriores.

¿Cómo recibió el Perú la noticia de los linchamientos de Huaychao? El Gobierno, los partidos democráticos y la opinión pública independiente, con sentimientos parecidos a los del general Noel. ¡Qué alivio! Los campesinos no se identifican con los terroristas, más bien los combaten. Entonces, Sendero Luminoso no durará mucho. Ojalá otras comunidades sigan el ejemplo de Huaychao y acaben con los dinamiteros de centrales eléctricas y asesinos de alcaldes. En tanto que los sectores democráticos reaccionaban de este modo, la extrema izquierda se negaba de plano a creer que los campesinos hubieran sido los autores del hecho y proclamaban, en el Parlamento y en el *Diario de Marka*, que los verdaderos ejecutores de los guerrilleros eran «sinchis» o fuerzas paramilitares disfrazadas de campesinos.

Nadie, sin embargo, se detuvo a reflexionar sobre el problema jurídico y moral que planteaban también los linchamientos de Huaychao ni el peligroso precedente que significaban. Ocurre que no sólo los militares y los periodistas están desentrenados para la democracia en un país que ha padecido una larga dictadura: todos los ciudadanos contraen el mal.

Pero, en tanto que unos aplaudían y otros ponían en duda la identidad de los autores de la matanza de Huaychao, nadie se sentía satisfecho con la escasa información al respecto. Todos querían saber más. Por eso habían viajado decenas de periodistas a Ayacucho. Y por eso, esos ocho reporteros, en esa madrugada del 26 de enero, se hallaban apretados unos sobre otros en el automóvil del chofer Luna Ramos.

III) Por la alta sierra

Las calles empedradas de Ayacucho estaban desiertas y aún hacía frío cuando el taxi partió del hostal y, cruzando legañosos soldados, se dirigió a la calle Bellido, a recoger a Octavio Infante, el director de *Noticias*, quien había pasado la noche en su imprenta y ni siquiera había prevenido a su mujer del viaje. El auto hizo una nueva parada en el óvalo de la Magdalena, para que los viajeros compraran cigarrillos, limones, galletas, azúcar, leche condensada y gaseosas.

Abandonó Ayacucho cruzando la barrera policial de la Magdalena. El chofer sobreparó, en la cola de vehículos, y, al acercarse el guardia, los pasajeros enseñaron sus carnets, que aquél no examinó, limitándose a decir: «Sigan». Ésta fue la única barrera que cruzaron en el viaje.

Más tarde habría una controversia sobre si las autoridades estaban informadas de la expedición. El general Noel asegura que no lo estaban. En todo caso, no pudieron enterarse por la barrera de la Magdalena, en la que no hubo diálogo con los viajeros. Si al Comando político-militar le llegó noticia de la expedición, pudo ser a través de algún parroquiano del hostal (entre los que, ya lo dijimos, figuraban policías). Lo probable es que el proyecto de viaje fuera conocido por funcionarios menores, que no le dieron importancia. Hubo periodistas que hicieron antes otros viajes, tan alejados y riesgosos como éste, sin que ello indujera a las autoridades a tomar providencias particulares.

Pese a lo incómodos que iban —cinco detrás y cuatro delante, incluido el chofer—, los periodistas no paraban de hacer bromas, con lo que el viaje se le hacía entretenido a Luna Ramos. El taxi bordeó la pampa de la Quinua —escenario de la batalla de Ayacucho—, donde pensaban tomar desayuno, pero las casitas que ofrecen comida, posada y artesanía, estaban cerradas. Tomaron la ruta de Tambo, que asciende en serpentina hasta alturas de cuatro mil metros, orillando profundos abismos. A medida que subían, el paisaje iba perdiendo árboles y cubriéndose de rocas negras y de matas de cactos. En ciertas cumbres, o bailoteando de una cuerda sobre el abismo, comenzaron a ver banderas rojas con la hoz y el martillo. En esta ruta, Sendero Luminoso había efectuado numerosos ataques a pequeños agricultores y era frecuente que sus destacamentos detuvieran a los vehículos para pedirles el «cupo revolucionario». El tráfico era mínimo. Parecían dueños del majestuoso paraje.

¿Quiénes eran los periodistas? Con excepción de Amador García, de *Oiga*, semanario que apoya al régimen, los otros siete pertenecían a diarios de oposición. Dos de ellos —Willy Retto y Jorge Luis Mendívil— trabajaban en *El Observador*, diario moderado de centro izquierda. Willy Retto, de veintisiete años, llevaba el periodismo en la sangre, pues era hijo de un conocido fotógrafo de *Última Hora*, y Jorge Luis Mendívil tenía veintidós años, pero su físico menudo y su carita lampiña lo hacían aparecer como un adolescente. Ambos eran limeños y el paisaje que los rodeaba, así como esos indios con ojotas y ponchos de colores que divisaban arreando rebaños de llamas resultaban para ellos tan exóticos como para alguien venido del extranjero. En los pocos días que llevaban en Ayacucho, Willy Retto había vivido un drama, pues la policía le decomisó un rollo de fotos. La víspera, había garabateado unas líneas a una muchacha de Lima: «Ocurren aquí muchas cosas que jamás en mi vida pensé pasar y vivirlas tan de cerca. Veo la pobreza de la gente, el temor de los campesinos y la tensión que se vive es pareja para la PIP (Policía de Investigaciones), GC (Guardia Civil) y Ejército como para Sendero y gente inocente». A diferencia de Retto, que carecía de militancia política, Mendívil estaba en una organización de izquierda, la UDP, y su presencia en Ayacucho se debía a su propia insistencia ante la dirección del diario. Acababa de pasar de la sección internacional al suplemento dominical de *El Observador* y quería estrenarse con un reportaje sobre Ayacucho. También era costeño, extraño al mundo de la sierra, Jorge Sedano, el mayor de todos (cincuenta y dos años) y que con sus casi cien kilos tenía aplastados a sus compañeros de asiento. Destacado fotógrafo de *La República*, uno de los periodistas más populares de Lima, eran célebres sus fotografías de carreras automovilísticas, su arrolladora simpatía y su apetito rabelesiano. Gran cocinero, criaba gatos y juraba ser el inventor de un «seco» (guiso) de gato para chuparse los dedos. Sus amigos lo apodaban por eso «Micifuz». Su amor a la profesión lo tenía allí. El jefe de redacción de su diario le decía: «Si quieres ir a Ayacucho, baja de peso». Pero Sedano insistió de tal modo, que acabó por mandarlo.

Eduardo de la Piniella, Pedro Sánchez y Félix Gavilán eran del *Diario de Marka*, órgano cooperativo de todas las ramas del marxismo peruano. El más militante de los tres, De la Piniella, treinta y tres años, alto, de ojos y cabello claros, deportista, militaba en el Partido Comunista Revolucionario (de linaje maoísta). Le interesaba la literatura y entre sus papeles, en Lima, había dejado una novela a medio escribir. Pedro Sánchez se había casado no hacía mucho y al llegar a Ayacucho dedicó buen tiempo a fotografiar a los niños vagabundos de la ciudad. A diferencia de los anteriores, Félix Gavilán —miembro del MIR (Movimiento de Izquierda Revolucionaria)— conocía los Andes. Era ayacuchano, antiguo alumno de Agronomía, y en un programa de radio se dirigía a los campesinos en quechua. Buena parte de su vida la había dedicado a trabajar con las comunidades indígenas, como periodista y técnico de difusión agropecuaria. Una de estas comunidades le regaló un búho, «Pusha», al que Félix amaestró y con el que él y sus tres hijos jugaban a diario. También era de la región Octavio Infante, quien, antes de ser dueño de *Noticias*, había sido obrero, maestro rural y funcionario. También de izquierda, parece haber sido el menos entusiasta por la expedición. No es imposible que estuviera allí por amistad hacia sus colegas más que por interés periodístico.

¿Qué esperaban encontrar en Huaychao? Amador García, un material novedoso. Jorge Sedano, fotos espectaculares y mucho mejor si éstas servían a la política de *La República* de poner en apuros al Gobierno. Los periodistas tenían dudas —o no creían en absoluto— que los campesinos hubieran ejecutado a los siete senderistas. Pensaban que los autores de la matanza eran «sinchis» o que, tal vez, esos siete muertos no fueron guerrilleros sino inocentes campesinos asesinados por los guardias a causa de la borrachera o la prepotencia, como había ocurrido en alguna ocasión. Con matices que tenían que ver con sus posiciones más moderadas o más radicales, iban a comprobar, a Huaychao, algunas verdades que les parecían evidentes: las tropelías cometidas por las fuerzas del orden y las mentiras del régimen sobre lo que ocurría en el campo ayacuchano.

Pero la gravedad de estos asuntos no se reflejaba en su conducta, mientras cruzaban la puna. Luna Ramos recuerda que no dejaban de reírse y bromear y que, por ejemplo, a Eduardo de la Piniella, que llevaba una casaca verde, le decían que vestido así cualquiera lo confundiría con un «terruco» o un «sinchi».

A una hora de Ayacucho, se detuvieron en Pacclla, media docena de chozas desparramadas entre la carretera y un arroyo. Allí sí podían comer algo. Mientras que sus pasajeros estiraban las piernas ante la choza de una señora que aceptó prepararles un caldo de gallina, Luna Ramos bajó al arroyo a traer agua para el radiador. Cuando regresó, encontró a los periodistas tomándose fotos. Para tener una visión del conjunto, Willy Retto se había encaramado sobre una piedra. Los periodistas lo invitaron a tomarse un caldo y no lo dejaron pagar la cuenta. Permanecieron en Pacclla media hora.

En el viaje, por lo que conversaban, supo el chofer que la intención de los viajeros era llegar a Huaychao. Pero también tenían interés en Yanaorco, pues cuando avistaron la torre de microondas, intacta, uno exclamó: «Nos engañaron. También nos habrán engañado con lo de Huaychao». Propusieron al chofer que los llevara hasta la torre, por el desvío de Yanaorco. Pero Luna Ramos no quiso, por lo malo del terreno y porque le pareció peligroso, pues la torre había sido objeto de varios atentados.

Su negativa no les importó. Le pidieron que avanzara, dejara atrás la laguna de Tocto y se detuviera unos setecientos metros después. Luna Ramos se sorprendió de que abandonaran el auto en ese páramo desolado. No hay allí camino, sólo una trocha incierta que las gentes de la región suelen tomar para dirigirse a Chacabamba, Balcón o Miscapampa sin necesidad de pasar por Tambo. De este modo ahorran una hora de marcha. Octavio Infante hacía este recorrido cuando visitaba a su familia. Pero hacía como un año que no iba a Chacabamba.

Luego de recibir los quince mil soles que le adeudaban, Luna Ramos dio media vuelta para regresar a Ayacucho. Entonces los vio una última vez, cargados con sus cámaras y bolsas, iniciando en fila india el ascenso de la montaña. Mentalmente, les deseó buena suerte, pues la zona en la que se internaban había sido proclamada «zona liberada» por Sendero Luminoso.

IV) La cuarta espada del marxismo

La mayoría de peruanos oyó hablar de Sendero Luminoso por primera vez en las postrimerías de la dictadura militar, una mañana de 1980, cuando los limeños se encontraron con un espectáculo macabro: perros ahorcados en los postes del alumbrado público. Los animales tenían carteles con el nombre de Deng Xiaoping, acusándolo de haber traicionado la Revolución. De esta manera anunció Sendero Luminoso su existencia. La estrategia de ahorcar perros para simbolizar sus fobias sigue siendo costumbre senderista. Lo hace aún, en ciertas aldeas, para graficar —ante un campesinado que, a menudo, ignora qué es China— su desprecio hacia el «perro» Deng Xiaoping que hizo fracasar la Revolución cultural.

Sendero Luminoso constituía entonces una pequeña facción, con pocos afiliados en Lima y otros departamentos del Perú, con la excepción de uno sólo, situado en los Andes del sureste: Ayacucho. En esa ciudad de ochenta mil habitantes, capital de una de las regiones con menos recursos, mayores índices de desocupación, analfabetismo y mortalidad infantil del país, era la organización política más poderosa de la universidad. ¿A qué se debía ello? Al carisma de su líder, profesor de aquella institución desde 1963, un hombre nacido en Arequipa en 1934 —en cuya Facultad de Letras se había graduado con una tesis sobre «La teoría del Estado en Kant»— y cuyo nombre suena como el de un profeta bíblico: Abimael Guzmán.

Tímido, algo obeso, misterioso, inasible, el ideólogo de Sendero Luminoso fue militante del Partido Comunista desde los años cincuenta y, en 1964, estuvo entre los defensores de la línea maoísta que formaron el Partido Comunista Bandera Roja. En 1970, él y sus seguidores rompieron con Bandera Roja y fundaron una organización que se conocería como Sendero Luminoso —por una frase del ideólogo José Carlos Mariátegui, según el cual «el marxismo-leninismo abrirá el sendero luminoso de la revolución»—, aunque sus miembros sólo admiten el título de Partido Comunista del Perú.

La fuerza que alcanzó Sendero Luminoso en Ayacucho fue obra de este profesor que desposó a una ayacuchana de la burguesía —Augusta La Torre— y convirtió su casita en un cenáculo donde acudían grupos de estudiantes a escucharlo, fascinados. Puritano, con una verdadera obsesión por el secreto, nadie recuerda haberlo visto pronunciar un discurso o asistir a las manifestaciones callejeras convocadas en esos años por sus discípulos. A diferencia de otros dirigentes de Sendero Luminoso, no se sabe que haya estado en China Popular ni si ha salido del Perú. Cayó preso una sola vez, en 1970, por pocos días. En 1978 pasó a la clandestinidad y nunca más se ha tenido noticias de su paradero. Padeció una afección cutánea y fue operado en 1973, por lo que es improbable que él en persona dirija la guerrilla. Lo seguro es que el camarada Gonzalo —su nombre de guerra— es el líder indiscutido de Sendero, a quien los senderistas profesan un culto religioso. Lo llaman «La cuarta espada del marxismo» (las tres primeras fueron: Marx, Lenin y

Mao), que ha devuelto a la doctrina la pureza que perdió por las traiciones revisionistas de Moscú, Albania, Cuba y, ahora, también Pekín. A diferencia de otros grupos insurrectos, Sendero Luminoso rehúye la publicidad, por su desprecio a los medios de comunicación burgueses. Hasta ahora ningún periodista ha conseguido entrevistar al camarada Gonzalo.

Sus tesis sorprenden por su esquematismo y por la convicción fanática con que las aplica. Según él, el Perú descrito por José Carlos Mariátegui en los años treinta es semejante, en lo esencial, a la realidad china analizada por Mao en esa época —una «sociedad semifeudal y semicolonial»— y alcanzará su liberación mediante una estrategia idéntica a la de la Revolución china: una guerra popular prolongada que, teniendo al campesinado como columna vertebral, dará el «asalto» a las ciudades.

La violencia con que Sendero ataca a los otros partidos de izquierda —los llama «cretinos parlamentarios»— es acaso mayor que la que le merece la derecha. Los modelos del socialismo que reivindica son la Rusia de Stalin, la Revolución Cultural de la «banda de los cuatro» y el régimen de Pol Pot en Camboya. Este radicalismo demencial ha seducido a muchos jóvenes en Ayacucho y otras provincias de los Andes tal vez porque ofrece una salida a su frustración e impotencia de universitarios y escolares que intuyen su futuro como un callejón sin salida. En las condiciones actuales del Perú, la mayoría de jóvenes del interior saben que no habrá trabajo para ellos en el mercado saturado de sus pueblos y que deberán emigrar a la capital con la perspectiva de compartir la vida infernal de los provincianos en las barriadas.

En 1978 los senderistas comienzan a desaparecer de la Universidad de Ayacucho y meses más tarde se inician las acciones de sabotaje y terrorismo. La primera, en mayo de 1980, es el incendio de las ánforas donde votaba la comunidad de Chuschi, en las elecciones presidenciales. Nadie prestó mucha atención a esos primeros dinamitazos en los Andes, porque el Perú occidentalizado y moderno —la mitad de sus dieciocho millones de habitantes— estaba eufórico con el fin de la dictadura y el restablecimiento de la democracia. Belaúnde Terry, depuesto por el Ejército en 1968, vuelve a la presidencia con una fuerte mayoría

(45,4 por ciento de los votos) y su partido Acción Popular, con su aliado, el Partido Popular Cristiano, alcanza mayoría absoluta en el Parlamento.

El nuevo Gobierno se empeñó en restar importancia a lo que ocurría en Ayacucho. En su período anterior (1962-1968) Belaúnde Terry debió hacer frente, en 1965 y 1966, a acciones insurreccionales del MIR y el ELN (Ejército de Liberación Nacional), que, con jóvenes entrenados en Cuba, China Popular y Corea del Norte, abrieron focos guerrilleros en los Andes y en la selva. El Gobierno encargó al Ejército la lucha antisubversiva y los militares reprimieron la rebelión con eficacia y rudeza, ejecutando sumariamente a la mayoría de insurrectos. Pero, además, los jefes militares de la lucha antiguerrillera encabezaron el golpe que el 3 de octubre de 1968 instaló un Gobierno *de facto* por doce años. Por eso, al asumir de nuevo la presidencia, Belaúnde Terry trató a toda costa de evitar que las Fuerzas Armadas tomaran la dirección de la lucha contra Sendero Luminoso. Con ello quería prevenir un futuro golpe de Estado y evitar los excesos inevitables en una acción militar.

Durante sus dos primeros años, el Gobierno jugó al avestruz con Sendero Luminoso. Afirmó que la prensa exageraba su gravedad, que no se podía hablar de «terrorismo» sino de «petardismo» y que, como los atentados ocurrían sólo en un departamento —menos del cinco por ciento del territorio— no había razón para distraer a las Fuerzas Armadas de su función específica: la defensa nacional. Los atentados eran delitos comunes y se ocuparía de ellos la policía.

Un batallón de «sinchis» de la Guardia Civil —la palabra, quechua, quiere decir valeroso, arrojado— fue enviado a Ayacucho. Su desconocimiento del territorio, de la idiosincrasia de los campesinos, su deficiente preparación, la pobreza de sus equipos motivaron que su labor fuera de dudosa eficacia. Más grave aún, la institución policial suele ser la que más tarda en adaptarse a la legalidad y en renunciar a los métodos expeditivos de las dictaduras. En tanto que los «sinchis» apenas infligían reveses a los senderistas, los actos de indisciplina en sus filas y los atropellos se multiplicaban: encarcelamientos injustificados, torturas, violaciones, robos, accidentes con heridos y muertos. Esto fue generando, en los sectores humildes, un temor y un resentimiento que favorecían a Sendero

389

Luminoso, neutralizando el rechazo que sus acciones hubieran podido provocar.

Estas acciones mostraban eficiencia «tecnológica» y una mentalidad fría y sin escrúpulos. Además de volar torres eléctricas y asaltar campamentos mineros para apoderarse de explosivos, Sendero Luminoso devastó las pequeñas propiedades agrícolas de Ayacucho (las grandes habían sido distribuidas con la reforma agraria de 1969), matando o hiriendo a sus dueños. La más absurda de estas operaciones fue la total destrucción del Fundo Allpachaca, donde funcionaba el Programa de Agronomía de la Universidad de Ayacucho. Los senderistas mataron todos los animales, prendieron fuego a las maquinarias y causaron daños por quinientos millones de soles. La razón que dieron fue que Allpachaca había recibido ayuda norteamericana (lo que era falso). La verdadera razón era la voluntad senderista de cortar toda comunicación del campo con la ciudad, ese centro de corrupción burguesa al que un día el ejército popular vendrá a regenerar. Decenas de puestos policiales en el área rural fueron atacados. En agosto de 1982 Sendero Luminoso se ufanaba de haber llevado a cabo «dos mil novecientas acciones exitosas».

Entre ellas figuraban abundantes asesinatos: ochenta civiles y treinta y ocho policías y soldados hasta el 31 de diciembre de 1982. En los primeros cuatro meses de 1983 la cifra se elevó a más de doscientos civiles y un centenar de soldados y policías, en tanto que el Comando político-militar afirma haber dado muerte en la misma época a medio millar de senderistas. Guardias y policías eran abatidos en las calles, lo mismo que las autoridades políticas, en especial los alcaldes elegidos. El propio alcalde de Ayacucho, Jorge Jáuregui, se salvó de milagro con dos balazos en la cabeza que le dispararon unos jóvenes el 11 de diciembre de 1982. En las comunidades campesinas, los «juicios populares» terminaban con la ejecución o el azotamiento de reales o supuestos enemigos de la guerrilla.

Las tácticas de los insurrectos dieron como resultado el colapso del poder civil en el interior de Ayacucho: alcaldes, subprefectos, tenientes gobernadores, jueces y demás funcionarios huyeron en masa. Hasta los párrocos escaparon. Los puestos policiales dinamitados no volvían a abrirse. Convencida de que era demasiado riesgoso mantener dotaciones de tres a cinco hombres en las aldeas, la Guardia Civil reagrupó sus fuerzas en las ciudades, donde podían defenderse mejor. ¿Qué iba a ocurrir, mientras tanto, con las poblaciones campesinas que quedaban a merced de los guerrilleros? No tiene sentido preguntarse si recibieron de buena o mala gana la prédica senderista, pues no tuvieron otra alternativa que apoyar, o al menos coexistir, con quienes pasaron a constituir el poder real.

Una de estas zonas era, justamente, aquella por donde caminaban los ocho periodistas, entre breñas y matas de *ichu* (paja), rumbo a Chacabamba. La región está dividida en una zona baja —el valle—, donde se encuentran las localidades más prósperas y modernas (dentro de la pobreza y el atraso que caracterizan al departamento), y una zona alta, en la que se hallan dispersas unas veinte comunidades campesinas de una misma familia étnica: los iquichanos. Sus tierras son pobres, su aislamiento casi absoluto, sus costumbres, arcaicas. La zona baja fue víctima de continuos atentados en 1980 y 1981 y todos sus puestos policiales —los de San José de Secce, de Mayoc, de Luricocha— abandonados. Sendero Luminoso la declaró «zona liberada» a mediados de 1982.

Este proceso había pasado casi inadvertido en el Perú del que venían los periodistas. Ellos estaban mejor informados de las acciones de Sendero Luminoso en las ciudades. Sus periódicos se habían ocupado sobre todo de las operaciones que tenían incidencia en Lima, como el audaz ataque a la cárcel de Ayacucho, en la madrugada del 3 de marzo de 1982, en el que Sendero liberó a doscientos cuarenta y siete presos y que mostró al Gobierno que el «petardismo» había crecido enormemente. Pero de lo ocurrido en estos parajes de la cordillera, adonde nunca llega un periodista, de donde jamás se filtra una noticia, sabían cosas vagas y generales. Quizá por eso se mostraban tan confiados, cuando, ya en la cumbre de la montaña, divisaron las laderas verdes y boscosas de Balcón y Miscapampa y los sembríos cuadriculados de Chacabamba. Octavio Infante les señaló la chacrita de su madre.

V) En Chacabamba, donde los Argumedo

Doña Rosa de Argumedo, madre de Octavio, se encontraba pastoreando sus animales, en la quebrada de tierra fértil y árboles frutales de Chacabamba, cuando divisó a los ocho hombres. Las visitas son raras en ese lugar, de modo que la señora —sesentona, descalza, con un español elemental y que ha pasado toda su vida allí— escudriñó a los caminantes. Cuando reconoció a su hijo salió a darle el encuentro llorando de alegría.

Octavio Infante le explicó que sus amigos eran periodistas que iban a Huaychao para investigar «aquella matanza». Doña Rosa se dio cuenta de que la mayoría no eran de la sierra. ¡En qué estado se encontraban! El más gordito —Jorge Sedano— apenas podía hablar por la fatiga y el mal de altura, y, además, con esa camisa de verano se moría de frío. En cuanto al jovencito, Jorge Luis Mendívil, se le había desgarrado el pantalón. Estaban agitados y sedientos. Doña Rosa los guio hasta su casita de barro, madera y calamina y les ofreció unos limones para que se prepararan un refresco. Pronto se les unieron sus hijos Juana Lidia y Juan Argumedo, y la esposa de Juan, Julia Aguilar, quien vino desde su casa, unos cien metros cerro arriba. Los periodistas departieron con la familia, mientras recobraban fuerzas. A Jorge Sedano le prestaron una casaca y a Mendívil un pantalón. Eduardo de la Piniella, su libreta de apuntes a la mano, quiso saber algo sobre las condiciones de vida en el lugar y preguntó a Julia Aguilar: «¿Cómo hace para que sus hijos vayan al colegio?».

Entre tanto, el director de *Noticias* pedía a su medio hermano que les sirviera de guía y les alquilara unos animales para cargar las bolsas y las cámaras y para Jorge Sedano, quien, de otro modo, difícilmente podría trepar hasta Huaychao. Juan Argumedo aceptó alquilarles un caballo y una mula y pidió a Juana Lidia que los ensillara. En cuanto a servirles de guía, aceptó llevarlos sólo hasta un punto anterior a Uchuraccay, el cerro de Huachhuaccasa, de donde, dijo, se traería de vuelta a las bestias.

De Chacabamba a Huaychao no hay trocha que se distinga a simple vista y, sin guía, los periodistas hubieran podido extraviarse en esas laderas rocosas y glaciales. En cambio, los Argumedo habían estado ya otras veces en Huaychao y en la comunidad intermedia —también iquichana— de Uchuraccay. Solían subir a aquellos pueblos en octubre, para las fiestas de la Virgen del Rosario, o en julio, el día de la Virgen del Carmen, a vender aguardiente, ropa, medicinas y coca (hojas que los indios mastican, mezcladas con cal, y cuyo jugo permite soportar el hambre y el frío). Juan Argumedo, doña Rosa, Juana Lidia y Julia tenían conocidos entre los campesinos y habían entablado, incluso, lazos de parentesco espiritual —padrinos y madrinas— con comuneros iquichanos. Dentro de la estratificación social de los Andes, los Argumedo, pese a ser humildes agricultores, apenas instruidos y pobres, representan un sector privilegiado y opulento en comparación con los indios de las comunidades como Uchuraccay y Huaychao, los más pobres entre los pobres. Los agricultores del valle, como los Argumedo, de cultura mestiza, capaces de hablar en quechua con los campesinos y en español con la gente de la ciudad, han sido el vínculo tradicional de los iquichanos con el resto del mundo. Aun así, los contactos eran esporádicos, y se limitaban a aquellas ferias o a las ocasiones en que los campesinos de Huaychao y Uchuraccay pasaban por Chacabamba rumbo a los mercados de Huanta o Tambo. Las relaciones habían sido pacíficas en el pasado. Pero ello cambió desde la aparición de Sendero Luminoso y de los «sinchis». Las comunicaciones estaban cortadas entre el valle y las punas y había tirantez y hostilidad entre ambas zonas. Por eso, hacía dos años que la familia Argumedo no subía a vender sus productos en las fiestas del Rosario y del Carmen.

¿Explica esto el que estuvieran tan desinformados de lo que ocurría allá arriba? La información allí se transmite de boca a oído y los protagonistas de los sangrientos sucesos de las cumbres no tenían interés en publicitarlos, de modo que no es imposible que la familia Argumedo, pese a la proximidad con las comunidades iquichanas, tuviera un conocimiento tan precario sobre los sucesos de las punas como el que tenían el general Noel, el Gobierno en Lima y los ocho periodistas que, luego del breve descanso, apagaban sus cigarrillos, cargaban bolsas y máquinas, y se tomaban unas fotos con los Argumedo antes de partir. En señal de gratitud, regalaron a las tres mujeres unas galletas y unas gomas de mascar. Habían recobrado el buen humor y estaban, según Julia Aguilar, «felices y contentos».

Octavio Infante pidió a doña Rosa que preparara unas mantas en el granero y una comida porque tratarían de volver esa misma noche. La razón de la prisa era Amador García, quien debía enviar sus fotos a Lima en el avión del jueves. El cálculo era demasiado optimista. De Chacabamba a Uchuraccay hay unos quince kilómetros y de allí a Huaychao otros ocho y esa distancia les tomaría por lo menos el doble de tiempo que a los lugareños, que van de Chacabamba a Uchuraccay en dos o tres horas. Presintiendo que les sería difícil regresar en el día, doña Rosa les dio el nombre de una conocida suya de Uchuraccay, doña Teodora viuda de Chávez, quien podría serles útil si pernoctaban en la comunidad. Félix Gavilán apuntó el nombre en su libreta.

Todavía no era mediodía cuando emprendieron el último tramo. El sol brillaba en un cielo sin indicios de lluvia. Julia Aguilar les convidó, en la puerta de su casa, un poco de leche y los vio alejarse por la quebrada. Jorge Sedano iba en una mula y Juan Argumedo la tiraba de la rienda; atrás, el caballo con las bolsas y cámaras, y, más atrás, los periodistas. «Iban riéndose», dice Julia.

VI) Los iquichanos

Entre tanto, ¿qué ocurría en las punas de Huanta, en la veintena de comunidades —unos veinte mil habitantes— pertenecientes al grupo iquichano?

Dentro de la región deprimida que es Ayacucho, los iquichanos forman parte del sector más desvalido. Sin caminos, atención médica o técnica, sin agua ni luz, en las tierras inhóspitas donde han vivido desde la época prehispánica, sólo conocieron, desde el inicio de la República, la explotación del latifundista, las exacciones del recaudador de impuestos, la violencia de las guerras civiles. La fe católica, aunque caló hondo en los comuneros, no ha desplazado a las antiguas creencias, como el culto a los *Apus* —dioses montañas—, el más ilustre de los cuales es el Rasuwillca (en cuyas entrañas vive un jinete de tez clara y cabalgadura blanca, en un palacio lleno de oro y frutas), cuyo prestigio irradia sobre toda la región. Para estos hombres y mujeres, en su gran mayoría analfabetos y monolingües quechuas, condenados a sobrevivir con una exigua dieta de habas y papas, la existencia ha sido un cotidiano desafío en el que la muerte por hambre, enfermedad o catástrofe natural acechaba a cada paso.

Los ocho periodistas, guiados por Juan Argumedo, iban al encuentro de otro tiempo histórico, pues la vida en Uchuraccay y Huaychao no ha variado casi en doscientos años. En las casas de Huanta, las familias hablan todavía con alarma de la posibilidad de que los indios iquichanos bajen de los cerros como aquella vez —1896— en que capturaron la ciudad y lincharon al subprefecto (se habían sublevado contra el impuesto a la sal). Porque, a lo largo de la historia, vez que las comunidades de Iquicha han abandonado sus parajes ha sido para pelear. Hay una constante en las irrupciones beligerantes de estos campesinos: todas obedecen al temor a un trastorno de su sistema de vida, a lo que ellos perciben como amenazas a su supervivencia étnica. Durante la Colonia, pelearon a favor de las fuerzas realistas contra las dos rebeliones indígenas más importantes de los siglos XVIII y XIX: las de Túpac Amaru y de Mateo Pumacahua. Su falta de articulación con las otras etnias andinas se trasluce, también, en su rechazo a la independencia: entre 1826 y 1839 se negaron a aceptar la República y combatieron por el rey de España. El mismo sentido de defensa de su soberanía regional tienen los alzamientos que protagonizan en el siglo XIX.

Los escasos estudios sobre ellos los muestran como celosos defensores de esos usos y costumbres que, aunque arcaicos, son lo único que tienen. Reciben a comerciantes o viajeros de paso, pero, en los años sesenta, expulsaron a un grupo de antropólogos de la Universidad de Ayacucho y se negaron a recibir a los promotores de la reforma agraria en los años setenta.

La relación de los iquichanos con las aldeas del valle, más modernas y occidentalizadas, ha sido siempre áspera, algo común en los Andes, donde los pobladores mestizos de las zonas bajas desprecian a los indios de las alturas a los que llaman «chutos» (salvajes). Éstos, recíprocamente, los detestan.

Tal era el clima de la región cuando comenzó a operar en ella Sendero Luminoso. En 1981 y 1982, los guerrilleros arraigan en toda la zona baja. Pero, en tanto que en San José de Secce, en Luricocha, en Mayoc, en Chacabamba, en Balcón, los senderistas adoctrinan a los campesinos y reclutan jóvenes, no parecen haber hecho el menor esfuerzo para ganarse a los iquichanos. Su aislamiento, la dureza del clima y del terreno, su primitivismo, ¿los llevaron a no considerarlos un objetivo codiciable? En el curso de esos dos años, las punas de Huanta sólo fueron para Sendero Luminoso un corredor de paso, que permitía a los guerrilleros desplazarse de un extremo a otro de la provincia con relativa seguridad y evaporarse después de realizar atentados en Huanta, Tambo y otras localidades.

Los indios de Uchuraccay, de Huaychao, de Carhuarán, de Iquicha oyen pasar casi siempre de noche a esas «milicias», y, cuando lo relatan, aquellas apariciones extrañas, inquietantes, adoptan el aire de una fantasmagoría o la proyección de terrores inconscientes. El hecho de que los rivales del valle ayuden (de buena o mala gana) a los senderistas era una razón para predisponer a los iquichanos en su contra. Pero hay otros motivos. En sus marchas, los guerrilleros buscan abrigo y alimento y, cuando los comuneros quieren impedir que se coman sus animales, surgen disputas. En Uchuraccay, pocas semanas antes, en un incidente de esta índole, un destacamento de Sendero mató a los pastores Alejandro Huamán y Venancio Aucatoma. Los robos de animales resintieron a estas comunidades cuyas reservas son mínimas. Por eso, cuando los comuneros de Uchuraccay hablan de ellos, los llaman «terrorista sua» (terrorista ladrón).

Pero lo que precipita la ruptura entre los iquichanos y Sendero Luminoso es el intento de los revolucionarios de aplicar en las «zonas liberadas» una política de «autosuficiencia económica» y control de la producción. El objetivo: desabastecer a las ciudades e ir inculcando al campesinado un sistema de trabajo acorde con el modelo ideológico. Las comunidades reciben consignas de sembrar únicamente aquello que consumen, sin ningún excedente, y de cesar todo comercio con las ciudades. Cada comunidad debe autoabastecerse, de modo que desaparezca toda economía monetaria. Sendero Luminoso impone esta política con métodos contundentes. A principios de enero clausura a balazos la Feria de Lirio y dinamita la carretera, cortando el tráfico entre Huanta y aquella localidad. Los comuneros iquichanos bajaban a Lirio a vender sus excedentes y a aprovisionarse de coca, fideos, maíz. El fin de la posibilidad de comerciar, decretado por razones para ellos incomprensibles, fue sentido como una intromisión que ponía en peligro su existencia y ésta es la situación en que, a lo largo de la historia, los iquichanos han reaccionado con fiereza.

A mediados de enero los *varayocs* (alcaldes) de las comunidades iquichanas celebraron dos asambleas, en Uchuraccay y Carhuarán (los mismos sitios donde siglo y medio atrás se reunieron para declarar la guerra a la naciente República). Allí, acordaron enfrentarse a Sendero Luminoso.

El Gobierno y las fuerzas del orden prácticamente desconocían estos hechos. El Ejército había sido encargado por Belaúnde Terry de dirigir las acciones sólo a fines de diciembre de 1982 y el general Clemente Noel apenas empezaba a darse cuenta de lo complicada que iba a ser su tarea. Una compañía de infantes de Marina y un batallón de infantería, además de un grupo de comandos del Ejército, acababan de llegar a Ayacucho para apoyar a la Guardia Civil. Por Uchuraccay sólo habían pasado los «sinchis».

La maestra Alejandrina de la Cruz vio llegar a la primera patrulla de «sinchis» en mayo de 1981. No hubo incidentes entre guardias y comuneros, a diferencia de lo ocurrido en Paria, donde aquéllos maltrataron a un campesino. En 1981 los «sinchis» pasaron por Uchuraccay a un ritmo de una vez cada dos meses, buscando infructuosamente senderistas. Pero, en 1982, Alejandrina de la Cruz no vio a ninguna patrulla, hasta el 18 de diciembre, en que ella abandonó Uchuraccay. Sin embargo, los uchuraccaínos aseguran que los «sinchis» llegaron una vez más, luego de la partida de la maestra, en helicóptero. Cuando les pidieron que se quedaran a proteger el pueblo, les respondieron que no podían y que si los «terrucos» venían debían «defenderse y matarlos».

En todo caso, era esto lo que habían decidido hacer los iquichanos en las asambleas de Carhuarán y Uchuraccay. Comenzaron a hacerlo de inmediato, en varios lugares a la vez. Destacamentos senderistas y reales o presuntos cómplices fueron emboscados, maltratados y ejecutados en toda la zona de Iquicha. Los siete muertos de Huaychao que dio a conocer el general Noel eran apenas una muestra de las matanzas que llevaban a cabo los exasperados iquichanos en esos momentos. Pero, a diferencia de los muertos de Huaychao, los otros no fueron señalados a las autoridades. En Uchuraccay, cinco senderistas habían sido linchados el 22 de enero, y el número de «terrucos» ejecutados en toda la zona era, por lo menos, de veinticuatro (acaso bastantes más).

No lo sabían los expedicionarios y, al parecer, ni siquiera Juan Argumedo. Pero la zona a la que se acercaban estaba profundamente perturbada y los comuneros vivían un estado de furor y de pánico, o, como dicen ellos, de *chaqwa* (desorden, caos). Estaban convencidos de que, en cualquier momento, los senderistas regresarían a vengar a sus muertos. Aumentaba el miedo y la rabia de los campesinos el sentirse en inferioridad de condiciones, por carecer de armas de fuego. La sorpresa que había permitido los primeros linchamientos ya no era posible. Éste era el ánimo que reinaba en Uchuraccay, donde unos trescientos comuneros se hallaban reunidos en cabildo, cuando los pastores o centinelas vinieron a avisar que un grupo de forasteros se acercaba al centro comunal.

VII) En la boca del lobo

Esa noche, en Chacabamba, doña Rosa, Juana Lidia y Julia Aguilar esperaron inútilmente el retorno de Juan Argumedo. Aunque dudaba que Octavio Infante y los periodistas volvieran ese día, doña Rosa les preparó comida y unas mantas. No las sorprendió mucho que ellos no aparecieran, pero ¿por qué no regresaba Juan, que sólo iba a acompañarlos un trecho de camino? Las mujeres se acostaron inquietas.

A la mañana siguiente —jueves 27 de enero— apareció por Chacabamba un niño —Pastor Ramos Romero—, gritando que algo terrible había pasado allá arriba, que en Uchuraccay habían matado a unos señores que se fueron con don Juan. Doña Rosa y Juana Lidia atinaron a coger un pequeño costal de papas y hojas de coca antes de salir, despavoridas, rumbo a Uchuraccay. Se les había adelantado Julia Aguilar, quien, al oír al niño, saltó sobre un caballo y lo espoleaba sobre las piedras de la quebrada.

Julia llegó a las afueras de Uchuraccay cerca del mediodía. Desde que avistó las primeras chozas, con sus techos de paja y sus corralitos de piedra, advirtió algo anormal, pues en los cerros había gran cantidad de indios, armados con hondas, palos, hachas, y entre ellos gente de otras comunidades: Huaychao, Cunya, Pampalca, Jarhuachuray, Paria. Algunos agitaban banderas blancas. Un grupo la rodeó, amenazador, y, sin darle tiempo a preguntar por su marido, comenzó a acusarla de ser cómplice de los «terrucos» y a decirle que la matarían como los habían matado a ellos. Estaban febriles, sobresaltados, violentos. Julia intentó dialogar, explicarles que los forasteros no eran terroristas y tampoco su esposo, pero los campesinos la llamaban mentirosa y se mostraban cada vez más agresivos. Ante sus súplicas, en vez de matarla, se la llevaron prisionera a la casa comunal de Uchuraccay. Al entrar al caserío, vio a la comunidad «en estado frenético» y le pareció que había «varios miles» de campesinos de otras aldeas.

Allí se encontró con su cuñada y su suegra, también llorosas y aterradas, también prisioneras. Habían vivido una experiencia semejante a la suya, pero, además, habían averiguado algo de los sucesos de la víspera. En las afueras del pueblo, pudieron conversar un momento con la comunera Roberta Huicho, quien les dijo que los campesinos habían matado a unos terroristas, pero que Juan Argumedo no estaba con ellos cuando los mataron. El guía se fugó, con los animales, desde el cerro Huachhuaccasa. Comuneros montados a caballo lo persiguieron y le dieron alcance en el lugar llamado Yuracyaco. Se lo habían llevado prisionero. Doña Rosa y Juana Lidia no pudieron preguntar más, pues se vieron rodeadas por comuneros furibundos que las llamaban «terrucas». Las mujeres, de rodillas, les juraban que no lo eran y para calmarlos les repartían las papas y la coca que traían. En el camino a Uchuraccay doña Rosa y Juana Lidia vieron, muertos, al caballo y la mula de los periodistas.

Permanecieron prisioneras hasta el día siguiente por la tarde, con la vida pendiente de un hilo. En la oscura vivienda —suelo de tierra, paredes tiznadas— que les servía de cárcel, había otros trece prisioneros, muy golpeados. Habían sido llevados allí desde Iquicha, acusados de ser cómplices de Sendero Luminoso. Uno de ellos era el teniente gobernador, Julián Huayta, que sangraba de la cabeza. Lo tenían atado del pescuezo con una bandera roja y lo acusaban de haber izado esa bandera en Iquicha. Esa tarde, esa noche y la mañana siguiente, doña Rosa, Juana Lidia y Julia vieron a los comuneros de Uchuraccay y a los de las otras comunidades —ellas dicen que eran «cuatro o cinco mil», lo que parece exagerado— juzgar a los trece prisioneros, de acuerdo a ritos ancestrales, en cabildo abierto. Nueve fueron absueltos del cargo de ayudar a los «terrucos». ¿Fue también la muerte el castigo de los otros cuatro? Las Argumedo no lo saben; sólo que los de Uchuraccay los entregaron a gentes de otra comunidad y que se los llevaron. Pero es muy posible que la matanza de la víspera continuara después del cabildo. Una vez tomada la decisión de entrar en la guerra entre Sendero Luminoso y los «sinchis», para los iquichanos se trataba de matar primero o morir, sin detenerse a reflexionar que podía haber accidentes de por medio.

Las Argumedo fueron juzgadas en la tarde del viernes. Muchas veces oyeron que los comuneros habían matado a unos terroristas y nadie les hizo caso cuando ellas trataban de explicar que no lo eran, sino periodistas que iban a Huaychao. ¿Pueden entender lo que es un «periodista» los comuneros iquichanos? Muy pocos, en todo caso, y de una manera muy incierta. En el curso del juicio, un iquichano, ahijado de doña Rosa —Julio Gavilán—, defendió ardorosamente a las mujeres ante los *varayocs*, jurando que no eran de la «milicia». Doña Rosa, Juana Lidia y Julia imploraron que las soltaran y repartieron entre los *varayocs* los tres mil soles que llevaban consigo y el resto de las papas y hojas de coca.

¿Por qué este empeño en tratar a las mujeres como cómplices de los «terrucos»? ¿Acaso no conocían muchos comuneros a la familia Argumedo de Chacabamba? Tal vez la razón era, justamente, que las tres mujeres venían de una zona donde Sendero Luminoso tenía simpatizantes. Un rumor persistente, pero inverificable, recogido en la región, señala a Juan Argumedo como encubridor y amigo de senderistas. Su familia lo niega. Pero lo cierto es que ella vive en una región que Sendero controló y en la que los pobladores, por solidaridad o por miedo, colaboraron con los guerrilleros. Acaso Juan Argumedo no lo hizo, pero, para los campesinos de las alturas, él pudo ser muy bien la prueba tangible de la llegada al pueblo del destacamento senderista que estaban esperando. ¿Fue Juan Argumedo el factor decisivo del malentendido que provocó la matanza? Es algo que acaso nunca llegará a saberse, pues, aunque admiten el crimen contra los periodistas, los comuneros de Uchuraccay guardan un mutismo total sobre Juan Argumedo. Mientras estuvieron detenidas, su madre, su mujer y su hermana oyeron diversas versiones sobre su suerte. Que lo tuvieron encerrado con otro campesino y que luego los asesinaron a ambos; que lo entregaron a comuneros de otra aldea iquichana. Pero hasta ahora los comuneros de Uchuraccay siguen diciendo que no lo conocían, que nunca lo vieron, y, pese a las búsquedas, no se ha encontrado su cadáver. Las tres mujeres tuvieron más suerte que él. Los *varayocs* terminaron por rendirse a sus ruegos y a los de Julio Gavilán. Antes de soltarlas, el cabildo las hizo jurar solemnemente, ante una vara de crucifijo —la vara del alcalde mayor—, que guardarían el más absoluto secreto sobre lo que vieron y oyeron desde que pisaron Uchuraccay.

Cuando las atribuladas mujeres retornaban a Chacabamba, el viernes al anochecer, dos patrullas militares se encontraban peinando la región en busca de los periodistas. La víspera, el general Noel se había enterado de la expedición —por periodistas inquietos al no tener noticias de sus colegas— y ordenó a los puestos de Huanta y de Tambo que los buscaran. La primera patrulla en llegar a Uchuraccay fue la de Tambo, comandada por un marino, el teniente 1.º Ismael Bravo Reid. Entró en la aldea en la noche del viernes, con una lluvia torrencial, luego de diez horas de marcha. Los comuneros estaban en sus chozas y sólo al día siguiente habló Bravo Reid con ellos, mediante un intérprete. Los comuneros le dijeron que habían matado a «ocho terroristas que llegaron a Uchuraccay enarbolando una bandera roja y dando mueras a los "sinchis"». Le mostraron las tumbas y le entregaron una bandera roja, un teleobjetivo, doce rollos de películas (que resultarían vírgenes) y unos carnets. «¿Y las armas?», preguntó el oficial. «No traían».

Así conocieron las autoridades, en Ayacucho y Lima, el sábado por la noche, la muerte de los periodistas. El domingo, el Perú entero vio, por la televisión, la exhumación de los cadáveres y contempló el macabro espectáculo de los ocho muertos destrozados con palos, hondas, piedras y cuchillos. Ninguno tenía heridas de bala.

A la Comisión Investigadora nombrada por el Gobierno para investigar la matanza —de la que formó parte el autor de este artículo— no le fue difícil, luego de recorrer los escenarios, revisar documentos oficiales e interrogar a decenas de personas, reconstruir lo esencial de los hechos (aunque algunos detalles quedaron en la sombra). No le fue difícil concluir que los periodistas fueron asesinados cuando, rendidos de fatiga, luego de cinco horas de marcha, llegaron a Uchuraccay, por una multitud de hombres y mujeres a los que el miedo y la cólera dotaban de una ferocidad infrecuente en su vida diaria y en circunstancias normales. No le cupo ninguna duda que los iquichanos los mataron porque los tomaron por senderistas.

Todo esto nos lo relataron los campesinos de Uchuraccay, en un cabildo que celebramos allí el 14 de marzo. Lo hicieron con naturalidad, sin arrepentimiento, entre intrigados y sorprendidos de que viniera gente desde tan lejos y hubiera tanto alboroto por una cosa así. Sí, ellos los habían matado. ¿Por qué? Porque se habían equivocado. ¿La vida no está llena de errores y de muertes? Ellos eran «ignorantes». Lo que les preocupaba a los vecinos de Uchuraccay, ese 14 de marzo, no era el pasado sino el futuro, es decir, los senderistas. ¿Pediríamos a los «sinchis» que vinieran a protegerlos? ¿Pediríamos al «señor Gobierno» que les mandara por lo menos tres fusiles? Al empezar el cabildo, aconsejado por los antropólogos asesores de la comisión, yo había vertido aguardiente sobre la tierra y bebido en homenaje al cerro tutelar, el Rasuwillca, repartido hojas de coca y tratado de explicar, mediante traductores, a las decenas y decenas de comuneros que nos rodeaban, que las leyes del Perú prohíben matar, que para condenar y juzgar están los jueces y, para hacer cumplir las leyes, las autoridades. Y mientras les decía estas cosas, viendo sus rostros, me sentía tan absurdo e irreal como si estuviera adoctrinándolos sobre la auténtica filosofía revolucionaria del camarada Mao traicionada por el perro contrarrevolucionario Deng Xiaoping.

VIII) La matanza

¿Cómo ocurrió el asesinato de los periodistas?

Los uchuraccaínos se negaron a referirnos los detalles. Nosotros supusimos que los atacaron de improviso, sin que mediara un diálogo, desde los cerros que rodean al pueblo, con esas *huaracas* (hondas) con que ellos son capaces —nos lo demostraron, orgullosos— de lanzar piedras velocísimas que derriban a una vizcacha en plena carrera. Pensamos que no hubo diálogo, pues los iquichanos creían a los «senderistas» armados y porque, si lo hubiera habido, los periodistas que hablaban quechua —Octavio Infante, Félix Gavilán y Amador García— hubieran desarmado la hostilidad de los atacantes.

Pero los hechos fueron más fríos y crueles. Se supo con certeza cuatro meses después, cuando una patrulla que escoltaba al juez encargado de investigar los sucesos encontró en una cueva de Huachhuaccasa —próxima a Uchuraccay— la máquina fotográfica de Willy Retto —una Minolta n.º 4202368—, desenterrada, al parecer, por vizcachas que revolvieron la tierra donde los comuneros la habían escondido. El joven fotógrafo de *El Observador* tuvo la entereza de accionar su cámara en los instantes anteriores a la matanza y acaso cuando ésta comenzaba a segar las vidas de sus compañeros. Las fotos muestran a los periodistas cercados por los comuneros. Se ve, en una, a Jorge Sedano, de rodillas, junto a los bolsos y cámaras que acaba de depositar en el suelo alguien que pudiera ser Octavio Infante. En otra, Eduardo de la Piniella tiene los brazos en alto y, en otra, el pequeño Mendívil agita las manos, como implorando calma. En las últimas fotos, Willy Retto fotografió a un iquichano que está abalanzándose sobre él. El estremecedor documento prueba que el diálogo no sirvió para nada y que, pese a verlos desarmados, los iquichanos actuaron contra los forasteros convencidos de que eran sus enemigos.

La matanza, a la vez que político-social, tuvo matices mágicoreligiosos. Las horribles heridas de los cadáveres parecían rituales. Los ocho fueron enterrados por parejas y boca abajo, forma en que se sepulta a quienes los comuneros consideran diablos o gentes, como los danzantes de tijeras, que, se cree, han hecho pacto con el diablo. Asimismo, los enterraron en un lugar periférico a la comunidad, para recalcar su condición de forasteros. (En los Andes, el diablo se asimila a la imagen de un foráneo). Los cadáveres fueron especialmente maltratados en la boca y en los ojos porque es creencia que la víctima debe ser privada de la vista para que no reconozca a sus victimarios y de la lengua para que no los delate. Fracturaron sus tobillos para que no retornaran a vengarse de quienes les dieron muerte. Los comuneros despojaron a los muertos de sus ropas para lavarlas y luego incinerarlas, en una ceremonia de purificación que se conoce con el nombre de *pichja*.

El crimen de Uchuraccay fue horrendo y conocer las circunstancias en que ocurrió no lo excusa. Pero lo hace más entendible. La violencia que advertimos en él nos asombra porque, en nuestra vida diaria, es anómala. Para los iquichanos esa violencia es la atmósfera en que se mueven desde que nacen hasta que mueren. Apenas un mes después de que estuvimos en Ayacucho, una nueva tragedia confirmó que el pánico de las gentes de Iquicha contra las represalias de Sendero Luminoso no era injustificado. Ocurrió en Lucanamarca, a unos doscientos kilómetros de Uchuraccay. Los comuneros del lugar habían colaborado con Sendero Luminoso y luego tenido incidentes con los «terrucos» por problemas de alimentos. Lucanamarca, entonces, capturó a unos guerrilleros y los entregó a la policía en Huancasancos. El 23 de abril, cuatro destacamentos de Sendero Luminoso, encabezando a centenares de campesinos de una comunidad rival, entraron a Lucanamarca en expedición punitiva. Sesenta y siete personas fueron asesinadas, en la plaza del pueblo, algunas a balazos, pero la mayoría con hachas, machetes y piedras. Entre los decapitados y mutilados figuraban cuatro niños.

Cuando terminó el cabildo y, muy impresionados por lo que habíamos visto y oído —las tumbas de los periodistas estaban aún abiertas—, nos disponíamos a regresar a Ayacucho, una mujercita de la comunidad comenzó de pronto a danzar. Canturreaba una canción que no podíamos entender. Era una india pequeñita como una niña pero con la cara arrugada de una anciana, con las mejillas cuarteadas y los labios tumefactos de quienes viven expuestos al frío de las punas. Iba descalza, con varias polleras de colores, un sombrero con cintas, y, mientras cantaba y bailaba, nos golpeaba despacito en las piernas con un manojo de ortigas. ¿Nos despedía, según un antiguo rito? ¿Nos maldecía, por ser también nosotros parte de esos forasteros —«senderistas», «periodistas», «sinchis»— que habían traído nuevos motivos de angustia y sobresalto a sus vidas? ¿Nos exorcizaba? Las semanas anteriores, mientras entrevistaba a militares, políticos, policías, campesinos, periodistas, revisaba partes de operaciones, artículos, atestados judiciales, tratando de restablecer lo sucedido, yo había vivido en un estado de enorme tensión. En las noches, me desvelaba tratando de determinar la veracidad de los testimonios, de las hipótesis, o tenía pesadillas en las que las certidumbres del día se convertían de nuevo en enigmas. En esas semanas, al mismo tiempo que la historia de los ocho periodistas —a dos de los cuales conocía; con Amador García había estado apenas unos días antes de su viaje a Ayacucho— me pareció ir descubriendo una nueva historia —terrible— de mi propio país. Pero en ningún momento sentí tanta tristeza como en ese atardecer con nubes amenazantes, en Uchuraccay, mientras veíamos danzar y golpearnos con ortigas a esa mujercita diminuta que parecía salida de un Perú distinto a aquel en que transcurre mi vida, un Perú antiguo y arcaico que ha sobrevivido, entre esas montañas sagradas, a pesar de siglos de olvido y adversidad. Esa frágil mujercita había sido, sin duda, una de las que lanzó las piedras y blandió los garrotes, pues las mujeres iquichanas tienen fama de ser tan beligerantes como los hombres. En las fotos póstumas de Willy Retto se las ve en la primera fila. No era difícil imaginar a esa comunidad transformada por el miedo y la rabia. Lo presentimos en el cabildo, cuando, de pronto, ante las preguntas incómodas, la pasiva asistencia comenzaba a rugir, encabezada por las mujeres, «*chaqwa, chaqwa*», y el aire se impregnaba de malos presagios.

Si lo esencial de la muerte de los periodistas ha sido esclarecido —quiénes los mataron, cómo y por qué—, quedan algunos hechos oscuros. ¿Qué ha sido de Juan Argumedo? ¿Por qué los iquichanos no reivindican su muerte? Tal vez porque Juan Argumedo era un «vecino», alguien de una región rival pero con la que están obligados a coexistir por razones de comercio y tránsito. Reconocer que lo mataron equivaldría a una declaratoria de guerra a los agricultores del valle. La precaución en todo caso no ha servido de mucho, pues, desde entonces, se han producido varios choques sangrientos entre los comuneros de Uchuraccay y los vecinos de Chacabamba y Balcón.

Otro elemento incierto es el de la bandera roja. El general Noel dijo que los periodistas fueron asesinados porque se presentaron en Uchuraccay con una bandera comunista y lo mismo dijeron a la comisión los comuneros. Pero es evidente que esto no tiene asidero, como muestran las fotos de Willy Retto. ¿Para qué hubieran llevado los periodistas una bandera que sólo les hubiera significado riesgos? Lo probable es que ésta fuera una versión fraguada por la comunidad al darse cuenta de su error, para dar mayor fuerza a su tesis de que confundieron a los forasteros con senderistas. La bandera roja que entregaron al teniente 1.º Bravo Reid fue, sin duda, la que flameó en Iquicha y la que sirvió de collar al teniente gobernador de ese lugar.

Aún más dramática que la sangre que corre en esta historia son los malentendidos que la hacen correr. Los campesinos matan a unos forasteros porque creen que vienen a matarlos. Los periodistas creían que eran «sinchis» y no campesinos quienes habían asesinado a los senderistas. Es posible que murieran sin entender por qué eran asesinados. Un muro de desinformación, prejuicios e ideologías incomunicaba a unos y otros e hizo inútil el diálogo.

Quizás esta historia ayude a comprender el porqué de la violencia vertiginosa que caracteriza a las acciones guerrilleras en América Latina. Los movimientos guerrilleros no son, en estos países, «campesinos». Nacen en las ciudades, entre intelectuales y militantes de las clases medias, seres a menudo tan ajenos y esotéricos —con sus esquemas y su retórica— a las masas campesinas, como Sendero Luminoso para los hombres y mujeres de Uchuraccay. Lo que suele ganarles el apoyo campesino son los abusos que cometen esos otros forasteros —las fuerzas de la contrainsurgencia— o, simplemente, la coacción que ejercen sobre los campesinos quienes creen ser dueños de la historia y la verdad absoluta. La realidad es que las guerras entre guerrillas y Fuerzas Armadas resultan arreglos de cuentas entre sectores «privilegiados» de la sociedad, en los que las masas campesinas son utilizadas con cinismo y brutalidad por quienes dicen querer «liberarlas». Son estas masas las que ofrecen, siempre, el mayor número de víctimas: setecientas cincuenta en el Perú sólo desde principios de año.

La historia de los ocho periodistas muestra lo vulnerable que es la democracia en América Latina y la facilidad con que ella perece bajo las dictaduras militares o marxistas-leninistas. Los logros de la democracia —libertad de prensa, elecciones, instituciones representativas— es algo que difícilmente pueden defender con convicción quienes no están en condiciones de entenderlos y, menos aún, de beneficiarse con ellos. La democracia no será fuerte en nuestros países mientras sea privilegio de un sector y una abstracción in-

comprensible para el resto. La doble amenaza —el modelo Pinochet o el modelo Fidel Castro— seguirá acosando a los regímenes
democráticos mientras haya en nuestros países hombres que maten
por las razones que mataron los campesinos de Uchuraccay.

Lima, 7 de junio de 1983

El periodismo como contrabando

En *The Times*, de Londres, aparecen rara vez noticias sobre el Perú, lo que es muy comprensible. Desde la perspectiva británica, los temas europeos, las relaciones Este-Oeste, los problemas de los países de la Mancomunidad prevalecen sobre los asuntos latinoamericanos. Pero, cuando aparecen, esas esporádicas informaciones sobre el Perú que publica el gran diario londinense diseñan la imagen de un país que no se parece al país en el que nací y en el que vivo. Ocurre que *The Times* tiene un especialista que discrimina y orienta (y rara vez firma) esas informaciones: un personaje llamado Colin Harding.

Se trata de un propagandista disfrazado de periodista, de un escriba que hace pasar sus opiniones como informaciones. Hace algunas semanas tuvo la extraordinaria desfachatez de afirmar que los ocho periodistas asesinados en Ayacucho lo fueron para impedirles denunciar la existencia de bandas paramilitares en esa región, lo que equivalía a acusar al Gobierno peruano de tramar y ejecutar alevosamente el crimen. Ni la más remota prueba apoya semejante acusación; ni los más parcializados enemigos del régimen la han formulado en el Perú. El señor Harding no exponía esta tesis como una opinión personal, sino como una «evidencia», que él, informante objetivo, ponía en conocimiento del público británico.

El señor Colin Harding perpetra sus contrabandos —minúsculos, casi subliminales— mediante el uso, diestro y avieso, del condicional: «parecería que», «se dice que», «habría ocurrido que». Es un tiempo verbal a cuya sombra se cometen a diario las peores vilezas periodísticas y todo órgano de prensa digno debería abolirlo de sus páginas. Tiene el dudoso mérito de constituir una coartada, que exonera al autor de la responsabilidad de sus convicciones o fantasías, y de trocar a éstas en hechos difusamente objetivos, en huidizas verdades que el periodista parece haber sorprendido en la realidad y limitarse a transmitir. Es la primera técnica que debe dominar un narrador de ficciones para que sus mentiras finjan ser verdades. Aplicada a la información, su uso es siempre un abuso porque ella inevitablemente disuelve las fronteras entre la objetividad de los hechos y la subjetividad del que escribe y hace pasar gato por liebre de una manera imperceptible.

Esta técnica permite, por ejemplo, presentar las noticias de tal modo que parezca que en mi país hay represión gubernamental y abusos de autoridad pero no terrorismo; que los campesinos son asesinados, *siempre*, por las fuerzas del orden y nunca por los guerrilleros. Cuando las evidencias en contrario son flagrantes, como en el caso de Lucanamarca, entonces esta técnica permite que la matanza deje de ser un hecho cierto y probado y se vuelva una simple «acusación» hecha por el Gobierno, como pretexto, sin duda, para nuevos crímenes. Las torres eléctricas, las fábricas dinamitadas dejan de ser verdades objetivas, se convierten en ruidos inciertos que carecen de autor y sirven de cortinas de humo para la represión. Los que son encarcelados o mueren jamás son «terroristas», jóvenes o viejos que ponen bombas y están dispuestos a matar por sus ideas; no, son siempre «estudiantes», «obreros», «campesinos» a los que el régimen da la impresión de perseguir, poner en prisión o asesinar porque estudian, trabajan, son pobres o se atreven a discrepar. En estas microinformaciones, el Gobierno no parece tener otra actividad que la de violar los derechos humanos de los ciudadanos del Perú. ¿Los violan alguna vez quienes asesinan a alcaldes y jueces, además de policías? Imposible saberlo, porque las noticias que pasan por las manos del señor Colin Harding jamás lo consignan.

Tampoco dicen nunca que el Gobierno peruano tiene un origen legítimo, pues nació de elecciones libres, y que en el Perú este Gobierno es severamente criticado por la oposición, en los diarios y en el Parlamento, y que, a diferencia de lo que ocurre en otros países latinoamericanos, en el Perú los partidos políticos y los sindicatos funcionan sin cortapisas y que hay una irrestricta libertad de prensa. Esta omisión —dato escondido, en términos de estrategia narrativa— es capital, porque ella impide juzgar con exactitud lo que significa la insurrección guerrillera en el Perú. Ésta no combate por destruir una dictadura militar, sino un régimen democrático respaldado por la mayoría de los peruanos. Las habilidades manipulatorias del señor Colin Harding consiguen dejar flotando en el ánimo de los lectores de *The Times* —la mayoría de los cuales, claro está, desconoce la situación política peruana— este embuste: que el Perú es en estos momentos la típica republiqueta latinoamericana, en la que un régimen autoritario ejercita la brutalidad cotidiana contra ciertos rebeldes vagamente idealistas.

Hablo así del señor Colin Harding porque lo he visto operar en vivo, en un estudio de la BBC, al que habíamos sido invitados para discutir sobre el Perú. Allí lo oí afirmar, con el mismo desparpajo con el que produce sus magias periodísticas, mentiras de este calibre: que el teniente Ismael Bravo Reid, de la Marina, jefe de la patrulla que llegó primero a Uchuraccay después del asesinato de los periodistas, había confesado que éstos fueron matados «por un grupo paramilitar de cincuenta hombres». ¿Dónde ha aparecido semejante confesión? El teniente Bravo Reid fue interrogado minuciosamente por mí y por los otros miembros de la Comisión Investigadora de la matanza y su testimonio —que el Gobierno peruano debería haber publicado— coincide, en lo esencial, con los de todos los otros declarantes, civiles o militares, que corroboran la propia declaración de los comuneros de Uchuraccay de que ellos realizaron el crimen. ¿Cuándo, dónde, a quién dijo el teniente Bravo Reid que fue un grupo paramilitar de cincuenta hombres el autor de la matanza?

¿Existen esos grupos paramilitares en la sierra peruana? El señor Colin Harding aseguró en la BBC que la región donde murieron los periodistas «estaba sembrada de grupos paramilitares». La Comisión Investigadora buscó afanosamente pruebas de la presencia de estos grupos en la región y no las encontró. No digo que no existan: digo que no sólo los militares a los que interrogamos, sino también los civiles, los propios campesinos de la región, negaron su existencia. La maestra de Uchuraccay dijo no haber visto ninguna patrulla en el lugar durante el año 1982 —sí, en cambio, en 1981— y los campesinos sólo hablan de *una* visita de los militares al pueblo, en helicóptero, antes de los sucesos. ¿Cuáles son, pues, las fuentes en las que el señor Harding fundamenta su acusación? Primero, no quiso decírmelas. Ante mi insistencia, indicó que era el *Diario de Marka*.

Tener como única fuente de información para los sucesos políticos peruanos al *Diario de Marka* es como basarse exclusivamente en el *Morning Star* para conocer la realidad política británica. Con una diferencia: aunque ambos diarios defienden tesis marxistas, el *Morning Star* es más objetivo y veraz, menos apasionado y delirantemente ideológico en su política informativa. Aun así, el señor Colin Harding tiene todo el derecho del mundo de compartir las tesis marxistas-leninistas del *Diario de Marka*. Lo que es deshonesto es no decirlo y, más bien, ocultarlo, y valerse de tribunas como *The Times* o la BBC para difundir como hechos incontrovertibles lo que, en verdad, son presunciones e hipótesis ideológicas.

The Times es un periódico de línea conservadora y es, también, uno de los mejores y más prestigiosos periódicos del mundo. Coincida uno o discrepe de su línea editorial, es imposible no reconocer el esfuerzo de veracidad e imparcialidad con que informa sobre lo que ocurre en el mundo (y no admirar la buena prosa con que suele estar escrito). Sólo por el hecho de aparecer en *The Times*, las inexactitudes y fabricaciones del señor Colin Harding adquieren respetabilidad y aura de verdades. Que un diario como *The Times* pueda ser el instrumento de que se valen los enemigos de la libertad para asestar pequeñas puñaladas publicitarias a un país que trata —difícilmente— de consolidar una democracia recién recuperada ¿no es una formidable paradoja?

En realidad, no lo es. Porque el señor Colin Harding no es una rara avis, sino el prototipo de una especie numerosa. Abundan en los países del mundo occidental. Están en los grandes diarios, en las radios, en las televisiones, en las universidades. Bajo el *camouflage* de especialistas en América Latina, contribuyen más que nadie a propagar esa imagen de sociedades salvajes y pintorescas con que muchos nos conocen en Europa, por las distorsiones que llevan a cabo cuando simulan describirnos, investigarnos, estudiarnos. América Latina es, para ellos, una estratagema que les sirve para desfogar sus frustraciones políticas, esas quimeras revolucionarias a las que sus propias sociedades no dan cabida. ¡Pobrecitos! Tienen la desgracia de haber nacido en países donde la vida política se decide en las aburridas ánforas electorales y no en las excitantes montañas, donde lo que pone y depone a los gobiernos son los votos y no las pistolas y las bombas. Como no se conforman con semejante desgracia, vuelven los ojos hacia nosotros. Para ellos, se diría, nuestra razón de ser es consolarlos, proveerlos de esa violencia que añoran, de esos apocalipsis con los que sueña su incurable romanticismo político. ¿Qué importa que en la realidad no estemos a la altura de sus ambiciones? La realidad de un país lejano y pobre se puede recortar y decorar para que satisfaga el apetito de esos desencantados de la civilización y coincida con la barbarie de sus sueños.

Una aclaración, antes de terminar. El Gobierno peruano no está exento de defectos y reconozco a todo el mundo, peruano o no, el derecho de criticarlo, de reprocharle, por ejemplo, su política económica, su incapacidad para contener la corrupción administrativa o el tráfico de drogas y muchos otros problemas en los que ha mostrado ineficiencia. Creo que la crítica es indispensable y que debe ser siempre bienvenida porque la democracia —a diferencia de las dictaduras— se robustece con ellas. Mis objeciones no son a las críticas ni a las opiniones desfavorables que puede merecer el Gobierno de mi país (un Gobierno del que yo no formo parte), sino a que se lo combata, en instituciones democráticas como *The Times*, con las armas antidemocráticas del señor Colin Harding.

Londres, julio de 1983

Respuesta a Bo Lindblom

El señor Bo Lindblom ha tenido a bien refutar mi artículo sobre la matanza de ocho periodistas peruanos en Uchuraccay que apareció en el *Dagens Nyheter* de Estocolmo. Celebro el interés del señor Lindblom por los asuntos de mi país, pero deploro que esté tan mal informado sobre el Perú y sobre mí.

1. La Comisión Investigadora de la muerte de los periodistas estuvo integrada por el decano del Colegio de Periodistas, doctor Castro Arenas, que pertenece al Partido Aprista, de oposición, y por el jurista Abraham Figueroa y por mí, dos independientes sin ninguna vinculación con el Gobierno. La comisión nombró un grupo de asesores —juristas, antropólogos, lingüistas, un psicoanalista y un fotógrafo— de reconocido prestigio y de muy diferentes posiciones políticas. Esta comisión trabajó de manera autónoma, sin intervención oficial alguna, entrevistando a medio centenar de personas (o grupos de personas) y recorrió todos los lugares por donde pasaron los periodistas. Sus conclusiones fueron adoptadas por unanimidad.

2. Presentar a esta comisión como «un instrumento del Gobierno» es una distorsión de la verdad. Bastaría, para demostrarlo, la denuncia hecha por nuestro informe de los actos de indisciplina y abusos contra los derechos humanos cometidos por las fuerzas del orden en Ayacucho, a las que acusamos textualmente de «arrestos injustificables, agravios contra ciudadanos pacíficos, hurtos al amparo del toque de queda, accidentes irreparables por obra de la prepotencia y del alcohol» (p. 35 del informe). Yo mismo repetí esta denuncia en la televisión peruana, y he vuelto a hacerlo, en la revista *Caretas*, el 7 de octubre de 1983, al comentar el informe de Amnistía Internacional sobre el Perú. En dicho artículo condeno, en términos severos, la infeliz expresión del presidente Belaúnde de «haber echado a la basura» el informe de una institución como

Amnistía que —aunque a veces se equivoque y, como hace el señor Bo Lindblom, utilice fuentes dudosas— me merece el mayor respeto por su lucha en favor de los derechos humanos en el mundo.

3. Que la policía y el Ejército cometan abusos y, a veces, crímenes, en su lucha contra Sendero Luminoso, es desgraciadamente cierto. No lo es, en cambio, que estas fuerzas tuvieran responsabilidad alguna en el asesinato de los ocho periodistas. Nuestra investigación lo comprobó así, de manera concluyente, y ningún hecho nuevo desde entonces ha venido a modificar esta realidad, como acaba de reconocerlo, por lo demás, en declaraciones a la prensa, el padre de una de las víctimas, Willy Retto, el valeroso joven que tomó las fotografías de los campesinos que los asesinaron, instantes antes de la matanza.

4. Es absolutamente falso lo que el señor Lindblom se atreve a decir: que, cuando los ocho periodistas llegaron a Uchuraccay, «había personal uniformado en la región». Ni siquiera el *Diario de Marka*, cuando era dirigido por el señor José María Salcedo —el principal informante del señor Lindblom— ha propalado semejante invención. Los «sinchis» —o fuerza antisubversiva de la Guardia Civil— no pasaron por la zona, según el testimonio de la maestra de Uchuraccay, ni una sola vez en el año 1982; y los propios campesinos del lugar nos aseguraron que sólo una vez pasó por allí un helicóptero militar, semanas antes de la tragedia. Los infantes de Marina, que ahora tienen el cuidado de la región, sólo llegaron a Tambo y Huanta la segunda semana de enero y ninguna de sus patrullas —según los partes del comando que la comisión revisó— llegó a la zona iquichana antes del crimen. ¿De qué «personal uniformado» habla, pues, el señor Lindblom? ¿En qué pruebas o testimonios funda semejante fantasía?

5. La Comisión Investigadora refutó, como carente de valor, la tesis militar de que los periodistas llevaban una bandera roja y tampoco tomó en consideración —por disparatada— la conjetura del general Noel de que los campesinos habían confundido con armas las cámaras fotográficas de los periodistas. Si el señor Lindblom, en vez de hacer suyas las mentiras y calumnias políticas del *Diario de Marka* —que, cuando estaba bajo la dirección del señor José María Salcedo, llevó la demagógica explotación de la muerte de los periodistas a unos extremos de inmoralidad política vertiginosa— hu-

414

biera leído atentamente el informe de la Comisión Investigadora (o mi artículo) no nos atribuiría tesis que no son las nuestras o que, incluso, fuimos nosotros los primeros en descartar.

6. Los ocho periodistas —y, probablemente, el guía que los conducía— fueron asesinados por los campesinos de Uchuraccay y de otras comunidades iquichanas —como ellos mismos nos lo confesaron— que los confundieron con el «enemigo» que esperaban desde que, días atrás, ellos mismos habían linchado a varios miembros de Sendero Luminoso (que, antes, habían dado muerte a varios iquichanos). Esa confusión puede parecer extraña desde Estocolmo (y también desde Lima). No desde Uchuraccay, remota localidad, arcaica y pobrísima, adonde jamás llegan forasteros como los ocho periodistas, donde los campesinos de la zona viven aún —así lo muestra el informe de los antropólogos que asesoraron a la comisión— igual que en el siglo XVIII.

7. Como el señor Lindblom recusa mi testimonio personal, no tengo más remedio que hablar de mí en primera persona.

No formo parte del Gobierno peruano y tengo, incluso, algunas discrepancias serias con la actual política. En uno de los artículos que acompaño puede verse los términos severos en que he condenado los abusos cometidos por las fuerzas del orden en su lucha contra el terrorismo y también mis críticas a la política económica y a la incapacidad gubernamental para combatir el narcotráfico que tanto daño hace al país.

Pero es verdad, en cambio, que defiendo el régimen democrático y la opción democrática para América Latina y que estoy resueltamente opuesto tanto a las dictaduras militares tipo Pinochet —o Uruguay— como al tipo de dictadura marxista-leninista que instauraría Sendero Luminoso si triunfara en el Perú. ¿Sabe el señor Lindblom que, desde que la Comisión Investigadora estuvo en Uchuraccay, Sendero Luminoso ha asesinado *a más de cien* campesinos del lugar —entre ellos niños, ancianos, mujeres— en represalia por la hostilidad que le muestran los iquichanos? No quiero para mi país un régimen de gentes que con la coartada de estar respaldadas por la historia se creen con el derecho de cometer genocidios.

Acepté formar parte de la Comisión Investigadora para contribuir a esclarecer la verdad de un hecho que me horrorizaba, en términos humanos, y que hacía prever sombrías consecuencias para el futuro de mi país. Esta verdad, por cierto, es más compleja que las verdades en blanco y negro que les gustan a los extremistas dogmáticos —como el señor Hugo Blanco, a quien los peruanos, a juzgar por las elecciones municipales del 13 de noviembre, no le dan el mismo crédito que le concede el señor Lindblom: su partido obtuvo apenas el 0,5 por ciento de los votos—, ni se ajusta a los estereotipos con que ciertos europeos ávidos de romanticismo revolucionario suelen mirar a América Latina, pero esa verdad debe ser defendida, contra unos y otros, porque sólo ella permitirá que nuestro régimen democrático, aún joven y defectuoso, se afiance y perfeccione asegurando a los peruanos una vida libre y civilizada, como la que tiene la suerte de disfrutar en Suecia el señor Bo Lindblom.

Lima, 4 de diciembre de 1983

Contra los estereotipos

La carta que publica Colin Harding en *Granta*, número 11, enumerando las críticas al informe de la comisión que investigó el asesinato de los ocho periodistas, me da ocasión de examinar aquellas críticas y de ayudar a formarse una idea al respecto a un público internacional a menudo confundido por la desinformación. Antes, debo lamentar que el señor Harding haya creído necesario, también, añadir algunas medias verdades e, incluso, mentiras, como la cómica invención de que quince mil personas se manifestaron en las calles de Lima contra las conclusiones del informe. El texto del señor Harding adolece de deformaciones de esta índole —que convierten, por una sabia manipulación de la ambigüedad sintáctica, una marcha conmemorativa en un mitin contra mí—, lo que me confirma la impresión que tuve cuando discutí con él sobre este asunto en un estudio de la BBC: su método informativo es tendencioso, más orientado a defender una tesis que a comunicar una verdad.

Esta tesis es la que han venido sosteniendo algunos sectores de la ultraizquierda en el Perú y un periódico vinculado a la dictadura militar pasada: que en el informe hubo una voluntad de «encubrimiento». Semejante acusación carece de seriedad y no se apoya en hechos concretos sino en fantasiosas conjeturas, o flagrantes distorsiones de los hechos, las fechas y los testimonios.

Para que esto quede claro, conviene concentrarse en lo esencial:

1. Hasta ahora ninguna evidencia ha venido a rectificar la principal conclusión del informe: que los periodistas fueron asesinados por los campesinos de Uchuraccay y de otras comunidades iquichanas, quienes experimentaban en esos momentos una viva tensión por el temor de represalias de Sendero Luminoso, pues en días anteriores habían asesinado a varios guerrilleros.

2. Las críticas al informe no objetan esta conclusión, respalda-da por el testimonio grabado de los propios victimarios. Ellas diva-gan más bien en torno a esta pregunta: ¿qué responsabilidad indi-recta tuvieron en el asesinato las autoridades militares y políticas? ¿Fueron los iquichanos inducidos a asesinar a los periodistas por los «sinchis» de la Guardia Civil? La tesis que promociona la ultraiz-quierda —y el señor Colin Harding, por lo visto— es que los iqui-chanos asesinaron a los periodistas obedeciendo órdenes del Co-mando político-militar, quien los habría organizado en «grupos paramilitares» con instrucciones de matar a todo el que se acercara por tierra y no en helicóptero.

No es cierto que la comisión dejara de examinar esta posibili-dad. Por el contrario: es el asunto que investigamos con más dete-nimiento, como lo prueban las cintas grabadas, y sobre el que no nos pronunciamos sin haber agotado todos los elementos de juicio posibles. Un año después no conozco una sola prueba que rectifi-que nuestras afirmaciones a este respecto. Es decir: que, aunque es cierto que al asesinar a los periodistas los campesinos creían actuar dentro de la ley —pues los «sinchis», en la única visita en helicóp-tero previa al crimen que admiten los vecinos de Uchuraccay, les habían dicho que si eran atacados debían defenderse y matar a los senderistas—, no hay evidencia alguna que respalde la tesis de que existieran «patrullas paramilitares» en la región ni de que las auto-ridades hubieran promovido de manera sistemática el linchamien-to de forasteros por los iquichanos.

Quienes propagan esta tesis olvidan testimonios capitales y, sobre todo, tergiversan la cronología de lo sucedido. ¿Cuándo pu-dieron ser formadas esas «patrullas paramilitares» que los campe-sinos nos negaron haber existido nunca? La maestra de Uchurac-cay afirma que en 1982 no pasó ni una sola patrulla militar por el lugar (en 1981, sí). Los campesinos fueron terminantes: sólo hubo *una* visita de los «sinchis» al pueblo, en helicóptero, antes de la matanza (nos fue imposible averiguar si días o semanas antes, pues la división del tiempo de los iquichanos, sin duda, no es la nuestra). Se ha especulado que los dirigentes campesinos pudie-ron haber ido a la ciudad de Tambo a recibir instrucciones del comando militar. Pero ¿acaso las autoridades políticas y la Guar-dia Civil no habían desertado Tambo desde mediados de 1982?

Y el Gobierno sólo instaló el Comando político-militar el 29 de diciembre. Los infantes de Marina llegan a Tambo en la segunda semana de enero. Los partes militares examinados por la comisión no señalan ninguna patrulla que cruzara o rozara la región iquichana en los días que preceden la matanza de los periodistas (el 25 de enero). ¿En qué tiempo, pues, pudieron ser organizadas aquellas «patrullas paramilitares» e instruidas para asesinar forasteros?

De otro lado, la primera patrulla de guardias civiles que llega a Huaychao lo primero que hace es quitar a los campesinos las armas que éstos habían arrebatado a los guerrilleros. ¿Por qué desarmar a los campesinos si se los quería organizar en «bandas paramilitares»? En el cabildo que la comisión celebró en Uchuraccay, los iquichanos se quejaron ante nosotros de que «el señor Gobierno» no les diera armas para defenderse, de que no los protegiera, y nos pidieron insistentemente que les hiciéramos mandar por lo menos «tres fusiles» por si Sendero Luminoso los atacaba (como, en efecto, ocurrió). ¿No son estos argumentos persuasivos? Que los iquichanos creían actuar apoyados por la autoridad militar, sin duda. Que ésta dirigió o premeditó ese crimen específico no hay hasta ahora nada que lo demuestre.

3. El señor Harding omite mencionar que el informe denuncia y condena en términos enérgicos muchos abusos cometidos por la fuerza armada en su lucha contra Sendero Luminoso. Yo, por mi parte, en repetidas ocasiones, he criticado en la prensa, la radio y la televisión de mi país las violaciones a los derechos humanos —crímenes, torturas y desapariciones— cometidas por la contrainsurgencia y exigido al Gobierno que la lucha contra el terrorismo y la insurrección se lleve a cabo dentro de la ley, pues de otro modo la democracia que recobramos hace cuatro años sería una ficción. Sugerir, como lo hace el señor Harding, que el informe fue escrito con el ánimo de servir al presidente Belaúnde y no a la verdad merece todo mi desprecio. Mi estima por Belaúnde —que es cierta— no me ha impedido nunca criticar a su Gobierno e incluso a él, como cuando se refirió despectivamente a Amnistía Internacional, una organización que (aunque a veces se equivoca) merece mi respeto.

4. Mis reproches a Colin Harding no se deben, como insinúa, a que yo sea un fanático intolerante para con la más mínima crítica

contra el sistema que impera en mi país. Sé muy bien que el sistema democrático peruano es frágil y defectuoso y que debe ser criticado a fin de que mejore. Pero también creo que este sistema debe ser defendido porque una dictadura militar tipo Pinochet o una dictadura marxista-leninista como la que establecería Sendero Luminoso sería peor y traería más sufrimiento al pueblo peruano del que soporta. La lucha por defender la democracia en mi país —cosa distinta de defender al Gobierno— es algo en lo que, en efecto, estoy empeñado. Es una lucha difícil e incierta y a quienes la libramos nos resulta penoso descubrir que quienes están empeñados en destruir el sistema democrático en el Perú —en América Latina— cuentan a veces, entre sus aliados, con aquellos periodistas de los grandes órganos democráticos de Occidente que contribuyen, por ceguera, ignorancia, ingenuidad o prejuicio, a desacreditar y difamar a aquellas democracias que, como la peruana, tratan de sobrevivir en condiciones dificilísimas.

El señor Harding me parece un ejemplo de este fenómeno. Que sus afirmaciones y escritos sobre el Perú hagan suyas todas las exageraciones, distorsiones o invenciones más demagógicas de los enemigos de la democracia en mi país no me incomodaría, si no fuera un periodista de *The Times*, un periódico donde, si aquellas especies se filtran, adquieren una respetabilidad y validez que no tendrían jamás si aparecieran en Gran Bretaña —como aparecen en el Perú— en publicaciones definidas ideológicamente que las relativizan o invalidan. El hecho, por lo demás, no es excepcional. Como el señor Harding, hay, en Europa occidental, muchos periodistas que, consciente o inconscientemente, caricaturizan a América Latina y contribuyen a fraguar esa imagen según la cual, para nuestros bárbaros países, no hay más alternativas que la dictadura militar o la revolución totalitaria. La realidad, afortunadamente, es distinta de esos estereotipos.

Londres, mayo de 1984

8. Arte peruano

La pintura de Szyszlo

Uno de los aspectos más celebrados del arte de Szyszlo es que alía lo antiguo y lo moderno, haber tendido un puente entre la abstracción europea y la artesanía prehispánica, vestigios de la cual pueden rastrearse, como una reminiscencia o una nostalgia, en sus telas. Hay críticos que destacan como máxima hazaña de su pintura el haber conseguido imprimir un acento peruano en un arte aparentemente desenraizado y cuya vocación no es retratar la realidad histórica sino eludirla. Pero lo cierto es que este hecho constituye algo más pintoresco que importante dentro de su obra —¿qué gran artista no vincula de algún modo tradición y vanguardia y no expresa, por acción u omisión, su propia circunstancia?—, y no es de ninguna manera la razón principal de su riqueza. La *peruanidad* de la obra de Szyszlo —la que, sin duda, él ha querido afirmar de muchos modos: en los títulos de sus cuadros, utilizando como estímulo de creación a hechos y hombres del Perú, empeñándose en vivir y trabajar en Lima— es una mera curiosidad, algo que, desde el punto de vista artístico, sólo roza lo esencial. Conviene destacarlo en estos tiempos de resurrección del patriotismo cultural (la forma más extraviada del patriotismo). En arte, la patente de una nacionalidad (siempre tan difícil de otorgar, salvo por datos superficiales y caprichosos) no significa atributo estético, jamás es garantía de logro. Por eso, en vez de insistir en este rasgo de la obra de Szyszlo quisiera evocar otros, que, pienso, contribuyen a dotar a su pintura de energía persuasiva, de esa aptitud para seducir a quien se pone a su alcance.

El primero de ellos es su elegancia, virtud que podría definirse como la sabiduría de la medida, el talento de saber guardar, en las relaciones consigo mismo, con las cosas y con los demás, una cierta reserva. No conozco ningún otro pintor vivo, con excepción de Tàpies, que, haga lo que haga, sea tan coherente en su técnica de mantener al espectador a una distancia dada de su mundo, de obligarlo, mediante una estrategia formal, a observar lo que le muestra desde una perspectiva respetuosa. La pintura de Szyszlo no se entrega ni fácil ni rápidamente y, tal vez, una de sus mayores constantes es la de dejar siempre al espectador con la impresión de que algo esencial le ha sido escamoteado, que aquello que ve y admira es sólo el vértice del iceberg. Ocurre que en vez de apartar al espectador la pintura de Szyszlo se separa ella de él. «Una pintura que no se entrega, replegada sobre su propia intimidad, que desdeña la complicidad sensual y exige al espectador una contemplación más ascética», la definió Octavio Paz. Es una observación certera. Visitando el estudio de Szyszlo me ha tocado asistir a las distintas etapas del nacimiento de un cuadro. Es un fascinante proceso que va de afuera hacia adentro, de progresivo ocultamiento, de represión del tema y del color, un tránsito de lo afirmativo a lo alusivo, de lo explícito a lo implícito. La primera fase es un dibujo de trazo firme, una figura espectral —estela, discos, túmulo, etcétera— de contornos nítidamente diseñados. Este esqueleto va luego encarnándose en capas de pintura que adquieren pronto una tonalidad extrema, una luz agresiva: forma y color alcanzan un estado exhibicionista de total desnudez. Estas imágenes «calientes» —como llaman los cineastas a esas imágenes sin secreto, de absoluta revelación de los elementos— son sometidas entonces a un proceso de enfriamiento y disimulación. Es en esta última fase que el cuadro se impregna de esa cualidad elegante: la reserva. Nuevas capas de pintura van apagando su luminosidad, deshaciendo los límites entre colores y entre formas, recatándolo, tornando poco a poco su seguridad en duda, su movimiento en temblor. Todo se matiza, retira, aquieta. Así nace esa distancia infranqueable para el espectador, quien no puede ver todo aquello que ha sido sumergido, sólo presentirlo. La violencia expresiva, no abolida sino disfrazada tras sutiles velos cromáticos, sigue al fondo de la tela, impregnándole desde la sombra una fuerza subterránea, algo como una urgencia que, desde las profundidades, pugna por salir y agita la superficie visible del cuadro y la calcina.

De ese contexto censurado nace otra constante profunda del arte de Szyszlo: el misterio, su capacidad para intrigarnos y disparar nuestra imaginación hacia un elemento inasible pero flagrante que parece «penar» en sus telas (como se dice en el Perú de ciertas viejas casas aquejadas de ruidos extraños: que en ellas «penan» los espíritus).

La abstracción pura no existe. Geométrica o lírica, en el ánimo del espectador se produce siempre alguna forma de asociación entre esas líneas glaciales o esas manchas tumultuosas, entre esa aritmética de puntos o esa acrobacia de luces, y algún elemento de la realidad concreta: las inesperadas geografías que el viento hace y rehace en el arenal al contemplar las rugosidades de Dubuffet o la pesadilla del encuadramiento burocrático, el horror de la regimentación de la vida al enfrentarnos a los cuadriculados de Mondrian. (Hablo naturalmente por mí mismo; no descarto que haya a quien pueda gustar un cuadro sólo como una alianza de colores sin referirlo a una exterioridad, pero temo que si esto ocurre —y esto vale para la literatura y la música— esa visión sea pobre, pues el objeto artístico —auditivo, visual o intelectual— es más rico mientras más resonancias despierta en relación con la suma de la experiencia humana). Pero en el caso de Szyszlo, a diferencia de lo que sucede con otros pintores no figurativos, esta operación de acercamiento entre el cuadro y la realidad concreta no se produce tanto por predisposición fatídica del espectador, quien no puede hacer otra cosa, para tomar posesión emocional del cuadro, que ligarlo de algún modo a su experiencia de la vida y que procede entonces a realizar esta operación con total libertad (lo que en este caso quiere decir arbitrariedad), sino, más bien, por una discreta pero firme exigencia del propio cuadro, el que tiene raíces objetivamente inmersas en la realidad exterior, aunque, por la voluntad formal de retraimiento de que hace gala, sólo las manifiesta como sugerencia o indicio.

Se podría hacer un estudio muy instructivo sobre estas alusiones —deliberadas, inconscientes, casuales— a la realidad figurativa en el arte de Szyszlo, porque en esta manera curiosa de insinuar sin afirmar, de proponer sin imponer (maneras elegantes de expresarse) reside el misterio que envuelve su pintura, el factor por el cual sus cuadros nos parecen, además de otras cosas, enigmas. Javier Sologuren ha advertido que ciertos motivos recurrentes en los lienzos de Szyszlo tienen un carácter emblemático y ha señalado algunas equivalencias racionales de ciertos distintivos: «Tales son los pequeños círculos en ramos y racimos que se desgranan o gotean:

semillas, sangre o esperma cuya significación nos parece estar ligada al orden vital de la transmisión, la procreación y la fecundidad, así como los del asta y la grieta que sin duda participan de un código sexual íntimamente unido a las imágenes arquetípicas que nutren su expresión». Era la época en que aparecían con frecuencia en las telas, suspendidas en el vacío, unas formas semiesféricas, compactos entes frutales de los que, por una o varias rajas —heridas, bocas, vaginas— manaban cascadas de bolas. Es verdad que es inevitable asociar esas imágenes con las nociones positivas del nacimiento, la germinación y la repetición de la vida; pero también contienen, simultáneamente, trazos de las nociones negativas de su descomposición y agonía. En otros períodos, los huéspedes privilegiados de la tela fueron unas manchas sombrías que inmediatamente sugerían la naturaleza en su estadio más primario, anterior a la planta y al pez: el mundo yerto, la piedra. Luego, de esta manera sólida brotó, como una piel, una forma suave y sedosa, leve, haces de plumas que añadían a la tela una forma más animada y elevada de lo existente: el aire, el ave, el movimiento. Pero al mismo tiempo esas asociaciones, en una misma figura, de la piedra y la pluma, están llenas de sugerencias más recónditas que la catalogación de órdenes de la realidad: el ara, el hacha, el sacrificio, la víctima propiciatoria, un rito primitivo, la magia. En otro momento habitaron las telas unos discos, casi siempre oscuros, a veces seccionados, que solían presentarse por parejas o números pares, sobre superficies lisas: soles negros, lunas en eclipse, ojos nocturnos, sexos astrales, bólidos súbitamente detenidos en su vertiginosa carrera y cuya materia viscosa parece todavía presa de un desasosiego secreto: estos motivos no sólo vienen asociados para mí al espacio infinito de los planetas y las estrellas (y, por esta vía, a la realidad humana de las prácticas ocultistas y a sus símbolos astrológicos), sino también, y no podría explicar por qué, a la idea de la muerte. (En sus primeros cuadros no figurativos aparecían también signos de connotación estelar: la medialuna, la estrella).

Aquellos cuadros son casi siempre de dos dimensiones, superficies sin fondo en los que la figura y su medio se sitúan a una distancia pareja del espectador. Pero, de pronto, aparece la perspectiva, un ambiente profundo y simétrico, un grande y suntuoso aposento de suelo embaldosado en el que, en primer plano, se yergue una figura monumental, arquitectura en forma de prisma, tótem híbrido de cuyo cuerpo brotan garras, uñas, ojos, dientes, plumas. Cuando Szyszlo vivió en París (1949-1955) estuvo cerca, afectivamente, de Breton; pero es en este período de su pintura, cuando sus telas se transforman en cámaras renacentistas habitadas por ese ídolo sombrío de yuxtaposiciones monstruosas, en que ha estado más próximo al mejor surrealismo: el visionario, aquel que, como ocurre en la pintura de Max Ernst, Magritte o Delvaux, nos pone en contacto con una dimensión ignorada que parece extraer sus seres de las zonas más secretas de la tiniebla humana: el instinto, el subconsciente, el sueño. Pero, al mismo tiempo, como siempre en Szyszlo, estos cuadros admiten percepciones distintas y contradictorias, por la pluralidad de virtualidades asociativas, de pistas (en el sentido policial y vial de la palabra) que encierran. Una de ellas es racional y *realista*. Estos recintos mágicos son también decorados teatrales y en ellos asistimos a un espectáculo. No se trata meramente de una representación plástica, el diálogo de la sombra y la luz, el susurro de las tonalidades, el ritmo de los volúmenes, sino de la exposición, poco menos que anecdótica, de un drama alegórico y es el carácter inusitado y a la vez auténtico y actual de éste lo que imprime al cuadro su poder de sugestión. La cámara es un escenario no sólo porque su lujo y su colorido y sus carencias (no tiene lados, es más firme y visible a medida que se acerca al proscenio, pero el horizonte es una delgada insinuación de ambiente) así lo sugieren, sino sobre todo por la posición del actor, personaje disfrazado de fantoche o ídolo, que representa inequívocamente un mundo elemental y alógico y que es una contradicción rotunda de ese mundo de refinamiento y armonía mental donde se exhibe. Ésta es la función que esas telas ofrecen: el encuentro áspero, turbador y difícil pero *posible* (la pintura de un artista como Szyszlo es la mejor demostración de ello) de dos mundos, dos historias, dos culturas, dos tiempos, dos actitudes vitales en la unidad fecunda del arte. En esas representaciones asistimos al soliloquio del artista sobre su propio trabajo y sobre las fuentes de la creación, sobre la identidad cultural e histórica de un mundo en el que, como en América Latina, esos dos extremos —lo primitivo y lo civilizado, lo racional y lo mágico, lo refinado y lo bárbaro— se tocan y constituyen opciones. Pese a ser, en su aparente desdén de lo descriptivo, tan hondamente plástico, el arte de Szyszlo no se dirige jamás, únicamente, a los sentidos del espectador: habla también a su inteligencia y a su cultura.

Es otro aspecto de su obra que me gustaría destacar: la incidencia que tiene en ella el factor cultural. Aparece en varios modos. El más obvio es, por supuesto, el sistema de referencias literarias e históricas con el que suelen nacer sus cuadros, las lecturas, las ideas, los acontecimientos que íntimamente los han suscitado. «Estoy harto de que a los pintores nos crean brutos», se quejaba, en sus últimos años, uno de los pintores más lúcidos de nuestro tiempo: Marcel Duchamp. La verdad es que un buen número de artistas contemporáneos pintan exclusivamente con las manos, leen poco y no piensan jamás. (No hay nada tan deprimente como esas mesas redondas donde un grupo de plásticos teorizan sobre lo que hacen). Szyszlo pertenece a esa minoría de creadores modernos que mantienen viva la gloriosa tradición clásica de los pintores humanistas, para quienes pintar es expresión de una sensibilidad y de una inteligencia que se nutren de todas las fuentes de la cultura, desde la filosofía hasta la ciencia, que aspiran por eso mismo a proyectar su obra hacia otras esferas del quehacer humano, y que se han negado siempre a considerar el arte como una *especialidad*. En los autores, hechos u obras a los que en sus exposiciones ha evocado o rendido homenaje (Rimbaud, Breton, Vallejo, Arguedas, el poema quechua *«Apu Inca Atawallpaman»*, la ejecución de Túpac Amaru, Cajamarca, etcétera), en los lemas o nombres de sus cuadros, en sus propios escritos (esa información externa, que el especialista desdeña, en realidad tiene importancia: orienta el encuentro con la tela, es un indicio enriquecedor, una vía de aproximación útil para quien se obstina no sólo en gozar sensorialmente la pintura sino también inteligentemente) Szyszlo revela ese mismo buen gusto, ese rigor exigente que presiden sus experimentos con las formas y la luz. Pero no creo que sólo de esta manera exterior se manifiesta la presencia cultural, sino en el seno mismo del lienzo, en la naturaleza de las imágenes. ¿Se puede hablar de un elemento intelectual y culto en una pintura sin anécdota? Sí, y no sólo por su ambiguo sistema de alusiones, a veces subliminales, a la realidad figurativa —aunque en él no hay duda que se manifiesta: ¿qué otra cosa sino contenidos *cultos* son aquellos que he mencionado: el ciclo vital de la reproducción y la muerte, la realidad astral, los órdenes de lo existente, las prácticas primitivas del sacrificio y la magia, la alegoría teatral?—, sino también en un nivel estrictamente técnico, en su sistema de evocaciones —cita, mención, apropiación— a la tradición y a la actualidad plástica, a aquellas fuentes que han ido sirviéndole de apoyo y estímulo en su trayectoria artística: Picasso y las telas precolombinas de Chancay, Klee y los huacos de Chavín, Hartung, Soulages, Tamayo, etcétera. No existen pintores sin influencias, sino pintores capaces de discernir y por lo tanto gobernar lúcidamente esas influencias, y aquellos que no son capaces de hacerlo y se dejan gobernar ciegamente por ellas. Los primeros son los pintores que podemos llamar *cultos*.

Hay, por último, un componente de la pintura de Szyszlo que es preciso mentar luego de los otros porque en cierto modo los reúne a todos, es consecuencia de su alianza: el erótico. He dicho que esta pintura no sólo exige ser vista, sino simultáneamente adivinada, fantaseada y leída. Ella invita también, y en grado extremo, a ser tocada. Es una incitación muy poderosa, cuyo origen parece no estar tanto en el color como en la textura del cuadro, entendida literalmente como esa apariencia que ofrece de tejido compacto, de trabado de fibras, epidermis erógena de zonas sedosas y ásperas, muelles y duras que invenciblemente reclaman (en la medida que provocan) ser palpadas, físicamente sentidas. Pero, al mismo tiempo, esta pintura que así ofrece su piel como un objeto de deseo es aquella cuyo contenido se escabulle y ausenta, la misma que, como hemos visto, impone fatalmente al espectador una distancia a fin de ser gozada. Invitación y rechazo mezclados, danza equívoca donde uno es simultáneamente atraído y repelido, cercanía y distancia que se confunden, magia de la posesión y la pérdida: ¿qué otra cosa es el juego del amor, esa relación que hace brotar el deseo, que mantiene viva la pasión, que renueva el placer? Por apelar al abanico entero de la sensorialidad y abrir tantas puertas al goce sensible y al análisis racional, el de De Szyszlo es un arte de la totalidad humana.

La pintura en América Latina ha estado siempre amenazada por dos clases de frustración: el aldeanismo y el cosmopolitismo. La primera es una esclavitud a lo local, una asfixia que resulta de volar demasiado bajo, de confundir la rama con el bosque, de convertir la creación plástica en una artesanía y en un folclore, en la fábrica de objetos pintorescos. La segunda es una esclavitud a lo universal, una asfixia por exceso de imitación y falta de invención, por disolverse dentro de lo impersonal, en esa rauda mudanza de caprichos que los grandes centros culturales proponen. Muy pocos pintores han conseguido conjurar ambos peligros, creando una obra desdeñosa de ambas actitudes, cuya originalidad ha ido forjándose a partir de necesidades anímicas individuales orgullosamente asumidas y de una lucidez capaz de valerse de todo —lo propio y lo ajeno, lo duradero y lo efímero— para plasmarlas en arte. Szyszlo es uno de esos pocos.

Lima, enero de 1976

Carlos Revilla... Los hijos de la pesadilla...

Quizá ningún hecho cultural haya tenido en América Latina un efecto más fecundo que el surrealismo, ni siquiera el movimiento romántico. Este último caló en todas las manifestaciones de la vida, pero, en vez de estimularla, a menudo sofocó la originalidad de artistas y escritores haciendo de ellos meros epígonos de modelos europeos. El surrealismo, en cambio, no resultó para los latinoamericanos algo postizo: entró inmediatamente en consonancia con una realidad que estaba preparada para recibirlo. En parte gracias a las influencias indígenas —prehispánicas o africanas—, en parte gracias a una tradición española anárquica, que nunca había aceptado a la razón como árbitro supremo y exclusivo del conocimiento y del gusto, antes de la llegada del surrealismo ya el sueño, el azar, la magia, la fantasía pura habían desempeñado una función importante como fuente de inspiración de los creadores más audaces. Por eso, el surrealismo fue sentido como algo propio y ha conservado entre nosotros una vitalidad y riqueza que ha perdido en otras partes; sigue revolucionando la poesía y la prosa de muchos jóvenes de nuestros días y dando al arte latinoamericano de hoy su horizonte más fértil. La libertad que él predicó, su mensaje de inconformismo y ruptura en los contenidos y en las formas, todavía hoy permite a muchos artistas de América Latina descubrir su propio camino y hacer una obra que, a la vez que expresa una experiencia genuina, habla el lenguaje artístico de nuestro tiempo.

Carlos Revilla es uno de esos creadores que, a través del surrealismo, encontró su verdad. Desde que comenzó a pintar ha ido, con una coherencia y seguridad notables, construyendo un mundo en el que percibimos metamorfoseados grandes tormentos anímicos de la vida contemporánea, a la vez que esa hambre de poesía y libertad que no ha dejado de habitar al hombre incluso en sus períodos de mayor extravío.

Si hubiera que definir el mundo de Revilla en tres palabras, diría: clásico, agresivo, sarcástico. Es clásico por su perfección formal, su composición cuidadosa y sus simetrías milimétricas, el rigor y el oficio que se advierten detrás de cada ser, objeto, pincelada, y por esa inmovilidad estatuaria —el mármol es una presencia frecuente— en la que sus personajes se exhiben, la misma que caracteriza a los habitantes de los panteones artísticos del pasado heleno o romano. Es clásico su sentido maniático del orden, su afán de revestir a los hijos de la pesadilla y de la sinrazón con el semblante de lo cotidiano y, también, el hecho de estar continuamente glosando, de manera directa u oblicua a la tradición cultural (aunque se trate, a veces, como en *Le bain d'après l'école de Fontainebleau*, de una glosa feroz).

Pero, a diferencia de lo que suele ocurrir con el arte clásico, el de Revilla no es sereno: está impregnado de una violencia que sería intolerable si no fuera por el tamiz que para ella constituye esa forma tan limpiamente diseñada, pintada, organizada, sopesada. Mundo desmembrado, en el que personas y cosas han sufrido humillantes mutilaciones —la peor de las cuales es la ceguera—, el famoso principio del Conde de Lautréamont del encuentro fortuito tiene en él, casi siempre, un significado siniestro, pues consiste en la comparecencia de instrumentos opresivos, censores —como mordazas, ligamentos, ataduras, corsés, vendas, antifaces— o en injertos deshumanizadores. Se puede ver en ello una alegoría de las enajenaciones contemporáneas —la incomunicación y la soledad del individuo, la desaparición del libre albedrío, las derrotas que padece la libertad en todos los dominios— o la simple proyección mítica de los terrores del subconsciente, pero el hecho es que ésta rehúsa de modo sistemático agradar o halagar a quien la enfrenta, que ella consigue siempre desasosegar.

El humor contribuye a ello, pues se trata de un humor ácido, corrosivo, desconcertante, como el de la *Antología del humor negro* de Breton. No es un humor respetuoso sino sarcástico, que muda de naturaleza a los objetos, ridiculiza al cuerpo, baña de sensualidad y poesía a cosas inesperadas (como los órganos y las prótesis) o tiende entre ellas misteriosas complicidades.

Una constante del arte moderno es protestar, o al menos dar cuenta, de ese progreso de la técnica que muchos sienten como una amenaza contra lo humano, fuente de regimentación social y de embotamiento de la sensibilidad. El asalto de la vida por las máquinas, la automatización y el condicionamiento del individuo que trae consigo, la dictadura de las cosas, son temores que han inducido a muchos artistas a replicar con mitologías irrisorias en las que aquellas máquinas temidas son expropiadas por la imaginación, privadas de sus funciones específicas y convertidas en motivo de burla o en enigmas. Es el caso, por ejemplo, de los automóviles prensados de César o de las complicadas maquinarias inútiles de Tinguely. El tema de la esclavización del hombre por obra del progreso industrial es crucial en la pintura de Revilla, algo así como el hilo conductor subterráneo que enlaza esas visiones, de aparente incoherencia, que en ella se suceden. Desde mediados de los años sesenta, por lo menos, vemos en sus cuadros al ser humano recortado, humillado, caricaturizado, robotizado, violado por lo artificial.

Son los objetos creados por la técnica los que transforman sus extremidades en piezas articuladas, los que le tapan los ojos, los que lo inmovilizan en «mesas de disección» donde es o va a ser escindido, y los que le proporcionan esos engañosos divanes, de semblante mullido, en los que le aguardan púas o —como en el inquietante cuadro de 1975 *La voix de son maître*— el peligro de ser literalmente devorado. En este caso, el simbolismo es claro. Pero, en otros cuadros de Revilla, aunque es evidente una metáfora implícita, ella no es fácil de esclarecer, pues los términos de la comparación no son lógicos sino irracionales. Este factor alusivo, sin embargo, aun cuando se mantenga oscuro, es esencial, pues a él deben muchas de sus telas su atmósfera extraordinariamente tensa, turbadora, subyugante.

Quisiera dar un ejemplo, en lo que se refiere a estos climas de hechizo. Dije antes que en los cuadros de Revilla a menudo los personajes son «violados» por lo artificial. El tema de la violación, aunque nunca demasiado explícito, es uno de los que aparece en casi todas las etapas por las que ha pasado su pintura, aunque en modos muy diversos. Lo advertimos en esos cuerpos femeninos, retorcidos en posturas equívocas, en la vecindad de los cuales flotan jeringuillas o lavativas o dardos, y en esos manubrios y asientos de bicicletas cuyas formas y colores se han erotizado, a veces sutil, a veces crudamente. Las posturas de los personajes y la cercanía de esos objetos sexualizados generan una relación instantánea, violenta, que carga a todo el cuadro de intensa animosidad. Pero, atención, sería erróneo pensar que todo el sentido de esos cuadros se agota en ese simbolismo encolerizado contra el avance de la técnica y la cosificación del hombre. No, su erotismo no es sólo alegórico; es también real, genuino, producto de una visión ávida que ha proyectado en el mundo inerte su sensualidad y ha convertido en objetos deseables aquellos mismos que repelían y amedrentaban al pintor. Esa ambigüedad —es decir, pluralidad de significados— da a la pintura de Revilla un contenido profundo.

«Tiernamente implacable», dice de ella un poema de Westphalen. En efecto, esta asociación de conceptos aparentemente antagónicos condensa lo que ella es: orden y desenfreno, inteligencia y locura, intuición y trabajo, razón y maravilla. Rindiéndose a su hechizo y a su fuerza, dejándose invadir por sus fantasmagorías, aceptando su violencia glacial, descifrando sus símbolos, uno tiene la certeza de vivir una experiencia central del arte de hoy.

Abril de 1980

Heduardo con hache

La caricatura es un arte cruel: consiste en magnificar la imperfección humana y convertirla en pretexto de risa. Se comprende que la política haya sido el territorio más propicio para el cultivo de semejante género, que encuentra en esa actividad, que suele ser vía de escape para las pasiones menos nobles, un inagotable filón.

Además de inmisericordiosa y tremebunda, la caricatura política, si es fiel a su naturaleza, debe ser crítica, inconforme, sedicente. La alabanza no le conviene, el incienso inevitablemente la entristece (lo que en su caso significa la muerte). Ésa es su contribución a la sociedad: espolear sin descanso el espíritu de resistencia, orientar la indignación y el rechazo hacia esos personajes, hechos e instituciones políticas a los que, transformados en imágenes grandilocuentes y feroces, avienta a la vindicta pública.

Gracias a su vocación irreverente, iconoclasta, ella es un buen antídoto contra la idolatría; sus monigotes impiden que se constituyan, o que se eternicen, los mitos políticos. Sus ácidos corroen con facilidad a esos hombres-estatuas —generalísimos, benefactores de la patria, caudillos, jefes máximos, comisarios—, haciendo que las gentes les pierdan el respeto y delatando, gracias a la exageración, que es su arma preferida, esa sustancia bufonesca que habita en todos ellos. Nada es sagrado, respetable, para la caricatura política y por eso no es extraño que cometa injusticias, ridiculizando y zahiriendo también a los mejores, a quienes representan el idealismo y la integridad. No importa. También a los justos les hace bien pasar la prueba de fuego de la burla y el chiste, ser de este modo aleccionados sobre sus limitaciones y entrenados para recibir críticas.

La caricatura política y la libertad son hermanas siamesas, no existen la una sin la otra, su suerte está sellada. Para saber cuál es el grado de libertad que existe en un país basta averiguar el estado en

435

que se halla el género; si éste prolifera en revistas y periódicos, en libros y en pantallas, con un alto nivel de creatividad —es decir, de crueldad e inconformidad—, aquélla ha arraigado en esa sociedad y se trata de un país de hombres libres. No es casual que en los regímenes autoritarios este arte haya declinado o se haya extinguido, que sea inconcebible imaginarlo floreciendo a la sombra del Kremlin, de Fidel Castro, de Pinochet, de los generales argentinos, o del ayatolá Jomeini. Así, aunque malvada e injusta, la caricatura política es siempre símbolo viviente de la libertad.

Estas consideraciones vienen a propósito de un joven caricaturista peruano, tan tímido e inhibido, tan modesto, que, como para ocultarse, ha antepuesto a manera de antifaz una hache a su nombre: Heduardo. Cuando coge el lápiz y la cartulina, sin embargo, la timidez desaparece y la reemplaza una osadía sin barreras, una imaginación crítica que dispara dardos envenenados que dan siempre en el centro del blanco. Es, sin duda, el mejor caricaturista político que ha tenido el Perú en muchos años (por lo menos desde que Xanno dejó de hacer sus famosos híbridos en *La Prensa* de los años cuarenta) y el que practica su arte con más limpieza moral y con más genuina vocación libertaria.

Pero, antes que esos méritos, hay en Heduardo una cualidad básica que, cuando falta, hace innecesarias todas las demás: la destreza artística. Es un dibujante original, inventivo, de mano agresiva, cuyos disparos más mortíferos provienen no sólo de las palabras que emiten sus personajes, sino simultáneamente de los rasgos de sus caras, de sus inusitadas siluetas, de sus posturas y atuendos. En pocos años ha creado algunos tipos que con todo derecho merecen figurar en la zoología política universal más exclusiva. Pienso en su pareja «Don Burguesini y su mayordomo», y, sobre todo, en las dos especies de homínidos que parecen ser su principal fuente de inspiración: intelectuales y generales. Es difícil establecer a quiénes, entre los dos, prefiere, es decir, cuáles le parecen más irreales y más nocivos en su manera de obrar o de pensar en el dominio político.

Los intelectuales de Heduardo son barbados, calvitos, viejos precoces, siempre con gafas, y entre sus protuberancias destaca indefectiblemente la nariz (por grande o por torcida). Peroran sin descanso y, aunque aparecen de a dos y de a tres, no dialogan, mantienen monólogos paralelos, intocables. Están, cada uno, encerrados en una cárcel de eslóganes que los obnubila y que, se diría, los ha privado del gusto a la vida: es imposible saber si son demagogos por estúpidos, o viceversa. En todo caso, lo evidente es que están dispuestos a aceptar todos los estropicios y todas las dictaduras siempre y cuando la coartada ideológica que esgriman sea «progresista».

Pero todavía más plásticos que los intelectuales obtusos de Heduardo son sus generales. En la vaga división doctrinaria de su fauna, aquéllos representan la izquierda; éstos, la reacción. Salen derechito de las cavernas donde vivía el hombre de Cromagnon y las jorobas que los aquejan parecen el resultado del uso continuo, inmoderado, del garrote. Por su osatura y movimientos, boca y extremidades, están más cerca del simio que del hombre (aunque sus luces intelectuales sean de una escala todavía inferior). Visten siempre muy condecorados y esa enorme nube negra que los aureola es el techo de su quepis, que, con certeza, disimula un voluminoso chichón en el cráneo. Todos son prognáticos y dolicocéfalos. Su ideología es clara y contundente, cabe en una frase: la fuerza justifica todo. Son tan poderosos que pueden darse el lujo de la sinceridad. En tanto que los intelectuales de Heduardo mienten como quien respira, sus generales dicen la verdad y exhiben candorosamente sus apetitos, sus abusos, sus vicios. Entre ambos especímenes, confuso, aturdido, maltratado, olvidado y desdeñado por unos y otros, aparece a veces en los dibujos de Heduardo una figurilla patética: el hombre común, el ciudadano anónimo.

Heduardo hace reír siempre, pero sus monigotes, además, como en el poema de Vallejo, dejan al hombre pensando. Sus caricaturas tienen un mensaje, pero no ideológico, es decir, prefabricado, del que ellas vendrían a ser una mera ilustración. Es posible que él mismo ignore la naturaleza de ese mensaje. Pero no hay duda que está allí, disuelto en el entresijo de sus hombrecillos grotescos. Porque Heduardo, trabajando al día, absorbido por la transeúnte actualidad, ha sabido identificar en ese vertiginoso desfile de acontecimientos ciertas constantes trágicas sobre las cuales sus cartulinas dan testimonio incesante: el fanatismo y la brutalidad que signan nuestra historia.

En tanto que unos viven totalmente ciegos, fuera de la realidad, embriagados en abstracciones delirantes, los otros se permiten todos los excesos, amparados en el monopolio de la fuerza que detentan. Aunque adversarios, ambos tienen muchas cosas en común: su desprecio e ignorancia del «otro», su ineptitud para el diálogo, su cerrazón ante la crítica. Mientras no salgamos del círculo vicioso que ambas mentalidades encarnan —nos hace entender Heduardo sin decirlo y acaso sin quererlo—, jamás reinará entre nosotros esa libertad que él tan felizmente practica en sus dibujos.

Lima, enero de 1980

Martín Chambi

El remoto país en el que Martín Chambi nació ha producido no más de una media docena de creadores cuyas obras pueden ser admiradas prescindiendo del patriotismo (que infla los prestigios artísticos hasta traumatizar por completo las tablas de valores) como productos de una visión ancha, sin orejeras, de lo humano, que enriquecen la experiencia universal.

Este maestro de la fotografía es uno de ellos. A diferencia de otros miembros de este club tan exclusivo, el Inca Garcilaso de la Vega o César Vallejo, por ejemplo, cuyas obras se gestaron sobre todo en el extranjero, en medios más ricos y estimulantes que el propio para el trabajo literario o artístico, Chambi realizó su obra monumental (de la que al parecer —pues no está cataloga-da— la familia conservaría unos treinta mil negativos) en una provincia de la sierra peruana supliendo con su esfuerzo, su ima-ginación y su destreza —con su genio— las limitaciones que ello significaba.

Decir que fue un pionero es cierto, pero insuficiente. Pues la obra que dejó vale como resultado, por su coherencia interna, su originalidad, su penetración en las entrañas de un mundo y su ri-queza visual, más que por ser una obra fundadora gracias a la cual el arte de la fotografía de su país adquirió ciudadanía internacional.

Nacido en 1891, en una aldea del altiplano puneño, en el seno de una familia campesina, un azar feliz lo llevó a trabajar, cuando era aún niño, a una mina de las alturas de Carabaya, donde sin duda vio por primera vez (en manos de un empleado de la empre-sa) una gobi fotográfica. El encuentro tuvo consecuencias impaga-bles para la vida del muchacho y para la historia de la fotografía de su patria, que hasta entonces había sido sobre todo un oficio, una técnica, y que con él comenzaría a ser investigación e inspiración, intuición y ambición, es decir, creación, es decir, arte.

En Arequipa, en el estudio del gran fotógrafo local —el estudio Vargas del que salieron retratadas todas las familias de clase media y alta de la blanca ciudad—, hizo Chambi su vela de armas profesional. Pero su carrera comenzaría a todo fuego en el Cuzco, donde se instaló a comienzos de 1920 y donde, hasta los años cincuenta, en los que su actividad se fue apagando (aunque él viviera hasta 1973), desarrollaría su fecundo talento.

De su codiciosa mirada se puede decir que lo vio todo. De su curiosidad, que era inagotable y que lo llevó a explorar de pies a cabeza y de cabo a rabo esa provincia pequeña cargada de historia y de drama social, sobre la que disparó incansablemente los fogonazos de su viejo armatoste, esa cámara de placas con la que hizo verdaderos prodigios en su estudio, en las calles, en los jardines de recreo, los pueblos, las comunidades nativas, las ferias, los valles, las montañas.

Es arriesgado insistir demasiado en el valor testimonial de sus fotos. Ellas lo tienen, también, pero ellas lo expresan a él tanto como al medio en que vivió y atestiguan, más aún que sobre lo pintoresco, lo cruel, lo tierno o lo absurdo de su tiempo y del mundo andino, sobre la sensibilidad, la malicia y la destreza del modesto artesano que cuando se ponía detrás de la cámara se volvía un gigante, una verdadera fuerza inventora, recreadora de la vida.

Sin duda en sus imágenes Martín Chambi desnudó toda la complejidad social de los Andes. Ellas nos instalan en el corazón del feudalismo serrano, en las haciendas de los señores de horca y cuchilla con sus siervos y sus concubinas, en las procesiones coloniales de muchedumbres contritas y ebrias y en esas tiznadas chicherías que otro cuzqueño ilustre de esos años, Uriel García, llamó «las cavernas de la nacionalidad». Todo está en ellas: los matrimonios, las fiestas, y las primeras comuniones de los pudientes, y las borracheras y miserias de los humildes, y los públicos actos que unos y otros compartían, los deportes, los paseos, los bailes, las corridas, las novísimas diversiones y los solemnes ritos que los campesinos venían repitiendo desde la noche de los tiempos. De Martín Chambi cabe decir que en esos más de treinta años no dejó un rincón del universo cuzqueño sin apropiárselo e inmortalizarlo.

Pero a ese mundo que fotografiaba sin descanso también lo transformó. Le impuso un sello personal, un orden grave, una postura ceremoniosa y algo irónica, una inmovilidad que tiene algo de inquietante y eterno. Triste y duro, pero también, a veces, cómico, cuando no patético o trágico, el mundo de Martín Chambi es siempre bello, un mundo donde aun las formas extremas de desamparo, la discriminación y el vasallaje han sido humanizadas y dignificadas por la limpieza de la visión y la elegancia del tratamiento.

«Madrastra de sus hijos», escribió del Perú el Inca Garcilaso. Con Martín Chambi, uno de los más grandes artistas nacidos en su suelo, lo ha sido, una madrastra ingrata, olvidadiza, al extremo de que pocos de sus compatriotas saben quién fue y por qué se le debe recordar y admirar. Menos mal que en el resto del mundo —gracias al empeño de Luis de Toledo— se le va descubriendo y haciendo justicia. No tengo la menor duda de que un día se le reconocerá como uno de los más coherentes y profundos creadores que haya dado la fotografía de este siglo.

Londres, 1990

El último de los justos

Según extendida creencia, las amistades más firmes se forjan en la infancia y duran y resisten las pruebas más difíciles porque están amasadas con esa irrompible materia que son las ilusiones y la aventura exaltante de los primeros años de la vida, y los ritos compartidos de la adolescencia, edad en la que todo es o finge ser posible, en la que todas las puertas parecen abiertas, y cuyo recuerdo, más tarde, en frase de Albert Camus, subyuga y desespera. De ello deriva, sin duda, la otra suposición: que los mejores amigos son los contemporáneos, aquellos que, por formar parte de la misma generación, vivieron y padecieron con nosotros las mismas grandezas y miserias (o la misma monótona sordidez) del paso de la historia.

Pero con Luis Miró Quesada mi amistad se fraguó desobedeciendo ambas convenciones, pues nos hicimos amigos cuando hacía ya buen rato que los dos habíamos dejado atrás la juventud, y pese a haber nacido Cartucho (nunca he sabido quién ni por qué lo bautizó con ese apodo) veintidós años antes que yo. Ocurrió hace cuatro lustros, poco más o menos. Yo acababa de regresar a vivir al Perú, después de largo tiempo, y él pasaba en esos días momentos difíciles, pues la dictadura militar del general Velasco acababa de confiscar todos los diarios de Lima, entre ellos *El Comercio*, el más poderoso del país, y al que la familia Miró Quesada, propietaria de la empresa, debía en buena medida su rango y su fortuna. Tengo muy viva en la memoria aquella noche, en su estudio, en que pese a estar su padre preso —el célebre don Luis, de quien se decía que con un editorial tumbaba un presidente y con otro ponía en Palacio de Gobierno a su reemplazo— y el periódico familiar ocupado por los soldados, en lo que parecía el principio del fin de toda una dinastía y de una época, Cartucho bromeaba y hablaba de arquitectura, o de literatura y arte, sin mencionar para nada a la política, en la pequeña cofradía de amigos de la que, desde entonces, yo también pasaría a formar parte.

La amistad es tan misteriosa como el amor —menos intensa y efervescente, desde luego, pero también menos traumática y con frecuencia más duradera—, tan indispensable como éste para resistir la adversidad, sobrellevar la vida y enriquecerla con ideas y emociones, para mantener despierta la ilusión y renovar la energía que se gasta en el combate cotidiano. Tratar de explicarla es imposible, porque hay en ella tanta razón como sinrazón, tanto azar como oscuro mandato del inconsciente. Y, sin embargo, estoy seguro de que, en este caso, puedo hacerlo. Mi amistad con Cartucho nació, antes que de coincidencias intelectuales o posiciones políticas afines, de mi admiración por la coherencia de su conducta, por su integridad moral, por esa tranquila elegancia con la que, desde que lo conocí, lo he visto ir dando por la vida —sin habérselo propuesto ni saberlo— a quienes lo rodeábamos lecciones de generosidad y de decencia.

Pertenecer a ese pequeño segmento privilegiado de la élite económica y social del Perú a él le ha traído más perjuicios que beneficios, pues fue muchas veces identificado con actitudes o intereses políticos que no eran los suyos y con gentes con quienes radicalmente disentía por sus convicciones democráticas y su espíritu solidario y progresista, y dificultó sus relaciones y su trabajo en un campo —el del pensamiento y el arte—, dominado por la izquierda, en el que su solo apellido provocaba desconfianza o animadversión. Estoy seguro de que eso lo llevó a apartarse de la Facultad de Arquitectura, donde prestó un servicio invalorable a varias generaciones de profesionales que ahora reconocen su magisterio de modernidad y lo tienen por su maestro.

Pero aunque los prejuicios ideológicos dificultaron, no impidieron que haya llevado a cabo una fecunda labor, creando Espacio, el movimiento que abrió las puertas de su país al arte de vanguardia, y apoyando, como crítico y animador, a lo largo de tantos años, la difusión de todas las manifestaciones de la cultura de nuestro tiempo, a la vez que, desde la cátedra y el periódico, servía de guía y asesor, en ese laberinto de experimentos, escuelas y tesis contradictorias y a veces delirantes que constituyen la modernidad, a quienes —artistas jóvenes, lectores principiantes, hombres y mujeres desasosegados por una inquietud que no saben dónde volcar— hacían sus primeras exploraciones en la vida del espíritu.

Sin embargo, tengo la seguridad de que el inmenso prestigio que ha llegado a adquirir en estos últimos tiempos —acaba de celebrar su ochenta cumpleaños con infinidad de admiradores y ni un solo enemigo, proeza difícil de lograr en el Perú, país de terribles apasionamientos y feroces enconos— se debe, más todavía que a su trabajo de arquitecto, de maestro universitario y de crítico de arte, a sus comentarios de actualidad, una selección de los cuales acaba de reunir en un libro cuyo título modesto y elusivo pinta a Cartucho de cuerpo entero: *Solamente opiniones*.

Son mucho más que eso, en realidad: una tabla de salvación en medio de un gran naufragio cívico, una voz lúcida que atestigua, en nombre de la sensatez y la verdad contra la enajenación y la mentira, un ejemplo de ponderación y buenas maneras en una sociedad sacudida por la violencia y el vituperio. En un futuro esperemos que no muy remoto, este libro será leído con estupefacción por quienes, ya de regreso el Perú de la aventura autoritaria, tendrán dificultad en comprender lo ocurrido en estos años, en los que, mientras la cultura de la libertad echaba raíces en toda América Latina de uno a otro confín, al Perú le tocaba retroceder a los tiempos del poder personal y la prepotencia militar, al imperio de la fuerza y la arbitrariedad, y —es lo más triste— nada menos que con el beneplácito y la activa colaboración de buena parte de la sociedad civil, en especial aquel sector en el que Luis Miró Quesada ha nacido.

No creo que haya otro régimen autoritario, en la historia del Perú, que haya merecido una complicidad tan diligente de la clase empresarial y rentista peruana como el que inauguraron los tanques la noche del 5 de abril de 1992, ninguno con el que se haya identificado de manera tan visceral, asumiendo ministerios y cargos claves, promoviéndolo en el extranjero, poniendo a su servicio sus canales de televisión y sus estaciones de radio, las artes de sus publicistas y los mordiscos de sus perros de presa periodísticos.

¿Cómo, en estas condiciones, ha podido Cartucho, todos estos años, sin flaquear un solo momento, mantener su firme discrepancia con lo que ocurría en el país y con lo que pensaba y hacía el medio que lo rodeaba? Y, más aún, ¿cómo se las arregló para ir contra la corriente sin levantar nunca la voz ni decir un despropósito, sin faltar a nadie el respeto y manteniendo en todo instante aquel cuidado de la forma sin el cual no hay arte, ni literatura ni filosofía que valgan? No sé cómo, pero lo hizo, y aquí está la prueba, en esta miscelánea de artículos que he leído conmovido hasta los huesos.

Aunque en ellos se trasluzca una vasta cultura, y se cite de pronto a Kant o a Montesquieu, o se comente un texto jurídico enrevesado, lo que establece un hilo conductor entre los diversos temas del acontecer político y social que disparan las reflexiones del comentarista es la perspectiva en que éste se coloca para juzgar la actualidad: la del ciudadano corriente al que animan ideales sencillos y diáfanos, como vivir en libertad, en un ámbito regido por la ley, con una seguridad mínima garantizada y la posibilidad de ganarse la vida decorosamente. Estas aspiraciones básicas son el fundamento de la civilización y los motores de la vida democrática y, como lo recuerda Luis Miró Quesada todo el tiempo, el verdadero progreso tiene lugar cuando una sociedad avanza en todos estos dominios simultáneamente, sin sacrificar unos valores con el pretexto de realizar más pronto los otros.

Los grandes escándalos de corrupción que estremecen al Primer y al Tercer Mundo y amenazan la estabilidad de sistemas democráticos que parecían inconmovibles son una ejemplar demostración de la falacia de ese razonamiento que, en nombre de la eficacia, cree legítimo saltarse a la torera la legalidad. Y, también, de la necesidad de incorporar un elemento ético en el funcionamiento de la vida democrática, pues sin él, entregada al reino del puro pragmatismo, la democracia se vuelve pronto una caricatura, y surge un ambiente receptivo para el caudillo providencial y la demagogia autoritaria.

En el libro de Luis Miró Quesada, verdadero manual de ese *sentido común* que los anglosajones consideran la primera de las virtudes políticas, estas ideas se hacen carne y hueso en el acontecer cotidiano, en el suceso de actualidad, y son puestas a prueba cotejándolas con aventuras y desventuras que comparte el común de las gentes. De este modo, la defensa de la cultura democrática no aparece como una suma de categorías abstractas, una construcción intelectual que resulta difícil asociar a la vida corriente, sino, más bien, como un modelo vivo y operante gracias al cual el ciudadano puede entender qué anda bien y qué anda mal en el mundo que lo rodea y los secretos mecanismos que, desde el poder autoritario, van mermando su libertad y envileciendo su futuro.

La última vez que vi a Cartucho fue hace un año, en Londres. Mientras trataba de seguirlo, con la lengua afuera, en sus correrías por los museos, me daba noticias del Perú. Entre cuadro y cuadro, o escultura y escultura, me confesaba su sorpresa por todas las cartas que recibía, de lectores de sus artículos que lo alentaban, y le agradecían, y lo felicitaban por su valentía. «Pero ¿por qué?», se extrañaba, «si no arriesgo nada, si lo único que hago es decir lo que pienso con sinceridad». Por supuesto que se lo creía. Porque en este hombre fuera de lo ordinario, el coraje, al igual que la decencia y el amor a la libertad, es una respiración natural, un atributo de sus convicciones, de esa íntima concordancia entre acto y conciencia que sus amigos tanto admiramos en él y que lo ha convertido, en el otoño de su vida, en la conciencia rectora de sus compatriotas.

Washington D.C., mayo de 1994

Bienvenida a Fernando de Szyszlo*

Conocí a Szyszlo a mediados de 1958, cuando él se disponía a partir a Washington y yo tenía ya hecha las maletas para viajar a Europa. Él vivía entonces en un altillo construido en la azotea de una casa de la avenida Arenales, un cálido y endeble reducto que lucía, en su informalidad bohemia, reminiscencias parisinas. En aquel breve encuentro hablamos del poeta César Moro, amigo suyo fallecido hacía poco, para cuyos poemas y prosas inéditos, cuya edición yo ayudaba a preparar a André Coyné, fuimos a pedir ayuda a Szyszlo. Nos la dio, desde luego —se podría escribir una larguísima historia de poetas y escribidores menesterosos que, desde hace medio siglo, como nosotros aquella vez, han ido a tocar las puertas del taller de Szyszlo y salido de allí con el dibujo, el grabado, la ilustración, la suscripción y el aliento que buscaban—. Pero a mí, aquella rápida conversación, además de ganarme un amigo, me dio también la idea de un pintor que, fuera de pintar muy bien, sabía de poesía y de literatura, citaba a Proust y a Rilke, amaba la cultura y tenía ideas y razones, además del instinto, las intuiciones y la artesanía en que parecía confinado el talento de todos los pintores que hasta entonces yo había tratado. Cuarenta años después y, por lo menos, un par de centenares de pintores más en mi haber de conocidos, debo confesar que sólo un puñado de ellos me han dado la impresión que da Szyszlo a quienes lo frecuentan, de un creador excepcionalmente culto e inteligente, que se mueve con desenvoltura en el mundo del saber y puede opinar con agudeza sobre su oficio y muchos otros temas relativos a la cultura.

No se necesita ser culto ni inteligente para ser un gran pintor, desde luego, ni estar dotado de lucidez intelectual y entender cabal-

---

* Conferencia leída en la ceremonia de incorporación de Fernando de Szyszlo a la Academia Peruana de la Lengua, en Lima, el 13 de noviembre de 1997. *(N. del E.)*

mente lo que uno hace cuando tiene el pincel en la mano y poder formularlo luego por escrito. Ambas son cosas distintas. La historia del arte está repleta de grandes artistas que no sabían lo que hacían, aunque lo hicieran maravillosamente bien. El ejemplo más meridiano es Picasso, el gran trastornador de la pintura moderna, la frontera viviente donde las actitudes, las ambiciones, las técnicas, la estética del pasado mudaron de naturaleza y se transformaron y disgregaron en las mil y una direcciones del arte contemporáneo. Ningún artista ha marcado más su tiempo y el quehacer artístico de su edad que Picasso, cuyos hallazgos, experimentos, acrobacias, delirios y juegos, además de producir una floración de obras maestras, han inseminado las tendencias más diversas de la pintura moderna, desde el cubismo hasta el pop-art, desde el surrealismo hasta la abstracción y el arte conceptual. El genio de Picasso fue esencialmente intuitivo, nada intelectual; la osadía y originalidad que estallan por doquier en sus cuadros y esculturas, sin embargo, podían tornarse en patético balbuceo de banalidades o meros disfuerzos en las contadas ocasiones en que intentó teorizar, razonar sobre lo que hacía y explicarlo conceptualmente. Y, desde el punto moral y político, es mejor voltear rápidamente la página, pues el genio indiscutido del arte moderno murió sin que las pavorosas revelaciones sobre los millones de muertos en los gulags perturbaran lo más mínimo la buena conciencia con que homenajeó a Stalin y al régimen que presidía, un régimen que, por lo demás, consideró siempre el arte de Picasso como despreciable, por decadente y burgués. Su caso no es infrecuente; abundan los creadores en los que, expresarse en las imágenes que proyectan sus telas les absorbe totalmente el ánimo, sin dejarles, se diría, el tiempo, la energía o la curiosidad para interesarse por otros órdenes de la vida espiritual. Y los que, al igual que un Picasso, actúan como si el genio exonerase de aquellas servidumbres éticas y cívicas que gravitan sobre el común de los mortales.

No es el caso de Fernando de Szyszlo. El suyo, como el de un Tàpies o el de un Mondrian, es el de un artista en el que la intuición y la maestría han sido siempre irrigadas por una poderosa energía intelectual, el saber racional y una reflexión sobre el propio quehacer, algo que se refleja en su obra, a la que añade una dimensión que trasciende lo estrictamente plástico. Sus cuadros chisporrotean de alusiones y reverberaciones sobre otros órdenes del conocimiento, como observó Emilio Adolfo Westphalen, comentando una exposición de pinturas de Szyszlo inspiradas en la elegía quechua anónima «*Apu Inca Atawallpaman*», traducida al castellano por José María Arguedas. Los pintores que he citado son muy diferentes entre sí, aunque los tres hayan hecho pintura no figurativa. Pero lo que en verdad tienen de común es que el peruano, el catalán y el holandés hayan sido, a la vez que artistas originales, hombres de reflexión y de cultura, cuya sensibilidad se refinó en un comercio intenso con la vida intelectual, capaces de crear y tomar una perspectiva crítica con lo que creaban, introspección permanente que les permitía explicar lo que hacían, situarse a voluntad dentro de una tradición y una vanguardia que en su obra se enfrentaban en un tirante diálogo, y opinar con tino y buen juicio sobre el fenómeno artístico.

La obra de Szyszlo es una de esas islas artísticas en las que podemos refugiarnos, hoy, cuando nos sentimos abrumados por la profusión de falsos ídolos, de exitosos prestidigitadores a los que entroniza la frivolidad y la publicidad hace pasar por grandes artistas. En esta obra pisamos tierra firme y, desde la primera ojeada, sabemos a qué atenernos respecto a su calidad y a su factura, a la unidad que cohesiona los temas y designios que la animan y las formas que la plasman. Tal vez a algunos espectadores estos cuadros no les gusten, o les gusten menos que los de otros creadores: es su derecho. Pero nadie que se coloque frente a ellos y se deje invadir por su fuerza comunicativa, la suntuosidad y sutileza con que en ellos se combinan los colores para crear unos espacios y temas que remiten unos a otros hasta constituir un mundo propio, diferenciado del mundo del espectador y de otros mundos creados por el arte, puede dejar de respetarlo, ni negar su vigorosa singularidad.

La pintura de Szyszlo, como la de todos los grandes creadores, está hecha de alianzas disímiles, a las que él ha añadido, por supuesto, invenciones de su cosecha. Ésta es una generalidad, la formulo sólo para añadir lo que, a partir de esa evidencia, me parece destacable: que las fuentes en que bebe el arte de Szyszlo revelan al hombre universal que es, al curioso impenitente y múltiple que hay en él.

No deja de ser una instructiva paradoja, desde luego, que en un pintor no figurativo las antiguas culturas precolombinas hayan dejado una huella más memorable que en los llamados pintores indigenistas, los que reivindicaban a voz en cuello, con una sinceridad que no hay por qué poner en duda, aquella tradición y se empeñaban en continuarla. Pero, en verdad, con excepciones escasas, el llamado indigenismo mimó y, a menudo, caricaturizó los motivos del arte prehispánico, trasladándolos a sus cuadros por su exterior pintoresco y sin mayor reelaboración. Este arte ronda como un fantasma por la pintura de Szyszlo —«pena» en ella, diríamos, utilizando una expresión peruana—, pero no es fácil circunscribir su presencia, pues se ha disuelto en su contexto, y es, como el alimento que el organismo torna sangre, nervio y músculo, algo transmutado, que ha servido al artista para erigir su propia mitología. Sin embargo, el legado de los antiguos artesanos que, en el valle de Chancay, en Paracas o en Chavín, produjeron esos objetos de barro, esos tejidos en plumas, las pinturas y los ídolos de metal —sobre los que Szyszlo ha escrito, en muchas ocasiones, con devoción— está inconfundiblemente allí, como un sedimento o un aura, en esos ámbitos que sugieren el templo votivo, la cámara de los sacrificios o la práctica mágica del ser prerracional de tantas telas de Szyszlo, despuntando a veces en formas alusivas —como tótems, puertas, curvas, escaleras y diversos motivos geométricos— o en un estallido particularmente violento de los colores, que, advertimos en el acto, tienden un puente sutil entre esta obra tan visiblemente instalada en la modernidad y el oscuro y diestro oficio de esos remotos maestros que hacían arte sin saberlo, creyendo que, haciendo aquello, adoraban a sus dioses, exorcizaban los pavorosos peligros del mundo.

En los cuadros de Szyszlo, los antiguos peruanos se dan la mano con el cubismo europeo, en el que dio sus primeros pasos de pintor, y con una amplia panoplia de artistas de tres mundos, entre los que algunos nombres —Rothko, Tamayo, Zadkine, Motherwell— y poetas como Octavio Paz son imprescindibles de citar. La manera como la poesía ha estimulado el quehacer artístico de Szyszlo daría materia para un estudio. Una de sus primeras exposiciones rendía homenaje a dos insobornables: Rimbaud y André Breton. En 1950, en París, produjo una serie de litografías cuya fuente de inspiración era el impacto que había hecho en él la poesía de César Vallejo. Westphalen comentó así aquel encuentro: «La poesía convulsionada, desgarrada y tierna de Vallejo había removido profundamente el espíritu de Szyszlo y el impulso creador así suscitado se resolvió en imágenes que decían de la tristeza e incertidumbre del hombre frente a un mundo hostil de "sol negro" y angustia constante pero, también, donde insólitamente florecen el amor y la dicha. El universo de Vallejo y el de Szyszlo pudieron acercarse, pero prosiguieron sus destinos independientes, girando dentro de sus órbitas propias».

Octavio Paz, a quien conoció en 1949, en París, cuando escribía *El laberinto de la soledad*, ensayo que, según confesión propia, ayudó de manera decisiva a Szyszlo a asumir su condición de latinoamericano, ha sido una continua referencia a lo largo de su vida. Siempre ha admirado su poesía y, también, sus ensayos y textos críticos, por los que han desfilado, sin exageración, todos los grandes problemas artísticos, literarios y políticos de nuestro tiempo. La influencia de la reflexión crítica de Octavio Paz sobre la modernidad y el pasado mexicano, como una continuidad sin cesuras, contribuyó, sin duda, a reavivar la pasión que desde joven despertó en Szyszlo el arte prehispánico. Escuchémoslo: «Creo que para Paz, que es profundamente mexicano, como para una persona nacida en cualquier parte de la zona andina del continente, es una sensación estimulante e intoxicante esa de saber que en estos mismos lugares hace milenios se había desarrollado una civilización totalmente autónoma que por su propio talento inventó la agricultura y tuvo entonces el tiempo para elaborar una visión del mundo circundante y con ello desarrollar una teoría religiosa y su componente inseparable, el arte. Siempre estuvo y está presente en la palabra de Octavio Paz esta independencia, esta seguridad de que él es una persona que no viene de un mundo colonial y derivado, sino de un grupo que había sido por siglos productor de cultura». Es obvio, en esta cita, que, hablando de Octavio Paz, Szyszlo habla también de sí mismo y de la fecunda relación que su arte de vanguardia tiene con las antiquísimas culturas de la prehistoria andina.

Este tema, el de la identidad, siempre me ha parecido peligroso, pues, a menos de acotarlo en la esfera exclusiva del individuo, lo encuentro reñido con la libertad. La única identidad admisible es aquella que significa autocreación, un continuo esfuerzo del individuo soberano para irse haciendo, definiendo frente a aquellas imposiciones y herencias del medio en que se desenvuelve, la geografía que lo rodea, la historia que lo precede, la lengua, las costumbres, la fe y las convicciones dentro de las que se formó. Pero nada de ello es naturaleza, condición irrenunciable; es cultura, es decir, algo que la razón y la sensibilidad del individuo pueden asumir, rechazar o enmendar gracias a su conciencia crítica y en función de sus propias inclinaciones, ideas o devociones. Una identidad no puede ser un campo de concentración del que, por la banal razón del nacimiento, el individuo no pueda escapar jamás y donde esté condenado a vivir siempre idéntico a sí mismo y a sus compañeros de esa prisión —esa patria, esa iglesia, esa cultura— fuera de cuyas alambradas perdería su alma, se volvería nadie, nada.

Sin embargo, la preocupación por la identidad, que, seguramente, nace de un recóndito miedo a la libertad, a la obligación de tener que crearse a sí mismo, cada día, eligiendo y rechazando distintas opciones, en vez de abandonarse a la confortable inercia de la pertenencia a un supuesto ser colectivo, del que el individuo sería mero epifenómeno, ha sido una constante de la cultura latinoamericana, por lo menos desde el inicio de la vida independiente de nuestros países.

Según las épocas y las modas dominantes, los artistas latinoamericanos se han considerado blancos, indios o mestizos. Y cada una de esas definiciones —el hispanismo, el indigenismo, el criollismo— ha significado una mutilación, ha excluido de nuestra personalidad cultural algunas vetas que tenían tanto derecho a representarnos como la elegida.

Pero, a pesar de los innumerables tratados, artículos, debates, simposios sobre un tema que nunca se agota, porque es en gran parte ficticio —el de nuestra identidad—, lo cierto es que cada vez que tenemos la suerte de hallarnos ante una genuina obra de creación surgida en nuestro entorno, la duda se evapora: lo latinoamericano existe, está allí, es eso que vemos y gozamos, que nos turba y exalta y que, por otra parte, nos delata. Eso que nos pasa con los cuentos de Borges, los poemas de Vallejo o de Neruda, los cuadros de Tamayo o de Matta nos ocurre también con la pintura de Szyszlo: eso es América Latina en su más alta expresión, en ella está lo mejor que somos y tenemos. Porque en ella está soterrado el mundo entero.

Rastrear en esos cuadros turbadores las huellas de nuestra identidad resulta vertiginoso, pues ellos delinean una geografía laberíntica, donde el más diestro explorador se extravía. Hijo de un científico polaco y de una peruana del litoral, Szyszlo está también escindido en relación a sus fuentes artísticas: el arte precolombino, las vanguardias europeas, un mosaico de pintores norteamericanos y latinoamericanos. Pero, quizás, el paisaje que lo ha rodeado la mayor parte de su vida —el cielo gris de Lima, su ciudad, los desiertos llenos de historia y muerte de la costa, y ese mar que comparece con tanta fuerza en una época de su pintura— haya sido una influencia tan determinante para configurar su mundo como el legado de los anónimos artesanos precolombinos cuyas máscaras, mantos de plumas, figurillas de greda, símbolos y colores aparecen quintaesenciados en sus telas. O como las refinadas audacias, negaciones y experimentos del arte occidental moderno —el cubismo, la no figuración, el surrealismo— sin los cuales la pintura de Szyszlo tampoco sería lo que es.

Las raíces de un artista son profundas e inextricables, como las de los grandes árboles, y si uno se empeña en seguirlas hasta sus confines, descubre que es imposible sujetarlas dentro de una comarca, nación o continente, pues corren, libérrimas, por todos los territorios de lo humano, ese universo. Es útil estudiarlas, pues ellas nos acercan a ese misterioso centro del que nace la belleza, esa indefinible fuerza que ciertos objetos creados por el hombre son capaces de desatar y que nos desarma y subyuga. Pero el conocerlas sirve también para saber sus límites, pues las fuentes de que se nutre no explican jamás una obra de arte. Por el contrario, muestran cómo un artista va siempre más allá de todo aquello que formó su sensibilidad y perfeccionó su técnica.

Lo personal —oscura materia hecha de sueños y deseos, de pálpitos, reminiscencias e inconscientes impulsos— es en Szyszlo tan importante como las corrientes pictóricas en las que su obra pueda filtrarse, o que aquello que ha admirado y emulado. Y, en ese reducto secreto de su personalidad, yace aquella inaccesible clave del misterio que, junto con la elegancia y la destreza, es el gran protagonista de sus cuadros.

Algo ocurre en ellos, siempre. Algo que es más que la forma y el color. Un espectáculo difícil de describir aunque no de sentir.

Una ceremonia que parece a veces de inmolación o sacrificio y que se celebra sobre un ara primitiva. Un rito bárbaro y violento, en el que alguien se desangra, desintegra, entrega y también, acaso, goza. Algo, en todo caso, que no es inteligible, que hay que llegar a aprehender por la vía tortuosa de la obsesión, la pesadilla, la visión. Muchas veces, mi memoria ha actualizado de pronto ese extraño tótem, despojo visceral o monumento recubierto de inquietantes ofrendas —ligaduras, espolones, soles, rajas, incisiones, astas— que es desde hace mucho tiempo un personaje recurrente de los lienzos de Szyszlo. Y me he hecho incontables veces la misma pregunta: ¿de dónde sale?, ¿quién, qué es?

Sé que no hay respuesta para esas preguntas. Pero que sea capaz de suscitarlas y mantenerlas vivas en el recuerdo de aquellos que entran en contacto con su mundo es la mejor credencial de autenticidad del arte de Fernando de Szyszlo. Un arte que, como América Latina, carece de identidad porque las tiene todas: se hunde en la noche de las civilizaciones extinguidas y se codea con las novísimas, aparecidas en cualquiera de los rincones del globo. Que se yergue en la encrucijada de todos los caminos, ávido, curioso, sediento, libre de prejuicios, abierto a cualquier influencia. Pero enconadamente leal con su secreto corazón, esa soterrada y caliente intimidad donde se metabolizan las experiencias y las enseñanzas y donde la razón se pone al servicio de la sinrazón para que broten la personalidad y el genio de un artista.

La pintura de Szyszlo, como la de todo artista mayor, se ha valido de todo lo que se puso a su alcance para dar apariencia a aquella informe necesidad de expresión que lo animaba. Cuando, luego de conquistar una voz personal, esas materias ajenas consiguieron verterse en obras concretas, acabaron expresándolo sólo a él. Eso es lo que en definitiva nos importa saber cuando caemos bajo el hechizo de una de sus telas: que ese intenso espectáculo que parece estar pugnando por salir disparado de su violenta quietud, de su inmovilidad beligerante de colores y formas, resume, en su recóndita anatomía, el quehacer, la fantasía, la técnica y también los miedos y los sueños de un ciudadano del mundo, que, aunque sin romper nunca con el barro nutricio, siempre ejerció su vocación de artista con la conciencia cabal de que lo que hacía no tenía ni debía tener otras fronteras que las de la humana condición, aquel denominador común de la especie, sobre el que todo arte genuino testimonia y al que todo arte genuino ayuda a sobrellevar los trabajos y los días.

Quisiera, para terminar, referirme a las credenciales cívicas del nuevo académico. Éstas son prendas que, lo sé muy bien, no se toman nunca en cuenta —o muy rara vez— a la hora de elegir a un nuevo miembro, en este tipo de corporación. (Reconozcamos, entre paréntesis, que si ellas fueran requisitos indispensables, éstas andarían sin duda bastante despobladas). Pero como a Fernando de Szyszlo sí lo adornan, otra de las rarezas de su *curriculum*, ¿por qué no mencionarlas? Aunque nunca le ha interesado mayormente la política, ni sido un político, ni haya participado en empresas de esta índole sino como ciudadano comprometido con algunos ideales, pero desinteresado del poder, y se haya mostrado celoso siempre de conservar su independencia frente a éste, de Fernando de Szyszlo se puede decir que en toda su vida no hay un solo episodio, caída o concesión, que mancille o tuerza su permanente defensa de la libertad, entendido esto, claro está, de la única manera en que se puede medir: por su rechazo de las dictaduras y su defensa de la democracia. Lo cual significa que, en un país como el nuestro, donde la democracia ha sido una flor más bien exótica y el autoritarismo una enfermedad crónica, Szyszlo se ha pasado la vida, o poco menos, en los limbos de la oposición. Ni las dictaduras de derecha como la de Odría, o la actual, la solapada de los señores Fujimori, Bari Hermoza y Montesinos, o las de izquierda, como la del general Velasco, podrían preciarse de haber sobornado a Szyszlo con sus halagos ni de haberlo intimidado con sus chantajes: él siempre ha estado allí, defendiendo con voz clara, para su infortunado país, el régimen de legalidad y de libertad que es el de la civilización, y que, en el Perú, una y otra vez se ha derrumbado, vez que empezaba a florecer. Si algún día el Perú consigue romper ese ciclo infernal de longevas dictaduras y fugaces períodos democráticos, se deberá, sobre todo, a esos peruanos limpios y perseverantes que, como él, nunca perdieron la esperanza ni dejaron de bregar cotidianamente, en la modesta medida de sus fuerzas, con el ejemplo de su conducta, para acercar ese día.

Desde que yo tengo memoria, siempre ha habido, en Lima, alguna figura que, por su contagioso entusiasmo, don de gentes, amor a la cultura y al arte y su capacidad de atraer en torno a personas afines, ha cumplido la función de un animador cultural de primer orden, y, transmitiendo informaciones, alentando los proyectos, las vocaciones ajenas y proyectando en torno un clima auspicioso, cálido, estimulante, ha encarnado como una suerte de símbolo la vida de la cultura en el Perú. Una persona así fue Sebastián Salazar Bondy, compañero de generación y aliado o adversario fraterno en las batallas estéticas de juventud de Fernando de Szyszlo. Lo fue, también, de una manera tan admirable y tan discreta, el arquitecto Luis Miró Quesada, el inolvidable Cartucho, cuya ausencia ha dejado, en la vida intelectual y cívica del país, un vacío tan grande como en la vida de sus amigos. Al igual que ellos, y que unos pocos otros, Szyszlo es, desde hace muchos años, uno de esos símbolos a los que nos hace bien volver la mirada en el Perú, cuando nos sentimos desanimados. Él, con una manera de ser y de actuar, con su obra viva y en perpetua renovación, con su generosidad, su rigor y su ambición de artista, nos devuelve la ilusión y nos recuerda que aquí también es posible, como en los más altos centros intelectuales y artísticos, hacer una obra que puede parangonarse a la de los mejores, y mantener, aun en las circunstancias más difíciles, la moral alta y la integridad invicta.

Incorporando a su seno a Fernando de Szyszlo, la Academia de la Lengua lo premia y se premia. Querido Gody: bienvenido.

Río de Janeiro, 10 de noviembre de 1997

El ojo que llora

Si usted pasa por Lima, trate de ver *El ojo que llora*, en una de las esquinas del Campo de Marte, en el distrito de Jesús María. Es uno de los monumentos más bellos que luce la ciudad y, además, hay en él algo que perturba y conmueve. Pero apresúrese. Porque no es imposible —el Perú es el país de todos los posibles— que una singular conjura de la ignorancia, la estupidez y el fanatismo político acabe con él.

Consiste en una piedra instalada en el centro de un estanque, rodeado de un laberinto de círculos de cantos rodados y senderos de grava de mármol morado que abarca un vasto espacio de árboles donde cotorrean bandadas de loros y trinan los pájaros. La imponente piedra de granito negro tiene un ojo insertado —otra piedra, recogida en los arenales de Paracas— que lagrimea sin cesar y, según la perspectiva desde la que se la mire, sugiere los contornos de tres animales míticos de las antiguas civilizaciones peruanas: el pico del cóndor, la boca de un crótalo y la silueta del puma.

Lika Mutal, la autora de esta escultura, una holandesa avecindada en el Perú hace treinta y nueve años, encontró esta piedra en un cerro del norte, cerca de un cementerio prehispánico saqueado por los depredadores de tumbas. Con grandes cuidados la trajo a su taller de Barranco y convivió allí con ella varios años, convencida de que algo, alguien, en algún momento le indicaría qué partido sacarle. La experiencia decisiva ocurrió en el año 2003, cuando la escultora visitó una de las más extraordinarias exposiciones que se hayan presentado en el Perú: «Yuyanapaq», una muestra de fotografías que documentaba con tanto rigor como excelencia los años de la violencia política desencadenada a partir de la guerra revolucionaria y terrorista de Sendero Luminoso, que, en una década, según las conclusiones de la Comisión de la Verdad, provocó la muerte y la desaparición de cerca de setenta mil peruanos, la inmensa mayoría de ellos pertenecientes a los estratos más pobres y marginados de la sociedad.

Ese mismo día, con el pecho todavía encogido por la pesadilla infernal de aquellas imágenes de indecible crueldad y sufrimiento de «Yuyanapaq», Lika Mutal concibió el conjunto escultórico de *El ojo que llora*. La Madre Tierra —la Pachamama—, diosa ancestral de todas las antiguas culturas americanas, llorando por la violencia que han provocado y padecido sus hijos a lo largo de la historia. En el laberinto de cantos rodados —cerca de cuarenta mil— se inscribirían los nombres de todas las víctimas de la violencia, de modo que el monumento sería también un símbolo de reconciliación y de paz.

Las creaciones artísticas inspiradas en buenas intenciones sociales, religiosas, morales o de cualquier orden ajeno al propiamente estético suelen ser esos bodrios convencionales y cursis que generalmente afean los recintos oficiales. Pero *El ojo que llora* no es nada de eso. Sus propósitos altruistas no le restan originalidad, elegancia, vigor, y las formas elegidas, así como la combinación de piedras que lo componen, en las que las limaduras, cortes o añadidos efectuados por la artista son mínimos, crean una atmósfera impregnada de recogimiento y alarma, una tensa serenidad. Es imposible no sentir una enorme tristeza ante los miles de nombres escritos por voluntarios en aquellos cantos rodados, entre los que figuran muchas criaturas de pocos meses o pocos años e innumerables inocentes a los que el terror sacrificó sin el menor escrúpulo en aquellos años de odio y locura ideológica.

¿Era realista la idea de inscribir en los cantos rodados del monumento los nombres de todas las víctimas de la violencia, es decir, juntar y mezclar a quienes cayeron bajo las bombas, balas, cuchillos y pedradas senderistas con los asesinados o desaparecidos por las fuerzas del orden? En un principio pareció que sí, pues cuando se inauguró *El ojo que llora*, el 28 de agosto de 2005, como etapa inicial de una Alameda de la Memoria que constaría de un museo donde se exhibirían de manera permanente las imágenes de «Yuyanapaq», no hubo voces discrepantes. Por el contrario, menudearon las alabanzas y el memorial de Lika Mutal recibió varios reconocimientos internacionales.

¿Qué ha ocurrido desde entonces para que ahora se haya iniciado una dura campaña de críticas e improperios contra *El ojo que llora*, a la que cierta prensa llama un «monumento al terrorismo» y pide incluso su demolición? Ha ocurrido una sentencia de la Corte Interamericana de Derechos Humanos, condenando al Estado peruano por la matanza de cuarenta y un internos senderistas en el penal limeño de Castro Castro, entre el 6 y el 9 de mayo de 1992. El fallo de la Corte de San José (Costa Rica) ordena al Estado desagraviar a las víctimas, con una retribución económica a sus parientes y familiares por una suma conjunta de cerca de veinte millones de dólares, e inscribir los nombres de quienes fueron ejecutados extrajudicialmente en aquella ocasión en las piedras de *El ojo que llora.*

Este fallo ha provocado una tempestad de protestas. Tanto el Gobierno de Alan García como buena parte de la oposición han rechazado una sentencia que —es el argumento principal de los críticos— singulariza como víctimas de la violencia a los propios terroristas fanáticos que la desencadenaron y olvida, o relega a un segundo plano borroso, a los casi dos mil oficiales y soldados victimados por Sendero Luminoso y el MRTA (Movimiento Revolucionario Túpac Amaru) y a las decenas de miles de civiles inocentes exterminados a mansalva por los terroristas en su delirio mesiánico.

Sin embargo, considerando en frío, como decía César Vallejo, la violencia no es excusa para la violencia, y que los senderistas y sus congéneres fueran unos homicidas despreciables —yo lo sé muy bien, pues también a mí trataron de desaparecerme— no justifica en modo alguno que fueran torturados, asesinados y las senderistas violadas (como dice la sentencia de la Corte Interamericana que ocurrió en Castro Castro en aquella ocasión) por las fuerzas del orden.

El Gobierno que perpetró esa matanza no era democrático ni constitucional. Era el Gobierno autoritario de Fujimori, nacido de un autogolpe que, apenas un mes antes de aquella matanza, clausuró el Parlamento e inauguró un período siniestro de crímenes y robos vertiginosos en los que centenares de millones de dólares mal habidos fueron a parar a cuentas secretas de medio mundo y en el que, con el pretexto de la lucha contra el terror, se violaron los derechos humanos de los peruanos con una ferocidad y alevosía sin precedentes en la historia del Perú.

En esos años de oprobio una de las pocas instancias con las que contaban los peruanos para denunciar los diarios abusos de que eran víctimas era la Corte Interamericana, pues la justicia en el Perú pasó a ser —como todas las instituciones, por lo demás— un dócil instrumento de la satrapía cleptómana de Fujimori y Montesinos. Es difícil entender que lo haya olvidado un Gobierno presidido por Alan García, quien, precisamente, gracias a un fallo de la Corte Interamericana recobró sus derechos civiles, que la dictadura de Fujimori le había violentado, y pudo regresar del exilio para ser candidato en las elecciones del año 2000. Entiendo que los supérstites y nostálgicos de la dictadura fujimontesinista pidan, con motivo del reciente fallo, que el Perú se retire de la Corte Interamericana. Pero que también lo pidan partidos y personas que creen en la democracia sólo muestra lo confusa y frágil que es en el Perú la noción de lo que implica esta palabra y de lo que es la cultura de la libertad.

Esto no significa que el fallo de la corte no merezca críticas. Quizás el más grave de sus errores es ordenar que se inscriban los nombres de las víctimas de la matanza de 1992 en una escultura que no pertenece al Estado, que es del dominio privado y sobre cuya forma y contenido ni la corte ni el Gobierno, sólo su autora, puede decidir. Por lo demás, fuera de ese error, hay otro: los nombres de aquellos senderistas asesinados en Castro ya figuran en aquellas piedras, pues sus parientes los habían hecho inscribir. Esta revelación ha provocado nuevas protestas de familiares de víctimas del terrorismo, que, comprensiblemente, no quieren semejante coexistencia de sus deudos con sus victimarios.

¿Hay alguna forma de solucionar este *impasse*? Sí. Dar media vuelta a los cantos rodados con los nombres que figuran en ellos, ocultándolos temporalmente a la luz pública, hasta que el tiempo cicatrice las heridas, apacigüe los ánimos y establezca alguna vez ese consenso que permita a unos y a otros aceptar que el horror que el Perú vivió a causa de la tentativa criminal de Sendero Luminoso —repetir la revolución maoísta en los Andes peruanos— y los terribles abusos e iniquidades que las fuerzas del orden cometieron en la lucha contra el terror no dejaron inocentes, nos mancharon a todos, por acción y por omisión, y que sólo a partir de este reconocimiento podemos ir construyendo una democracia digna de ese nombre, donde ya no sean concebibles ignominias como las que ensuciaron nuestros años ochenta y noventa.

Si eso llega a ocurrir, y la piqueta de los bárbaros no se ha cargado antes *El ojo que llora*, peruanos y extranjeros se sentirán admirados y a la vez entristecidos recorriendo el laberinto de cantos rodados de Lika Mutal. Y pensarán tal vez en lo paradójico que son el arte y la vida, capaces de engendrar, a partir del horror y el sufrimiento, algo tan intenso y tan hermoso, tan sereno y tan delicado como las sombras y fulgores entre los que se cobija esa piedra con perfiles de cóndor, puma y serpiente, en la que una mujer llora por los desvaríos y padecimientos de los peruanos.

Lima, 11 de enero de 2007

9. En campaña

Frente a la amenaza totalitaria*

2 de agosto de 1987

Ante el proyecto de ley que estatiza los bancos, seguros y financieras presentado al Congreso de manera sorpresiva por el Poder Ejecutivo, los firmantes queremos protestar públicamente.

La estatización, por sus enormes e inevitables consecuencias, representa un cambio radical de signo ideológico, contrario a los sentimientos democráticos de la gran mayoría de peruanos, incluidos los independientes y apristas que votaron por Alan García.

La concentración del poder político y económico en el partido gobernante significaría el fin de la libertad de expresión y, en última instancia, de la democracia.

Exhortamos a todos los legisladores y a los militantes apristas para que, fieles a los principios de su partido, eviten al país un totalitarismo del que seríamos víctimas todos los peruanos.

Mario Vargas Llosa	Federico Salazar
Álvaro Vargas Llosa	Fernando de Szyszlo
Juan Ossio	Roberto Dañino
Enrique Ghersi	Estuardo Marrou
Felipe Ortiz de Zevallos	Manuel D'Ornellas
Miguel Vega Alvear	Patricio Ricketts Rey de Castro
César Hildebrandt	Arturo Salazar Larraín
Carlos Espá	Mario Miglio

---

* Anotación manuscrita de Mario Vargas Llosa al reverso del manifiesto: «Este manifiesto, que dio inicio a una movilización popular que impidió la estatización del sistema financiero peruano, fue redactado por Frederick Cooper, Miguel Cruchaga, Luis Miró Quesada, Fernando de Szyszlo y por mí». *(N. del E.)*

En el torbellino de la historia

El 28 de julio me encontraba en una playa, cerca de Tumbes, corrigiendo las pruebas de mi último libro. Allí escuché, en una radio portátil llena de zumbidos, el discurso del presidente anunciando que el sistema financiero del país sería estatizado. Como a muchos peruanos, este proyecto, preñado de amenazas contra el futuro de la democracia en el Perú, e infligido a la nación de manera sorpresiva por quien, en los años anteriores, había desmentido de manera categórica que abrigara semejantes intenciones, me dejó perplejo y escandalizado.

¿Qué significaba esta medida? ¿De dónde salía? No, por cierto, del programa del partido aprista ni de las promesas electorales del presidente, en los que jamás figuró. ¿Había medido Alan García los alcances de una ley susceptible de socavar los cimientos de la frágil democracia peruana, sumando al poder político un poder económico desorbitado que abriría las puertas del país al totalitarismo? ¿Era esto lo que pretendía? ¿O se trataba de un arrebato irreflexivo del mandatario, quien, mediante un gesto espectacular intentaba recobrar el protagonismo que había perdido en las semanas anteriores por los síntomas de desfallecimiento de su política económica y por la elección en contra de sus deseos del ex primer ministro como presidente de la Cámara de Diputados?

Vuelto a Lima, escribí un artículo —«Hacia el Perú totalitario»— anticipando las consecuencias que para la democracia peruana tendría la medida. Desequilibrar el pluralismo económico señalado por la Constitución con un monopolio de Estado en un área esencial de la vida productiva —la del crédito— que convertiría al Gobierno —al APRA— en un poder omnímodo, capaz de asfixiar a todos sus contrapesos, empezando por los medios de comunicación. Extender al sistema financiero y a los seguros la ineficiencia y la corrupción que han caracterizado, desde los tiempos de la dictadura de Velasco, la usurpación por la burocracia política de las actividades económicas en nuestra patria. Levantar una espada de Damocles sobre la libertad de expresión, al poner a los diarios, radios y canales a merced del Gobierno para la obtención de los créditos sin los cuales ninguna empresa puede sobrevivir.

Debo confesar que al escribir aquel texto denunciando esta medida inconstitucional y antidemocrática, temí que ella sería aprobada al galope —como quería el presidente— sin otras protestas que las de las personas directamente afectadas y las de aislados grupos de ciudadanos. Pensé que pocos advertirían, por encima del despojo a unos cuantos empresarios, el golpe artero que entrañaba contra el orden democrático y la libertad en el Perú. Pues la medida estaba concebida con verdadero maquiavelismo para confundir a la opinión pública sobre sus verdaderos propósitos y ganarle respaldo. Los banqueros no suelen ser populares en ninguna parte. ¿No son ellos el símbolo de la prosperidad y del poder económico? En un país con la pobreza y las desigualdades del nuestro, parecía fácil, con unas dosis de demagogia bien administradas, azuzar el odio y el rencor de los pobres contra aquel puñado privilegiado y responsabilizarlos a éstos de todas las calamidades del país. ¿Y no podrán ser desfiguradas todas las críticas acusando a quienes protestábamos contra la ley como vendidos a los satánicos banqueros?

El presidente García se dedicaba a ello ya, por esos días, personalmente, con el dinamismo que sabemos. Había dejado la casa de Pizarro y, convertido en un agitador de plazas públicas, recorría el norte del país pronunciando discursos incendiarios, cuyo resultado fue resucitar viejas divisiones entre peruanos, polarizar a la nación e instaurar un clima de matonería verbal en el debate político. Olvidando otra de sus promesas electorales —la de que sería un presidente para todos los peruanos—, su conducta, en las calles, era la de un súbito revolucionario azuzador de la lucha de clases y hasta de la lucha de razas. En sus arengas, sin el menor embarazo, se declaraba cholo entre los cholos, pobre entre los pobres, y advertía que, si el Parlamento no aprobaba su proyecto, se pondría a la cabeza del pueblo. ¿Era, quien así actuaba, el mismo personaje al que los peruanos habían llevado a la jefatura de la nación con casi la mitad de los votos para que consolidara nuestra democracia e hiciera las profundas reformas en libertad que había prometido en su campaña y que todos anhelamos? ¿Era éste el mismo mandatario que hacía pocos meses departía amigablemente con los doce apóstoles del capitalismo peruano —quienes, según confesión propia, habían contribuido generosamente a su campaña electoral— y concertaba con ellos sobre el futuro de nuestra economía?

En contra de lo que yo temí, los peruanos no se dejaron embaucar tan fácilmente por la demagogia. Desde el primer momento, muchos intuyeron lo que estaba en juego: no la democratización del crédito, ni los bolsillos de cuatro ricos, sino, más bien, nuestra democracia, que podía verse envilecida en lo inmediato con la apristización de la banca, los seguros y las financieras, y amenazada a mediano plazo con una estatización generalizada de la economía según el modelo reclamado por los marxistas de nuestro país. Estos últimos, desconcertados al principio por el inesperado regalo de los dioses para su causa, que les venía como bonificación de Fiestas Patrias, pasarían luego a ser sus más entusiastas defensores, aunque, para guardar las formas, manifestaban de tanto en tanto algunas reservas de principio o —según su jerga— «tácticas». El APRA, en cambio, tan sorprendida como el resto del país por la iniciativa, tramada en Palacio por el presidente y, al parecer, sus asesores extranjeros y velasquistas, denotaba una confusión y un malestar que, por lo demás, ni siquiera ahora se han disipado. Aunque con honrosas excepciones —como la del diputado Alfredo Barnechea, a quien los peruanos no olvidarán por su coraje— sus parlamentarios eligieron la disciplina y rindieron su conciencia a los deseos de su jefe, la incomodidad y el íntimo desacuerdo de muchos apristas democráticos con esta medida —que constituye un verdadero traspiés en las credenciales cívicas del partido de Haya de la Torre para el futuro— se han hecho visibles en el debate parlamentario. No han sido los apristas, con sus contradictorias y a veces cantinflescas intervenciones, quienes han dado la verdadera batalla oratoria contra los parlamentarios de la oposición democrática, sino los comunistas. Lo que es locuaz sobre el significado real de la medida y sobre sus verdaderos beneficiarios a largo plazo: no los pobres, desde luego, ni siquiera el partido de Gobierno, sino quienes quisieran mudar al Perú en una sociedad totalitaria.

Así lo entendieron muchos compatriotas desde el principio. Peruanos humildes, apolíticos, gentes sencillas que sólo aspiran a trabajar en paz, a vivir en paz y que ningún poder —económico o político— los atropelle o engañe. Muchos, muchísimos de ellos habían votado por Alan García y tenían cifradas sus esperanzas en que este joven dirigente contribuyera a derrotar nuestro subdesarrollo y a corregir nuestras desigualdades, nuestro estancamiento y decadencia, dentro del pluralismo democrático, la confraternidad y la libertad que existen en el Perú desde 1980.

Esos peruanos y peruanas sencillos y decentes no se dejaron engañar con la propaganda de «pobres contra banqueros», ni atemorizar con la campaña de escarnio que la prensa oficialista y la comunista desataban contra los críticos de la ley totalitaria. Y, así desde los primeros días, los vimos lanzarse a la calle en Arequipa, en Piura, en Lima, en Ica, en Iquitos, en Tacna, en Chiclayo, en Tarapoto y otras ciudades del Perú. Eran empleados, amas de casa, profesionales y estudiantes, un abanico de gentes entre los que predominaban —es cierto— las clases medias del país. Pero incluso en los sectores populares —sobre los que recaía la más desaforada manipulación propagandística oficial— se advertía reserva y desconfianza ante los designios presidenciales.

La libertad de expresión adquirió, en esos días, una nueva valencia en el Perú. Cobró actualidad, una extraordinaria importancia, y muchos peruanos descubrieron la función determinante que cumplen, en momentos de crisis, unos órganos de comunicación realmente independientes a los que el poder político no puede avasallar. Al abrir sus páginas, antenas y pantallas a las críticas al proyecto de estatización, al servir de tribunas a instructivos debates y al tomar partido algunos de estos órganos, en la polémica, en contra del proyecto, los medios de expresión contribuyeron, de manera decisiva, a mostrar la indigencia y los sofismas de la tesis oficial. Los peruanos supieron, por boca de los mejores economistas del país, que la Banca del Estado, que controla ya el ochenta por ciento de los créditos, no era más «democrática» a la hora de concederlos que la banca privada, aunque sí menos eficiente. ¿Por qué íbamos a creer, pues, que se «democratizaría» milagrosamente una vez que, en lugar del ochenta por ciento, tuviera el monopolio absoluto de las finanzas? Supieron también que, si de veras las metas del Gobierno eran desconcentrar la propiedad bancaria e impedir que los bancos se prestaran a sí mismos, ello se podía conseguir de muchas maneras, sin necesidad de transferir los bancos, seguros y financieras de las manos de sus dueños a la sola mano —ineficiente y de muy dudosa moralidad— de la burocracia estatal.

De este modo, gracias a la libertad de expresión, el castillo de naipes de mentiras y confusiones erigido por el Gobierno se fue desmoronando y una opinión pública resuelta empezó a tomar cuerpo y a enfrentarse al poder.

Esta libertad de expresión no es una dádiva de este Gobierno, como han osado insinuar sus corifeos. Es un derecho constitucional que estamos ejerciendo y que nadie nos puede arrebatar mientras vivamos en democracia. Esa libertad de expresión, queridos compatriotas, no debe desaparecer ni extinguirse en el Perú. Ahora que hemos experimentado, de manera tan evidente, su altísima función, es obligación de todos defenderla, sobre todo en el futuro inmediato, cuando, con una herramienta letal en sus manos —el manejo de los créditos—, el Gobierno podrá, en cualquier momento, ejercer una presión indebida contra los órganos de expresión independientes. Para una democracia, la libertad de expresión es el oxígeno, lo que le permite renovarse y vivir. Sin ella no hay legalidad, ni coexistencia, ni elecciones que se puedan llamar libres, ni protección para el ciudadano contra los abusos del poder.

Al mismo tiempo que los peruanos independientes salían a las calles, los partidos de la oposición democrática se empeñaban también en el combate contra la estatización. Hay que destacar la inmediatez y la claridad de la reacción del Partido Popular Cristiano, cuyos líderes, desde el primer instante, denunciaron la grave amenaza contra el orden constitucional. Apenas retornó al país, el doctor Bedoya Reyes, que se encontraba ausente el 28 de julio, encabezó la movilización de su partido en resguardo de la democracia. El partido Acción Popular, que, hasta entonces, por iniciativa del arquitecto Belaúnde Terry, había mantenido su oposición en sordina, dando al Gobierno aprista una tregua a fin de que realizara sin contratiempos su programa, se opuso también a la estatización y, de manera progresiva, fue acentuando sus críticas hasta ocupar un puesto de vanguardia en el rechazo del proyecto. Y lo mismo ocurrió con otros partidos o movimientos, como el FRENATRACA, el Frente del general Morales Bermúdez y el SODE, hasta entonces aliado del APRA, y que, a raíz de esta ley, rompió con el oficialismo. Del mismo modo, parlamentarios independientes, como los diputados Diez Canseco y Larrabure y el senador Chirinos Soto, aportaban su contribución a la resistencia cívica.

La protesta adquirió una envergadura inusitada y, de hecho, reunió en un ancho y tácito acuerdo a todos los peruanos independientes o militantes empeñados en que nuestra democracia sobreviva y sea el marco de la lucha contra la injusticia y la pobreza en el Perú.

Nuestra primera contribución a esta cruzada cívica fue un manifiesto que, con cuatro amigos a los que quiero citar —Fernando de Szyszlo, Miguel Cruchaga, Frederick Cooper y Luis Miró Quesada—, publicamos el 2 de agosto, respaldado por cien firmas. Ese texto, titulado «Frente a la amenaza totalitaria» recibió, en los días siguientes, un número extraordinario de adhesiones. Quienes encabezábamos el texto nos vimos acosados con llamadas y pedidos de personas que querían hacer suya nuestra protesta, y en los días siguientes aparecieron en los diarios nuevas listas de nombres, de varios centenares cada vez. Empujados por este entusiasmo que cristalizó alrededor nuestro, decidimos dar una forma más orgánica a la recolección de firmas, a fin de hacer llegar a los senadores de la oposición democrática —la Cámara de Diputados había ya aprobado la ley— el aliento de los peruanos libres. Gracias a la buena disposición de muchos voluntarios y voluntarias logramos reunir más de cuarenta mil firmas en pocos días, sólo en Lima y Arequipa.

Y así nació la idea —si ustedes me preguntan en quién o en quiénes brotó primero, no sabría decírselo— de convocar a un acto público, para hacer la entrega de estas firmas. La intención era que fueran los independientes quienes lo convocaran, invitando a concurrir a él a todos los militantes de los partidos democráticos. Al puñado inicial se había sumado para entonces Hernando de Soto, quien interrumpió un viaje al extranjero al conocer lo que ocurría en el Perú. Muchos de sus colaboradores del Instituto Libertad y Democracia y varias decenas de personas más —entre ellas abundaban los jóvenes—, animados de un sobresalto generoso, se consagraron en cuerpo y alma a organizar el Encuentro Cívico de la plaza San Martín.

Lo que ocurrió en aquella plaza la noche del 21 de agosto, así como lo sucedido en los Encuentros Cívicos de Arequipa, el 26, y de Piura, el 2 de septiembre, es del dominio público.

Decenas de miles de peruanos, muchos de los cuales asistían a una manifestación política por primera vez en su vida, se reunieron pacíficamente a protestar contra la ley totalitaria y a mostrarle al Gobierno, al mundo, que la democracia peruana no es el feudo de un partido ni de un presidente, sino una realidad que reposa y vive en la voluntad y en la soberanía de las mujeres y los hombres del Perú. En ellos se encarna, a ellos se debe y gracias a ellos va a seguir existiendo y perfeccionándose, sin que prevalezcan contra ella las bombas y los crímenes de los terroristas, los oscuros designios de los marxistas que quisieran sustituirla por una democracia popular de partido único o de querer desnaturalizarla con medidas que darían al partido gobernante la manera de perpetuarse en el poder.

Decenas de miles, centenares de miles de peruanos demostraron con su coraje y su alegría que ser pobres o atrasados económicamente, que no haber superado aún los grandes desequilibrios y las injusticias sociales no impiden a un pueblo amar apasionadamente la libertad y exigir que ella presida, como garantía suprema contra esos atropellos de los fuertes hacia los débiles que tiñen nuestra historia de tanto sufrimiento, la lucha de los peruanos por desarrollar nuestro país, por elevar el nivel de vida de los pobres, por reducir las distancias —los abismos— entre los que tienen mucho o algo y los que no tienen nada. Defender la libertad, reclamar que ella se aclimate y se transubstancie en nuestra vida política, en nuestras leyes, en nuestra economía, en nuestras costumbres, no es —como grotescamente pretende la propaganda oficial contra nosotros— elegir una opción distinta a la de la justicia: sólo para los enemigos de la libertad, para la ideología dogmática de los totalitarios, existe diferencia entre la justicia y la libertad. Los hombres y las mujeres libres sabemos que ambas cosas son inseparables, que una no existe sin la otra, que quienes las separan terminan siempre suprimiendo la libertad en nombre de una justicia que nunca llega, que se vuelve un espejismo al que el gobierno omnímodo y su ejército de burócratas vacía de sustancia y realidad. Pedir libertad, creer en la libertad, es la única manera de pedir justicia y de creer en la justicia, porque ésta sencillamente no es real sin aquello que sólo la libertad hace posible: la fiscalización del poder, el derecho de crítica, la denuncia de la corrupción y del abuso de quienes ocupan una función pública, el debate aleccionador, la creatividad y las iniciativas de todos en la solución de los problemas.

Los encuentros cívicos sirvieron también para que ciertas ideas modernas, palancas de la prosperidad y los altos niveles de vida de las democracias avanzadas, a las que el conformismo intelectual y la propaganda marxista habían conseguido poco menos que exiliar de nuestro medio, conquistaran derecho de ciudad. Como que la primera tarea para un país subdesarrollado es la creación de la riqueza, no la repartición de la pobreza.

Y que para crear riqueza, trabajo y recursos que permitan mejorar la condición de los pobres y alcanzar la igualdad de oportunidades para todos, el Estado debe reducirse, no crecer. Porque el Estado sobredimensionado que tenemos desde la dictadura de Velasco es una fuente de explotación y de discriminación del débil y del pobre, un obstáculo casi insuperable, por la corrupción y el burocratismo que lo impregnan, para que el Perú se desarrolle. Ese Estado macrocefálico ha hecho de la legalidad una prebenda a la que el empresario informal, el vendedor ambulante, el peruano sin influencias no tienen acceso, pues no pueden pagar sus coimas ni dedicarle el tiempo que exigen esos trámites infinitos inventados por los burócratas para justificar su existencia. No es expropiando, sino devolviendo a los ciudadanos la responsabilidad de crear riqueza; no es empantanando y distorsionando la producción y el comercio con controles, subsidios y privilegios, sino liberalizando y simplificando las reglas y, sobre todo, respetándolas y haciéndolas cumplir escrupulosamente, que un Estado democrático crea la estabilidad y la confianza sin las cuales no hay ahorro ni inversión. La propiedad privada, que es la encarnación de la libertad individual y que, por lo tanto, debe ser extendida a todos los ciudadanos para que una sociedad sea genuinamente libre, había pasado a ser casi una mala palabra en el Perú, por obra de la demagogia extremista. Los encuentros cívicos permitieron recordar que ella es el pilar de toda democracia. Que la propiedad privada, si ha sido bien habida y se usa dentro de la ley, es el motor del progreso y del orden social. Que el Estado no debe arrebatársela a nadie sino ayudar a los pobres a acceder a ella. Un país crece y prospera así, con la extensión de la propiedad al mayor número, estimulando y aplaudiendo el éxito de los que, gracias a su esfuerzo y a su inventiva, crean riqueza y trabajo para sí y para los demás. En cambio, un país se estanca y retrocede si se entroniza en su seno la moral del resentimiento y del rencor contra el hombre de empresa, el profesional o el trabajador que se superan y triunfan. En una sociedad que elige esta receta cunden el desaliento, la frustración y el odio. Y ninguna sociedad ha progresado y forjado una vida digna para sus ciudadanos sobre esos cimientos.

Así, queridos compatriotas, de manera espontánea, impremeditada, por obra de las circunstancias y no por deliberación o cálculo de alguno, nació este movimiento que, sin habernos puesto de acuerdo, todos, sus partidarios y sus adversarios, bautizaron con el más hermoso de los nombres: Libertad. Carece de organización, de jerarquías, de líderes y, sin embargo, está allí, reciente en la memoria, hirviendo de entusiasmo y de juventud en la plaza San Martín, bajo el cielo estrellado de Arequipa y en la avenida Grau de la cálida Piura. No es un partido y sin embargo los partidos democráticos como Acción Popular, el Partido Popular Cristiano y el FRENATRACA, además de otras organizaciones, le han prestado sus militantes y su solidaridad en los encuentros cívicos. Y a pesar de no tener otro programa ni propósito que la defensa del sistema democrático como marco para combatir el subdesarrollo y la injusticia social en nuestro país, incontables hombres y mujeres independientes le han brindado su fe, firmando sus protestas, cosiendo sus banderas, enarbolando sus pancartas y coreando su música.

Creación anónima, colectiva, como las gestas épicas, los poemas heroicos o los monumentos prehispánicos, esta movilización habrá sido, tal vez, la cara positiva, el fruto bueno de la prueba a que el presidente García decidió, en un arranque funesto, someter al Perú. Aun si no durara más que este breve lapso, y se extinguiera como una estrella furtiva, su paso por el firmamento político peruano no habrá sido inútil. Habrá sido instructivo, estimulante, pues mostró que quienes queremos que nuestra patria prospere en libertad y no sucumba al despotismo de un partido, de una ideología o de un caudillo, somos, en verdad, muchos; que podemos llenar las plazas y —como dice aquel viejo poema— «impregnar la noche con nuestros cantos». Y que esa gran ebullición de mujeres y hombres libres es capaz de unirse y cuajar en una fuerza cívica que cierra filas y opone su idealismo y su confianza en la ley y en la reforma a las conjuras antidemocráticas. Aun si el Movimiento Libertad durase sólo, en el torbellino que es la historia, el tiempo de un suspiro, su fugaz aparición también habrá servido para recordarnos algo que habíamos empezado a olvidar. Que no sólo el APRA, y sus circunstanciales aliados marxistas, existen en la vida política peruana, a la que pueden repartirse en amigable festín revolucionario. Que hay, además, un vasto sector de ciudadanos que no son apristas ni comunistas, que no están dispuestos a dejarse desalojar del escenario nacional por los enemigos de la libertad o por quienes, aprovechándose del poder que alcanzaron gracias a la democracia, decidieron de pronto cambiar las reglas de juego trazadas por la Constitución.

En los meses y los años próximos, situaciones como la que acabamos de vivir, probablemente van a repetirse. Porque las consecuencias de esta ley serán —lo son ya— muy serias en el campo económico, agravando la condición de los pobres, de esas mayorías que resultan siempre las peores víctimas de la inflación, del déficit fiscal, del desempleo, del desabastecimiento, de la falta de inversiones y de ahorro en que el Gobierno aprista nos ha precipitado. Todos los pronósticos coinciden en que este cuadro empeorará. Cuando ello ocurra, es de presumir que quien ha actuado con la intemperancia y miopía de estos días optará, ante la crisis, por el camino fácil: la demagogia, que es el arma por excelencia de los políticos incompetentes. Habrá, acaso, nuevas «estatizaciones revolucionarias», o atropellos contra los medios de comunicación, y no se puede excluir que, con el pretexto de responder a un supuesto sabotaje empresarial —¿quiénes reemplazarán esta vez a los banqueros como chivos expiatorios?, ¿los laboratorios?, ¿los mineros?, ¿los fabricantes de alimentos?—, haya tomas de fábricas u otro género de despojos. Después de lo ocurrido hay, desgraciadamente, razones de sobra para temer lo peor de este Gobierno.

La responsabilidad del presidente en esta crisis que ha paralizado la economía del país, que ha enemistado a los peruanos, que ha sembrado la desconfianza en ahorristas y empresarios y la zozobra en los ciudadanos es muy grande. Hay que decirlo con la esperanza de que el mandatario comprenda el daño que ha causado al país y haga propósito de enmienda. Se trata de un jefe de Estado elegido en limpios comicios y nuestra obligación es defender su mandato constitucional hasta que culmine, en 1990, contra cualquier tentativa golpista. Pero es también nuestra ineludible responsabilidad extremar nuestra vigilancia de un gobernante que ha dado, en estas semanas, unas pruebas de precipitación y de intolerancia preocupantes en un estadista democrático. Todos los jefes de Estado se equivocan; pero perseverar en el error es más grave que errar: es poner en peligro la armonía y el consenso que son la esencia de la democracia. Un gobernante puede cambiar de opinión, y en buena hora, porque sólo los fanáticos son, como las piedras y los animales, siempre idénticos a sí mismos. Pero, entonces, hay que explicar las razones del cambio, con ideas y argumentos persuasivos, y no pretender que un país entero se pliegue, sin un anuncio ni un debate previos, a un cambio de política tan intempestivo que parece una veleidad, una mudanza caprichosa. También es grave la vehemencia por hacer aprobar una ley írrita a la sensibilidad de tantos y pronunciar palabras de discordia para la familia peruana, o auspiciar campañas de desprestigio e insultos personales contra el adversario a cargo de subalternos diligentes o de esbirros intelectuales de triste prontuario velasquista. Y acaso todavía peor, permitir agresiones físicas, por bandas de rufianes, como las que atacaron, la noche del 26 de agosto en Arequipa, a manifestantes pacíficos, con proyectiles y explosivos que, según ha denunciado el periodismo, les fueron distribuidos en el local aprista. Esos métodos estaban erradicados de nuestra democracia desde 1980: sólo los terroristas recurrían a ellos. El presidente de todos los peruanos debería velar sin descanso para que la violencia no vuelva a inmiscuirse en nuestra vida política. En las prioridades de un gobernante elegido deben figurar primero el Perú, la democracia, la libertad, y sólo después el afán de protagonismo o la obtención de credenciales revolucionarias. Como eso no parece evidente, es nuestro deber recordárselo a los gobernantes que elegimos, cada vez que parezcan olvidarlo. Ojalá que la experiencia reciente eduque al presidente, al Gobierno, al APRA y, aun cuando fuera sólo para recuperar el prestigio y la credibilidad que han perdido, retomaran el camino responsable y obraran por restablecer la confianza y la reconciliación de los peruanos.

Una buena cosa que aprendimos, en el fragor de estas semanas, es que la independencia del Poder Judicial no es algo retórico, un mero dispositivo de la Carta Magna, sino una realidad democrática. Mientras que el Ejecutivo se convertía en instigador de un atropello contra el pluralismo económico y la mayoría parlamentaria renunciaba a su función fiscalizadora, y refrendaba con dóciles carpetazos la voluntad del presidente, los jueces de la República salvaban el honor de los poderes del Estado acogiendo diversos recursos de amparo de quienes se sentían agraviados en sus derechos constitucionales. Pese a la presión del poder político, y a las acusaciones lanzadas contra ellos por parlamentarios apristas y comunistas, los magistrados mostraron a la opinión pública que, en nuestra democracia, todavía no es tan fácil violar la Constitución con el argumento totalitario del número —el que puede, puede— tan cándidamente expuesto en el Congreso por un senador marxista. No puede descartarse que contra esos jueces lluevan ahora las represalias, y es nuestro deber salir en su defensa. Es nuestro deber solidarizarnos con ese Poder Judicial que en las semanas y meses próximos será escenario de la batalla legal que los peruanos libres perdimos en el Parlamento. Los jueces de la nación deben saber que no están solos, que la opinión pública los sigue y los respalda y que tiene puesta en ellos la esperanza democrática que el Ejecutivo y la mayoría del Legislativo han defraudado.

Es esencial, es imprescindible, queridos compatriotas, mantenerse alertas. Dispuestos ante cualquier provocación totalitaria, ante cualquier nueva prepotencia, a decir «¡Alto!», «¡Basta!», «¡Aquí estamos nosotros!». Entonces, como tras antes de ayer, en Lima, y antes de ayer en Arequipa y ayer en Piura, con la misteriosa fuerza del mar y la presteza del viento, el Movimiento Libertad resurgirá, invicto, joven, limpio, plural, incorruptible en su defensa de un Perú en pos de la prosperidad y la justicia que tiene a la libertad como su herramienta y su meta. Ése es un ideal posible. Ustedes lo han probado.

En lo que a mí respecta, antes de regresar a mi escritorio y a mis libros, quiero decirles gracias a todos y a cada uno de los que me escuchan. A todas y a cada una de las personas que, en estas semanas, me hicieron llegar su amistad y su aliento, sus sugerencias y sus críticas. Yo no tengo manera de responder, como debiera, con mi puño y mi letra o con mi propia voz, a tantas cartas, mensajes, recados y llamadas de peruanas y peruanos ansiosos de ayudar, que ofrecían su tiempo y su entusiasmo. Permítanme recordar algunos, entre los gestos que más me conmovieron. Pienso en la anciana que deslizó un sobre bajo la puerta de mi casa con diez intis para la libertad y en el taxista que vino a ofrecer su auto para llevar manifestantes a la plaza San Martín, en los estudiantes que salieron a perifonear o a repartir volantes y en la secretaria que pidió licencia en su oficina para recoger firmas y atender el frenético teléfono. Quiero recordar, con cariño entrañable, a esos muchachos arequipeños Palao, Bustamante, Simmons y los otros, heridos por enfrentarse a la agresión. No tengo palabras para decirles a todos, a cada uno, lo reconocido que estoy por esa solidaridad múltiple y por haber hecho vibrar, con fuerza contagiosa, la libertad en nuestra patria. Si una pequeña iniciativa de un escritor en favor de la democracia es susceptible de despertar tanta generosa respuesta, tanto sano idealismo, quiere decir que hay esperanza. Quiere decir que no importa cuántos reveses deba afrontar todavía este infortunado país nuestro, de un destino adverso o a los malos gobernantes, no debemos rendirnos al pesimismo o a la apatía, cómplices de los déspotas. Quiere decir que hay en el Perú reservas suficientes para resistir cualquier acechanza contra la libertad y, tarde o temprano, construir esa patria próspera, libre y justa que se merece nuestro pueblo. Muchas gracias.

Barranco, 17 de septiembre de 1987

Por un Perú posible*

Cuando, en 1985, decidí no votar por Alan García no sospechaba que su Gobierno arrastraría al Perú a una situación tan crítica como la de ahora. Mis temores tenían que ver con la libertad de expresión, pues él y su partido se habían opuesto, durante la Constituyente, a que los diarios, radios y canales estatizados por la dictadura fueran devueltos a sus dueños. En esto, afortunadamente, me equivoqué: el Gobierno aprista ha respetado la libertad de expresión y el pluralismo informativo.

En lo demás, en cambio, ha fracasado y la expresión de su fracaso son las medidas económicas que acaba de infligir al país. El más cruel reajuste que se haya impuesto al pueblo peruano en este siglo y que va a golpear, sin misericordia, a los pobres, los menos preparados para defenderse contra la despiadada alza de precios de todos los productos que ha decretado el Gobierno a fin de hacer frente a la bancarrota económica en que se halla el Perú mediante la medicina más severa: la represión del consumo popular.

Las medidas eran previsibles dada la situación a la que ha sido llevado el país por el presidente García. Sin embargo, las posibilidades de que este inmenso sacrificio exigido a los peruanos resuelva la crisis son remotas, como veremos más adelante. Antes quiero subrayar que el Perú no ha llegado a una situación así por obra de un cataclismo natural o una conspiración urdida por aquellos fantasmas a los que el jefe del Estado acostumbraba fulminar desde los balcones de Palacio: el Fondo Monetario Internacional, el imperialismo, las transnacionales o los empresarios. No. La razón más inmediata de lo que está ocurriendo son las políticas que decidió el presidente con una pequeña corte de asesores velasquistas o impor-

---

* Mensaje al pueblo peruano leído por radio y televisión el 16 de septiembre de 1988. *(N. del E.)*

479

tados del extranjero, varios de los cuales —en lo que constituye una provocación al sentido común y a los peruanos— supervigilan ahora los electroshocks con los que se quiere revivir a la sociedad a la que su mediocridad y su demagogia pusieron en estado de coma.

Sería injusto responsabilizar sólo al presidente García de esta crisis que llega a todos los rincones y actividades del país. Las causas son diversas y complejas. Algunas se remontan hasta la Colonia y el nacimiento de la República. Es el caso del carácter múltiple de nuestra patria, donde coexisten la modernidad occidental y culturas arcaicas sobre las que se han encarnizado la discriminación y el olvido a lo largo de la historia.

Otras se fraguaron en una corriente de pensamiento, keynesiana en apariencia y socialista en esencia, de gran arraigo en América Latina en las últimas décadas. Ella sostiene que sólo la hegemonía del Estado es capaz de asegurar un rápido desarrollo económico. Bajo su influencia, en estos años y, sobre todo, desde la dictadura de Velasco, el aparato estatal creció en el Perú en tamaño, injerencia y prepotencia, transformándose, poco a poco, en un ente amorfo, lento e ineficiente que, en vez de estimularla, comenzó a trabar la creación de riqueza por parte de los ciudadanos independientes, mediante controles y trámites burocráticos asfixiantes y a través de una incontrolable corrupción.

Pero la crisis que padecemos no se hubiera dado con la intensidad actual sin el modelo económico que el presidente García impuso al Perú desde agosto de 1985. Renegando del programa reformista con que había hecho la campaña electoral, y apartándose de los lineamientos democráticos que el Haya de la Torre de las últimas décadas le había señalado a su partido, Alan García, apenas llegado al gobierno, comenzó a actuar —y, sobre todo, a hablar— como un revolucionario resuelto a empujar al país hacia el socialismo. Muy pronto quedó claro que su propósito más urgente no era modernizar el Perú a la manera occidental sino arrebatarle las banderas a la Izquierda Unida y copiar su programa.

Así, su gobierno se inició con la expropiación de los certificados en dólares de muchos miles de ahorristas peruanos, a los que se les obligó —en contra de promesas expresas del candidato García— a cobrarlos en intis devaluados. Poco después, el nuevo mandatario declaraba la guerra al Fondo Monetario y a los demás organismos financieros internacionales, e intentaba, sin éxito, el liderazgo de los no alineados. Con todo ello obtenía un codiciado brevete de líder antiimperialista y condenaba al Perú a un aislamiento económico que, en las actuales circunstancias, hace que las medidas correctivas de la crisis se deban aplicar sin la menor ayuda exterior, lo único que podría amortiguar en algo la dureza del golpe que asesta a los sectores desfavorecidos, es decir, a la inmensa mayoría del pueblo peruano.

Sería largo enumerar todas las medidas económicas, de corte socialista, calcadas del programa de Izquierda Unida, que, por pura motivación ideológica y sin que mediara el más mínimo beneficio para el país, ha llevado a la práctica el presidente Alan García: desde la innecesaria nacionalización de la Belco y el hostigamiento a la empresa privada, hasta el intento totalitario —que el pueblo peruano con su decisión y su instinto libertario frustró a medias— de estatizar todos los bancos, compañías de seguros y financieras del país. El único resultado concreto de este género de medidas fue ahuyentar la inversión extranjera y nacional y sembrar la inseguridad entre los peruanos, lo que inevitablemente se traduce en fuga de capitales, fuga de profesionales, retracción de la inversión y dolarización de la economía de un pueblo.

Para entonces, buena parte de las reservas del país se habían ya evaporado por culpa de una política llamada heterodoxa de subsidio al consumo y a las importaciones en desmedro de la producción y de las exportaciones. Este modelo, prestado también de las canteras del socialismo marxista, negó leyes económicas fundamentales y amplió viciosamente el aparato estatal y su influencia. Como consecuencia, se produjeron distorsiones drásticas de los precios que alentaron el contrabando, la ineficiencia y el despilfarro. El resultado fue un déficit fiscal progresivo al que el Gobierno respondió con una política monetaria suicida. Es decir, emitiendo billetes sin respaldo.

En los últimos tres años, el crédito interno del Banco Central de Reserva aumentó en dos mil por ciento. De otro lado, la política de tasas de interés negativas significó la abusiva expropiación de tres mil millones de dólares pertenecientes a los portadores de libretas de ahorros. En razón de todo ello la inflación creció a un ritmo canceroso, y, a pesar de no cumplir con el servicio de la deuda externa, se agotaron todas las reservas internacionales del Perú, habiéndose llegado al extremo de vender o prendar casi todo el oro disponible.

Conviene tener en cuenta estos antecedentes, pues, sin ellos, no se explica la precipitación con que ha sido elaborado el reajuste. Las correcciones en la política económica las hace ahora el Gobierno porque no puede hacer ya otra cosa. Ya no le queda nada por dilapidar: la última barra de oro del Banco Central ha sido empeñada.

Esta política dio, el primer año de gobierno de Alan García, la ilusión de un crecimiento. En realidad, era uno de esos festivos rituales autodestructivos, que los antropólogos llaman *potlatch*, en los que ciertos pueblos primitivos consumen en una noche, en una gran orgía, todo lo que han sembrado en el año. A la luz de las llamas de esa fiesta en la que se incendiaba el Perú, el presidente García fue proclamado por algunos ingenuos el abanderado de los pobres y el custodio de los intereses de esas mayorías a las que su política obliga ahora a reducir sus niveles de vida en un cuarenta por ciento si no es más.

Al tiempo que volatilizaba las reservas de manera irresponsable, el Estado intervenía violentamente en la vida económica, imponiendo un enredado sistema de controles cuyo efecto fue el de anestesiar nuestra economía y luego corromperla. El mejor negocio, en el Perú, no fue producir bienes y servicios eficientes y baratos sino entrar en contubernios con el Estado a fin de beneficiarse con los tipos de cambio privilegiados del dólar. En otras palabras, el mejor negocio no fue producir sino especular. De este modo, el mismo Gobierno que desalentaba la competencia sana y leal del mercado, lo único que sirve al consumidor, favorecía los negocios de dudosa moral y, a menudo, los abiertamente ilícitos. Uno de los aspectos más bochornosos de la situación actual es la evidencia de que, mientras el Perú se asfixiaba por culpa de esta política de controles y prebendas legales, crecía la inmoralidad y algunos —a veces, de muy alto nivel político— se enriquecían escandalosamente. Igual que en todos los países de gobiernos estatizantes y controlistas donde se aplicaron estas políticas —el Chile de Allende, la Bolivia de Siles Zuazo o la Nicaragua del comandante Ortega—, el resultado ha sido una inflación desmesurada, el flagelo peor y el más injusto para los pobres de una sociedad, cuyos salarios pueden comprar cada día menos cosas. ¿Y qué decir de los peruanos de condición todavía más precaria, como los campesinos o los informales, sobre quienes las alzas se abatirán salvajemente sin ningún paliativo? Ellos, tres de cada cuatro de nuestros compatriotas, no reciben aumentos porque no reciben sueldos.

Este catálogo no es gratuito. No se trata de ensañarse contra un Gobierno al que sus actos han desprestigiado ya bastante. Se trata de que el pueblo peruano comprenda las causas de la catástrofe por la que se le pasa ahora la factura, de modo que no vuelva a permitir que esta historia se repita ni se deje engañar, una vez más, con las costosas campañas publicitarias que hace el Gobierno ni con las demagógicas protestas de los voceros de la Izquierda Unida, cuyas ideas han inspirado en buena medida el mal que ha llevado a nuestro país al borde del abismo.

La lucha contra la inflación no tendrá éxito a menos que el Gobierno la acompañe de una genuina rectificación de las ideas y los métodos que hasta ahora ha puesto en práctica y aparte de su seno a las personas más comprometidas con la política que arruinó al país, destruyó el ahorro, ahuyentó la inversión, nos aisló del mundo, satanizó a los empresarios, pretendió estatizar nuestra economía y condenó al Perú rural a la miseria. Es difícil que el pueblo peruano crea, ahora, las tesis de un ministro a favor de *sincerar* los precios si se trata del mismo que ideó, promovió y ejecutó la política de subsidios a los alimentos importados que ha condenado a nuestros campesinos al estancamiento y a la ruina. No pedimos que el presidente Alan García renuncie, pero sí que renuncie a tratar a sus ministros como meros amanuenses de sus caprichos temperamentales o de sus arrebatos revolucionarios, como las estatizaciones, para las que no pidió un mandato electoral y que el pueblo rechazó inequívocamente en el programa de la Izquierda Unida que sí las incluía.

Hay demasiadas contradicciones y errores en el proyecto antiinflacionario. No sólo falta la ayuda externa. Además, las medidas no han sido adecuadamente diseñadas para permitir que los costos del ajuste se distribuyan de manera proporcional. A pesar de los grandes aumentos en los precios, el Gobierno no va a reducir drásticamente el déficit fiscal ni detener la emisión monetaria de aquí a fin de año. Cada día se modifican las medidas en un proceso que refleja incoherencia y apunta al rebrote de la inflación.

Sin embargo, esto no sería un obstáculo insalvable para que las medidas funcionaran si hubiera en el Gobierno verdadera voluntad de diálogo y permeabilidad para las sugerencias y las críticas. Ellas podrían ser enmendadas y perfeccionadas. El obstáculo mayor es la falta de credibilidad de quienes deben aplicarlas. Muchas de estas personas están descalificadas por su demostrada incompetencia y, en algunos casos, por su falta de probidad, para exigir sacrificios al pueblo peruano. Si es genuina la decisión de cambio, el Gobierno debe apartar de su seno a los ideólogos y responsables del desastre. Y el Senado, que tiene potestad para hacerlo, debe remover al directorio del Banco Central de Reserva, que incumplió su deber constitucional de velar por la integridad de nuestra moneda, llegando a ceder a la voracidad monetaria del Gobierno, hasta el extremo de emitir —según ha denunciado un senador— en sólo cinco días tanto dinero como el que se emitió durante los cinco años del Gobierno anterior. Para que este empeño de estabilización no fracase debe haber en el Banco Central de Reserva funcionarios capaces y dotados de la entereza suficiente para resistir las presiones de Palacio, que, de ser atendidas, podrían desencadenar una nueva hemorragia de emisión inorgánica y catapultarnos a nuevas cimas de inflación.

Las negociaciones con los organismos de crédito internacional son indispensables, empezando por el Fondo Monetario. Ésa es la única manera que tiene el Perú de mostrarle al mundo su buena disposición de dialogar con la comunidad internacional y de reintegrarse a ella. No es posible que, para mantener una testarudez demagógica, el país se prive en estos momentos de una ayuda exterior preciosa que serviría para atenuar algo la brutalidad de la caída del nivel de vida de los pobres. Desde luego que un acuerdo con el Fondo no será fácil. Pero, con medidas como las que se han dado, ahora es posible. Y, en todo caso, la reapertura del diálogo con esta institución es un requisito indispensable para facilitar los intentos de acuerdo con otros organismos públicos o privados a fin de obtener los créditos que tanta falta nos hacen.

Es también urgente que el Gobierno dé pruebas plausibles de su voluntad de mejorar sus relaciones con el empresariado nacional. La colaboración de éste es imprescindible si se quiere que el programa funcione, que los efectos de la recesión sean menos traumáticos y que el Perú pueda volver a reactivar en un futuro próximo su desfalleciente economía. Los empresarios honestos no son los enemigos de los pobres ni de los ministros de industrias como insinuó, en el memorable desatino que eligió para inaugurar su gestión, el nuevo titular de la cartera. Ellos también van a ser muy golpeados con las medidas y los nuevos impuestos, y para algunos, en el panorama presente, la amenaza de quiebra es muy grande. Sólo a demagogos irresponsables o a extremistas fanáticos puede alegrar la perspectiva de un desplome de la industria nacional ya de por sí tan maltratada por la política intervencionista, controlista y estatizante que el presidente Alan García expropió a la Izquierda Unida. Es cierto que el empresariado debe hacer un esfuerzo mayor que el de los pobres en estos momentos, como debemos hacerlo nosotros, los profesionales o técnicos o comerciantes, todos los peruanos que tenemos mejores ingresos. Eso no está en duda. Es nuestra obligación moral contribuir con generosidad, en todas las formas posibles, a ayudar a nuestros compatriotas humildes a sobrevivir en medio de esta tormenta de alzas de precios.

Pero el caso del empresariado es particular y el Gobierno debe actuar con inteligencia y espíritu pragmático, el único que vale cuando se trata, como ahora para el Perú, de no zozobrar. Sólo si el sector productivo apoya resueltamente este programa, haciendo los sacrificios más extremos —es decir, elevando sus precios lo mínimo indispensable y subiendo los salarios de sus trabajadores lo máximo posible— y desplegando toda su energía creativa, podrá venir, luego de la estabilización, la anhelada recuperación. Para que el empresariado peruano deje de sentirse amenazado, en permanente riesgo, invierta en su país y se juegue a fondo junto con los obreros y empleados, en un auténtico clima de colaboración patriótica destinada a crear riqueza y nuevos empleos y traer por fin prosperidad al Perú, el Gobierno debe reconstruir sus relaciones con el sector privado, creando esa confianza recíproca sin la cual ni este programa ni cualquier otro jamás tendrá éxito. Por eso, antes que nada, para que ese clima nazca, el Gobierno debe derogar la ley de estatización de la banca que está aún vigente. Nada contribuyó tanto como ese insensato proyecto a sembrar el temor y la división entre los peruanos. Y nada ha echado tanta leña al fuego de la crisis actual como la polémica que desató entre nosotros esa tentativa totalitaria, perfectamente explicable entre los marxistas partidarios por doctrina de socializar todos los medios de producción, pero no entre los demócratas convencidos del pluralismo económico como lo estuvo el propio Víctor Raúl Haya de la Torre.

En medio de la zozobra de estos días, todos los peruanos que soñamos con un futuro civilizado para nuestro país debemos coincidir en un principio: nuestra democracia debe ser preservada. En ningún caso, por ninguna razón, es aceptable la quiebra del orden constitucional. Es obligación de todos, no importa cuán críticos y severos seamos de su gestión, que el presidente que los peruanos eligieron en 1985 llegue al 28 de julio de 1990 y transfiera el mando a su sucesor. Por imperfecto y precario que sea, este sistema, el de la libertad y el de la ley, es la única garantía que tenemos de salir alguna vez de la barbarie de la pobreza, el atraso y la ignorancia que son, hoy día, la condición de tantas mujeres y hombres de nuestro país. Por eso, a quienes pudieran alentar sentimientos golpistas aprovechando la crisis actual, les salimos al paso y les decimos: no lo consentiremos. Si alguien intenta quebrantar la democracia, seremos los primeros en enfrentárnosle, en las calles y en las plazas, en las ciudades y en los campos, con todas las fuerzas de nuestra convicción y nuestra fe en la libertad.

El Perú debe superar esta crisis dentro del sistema democrático. Y puede hacerlo. Porque nuestro país vale más que los gobernantes que lo han empobrecido y que fueron incapaces de aprovechar los inmensos recursos de su geografía y de su gente.

No hay que dejarse derrotar por el abatimiento ni la desesperación, queridos compatriotas. Ni siquiera ahora, cuando todo parece tan oscuro y el hambre y el miedo crecen a nuestro alrededor como los espantos de las fábulas, debemos perder la esperanza. Nuestro país fue grande y próspero en el pasado y volverá a serlo, con nuestro entusiasmo y nuestro esfuerzo. No mediante el odio, el resentimiento, la lucha de clases, sino por aquello que hace de veras progresar a los países: el trabajo, el ahorro, la inversión, la difusión popular de la propiedad, el respeto a la ley, la creatividad, la economía de mercado, la descentralización del poder. En suma, la cultura del éxito y no la de la envidia y la derrota.

Eso es lo que ha traído desarrollo, paz y cultura a los países más modernos del mundo, que son los países libres. Y ésa es la gran revolución pacífica que está aún por hacerse en nuestra patria: la que a través de la libertad política y económica da a todos los ciudadanos la posibilidad de crear riqueza y mejorar su suerte y la de los suyos. Tarde o temprano ese camino nos sacará de donde estamos y entonces, como en las páginas de aquella crónica, nuestros Andes volverán «a florecer y el desierto verdeará y en nuestra montaña el canto de los pájaros festejará nuestros triunfos». Que en este trance difícil nos acompañe la visión de ese Perú posible, de la prosperidad en la libertad, por el que estamos trabajando.

Muchas gracias.

Lima, 15 de septiembre de 1988

10. El Perú político IV:
El fujimorato (1990-2000)

Regreso a la barbarie

El «golpe de Estado» es una creación latinoamericana, como la salsa y la margarita, pero bastante más mortífera que ellas. Adopta variadas formas y la elegida, hace pocos días, por Alberto Fujimori, para destruir la democracia peruana, se llama «Bordaberrización», por el presidente uruguayo de ese nombre que, aunque no la inventó, la actualizó y patentó. Consiste en que un presidente elegido clausura, con el apoyo de militares felones, el Congreso, la Corte Suprema, el Tribunal de Garantías, la Controlaría —todos los organismos de contrapeso y fiscalización del Ejecutivo—, suspende la Constitución y comienza a gobernar por decretos-leyes. La represión se encarga de acallar las protestas, encarcelando a los líderes políticos hostiles al golpe, y amordazando o sobornando a los medios de prensa, los que muy pronto empiezan a adular al flamante dictador.

Las razones que ha dado Fujimori para justificar el *fujigolpe* o autogolpe son las consabidas: las *obstrucciones* del Congreso a las reformas y la necesidad de tener manos libres para combatir con eficacia el terrorismo y la corrupción. Al cinismo y a la banalidad retórica se añade en este caso el sarcasmo. Pues quien ahora se proclama dictador para *moralizar* el país protagonizó, en las últimas semanas, un escándalo mayúsculo en el que su esposa y su hermano y su cuñada se acusaban recíprocamente de hacer negocios sucios con los donativos de ropa hechos por el Japón a «los pobres del Perú». La familia Fujimori y allegados podrán ocuparse en adelante de administrar el patrimonio familiar sin riesgo alguno de escándalo.

Hay ingenuos en el Perú que aplauden lo ocurrido con este argumento: «¡Por fin se puso los pantalones "el chino"! ¡Ahora sí acabarán los militares con el terrorismo, cortando las cabezas que haya que cortar, sin el estorbo de los jueces vendidos o pusilánimes y de los partidos y la prensa cómplices de Sendero Luminoso y del MRTA!». Nadie se ha enfrentado de manera tan inequívoca a la subversión en el Perú como lo he hecho yo —y, por eso, durante la campaña electoral, ella trató por lo menos en dos ocasiones de matarme— y nadie desea tanto que ella sea derrotada y sus líderes juzgados y sancionados. Pero la teoría del «baño de sangre», además de inhumana e intolerable desde el punto de vista de la ley y la moral, es estúpida y contraproducente.

No es verdad que los militares peruanos tengan las manos «atadas» por la democracia. El Perú ha sido declarado por organismos como Amnistía Internacional y Americas Watch el primer país del mundo en lo que concierne a violaciones de derechos humanos, ejecuciones extrajudiciales, empleo de la tortura, desapariciones, etcétera, y hasta ahora ni un solo oficial o soldado ha sido siquiera amonestado por alguno de esos abusos. A los horrendos crímenes cometidos por los terroristas se añaden, también, por desgracia, horrendos crímenes de la contrainsurgencia contra inocentes en la guerra sorda que ha causado ya cerca de veinticinco mil muertos.

Dar carta libre a las Fuerzas Armadas —algo que, de hecho, siempre han tenido— para luchar contra el terrorismo no va a acabar con éste; por el contrario, lo va a robustecer y extender a aquellos sectores campesinos y marginales, víctimas de abusos, ahora sin posibilidad alguna de protestar contra ellos por las vías legales o a través de una prensa libre, a quienes Sendero Luminoso y el MRTA vienen diciendo hace tiempo: «La única respuesta a los atropellos de la policía y el Ejército son nuestras bombas y fusiles». Al perder la legitimidad democrática, es decir, su superioridad moral y jurídica frente a los terroristas, quienes mandan hoy día en el Perú han perdido el arma más preciosa que tiene un Gobierno para combatir una subversión: la colaboración de la sociedad civil. Es verdad que nuestros gobiernos democráticos fueron ineficientes en conseguirla; pero ahora, al pasar el Gobierno peruano a la ilegalidad, el riesgo es que esta colaboración se vuelque más bien a quienes lo combaten con las armas.

Es también inexacto que una dictadura pueda ser más eficiente en el combate contra el narcotráfico. El poder económico que éste representa ha causado ya tremendos estragos en el Perú, poniendo a su servicio a periodistas, funcionarios, políticos, policías y militares. La crisis económica peruana, que ha reducido los ingresos de empleados públicos y de oficiales a extremos lastimosos —el sueldo de un general no llega a cuatrocientos dólares mensuales—, los hace vulnerables a la corrupción. Y, en los últimos meses, ha habido denuncias muy explícitas en el Perú de colusión entre los narcotraficantes del Alto Huallaga y alguno de los oficiales felones que encabezan el disimulado golpe militar. No se puede descartar, por eso, lo que la revista *Oiga*, de Lima, venía denunciando ya hace algún tiempo: una conspiración antidemocrática fraguada por el entorno presidencial y militares comprometidos con los narcos del oriente peruano.

A algunos han impresionado las encuestas procedentes del Perú según las cuales más del setenta por ciento de los limeños aprobarían el asesinato de la legalidad. No hay que confundir desafecto por las instituciones defectuosas de la democracia con entusiasmo por la dictadura. Es verdad que el Congreso había dado a veces un espectáculo bochornoso de demagogia y que muchos parlamentarios actuaban sin asomo de responsabilidad. Pero eso es inevitable en países como el Perú, donde la democracia está dando sus primeros pasos y, aunque haya libertad política y elecciones libres, la sociedad aún no es democrática y todas las instituciones —partidos y sindicatos incluidos— siguen impregnadas de los viejos hábitos de caciquismo, corruptelas y rentismo. No se cura un dolor de cabeza decapitando al enfermo. Clausurando un Congreso representativo y fabricando uno *ad hoc*, fantoche y servil, como hacen todas las dictaduras y como el ingeniero Fujimori se propone hacer, no van a mejorar las costumbres ni la cultura democrática del Perú: van a empeorar.

El desencanto de los peruanos con el Poder Judicial es grande, desde luego. Los jueces, que ganan sueldos de hambre —menos de doscientos dólares al mes, como promedio—, no se atreven a condenar a los terroristas ni a los narcos, por temor o porque se doblegan al soborno. Y tampoco a políticos como el ex presidente García Pérez, a quien la Corte Suprema, en una decisión escandalosa, hace poco se negó a juzgar pese a la solicitud del Congreso y de haber muy serias evidencias de millonarios negociados mientras ejercía la presidencia. (Los jueces habían sido nombrados por él, en previsión de esta eventualidad, claro está).

¿Va a *moralizar* la administración de Justicia el Gobierno dictatorial? No, la va a degradar aún más. Así ocurrió durante la dictadura militar que gobernó el Perú desde 1968 hasta 1980, entre cuyas justificaciones figuraba, por supuesto, acabar con la corrupción de los jueces. La reforma judicial que hizo aquella dictadura menoscabó aún más los restos de competencia y decencia que quedaban en los juzgados peruanos, los que, desde entonces, han sido instrumentalizados de una manera inescrupulosa por el poder político. Me apena, por eso, la fantástica inocencia de mis compatriotas que se ilusionan con la idea de que el nuevo *führer* de Palacio de Gobierno vaya, a golpe de ucases, a materializar por fin su anhelo de tribunales competentes y jueces incorruptibles en todo el Perú.

No me apenan, en cambio, sino me irritan —porque en ellos no hay la excusa de la ignorancia, del hambre y la desesperación— esos empresarios que se han precipitado a aplaudir el golpe, convencidos de que por fin tienen en casa al Pinochet con el que soñaban. ¿Después de todo lo que les ocurrió con la dictadura del general Velasco, a quien celebraron y festejaron y que luego los nacionalizó y expropió, todavía no han aprendido? ¿Todavía siguen creyendo que los tanques en las calles, la censura en la prensa y los generales en Palacio son mejores garantías para la empresa y la propiedad privada que una genuina democracia? No es de extrañar que con gentes como ellos el capitalismo jamás haya podido despegar en el Perú y haya sido sólo su caricatura mercantilista, de industriales sin imaginación y sin espíritu, a quienes aterra la idea de la competencia y cuyos esfuerzos, en vez de producir, se orientan sólo a conseguir privilegios, prebendas, monopolios.

Ojalá los países democráticos de Occidente reaccionen frente a lo ocurrido en el Perú como lo hicieron cuando el golpe militar de Haití y sigan el ejemplo de Estados Unidos, cortando toda relación económica con el Gobierno peruano mientras no restablezca el imperio de la Constitución. Sólo una resuelta respuesta de la comunidad internacional puede poner fin a un mal ejemplo que de cundir retrocedería a los países latinoamericanos a una época de barbarie que ya parecía superada. Desde que salí del Perú, el 12 de junio de 1990, dos días después de perder las elecciones ante quien ha traicionado ahora esa democracia gracias a la cual llegó a la presidencia, me prometí no volver a opinar sobre política peruana, ni dejarme arrastrar nunca más por una ilusión como la que me llevó a ser candidato. Rompo ahora la primera parte de aquella promesa por una razón de principio: para dejar constancia de mi condena a lo que me parece un crimen contra una de las pocas cosas buenas que le quedaban a mi país —la libertad— y de la tristeza y la vergüenza que me produce saber —si las encuestas no mienten— que el autor del crimen tenga tantos cómplices.

Berlín, 9 de abril de 1992

Violencia y ficción

En el año 1975 coincidí, en el jurado de un festival de cine, con el poeta libanés de lengua francesa Georges Schehadé. Era un viejecillo alerta y delicado, al que la ración de cuatro o cinco películas diarias producía vértigos. Un día nos confesó a sus colegas del jurado que hasta entonces sólo iba al cine un par de veces al año.

Las violencias en el Líbano acababan de comenzar y una tarde le oí decir algo que, desde entonces, vuelve de manera recurrente a mi memoria. «Yo creí que conocía mi país. Era un modelo para el Medio Oriente. Las razas, las culturas y las religiones convivían en el Líbano sin problemas y todos se beneficiaban de la prosperidad general. Ahora, de pronto, todos se odian y se matan unos a otros, incluso en el seno de las familias. No reconozco nada ni entiendo ya nada de lo que pasa allí, salvo que la civilización es una delgadísima película que en cualquier momento se puede quebrar».

Cuando las primeras acciones de Sendero Luminoso estallaron en el Perú, en 1980, nadie las tomó muy en serio y los voceros del Gobierno solían minimizarlas así: «¿Terrorismo? No. Petardismo...». Los perros colgados en los faroles de Lima con insultos a Deng Xiaoping, la carga de dinamita que averiaba un puente, el asesinato de un oscuro alcalde en una remota aldea de los Andes parecían las extravagantes brutalidades de un puñado de fanáticos sin el menor futuro, a las que pondría fin, en un dos por tres, una patrulla de la Guardia Civil.

Doce años después, el número de víctimas a consecuencia de la subversión debe rondar los treinta mil muertos y los daños materiales ascienden cuando menos a veinte mil millones de dólares, una suma próxima a toda la deuda externa del Perú. Pero estas cifras, aunque enormes, no dan ni una vaga idea del deterioro generalizado de la vida, del desplome de la moral cívica y de los supuestos básicos de la convivencia que esconden esas frías estadísticas.

La historia de César y Chelo, en cambio, tal vez sí. A él lo conocí en el colegio, en mi infancia piurana. Era un gordito amiguero y palomilla, al que sus padres mandaban a clases como endomingado. Dejé de verlo siglos, y, un día, ya tirando para hombres maduros los dos, me lo volví a encontrar, siempre en Piura. Yo andaba recorriendo el interior del departamento para ambientar una novela, y él, que vendía y compraba productos agrícolas en las cooperativas, me fue de gran ayuda. En su camioneta dimos mil vueltas y revueltas por los poblados del desierto y arañamos también las estribaciones de la sierra norteña.

Estaba casado con una esbelta y alegre piurana y tenían tres hijos adolescentes. Una típica familia de clase media, sana y magnífica, luchando con empeño y sin perder el humor para salir adelante, en medio del sistemático colapso de la economía que el populismo trajo al Perú en las últimas décadas, un período en el que, con raras excepciones, los ricos se volvieron menos ricos, la clase media se encogió y proletarizó y los pobres se volvieron pobrísimos y miserables.

Durante la campaña electoral de 1987 a 1990, vi mucho a Chelo y César. Nunca habían hecho antes política y estoy seguro de que ambos desconfiaban de la política como de algo ruin y peligroso; pero, como muchas otras parejas de clase media, en aquella ocasión se ilusionaron con la idea de un cambio para su desventurado país y, con tanta generosidad como idealismo y desinterés, entregaron su tiempo y su energía a trabajar para hacerlo posible. Me alegraba verlos, cada vez que iba a Piura, por la limpieza de su esfuerzo y por la cálida y estimulante simpatía que emanaba de toda esa familia.

Después fui sabiendo de ellos muy de rato en rato. Dos de sus hijos, un varón y una muchacha, terminado el colegio partieron a Lima, a la universidad. Vivían en un departamento, en Miraflores, y la noche aquella estaba allí también Chelo y un compañero de sus hijos. La explosión los borró a los cuatro en un segundo. Mató también a decenas de personas más, en el mismo edificio, que quedó en escombros y causó centenares de heridos en el barrio. La onda expansiva de la carga fue tan poderosa que pulverizó casi todos los vidrios del edificio donde vive mi madre, a diez manzanas del lugar.

El atentado no tenía un blanco específico, su objetivo era indeterminado, genérico: destruir lo máximo, matar al mayor número. Se habla de un atentado *clasista*, semejante al de Ravachol, quien, al lanzar aquella bomba contra los comensales del Café de la Paix, en París, gritó: «Nadie es inocente». Miraflores es un barrio de clase media, es verdad, pero entre las víctimas abundan peruanos de los sectores más humildes: cuidadores de coches, guardianes, sirvientes, mendigos. Leo que «Sendero quería levantar la moral de sus combatientes con una acción espectacular». O que, en esta nueva etapa de su lucha, alcanzado el «equilibrio estratégico con las Fuerzas Armadas», se trata de sembrar el caos y el pánico en la capital, en espera del asalto decisivo.

El hecho concreto sin embargo es más iluminador que todas las interpretaciones y teorías. Hoy hay peruanos convencidos de que, volando en pedazos edificios y viviendas y pulverizando a familias como la de Chelo y sus hijos, se repara injusticias y se mejora la condición de los pobres. Eso ya no tiene nada que ver con la política. Es el triunfo de lo irracional, el retorno a ese estadio primario de salvajismo del que el hombre partió, hace millones de años, a conquistar la razón, el sentido común, los valores primordiales de la supervivencia y la convivencia, en una palabra, a humanizarse.

Pero acaso lo más terrible de todo lo que ocurre en el Perú es que la helada crueldad con que Sendero Luminoso perpetra sus crímenes parece estar dando exactamente los frutos previstos: la gradual barbarización del conjunto de la sociedad. No de otra manera se explica que, si las encuestas no mienten, una inmensa mayoría de peruanos haya celebrado como una bendición del cielo que el ingeniero Fujimori, en complicidad con una cúpula de generales, pusiera fin al sistema democrático, clausurara el Congreso e instalara un régimen basado, como todas las dictaduras, no en la ley sino en la fuerza bruta.

La razón profunda de este apoyo no es la inoperancia del Parlamento y del Poder Judicial ni los avances de la corrupción. Éstos son meros pretextos, pues todos saben que, si ineficiencia y corrupción prosperan en el Perú en los períodos democráticos, con los dictadores lo hacen de una manera geométrica. La verdadera razón es la creencia de que a un enemigo de la ferocidad de Sendero Luminoso no lo puede derrotar una *débil* democracia; sólo un régimen de hierro, como el de los generales argentinos, que acabó con el ERP (Ejército Revolucionario del Pueblo) y los montoneros, o el de Pinochet, que, luego de un baño de sangre, trajo a Chile paz y desarrollo.

Quienes piensan así coinciden milimétricamente con los designios de Sendero Luminoso. Desde que desató la guerra, cuando el país se aprestaba a volver a la democracia, luego de doce años de régimen militar, Sendero buscó por todos los medios el golpe de Estado. Por eso sus campañas de intimidación a los campesinos para que no votaran en las elecciones (incluso cortándoles los dedos) y sus asesinatos masivos de candidatos y de autoridades elegidas. Con un certero instinto de lo que conviene a sus intereses, Sendero ha hecho cuanto ha podido para que la *débil* democracia se desintegre y sea reemplazada por un gobierno fuerte, una autocracia sin bridas ni frenos, libre de cometer todas las tropelías sin rendir cuentas a nadie. Gracias al señor Fujimori, a un puñado de militares irresponsables, y con el beneplácito de gran número de peruanos, Sendero Luminoso ya tiene lo que tanto deseó. Por eso en los últimos tres meses, ha habido más acciones terroristas, víctimas y estragos que en todo el año anterior.

Esta escalada terrorista debería desvanecer la insensata fantasía según la cual una dictadura es el mejor remedio contra la subversión. En el terreno de la pura violencia, tiene todas las de ganar no el que en el papel luce más tanques, sino el más fanático, el que se siente más armado de razones y argumentos para justificar el crimen. Por más lejos que vaya en este camino, la dictadura sólo conseguirá, debido a la inevitable matanza de inocentes que implica, el repudio de la comunidad internacional y enajenarse cada vez más sectores de los que ahora la apoyan. En la espiral de la violencia, éstos irán pronto descubriendo que un Gobierno que pierde la legitimidad, no importa por cuanto tiempo guarde las apariencias, acaba siempre por representar una forma de barbarie semejante a la de quienes lo combaten con asesinatos y atentados. La decepción de aquéllos, que esperan de la dictadura más trabajo y encontrarán más desempleo, de los que confían en que traiga la paz y se descubrirán inermes frente a los peores abusos, robustecerá las filas del extremismo mucho mejor que todas las escuelas ideológicas de maoísmo y del «Pensamiento Gonzalo» de las barriadas. Nunca en la historia de América Latina una revolución derrocó a un Gobierno democrático. Las cuatro que pueden aspirar a este calificativo (las de México, Bolivia, Cuba y Nicaragua) triunfaron porque se enfrentaron a dictaduras.

Eso lo sabe Sendero Luminoso y deberían aprenderlo de una vez mis insensatos compatriotas partidarios del *baño de sangre*. El que siembra vientos cosecha tempestades —dice el refrán— y éste es el rumbo que ha tomado el Perú desde el 5 de abril, trizando esa delgada película que separa la civilización de la ley de la jungla, aceptando que lo que era el enfrentamiento de la legalidad contra el terror, de la libertad contra el totalitarismo, se convirtiera en la lucha entre dos formas de arbitrariedad y prepotencia, entre dos encarnaciones del salvajismo. Ese camino no conduce a la pacificación del país, sino a lo que hasta hace poco parecía impensable: una victoria de Sendero y su probable corolario, la intervención militar extranjera y la desintegración del Perú.

Todavía en los comienzos de la violencia política en el Perú, escribí una novela, *Historia de Mayta*, fantaseando una situación poco menos que apocalíptica, de guerra civil, terrorismo generalizado y ejércitos extranjeros invadiendo el territorio peruano. No quería proponer una anticipación histórica sino explorar las consecuencias de la ficción en la vida, cuando ella se vuelca en la literatura o cuando, disfrazada con el ropaje de la ideología, se empeña en modelar la sociedad a su imagen y semejanza. Pero, desde 1984, he visto con espanto cómo aquella fabulación delirante iba dejando de serlo y se iba convirtiendo en una ficción realista y —casi casi— en un reportaje de actualidad.

Nada parece ser imposible en la historia moderna, convertida poco menos que en ramal de la literatura fantástica. Ella es capaz de materializar la pesadilla, pero también felizmente algunos sueños de tecnicolor. Que la historia reproduzca la ficción en el Perú es hasta ahora cierto sólo en el sentido de los más escalofriantes extremos. Pero también podría serlo en la otra dirección, la del desarrollo y el progreso, algo que pasa inevitablemente por el fortalecimiento de la ley y la expansión de la libertad, por el triunfo de la democracia. El restablecimiento de esa suma de principios, instituciones y hábitos, que dan vida a un Estado de Derecho, es el requisito primero para que el Perú pueda parar su caída libre hacia una suerte de holocausto histórico y emprenda la ardua recuperación.

Fuschl, Austria, agosto de 1992

El «pueblo» y la «gente decente»

El escritor Abraham Valdelomar solía decir: «En este bárbaro país, a la delicada libélula llaman *chupajeringas*». El surrealista César Moro compuso este aforismo: «En todas partes se cuecen habas pero en el Perú *sólo* se cuecen habas». Y, según una anécdota, un viejo alcalde socarrón de principios de siglo tranquilizaba a los limeños asustados por la «gripe española» que avanzaba hacia el Perú causando estragos por América: «Aquí, hasta la gripe se acojuda» (es decir, atonta o idiotiza).

Hay que desconfiar del chauvinismo al revés o patrioterismo masoquista que dichas burlas esconden, pero, la verdad, estos últimos días, a la luz de los recientes acontecimientos, me he preguntado si no le toca ahora al Perú ser lo que eran, hace algún tiempo, la Uganda de Idi Amin o la República Centroafricana del *emperador* Jean-Bédel Bokassa: la excentricidad pintoresca del mundo. Cuando en el planeta entero los regímenes despóticos que parecían más indestructibles se desmoronan y por todas partes gobiernos civiles y democráticos reemplazan a las dictaduras, en el Perú, un presidente elegido en buena ley se las arregla para asesinar la democracia y convertirse en dictador, sin mayores dificultades y con el beneplácito «de todo "el pueblo" y toda la gente decente del país», como dijo un distinguido caballero que llamó a mi casa a acusarme de traidor a la patria por pedir que la comunidad internacional asfixie a los golpistas con sanciones económicas (pedido que ahora reitero).

El apoyo del «pueblo» a la dictadura no es excusable, desde luego, pero sí comprensible: esos millones de peruanos a los que desde hace ya varias décadas las nefastas políticas populistas de los gobiernos militares o civiles han empobrecido a extremos de horror, y que, además del hambre, el cólera, el desempleo y la mugre, deben defenderse del terrorismo y del contraterrorismo y vivir expuestos a la quiebra de toda forma de legalidad y seguridad en sus miserables barriadas, difícilmente pueden tener ideas muy claras sobre las consecuencias a mediano y largo plazo de un golpe de Estado ni principios democráticos muy arraigados. El año 48 se ilusionaron con el general Odría y el 68 con el general Velasco, y salieron a vitorearlos como lo han hecho con el flamante *hombre fuerte*, al que, igual que ocurrió con aquéllos, pasarán a detestar apenas descubran que quienes se han hecho con el poder no son sus salvadores sino una pandilla de cínicos (varios de los cuales, por lo demás, medraron a la sombra del pasado régimen militar).

Más misterioso es el apoyo al golpe de la «gente decente», es decir, de esos empresarios de la CONFIEP que, luego de un comunicado fariseo, han pasado a formar parte orgánica de la dictadura, la que ha puesto en sus manos la cartera de Industrias. Esos caballeros delatan una ceguera monumental, pues identificándose con un régimen que más pronto o más tarde va a ser rechazado por el pueblo peruano con el mismo desprecio con que ha terminado por repeler a *todas* las dictaduras a lo largo de la historia, no es sólo su suerte la que ponen en juego, sino algo más importante y que costó ímprobos esfuerzos, en estos últimos años, defender y hacer respetar en el Perú: las nociones mismas de propiedad y de empresa privada, de economía de mercado y de capitalismo liberal.

La formidable batalla contra la estatización del sistema financiero por parte del Gobierno anterior la libramos y la ganamos con este argumento, que una significativa porción de la sociedad peruana llegó a aceptar: que la libertad política y la democracia representativa son inseparables del respeto a la propiedad y a la empresa privadas, y que defender a éstas es también una manera de defender a aquéllas. Los empresarios que, desdiciéndose de todo lo que dijeron a favor de la democracia cuando temían ser despojados, se han precipitado ahora a hacer de *geishas* del nuevo dictador, para arrancarle las prebendas mercantilistas de las que siempre vivieron, han prestado un magnífico servicio a esos promotores del estatismo y el colectivismo que parecían haber perdido la partida. Ahora, con bríos renovados, éstos pueden volver a la carga y levantar un dedo acusador: ¿acaso ser *capitalista* no es sinónimo de golpista y de militarista en el Perú?

Sí, y también tener la memoria averiada y el seso corto. Porque, cuando lo que ellos representan —la empresa privada— se vio amenazado en una democracia, en 1987, fue posible, utilizando las instituciones y los derechos que ella garantiza, movilizarse, defender y salvar algo que, si hubiera caído en las fauces del Estado, hubiera funcionado muchísimo peor que en sus manos. En cambio, cuando una dictadura, la del general Velasco, decidió expropiarles sus haciendas, sus periódicos, sus compañías pesqueras, sus radios, sus canales de televisión, etcétera, tuvieron que aceptar los despojos dócilmente, sin poder mover un dedo para impedirlo.

¿Cómo, después de semejante experiencia, creen todavía que una dictadura militar —porque eso es lo que hay en el Perú, aunque el fantoche que por el momento la preside no lleve galones— es una garantía más firme para la propiedad y la empresa privada que un Estado de Derecho, con libertad de prensa e instituciones que, por defectuosas que sean, como un Congreso elegido y un Poder Judicial independiente, pueden servir de freno a los abusos y excesos de quienes tienen el poder? En realidad, no lo creen. No piensan en ello. No se demoran en reflexionar un momento sobre las incalculables sorpresas que puede acarrearles, a ellos y a todos los peruanos, abrir esa caja de Pandora que es un régimen basado en la pura fuerza bruta. Están embriagados con la ilusión de que, ahora sí, los militares «pondrán en vereda» a los terroristas, matando a todos cuantos haya que matar, sin que esas siniestras asociaciones de derechos humanos vengan a fregar la paciencia, y que el amado *Chinochet* sabrá manejar a los sindicatos con puño firme y que ese ministro de Economía con bucles y cara de amorcillo que tanto han cultivado —el Pinochito Boloña— comenzará ahora a protegerlos —mejor dicho, a proteger a la *industria nacional*— contra la desalmada competencia de afuera. Ni siquiera cabe esperar que, cuando el día de mañana descubran que el desplome de la democracia ha incrementado el terrorismo, y el desencanto del «pueblo» con la dictadura que no le ha dado lo que espera de ella multiplicó la violencia social, aprendan la lección. ¿Acaso la aprendieron con Velasco?

Lo más extraordinario, para mí, de lo que ocurre en estos días en el Perú es el servilismo o la complacencia hacia la dictadura que muestran algunos medios de comunicación expropiados por el régimen militar anterior y que volvieron a sus dueños gracias a la democracia (fue la primera medida del presidente Belaúnde Terry al volver al gobierno, en 1980). En la pluma de algunos periodistas que, además de estar entre los más competentes del país, parecían los más comprometidos con la libertad, leo las más churriguerescas argumentaciones para justificar el golpe o para blanquearlo, presentándolo como *un golpe diferente*, al que, debido a las circunstancias atenuantes que lo rodean, habría que darle su oportunidad. De creerles, la elevada popularidad del «golpe» en las encuestas de opinión de los primeros días tiene más peso que todas las consideraciones abstractas sobre una democracia que, en los hechos, funcionaba muy mal en el Perú. ¿Acaso el Parlamento no parecía a veces un circo? ¿No eran corruptos los jueces? ¿No necesitaban las instituciones una limpieza y moralización en regla? Eso es lo que anhela «el país real», del que se había divorciado el «Perú formal» de los partidos políticos, y eso es lo que legitima la acción de Fujimori y el Ejército. Lamentable que tuviera que ocurrir así. Pero ya ocurrió y es tarde para volver atrás, reabriendo el Congreso y restableciendo el imperio de la Constitución. Pues ello podría provocar «un desborde popular».

Si todo acto dictatorial aprobado por el «pueblo» y la «gente decente» según las encuestas de opinión debiera ser irreversible, el director del diario *Expreso* de Lima —que oficia poco menos que como vocero oficioso del golpe desde el 5 de abril— debería seguir en el exilio y privado de la nacionalidad peruana, y el diario que dirige todavía en manos del Estado que lo confiscó, pues esos atropellos, según los famosos *mastines* intelectuales del régimen militar que los cometió, no podían haber sido más populares. Pero, en verdad, no lo eran, sino una farsa montada por unos medios de comunicación irresponsables, como los que ahora, en lugar de salir a defender a la democracia contra sus defenestradores, les buscan excusas y se acomodan con ellos.

Tengo a gentes como Manuel d'Ornellas y Patricio Ricketts —para citar a los mejores, entre los que han mostrado más tolerancia para con el golpe— por personas incapaces de apoyar una dictadura en busca de favores o lucro personal. Si periodistas como ellos, que han batallado con tanto empeño por que el Perú dejara de ser el país bárbaro y atrasado en que lo han vuelto sobre todo los dictadores e hiciera suya de una vez por todas la cultura de la libertad, se resignan a lo que pasa e incluso lo aprueban, ¿qué se puede esperar de los que no tienen ni su preparación ni su experiencia? ¿Cómo pueden reaccionar lúcidamente los incultos si los cultos se engañan y engañan a aquéllos con falsas razones para defender lo indefendible?

Lo que lleva a muchos, como ellos, en el Perú a hacerlo es la sensación de impotencia que da a veces una democracia política en un país donde ni las instituciones ni los partidos ni las costumbres son todavía muy democráticas, y donde la corrupción y la arbitrariedad hacen a menudo burla de las leyes. Y la exasperación y la indignación moral que provocan, a menudo, quienes, actuando desde dentro del sistema democrático, parecen servirse de éste sólo para impedirle que funcione. Sin embargo, la historia —y sobre todo la peruana, tan prístina— debería haberles enseñado que una dictadura es un remedio muchísimo peor que los males que quisieran curar. Porque esos defectos —la corrupción, la ineficiencia, la incultura— no son de la democracia, sino de la sociedad, y encuentran siempre en los regímenes arbitrarios y prepotentes un maravilloso caldo de cultivo para desarrollarse y agravarse. Siempre ha sido así. Y, por eso, después de cada dictadura, hemos tenido que empezar en el Perú desde más abajo y más atrás ese difícil —pero irreemplazable— camino de hacer el aprendizaje de la democracia desde la misma democracia. El retroceso de ahora nos devuelve al fondo del pozo de donde emergimos, tan maltrechos, doce años atrás.

«¿Cómo puede usted atacar a un Gobierno que va a cortarle la cabeza al APRA y a los comunistas? ¿Ya se olvidó de que eran sus enemigos?», me han mandado decir. En efecto, el APRA y los comunistas son mis adversarios políticos; he tenido con ellos una dura pugna, ideológica y política. Pero para mí ese combate sólo puede librarse en la igualdad de condiciones que permite la libertad y el juez de la lid sólo puede ser el pueblo peruano, no un árbitro tramposo y matón, que opone tanques a razones. Una de las pocas noticias alentadoras procedentes del Perú ha sido saber que todos los partidos políticos han depuesto sus diferencias y enconos para reaccionar, unidos, contra el golpe y en favor del restablecimiento de esa democracia que es una sola, formal y real al mismo tiempo, que permite la coexistencia en la diversidad y es capaz por tanto de armonizar en un sistema vivible a tantas culturas, grupos étnicos, intereses sociales diversos, como los que conforman la explosiva sociedad peruana. Es bueno que, de uno a otro extremo del abanico político, todos los partidos hayan entendido que defender esa convivencia dentro de la ley es ahora la primera prioridad para todo peruano consciente, sin dejarse atemorizar por las encuestas de opinión ni por esa alianza bufa del «pueblo» y la «gente decente».

Berlín, 25 de abril de 1992

El preso 1509

La captura del tristemente célebre Abimael Guzmán, alias *presidente Gonzalo*, ha significado un serio revés y, acaso, el lento principio del fin para Sendero Luminoso, fanática organización terrorista, responsable de una guerra revolucionaria de trece años que ha causado unas treinta mil muertes y daños por cerca de veinte mil millones de dólares en el Perú.

Aunque se declara marxista-leninista y, sobre todo, maoísta, Sendero Luminoso practica el culto de la personalidad de manera cuasi religiosa y ha divinizado a su líder, «la cuarta espada del marxismo», a extremos que sólo Stalin y Mao alcanzaron en sus períodos de gloria. Este hecho y la estructura vertical, rígidamente centralizada, de Sendero, traerá como consecuencia inmediata que, ahora que el inspirador y jefe supremo del que todo dependía está entre rejas, cunda la desmoralización entre muchos senderistas, los organismos supervivientes queden semiparalizados y sean mucho más vulnerables. Si las autoridades actúan con rapidez, podrían darle el golpe de gracia.

Pero el Gobierno *de facto* de Alberto Fujimori parece empeñado en desaprovechar esta oportunidad con operaciones publicitarias oportunistas de muy dudoso tino, como exhibir a Abimael Guzmán en una jaula de fieras, con un traje a rayas y numerado, y hacerlo desnudarse ante las cámaras de televisión, en humillantes y circenses ceremonias, que, además de constituir una flagrante violación de los derechos humanos inherentes a cualquier reo (aun el de prontuario más sangriento), sólo servirán para dotarlo de una aureola de martirio y galvanizar a sus fanáticos seguidores. La sangre que las apocalípticas teorías y consignas de Abimael Guzmán han hecho correr, sobre todo entre los peruanos de condición más humilde, y los estragos económicos y políticos que ellas causaron al Perú requieren una sanción ejemplar, desde luego. Pero una sanción *legal*, resultado de un proceso digno de este nombre, ante un tribunal competente y según normas jurídicas civilizadas, algo que sólo un Estado de Derecho está en condiciones de aplicar. Las disposiciones dadas por el Gobierno *de facto* para juzgar a los acusados de terrorismo —jueces invisibles, audiencias secretas, prohibición a la defensa de llamar testigos y de apelar las sentencias— están más cerca de esas aberraciones jurídicas que son los «juicios populares» con que Sendero Luminoso justifica sus crímenes, que, digamos, de los procesos judiciales que se siguen en España a los acusados de ETA o en Gran Bretaña a los terroristas del IRA. Esto puede parecer *eficaz* en el corto plazo, pero en el mediano y en el largo no lo es, pues si una sociedad, para combatir mejor al terrorismo, adopta sus métodos, es aquél el que gana la guerra, aunque parezca perder todas las batallas. (Esto no lo dice un simpatizante de Sendero, desde luego, sino alguien que combatió a esa organización desde el primer día, dentro y fuera del Perú, a quien los terroristas intentaron matar en dos ocasiones y muchos de cuyos amigos y colaboradores fueron blanco de sus crímenes. Pero éstos murieron porque querían acabar para siempre con el salvajismo en el Perú, no reemplazar la barbarie del terror con la de una dictadura). La captura de Guzmán ha despertado grandes ilusiones en un país ya harto de los dinamitazos y apagones cotidianos, del toque de queda, de vivir en la inseguridad y el miedo. Por eso, millares de peruanos, al conocer la noticia, salieron a las calles, exultantes, a cantar el himno nacional y embanderaron sus casas. Pero, por desgracia, es improbable que la terrible violencia política y social que vive el Perú desde hace algunos años desaparezca en un futuro inmediato. Porque las circunstancias que ganaron una cierta audiencia a la prédica apocalíptica de Guzmán, y el odio, resentimiento y frustración que empujaron a muchos estudiantes, maestros, campesinos, intelectuales y desarraigados (lumpen) a poner las bombas y cometer los salvajes asesinatos de Sendero, siguen allí y pueden servir de fermento a nuevos cataclismos.

Se trata de una vieja historia que comenzó hace casi cinco siglos, con el trauma de la conquista. Ella estableció, en la sociedad peruana, una división jerárquica entre la pequeña élite occidentalizada y próspera y una inmensa masa de origen indio, miserable, a la que aquélla discriminó y explotó sin misericordia a lo largo de toda la Colonia y de la República. A diferencia de otros países latinoamericanos, como Argentina, Venezuela o México, donde el crecimiento de la clase media y el mestizaje amortiguaron de manera considerable los antagonismos sociales y permitieron una modernización de vastos sectores del país, en el Perú aquella esquizofrenia histórica ha continuado: hay dos naciones, casi impermeables la una a la otra, que conviven en una tensa y recelosa animadversión recíproca.

Los forasteros que recorren la hermosa geografía peruana o visitan sus maravillas arqueológicas (pocos, en los últimos años) quedan espantados al advertir la vertiginosa distancia que hay entre los niveles de vida de la alta clase media y de los ricos peruanos y los de esas inmensas masas de las barriadas o de las aldeas de los Andes, entre las que epidemias como la del cólera hacen estragos, que viven sin agua, sin luz, sin trabajo, sin las más elementales condiciones de higiene y, lo peor de todo, sin esperanza.

El Perú es un país rico, porque su suelo está lleno de riquezas (tanto que, en España y Francia, aún se usa una expresión del siglo dieciocho, «¡Vale un Perú!», para dar idea de lujo y opulencia), pero la mayoría de los peruanos siempre han sido pobres. En los últimos treinta años su suerte se agravó y empezaron a ser pobrísimos y miserables y a hundirse cientos de miles de ellos, en un abismo de desesperación que hizo, a algunos, receptivos al mensaje nihilista y autodestructivo de Sendero Luminoso.

Acaso peor que la falta de solución para los problemas económicos y sociales de un país son las soluciones equivocadas, aquellas que empeoran lo que pretenden corregir. Es lo que ocurrió en el Perú durante la dictadura militar izquierdista del general Velasco (1968-1980), que nacionalizó cerca de doscientas empresas, colectivizó las tierras y reemplazó a los antiguos hacendados y empresarios por burócratas o mafias políticas, y cuadruplicó el número de empleados públicos. Sin la catástrofe que significó esa experiencia para el Perú, Sendero Luminoso jamás hubiera llegado a ser lo que fue; su destino, probablemente, se confundiría con el de tantos grupúsculos ultraextremistas efímeros que jamás salieron de la catacumba y murieron sin pena ni gloria, en tantos países de América Latina, en la década del radicalismo, los sesenta. La dictadura de Velasco, que se proclamaba socialista y revolucionaria, reclutó al

Partido Comunista prosoviético y a otras fuerzas de izquierda —sobre todo la izquierda intelectual— que la apoyaron resueltamente, a cambio de una participación (limitada, por lo demás) en el poder, sobre todo en los grandes entes burocráticos que aquélla erigió para administrar el magnificado sector público. Esta colaboración con el régimen militar provocó una radicalización frenética en ciertos sectores marxistas y trotskistas, que denunciaban el oportunismo «revisionista» de los colaboradores y, para desmarcarse de ellos y mostrar su diferencia, se confinaban en una ortodoxia maoísta delirante. Éste es el contexto político que está detrás del fundamentalismo ideológico de Abimael Guzmán y de sus dicterios, de aliento inquisitorial, contra esa izquierda que llama de «cretinos parlamentarios», y la explicación de que el Perú haya sido el único país latinoamericano en el que el maoísmo más radical llegara a convertirse en una fuerza política de cierto arraigo popular. Esta prédica no hubiera encontrado eco, por lo demás, sin el empobrecimiento atroz de grandes sectores del pueblo peruano que trajo consigo la política populista y colectivista de la dictadura militar. Esta política de nacionalismo económico, hostigamiento a la empresa privada, desaliento a la inversión extranjera, socialización de la economía alcanzaría nuevas cimas durante el gobierno de Alan García Pérez (1985-1990), quien, con su declaratoria de guerra al Fondo Monetario Internacional, su intento de estatizar los bancos y seguros, precipitaría el aislamiento y el desmoronamiento económico del Perú. El país fue declarado «inelegible» para recibir créditos por el sistema financiero mundial y la inflación acumulada en los cinco años del presidente García superó el millón por ciento. En ese período los salarios reales de los trabajadores se redujeron en dos tercios y el sueldo de los empleados en un cincuenta por ciento.

Pero, por tremendas que sean, esas estadísticas no revelan la magnitud de la catástrofe. Ella se mide, sobre todo, en la pérdida de la confianza en el país, de los peruanos que en todos estos años sacaron su dinero al exterior, y en el miedo de los empresarios a hacer planes a mediano o largo plazo, en la migración masiva de jóvenes y profesionales al extranjero, en el aumento de la delincuencia, de los secuestros, de la escalofriante corrupción, del narcotráfico, que pasó a ser la industria más eficiente del país, y en el colapso de los servicios públicos.

A esos males se ha añadido, desde el 5 de abril de este año, la desaparición de la democracia. El presidente Fujimori, que, en el campo económico había comenzado a corregir la nefasta política anterior, de pronto cerró el Congreso, suspendió la Constitución y, amparado en la fuerza militar, comenzó a gobernar por decreto. Desde entonces, ataca a la *partidocracia* de todos los males peruanos. Como uno de los argumentos utilizados para justificar el autogolpe fue la lucha contra la subversión, la captura de Abimael Guzmán ha fortalecido a la dictadura y favorece sus planes inmediatos. Aunque, en realidad, aquella captura no es obra de Fujimori, ni de la cúpula militar coludida con él, sino de la DINCOTE (Dirección contra el Terrorismo), un organismo preterido por el régimen, y del trabajo paciente, profesional y eficaz de su jefe, el general de policía Antonio Ketín Vidal, para una buena parte de la opinión pública hay una relación de causa-efecto entre la captura y el reemplazo de la democracia por un «Gobierno fuerte». Éste, a fin de alcanzar el reconocimiento internacional, convocó a una Asamblea Constituyente, el 22 de noviembre, en unas elecciones que los principales partidos políticos —de izquierda, el centro y la derecha— (no todos, desafortunadamente) decidieron boicotear por la naturaleza obviamente instrumental con que ha sido concebido aquel organismo (el Congreso de las *geishas*), cuya función consistirá en dar un barniz de legalidad a todos los caprichos de Fujimori (incluida su reelección).

Al parecer, esta perspectiva es vista con simpatía por una mayoría de peruanos. Esto es, al menos, lo que dicen las encuestas y proclaman unos medios de comunicación que, con excepción de tres revistas, se han puesto todos al servicio del régimen *de facto*. ¿La destrucción del imperfecto sistema democrático que tenía traerá por fin al Perú la prosperidad y la justicia social? ¿O, por el contrario, el restablecimiento de aquella tradición autoritaria, de caudillos amparados por una casta militar, que lo llevó donde está, alejará todavía más al Perú real de ese «¡Vale un Perú!» del mito? Para mí, lo que está ocurriendo en este momento en mi país no significa una verdadera derrota, sino, en cierta forma, una retorcida victoria de Abimael Guzmán, el demagogo criminal ahora en la cárcel que despreciaba la democracia burguesa y afirmaba que todos los métodos son buenos para hacerse con el poder, ya que, fuera de éste, como decía Lenin, «todo es ilusión».

Ayer, al salir de dictar mi clase en esta universidad, me encontré en la bulliciosa y próspera Harvard Square con unas aguerridas señoras, que enarbolaban carteles a favor de Sendero Luminoso y pedían «*Free president Gonzalo*». Cuando me acerqué para curiosear los folletos e insignias de propaganda senderista que además vendían —¡aquí, entre los universitarios más privilegiados de este país!—, divisé a un guitarrista de largos pelos y muchos tatuajes que compartía ese rincón de la calle con las susodichas revolucionarias y entonaba este adecuado estribillo: «Todo, todo en el mundo es confusión...».

Cambridge, Massachusetts, 1993

Los asesinos

En la noche del 18 de julio de 1992 un comando militar peruano, dirigido por dos mayores del Ejército, Martín Rivas y Carlos Pichilingue, a quienes el presidente Fujimori había hecho premiar poco antes «por trabajos especiales en la lucha contrasubversiva», entraron a la Universidad Enrique Valle y Guzmán, conocida como La Cantuta, y secuestraron a nueve estudiantes —siete varones y dos muchachas— y a un profesor, sospechosos de colaborar con Sendero Luminoso.

Momentos después, en un descampado de las afueras de Lima, los diez universitarios fueron asesinados de un tiro en la nuca y enterrados en una fosa común. Pasado algún tiempo, y ante la creciente publicidad que la desaparición de las víctimas provocaba por obra de los familiares y la prensa de oposición, el comando militar desenterró los cadáveres, los quemó y volvió a sepultar los restos carbonizados en lugares más escondidos. De este modo, el régimen creyó haber borrado todas las huellas del crimen. Pero se equivocó, pues, alertado al parecer por oficiales constitucionalistas, el semanario *Sí* reveló algunos meses después el lugar del entierro y promovió una vigorosa campaña que, apoyada por diversas organizaciones de derechos humanos, culminaría con la exhumación de los restos y la apertura de un proceso judicial.

Para saber que los verdaderos responsables de este asesinato colectivo nunca serían juzgados, ni menos sancionados, no hacía falta ser perspicaz. El golpe de Estado del 5 de abril de 1992, que, utilizando como testaferro al propio presidente de la República, dio una cúpula de militares felones, tenía, entre sus objetivos declarados, garantizar carta blanca en la estrategia antisubversiva a unas Fuerzas Armadas para las que el sistema democrático, con un Congreso fiscalizador, jueces independientes y medios de expresión libres, constituía un inaceptable engorro, un obstáculo para la acción eficaz.

Que el crimen de La Cantuta era un tema particularmente sensible para los máximos jerarcas del régimen quedó en evidencia en abril del año pasado, cuando, en un acto que equivalía a una proclama de culpabilidad, el comandante general del Ejército, Nicolás de Bari Hermoza, a una tímida invitación del Congreso Constituyente —el Congreso de las *geishas*— fraguado por Fujimori para reemplazar al legítimo que clausuró, a fin de que viniera a explicar la participación de su institución en aquel suceso, respondió sacando los tanques a la calle, es decir, con una más que explícita amenaza de mandar a sus casas a toda la tropilla de parlamentarios hechizos si excedía las funciones estrictamente instrumentales para la que había sido *elegida*.

No le faltaba razón al valiente general para alarmarse de ese modo, pues, si se llevaba a cabo una investigación imparcial de la matanza, era casi seguro que él, junto con su compañero y cómplice en la destrucción del Estado de Derecho en el Perú, el asesor presidencial para asuntos de seguridad, capitán Vladimiro Montesinos, hubieran ido a parar al banquillo de los acusados como responsables intelectuales del crimen de La Cantuta. Ésta no es una conjetura delirante de un adversario de la dictadura peruana; ésta es una acusación muy concreta hecha contra ese par de personajes —que son, hoy, el verdadero poder detrás del trono fujimorista—, por alguien que tenía cómo saber de lo que hablaba: el general Rodolfo Robles, quien, asqueado con lo que ocurría a su alrededor en el régimen del que formaba parte, prefirió denunciarlo, aunque tuviera por ello que exiliarse (a Buenos Aires, donde, para sobrevivir, entiendo que hace ahora de taxista). El general Robles, dicho sea de paso, no es el único oficial íntegro y constitucionalista que parece quedar en el Perú; otros, como el general Jaime Salinas, hoy preso en la cárcel del Real Felipe por su defensa de la legalidad, han corroborado las acusaciones de Robles sobre la responsabilidad personal de Bari Hermoza y de Montesinos en las incontables violaciones a los derechos humanos —torturas, desapariciones, exilios, ejecuciones extrajudiciales, encarcelamientos arbitrarios, acoso e intimidación de opositores— que se cometen en el Perú, en la más absoluta impunidad, desde la instalación del régimen autoritario, hará pronto dos años.

Éstos son los antecedentes de la crisis de gobierno y el reciente escándalo en torno a los acusados del crimen de La Cantuta, que, en la última semana, han servido al menos para abrir los ojos de la comunidad internacional sobre la verdadera naturaleza del régimen de Fujimori, un régimen con el que numerosos gobiernos democráticos se habían venido mostrando hasta ahora inexplicablemente complacientes.

Los hechos son conocidos pero vale la pena recordarlos. Ante el temor de que el crimen de La Cantuta fuera ventilado por el fuero común y los abogados de la parte civil exigieran la comparecencia del general Bari Hermoza y del capitán Montesinos ante el juez, el Congreso Constituyente, actuando con nocturnidad y alevosía, aprobó entre gallos y media noche una ley anticonstitucional que permitía transferir la causa al fuero militar. La Corte Suprema —también hechura del régimen— se apresuró a *desistirse* del proceso y a legitimar el enjuague. Sin pérdida de tiempo, un tribunal militar de jueces anónimos y reunido en secreto juzgó y condenó a los once militares implicados en la matanza de La Cantuta y, por supuesto, exoneró de toda culpa al alto mando del Ejército, a su comandante general y al Servicio de Inteligencia.

Sin embargo, con exquisita incongruencia, impuso cinco años de prisión al general Juan Rivero, que dirigía aquel servicio en la época del crimen, «por negligencia», y veinte años a los mayores Martín Rivas y Carlos Pichilingue, los jefes del comando exterminador, a quienes, en un memorándum de 10 de julio de 1991 dirigido al ministro de Defensa, que acaba de hacer público la revista *Oiga*, de Lima, el presidente Fujimori pedía que se ascendiera en reconocimiento a «exitosas Operaciones Especiales de Inteligencia» (y estipulando, a la vez, que, por razones de seguridad, este documento no debía hacerse público). ¿Cuántos días, semanas o meses demorará el perdón presidencial en excarcelar y enviar al extranjero a los recién condenados ejecutantes de la exitosa operación de La Cantuta? ¿O será tal vez una misteriosa fuga del cuartel donde cumplen sentencia la que devolverá la libertad a esos oficiales a los que ahora ha sacrificado el comando para salvar la cara y acallar las presiones internacionales?

En todo caso, el régimen ha salido algo ensuciado de este asunto. La renuncia, en señal de protesta por lo ocurrido, del primer ministro y ministro de Industrias, Alfonso Bustamante —un empresario bastante más despierto que sus congéneres y al que algunos hubiéramos creído incapaz de acostarse con una dictadura—, es un síntoma del progresivo, aunque todavía muy lento, deterioro del apoyo popular con que cuenta. Si las últimas encuestas no mienten —lo hacen muy a menudo, por desgracia—, la cota del presidente cayó diez puntos —de sesenta y cuatro a cincuenta y cuatro por ciento— y, de competir en una elección contra el ex secretario general de la ONU, Javier Pérez de Cuéllar, éste ahora lo derrotaría. Ha sido sorprendente, en estos días, con motivo de la aprobación de la ley de La Cantuta por el Congreso de las *geishas*, ver a un buen número de políticos y de periodistas, hasta ahora *geishas* diligentes ellos mismos, como los enquistados en el baluarte del fujimorismo que ha sido el diario *Expreso*, tomar cierta distancia crítica e incluso lamentar, en palabras del director de esa publicación, que, en este delicado asunto, el presidente hubiera «optado por los cuarteles».

¿Indica todo esto un saludable renacimiento democrático en una sociedad a la cual los horrores del terrorismo de Sendero Luminoso y la corrupción y los desastres económicos del Gobierno populista de Alan García desencantaron de la ley y de la libertad y echaron en brazos de un demagogo, títere de la fuerza militar? ¿Es esto el comienzo de una verdadera movilización popular antiautoritaria de la cual puede resultar el desplome del sistema dictatorial que se puso en marcha el 5 de abril de 1992 y el restablecimiento de la democracia? ¿O se trata de un alboroto pasajero, sin consecuencias políticas mayores, que el régimen acabará por digerir, resarciéndose de un modo u otro de los apoyos que en estos días ha perdido? Me gustaría que fuera lo primero, desde luego, pero creo que sería prematuro hacerse demasiadas ilusiones.

Porque, lo cierto es que, hasta ahora, el proyecto autoritario en el Perú ha funcionado a la perfección. Pese a haber clausurado el Congreso, suspendido la Constitución, defenestrado a los jueces y acallado o prostituido a todas las instituciones fiscalizadoras del poder —empezando por los principales medios de comunicación—, y a los múltiples atropellos a los derechos humanos —de los que la masacre de La Cantuta es sólo una muestra—, el Gobierno de Fujimori ha conseguido el reconocimiento de la comunidad internacional, con el celestinazgo animoso de la OEA (la Organización de Estados Americanos) y la indiferencia o complacencia de la totalidad de Gobiernos del continente.

El régimen ha montado toda una infraestructura seudolegal y seudolegislativa para cubrir las apariencias, en la que permite incluso algunas voces disidentes, a las que puede mostrar al exterior en prueba de que tolera el «pluralismo». Cuenta con una Constitución hecha a su medida para dar visos legales a la perpetuación en el poder del dictador y con un Poder Judicial que le sirve incondicionalmente. Las Fuerzas Armadas han sido purgadas de manera sistemática de los oficiales decentes o indóciles a Bari Hermoza y a Montesinos, y los empresarios —con algunas escasas excepciones— han hecho causa común con él, que les da todo lo que piden. Los grandes medios audiovisuales, intimidados o sobornados, son sus cajas de resonancia, sus correas de transmisión, y ante ellos el puñadito de publicaciones opositoras, por valerosas que ellas sean, no constituyen un contrapeso eficaz.

Ésta es la realidad dura y cruda y mucho me temo que se engañan quienes piensan, allá en el Perú, que el escándalo ocurrido en estos días es un indicio seguro de la derrota de Fujimori en las elecciones de 1995 y del retorno próximo de la democracia. Quienes han hecho lo que llevan hecho desde el 5 de abril de 1992, incluido el frío asesinato de los nueve estudiantes y el profesor de La Cantuta, no actuaron así, bañándose de deshonor y de sangre, para perder luego una elección e irse dócilmente a sus casas porque el electorado no los quiso. Echarlos y castigarlos por éste y otros crímenes —no nos engañemos— costará mucho trabajo.

Washington, febrero de 1994

La reelección permanente

El 23 de agosto pasado, el Congreso del Perú «interpretó» la Constitución, aprobando la candidatura del ingeniero Alberto Fujimori a la reelección en el proceso electoral del año 2000. Si todo sale como han planeado los parlamentarios del régimen autoritario instalado el 5 de abril de 1992, éste tiene pues la vía expedita para prolongarse hasta el 28 de julio del año 2005. Ninguna razón, desde luego, impide a los congresistas futuros seguir reinterpretando la Constitución, o enmendándola, para que el régimen se eternice, con pantomimas electorales legitimadoras, el 2010 y el 2015; cuenta para ello con verdaderos enjambres de *constitucionalistas* armados de todos los argumentos legales *ad hoc* y, no sin razón, espera contar también con mayorías parlamentarias venideras tan serviles como la actual.

¿Por qué la dictadura peruana ha llevado a cabo esta demostración de fuerzas, anticipándose tres años a la próxima farsa electoral? No se trata de una mera bravata de un régimen que, luego de haber desbrozado el terreno de todo obstáculo serio, se considera lo bastante fuerte como para desafiar a la comunidad internacional quitándose la careta democrática y exhibiendo su verdadera faz. Se trata de distraer la atención pública del Perú y del extranjero de un escándalo que, a juzgar por el nerviosismo con que ha reaccionado frente a él todo el aparato militar y civil del Gobierno tratando de acallarlo, ha puesto en evidencia el aspecto que más daño puede causarle en el ámbito internacional: la vinculación orgánica de sus jerarcas con el narcotráfico.

El escándalo estalló el 17 de agosto, cuando el más importante narcotraficante caído en manos de la policía peruana (le fue entregado por Colombia, donde fue capturado), Demetrio Chávez Peñaherrera, apodado «Vaticano», que controlaba toda la zona cocalera del Valle del Huallaga, reveló ante el tribunal que lo juzga, que desde 1991 había pagado mensualmente cincuenta mil dólares mensuales a Vladimiro Montesinos —asesor de Fujimori, hombre fuerte del régimen, arquitecto del golpe de Estado de 1992 y de la purga de oficiales democráticos y constitucionalistas de las Fuerzas Armadas peruanas— para poder efectuar sus vuelos de avionetas cargadas de pasta básica hacia Colombia sin ser molestados.

«Vaticano» explicó que, gracias a este acuerdo, el comando militar de la zona del Huallaga lo informaba sobre las operaciones de la DEA (Drug Enforcement Agency) en la región. Altos miembros de la jerarquía militar destinados en la Amazonía estaban también a su sueldo. El pacto con Montesinos se rompió, según el testimonio de «Vaticano», en 1992, porque el asesor de Fujimori exigió mensualidades de cien mil dólares, lo que habría llevado al narcotraficante, luego de negarse a esta exigencia, a trasladarse a Colombia. Cuando este país lo capturó y entregó al Gobierno peruano —un auténtico regalo envenenado—, el Ejército se apresuró a confinarlo en una prisión secreta y a impedirle todo contacto con la prensa, con el pretexto de que el narco podía tener información relativa a la Seguridad del Estado. La tenía, en efecto.

Más que esta revelación —pues los indicios de una colaboración entre los cárteles de la droga y el régimen de Fujimori se multiplican desde hace buen tiempo—, el verdadero escándalo lo protagonizaron el Gobierno y sus aliados, que se movilizaron en una grita desaforada, negando las acusaciones de «Vaticano» con tanta vehemencia y gestos tan destemplados que parecían una confesión de culpa. Generales, ministros, prensa y medios adictos, cacógrafos a sueldo, funcionarios y validos salieron a la palestra a desmentir a «Vaticano» y a tratar de minimizar una denuncia (consiguieron el efecto contrario) que, en buena parte a causa de todo ello, tuvo una larga reverberación en el mundo (véanse, por ejemplo, las crónicas respectivas en *The Economist* y la revista *Time*).

Apenas horas antes de aprobar la candidatura a la tercera reelección de Fujimori, el Congreso había rechazado admitir siquiera a debate las siete mociones de orden del día, presentadas por el pequeño grupo de parlamentarios de la oposición, pidiendo que una comisión parlamentaria investigase las acusaciones de «Vaticano» contra Montesinos y los alcances de la infiltración del narcotráfico en las Fuerzas Armadas y policiales. Un pintoresco *constitu-*

cionalista del régimen —¿beodo, como de costumbre?— explicó que la «prestigiosa familia Montesinos» no podía ser lesionada en su honor por la denuncia de un delincuente.

La familia del Rasputín del régimen tal vez no, pero el régimen sí, y no sólo en el extranjero, también en el propio Perú, donde, pese al sistema de autocensura y control que el Gobierno de Fujimori ejerce sobre los medios de comunicación —y que acaba de describir, con abrumadores ejemplos, el escritor Alfredo Bryce Echenique, en Palma de Mallorca, en un seminario sobre «La información en Iberoamérica»—, el *honor* del sistema político instituido en el Perú por Fujimori, Montesinos y una camarilla militar desde abril de 1992 parece haber quedado seriamente resquebrajado ante una opinión pública que, hasta estos últimos tiempos, sin embargo, se había mostrado extremadamente complaciente con el régimen que revirtió la tendencia democratizadora en América Latina en 1992, inaugurando un nuevo modelo de autoritarismo para el continente, y que, según el último informe de Amnistía Internacional, disputa a Cuba el cetro del país del hemisferio occidental con mayores violaciones a los derechos humanos.

Contribuyó no poco a este sentimiento crítico, además, la reaparición pública de «Vaticano», en un espectáculo de gran guiñol montado por el Gobierno, para matizar sus declaraciones anteriores y explicar a los periodistas que, presa de un súbito ataque de amnesia, ya no recordaba si, en verdad, era a Montesinos a quien había entregado aquellos cincuenta mil dólares mensuales en 1991 y 1992. En vez de silenciar las críticas y conjeturas, este episodio las atizó, enriqueciéndolas con un debate suplementario sobre si, para aceptar desdecirse, «Vaticano» había sido torturado, sobornado o ambas cosas.

Las revelaciones de «Vaticano» son la gotita de agua que ha colmado el vaso de ese delicadísimo tema —las relaciones entre el narcotráfico y el régimen—, que, hasta ahora, pese a la sucesión de comprometedores incidentes ocurridos en los últimos meses, el Gobierno de Fujimori se empeñaba en presentar como casos aislados, de individuos que, tanto en el aparato militar como en el político, ocupaban posiciones de segundo o tercer nivel y cuya responsabilidad criminal en modo alguno podía teñir a la cúpula ni a la espina dorsal del Estado. La figura que va diseñándose ahora indica más bien lo opuesto: que, aunque en el régimen haya figuras secundarias incontaminadas, son la cúpula política y el brazo militar-represivo, que encabezan Montesinos y el general Bari Hermoza, las instancias a las que apuntan las últimas revelaciones sobre ese doloso maridaje.

He aquí algunas de ellas. En mayo de este año, se encontraron ciento setenta y cuatro kilos de cocaína nada menos que en el avión presidencial de Fujimori, un DC 8 piloteado por el edecán del presidente, el comandante Alfredo Escárcena Ichikawa. Un par de meses después, en Vancouver, Canadá, un barco de la Marina de Guerra, el *Matarani*, fue registrado y en su interior se halló un alijo de ciento veinte kilos de cocaína. Apenas una semana más tarde, otro barco de la Armada, el Ilo, fue sorprendido con más de sesenta kilos de cocaína escondidos a bordo. Antes de estos hallazgos, y desde comienzos de 1995, un número crecido de oficiales del Ejército —cerca de trescientos, según el corresponsal de *The Economist*— se han visto involucrados en complicidades con los narcos, algunos de ellos de alta graduación, como los generales Ríos y Bellido, acusados de colaborar con «Vaticano», investigación que detuvo en embrión el propio jefe del Ejército, general Bari Hermoza, así como la que afectaba a los generales Sobrevilla y MacDonald Pérez, por colusión con otro cártel de la coca, el de Abelardo Cachique. Éstos son sólo algunos ejemplos de una serie, que esclarecen el diligente celo con que los «padres de la Patria» del fujimorismo se apresuraron a impedir la creación de una comisión parlamentaria que investigara asunto tan espinoso como la colusión del régimen con la industria peruano-colombiana de la droga.

¿Qué pasará ahora? Puede que nada, como esperan Fujimori, Montesinos, Bari Hermoza y la calaña de politicastros, empresarios, negociantes y periodistas que los sirve y que medra a la sombra del régimen autoritario. Es decir, que, distraídos por la cortina de humo de la tercera reelección presidencial de Fujimori que el Congreso acaba de aventarles, los peruanos se olviden de lo otro, la putrefacción interna sobre la que reposa el sistema y que, pese a la censura y autocensura, acaba de mostrar su fea cara, y una vez más se dejen adormecer por las tesis de los corifeos, según los cuales quitarle el apoyo a la dictadura y combatir por el retorno del Perú a un régimen de legalidad y libertad significaría volver a los horrendos tiempos de Alan García, es decir, a la hiperinflación, la corrupción y la violencia terrorista de Sendero Luminoso y del MRTA. Hasta ahora, esta manipulación de la opinión pública ha funcionado, y, si son ciertas las encuestas, un gran número de peruanos acepta todavía vivir en dictadura pues cree que ése es el precio que debe pagar ¿para qué? ¿Para vivir mejor, con más trabajo y mejores niveles de vida y más oportunidades que antes? No, nada de eso: solamente, *para no estar peor de lo que está*. Ésa es la lastimosa consecuencia política —la pérdida de los reflejos democráticos de casi todo un pueblo— del terrible fracaso de los doce años de democracia que disfrutó el Perú desde 1980 hasta 1992.

En el ámbito internacional, sin embargo, pese a las buenas notas que le siguen concediendo el Fondo Monetario Internacional y el Banco Mundial, y a las inversiones de empresas extranjeras, la imagen del régimen peruano se deteriora gradualmente. Este proceso sólo puede agravarse con escándalos como los relacionados con el narcotráfico, pues, si es verdad que a las potencias democráticas no parece importarles mucho lo que ocurra con la legalidad y la libertad en los países del Tercer Mundo —sobre todo, si esos países les permiten hacer buenos negocios a sus empresarios—, en el tema de la droga sí suelen parar las orejas y alarmarse, sobre todo los Estados Unidos, como acaba de verse en las relaciones de Washington con el Gobierno colombiano.

La desbaratada imagen que ofrece en la actualidad el presidente Samper ¿será una premonición del destino político final que espera al ingeniero Fujimori? Formulo la pregunta sin apetito ni nostalgia y hasta con cierto asco. En verdad, desde mi punto de vista, sería más que tristísimo que quien destruyó la democracia que le permitió llegar al poder no fuera sancionado por los peruanos a quienes retrocedió a la tradición de despotismo con la que empezaban a romper y como castigo a este liberticidio, sino por el State Department y la DEA y sólo por los sórdidos enjuagues cremáticosticos de sus compinches con los gánsters del Huallaga.

Londres, septiembre de 1996

Los buenos terroristas

Estaba leyendo *Las soledades* de Góngora, cuando todos los canales de la soleada Miami abrieron sus noticiarios con la noticia del audaz golpe de mano, en Lima, del MRTA (Movimiento Revolucionario Túpac Amaru), que ocupó la embajada del Japón con más de cuatrocientos rehenes en el interior, entre ellos diplomáticos, ministros de Estado, empresarios, militares, altos funcionarios y los habituales tigres del coctel, allí reunidos para celebrar el onomástico del emperador. Lo primero que se me vino a la cabeza fue una consideración del todo frívola: la extraordinaria coincidencia de haber retomado ahora, cuando ocurría esta hazaña terrorista, un libro que leí afanosamente en todos mis momentos libres durante la campaña electoral peruana de 1989-1990, cuando el MRTA perpetró sus operaciones más ruidosas. Desde entonces, la fría y perfecta belleza de la poesía gongorina está indeleblemente asociada en mi memoria a la sangre y los estruendos de la violencia terrorista que marcó aquella campaña. Y, por lo visto, en el futuro aquel misterioso parentesco entre el más diestro hacedor de metáforas de la lengua castellana y el salvajismo político en mi país continuará, sin la menor esperanza de que la muerte (las muertes) los separe.

Escribo estas líneas al cuarto día de la captura de la embajada, cuando no se insinúa aún ninguna solución, y haciendo votos, desde luego, por que ésta sea pronta y pacífica, y devuelva salvos a sus hogares a todos los rehenes, entre los cuales tengo muchos conocidos y algunos amigos. Pero, aunque haciendo todos los esfuerzos debidos para no parecer imprudente ni echar más leña al fuego, no puedo dejar de comentar la manera como los grandes medios de comunicación a mi alcance han venido informando sobre los sucesos.

Escucho en la televisión de Estados Unidos, y leo en su prensa, que en el Perú hay dos organizaciones terroristas: una radical y fanática, Sendero Luminoso, y otra, moderada y más política, el MRTA. Aquéllos son más crueles e intransigentes por su filiación maoísta y tener como modelo de la sociedad a que aspiran a la China de la revolución cultural y la Camboya de los jémeres rojos, y éstos son más flexibles y pragmáticos porque sólo son castristas y, eventualmente, podrían transformarse, como sus colegas colombianos del M-19 con quienes colaboraron en el pasado en el llamado «Batallón América» de la guerrilla de aquella nación con voluntarios peruanos, en un partido político que operaría en la legalidad. Como prueba de la moderación del MRTA se esgrime el buen trato que ha dispensado a sus rehenes, las cordiales controversias sobre política económica que el líder de la operación ha sostenido con algún empresario secuestrado y las charlas que los secuestradores han ofrecido a sus víctimas ilustrándolos sobre sus ideales revolucionarios. La verdad, esta nomenclatura entre terroristas *radicales* y *moderados* me ha parecido siempre una falacia y ahora más que nunca, a juzgar por los acontecimientos en curso. Si es verdad que entre Sendero Luminoso y el MRTA hay diferencias ideológicas marcadas, en cuanto a lo que realmente importa, pues es lo que define a un movimiento político —sus métodos—, aquellas diferencias son poco menos que invisibles. Es verdad que los senderistas han matado mucha más gente, pero no porque los emerretistas fueran más benignos, sino porque siempre fueron menos numerosos y con una capacidad de destrucción más limitada. Pero su prontuario, desde que se fundó el MRTA, en 1983, hasta el presente, está impregnado de sangre inocente y de cadáveres, de asaltos y raptos por dinero, de exacciones de todo orden y de una alianza orgánica con los traficantes narcos del Huallaga, a los que, a cambio de millonarias remuneraciones, presta protección armada hace muchos años. Es posible que mi juicio peque de subjetividad —un comando del MRTA trató de aniquilarme a mí y a mi familia en el aeropuerto de Pucallpa, durante aquella campaña electoral, y como no lo consiguieron se contentaron con coser a tiros a un puñado de campesinos que los descubrió—, pero lo cierto es que me parece una grotesca aberración el empleo del adjetivo *moderado* a un movimiento que, en nombre del paraíso socialista futuro, ha asesinado a incontables personas y hecho del secuestro por dinero su especialidad. Todos los grandes plagios ocurridos en el Perú en los últimos diez años figuran en su haber, y ellos le han significado un abultado número de millones de dólares, invertidos, presumiblemente, en armas y municiones para posibilitar nuevas operaciones que engrosen sus arcas y dejen nuevas secuelas de sufrimiento y horror.

Uno de mis amigos más cercanos fue una de sus víctimas. Durante seis meses lo tuvieron enterrado en una cueva minúscula, donde no podía tenerse de pie y donde —era la época siniestra de los apagones— pasó largos períodos sumido en las tinieblas, con la crujiente compañía de las cucarachas, a las que aprendió a matar a una velocidad astronáutica y guiándose sólo por el oído. Su familia, mientras tanto, era sometida a una diaria tortura psicológica, con llamadas telefónicas y casetes con grabaciones maquiavélicamente concebidas para destrozarle los nervios. Esta persona salió airosa de la terrible prueba, pero otras no sobrevivieron a ella o quedaron psíquicamente destruidas. Si éstos son los moderados del terror, cómo serán los extremistas. Un compatriota al que le hacía esta reflexión, me respondió: «Sendero Luminoso voló un edificio de apartamentos, en la calle Tarata, de Miraflores, por la sola razón de que en la vecindad había varios bancos. Comparado con un crimen colectivo de ese calibre, los secuestros y las bombitas del MRTA ¿no son acaso juegos benignos?». Mi opinión es que no, y que el número y la escala en que se ejecuta el terror de ninguna manera atenúa la iniquidad ética del crimen.

Ésa es la razón por la que, desde el primer momento, he combatido con la misma convicción y severidad a Sendero Luminoso y al MRTA, sosteniendo que, más importante que sus divergencias ideológicas, es la identidad que existe entre ambas por la vileza de su conducta, pues ambas consideran perfectamente lícito para lograr sus fines políticos el exterminio de los adversarios y de gente inocente, así como el robo, los asaltos y secuestros o las alianzas con el narcotráfico. Y, por esa misma razón, he criticado la insensatez de todos los peruanos que aplaudieron al régimen de Fujimori cuando, para combatir con más *eficacia* a los terroristas, se prestó de ellos sus métodos, y generalizó el empleo de la tortura, de las desapariciones o asesinatos desembozados (como los de los alumnos y profesores de La Cantuta) o el recientísimo secuestro, en las calles de Lima, por un comando militar, del general Robles, quien había tenido el coraje de denunciar públicamente al comando Colina, de siniestra fama, dependiente del Servicio de Inteligencia del Ejército, como autor del atentado contra una estación de televisión, en Puno, en represalia por su actitud crítica frente al Gobierno y sus denuncias sobre la colusión entre el narcotráfico y el asesor presidencial y hombre fuerte del régimen, Vladimiro Montesinos. La complacencia con el terror de Estado es, por desgracia, muy extendida en países donde la inseguridad y la desesperación que causan en la opinión pública las acciones del extremismo llevan a grandes sectores a aprobar la política de la mano dura, el contraterrorismo, como la medicina más eficaz para restablecer el orden. Se trata de una pura ilusión, de un engañoso espejismo. Lo cierto es que cuando el Estado hace suyos los métodos de los terroristas para combatir el terrorismo, son estos últimos los que ya han ganado, pues han conseguido imponer su lógica y lesionado profundamente las instituciones. ¿Cómo puede sobrevivir una legalidad digna de ese nombre en una sociedad donde comienza por violarla, ejercitando el terror, quien está encargado de velar por su imperio? El resultado inevitable es la generalización de la violencia, y, a su amparo, de la corrupción, que sigue a aquélla como su sombra. El Perú lo comprueba en estos días amargos, cuando despierta del sueño autoritario que abrazó con tanto entusiasmo: un régimen de autoridad, no mediatizado por partidos políticos, prensa libre, jueces independientes ni parlamentarios representativos, que golpearía sin misericordia al terrorismo y acabaría con las «politiquerías» de la supuesta democracia. Pues resulta que cuatro años después del golpe de Estado que acabó con la democracia en el Perú, el terrorismo no estaba fulminado, como decían los propagandistas del Gobierno. El MRTA, por lo menos, ha dado la prueba más espectacular de su existencia, ocupando desde hace cuatro días todas las primeras planas de la prensa y las horas estelares de la televisión del mundo entero. Y, en cuanto a lo demás, en los últimos meses, el llamado *modelo peruano* que hizo brillar los ojos a tantos golpistas latinoamericanos en los últimos años aparece cada vez menos como un régimen de paz y progreso económico, y cada vez más como una versión apenas maquillada de las tradicionales dictaduras continentales, es decir, corrompido, con militares de la jerarquía orgánicamente vinculados al negocio del narcotráfico, con medios de comunicación arrodillados mediante el soborno o la intimidación, una economía que comienza a hacer agua por muchos huecos, un conflicto social creciente por la agravación del desempleo y la pobreza y, consiguientemente, un desencanto progresivo con el régimen autoritario, de una opinión pública que poco a poco parece ir redescubriendo los beneficios de la libertad y la legalidad desaparecidas.

Quiero terminar por donde empecé: haciendo votos por que todos los rehenes de la embajada del Japón salgan de allí sanos y salvos, aunque el precio de ello sea el viaje a La Habana —a tostarse en las doradas arenas de Varadero con la conciencia del deber cumplido y las alforjas forradas de dólares— del camarada Néstor Cerpa y sus veinticuatro moderados compañeros.

Miami, diciembre de 1996

Siete años, siete días

Desde mi escritorio, al otro extremo de la bahía, diviso con nitidez las dos islas —San Lorenzo y el Frontón— y el espolón de La Punta hendiendo las aguas del Pacífico. Es un día esplendoroso, insólito a mediados de mayo, época en que Lima suele ya estar cubierta por ese velo blanco que hizo llamarla a Melville «ciudad fantasmal». Bajo el sol del mediodía, el mar arde, acribillado por gaviotas que, desde lo alto, se dejan caer como bólidos, con las alas plegadas, en pos de manjares submarinos.

En una base naval cerca de aquellas ínsulas blancuzcas, en unos calabozos subterráneos, languidecen en confinamiento total Abimael Guzmán y Víctor Polay, los máximos dirigentes de Sendero Luminoso y del Movimiento Revolucionario Túpac Amaru, respectivamente, cuyos crímenes y la inseguridad e indignación que provocaron entre los peruanos contribuyeron de modo decisivo al desmoronamiento de la democracia y a proveer de justificaciones al régimen que desde el 5 de abril de 1992 gobierna el Perú.

La captura de la embajada japonesa por el MRTA hizo creer en el extranjero que el terrorismo renacía. Era, más bien, su canto de cisne. Acéfalos y duramente golpeados por la represión, Sendero Luminoso y el MRTA, aunque den esporádicas señales de vida, han dejado de gravitar como factor esencial de la actualidad peruana. En estos siete días que he pasado aquí, ni una sola persona me los menciona; la violencia que está en todas las bocas es la meramente criminal, la que asalta casas, arranca relojes y pulseras a los automovilistas y perpetra los secuestros al paso —todo el mundo tiene alguna anécdota al respecto—, no la política. En este dominio, y, sobre todo, luego del exitoso rescate de los rehenes de la embajada japonesa, el régimen puede lucir una carta de triunfo.

¿Y los éxitos económicos de que se jacta? En 1990, cuando partí a Europa, el Perú, por culpa del terrorismo y de la política populista de Alan García, parecía desintegrarse. Hiperinflación, caída vertical de los salarios, quiebras en cadena, desaparición del ahorro y toda forma de inversión, cuarentena del país por la comunidad financiera internacional, un enorme sector público ineficiente y corrompido que quemaba los magros recursos del Estado: el panorama era apocalíptico. Todo aquello quedó atrás, y, para mi asombro, la lección parece haber sido aprovechada. En esta semana no he visto el menor indicio de que alguien añore las políticas que empobrecieron al país más que todas las guerras de su historia. El diario *La República*, punta de lanza de la oposición, denuncia los abusos a los derechos humanos, los continuos legicidios y la corrupción, pero se guarda mucho de pedir un retorno al estatismo y el intervencionismo.

También en este campo los cambios son inequívocos. La economía se ha ordenado y con las privatizaciones, la apertura de las fronteras y la creación de mercados, un segmento minoritario pero amplio se beneficia a ojos vista. Hay una erupción de edificios de apartamentos para las clases altas y Lima está llena de supermercados, almacenes, galerías, cadenas norteamericanas de *fast food* (McDonald's, Pizza Hut, Burger King, Kentucky Fried Chicken, etcétera) y de videos, cinemas modernos, restaurantes, y con la flamante telefónica los nuevos usuarios obtienen el teléfono en pocos días (yo tuve que esperar nueve años por el mío). Un centenar de cadenas de televisión llegan a las casas de quienes están en condiciones de pagar el cable, y se han construido varios hoteles de gran lujo. En el que estuvo recientemente alojada la modelo Claudia Schiffer, la *suite* que ocupó cuesta mil quinientos dólares al día (me lo relataron con orgullo patriótico). Esos hoteles tienen una clientela numerosa y cosmopolita, pues cada semana llegan más inversores españoles, canadienses, americanos, japoneses, coreanos, en busca de proyectos: «el Perú (me asegura un amigo creíble) se ha convertido en un país muy atractivo para el capitalismo internacional». Enhorabuena: yo siempre dije que eso era posible, cuando pocos lo creían y nuestros gobiernos se empeñaban en que no fuera así.

La modernización ha llegado también, aunque más débilmente, a algunos bolsones del interior. En las pampas de Ica se multiplican las pequeñas y medianas empresas que, empleando el riego por goteo y otras tecnologías de punta, cultivan tomates, espárragos, flores y otros productos para la exportación, y las inversiones mineras, en los Andes centrales y norteños, son cuantiosas. Todo eso está muy bien, desde luego, pero deducir de esos signos que el Perú entró en un proceso de desarrollo sostenido e imparable, equivalente al de Chile, sería falso. En verdad, la modernización económica afecta todavía a un sector reducido de la población, a una cúspide social, en tanto que los sacrificios que se exige a la mayoría son enormes. La apertura de fronteras elevó los precios a niveles internacionales, los salarios siguen siendo subdesarrollados y centenares de miles de familias sobreviven de mala manera o pasan hambre. Los índices de mortalidad infantil, desnutrición, tuberculosis, analfabetismo, delincuencia son aún pavorosos. Y prácticamente nada ha cambiado para los más pobres de los pobres —los campesinos de la sierra—, que siguen siendo la «nación cercada» de la que habló José María Arguedas. La razón de esta cesura abismal entre el sector social que prospera cada vez más y la mayoría a la que la modernización llega a cuentagotas o no llega no es, como repite la nueva logomaquia ideológica, que con el «neoliberalismo» esas disparidades son inevitables. Por el contrario: la razón es lo escasa o nulamente liberales que fueron muchas de aquellas reformas. Por ejemplo, las que se limitaron a transferir los monopolios estatales a manos privadas y desaprovecharon el proceso de privatizaciones para aumentar masivamente el número de propietarios entre los ciudadanos sin recursos, como se hizo en Inglaterra o se está haciendo ahora en Polonia, la República Checa y otros países de Europa central.

De todos modos, aunque defectuosa e insuficiente, la orientación de las reformas económicas emprendidas por el régimen autoritario de Fujimori es la adecuada y el Gobierno democrático que algún día lo reemplace deberá profundizarla y perfeccionarla, de ningún modo dar marcha atrás. Es un progreso notable que el Estado se haya aligerado de las inservibles empresas públicas, que el país se haya insertado en los mercados del mundo y que la responsabilidad de la creación de la riqueza recaiga cada vez más en la sociedad civil y cada vez menos en los burócratas. No hay otro camino para salir del subdesarrollo.

Estos avances económicos, sin embargo, contrastan de manera ominosa con lo que ocurre en la vida política. En vez de progresar hacia una sociedad más libre y democrática, el Perú ha retrocedido hacia su pasado más siniestro. Contrariamente a lo que yo suponía, el régimen no guarda casi las formas y, más bien, exhibe con total impudor su naturaleza autoritaria, su prepotencia basada en la fuerza militar. El Congreso da risa: su obsecuencia y ramplonería superan incluso a las que lucía el de la dictadura de Odría. Los desesperados esfuerzos de la pequeña minoría de opositores —cuyo coraje y buenas intenciones no pongo en duda— sólo sirven para hacer más patética su impotencia, ante una mayoría regimentada que, sin dudas ni murmuraciones —como se enseña en el cuartel—, cumple con su triste obligación de dar un baño de legalismo a todos los desafueros, y a veces hasta los crímenes, del régimen. En estos siete días se aprestaba a defenestrar al Tribunal Constitucional, porque cuatro de sus magistrados habían osado oponerse a la reelección de Fujimori en el año 2000.

Si el Congreso es una farsa, el Poder Judicial es una institución desvalida y maltratada, que ha perdido buena parte de sus atribuciones ante el omnímodo fuero militar, en cuyos tribunales (secretos, intangibles y enmascarados) se imparte la verdadera justicia. No sólo los subversivos son reclamados por la magistratura castrense; también, todo lo que afecte los intereses y los secretos del Estado. Por ejemplo: los asesinos y torturadores del grupo Colina, comando de aniquilamiento del régimen en cuyo prontuario figuran proezas como la matanza de Barrios Altos, el asesinato de estudiantes y profesores de La Cantuta y el recientísimo desmembramiento de una agente del Servicio de Inteligencia Militar y las torturas de otra, en los sótanos de la Comandancia General (ambas habían hablado más de la cuenta). También los narcotraficantes incómodos para el Gobierno pueden ser arrebatados a la justicia civil y entregados al Consejo Supremo de Justicia Militar, como ocurrió con «Vaticano», cuando el jefe mafioso reveló que durante años había tenido en su nómina de sobornados a altos jefes militares, entre ellos el celebérrimo Vladimiro Montesinos, asesor presidencial, servidor de la CIA y hombre fuerte de la dictadura, que misteriosamente percibió el año pasado más de un millón de dólares de ingresos, según se acaba de revelar.

La preponderancia absoluta (y apenas disimulada) de lo militar sobre lo civil en la vida pública es el escollo principal que deberá salvar el Perú para restablecer algún día la democracia. Este estamento es ahora la espina dorsal del poder, y las instituciones civiles un decorado a su servicio, que se renueva y maquilla según la coyuntura. Pero donde se toman las decisiones importantes, donde se manipula y desinforma a la opinión pública, se fraguan las operaciones de desprestigio (y a veces de ruina económica y aun liquidación) del opositor y el disidente es en el Servicio de Inteligencia Militar, los ojos, oídos y el puñal del régimen nacido del golpe que este mismo organismo planeó y ejecutó el 5 de abril de 1992. Purgadas de los oficiales más profesionales y principistas, que han sido separados o apartados de todo mando efectivo, las Fuerzas Armadas, bajo la tutela de Montesinos y el general Bari Hermoza, han pasado a ser, una vez más, como cuando las dictaduras de Velasco o de Odría, el partido gobernante, el árbitro supremo de la vida política nacional, aunque, para aplacar los escrúpulos de una opinión internacional que no acepta ya en los gobiernos latinoamericanos a los gorilas con quepis y entorchados, mantenga en la presidencia, por el momento, a un fantoche civil.

Para revertir este estado de cosas no basta que Fujimori baje en las encuestas y que haya cada vez más peruanos que, en voz baja y al oído de personas de mucha confianza (no vaya a ser que el Gobierno les mande a la SUNAT a revisarles las declaraciones de impuestos), confiesen que se sienten avergonzados y alarmados cara al futuro, pues han comprendido que, por más sólido que parezca ahora, a la larga no hay nada más inestable y caótico para un país que una dictadura. Haría falta una movilización multipartidaria y popular, capaz de resistir las infinitas formas de intimidación y chantaje de la infraestructura autoritaria, que, como lo hizo en Chile contra el régimen de Pinochet, gane para la causa de la democracia a la opinión pública nacional y a la internacional, quitando a una y otra las vendas que les impiden todavía ver la auténtica cara del régimen peruano. Esta movilización está lejos de ocurrir. Por empeñosa e idealista que sea —y en esta semana he visto hasta qué extremo lo es— la oposición democrática, en el Congreso, la contada prensa libre o los pequeños espacios de vida civil donde puede expresarse, es aún muy débil, y está fragmentada, sin liderazgo, huérfana de una propuesta alternativa que, a la vez que persuada a una mayoría de peruanos de las ventajas de la libertad y la legalidad sobre la fuerza bruta y el engaño, les dé garantías inequívocas de que la imprescindible democratización en modo alguno significará el menor retroceso en lo ya ganado en la modernización de la sociedad y el orden económico.

Mientras ello no ocurra —y en la alegría de estos siete días pasados entre amigos, a muchos de los cuales veía después de siete años, la única nota melancólica ha sido advertir que aquello aún no ocurría—, Fujimori, Montesinos, Bari Hermoza y el ejército de uniformados y civiles a su servicio tendrán la vida tan plácida y tranquila como estas blancas y alegres gaviotas, que, a pocos metros de mi escritorio, pescan esta mañana en el Pacífico bajo la nívea luz del mediodía.

Lima, mayo de 1997

Los patriotas

Que el ingeniero Alberto Fujimori Fujimori no había nacido en el Perú sino en el Japón y que, luego, sus padres, inmigrantes sin recursos, procedentes de la aldea de Kawachi, le fraguaron una nacionalidad peruana, me lo dijeron en las semanas finales de la campaña electoral de 1990 unos oficiales de la Marina de Guerra del Perú, según los cuales el Servicio de Inteligencia Naval poseía la constancia del fraude.

Estas pruebas jamás se hicieron públicas en aquella circunstancia porque, sin duda, a aquellas alturas de la contienda electoral que dirimíamos el ingeniero Fujimori y quien esto escribe, aquél ya había establecido la alianza providencial con el celebérrimo Vladimiro Montesinos (todavía no lo era), ex capitán expulsado del Ejército por «traidor a la Patria» —se lo acusó de vender secretos militares a la CIA—, ex abogado de narcotraficantes y que, pese a ello, seguía manteniendo viscerales relaciones con el Servicio de Inteligencia Nacional. Éste se encargaría de hacer desaparecer en aquellos días, de los registros judiciales, el abultado prontuario del candidato que algunos sabuesos periodísticos, como César Hildebrandt, llegaron sin embargo a mencionar antes de que se volatilizara.

El asunto de la presunta nacionalidad japonesa de Fujimori tampoco se ventiló en aquella ocasión por mi propia repugnancia moral a esgrimirlo como argumento contra un adversario político. Si hubo falta, no fue la suya, sino de sus padres, y a éstos hay que apresurarse a excusarlos, pues no hicieron más que lo que hacían muchísimas familias de inmigrantes orientales, guiados por la más humana de las razones: fabricarles a sus hijos una nacionalidad que los defendiera mejor que a ellos de los atropellos de que eran víctimas en el país sin ley (los años treinta fueron, recordemos, los años de las dictaduras militares de Sánchez Cerro y Benavides) al que se habían expatriado y al que, trabajando con verdadero heroísmo, contribuyeron a desarrollar. Éste se lo pagó mal, por lo demás, pues, durante la Segunda Guerra Mundial, la comunidad peruana de origen nipón fue injustamente expropiada de sus bienes, discriminada y perseguida, y algunos de sus miembros enviados a campos de concentración en Estados Unidos, por un Gobierno —civil éste, para colmo— ávido de echar mano al patrimonio de la colectividad peruano-japonesa y nisei.

Después de leer la acuciosa indagación llevada a cabo por la periodista Cecilia Valenzuela —un verdadero modelo de periodismo de investigación— y cuyas conclusiones parecen difícilmente refutables, sigo pensando, sin embargo, que la oposición a la dictadura que padece el Perú, y cuya fachada visible es Fujimori, debería excluir de su memorial de agravios contra el destructor del régimen de legalidad y de libertad que imperaba en el Perú hasta el 5 de abril de 1992 el de su falsa nacionalidad peruana. ¿Qué importa que naciera en una aldea perdida de la isla de Kumamoto? En el Perú gateó y aprendió a hablar, estudió, creció, trabajó y compartió a lo largo de toda su vida los infortunios y las ilusiones de los demás peruanos: eso hace de él, no importa cuán dudosa sea la legitimidad del mal garabateado papel que explica su nacimiento, un ciudadano del Perú. Según una leyenda, el general Salaverry, caudillo romántico que ocupó brevemente la presidencia del Perú antes de ser fusilado, hizo poner un libro abierto en la plaza de Armas y declaró: «Todo el que quiera ser peruano, que ponga allí su firma y lo será». Esa concepción generosa de la peruanidad es también la mía y ojalá lo fuera alguna vez la de todos mis compatriotas.

En caso contrario, quienes combatimos a Fujimori desde 1992 por haber cometido la felonía, apandillado con Montesinos y el general Nicola de Bari Hermoza (que debe ser hijo o nieto de italianos), de destruir la democracia y restaurar la tradición autoritaria instalando al Ejército una vez más en el centro del poder político apareceremos tan mezquinos y viles como aquel siniestro trío, que acaba de despojar de la nacionalidad peruana al señor Baruch Ivcher, propietario del canal de televisión Frecuencia Latina, con el hipócrita pretexto de que éste, nacionalizado peruano desde 1983, no había destruido su pasaporte israelí. La dictadura sabe muy bien que hay muchos miles de ciudadanos peruanos que acumulan todos los pasaportes a los que tienen derecho o pueden obtener, dada la inseguridad jurídica que caracteriza la vida política peruana, y que entre ellos figura un elevado número de sus servidores (incluidos ex ministros y cacógrafos de los medios que le sirven de estercolero periodístico y a quienes todo el mundo conoce).

¿Por qué ese ensañamiento singular contra el señor Ivcher sólo ahora? Porque los informativos de su canal de televisión habían comenzado a denunciar los crímenes y torturas cometidos por el Servicio de Inteligencia, y los planes de éste para asesinar a César Hildebrandt y a otros periodistas de oposición, los pinchazos telefónicos y los fraudes electorales del pasado reciente y a defender un retorno a la legalidad del país del que es ya parte indisoluble, como otros muchos miles de peruanos de origen alemán, italiano, español, chino o japonés. ¿Por qué no se le privó de la nacionalidad peruana —y se le arrebató Frecuencia Latina con las triquiñuelas jurídicas con que se le está arrebatando ahora— cuando su canal de televisión defendía con entusiasmo el golpe de Estado de Fujimori y sus periodistas llenaban de improperios a quienes nos esforzábamos —sin mucho éxito, es cierto— por abrir los ojos de nuestros compatriotas seducidos con la propaganda antidemocrática de unos medios de comunicación acobardados o vendidos a la flamante dictadura?

Cuando, a finales del siglo XVIII, el doctor Samuel Johnson estampó la frase inmortal «El patriotismo es el último refugio de los canallas», no estaba vociferando contra su país, claro está. Él quería mucho a Inglaterra, como lo demuestran sus profundos estudios sobre la poesía inglesa, su luminoso ensayo sobre Shakespeare y, sobre todo, su enciclopédica investigación filológica sobre la lengua de su patria, que le tomó toda la vida y marcó un hito en la historia del inglés. El voluminoso doctor Johnson pensaba en gentes que, como las tres que ahora han retrocedido al Perú, políticamente, a la condición de la última república bananera de América del Sur, administran el «patriotismo» en función de sus intereses, sin el menos escrúpulo, como un arma de supremo chantaje para acallar las críticas y justificar sus tropelías, y se arrogan el derecho de reconocer o negar la «peruanidad» de las personas según sean éstas dóciles o indóciles a los desafueros que cometen gracias a la fuerza bruta que los sostiene.

Ésta es grande, desde luego, pero, en los últimos meses, y a medida que aquellos desafueros se multiplicaban, se halla cada vez más huérfana de apoyo civil. Desde que los estudiantes se lanzaron a las calles a protestar contra la defenestración de los miembros del Tribunal Constitucional que se oponían a la reelección presidencial y contra las torturas y crímenes del SIN, el movimiento de repudio al régimen ha ido expandiéndose a casi todos los sectores sociales, hasta tocar, incluso, el sector empresarial, donde la patraña de que la dictadura se ha valido para despojar de su empresa a Baruch Ivcher parece haber hecho pensar a algunos industriales que, después de todo, la legalidad democrática podía ser más adecuada para el futuro de las empresas que una dictadura. Nunca es tarde para enterarse.

La realidad es que, en la actualidad, los partidarios del régimen son una minoría bastante reducida de personas, que están con él porque medran a su sombra o porque temen sus represalias, y este tipo de adhesión, fragilísimo, se quiebra con el primer cambio de viento.

El sostén primordial con el que todavía cuenta es la fuerza militar. El crimen mayor que ha cometido Fujimori no es haber nacido en Kawachi ni adulterado documentos públicos; es haber destruido, confabulado con Montesinos y Bari Hermoza, un proceso democrático que, desde 1980, había comenzado a integrar a civiles y militares dentro de un sistema compartido de respeto a la ley, acabando con aquella fractura entre uno y otro estamento que resulta siempre como consecuencia de una dictadura, tragedia constante de la historia peruana y la encarnación del subdesarrollo político de un pueblo.

Reconstruir esa unidad entre la sociedad civil y la fuerza militar será más arduo que recuperar la democracia. Los militares peruanos sólo comprenderán el gravísimo error a que fueron arrastrados cuando adviertan, como ocurrió en España, como ha ocurrido en Centroamérica o en Chile, que el golpe de Estado los aisló internamente y los desprestigió a los ojos de toda la comunidad civilizada internacional. Pero eso sólo será evidente para ellos cuando vean en frente a la sociedad civil en pleno, unida, pacífica pero resuelta, pidiendo libertad. Sólo entonces será fácil para el Perú sacudirse de encima al falsario, al felón y al traidor como, en la hermosa metáfora de William Faulkner, los nobles canes de la tierra se sacuden las pulgas.

Londres, agosto de 1997

Acoso y derribo

A través de Luis Yáñez, su portavoz en la Comisión de Asuntos Exteriores, el Partido Socialista (PSOE) ha presentado en el Congreso una propuesta para que España asuma en la Unión Europea, en lo que concierne al régimen autoritario peruano de Fujimori, el mismo liderazgo que ha tenido en coordinar con sus socios europeos una política de presión a la dictadura cubana de Fidel Castro en favor de los derechos humanos y la democratización. Se trata de una iniciativa loable, que ha respaldado ya Izquierda Unida, y que los demócratas peruanos y españoles esperamos obtenga el apoyo unánime de las fuerzas políticas representadas en las Cortes, en especial, del Partido Popular de José María Aznar, que, conviene recordarlo, fue uno de los primeros en condenar, en términos inequívocos, el golpe militar del 5 de abril de 1992 que destruyó, a los doce años de recobrada, la democracia en el Perú.

La propuesta es impecable, desde los puntos de vista jurídico y ético, además del político. Ella recuerda que el 17 de julio de este año el Parlamento Europeo condenó al régimen peruano por sus repetidas violaciones a los derechos humanos y pide que Bruselas, actuando de manera consecuente, aplique a la dictadura de Fujimori, Montesinos y Bari Hermoza la misma política que ha adoptado, gracias a España, frente a la dictadura cubana, supeditando la ayuda y colaboración europeas a los progresos que haga en los dominios de la libertad y la legalidad.

En el Perú, no hay progreso alguno en estos dos campos, más bien —sobre todo, en las últimas semanas— violentos retrocesos. Como si el Gobierno se empeñara en dar la razón a Amnistía Internacional, que, en su último informe, señala que el régimen autoritario peruano comparte el deshonroso palmarés de los crímenes políticos, torturas, ejecuciones sumarias, detenciones ilegales, atropellos contra la libertad de prensa, interferencias telefónicas, envilecimiento de la justicia, expropiación de la correspondencia, etcétera, con satrapías tan flagrantes como las de Nigeria, Birmania, Corea del Norte o Libia. A raíz de su iniciativa, el diputado Yáñez fue amenazado de muerte por un supuesto Comando Cinco de Abril, que llamó también a diversos medios de comunicación españoles. Las llamadas, hechas desde teléfonos de Lima, delatan la mano sucia del SIN (Servicio de Inteligencia Nacional), los predios desde los que Montesinos, Bari Hermoza y demás miembros de la cúpula castrense que detenta el poder urden las grandes operaciones represivas y «psicosociales» del régimen.

La última de estas operaciones se consumó al amanecer del 19 de septiembre, cuando las fuerzas policiales ocuparon Frecuencia Latina, canal de televisión de Baruch Ivcher al que, mediante triquiñuelas jurídicas de grotesca factura, el régimen despojó de la nacionalidad peruana primero, para arrebatarle luego su empresa y entregársela a unos accionistas minoritarios, cómplices del desafuero. La razón de ser de este despojo, perpetrado como un verdadero desafío a la comunidad internacional —pues, desde el Congreso de Estados Unidos hasta la Agencia Judía, pasando por todas las asociaciones de prensa del mundo, habían protestado contra el atropello—, es alinear a Frecuencia Latina con la política de servilismo al Gobierno que es la norma entre los grandes medios de comunicación desde el 5 de abril del 92. Lo era también la del canal de Baruch Ivcher hasta hace unos meses, en que denunció la colusión de jerarcas militares del régimen con el narcotráfico y los millonarios ingresos de Montesinos, asesor supuestamente *ad honorem* de Fujimori. Por este atrevimiento ha sido ahora castigado.

Veinticinco periodistas de Canal 2 renunciaron a sus cargos en el instante mismo que la policía ocupó su sede, negándose a trabajar con los usurpadores. Antes habían librado una valerosa batalla, encerrándose en el local e informando sobre lo que ocurría, con verdadera temeridad. Quiero destacarlo —mencionando a los cuatro mosqueteros de la resistencia: Fernando Viaña, Gonzalo Quijandría, Iván García y Luis Iberico— no sólo porque esas actitudes son infrecuentes en el periodismo peruano, donde las últimas dictaduras —la de Velasco y la actual— han contado con la complicidad activa de buen número de hombres de prensa, sino porque esas actitudes de independencia y decencia, en el Perú de hoy se pueden pagar caras. Precisamente una de las explosivas denuncias que hizo conocer Canal 2, en su efímero paréntesis de libertad, fue la de una ex agente del SIN, Leonor La Rosa, revelando que este organismo tenía preparado un «Plan Bermuda» contra la prensa indócil, que incluía el asesinato de un periodista de oposición, César Hildebrandt, simulando un accidente.

Los países que gozan de regímenes democráticos, y, sobre todo, aquellos que, como España, han conquistado sus libertades y el imperio de la ley luego de padecer el agobio de una dictadura, tienen la obligación de ayudar a los que no están en esta situación a librarse de regímenes que, aunque de distintos signos ideológicos, como los de Fidel Castro y Fujimori, se asemejan porque pisotean los derechos humanos, privan a sus pueblos de las más elementales garantías y prolongan, en nuestro tiempo, aquella tradición de oscurantismo, prepotencia y abyección moral de la que la cultura democrática arrancó a la humanidad. Ésta es una política que, por supuesto, no debería ser asumida con cortapisas ideológicas ni hemiplejias pragmáticas. Si el régimen del general Cédras, en Haití, o el del *apartheid* en África del Sur eran condenables y merecieron un repudio de la comunidad internacional que facilitó su caída, ¿por qué apuntalar al de China Popular, que trata a sus disidentes como aquéllos trataban a los suyos?

El argumento que suelen oponer los adversarios de una política de acoso y derribo a las dictaduras por parte de las democracias es el especioso de la soberanía: habría que respetar ésta como un tabú sagrado, aun cuando, a su amparo, déspotas y rufianes escudados tras la fuerza bruta perpetraran los más ignominiosos crímenes contra sus pueblos. El argumento era falaz ya en el pasado, pero lo es mucho más ahora cuando, a raíz de la globalización y la interdependencia irremediable en que se hallan todas las sociedades unas de otras, la soberanía es cada vez más una fórmula retórica y cada vez menos una realidad sustantiva. Lo cierto es que debido a esta estrecha interdependencia resultante de la internacionalización de los mercados, los capitales, las empresas, las técnicas, las comunicaciones, cuando las grandes sociedades democráticas no hostilizan a las dictaduras, las ayudan a perennizarse. Ésa es la función que tienen las inversiones de capitales o las ayudas humanitarias o de cooperación técnica, que los gobiernos autoritarios automáticamente canalizan en su provecho, a veces, a la manera de un Mobutu, para llenarse los bolsillos, y, siempre, para fortalecer su poder y negociar la anuencia de la comunidad internacional con sus excesos.

Apoyar a una dictadura no es sólo inmoral para un Gobierno democrático. Puede ser también un pésimo negocio para aquellos empresarios del mundo occidental que, seducidos por los cantos de sirena con que los atraen los regímenes autoritarios, invierten en ellos y descubren, de pronto, como Baruch Ivcher, que la falta de estabilidad jurídica y la arbitrariedad que caracterizan a un Gobierno de fuerza pueden golpearlos también, el día menos pensado, despojándolos de todo lo que tienen. Y, viceversa, que la democracia, incluso imperfecta, garantiza a las empresas una permanencia y seguridad para trabajar impensables bajo una dictadura. Es el caso de Chile, por ejemplo, donde, bajo los gobiernos de Aylwin y de Frei, los inversores extranjeros han obtenido beneficios mucho más elevados que cuando Pinochet. Y algo más importante: la seguridad de que ningún Gobierno futuro vendrá a tomarles cuentas por lo que hicieron o dejaron de hacer al amparo del oprobio político.

Así lo entendió el presidente Rómulo Betancourt, de Venezuela, en los años sesenta, cuando trató de persuadir a toda la comunidad democrática de una política coordinada para socavar a las dictaduras, de cualquier signo ideológico, y de apoyo activo a los demócratas que luchaban por derribarlas. La «doctrina Betancourt» proponía que los gobiernos democráticos rompieran relaciones diplomáticas de manera automática con todo Gobierno resultante de un golpe de Estado, sanciones económicas y una acción de denuncia y acoso en los organismos internacionales contra los regímenes *de facto*. Durante algunos años, de manera quijotesca, Venezuela practicó esta política, pero no tuvo seguidores, y por razones obvias: en América Latina proliferaban entonces las dictaduras. Hoy día las cosas han cambiado, regímenes como los de Castro y Fujimori son la excepción, no la regla, y quizás la admirable iniciativa de Rómulo Betancourt pueda ser resucitada y puesta en práctica. Si ella dio resultados en Sudáfrica y en Haití, podría darlos también en todos aquellos países sobre los que se abata la peste autoritaria.

Sé muy bien que esto es difícil, porque, amparando su pusilanimidad o su falta de principios tras la cortina de humo del «respeto a la soberanía», muchos gobiernos democráticos latinoamericanos mantienen con la dictadura peruana una tolerancia y complicidad tan repugnantes como las que guardan con la de Fidel Castro. Piensan que así se evitan problemas. Se equivocan garrafalmente. La existencia de un régimen como el de Fujimori, una dictadura militar con el semblante formal de la democracia —gracias al fantoche civil que tiene al frente, a las rituales mojigangas electorales y a los manipulados poderes Legislativo y Judicial—, es un gravísimo riesgo para la democratización del continente, aún en pañales y precaria. Pues ha inaugurado un nuevo modelo autoritario, adaptado a estos tiempos, irrespirables para el clásico tiranuelo con entorchados, tipo Trujillo, Somoza, Rojas Pinilla o Batista, que guarda ciertas apariencias democráticas, pero conserva los mismos hábitos y prohíja la misma corrupción y brutalidad que las de antaño. Desenmascararlo y combatirlo hasta que se desplome y la democracia retorne al Perú es, también, una manera de impedir que el mal ejemplo cunda.

Ojalá los diputados españoles tengan presentes estas razones cuando debatan el proyecto del PSOE. Y ojalá España, que ya dio un ejemplo a América Latina de exitosa transición pacífica de una dictadura a una democracia, algo que reverberó felizmente en las transiciones equivalentes de Chile, Nicaragua, El Salvador, Guatemala, lo dé, también, de una movilización activa de toda la clase política de una democracia moderna en favor de quienes, allá lejos, en el antiguo Perú, como los veinticinco periodistas de Frecuencia Latina que se han quedado sin trabajo y expuestos a todos los percances por su sentido del deber, resisten el renacer de la barbarie.

Berlín, 28 de septiembre de 1997

Oro y esclavos

El 27 de diciembre, Alberto Fujimori anunció que, en vista de que la oposición no presentaba una alternativa política convincente, se resignaba a lanzar su candidatura para un tercer mandato consecutivo en las elecciones del próximo abril. De inmediato, el Colegio de Abogados, diversos partidos políticos y organizaciones cívicas y de derechos humanos impugnaron este «nuevo golpe de Estado» contra la Constitución —que prohíbe la reelección—, pero el Jurado Nacional de Elecciones se apresuró a rechazar estas tachas y a olear y sacramentar aquella candidatura que garantiza la longevidad del régimen autoritario instaurado el 5 de abril de 1992 hasta el año 2005, cuando menos. De este modo, aquél establecerá dos récords: será la más larga dictadura sufrida por los peruanos en el siglo xx y la inaugural del siglo xxi.

Así concluía un acto más de la operación política iniciada años atrás por el Gobierno con el objetivo de perpetuarse en el poder, al mismo tiempo que, en vista del escaso apetito de la comunidad internacional por las dictaduras, disfrazaba este acto de fuerza con formalismos legales encaminados a revestirlo de legitimidad. De la larga secuencia, señalemos algunos hitos: en 1996, la mayoría autómata en el Congreso aprobó una «ley de interpretación auténtica de la Constitución», que, en flagrante violación del texto constitucional redactado por la propia dictadura, permitía la tercera reelección de Fujimori. El Foro Democrático reunió en 1998 más de un millón de firmas para convocar un plebiscito y someter este asunto a consulta popular, pero el Congreso impidió (inconstitucionalmente) su realización. Tres jueces del Tribunal Constitucional que osaron impugnar la tercera reelección fueron, *manu militari*, destituidos.

Al mismo tiempo, el régimen perfeccionaba su sistema de control y manipulación del sistema informativo y continuaba, con notable eficacia, la domesticación de la opinión pública. Para ello, todos los principales órganos de comunicación escrita fueron convertidos, mediante la intimidación o el soborno, en voceros o instrumentos del Gobierno, como *Expreso*, o puestos en atemorizada sordina, como *El Comercio*, con la excepción del diario de centro izquierda *La República*, el semanario *Caretas* y algún cotidiano de restringida circulación, a fin de tener pruebas de que el Gobierno respeta la libertad de prensa. En el campo televisivo, el de mayor impacto propagandístico, el avasallamiento ha sido total: en él sólo se admite el servilismo abyecto. El caso más sonado internacionalmente ha sido el del Canal 2, Frecuencia Latina, que, por haber sacado a la luz algunos hechos luctuosos cometidos por el Servicio de Inteligencia del hombre fuerte del régimen —Vladimiro Montesinos—, fue arrebatado a su dueño, Baruch Ivcher, mediante triquiñuelas legales (lo privaron de la nacionalidad peruana, enjuiciaron a su mujer y a sus hijas y al abogado que las defendía, persiguieron y chantajearon a sus colaboradores —por lo menos a una de ellas la torturaron— para que declararan contra él y lo enfangaron en una campaña vertiginosa de calumnias). Indiferente a las protestas múltiples que este atropello motivó en el mundo entero, Canal 2 es ahora uno de los desaguaderos informativos de Montesinos.

Para evitar una segura condena por el caso Ivcher, el Gobierno peruano se retiró —pese a estar legalmente impedido de hacerlo— de la jurisdicción de la Corte Interamericana de Derechos Humanos, con un pretexto mentiroso: que este tribunal exigía la liberación de unos terroristas chilenos juzgados y condenados por un tribunal militar peruano. (En verdad, la corte sólo había señalado que, en vista de las condiciones anómalas de aquel juicio, aquéllos debían ser juzgados de nuevo, de acuerdo a las normas aceptadas por los países civilizados). La maquinaria propagandística del régimen —dentro de la cual las oficinas encuestadoras son pieza clave— incrustó en la opinión pública la idea de que el arbitrario retiro del Perú de la corte se justifica porque este tribunal es ¡cómplice de los terroristas de Sendero Luminoso y el Movimiento Revolucionario Túpac Amaru!

Parejamente al cerrojo echado sobre los medios existentes, el habilidoso Montesinos propició la aparición de una miríada de pasquines malolientes, que se venden a precio ínfimo y cuyos escandalosos titulares a colorines destellan en los muros y quioscos, cuya función es, de un lado, la deificación de la dictadura y sus sirvientes, y, de otro, la descalificación y el linchamiento moral y político de sus opositores. Amparados en la impunidad legal de que gozan —el Poder Judicial fue puesto de rodillas e instrumentalizado por el régimen desde los primeros días del golpe—, esas hojas, cuyos titulares llegan a un vasto público popular, insultan, falsean, satanizan, arruinan la reputación de todo lo que queda de limpio y de decente en la política peruana, y, por supuesto, de este modo silencian preventivamente a los pusilánimes, convirtiéndolos en cómplices pasivos del régimen. La campaña de satanización más reciente ha tenido como víctima a la congresista de oposición Beatriz Merino, sin duda por ser una de las figuras más integras y más inteligentes que ha pasado por ese innoble Congreso actual, de soldaderas y domésticos sin honor y sin sesos.

En este contexto, que es todavía bastante peor de lo que todo lo precedente podría sugerir, lo sorprendente no es que Fujimori se disponga a pasar por el alegre trámite de una pantomima electoral para continuar en el poder. Lo es, más bien, que tantos peruanos no corrompidos ni asustados por el sistema de control de la sociedad instaurado —a sangre, terror y dinero— por Vladimiro Montesinos y su testaferro presidencial Fujimori estén dispuestos a participar en la mojiganga electoral que se avecina, y que, en la medida de sus limitadísimas posibilidades, se movilicen detrás de las candidaturas de Alberto Andrade y de Luis Castañeda Lossio, o los demás candidatos de la oposición. Su gesto es nobilísimo, desde luego, y también temerario, pues saben a lo que se exponen: a ser investigados y esquilmados por la SUNAT (el servicio de contribuciones es una de las más eficaces armas de extorsión del régimen cara a las personas de ingresos medio y alto, a ser objeto de abominables operaciones de vilipendio, a perder sus trabajos o sus bienes o, más expeditivamente, a ser golpeados o asesinados por los escuadrones de la muerte, que arma y teledirige, desde los sótanos siniestros de Las Palmas y el Pentagonito, el cuartel general de las Fuerzas Armadas, el celebérrimo capitán Vladimiro Montesinos, que, luego de ser expulsado del Ejército y encarcelado por traidor y de ejercer como abogado de narcotraficantes, ha pasado a presidir, en los hechos, por persona interpósita, los destinos del Perú).

¿Hay, acaso, la menor posibilidad de que esas elecciones sean libres, de que en ellas se exprese la voluntad popular de los peruanos? Nada quisiera tanto como equivocarme, pero estoy seguro que no la hay, que los resultados electorales de aquella mascarada ya están decididos por el verdadero poder, que es el SIN, ni más ni menos que en 1950, cuando el dictador Odría, para «legitimarse», compitió en unas elecciones en las que, hombre precavido, hizo encarcelar previamente a su único competidor. Un amigo que me escuchaba este razonamiento, me repuso: «En un proceso electoral, siempre hay imponderables. Por más purgado que haya sido por Montesinos, el Ejército está lleno de oficiales profesionales que desprecian a semejante sujeto. Pueden darle la espalda y dejar que las elecciones sean libres. Si es así, Fujimori será barrido, porque dos tercios de los peruanos ya han abierto los ojos y están hartos del régimen». La verdad es que depositar las esperanzas en esta hipótesis me parece tan ingenuo como creer que la democracia volverá al Perú gracias a un supuesto cáncer en la lengua de Fujimori (he escuchado repetidas veces esta profecía).

La democracia no volverá al Perú porque un grupo de militares se cansen de Montesinos o porque una enfermedad anule a Fujimori, su hechura y fantoche. Volverá cuando el disgusto y el hartazgo de la sociedad peruana con el sistema autoritario que se ha instalado allí sean irresistibles y el rechazo de la mentira, los atropellos, los robos y los crímenes que comete el poder precipiten una movilización tan poderosa que haga desplomarse todos los aparatos de control e intimidación actualmente vigentes. Entonces, comenzará la previsible carrera de las ratas, la dictadura perderá su base de sustentación —el dinero y las armas— y se abrirá una nueva oportunidad para la libertad y la legalidad en el Perú.

Que nada de ello está próximo lo demuestra el formidable despliegue de cómplices y reclutados entre la «élite» que el régimen se ufana en exhibir, con la ingenua pretensión de mejorar su imagen (variopinta estrategia nacida de aquel *dictum* de Simone de Beauvoir: «Nadie es un monstruo si lo somos todos»). Para acompañarlo en la plancha presidencial, Fujimori ha elegido a Francisco Tudela, un diplomático y víctima del secuestro colectivo perpetrado en la embajada del Japón por el MRTA, que tenía fama de honesto. Si lo fue, ya no lo es, ya encontró el precio de su integridad política, como el canciller Trazignies, o el premier Bustamante, y un puñado de otros, que, en nuestro módico mercado intelectual, académico o profesional, parecieron en algún momento respetables. Pero es un grave error del régimen creer que alquilando estos falsos prestigios se prestigia: en verdad, revela la pobre estofa de que está embutida buena parte de la clase intelectual peruana, y lo barata que es.

En una de las más feroces diatribas que salieron de su pluma, Simón Bolívar dijo que la sociedad peruana estaba hecha de «oro y esclavos». Resumía así el asco que le dieron el servilismo y los halagos con que lo abrumaron las ricas familias limeñas, que se echaron a besarle los pies, con la misma unción que lo habían hecho, antes, con San Martín, y, antes, con los virreyes españoles, y la tristeza que le causó esa masa popular casi anulada por la brutalidad de la explotación y los extremos de miseria en que vivía. Desde luego que en la historia republicana del Perú hay muchos ejemplos admirables de peruanos que, con sus ideas y sus acciones, o con ambas conjugadas, han tratado de desaparecer esa atroz tradición de sometimiento servil o pasividad resignada que es el caldo de cultivo que ha hecho florecer a nuestras incontables dictaduras. Pero todos ellos —un Bustamante y Rivero, un Belaúnde Terry, para citar a dos entre los últimos— fracasaron en su empeño de arraigar la democracia —la civilización— en suelo peruano, y terminaron derrotados por regímenes que restablecían aquella antiquísima herencia autoritaria.

La dictadura actual es el último engendro de aquel linaje. No es menos brutal que otras, pues tiene muchos muertos, torturados y desaparecidos en su haber. Pero ha refinado sus métodos y, además de la violencia física, emplea el «oro» de los ricos y de los que enriquece en turbios negocios, a manos llenas, para autopromocionarse y mantener anestesiada y sumisa —esclava— a una gran parte de la población. Nunca en la historia del Perú la clase empresarial se ha consubstanciado tanto con una dictadura como con ésta, por miedo a Montesinos, sí, pero, también, porque ese contubernio es el camino más corto —en verdad, el único— hacia el éxito económico. Y probablemente, nunca antes, pese a la gravísima crisis económica, a la recesión, al desempleo, a las quiebras, a los abusos sistemáticos contra los derechos humanos y a la falta total de garantías, ha habido tantos peruanos resignados al oscurantismo político.

¿Los lúcidos y limpios, los que resisten, los que no se han dejado engañar ni comprar ni asustar por el régimen, deben aceptar participar en unas elecciones fraguadas de principio a fin y en las que se les ha asignado el papel de comparsas? Yo pienso que no, que deberían recusarlas en bloque y dejar a Montesinos, Fujimori y la canalla a su servicio la exclusividad del aquelarre.

París, 5 de enero de 2000

¿Una luz en el túnel?

La mojiganga cuidadosamente prefabricada por la dictadura peruana desde 1996 para hacer «reelegir» por tercera vez al presidente Fujimori el 9 de abril en unos comicios amañados ha comenzado de pronto a hacer agua. Si, pese a todo, el régimen que manipula desde la sombra el todopoderoso y siniestro Vladimiro Montesinos se empeña en perpetuarse en contra de la mayoría de los electores peruanos mediante un fraude descomunal, lo hará desafiando a la comunidad internacional de países democráticos que —¡ya era hora!— se ha adelantado a advertirle de las consecuencias que tendría el nuevo legicidio.

El 29 de marzo, en una iniciativa sin precedentes, el vocero de la Casa Blanca, Joe Lockhart, denunció en Washington D.C. la falta de garantías democráticas para que las elecciones presidenciales peruanas sean «libres y justas» y apoyó a las numerosas organizaciones de observadores y de derechos humanos —entre ellos, el Centro Carter, el Instituto Nacional Demócrata, la Federación Internacional de Derechos Humanos y hasta la misión de la OEA (Organización de Estados Americanos)— que, desde el terreno, han alertado contra la desembozada manipulación y los múltiples atropellos cometidos por el régimen para impedir que la voluntad popular de los peruanos sea respetada.

La víspera, en el Congreso de los Estados Unidos, se presentó una resolución bicameral (Senado y Cámara de Representantes), sustentada por parlamentarios republicanos y demócratas, y apoyada incluso por el presidente del Comité de Relaciones Exteriores, Jesse Helms, y los senadores Patrick Leahy, Michael DeWine y Paul Coverdell, expresando la preocupación del Congreso norteamericano por la falta de «transparencia y equidad» de la actual campaña electoral y pidiendo al presidente Clinton que advierta a Fujimori que, si no hay elecciones libres, Estados Unidos modificará sus relaciones económicas y políticas con el Perú, incluido su respaldo para créditos ante instituciones financieras internacionales. Para quienes siempre hemos creído que la mejor manera de apoyar la democracia en el Tercer Mundo por parte de los gobiernos democráticos era hostigando sin cesar y en todos los campos a sátrapas, tiranuelos y bribones encaramados en el poder, la inequívoca toma de posición de la Casa Blanca y el Poder Legislativo de Estados Unidos contra la burda comedia electoral cocinada por Fujimori y Montesinos para perpetuarse en el poder es ejemplar, y ojalá sea pronto imitada por la Unión Europea y demás países democráticos del mundo.

Aunque en los últimos tiempos, tanto en los Estados Unidos como en Europa occidental, los medios habían ido dando a conocer los desafueros perpetrados por el régimen peruano para asegurarse una ilegítima victoria electoral —desde la captura de estaciones televisivas, prohibición de hacer propaganda aun pagada a los candidatos de oposición por los canales de señal abierta, inmundas campañas de descalificación de opositores utilizando todo el aparato mediático administrado o avasallado por el Gobierno, hasta la deposición de magistrados no serviles y hostigamiento y chantajes para silenciar a los críticos—, dos escándalos recientes han tenido un eco decisivo en la opinión pública de Estados Unidos sobre la naturaleza del régimen peruano. La primera fue la denuncia, por algunos de los propios falsificadores, de casi un millón de firmas falsificadas en los padrones de Perú 2000 para inscribir la candidatura de Fujimori, y aceptadas dócilmente por las autoridades electorales, en un delicioso anticipo de lo que puede ocurrir con el contenido de las ánforas el 9 de abril. Y, la segunda, que el Gobierno enviara a Washington, como testigo de descargo en uno de los procesos contra el Estado peruano ante la Comisión de Derechos Humanos de la OEA, al mayor Ricardo Anderson Kohatsu, un connotado miembro de los escuadrones terroristas de Vladimiro Montesinos y torturador y violador de Leonor La Rosa —actualmente exiliada en Suecia—, la tetrapléjica cuyo martirio en los sótanos del Pentagonito peruano han divulgado por el mundo entero muchas organizaciones de derechos humanos. En un acto en el que es difícil medir dónde termina la vileza y dónde empieza la estupidez, el canciller de la dictadura, Trazegnies, salvó al esbirro, otorgándole un estatuto diplomático, de las manos del FBI, que lo había capturado en el aeropuerto de Houston. La prensa norteamericana comenzó así —con cierto retardo, es verdad— a dar cuenta de la verdadera realidad peruana.

Sin embargo, por sí sola, la presión internacional no ha sido nunca suficiente para impedir un fraude electoral, y menos aún para poner fin a un régimen autoritario, a menos que ella acompañe una resuelta movilización popular a favor de la democratización en el interior del propio país. Y eso está ocurriendo en el Perú en las últimas semanas de una manera que ha sorprendido a todo el mundo, empezando por el propio régimen, que, en la misma puerta del horno, cuando creía tener el pastel listo, advierte que está rodeado de llamas y empezando a chamuscarse. Su desesperación lo lleva a cometer excesos y torpezas que lo ponen cada día más en evidencia.

La sorpresa tiene una espléndida cara de indio, una biografía tan estupenda para un candidato presidencial peruano que parece salida de un guion cinematográfico, una mujer que es un verdadero lujo, y un nombre sonoro y afilado como una espada: Alejandro Toledo. Era el *underdog*, la última rueda del coche, entre los candidatos de la oposición, y hasta hace muy poco figuraba apenas con uno o dos por ciento entre las preferencias electorales, en unas (muy discutibles) encuestas, en las que el ingeniero Fujimori Fujimori parecía tronar como un dios olímpico. En efecto, la «guerra sucia» feroz llevada a cabo en periódicos, radios y canales por el ejército de cacógrafos al servicio de Vladimiro Montesinos parecía haber enterrado literalmente bajo una montaña de insultos y calumnias a los dos principales candidatos de oposición, enmudecidos por la imposibilidad de acceder a la televisión para responder a los cargos: el alcalde de Lima, Alberto Andrade, y el ex jefe del Seguro Social, Luis Castañeda Lossio. Y he aquí que, de la noche a la mañana, empezando por las barriadas más humildes de las ciudades y las aldeas más alejadas de los Andes, de pronto, como obedeciendo a una misteriosa consigna solidaria, la candidatura del inexistente Alejandro Toledo empezó a subir como la espuma, a trepar y saltar como un gamo, y con ímpetu tan arrollador que ni las más gobiernistas encuestadoras pudieron ocultarlo. ¿Era ya demasiado tarde para que el aparato represivo reaccionara y arrollara al insolente a cañonazos de pestilencia? Por lo visto, sí. Aunque la prensa bribona y el oficialismo se han desencadenado contra él echando espumarajos de veneno y hiel, todo indica que, en vez de mermarla, las infamias que le echan encima aumentan su popularidad, pues así lo consignan todos los corresponsales extranjeros que se hallan en Lima para cubrir las elecciones.

Por lo demás, yo, aquí, en Europa, a diez mil kilómetros de distancia, lo percibo cada día, en las infinitas llamadas, cartas, faxes, e-mails que me llegan de allá, de amigos, parientes, conocidos y hasta desconocidos, remecidos hasta los tuétanos con lo que está pasando, y en los que veo renacer una esperanza, una ilusión, y hasta esperar un milagro. Todos saben que las elecciones, en las actuales circunstancias, son una pura farsa, que, probablemente, los resultados ya están desplegados en los sótanos de Montesinos y que ahora corresponde al Ejército, que el capitán de marras ha puesto a su servicio y que tiene el control de las elecciones, hacer que los votos del 9 de abril coincidan con lo programado por el amo. Pero, pese a todo ello, confían en que el huaico (la avalancha) a favor de Toledo sea tan abrumador, tan masivo, que la prolija maquinaria de embauque quede atascada o salte por los aires. «¿No ocurrió en 1990?», me dicen. «¿No ganó la elección, contra todas las predicciones, el "chinito" disfrazado de indio montado en un tractor, por el que nadie daba ni medio?». Sí, las ganó, pero en 1990 había en el Perú un Gobierno democrático, y ahora hay un régimen autoritario, trufado de asesinos, ladrones y pícaros dispuestos a cualquier cosa con tal de no soltar la mamadera.

No tiene nada de raro que grandes masas de peruanos humildes y marginados se hayan ilusionado con la figura de Alejandro Toledo, pese a lo precario de su candidatura, que, por ejemplo, carece de la solidez del programa de gobierno y los equipos con que cuenta la de Alberto Andrade. Pero la historia de Toledo es de las que encandilan la imaginación. Nació hace cincuenta y dos años en los Andes norteños, en una familia campesina, uno entre dieciséis hermanos de los cuales murieron siete. En su infancia fue lustrabotas, pero la pobreza no le impidió estudiar y trabajar al mismo tiempo, y ganar premios, becas, y llegar a Estados Unidos, donde, gracias a su empeño y buenas notas, se graduó primero en la Universidad de San Francisco y, luego, doctoró, por uno de los más prestigiosos centros académicos del mundo: Stanford. Fue, después, funcionario de la ONU, del Banco Mundial, de la OIT en Ginebra y de la OCDE en París. Ha enseñado en diversas universidades y por un tiempo fue investigador asociado en Harvard. No se pueden pedir mejores credenciales, desde luego.

Pero, acaso, la credencial que más simpatías le ha ganado entre el pueblo peruano sea la mujer con la que se casó, cuando era estudiante en Estados Unidos: la «gringuita» antropóloga Eliane Karp. Judía belga-polaca, hija de resistentes antinazis, habla ocho idiomas, incluido el quechua de los Andes, y ha pasado varios años trabajando en programas de desarrollo del Banco Mundial y de USAID en las comunidades indígenas de la sierra del centro y del sur del Perú. Es, además de simpática y capaz, una magnífica oradora y todas sus presentaciones entusiasman al público.

¿Tiene de veras alguna posibilidad Toledo, armado sólo con su creciente popularidad, de ganar las elecciones peruanas, imponiéndose al poderoso engranaje de embauque ya montado por Fujimori y Montesinos? Va a depender en gran parte del Ejército, a quien compete la responsabilidad de velar por la «pureza» de los comicios. Naturalmente, las Fuerzas Armadas fueron la primera institución en ser purgada por el régimen —es decir, por Montesinos— de los oficiales constitucionalistas, indóciles a sus consignas o simplemente honestos. Sus compinches fueron instalados en los puestos de mando y desde entonces una pequeña mafia adicta al hombre fuerte dirige la institución militar. Sin embargo, este sistema humilla y frustra a incontables oficiales, que ven cerradas sus puertas de ascenso, debido al favoritismo, que ha reemplazado a toda otra consideración dentro de la institución. La esperanza de gran número de peruanos es que este sector —el menos manchado y el más profesional de las Fuerzas Armadas— actúe con independencia y desbarate las consignas de fraude, salvando así al país y a las Fuerzas Armadas del aislamiento y la hostilidad que inevitablemente les acarrearía un acto de fuerza para alterar el resultado electoral. Hace pocos días, se dio a conocer en Lima un comunicado de un grupo de coroneles, que se proclaman opuestos a la reelección y al fraude, que ha atizado aquellas esperanzas de cambio. Espero que estos coroneles existan, espero que lo que dicen sea cierto, espero —contra lo que me dice la razón— que el 9 de abril el pueblo peruano empiece a salir por fin del pozo de mentiras, demagogia, servilismo y abyección en que está sumido desde el 5 de abril de 1992.

París, 30 de marzo de 2000

Viles y malvados

En mi vida he conocido personas estupendas, y algunas admirables, pero también un pequeño número de seres viles y malvados, cuyo denominador común, entre otros atributos específicos, era su empeño en querer demostrar que, como en el tango, el mundo es y será siempre una porquería, una colectividad de rufianes, canallas y basuras de todo prontuario y condición. Éste es un movimiento defensivo perfectamente comprensible en cualquier escoria para sentirse bien, pues, como escribió Simone de Beauvoir, «nadie es un monstruo si lo somos todos».

Pero, probablemente, sólo en el Perú «de metal y de melancolía», como lo llamó García Lorca, se haya dado el caso no de una persona particular, sino de un régimen político, cuya línea directriz, a la hora de nombrar ministros o reclutar parlamentarios y funcionarios, parezca tener el objetivo de demostrar a la opinión pública que la decencia, la coherencia y la integridad no existen y que todo ciudadano puede ser sobornado, comprado, corrompido y utilizado por el Gobierno, aun para los menesteres más innobles, sin mayor dificultad. Al principio de su gestión, en 1990, que Fujimori trufara sus ministerios con tránsfugas de Acción Popular, el Partido Popular Cristiano y el APRA, o de independientes que habían sido sus adversarios hasta la víspera, parecía la inevitable consecuencia de su orfandad, pues subía al poder sin un equipo, sin un programa y sin una sola idea: ¿qué alternativa que apropiárselos de los otros? En esas circunstancias, la medida hasta parecía responsable.

Pero después, y sobre todo a partir del autogolpe de 1992, esta política ha adquirido verdadero frenesí, como si la dictadura, rodeándose de muchas personas que, por codicia, apetito de poder, frivolidad o estupidez, abdican de sus principios y lealtades, o de su simple buen nombre, para servirla, le diera el respiro moral que siente el ladrón cuando, como dice el refrán, comprueba que todos son de su misma condición. El flamante jefe de Gobierno, Federico Salas, alcalde de Huancavelica, que hasta ayer denunciaba el fraude electoral y llamaba a Fujimori dictador y caradura, y subía a los estrados a dar su apoyo a Alejandro Toledo, pasó de opositor a turiferario y doméstico del régimen a una velocidad supersónica, sin explicación. Cabe esperar que, más pronto que tarde, le ocurrirá lo que a otro tránsfuga, el ex dirigente aprista Javier Valle Riestra, abanderado de los derechos humanos, quien aceptó ser primer ministro, en 1998, del Gobierno que más ha atropellado, torturado y desaparecido gente en la historia peruana, para, a los dos meses, verse obligado a renunciar y pasar a la jubilación política, convertido en una figura patética y desprestigiada.

La más sonada operación de reacomodo fujimorista es la del puñado de diputados de la oposición, salidos de las espurias elecciones recientes, que cambiaron de chaqueta el mismo día de la inauguración de la legislatura y posibilitaron con su voto la continuación del autoritarismo. Las informaciones dicen que cobraron ciento cincuenta mil dólares cada uno, pero yo estoy seguro que son más baratos. Buena parte de las personas alquiladas son, como estos últimos, oscuras mediocridades de las que no cabía esperar demasiado. Pero hay otras, menos previsibles, que, por su trayectoria cívica y su desempeño profesional, parecían menos capaces de echar por la borda lo que había en ellas de respetable por el bíblico plato de lentejas. Como el vicepresidente Francisco Tudela, que, por lo visto, ya cayó en desgracia, antes siquiera de darse cuenta de que había sido manipulado como un bobo, o el canciller Trazegnies, o el historiador Pablo Macera, que, después de haberse pasado una vida dando lecciones radicales de civismo, descubre, a la vejez, que el poder bien vale una traición. Un caso de transfuguismo crónico es el de Carlos Boloña. Ministro de Economía cuando el golpe de 1992, renunció, en gesto democrático; no había acabado de firmar su renuncia cuando ya se reenganchaba con los golpistas, asumiendo de nuevo la cartera, de la que fue defenestrado poco después de manera humillante. Volvió entonces a ser un demócrata y un opositor severo, hasta ayer, cuando consiguió ser reclutado en el flamante gabinete. Una encarnación contemporánea, sin duda, del célebre soneto clásico: «Un hombre todo espalda...».

La lista podría ser larga, e incluiría periodistas —el portavoz principal de la dictadura es el diario *Expreso*, cuyos directivos y editores son todos tránsfugas del belaundismo—, empresarios, dirigentes sindicales y algún que otro intelectual (excluyo a la soldadera mayor del régimen; la filóloga Martha Hildebrandt no es una vendida: su pasión por las dictaduras es antigua, sincera, acaso genética). Es un error suponer que el régimen los ha atraído porque con ellos imagina ingenuamente que se limpia. Al revés: los atrae para desacreditarlos y mostrar a la luz pública, con pruebas vivientes, que la política es malvada y vil, que gobernar consiste en chapotear en el fango y la crueldad.

Durante varios años de los diez que dura ya este régimen, parte de la población peruana, a la que el recuerdo de la hiperinflación y la angustia provocada por el terrorismo mantenía en la inseguridad y la confusión, aceptó esta filosofía y lo apoyó. Aunque a regañadientes, por los desmanes sangrientos de Vladimiro Montesinos, el jefe del aparato represivo, aceptó que no había alternativa, que la dictadura era necesaria. Confiado en ello, en su fuerza policíacomilitar, en su control de los medios, en su capacidad de intimidación mediante su brazo judicial o la oficina de impuestos, el régimen preparó su fraude electoral y lo ejecutó. Vaya sorpresa la que le esperaba: una derrota en las ánforas, en la primera vuelta, que lo obligó a sacarse la careta y, delatándose ante el mundo entero, alterar grotescamente los resultados para robarle la victoria a Alejandro Toledo, y a perpetrar una mojiganga en la segunda vuelta en la que Fujimori corrió solo, ante el desprecio burlón de la comunidad internacional y el repudio de millones de peruanos.

Millones, sí, a los que —¡por fin!— los últimos sucesos acabaron de abrir los ojos y movilizaron, pese a las circunstancias tan adversas, con un entusiasmo y una decisión que ha remecido de pies a cabeza al régimen. El gran mérito de Alejandro Toledo es haber aglutinado a toda esa gigantesca fuerza dispersa, desunida y desorientada, y haberla organizado para mostrar —en las calles, en las plazas, en las ciudades y las aldeas más remotas del Perú— a la soberbia del Gobierno que no era popular, sino profundamente odioso, y que sus canales de televisión y sus radios y periódicos avasallados, con sus diarias mentiras y sus campañas de intoxicación y descrédito de todo opositor o crítico, sólo habían conseguido desprestigiarlo aún más y prestigiar a sus adversarios.

La Marcha de los Cuatro Suyos (las cuatro regiones del Incario), celebrada el 27 de julio en el paseo de la República de Lima y calles adyacentes, quedará como un hito en la historia peruana. Jamás hubo antes una manifestación tan grande, ni tan representativa, pues a ella acudieron decenas de miles de provincianos, de todos los rincones del país. Hombres y mujeres humildes, en su gran mayoría, acarreando niños y ancianos, llegados hasta la capital en los medios más precarios, y, pese a los violentos obstáculos que las fuerzas policiales y militares sembraron en su camino (arrestos, accidentes, verificaciones de identidad, hasta voladura de la carretera central para atajar a los camiones y ómnibus), desfilaron horas de horas —eran más de trescientos mil—, en la más absoluta calma y dignidad, como les habían pedido los organizadores, ante los ojos de decenas de observadores y delegados extranjeros. Médicos, enfermeras, sindicatos, clubs de madres, asociaciones profesionales y, en la vanguardia, los universitarios colaboraron y marcharon, deponiendo diferencias, unidos en un emulsionante clima de solidaridad, con un claro propósito: pedir elecciones libres, manifestar su rechazo de un Gobierno dictatorial que, mediante un fraude flagrante, pretende perpetuarse cinco años más.

¿Quién, en el mundo, podría creer que estos cientos de miles de peruanas y peruanos que el 27 de julio y la víspera dieron esa lección de orden y disciplina, desfilando sin provocar un solo incidente, a las pocas horas, el día 28, se entregarían a la violencia, quemando el Banco de la Nación, el ex Ministerio de Educación, el Jurado Nacional de Elecciones y otros locales públicos? Nadie que no esté ciego o se niegue a aceptar la evidencia. ¿Cuál es la evidencia? Que los episodios del 28 de julio —cuyo balance, hasta el momento, es de seis muertos, cientos de heridos, decenas de desaparecidos y más de doscientos detenidos— fueron planeados y ejecutados vil y malvadamente por esos seres viles y malvados que, amparados en la fuerza bruta, gobiernan desde hace diez años el Perú.

Todo fue preparado con el frío maquiavelismo que caracteriza a Montesinos. Tres días antes de la Marcha de los Cuatro Suyos, una de las cloacas televisivas del Servicio de Inteligencia, el Canal 4, fraguó un truculento programa acusando a Alejandro Toledo y demás organizadores de la Marcha de —¡coludidos con Sendero Luminoso!— estar preparando bombas incendiarias y explosivos. El 28 de julio, en plena demostración, súbita, misteriosamente, las fuerzas policiales y militares, que habían estado reprimiendo con una ferocidad inigualada a los manifestantes —usando gases y proyectiles prohibidos para menesteres de orden público—, se retiraron de muchos edificios, dejándolos desprotegidos. Al mismo tiempo, agentes civiles armados impedían salir a los bomberos y retrasaban su acción. De este modo, los hombres de mano del régimen infiltrados entre la multitud —varios de ellos fueron detectados por los manifestantes o filmados en videos que están ahora a buen recaudo— pudieron perpetrar los actos vandálicos. Está clarísimo por qué los pirómanos se encarnizaron con el local del Jurado Nacional de Elecciones: las llamas desaparecieron todas las pruebas del fraude electoral. ¿Qué podía importar a los asesinos de los vecinos de los Barrios Altos, de los estudiantes y el profesor de La Cantuta, a quienes descuartizaron a Mariella Barreto, torturaron y violaron a Leonor La Rosa, autores de tantas fechorías, que en el incendio del Banco de La Nación perecieran los seis desdichados guardianes del local? Lo importante era tener devastación y cadáveres a la mano para, utilizando toda la maquinaria informativa y judicial enfeudada al poder, iniciar ahora la destrucción política de Alejandro Toledo, símbolo de la formidable marea de resistencia cívica.

¿Lograrán su objetivo? ¿Conseguirán, como en el caso del millón de firmas falsificadas del proceso electoral, que no los falsificadores, sino los denunciantes del delito, sean los castigados? Es algo tarde ya, me parece, para estos macabros aquelarres que jalonan la historia de estos últimos diez años infames de la historia peruana. La sangre que corrió por las calles de Lima el día de la fiesta nacional se añade a la mucha que el tándem Fujimori-Montesinos ha vertido en su desesperación por aferrarse al poder, y su burda payasada para hacer pasar a las víctimas por culpables de sus crímenes sólo ayudará a acelerar su fatídica caída.

Málaga, 31 de julio de 2000

La herencia maldita

Como casi todas las dictaduras, la que Fujimori y Montesinos instalaron en el Perú en 1992, en complicidad con una cúpula de militares felones, se termina en el descrédito, la payasada y el caos. Aunque, desde el fraude electoral de abril para prolongar el régimen autoritario hasta 2005, y la formidable reacción de protesta que ello motivó —su clímax fue la Marcha de los Cuatro Suyos— era previsible que el Gobierno ilegítimo no duraría, pocos podían imaginar que su desmoronamiento sería tan inminente y grotesco.

Dos escándalos lo precipitaron: la revelación de que oficiales de las Fuerzas Armadas habían perpetrado un contrabando de millares de fusiles, adquiridos en Jordania, para las guerrillas de las FARC colombianas, y la presentación, por el diputado de la oposición Fernando Olivera, de un video en el que se veía a Montesinos, en su despacho del SIN (Servicio de Inteligencia), pagando quince mil dólares a uno de los parlamentarios que la dictadura compró para tener la mayoría que necesitaba en el Congreso a fin de legitimar la patraña electoral. La operación de las armas jordanas era una comedia montada por el régimen para presentar al «hombre fuerte» como un as del espionaje responsable; el propio Montesinos y Fujimori se jactaron, en conferencia de prensa, de haber capturado a los contrabandistas (unos pobres diablos de menor cuantía). Pero la farsa se frustró cuando el Gobierno de Jordania hizo saber que la venta de los fusiles había sido una transacción oficial, de Gobierno a Gobierno, y puso la documentación que lo probaba a disposición de la comunidad internacional. Los contrabandistas eran, en verdad, Montesinos, Fujimori y sus validos en el Ejército. Es posible que, a partir de ese momento, Estados Unidos decidiera que el gobierno bribón debía cesar, pues sus desafueros constituían un peligro para la estabilidad de la región. El otro escándalo, el del diputado mercenario Luis Alberto Kouri, remeció a la opinión pública peruana de una manera que me dejó maravillado. Por lo visto, muchos compatriotas sólo ahora advertían los niveles de putrefacción en que el tándem Fujimori-Montesinos tiene desde hace ocho años al país. ¿No se habían enterado de que, al igual que diputados, también vendían sus servicios a la dictadura dueños de periódicos y de canales de televisión, empresarios y oficiales, sindicalistas y jueces, y una larga fauna de convencieros de diversa laya y condición? Más vale tarde que nunca, desde luego, y ojalá lo recuerden en la próxima ocasión, que, por desgracia, podría no ser tan lejana como desearíamos.

Incapaz de resistir las presiones, nacionales e internacionales, ejercidas sobre él para que renunciara, Fujimori anunció nuevas elecciones y que no volvería a ser candidato. La explosión de alegría resultante en el Perú y en el mundo fue algo prematura. En verdad, el oblicuo y mendaz personaje quería descargar la tensión y ganar tiempo, pues pocos días después, ante unos centenares de «partidarios» acarreados como ganado desde los pueblos jóvenes, explicaba que se quedaría un año más y que él mismo controlaría las nuevas elecciones. En la sombra, una sórdida puja tenía lugar entre la mafia gobernante: Montesinos y sus compinches de uniforme proponían un nuevo golpe de Estado y Fujimori y los suyos una salida negociada y demorada, que les garantizara la impunidad y dejara abiertas las puertas de un retorno político en el año 2006 (lo que prueba que el poder autoritario, además de enriquecerlos, también imbeciliza a sus detentadores).

Montesinos ha fugado a Panamá, cuyo Gobierno, gracias a las presiones del secretario general de la OEA y algunos gobiernos latinoamericanos, se ha visto obligado —después de haberse negado a hacerlo— a darle un refugio provisional de cuatro semanas. ¡Pobre Panamá! Como si no tuviera ya bastantes rufianes políticos asilados en su suelo —Cédras, Bucaram, José Serrano—, ahora le imponen a uno de los más sanguinarios y corruptos criminales de la historia dictatorial de América Latina. El empeño en viajar a Panamá del ex jefe del SIN es que buena parte de su vasta fortuna acumulada en estos años está invertida en propiedades o cuentas cifradas en bancos panameños. Aunque aceptó a Montesinos, Panamá expulsó a otros siete cómplices suyos del SIN, cuatro generales y dos coroneles entre ellos, que pretendían también asilarse.

A su vuelta al Perú, el Ejército se encargó de recibirlos en el aeropuerto y de esconderlos en los cuarteles, a buen recaudo de la prensa. Los asesinos de los estudiantes y el profesor de La Cantuta, de los vecinos de los Barrios Altos, los descuartizadores de Mariella Barreto, los torturadores y violadores de Leonor La Rosa y de tantos millares de peruanos vejados, encarcelados, robados y desaparecidos en estos años de oprobio pueden pues, todavía, descansar tranquilos.

Ante las múltiples protestas por la fuga de Montesinos, la OEA y el State Department han explicado que mediaron ante Panamá porque, si Vladimiro Montesinos era encarcelado en el Perú, el Ejército había amenazado con sacar los tanques y deponer al Gobierno, lo que habría frustrado el «calendario democratizador» anunciado por Fujimori. Semejante explicación presupone una ceguera extraordinaria sobre la verdadera situación peruana, pues hace recaer toda la carga negativa del régimen en Montesinos y la cúpula militar que él impuso en el aparato castrense —empezando por el jefe del Comando Conjunto, general José Villanueva, y terminando por el jefe de la División de Tanques, Luis Cubas Portal, cuñado del ex jefe del SIN—, y el presidente Fujimori sería algo así como una víctima amenazada por aquellos malvados. Sería para reírse a carcajadas, si la realidad detrás de semejante paparruchada no fuera trágica.

En verdad, aunque las circunstancias hayan abierto un momentáneo conflicto entre Fujimori y Montesinos —en todas las mafias, los mafiosos acaban entrematándose—, existe entre ambos una identidad irrompible. La dictadura peruana es hechura de ambos por igual, y sólo existe porque ese par de miserables se conjuraron para destruir la democracia que el Perú había recuperado en 1980, con la pandilla de militares traidores (al pueblo peruano, que les paga su sueldo y les compra sus cañones) que todavía controlan las Fuerzas Armadas, la espina dorsal de este régimen y de todas las dictaduras que han existido y existirán en el mundo.

De modo que es no sólo ingenuo, sino de una absurdidad total, creer que puede haber elecciones libres, y una genuina transición democrática en el Perú, mientras aquella cúpula militar, emanada de Vladimiro Montesinos, siga ejercitando el poder absoluto que ejerce desde 1992, cuando Fujimori se convirtió, por decisión propia, en el fantoche civil de un régimen sustentado en la fuerza. Para que la transición sea posible, es indispensable que la cúpula militar cómplice de Montesinos sea reemplazada por militares profesionales y constitucionalistas —que, en estos años, fueron postergados o pasados a retiro—, y, sobre todo, no comprometidos con los grandes delitos de corrupción y de abusos a los derechos humanos que jalonan la historia de este régimen. Y que, como pide la oposición, Fujimori concrete su renuncia de inmediato y el Gobierno que preside sea reemplazado por un Gobierno de transición, integrado por personas que inspiren un mínimo de confianza a la sociedad peruana. ¿Qué clase de garantías de imparcialidad en las próximas elecciones pueden brindar los bribonzuelos que ahora lo rodean?

A eso aludía al decir que la gigantesca alegría popular que mereció el anuncio de nuevas elecciones era, tal vez, apresurada. Porque, tal como están las cosas en la actualidad, el fin de esta dictadura, que es inevitable, podría significar no el restablecimiento de la democracia, sino la instalación de un nuevo régimen autoritario, revestido de un disfraz distinto. Éste es un peligro muy real, si la oposición y la comunidad internacional se dejan embaucar una vez más con la estrategia diseñada ahora por Fujimori y los suyos para exonerarse de culpas autoritarias, pretendiendo transferir toda la responsabilidad de los crímenes, robos y abusos de estos años al malvado Montesinos y dejando al presidente espurio, por obra de estas magias, impoluto y transformado de victimario en víctima.

La dictadura, aunque termine, deja un país profundamente contaminado de las toxinas inevitables que lega a su sucesor todo régimen autoritario. Una economía en ruinas, donde la inseguridad y los tráficos gubernamentales han ahuyentado las inversiones, y, al mismo tiempo que enriquecían ilegalmente a una minoría de empresarios cómplices, empobrecían hasta extremos inhumanos a la mayoría de la población. Unas Fuerzas Armadas divididas y manchadas, en sus altos mandos, por la corrupción, los crímenes contra los derechos humanos y la injerencia en la vida política. Unos medios de comunicación sobornados y domesticados, o robados a sus dueños, y una miríada de periodistas, publicistas y, sobre todo, políticos envilecidos y desprestigiados por el servilismo y las prebendas, que han restado a una institución capital de todo sistema democrático, el Congreso, todo asomo de respetabilidad. Un Poder Judicial destruido, con jueces y fiscales cuya función era proveer de cobertura legal a todos los atropellos y desafueros cometidos por el Gobierno, y que recibían las instrucciones de sus acciones y fallos, directamente, de Vladimiro Montesinos.

Reconstruir una democracia, después de un cataclismo institucional y moral como el que ha padecido el Perú en estos últimos ochos años, es una gigantesca tarea. Para llevarla a cabo se requiere una gran lucidez, una convicción de hierro, y no permitir, una vez más en la historia peruana, que los grandes responsables de esta tragedia cívica queden sin castigo, gozando, en el extranjero, del patrimonio que amasaron con sus fechorías. Para conseguir la fuerza necesaria que permita esta titánica limpieza es indispensable que la oposición, cuya energía y resolución desde el fraude electoral han precipitado la descomposición de la dictadura, se mantenga unida, y no se deje fragmentar y enemistar, como tratan desesperadamente de conseguir los esbirros del régimen. Veo, horrorizado, cómo, cuando todavía Fujimori hace de las suyas en Palacio de Gobierno y no hay la menor garantía de que las próximas elecciones sean genuinas, ya comienzan, en las filas de la oposición, a aflorar las rivalidades y los apetitos, las intrigas y las maniobras, para ganar espacios y puntos en la próxima carrera presidencial. Ese camino conduce al suicidio. Es decir, a que los próximos comicios sólo sirvan para entronizar en el poder a un nuevo Fujimori, a un futuro traidor, que, en aras —por supuesto— de la concordia y fraternidad de la familia peruana (son los términos que ahora utilizan los ministros, parlamentarios y pasquines del régimen, súbitamente convertidos a la tolerancia y convivencia), se apresurará, apenas se cruce sobre el pecho la banda presidencial, a hacer borrón y cuenta nueva, a echar en el olvido toda la sangre, la crueldad y los inmundos negociados de estos años, prolongando, bajo la coartada de la legalidad, esa tradición autoritaria que ha hecho del Perú de estos años algo así como el símbolo del atraso, la injusticia y el despotismo tercermundista.

Londres, 27 de septiembre de 2000

Podredumbre terminal

Durante las guerras de facciones y caudillos militares que marcaron los comienzos de la República, ocurrió en el Perú un hecho pintoresco, que, además, es como un símbolo de la anarquía de los tiempos: un forajido que asaltaba viajeros en los desiertos del sur entró a Lima con su banda, tomó Palacio de Gobierno y, por unas horas, se sentó en el sillón presidencial. Pero ni siquiera aquel espectáculo del facineroso analfabeto y descalzo contemplando, desde la Casa de Pizarro, cómo se entremataban los espadones ávidos de poder mientras el país se deshacía, alcanza los extremos de truculencia y mugre con que ha entrado en su fase terminal el régimen autoritario que Fujimori y Montesinos, en complicidad con un puñado de militares felones, instalaron en el Perú en abril de 1992. La podredumbre que prohijó sale a flote, día a día, y sus miasmas se extienden por todo el planeta.

El 1 de noviembre, *Los Angeles Times* publicaba unas declaraciones del turco Sarkis Soghanalian, traficante internacional de armas conocido como «El Mercader de la Muerte», echando nuevas luces sobre el contrabando de fusiles comprados en Jordania por las autoridades peruanas para las FARC colombianas, operación de la que aquél fue intermediario. Categórico, afirmó que «las armas se las vendí al Gobierno del Perú, no a los colombianos». Y, añadió, Vladimiro Montesinos lo trató a cuerpo de rey, en Lima, llevándolo a almorzar a un club náutico «para agradecerme el haber gestionado la compra de esos cincuenta mil fusiles AK-47 en Amán». El traficante dijo también al periódico californiano que se sorprendió mucho cuando Montesinos le indicó que debía cobrar su comisión en la embajada del Perú en España, donde se le entregaría «en efectivo, pues así es como trabajamos». «Eso no dejó de preocuparme», dijo el delicado Mercader de la Muerte, «pues una transacción tan importante en efectivo parece cosa de narcotraficantes». Nunca mejor dicho.

No se habían apagado los ecos de este nuevo escándalo, cuando estallaba otro, más abultado. El Gobierno suizo —sin duda por presiones de Estados Unidos y la DEA, decididos ahora a clavarle la puntilla a quien se ha convertido en el nuevo Noriega panameño— reveló que Vladimiro Montesinos tenía tres cuentas en Zúrich (en los bancos Leumi, Fibi y CAI), por unos cuarenta y ocho millones de dólares, presumiblemente procedentes del narcotráfico, y, como el bombero que pide agua al incendiario, solicitó al Gobierno peruano ayuda para investigar el caso. Con ser cuantiosa, aquella suma parece sólo una muestra del patrimonio acumulado en el poder por el individuo al que, durante todos estos años, su cómplice principal, el presidente Fujimori, defendió a capa y espada, presentándolo a la opinión pública como patriota ejemplar y como el héroe de la lucha contra el terrorismo y —tal cual lo escribo— ¡contra el narcotráfico! En menos de cuarenta y ocho horas, igual que conejos de la chistera del prestidigitador, aparecían nuevas cuentas y empresas fantasmas desperdigadas por Montesinos en Panamá, Isla Caimán, Argentina, República Dominicana, España y Estados Unidos, para canalizar unos ingresos tan fabulosos que, luego de rastrear diversas fuentes, el periodista Francesc Ralea, de *El País*, ha calculado podrían ascender nada menos que a unos mil millones de dólares. Extraordinaria hazaña, sin duda, erigir un imperio económico de semejante magnitud a partir de uno de los países más pobres de la tierra. Si a esta formidable fortuna se añaden las otras —de Fujimori para abajo— que, a la sombra de la de Montesinos y con sus mismos métodos, han debido levantar en estos años, amparados en la impunidad y el poder omnímodo de que gozaban, los sinvergüenzas, rufianes y raterillos que han gobernado el Perú, cabe reconocerle a este régimen —que el canciller de Trazegnies presentaba, no hace mucho, en la ONU como un nuevo modelo de democracia— un récord apabullante en la historia peruana: haber robado más y torturado y matado a más gente, él solo, que todas las otras dictaduras que padeció el país desde la independencia (y han sido bastantes).

¿De dónde salían estos chorros caudalosos de dólares? La fuente principal era el narcotráfico, los grandes cárteles colombianos y los pequeños productores nacionales, a los que la dictadura daba cobertura para los cultivos y el transporte y servía ayudándolos a lavar el dinero sucio, mediante sabrosas comisiones. Para disimular, cara a Estados Unidos, de cuando en cuando hacía fumigar algunos cocales o ponía entre rejas a algún traficante de segunda. Esto se sabía desde hace años. Sobre todo desde que, en 1996, uno de los grandes *capos*, Demetrio Chávez Peñaherrera, apodado «Vaticano», capturado en Colombia y entregado por las autoridades colombianas al Perú como un regalo envenenado, reveló ante un tribunal militar que desde hacía buen tiempo pagaba cincuenta mil dólares mensuales a Montesinos para poder cargar y descargar sin molestias los aviones con coca en el Alto Huallaga. Luego de esta declaración, «Vaticano» no pudo ser entrevistado nunca más por la prensa. Y todos los intentos hechos por la oposición para que se investigaran las denuncias contra Montesinos (por robos, corrupción, torturas, desapariciones o crímenes) fueron sistemáticamente rechazados por la Fiscalía de la Nación, poco menos que una doméstica del régimen. La última fiscal, Blanca Nélida Colán, cómplice descarada de las peores ignominias cometidas por la dictadura contra los derechos humanos, la libertad de prensa y la moral pública, acaba —prudentemente— de renunciar a su cargo. Se retirará a descansar, sin duda, con la conciencia del trabajo bien hecho, a la soberbia propiedad de mil metros cuadrados que adquirió —nadie sabe cómo, con el modesto sueldo de los magistrados peruanos— hace algún tiempo ante la estupefacción de sus colegas y conocidos.

El tráfico de armas era otra pingüe fuente de ingresos delictuosos para los hombres del régimen. Mucho antes de que se diera a conocer el contrabando de cincuenta mil fusiles AK-47 jordanos para las guerrillas colombianas, una operación mafiosa, con comisiones de muchos millones de dólares de por medio, saltó a la luz, con motivo de una compra a Bielorrusia por el Perú de aviones MiG-29, destinados a la Fuerza Aérea. También en este caso el control que el Gobierno ejercía sobre el Poder Judicial y los medios de prensa acalló el escándalo e impidió una investigación.

Empresarios y profesionales, y buen número de inversores extranjeros ansiosos de obtener licencias o monopolios, contribuyeron también a engrasar las arcas ocultas de la dictadura. Como toda decisión importante, tanto en el dominio político como el económico, pasaba por las oficinas del SIN (Servicio de Inteligencia), era a Vladimiro Montesinos a quien había que persuadir, y con quien había que llevarse bien, para triunfar en los negocios, limpios o sucios. Igual que los narcotraficantes, buen número de banqueros, industriales, comerciantes, para no hablar de los dueños de canales de televisión y de periódicos, pasaron, por necesidad, cobardía o codicia, a servir al ex capitán de marras, medrando de él o ayudándolo a medrar. Los que no lo hicieron, o un buen día se hartaron de servirlo, lo pagaron caro. Es el caso de Genaro Delgado Parker y Baruch Ivcher, ambos dueños de canales de televisión, que, en 1992, apoyaron el golpe militar y fueron, al igual que todos los otros canales, propagandistas de la dictadura. Pero, un buen día tomaron sus distancias y se abrieron, permitiendo las críticas al régimen. Ambos fueron rápidamente castigados: despojados de sus empresas, mediante chanchullos judiciales y la complicidad de socios minoritarios conjurados con el SIN. A Baruch Ivcher, además, lo despojaron de la nacionalidad peruana, que, ahora, en sus estertores, el régimen acaba de devolverle (pero todavía no su canal, Frecuencia Latina, convertido, desde el despojo, en una cloaca pestilencial al servicio de Montesinos).

Como ahora todo se agrieta en el sistema, y una gran carrera de ratas asustadas que se apartan de él lo debilita cada día, el miedo que paralizaba al país se ha eclipsado y la gente comienza a hablar. Un testimonio reciente, televisado, ilustra de manera muy gráfica la manera como la oficina recaudadora de impuestos, la SUNAT, apuntalaba a la dictadura y servía para que los amos se llenaran los bolsillos a costa de los indefensos contribuyentes sin influencias. Sometido a inspección, un empresario es acusado de evasión de impuestos, perseguido, multado, amenazado de ruina y acaso de cárcel. Aparece entonces Montesinos, el ángel salvador: resolver el problema le cuesta a aquél diez millones de dólares. Todas las dictaduras fomentan la corrupción y en el Perú ése ha sido también el caso, desde luego. Pero ésta es la primera que lo hizo de una manera científica, institucional, organizando el Poder Judicial y el sistema de recaudación de impuestos con ese designio, como un poderosísimo instrumento de coerción, que silenciaba las críticas, mantenía al ciudadano sobre ascuas y lo obligaba a servir al régimen, y, al mismo tiempo que esquilmaba a diestra y siniestra, disfrazaba los robos y despojos con un barniz de legalidad.

Que, en la edificación de esta maquiavélica estructura de intimidación y pillería gansteril que ensució a toda la sociedad, Vladimiro Montesinos fuera pieza fundamental no hay duda alguna. Para ello se estuvo preparando desde joven, con esa vocación delincuencial que lo llevó a vender secretos militares a la CIA, durante la dictadura de Velasco, por lo que fue expulsado del Ejército como traidor y enviado a la cárcel. Perfeccionó luego estas mañas trabajando de abogado de narcotraficantes —lo que consistía, fundamentalmente, en comprar o aterrar a los jueces—, donde hizo los contactos que más tarde, ya en el poder, le serían de preciosa utilidad. Estas habilidades hicieron que se convirtiera en el brazo derecho de Fujimori, durante la campaña electoral de 1990, cuando se hizo público que éste tenía un abultado contencioso judicial, por evasión de impuestos, ocultación de propiedades y otros delitos, además de dudosos documentos de identidad, que Montesinos se encargó de hacer desaparecer de los registros públicos mediante sus influencias en los bajos fondos de la magistratura. Desde entonces, una especie de pacto de sangre, como el de los hermanos corsos, ha unido a esta siniestra pareja, responsable de la más bochornosa experiencia política —la más degradante y cruel— que haya padecido el pueblo peruano.

¿Alguien, en su sano juicio, podría concebir que, mientras Montesinos, además de presidir las operaciones de terror y las matanzas, se enriquecía de esta manera miliunanochesca a lo largo de diez años, su *alter ego*, el presidente Fujimori, permanecía impoluto, prístino y angelical, como quieren hacer creer ahora, en una grotesca comedia de burlas, los esbirros intelectuales del régimen? Quien se encargará de desmentirlos y desenmascararlos, si no lo matan antes, o lo desaparecen como hizo él desaparecer a tanta gente, será, claro, el propio Vladimiro Montesinos, a quien la oposición debería tratar de salvarle la vida a toda costa. Cuando escribo estas líneas, aún se mantiene oculto, protegido por sus compinches en el Ejército, pese a las fantochescas persecuciones que, disfrazado de *sheriff* de mala película de vaqueros, encabeza Fujimori para la televisión. Pero no hay duda de que si lo capturan vivo, o se decide a salir a la luz pública y cantar, de esa garganta saldrán arpegios memorables, historias, personajes, tráficos, complicidades dignas de figurar entre las que sirvieron a Borges para su *Historia universal de la infamia*. No es de extrañar que Fujimori y compañía parezcan atacados por el mal de San Vito.

El aquelarre continúa.

Londres, noviembre de 2000

11. Tensiones culturales y conflictos sociales

Sobre la guerra

Toda guerra es triste e insensata porque significa pérdida de vidas humanas, daños cuantiosos para las economías de los contendores y una distorsión profunda de su sistema de vida. Aparte del horror de la legitimación de la violencia y el crimen, connatural a la guerra, ésta tiene siempre, como efecto complementario, sacar a la superficie, atizar y dar carta de ciudadanía a los peores instintos colectivos: el chauvinismo, la xenofobia, el racismo. Y no hay clima más propicio que el de una contienda armada para el advenimiento de una dictadura.

Esta reflexión viene a propósito del infortunado hecho de armas que acaba de ocurrir entre Perú y Ecuador y que, al escribir estas líneas, parece ya felizmente cancelado. Aunque los choques no parecen haber tenido una proyección mayor y el número de bajas —a juzgar por los partes militares— ser relativamente pequeño, se trata de un suceso desgraciado, y con ribetes trágicos, por muchas razones. La primera porque ha enfrentado a dos países que acaban de emerger de experiencias dictatoriales prolongadas y cuyos regímenes civiles, nacidos de elecciones impecables, están tratando de reconstruir la democracia. En segundo lugar porque, por limitado que haya sido, el incidente afecta seriamente el proceso de integración regional latinoamericano. El Pacto Andino, ya bastante deteriorado desde la deserción chilena y el distanciamiento boliviano, recibe un nuevo revés que puede consumar su fin. Y es inútil engañarse: sin una colaboración estrecha y una concertación de políticas para enfrentar el subdesarrollo y dedicar a esta lucha lo primordial de sus recursos, países como Perú y Ecuador jamás saldrán de él ni acortarán la creciente brecha que nos separa del mundo desarrollado.

¿Cómo llegó a envenenarse la situación hasta desembocar en combates? A menudo es difícil detectar el detonante inmediato de una guerra, que queda oscurecida bajo la propaganda contradictoria de las partes en pugna. En este caso, sin embargo, hay una evidencia difícilmente contestable: se ha combatido sólo dentro de territorio peruano. Los tres puestos de vigilancia de donde han sido desalojadas las fuerzas ecuatorianas se hallan inequívocamente situados en la vertiente oriental de la cordillera del Cóndor, en las inmediaciones del río Comaina, es decir, en una zona que no sólo el Tratado de Río de Janeiro de 1942 declara explícitamente peruana, sino que ha sido parte integrante, indiscutida e ininterrumpida de la soberanía peruana desde que existe el Perú como República. Ningún comando ni avión militar peruano ha operado más allá de la frontera y las acciones emprendidas por las Fuerzas Armadas no han incorporado al Perú ni un metro cuadrado de territorio que no estuviera antes en su posesión, limitándose a recuperar aquellos tres puestos de vigilancia, de la zona del Comaina, donde hasta hace poco tiempo había guarniciones peruanas.

Así, pues, hay que concluir que el conflicto es el resultado de una infiltración ecuatoriana. ¿Cuándo se había producido esta infiltración? Eso es más difícil de saberlo, pero, a juzgar por el material y la infraestructura encontrados en los puestos, tenía algún tiempo, acaso meses de ocurrida. Por qué el Perú no la denunció antes es algo que tampoco está muy claro. Es verdad que se trata de una región de acceso muy difícil, de naturaleza inextricable y hostil, pero precisamente por tratarse de un dominio candente, en el que ya se han suscitado incidentes —y casi siempre en los aniversarios del Tratado de Río, cuya validez el Ecuador impugna—, es imperioso establecer allí una vigilancia continua y eficiente que evite desde el inicio cualquier alteración, deliberada o casual, de una frontera que, por lo demás, el Tratado de Amistad y Límites de Río de Janeiro traza con absoluta precisión, siguiendo la línea divisoria de las aguas en la cordillera del Cóndor.

¿Por qué había fuerzas ecuatorianas en esos tres puestos del río Comaina? Esto parece más fácil de contestar, a la luz de la campaña diplomática y publicitaria internacional llevada a cabo por el Gobierno del presidente Roldós y que comenzó aún antes de que estallaran las acciones militares. Para, mediante un hecho consumado —una presencia ecuatoriana en la zona reconocida al Perú en el Tratado de Río de Janeiro—, demostrar la invalidez de este tratado y dar visos de verosimilitud a su pretensión —en palabras de su cancillería— de tener un «acceso directo y soberano» al Amazonas. Es esta pretensión, claro está, la raíz del problema, el verdadero origen de los sangrientos sucesos de ahora y de los que inevitablemente ocurrirán mientras este asunto no quede aclarado. Existe en ciertas partes del mundo, por desgracia, un gran desconocimiento de los hechos históricos, lo que dificulta el examen desapasionado del tema.

Ecuador pretende desconocer el Tratado de Amistad y Límites de Río de Janeiro de 1942 —que fue firmado por ambos gobiernos, confirmado por los Congresos de los dos países y garantizado por Chile, Argentina, Brasil y Estados Unidos— porque este tratado descartó definitivamente aquella pretensión amazónica de Quito que, de concretarse, privaría pura y simplemente al Perú de cerca de la mitad de su territorio. Es importante recalcar que este territorio reclamado jamás estuvo en posesión del Ecuador, que fue peruano, en la teoría y en la práctica, en todos los años que ambas repúblicas tienen de vida independiente. El argumento de que la Amazonía es ecuatoriana se funda básicamente en este fantástico razonamiento: que las expediciones y entradas hacia el oriente americano llevadas a cabo por los conquistadores españoles partieron de Quito. Con el mismo argumento podría el Perú ni más ni menos que reclamar todo Chile, pues ¿acaso no se organizó y pertrechó en el Perú la expedición de Almagro que descubrió y conquistó ese país?

El Gobierno del presidente Roldós —incluido su vehemente canciller Alfonso Barrera Valverde— no puede ignorar que ni el Perú, ni ningún país del mundo en su situación, puede ceder una porción tan enorme de un territorio que siempre ha sido suyo, y que, si no le dejan otra alternativa, su Gobierno —sea de la índole que fuere, democrático o dictatorial, de izquierda o de derecha— irá a la guerra por defenderlo. Pese a ello no ha vacilado en precipitar una confrontación que hubiera podido tener características muchísimo más serias. ¿Por qué lo ha hecho? Hay indicios de que el presidente Roldós está obteniendo importantes beneficios políticos del conato de guerra. Su Gobierno se encontraba en una situación delicada, objeto de críticas, y ahora hay unanimidad para apoyarlo. Su debilidad de hace unas semanas se ha vuelto fortaleza.

El «nacionalismo», si va acompañado del brillo de las armas y de la mención del honor nacional, es, en efecto, una llave mágica para crear la unidad nacional. Pero es un recurso que se paga caro y al que un Gobierno democrático no puede acudir sin correr graves peligros. El inmediato es el incremento de los gastos de defensa, lo que significa para Ecuador —y para Perú— distraer en artefactos costosísimos de destrucción los recursos que reclaman dramáticamente la educación, la salud, las comunicaciones, la producción del país.

En lo mediato puede significar perder el poder ante esos elementos militares a los que la guerra prestigia, lava de culpas políticas y da una intervención decisiva en los asuntos públicos. El Gobierno del presidente Roldós ha jugado con fuego y, lo que para nosotros es más grave, ha obligado al Perú a seguirlo en ese juego de villanos que es siempre la guerra.

Ojalá se imponga ahora la sensatez y las relaciones entre Perú y Ecuador se orienten hacia la reconciliación y, luego, la colaboración. Ésta es posible, necesaria, indispensable para ambos países. Si es obvio que el Perú jamás podrá consentir a dar ese «acceso directo y soberano» al Amazonas al país vecino, es perfectamente posible, en cambio, que le conceda facilidades de tránsito y navegación en los ríos amazónicos (como ha hecho con Colombia y Brasil) y que se pacten entre ambas naciones múltiples formas de acción conjunta mutuamente beneficiosas. Pero para ello es requisito fundamental que el diálogo amistoso y la mesa de negociaciones sustituyan el monólogo cruento de la acción bélica.

Lima, 8 de febrero de 1981

La guerra absurda

Ecuador y Perú tienen la misma geografía y una historia común, los habitan las mismas razas y sus problemas políticos, económicos y culturales son intercambiables. A pesar del ritmo elevadísimo de su tasa de natalidad, cuentan con un territorio en gran parte despoblado y con cuantiosos recursos naturales que la ineptitud de sus gobernantes desaprovecha desde hace siglos con perseverancia digna de mejor causa. Que, en estas condiciones, ambos países se hallen entrampados en un conflicto armado, precisamente te *ahora*, cuando la integración regional gracias a organismos supranacionales como el Pacto Andino, Mercosur y Nafta parecía en marcha, dice mucho sobre los estragos que la miopía nacionalista seguirá causando todavía por buen tiempo en América Latina.

Como, en caso de guerra, los gobiernos se sienten autorizados a exagerar y a mentir en defensa de su causa, es muy difícil saber a ciencia cierta, entre las contradictorias versiones que vienen de Lima y de Quito, qué es lo que desató en esta ocasión las acciones militares. Hay, sin embargo, indicios de una posible explicación. Como es sabido, al igual que en 1981, cuando hubo también una escaramuza militar en esa zona, el pretexto han sido los setenta y ocho kilómetros de frontera que aún faltan por demarcar, de los mil seiscientos ya delimitados, con aquiescencia de ambas partes, según el Protocolo de Río de Janeiro firmado por Perú y Ecuador en 1942, aprobado por los Parlamentos de ambas naciones y sancionado por cuatro países garantes: Estados Unidos, Brasil, Argentina y Chile.

Los reparos que Ecuador opuso, en un principio, a la señalización de ese tramo de setenta y ocho kilómetros, que siguen, más o menos, los meandros de la llamada cordillera del Cóndor, parecieron razonables: la realidad geográfica de esa selva inextricable no correspondía con exactitud al trazado de los mapas y cartas utilizados en el Protocolo. Para subsanar estos errores, y de común acuerdo, los dos países se sometieron al arbitraje de un experto, el cartógrafo Días de Aguiar, quien cumplió su cometido en los plazos debidos. Pero, cuando todo quedó expedito para colocar los mojones fronterizos, había surgido otro impedimento insuperable: Velasco Ibarra.

Que este extraordinario personaje, uno de los más pintorescos caudillos civiles producidos por un continente pródigo en ellos, no haya generado aún una gran novela es una imperdonable deficiencia de la literatura ecuatoriana. Fue cinco veces elegido presidente del Ecuador y, las cinco, derribado por los gorilas militares. Su irresistible popularidad residía en su dominio del balcón, desde el cual (citando siempre a los poetas clásicos y a menudo en latín) sobrecogía a las multitudes con discursos patrióticos, que las mecían entre la euforia y el llanto. Su tema favorito era la reconquista del territorio —¡nada menos que la mitad del cuerpo sagrado de la patria!— engullido al Ecuador por su vecino sureño. Debía de ser muy persuasivo porque no hay político ecuatoriano que se atreva a desmentir esta fantasía histórica ni gobernante de Quito que facilite la demarcación de los malhadados setenta y ocho kilómetros, con lo cual quedaría finiquitado el viejo litigio, y, aún más importante, Ecuador y Perú podrían por fin establecer una estrecha cooperación para el aprovechamiento conjunto de los recursos de una región que, hasta ahora, sólo ocupan ralas comunidades indígenas de la familia de los jíbaros, que no saben siquiera por qué de tanto en tanto les zumban balas sobre las cabezas, y a los que peruanos y ecuatorianos «civilizados» —caucheros, buscadores de oro, narcos, prospectores de petróleo, misioneros y militares— han maltratado y despojado por igual a lo largo de toda su historia.

Es una región que yo conozco, en ella ocurre buena parte de mi novela *La casa verde* y no debe de haber cambiado mucho desde que, remontando sus majestuosos ríos en canoas aguarunas, descubrí la existencia de Tushia, señor feudal, que vivía en el corazón de esa maleza, con su harén y su ejército particular, con el que asolaba periódicamente a las aldeas indígenas para robarles el jebe y las doncellas. Esa tierra nunca fue ecuatoriana, y, aunque en teoría siempre formó parte del Perú, en verdad sólo ha sido hasta ahora de los aguarunas, huambisas, shapras, jíbaros, shoares y demás tribus infortunadas a las que nadie toma en cuenta en esta disputa, aun cuando, sin duda, ellas serán, como siempre que hay matanzas en la Amazonía, sus principales víctimas.

Entre la cordillera del Cóndor y las orillas del río Cenepa, territorio que según el Protocolo de Río se halla de manera inequívoca en la parte peruana de la frontera, los militares ecuatorianos instalaron una pequeña guarnición —«Falsa Paquisha»—, que, al ser detectada, dio origen al choque armado de 1981, el que culminó con el retiro de aquélla. Pero en los lustros siguientes hubo nuevas infiltraciones y en 1991 los entonces cancilleres del Perú, Carlos Torres y Torres Lara, y del Ecuador, Diego Cordovez, firmaron un «pacto de caballeros», por el cual el Gobierno peruano autorizaba la presencia de aquellos «puestos de vigilancia» del Ecuador y éste se comprometía a respetar el *statu quo* fronterizo. El acuerdo era curioso por decir lo menos, pues, una de dos, o el Perú renunciaba a la soberanía sobre ese centenar y medio de kilómetros cuadrados o no lo hacía, pero, en este último caso, no se comprende que al mismo tiempo aceptara la permanencia de tropas extranjeras en esa zona. La razón de ese «pacto de caballeros» fue populista: permitir al presidente Fujimori visitar el Ecuador y ser presentado por la prensa adicta como el *estadista* que había puesto punto final al viejo diferendo «entre las dos Repúblicas hermanas».

En realidad, lo que el Gobierno peruano había hecho era enviar una señal equivocada a su vecino y a sus Fuerzas Armadas. Éstas, ni cortas ni perezosas, en los tres años siguientes procedieron a reforzar discretamente aquellos «puestos de vigilancia» hasta convertirlos en verdaderas guarniciones. Se trataba de crear una situación de hecho, que resultara irreversible. Hay pruebas más que suficientes de que el Gobierno del Perú tuvo conocimiento de lo que estaba ocurriendo en las cabeceras del río Cenepa desde hace meses y —con absoluta certeza— desde noviembre del año pasado. ¿Cuál fue la razón para que no lo denunciara a la opinión internacional y alertara a los países garantes?

La razón era que entre 1991 y 1994 el Perú había pasado, de una democracia, a ser un régimen autoritario y que, a estas alturas, la primera prioridad para el ingeniero Fujimori y los militares golpistas que gobernaban teniéndolo como figurón no era el problema fronterizo, sino la perpetuación de la dictadura, es decir, la reelección de Fujimori. ¿Qué mejor que ofrecerle al pueblo peruano, como plato fuerte de la campaña electoral, una victoria militar del mandatario reeleccionista contra los invasores del territorio?

Por increíble que parezca —pero no hay razón para la sorpresa: además de la brutalidad, la estupidez ha sido consustancial a todas las dictaduras que hemos padecido— ésta parece la causa de la demora del Gobierno peruano en actuar, con el agravante de que, además de tarde, cuando se decidió a hacerlo lo hizo con tanta torpeza que ante buena parte de la opinión internacional ahora el Perú no parece estar defendiendo su soberanía, sino agrediendo a su vecino.

El momento elegido para tratar de desalojar de las orillas del río Cenepa a los intrusos fue oportuno para los aprendices de brujo del régimen. En la última encuesta, Fujimori había descendido diez puntos y en el ámbito externo su imagen se dañaba, con la huelga de hambre de la señora Fujimori, a quien, luego de impedirle postular a la presidencia, se le había tachado la candidatura al Parlamento, y con la voluminosa documentación sobre preparativos de fraude electoral hechos ante la OEA (Organización de Estados Americanos) por Javier Pérez de Cuéllar y otros candidatos de oposición. Pero, sobre todo, acababa de estallar un mayúsculo escándalo con nuevas pruebas sobre la colusión orgánica entre jerarcas del régimen y el narcotráfico, que comprometía al viceministro del Interior, Edgar Solís Cano, y al general del Ejército Manuel Ortiz Lucero, del Comando Conjunto, cuyos nombres, direcciones y teléfonos oficiales y privados habían sido descubiertos en la agenda de uno de los capos de la banda de los López Pacheco, la más importante de las organizaciones de narcos que opera en el Perú. Solís Cano, que ha ocupado cargos claves en los ministerios de Justicia y del Interior, es —¡nada menos!— abogado del estudio y protegido del hombre fuerte del régimen, el celebérrimo capitán Vladimiro Montesinos, y el general Ortiz Lucero, brazo derecho del jefe supremo de las Fuerzas Armadas, el general Nicolás de Bari Hermoza. Se entiende que, desde la perspectiva de estos pilares del régimen, fuera providencial una acción bélica que distrajera la atención pública, acallara todas las críticas y estableciera, por la consabida razón patriótica, la unidad nacional detrás de los defensores de la patria. (Nunca tan bien recordada la sentencia del doctor Johnson: «El patriotismo es el último refugio de los pillos»).

Las cosas, sin embargo, no salieron como se había previsto. Desalojar a los infiltrados no fue la operación militar rápida que había sido en 1981, entre otras cosas porque el Ejército, en razón del golpe de Estado del 5 de abril de 1992, fue víctima de abusos y maltratos sin cuento por la pequeña cúpula de militares felones que, con Fujimori como escudo, violentó el orden legal. Centenares de oficiales decentes y competentes fueron pasados al retiro, o mutados a puestos administrativos, o enviados a la cárcel o al exilio, que es donde se encuentran, por ejemplo, el general Jaime Salinas Sedó y el general Robles por el delito de negarse a secundar el *putsch* o por denunciar los abusos cometidos por el régimen. Y, a juzgar por las noticias que llegan de la cordillera del Cóndor, los secuaces de Montesinos y Bari Hermoza son más eficaces matando estudiantes —el secuestro, asesinato e incineración de los diez universitarios de La Cantuta fue una impecable operación militar— que combatiendo a cara descubierta en las fronteras del Perú.

Pero acaso más patética que la inefectividad militar haya sido la incapacidad diplomática del régimen para explicar lo que ocurría y hacer conocer al resto del mundo el punto de vista del Perú. El Ecuador ha conseguido una gran victoria informativa y política internacional, al extremo de que, en Europa, por ejemplo, en diarios y televisiones se dan como verdades canónicas que el Perú ha sido en este caso el agresor y el Ecuador una víctima al que aquél arrebató media Amazonía. En los fantásticos mapas que se publican veo que se considera territorio ecuatoriano irredento a los departamentos de Piura y de Tumbes, donde pasé mi infancia, y al de Loreto, en cuyas inmensas selvas he vivido acaso mis más ricas experiencias peruanas. Y no hay una sola voz oficial que comparezca para contradecir esas ficciones y explicar la realidad.

También esto se entiende, desde luego. Una de las pocas reparticiones que había alcanzado en el Perú un alto nivel de profesionalismo y competencia era el Ministerio de Relaciones Exteriores. Tal vez por eso la dictadura se encarnizó con él, expulsando del servicio a decenas de decenas de los diplomáticos más capaces, pues no se mostraron lo bastante serviles (Fujimori explicó que los echaba «por ladrones y homosexuales»), y poniendo en su lugar a dóciles nulidades como el ministro del «pacto de caballeros» o como el invisible canciller actual, un próspero empresario que sin duda carece de la más elemental información sobre los asuntos limítrofes del Perú.

Este desgraciado conflicto debe ser la ocasión para que se zanje de una vez por todas la demarcación del pequeño tramo sin señalar de la frontera. Éste es un problema mínimo, que puede ser resuelto con un poco de buena voluntad recíproca y mucha presión internacional, a la que tanto Ecuador como Perú son hoy vulnerables. Una vez salvado ese escollo —un formulismo transitorio, en verdad— ambos podrán emprender la tarea conjunta de la que depende que dejen de ser los pobres países subdesarrollados que son: la lenta disolución de esas fronteras que hacen correr sangre inútil, la progresiva integración de sus economías, sus gobiernos y sus pueblos en esa única nación que fueron cuando el Incario y el Virreinato y que no debieron dejar de ser tampoco en la República.

Londres, enero de 1995

El nacimiento del Perú

Dentro de dos años se celebrará el quinto centenario del descubrimiento de América y con este motivo habrá, a ambos lados del Atlántico, muchos discursos, costosas exposiciones y un rebrote de la vieja polémica: ¿fue la llegada y ocupación de América por los europeos la más grande hazaña del Occidente cristiano o un crimen histórico monumental?

La polémica —que, desde el siglo XVII, en verdad nunca ha cesado— ya tiene pintorescos anticipos, pues, recientemente, una fantasmagórica Asociación de Culturas Indígenas anunció, en el mero Madrid, que se preparaba desde ahora para «sabotear» todas las festividades y ceremonias que en 1992 pretendan celebrar la llegada de las tres carabelas de Colón a estas tierras.

Discutir sobre lo que hubiera ocurrido si la historia fuera distinta de lo que fue es un quehacer legítimo pero impráctico y no pienso participar en la polémica. La verdad es que no hay manera de saber si la suerte de nuestro continente hubiera sido mejor o peor de lo que ha sido si aztecas, incas y las otras culturas nativas hubieran seguido su evolución, sin la fractura que significó la llegada de los europeos.

El Quinto Centenario sería mejor aprovechado si sirviera para provocar un debate sobre dos temas que tienen, para ambos, a pesar de su antigüedad, una total vigencia. El primero es el siguiente: ¿cómo fue posible que unas culturas tan poderosas y refinadas como las de los antiguos mexicanos y peruanos se desmoronaran tan fácilmente al primer choque con las pequeñas —ínfimas, en verdad— huestes de aventureros europeos? La pregunta no es académica: en su respuesta puede estar la clave del subdesarrollo latinoamericano, ese continente que hasta ahora ha sido incapaz de materializar todas las esperanzas y sueños que han acompañado su historia.

El segundo tema es todavía más urgente: ¿por qué las repúblicas independientes de América, en vez de corregir las injusticias y crímenes cometidos por los europeos con las culturas indígenas, las continuaron e, incluso, agravaron? Porque lo cierto es que, sin una sola excepción, la emancipación de Europa de las antiguas colonias no trajo, para los indios de América, la más mínima mejora. Por el contrario, en muchos casos, la explotación, la discriminación y la sistemática destrucción de su cultura ha continuado hasta nuestros días.

De esto, el mundo ha tenido en los últimos años algunos ejemplos trágicos. La toma de conciencia sobre la destrucción de la Amazonía reveló, de pronto, que no sólo los ríos se envenenaban y los bosques desaparecían y se extinguían las especies, sino que, al mismo tiempo, decenas de decenas de pequeñas comunidades humanas que hasta ahora habían conseguido sobrevivir lejos de la «civilización» eran también bárbaramente exterminadas por el avance del «progreso».

¿Hay todavía esperanza para las culturas aborígenes o están irremediablemente condenadas a desaparecer? Lo que ocurra con ellas, en todo caso, no será, ahora, responsabilidad de Cristóbal Colón, de Pizarro o de Cortés, sino de los actuales gobiernos latinoamericanos. O, más bien, de quienes, dentro o fuera del Gobierno, en América Latina, están en condiciones de influir en la orientación política, económica y cultural de esas sociedades.

Para dar algunas respuestas serias a estos temas no está de más tratar de ver de cerca qué fue lo que ocurrió, hace quinientos años, cuando, por obra del azar, esos europeos que habían aventurado en el océano buscando una nueva ruta hacia la India de las especias se encontraron con la sorpresa de un continente poblado y virgen. Y para verlo, contamos con toda una riquísima literatura. La de las crónicas y relatos del descubrimiento y la conquista, unos libros que, además de un precioso testimonio sobre aquel sangriento encuentro de europeos y americanos, fundaron un nuevo género: aquel que, quinientos años más tarde, los críticos del Viejo Mundo, redescubriendo América Latina a través de sus novelas, llamarían el «realismo mágico».

Al historiador que llegó a conocer mejor que nadie el descubrimiento y conquista del Perú por los españoles le sucedió algo trágico: murió sin haber escrito el libro para el cual se había preparado toda la vida y cuyo tema dominaba hasta dar —o poco— una impresión de omnisciencia.

Se llamaba Raúl Porras Barrenechea. Era bajito, barrigón, de frente muy ancha y unos ojos azules que se impregnaban de picardía cuando soltaba alguna burla. Fue el más extraordinario profesor que me haya tocado escuchar. Sólo Marcel Bataillon, otro historiador, a quien oí dictar un curso en el Collège de France (sobre un cronista del Perú, precisamente), tenía parecida elocuencia, fuerza evocadora y probidad académica. Pero ni siquiera el docto y elegante Bataillon podía cautivar a un auditorio con la hechicería de Porras Barrenechea. En la vieja casona de San Marcos, la primera universidad que fundó España en el Nuevo Mundo, y que, en los años cincuenta, cuando yo pasé por ella, ya había entrado en irremisible decadencia, las clases del curso de Fuentes Históricas atraían tal número de oyentes que había que llegar con mucha anticipación si uno no quería quedarse fuera del aula, escuchando con los racimos humanos colgados de puertas y ventanas. En boca de Porras, la historia era anécdota, gesto, aventura, color, psicología. Una sucesión de murales de una suntuosidad renacentista en los que el factor determinante de los acontecimientos no eran nunca fuerzas impersonales —el imperativo geográfico, las relaciones económicas, la divina providencia—, sino una impronta de ciertas individualidades sobresalientes cuya audacia, genialidad, carisma o contagiosa locura habían impuesto a cada época y sociedad una orientación y un perfil.

A esta noción de la historia que, con ánimo de desprestigiarla, los historiadores científicos calificaban ya entonces de romántica, Porras Barrenechea añadía una exigencia de erudición y de rigor documental que no ha llegado hasta ahora a igualar ninguno de los muchos investigadores convencidos de que la historia no hay que «contarla», como creía él, sino «interpretarla» sociológica o económicamente, y que han escrito sobre ese hecho fronterizo de la vida de Europa y América: la destrucción del Imperio de los incas y el engranaje de sus vastos territorios y poblaciones al destino de Occidente. Porque para Porras Barrenechea, aunque la historia debía tener la belleza arquitectónica, el dramatismo, el suspenso, la riqueza y variedad de tipos humanos y la excelencia de estilo de una gran ficción, todo en ella tenía que ser escrupulosamente cierto, probado y comprobado hasta la saciedad.

Para contar de esta manera el descubrimiento y conquista del Perú por España había, ante todo, que hacer una minuciosa evaluación de sus fuentes, pasar por el cernidor más fino a todos los testigos y documentos del suceso, a fin de establecer el grado de credibilidad de cada cual. Y en el caso —abundante— de los testimonios falaces, averiguar las razones que llevaron a su autor a ocultar, adulterar o colorear excesivamente los hechos, de modo que, conociendo su particular limitación, aquellas fuentes resultaran doblemente útiles: por lo que revelaban y por lo que mentían. A esta ímproba hermenéutica dedicó Porras Barrenechea su poderosa energía intelectual durante cuarenta años. Toda la obra que publicó en vida son los prolegómenos para la que debía ser su *magnum opus*. Cuando estaba ya perfectamente equipado para emprenderla, moviéndose como por su casa por la laberíntica selva de las crónicas, las cartas, los memoriales, los testamentos, las rimas y las coplas del descubrimiento y la conquista —que había leído, depurado, cotejado y casi memorizado—, una muerte súbita acabó con su enciclopédica información. Los interesados en aquel tiempo y en aquellos hombres han debido, pues, seguir leyendo la todavía no superada —aunque ya bastante vieja— *Historia de la conquista* escrita por un norteamericano que no puso nunca los pies en este país cuya incorporación a la historia de Occidente trazó con mano maestra: William Prescott.

Deslumbrado por las clases de Porras Barrenechea, yo llegué en un momento a considerar seriamente la posibilidad de renunciar a la literatura para dedicarme a la historia. Porras me había llevado a trabajar con él, como asistente, en un ambicioso proyecto de historia general del Perú, auspiciado por el librero editor Juan Mejía Baca, en el que Porras iba a redactar los volúmenes consagrados a la conquista y a la emancipación. Durante cuatro años, cinco días por semana, pasé tres horas diarias en la polvorienta casa de la calle Colina, donde los libros, los cuadernos y las fichas habían ido invadiéndolo todo, salvo la cama de Porras y la mesa del comedor. Mi trabajo consistió en leer y anotar a los cronistas, sobre diversos temas, principalmente los mitos y las leyendas que precedieron y siguieron al descubrimiento y la conquista del Perú. La experiencia me ha dejado un recuerdo imborrable.

Historia y literatura —verdad y mentira, realidad y ficción— se mezclan en estos textos de una manera a menudo inextricable. La delgada línea de demarcación que las separa está continuamente evaporándose para que ambos mundos se confundan en una totalidad que es tanto más seductora cuanto más ambigua, porque en ella lo verosímil y lo inverosímil parecen una misma sustancia. En medio de la más cruenta y objetiva de las batallas aparece la Virgen y carga, del lado de los creyentes, contra los infortunados paganos. Al náufrago conquistador Pedro Serrano le ocurre vivir, en una islita del Caribe, punto por punto, la historia de Robinson Crusoe que un novelista sólo inventará siglos más tarde. Las amazonas de la mitología griega se corporizan a las orillas del río bautizado con su nombre para flechar a los secuaces de Pedro de Orellana, y una de sus flechas hinca las posaderas de fray Gaspar de Carvajal, el puntilloso relator del suceso. ¿Es más fabuloso ese episodio que aquel otro, seguramente cierto, del paupérrimo soldado Manso de Leguísamo jugándose y perdiendo a los dados, en una noche, la lámina de oro macizo del Templo del Sol, en el Cusco, que le había tocado en el reparto del botín? ¿O que las indecibles crueldades, perpetradas siempre con la sonrisa en los labios, del rebelde Francisco de Carvajal, ese octogenario «Demonio de los Andes» que fue al patíbulo, para ser descuartizado, decapitado y quemado, cantando alegremente: «Estos mis cabellicos, madre, ¡ay! / Uno a uno se los lleva el aire, ¡ay!»?

La crónica, género hermafrodita, está todo el tiempo destilando la ficción en la vida, como en el cuento de Borges «Tlön, Uqbar, Orbis Tertius». ¿Significa esto que su testimonio debe ser recusado desde el punto de vista de la historia y admitido sólo como literatura? Nada de eso. Sus exageraciones y fantasías son a menudo más locuaces sobre la realidad de la época que sus verdades. Esos asombrosos milagros que animan de cuando en cuando las tediosas páginas de la *Crónica moralizada* del padre Calancha, o los sulfurosos desafueros de íncubos y súcubos que los extirpadores de idolatrías, como el padre Arriaga, documentan prolijamente en los poblados indios para justificar las devastaciones de ídolos, amuletos, adornos, artesanías, tumbas que llevan a cabo son más instructivos respecto al candor, el fanatismo y la estupidez de la época que el tratado más sesudo. A condición de saberlas leer, todo está en estas páginas, escritas a veces por hombres que apenas podían escribir y a quienes la inusitada naturaleza de los acontecimientos que les había tocado protagonizar los impulsaba a comunicarlos, a registrarlos para la posteridad, por una intuición exacta del privilegio de que gozaban: ser testigos y actores de hechos que cambiaban la historia del mundo. Escriben con la pasión de la experiencia inmediata, recién vivida, y refieren a menudo cosas que nos parecen fabulaciones grotescas o cínicas. Para los tiempos no lo eran, sino fantasmas a los que la credulidad, la sorpresa, el miedo, el odio habían dotado de una consistencia y vitalidad a veces más poderosas que las de los seres de carne y hueso.

La conquista del Tahuantinsuyo por un puñado de españoles es un hecho que todavía ahora, después de haber rumiado y digerido mil veces todas las explicaciones, nos cuesta trabajo descifrar. Los conquistadores de la primera oleada, Pizarro y sus compañeros, no llegaban a doscientos (sin contar a los esclavos negros y a los indios aliados); cuando comienzan a llegar los refuerzos, ya aquéllos habían asestado un golpe de muerte y se habían apoderado de un imperio que señoreaba a veinte millones de personas, cuando menos. No era una sociedad primitiva, de tribus bárbaras, como las que los españoles habían encontrado en el Caribe o en el Darién, sino una civilización que había alcanzado un elevado nivel de desarrollo social, militar, agrícola y artesanal que, en muchos sentidos, no tenía la propia España. Lo más notable en ella, por cierto, no eran los caminos que cruzaban los Cuatro Suyos o regiones del amplísimo territorio, sus templos y fortalezas, sus sistemas de riego o su prolija organización administrativa, sino algo sobre lo que todos los testimonios coinciden: haber erradicado el hambre en ese inmenso dominio, haber sido capaz de producir —y distribuir lo producido— de tal modo que todos sus súbditos comieran. De muy pocos imperios en la historia se puede decir algo semejante.

¿Bastan para explicar el instantáneo colapso de esta civilización al primer choque con los conquistadores las armas de fuego, los caballos y las armaduras de estos últimos? Es verdad que la pólvora, las balas y la embestida de bestias que nunca habían visto paralizaban a los indios de un terror religioso y les infundían la sensación de estar luchando no contra hombres sino contra dioses, invulnerables a las flechas y las hondas con las que ellos acostumbraban combatir. Pero aun así, la diferencia numérica era tal que aquel océano quechua, simplemente moviéndose, hubiera podido sumergir al invasor. ¿Qué lo impidió? ¿Cuál es la explicación profunda de esa derrota de la que el pueblo inca no se recuperó jamás? Quizá la respuesta esté escondida en el patético relato de lo ocurrido en la plaza de Cajamarca el día que Pizarro capturó a Atahualpa. Hay que leer, sobre todo, a los que estuvieron allí, a los que lo vivieron o lo conocieron de cerca, como Pedro Pizarro. En el instante mismo en que el emperador es capturado, antes de que empiece la batalla, sus huestes dejan de luchar, como maniatadas por una fuerza mágica. La carnicería es indescriptible, pero de un solo lado: los españoles descargan sus arcabuces, clavan sus picas y sus espadas y avientan sus caballos contra una masa sonámbula, que, desde que ha visto capturado a su dios y señor, no atina a defenderse, ni siquiera a huir. En pocos minutos, el poderoso ejército que había derrotado a Huáscar y dominaba todas las provincias norteñas del imperio se desintegra como un pedazo de hielo en agua tibia.

La estructura vertical y totalitaria del Tahuantinsuyo fue, seguramente, más nociva para su supervivencia que las armas de fuego y el hierro de los conquistadores. Prisionero del Inca, vértice hacia el que todas las voluntades convergían para recibir inspiración y animación, eje en torno al cual se organizaba la sociedad y del que dependía la vida y la muerte de todos —desde el más grande hasta el más humilde—, nadie supo cómo actuar. Hicieron, entonces, lo único que podían hacer, con heroísmo, sí, pero sin violentar los mil y un tabúes y preceptos que regulaban su existencia: dejarse matar. Y es lo que hicieron decenas y acaso centenares de indios estatuificados por la confusión y la orfandad en que cayeron cuando vieron prisionero al hijo del Sol, la fuerza vivificadora de su universo.

Esos indios que se hacían acuchillar o volar en pedazos en la plaza de Cajamarca, en esa tarde aciaga, carecían de la capacidad de decidir por cuenta propia, al margen o en contra de la autoridad, de tomar iniciativas individuales, de actuar con independencia en función de circunstancias cambiantes, que sí tenían los ciento ochenta españoles que les habían tendido aquella emboscada y ahora los masacraban. Ésa era la diferencia que abría entre ambas civilizaciones una desigualdad insalvable, más importante que la numérica y la de las armas. El individuo no contaba, prácticamente no existía en aquella civilización piramidal y teocrática cuyas hazañas habían sido siempre colectivas y anónimas: izar hasta las cumbres más empinadas las ciclópeas piedras de Machu Picchu o de Ollantaytambo, llevar el agua a todas las faldas de la cordillera construyendo andenerías que todavía hoy aseguran el riego en los parajes más inhóspitos, tender caminos que comunicaban localidades separadas por geografías infernales. Una religión de Estado que anulaba la voluntad del individuo e investía las decisiones de la autoridad con la aureola de mandatos divinos hizo del Tahuantinsuyo una colmena: laboriosa, eficiente, estoica. Pero su inmenso poderío era, en verdad, fragilísimo; todo él reposaba sobre las espaldas del soberano-dios, a quien el hombre del Incario debía servir y obedecer abdicando de su propio yo. Era la religión, más que la fuerza, la que aseguraba esta docilidad metafísica del pueblo quechua frente al Inca. No se ha estudiado bastante este aspecto del Tahuantinsuyo: la función social y política de su religión. El credo y el rito, las prohibiciones y las fiestas, los valores y desvalores, todo en ella servía milimétricamente a consolidar el poder absoluto del emperador y a propiciar el designio expansionista y colonizador de los soberanos cusqueños. Era una religión de esencia política, que, de un lado, volvía a los hombres siervos diligentes y, de otro, era capaz de admitir en su seno, como dioses menores, a todas las deidades de los pueblos que el Incario sometía —cuyos ídolos eran trasladados al Cusco y entronizados por el propio Inca—, menos cruel que la de los aztecas, por ejemplo, pues practicaba los sacrificios humanos con cierta moderación —si cabe decirlo así—, la indispensable para mantener la hipnosis y el temor de los súbditos hacia el poder divino encarnado en el poder temporal.

El genio organizador de los incas no admite dudas. La velocidad con que el imperio se extendió, desde el núcleo cusqueño hasta abarcar casi la mitad de América del Sur, en un período de apenas un siglo, es asombrosa. Y ello se debió no sólo a la eficacia militar de los quechuas, sino, también, a la habilidad de los incas para atraerse a los pueblos vecinos y convencerlos de que se incorporaran al Tahuantinsuyo. Una vez que lo hacían, la maquinaria burocrática del Incario se ponía en acción, enrolando a los nuevos vasallos en ese sistema que disolvía la vida individual en tareas y obligaciones gregarias cuidadosamente programadas y vigiladas por la casi infinita telaraña de administradores que el Cusco hacía llegar hasta los confines más apartados. Para evitar las rebeldías o sofocarlas, estaban los mitimaes, o trasplantes masivos de poblaciones a lugares muy lejanos, donde, desambientados, extraviados, estos exilados caían naturalmente en esa actitud de pasividad y acatamiento absolutos que, a todas luces, era el ideal ciudadano del Incario.

Una civilización de esta naturaleza estaba preparada para luchar contra los elementos y vencerlos; para consumir racionalmente lo que producía, acumulando reservas con miras a los tiempos de escasez o de catástrofe; para evolucionar con lentitud y cautela en el terreno del conocimiento, inventando sólo aquello que podía apuntalarla y cerrándose a lo que de algún modo podía minar sus cimientos (como la escritura y cualquier otra forma de expresión susceptible de desarrollar la soberanía individual, la imaginación rebelde). No estaba preparada, en cambio, para hacer frente a lo imprevisible, a aquella novedad absoluta que representaba esa falange de hombres acorazados, a caballo, que la atacó a tiros, transgrediendo todas las normas de la paz y de la guerra que conocía.

Cuando, pasado el desconcierto inicial, surgen, aquí y allá, intentos de reacción en el seno del Incario, ya es tarde. La complicada máquina que regulaba el imperio había entrado en proceso de descomposición. Acéfalo con el asesinato de los dos hijos de Huayna Cápac —Huáscar, mandado matar por Atahualpa, y éste, ejecutado por Pizarro—, el Incario da una impresión de monumental confusión, de extravío cósmico, como aquella behetría que, según los amautas cusqueños, había reinado en el mundo antes de la fundación del Tahuantinsuyo por Manco Cápac y Mama Ocllo. Mientras, de un lado, caravanas de indios cargados de oro y plata siguen llevando al conquistador los tesoros que ordenó traer el Inca para pagar su rescate, algunos generales quechuas tratan de organizar la resistencia, equivocando el blanco, pues se ensañan con los pueblos indios que habían empezado a colaborar con los españoles por resentimiento contra sus antiguos dominadores.

La partida está ya ganada por España, por más que los brotes rebeldes (siempre localizados y contrarrestados por la obediencia servil que enormes sectores del Incario transfieren de manera automática de los incas a los nuevos amos) se multipliquen en los próximos años, hasta el levantamiento de Manco Inca. Pero ni siquiera éste, pese a su importancia, constituye un verdadero peligro para la dominación española.

Quienes destruyeron el Imperio de los incas y crearon ese país que se llama Perú —un país que cuatro siglos y medio después de aquel acontecimiento todavía no acaba de cerrar las heridas que su nacimiento dejó sangrando— eran hombres a los que difícilmente se puede admirar. Tenían, sí, un coraje poco común, pero, en contra de lo que nos enseñan las historias edificantes, no había en ellos —en la mayoría de ellos, en todo caso— ningún idealismo ni designio superior. Sólo hambre, codicia y, en los casos mejores, cierta vocación de aventura. La crueldad de que hicieron gala —y que las crónicas documentan hasta el escalofrío— estaba inscrita en las feroces costumbres de la época y era, sin duda, equivalente a la de los pueblos que avasallaron y expoliaron hasta casi extinguirlos (los veinte millones de incas se habían convertido tres siglos más tarde apenas en seis).

Pero estos espadachines semianalfabetos, implacables y ávidos, que aun antes de haber terminado de conquistar el Incario ya estaban despedazándose entre ellos o siendo despedazados por los «pacificadores» que enviaba contra ellos el lejano monarca al que le habían regalado un continente, representaban una cultura en la que había germinado —nunca sabremos si para bien o para mal— algo nuevo, exótico, en la historia del hombre. En ella, aunque la injusticia y los abusos proliferaban y, a veces, con el patrocinio de la religión, había ido abriéndose de una manera impremeditada, por aleación de múltiples factores, un espacio social de actividades humanas no legisladas ni controladas por el poder que, de un lado, produciría el más extraordinario desarrollo técnico, científico y económico que había conocido el devenir humano desde los tiempos de la caverna y el garrote, y, de otro, la aparición del individuo como fuente soberana de valores que la sociedad debía respetar.

Quienes, con todo el derecho del mundo, se escandalizan por los excesos y crímenes de la conquista, deben tener presente que los primeros en condenarlos y exigir que cesaran fueron hombres como el padre Las Casas, que llegaron a América con los conquistadores y salieron de sus filas a enfrentárseles y a hacer causa común con los derrotados, cuyos infortunios denunciaron ante el mundo con una indignación y virulencia que todavía nos conmueven. Las Casas fue el más vigoroso, pero no el único, de esos inconformes que, sublevados por los abusos de que eran víctimas los indios, combatieron contra sus propios compatriotas y la política de su propio país en nombre de un principio moral, para ellos más alto que los de la nación o el Estado. Esto no hubiera sido posible entre los incas ni en ninguna de las otras grandes culturas prehispánicas. En ellas, como en otras grandes civilizaciones de la historia ajenas a Occidente, los individuos particulares no podían cuestionar moralmente al organismo social del que formaban parte porque sólo existían como células integrantes de ese organismo y porque en ellas la moral no era disociable de la razón de Estado. La primera cultura que se interroga y se cuestiona a sí misma, la primera que desintegra sus masas en seres particulares que, con el correr de los años, irán conquistando más y más derechos para actuar y pensar por cuenta propia, se convertiría, a consecuencia de esa práctica desconocida —la libertad—, en la más poderosa del planeta. Frente a ella, todas las otras sucumbirían, algunas mediante cataclismos, como la de los incas, y otras de manera más gradual o indolora. Desde entonces, para el mundo, la historia cambiaría de signo y sería una sola. Es, naturalmente, inútil preguntarse si estuvo bien que fuera así o si hubiera sido preferible para la especie humana que el individuo no naciera jamás, que hubiera continuado hasta el infinito la tradición de los pueblos-hormigas.

Las páginas de las crónicas del descubrimiento y la conquista muestran ese instante crucial, lleno de sangre, fantasmagoría y aventura, en que, disimulados entre un puñado de cazadores de tesoros que entraban en ellas a sangre y fuego, llegaban a las tierras del Imperio del Sol la tradición judeocristiana, el idioma español, Grecia, Roma y el Renacimiento, la noción de soberanía individual y una posible opción, remota en el futuro, de vivir en libertad.

Así fue como nacimos los peruanos. Y también, claro está, los chilenos, ecuatorianos, bolivianos y demás hispanoamericanos. Casi cinco siglos después, el alumbramiento aún no termina. En términos estrictos, todavía no hemos visto la luz. Aún no constituimos verdaderas naciones.

La violencia y la maravilla de las crónicas, nuestros primeros textos literarios —esas novelas disfrazadas de historia o libros históricos corrompidos por la ficción—, impregnan todavía la realidad contemporánea. Por lo menos uno de los problemas básicos se mantiene intacto. Dos culturas, una occidental y moderna, otra aborigen y arcaica, coexisten ásperamente, separadas una de otra por la explotación y la discriminación que la primera ejerce sobre la segunda. Mi país, nuestros países son, en un sentido profundo, más ficciones que realidades. En el siglo XVIII, en Francia, el nombre del Perú tenía áureas resonancias y dio lugar a una expresión —*Ce n'est pas le Pérou!*— que se usa todavía para decir algo que no es tan rico ni extraordinario como su nombre sugiere. Pues bien, *le Pérou, ce n'est pas le Pérou*. Nunca fue, al menos para la gran mayoría de sus habitantes, ese fabuloso país de las leyendas, sino, más bien, un conglomerado artificial de hombres de diferentes lenguas, usos y tradiciones cuyo común denominador era haber sido condenados por las circunstancias históricas a vivir juntos sin conocerse ni amarse.

Las inmensas posibilidades de la civilización que descubrió América han beneficiado a minorías —a veces ínfimas— en tanto que la mayoría sólo ha recibido la parte escabrosa de la conquista; es decir, el contribuir con su servidumbre y su sacrificio, con su pobreza y abandono, a la prosperidad y refinamiento de las occidentalizadas élites.

Uno de nuestros peores defectos —de nuestras más tenaces ficciones— es creer que hemos importado todas nuestras penas y miserias del extranjero, que *otros* son siempre responsables de nuestros problemas. Por ejemplo, los conquistadores. Hay países latinoamericanos —México es el mejor ejemplo— en que aún ahora los «españoles» son severamente recriminados por lo que «hicieron» a los indios. ¿*Ellos* lo hicieron? No. Lo hicimos *nosotros*. Somos, *también*, los hijos, nietos y bisnietos de aquellos recios aventureros que llegaron a nuestras playas, se avecindaron en nuestras selvas y montañas, y nos dieron los nombres que llevamos, el idioma en que nos comunicamos y la religión que practicamos. Ellos también nos legaron la costumbre de endosarle al diablo la responsabilidad de todas las barbaridades que cometemos. En vez de aprender de nuestros errores, mejorando e intensificando nuestra relación con nuestros compatriotas indígenas, mezclándolos y confundiéndonos con ellos para formar una cultura que sería una sín-

tesis de lo mejor que ambos tenemos, nosotros, los occidentaliza-
dos de América Latina, hemos perseverado en los peores hábitos de
nuestros ancestros contemporáneos con los indios durante los siglos XIX y XX, como los españoles con los aztecas y los incas. Y, a
veces, peor. No debemos olvidar que en países como Chile y Argentina, fue durante la República que se exterminó a las poblaciones nativas. Y es un hecho que en muchos países, como en el Perú,
pese a la retórica indigenista de los literatos y los políticos, se conserva aún inconmovible la mentalidad de los conquistadores.

Sólo se puede hablar de sociedades integradas en aquellos países en los que la población nativa es escasa o inexistente. En las
demás, un discreto, a veces inconsciente, pero muy efectivo *apartheid* prevalece. En ellos, la integración es sumamente lenta y el
precio que el nativo debe pagar por ella es altísimo: renunciar a su
cultura —a su lengua, a sus creencias, a sus tradiciones y usos—
y adoptar la de sus viejos amos.

Tal vez no hay otra manera realista de integrar nuestras sociedades que pidiendo a los indios pagar ese alto precio; tal vez el
ideal, es decir, la preservación de las culturas primitivas de América,
es una utopía incompatible con otra meta más urgente: el establecimiento de sociedades modernas, en las que las diferencias sociales y
económicas se reduzcan a proporciones razonables, humanas, en las
que todos pueden alcanzar, al menos, una vida libre y decente. En
todo caso, hemos sido incapaces de materializar ninguno de estos
objetivos y aún estamos tratando, como al ingresar en la historia de
Occidente, de saber qué somos y qué signo tendrá nuestro futuro.

Por ello es bueno que los latinoamericanos conozcan la literatura que nació del descubrimiento y la conquista. Las crónicas no
sólo rememoran aquel tiempo aventurero en el que la fantasía y la
realidad se entremezclaban hasta ser inseparables; en ellas figuran
ya los retos y problemas para los que aún no hemos encontrado
respuesta. Y en esas páginas suspendidas entre la literatura y la historia se adivina, informe, misteriosa y fascinante, la promesa de
algo que, si llegara a materializarse, enriquecería el mundo, la civilización humana. De esta promesa hemos tenido hasta ahora sólo
esporádicas muestras, en la literatura y en las artes, por ejemplo.
Pero no sólo en nuestras ficciones debemos tener éxito. Es preciso perseverar hasta que aquella promesa pase de nuestros sueños

y palabras a nuestra vida diaria y se torne realidad objetiva. No permitamos que nuestros países desaparezcan, como le ocurrió a mi caro profesor, el historiador Raúl Porras Barrenechea, sin haber escrito en la vida real aquella obra maestra que hemos estado preparándonos a realizar desde que las tres carabelas famosas embistieron nuestras costas.

Barcelona, 1990

La historia interminable

Los Vargas llegaron al Perú con la primera oleada de españoles, aquella que, con Pizarro a la cabeza, fundó Piura, escaló los Andes y, en la plaza de Cajamarca, dio un golpe de muerte al Tahuantinsuyo. Eran, como aquél, extremeños, de Trujillo y habían tomado el apellido —usanza de la época— del señor de la región, un tal Juan de Vargas, en cuyas tierras habían servido como labriegos y feudatarios. Hombres humildes e ignorantes, analfabetos muchos de ellos y seguramente feroces, como los tiempos en que vivían, estuvieron repartidos en los bandos de almagristas y pizarristas y aparecen inevitablemente en las distribuciones de encomiendas, en las entradas y expediciones, como protagonistas o comparsas de todos los grandes hechos que marcan esa etapa aventurera y violenta de la historia del Perú. Había un Vargas en el puñado de conquistadores que vio por primera vez a Atahualpa, tomando chicha en el cráneo de Huáscar, el hermano al que había hecho matar, en la tarde aquella que precedió a la terrible emboscada.

Aunque se entremataron abundantemente en las guerras civiles y en las rebeliones, muchos sobrevivieron y se reprodujeron y se desparramaron por todos los recovecos de ese país en el que, al cabo de los siglos, el apellido Vargas resultaría uno de los más multiplicados. De uno de los riachuelos de esa vasta hidrografía procede mi familia paterna. No sé gran cosa de ella. Un día descubrí que entre mis antepasados había un historiador y profesor universitario, algo que mi padre, con su fobia antiintelectual, me había ocultado.

Por el único Vargas que siempre sentí una irrefrenable simpatía fue por el abuelo Marcelino, a quien mi progenitor detestaba (y quizás por eso mismo). Nunca lo conocí, pero cuando yo fui recuperado por mi padre, a los diez años de edad, aquel viejecillo temerario todavía vivía. Su nombre era tabú en la casa. Había sido un partidario desenfrenado del caudillo liberal Augusto Durán y compañero suyo en todas sus sublevaciones, montoneras, prisiones y exilios, de manera que mi pobre abuela vivió siempre a la diabla, haciendo milagros para dar de comer a sus cinco hijos. Y a la vejez, el incansable don Marcelino coronó su carrera de irresponsable fugándose del hogar con «una india de trenza y pollera», con la que terminó sus días, oscuramente, de jefe de estación de ferrocarril, en un pueblecito de la sierra.

El primer Llosa llegó al Perú ya bien asentada la Colonia, en el siglo XVII. El apellido es catalán y la familia era oriunda de la localidad de ese nombre, en la costa mediterránea, pero se había trasladado hacía tiempo a un hermoso pueblo de la montaña santanderina, Santillana del Mar. De allí salió don Juan de la Llosa y Llaguno, directamente a Arequipa, como maestre de campo. Dejó una larga descendencia que, hasta hace poco tiempo, permaneció tercamente aferrada a ese terruño del sur del Perú al que pobló de abogados, curas, monjas, jueces, profesores, funcionarios, poetas, locos y algún que otro militar.

Mis abuelos maternos, con los que me crie, sabían al dedillo la vida y milagros de la vieja familia y mi infancia fue una pura delicia oyéndosela contar. Había la historia del joven oficial, héroe de la guerra del Pacífico, y la del Llosa inventor, cuyos épicos experimentos habían provocado inundaciones, derrumbes y la quiebra de una empresa. Y la de aquella muchacha que, a punto de entrar al convento de Santa Catalina, se enamoró del compositor Dunquer Lavalle, con quien se casó y con el que llevaría una vida de bohemia trágica. Pero la que afiebraba mis noches y yo les hacía repetir sin tregua era la anécdota de aquel pariente que un mediodía, antes del almuerzo, indicó a su esposa e hijos que salía a comprar el periódico, allí nomás, en los portales de la plaza de Armas. La próxima vez que supieron de él fue un cuarto de siglo más tarde, cuando les llegó la noticia de su muerte, en Francia. «¿Y a qué se fue a París, abuelita?». «A qué iba a ser, pues. ¡A corromperse!». Así nació mi francofilia, creo.

Como yo, la mayoría de latinoamericanos tiene una o dos ramas familiares en las que, más pronto o más tarde, despunta el vínculo europeo. Español sobre todo para las que llevan mucho tiempo en ese lado del Atlántico y, para las más recientes, italiano, portugués, alemán, inglés, francés o centro europeo. Y en todas esas estirpes ha habido, hay y ojalá haya cada vez más, mezclas y juntas con el elemento indígena o con el africano, que llegó a América al mismo tiempo que los descubridores. El mestizaje ha sido más rápido en países como México y más lento en otros —como Perú—, pero ha venido ocurriendo de una manera sistemática hasta el extremo de que cabe asegurar que no hay familia europea avecindada en América Latina que, luego de dos o tres generaciones, no se haya indianizado un poco. Y, viceversa, para encontrar «indios puros» —si es que esta expresión tiene todavía algún sentido— hay que buscarlos como aguja en un pajar, en las más remotas anfractuosidades de los Andes o de las selvas centro y suramericanas. Existen, pero son una muy pequeña minoría.

El mestizaje hay que entenderlo en un sentido literal, desde luego, pero, también, psicológico y cultural. Hay una manera de ser española, afirmativa y explícita, que a cualquier peruano le resulta desconcertante, casi ofensiva. Nosotros, para decir «no» decimos «sí, pero», hablamos con diminutivos a fin de suavizar cualquier sentimiento o convicción, damos por sobreentendido que a la hora de expresarse la línea más corta entre dos puntos no es la recta, sino la espiral o la curva, y parecemos convencidos de que no mostrar alguna duda o inhibición en el diálogo es una descortesía. (En el Perú una cocinera puede apuñalear a su patrona, pero no decirle lo que le dijo una chacha murciana a mi mujer, que la llevaba en auto al mercado de Barcelona: «Si sigue usted yendo tan de prisa, le rompo el culo, señora»). Blancos, negros, cholos o mulatos, todos los peruanos, a la hora de hablar —es decir, de sentir o pensar— estamos impregnados del ritualismo y las escrupulosas formas indirectas, tan amadas por los quechuas.

Pero los indios no lo están menos por las costumbres, creencias y maneras que llevaron los españoles consigo, allende el mar. José María Arguedas, insospechable de prejuicios proeuropeos, demostró en su tesis doctoral que lo que se creía la institución prehispánica por excelencia —la comunidad indígena— era un típico producto mestizo, en el que, incluso, prevalecían las formas importadas de Europa sobre las aborígenes. Y esas formas han marcado también, profundamente, la música, los bailes, las fiestas y la religión y los usos e incluso el lenguaje nativos, como lo advierte cualquiera que asista a una procesión, a un bautizo, a una corrida de toros, a un desafío o a una faena comunal en cualquier aldea de los Andes.

Esta realidad está muchas veces encubierta por el racismo, estupidez humana de la que, por desgracia, no estamos exonerados en América Latina. El prejuicio contra el indio —o contra el negro— se expresa en mil formas, sutiles o arteras, y una de ellas es el disimulo, silencio o menosprecio de esta condición mestiza que es la nuestra. Como el poder económico y político suele concentrarse en las minorías «blancas», y los «indios» aparecen siempre entre los sectores más discriminados y explotados, existe la idea inexacta de que en América Latina el racismo funciona sólo en una dirección.

No es así. Opera en ambas direcciones, y, sobre todo, intelectualmente. La vieja polémica entre «indigenistas» e «hispanistas» de los años veinte y treinta fue un ejemplo de racismos y prejuicios recíprocos. En ella, un distinguido historiador —cuyos dos apellidos eran españoles— llegó a afirmar que debían destruirse las iglesias y pinturas coloniales, pues ellas representaban el «anti Perú». (Con esa lógica, hubiera debido proponer, también, la prohibición del castellano, de la rueda, del caballo, de la religión católica y el restablecimiento de los sacrificios humanos).

Mucho me temo que el Quinto Centenario resucite la absurda polémica y que ella, una vez más, ahora como entonces, tienda una cortina de humo con sus falsos planteamientos y seudoproblemas sobre los asuntos de América Latina que de veras requieren atención urgente.

Estos problemas no son las crueldades que sufrieron los indígenas hace cinco siglos sino las que sufren ahora, *todavía*. Pese a haber pasado tantos años y pese a ser repúblicas independientes desde hace siglo y medio o más las antiguas colonias. La responsabilidad de la discriminación y postergación de las culturas nativas nos incumbe hoy, básicamente, a nosotros, no a los europeos, y no es un debate histórico sino actualísimo, que condicionará nuestro futuro.

Desde luego que es lícito y saludable revisar el pasado con los ojos del presente para, según la fórmula consabida, *aprender del error*. Escandalizarse con los excesos, crímenes, pillajes y demás horrores que trajo consigo la conquista —que traen consigo *todas* las conquistas— es hipócrita, si no se recuerda al mismo tiempo que esas violencias continuaron con la independencia y a veces se agravaron, como ocurrió en Argentina o en Chile —donde el exterminio de las poblaciones nativas ocurrió sobre todo en el siglo xix—, y que aún continúan, hoy mismo, en nuestras propias narices. (Los indios iquichanos, de las sierras de Huanta, asesinaron hace algunos años, por un trágico malentendido, a ocho periodistas y este crimen conmovió al mundo entero. Desde entonces cientos de esos campesinos han sido exterminados en la guerra revolucionaria sin provocar la más mínima conmoción nacional o internacional).

Y es, también, un ejercicio falaz de la imaginación y la dialéctica debatir sobre si hubiera sido mejor o peor que los europeos no llegaran nunca a América y lo que habría sucedido con aquellas tierras si las culturas indígenas hubieran seguido su evolución, libres de interferencias. No ocurrió así, sino de otra manera, y de ello salió lo que son nuestros países, lo que somos nosotros. Eso ya no se puede cambiar, de manera que lo sensato es tirar para adelante.

A mí me entristece desde luego que nuestro alumbramiento como países, como culturas, se hiciera en el saqueo y la matanza. ¿Nacieron algunos de otro modo? En todo caso vale la pena tener siempre claro que aquellos horrores los cometieron *nuestros* antepasados, los que cruzaron el mar en busca de aventura o de oro, y no los del extremeño, castellano o gallego que se quedó en sus tierras.

Pero hablar sólo de los horrores de aquella experiencia es unilateral e injusto, un gran escamoteo demagógico. Porque lo cierto es que dicha aventura cambió la historia de Europa y de América y dio al mundo occidental una proyección y una dinámica que hasta entonces no tenía y que, andando el tiempo, impondrían una configuración diferente al planeta entero. Y cuando hablo del mundo occidental me incluyo en él, con mi país, y con América Latina, la que, precisamente desde el encuentro de hace cinco siglos, es una de sus expresiones.

Creo que es una suerte, para mí, después de todo, formar parte de esa cultura. Hablar y escribir en una de sus lenguas y, por lo mismo, integrar una de sus tradiciones más ricas, y ser tributario de una vieja dinastía de pensadores, poetas, inventores, rebeldes y artistas que contribuyeron decisivamente a hacer retroceder la vieja barbarie de la intolerancia, el dogma, las verdades únicas, y a disociar la moral de la razón de Estado. Me enorgullece que, pese a todas sus terribles violencias y equivocaciones, esa cultura fuera la primera en criticarse a sí misma hasta la sangre, y la que creara el individuo soberano, los derechos humanos, el pluralismo político y la libertad.

Todo eso llegó, también, en las alforjas de esos extremeños rudos y en el arcón del administrador castrense que fue a Arequipa desde Santillana del Mar. Me conmueve que tuvieran que mezclarse, entre sí y vaya usted a saber con cuántas otras sangres, y esperar tanto tiempo para que al fin naciera yo y pudiera rendirles un día este demorado homenaje.

Londres, abril de 1991

Cabezazos con la Madre Patria

Estuve tres semanas en el Perú por el fin de año y encontré a mis compatriotas muy enojados con la Madre Patria porque grupos de turistas peruanos habían sido devueltos a Lima desde el aeropuerto de Madrid sin mayores explicaciones. Pero el escándalo mayor ocurrió con treinta y siete pasajeros a los que las autoridades francesas impidieron, en Charles de Gaulle, tomar la conexión a España y los regresaron al Perú de manera destemplada, alegando que seguían instrucciones de la policía española. (Este episodio tuvo, al parecer, complemento siniestro: una muchacha del grupo fue violada por los gendarmes).

El Perú es desde hace algunos años el país sudamericano del que emigran más personas al extranjero, en busca de trabajo, seguridad o de unas oportunidades que su tierra no puede darles. Un porcentaje considerable de esos emigrantes son ilegales. En Venezuela, en Chile, en Estados Unidos, en España, miles de miles de peruanos limpian pisos, cocinan y cuidan niños para las familias de la clase media o trabajan de clandestinos en fábricas o granjas que no los registran en planillas. Algunos han formado bandas que asaltan casas, roban autos o desvalijan a distraídos viajeros en metros y autobuses; unos cuantos venden drogas y un puñadito recolecta fondos para Sendero Luminoso y publicita sus hazañas terroristas por el mundo.

Aunque la gran mayoría de aquellos emigrantes son gente limpia, que lucha con uñas y dientes para salir adelante (y, a veces, siendo explotada sin misericordia), no es su oscura gesta la que llega a los diarios y a la televisión, sino exclusivamente las acciones de los delincuentes, pícaros y narcos. Esto hace que, en muchos países, los peruanos seamos recibidos como la peste bubónica. Y ésta es la razón por la que los aduaneros de la Madre Patria devuelven al Perú a muchos peruanos, sobre todo a aquellos que llegan mal vestidos y tienen cara de indios, negros, cholos o mulatos. En todo caso, lo reprobable no es que un país —España o cualquier otro— tome precauciones para frenar la inmigración ilegal; sí, que mantenga la ficción de las fronteras abiertas cuando, en verdad, ya están cerradas. Mejor exigir el visado de una vez y hacer la discriminación allá, en el consulado de Lima: así, los rechazados se ahorrarán el pasaje, el trajín y la ilusión.

Esto es lo que han hecho ya un buen número de países europeos: Portugal, Francia, Holanda, Bélgica, Luxemburgo. Y, sin duda, los demás los irán imitando. La inmigración ilegal, los trabajadores clandestinos, es un tema de actualidad en Europa, donde algunos países viven una verdadera psicosis al respecto, alimentada y exacerbada por la oleada nacionalista, xenófoba y racista que se ha levantado y que, luego de la desintegración del comunismo, amenaza convertirse, junto con los fundamentalismos religiosos, en el mayor desafío inmediato para la cultura democrática europea.

Hace unos meses fui invitado a dar una conferencia en La Haya. Así descubrí que los peruanos necesitábamos ahora el visado holandés. Después de hacer una cola de hora y media ante el consulado, con efusivos etíopes aspirantes a descargar barcos en los muelles de Rotterdam, un glacial funcionario me informó que, para obtener un visado de cuarenta y ocho horas en Holanda, un peruano debía presentar, además de otras cosas, un pasaje de avión de regreso al Perú. ¡Y que debía ser de club o de primera clase! Uno en económica no valía. ¿Por qué? Porque, presumo, para la imaginación burocrática, alguien que viaja en club o en primera tiene menos posibilidades de ser un potencial inmigrante clandestino, un narco o un terrorista. En ese instante supe que me moriría sin volver a ver los bellos Rembrandts del Rijksmuseum y que Europa, el mundo, se estaban volviendo una piel de zapa para los peruanos.

¿Por qué, a éstos, la severidad de las autoridades de inmigración holandesas, francesas o luxemburguesas les importa una higa y, en cambio, los llena de furor y espanto la de las españolas? Porque, en el fondo de su corazón, todos creen que a España sí tienen un *derecho* a entrar, un derecho a exigir ser admitidos, un derecho moral e histórico, inquebrantable y antiquísimo, que debe de prevalecer sobre cualquier consideración de coyuntura y que ninguna autoridad contemporánea española puede venir ahora a revocar.

Nadie lo ha dicho así, desde luego, que yo sepa, pero esto es lo que cualquier observador hubiera concluido de la virulencia emocional y la indignación ética que transpiraban las airadas reacciones de mis compatriotas ante los incidentes mencionados. Aquéllas iban desde el puro salvajismo —bombas en el consulado y en la residencia de la embajada de España— hasta las protestas parlamentarias, pasando por incendiarios artículos y editoriales e incesantes chismografías.

Previsiblemente, el blanco principal del furor peruanista no era —no es— el Gobierno español actual, ni siquiera mi buen amigo —y excelente diplomático— el embajador Nabor García, sino Cristóbal Colón, Francisco Pizarro, los conquistadores, la Inquisición, los destructores de idolatrías, etcétera. «¿O sea, que ahora los hambrientos peruanos no podemos ir a asaltar turistas en las carreteras españolas?», la oí protestar a una bella limeña (de apellidos vasco y gallego). «¿Pero los hambrientos españoles sí pudieron venir a robarse nuestro oro y a violar a nuestras ñustas?».

El récord lo ha establecido el Colegio de Economistas del Perú, exigiendo a la corona española reparaciones monetarias por el rescate que Atahualpa pagó a Pizarro, y que una comisión de historiadores y economistas ha calculado exactamente en 647.074 millones de dólares; esta bicoca, además, tendría que venir acompañada de excusas públicas del rey «por las iniquidades coloniales».

Quienes se indignan tan terriblemente por los crímenes y crueldades de los conquistadores españoles contra los incas, jamás se han indignado por los crímenes y crueldades que cometieron los conquistadores incas contra los chancas, por ejemplo —que están bien documentados— o contra los demás pueblos que colonizaron y sojuzgaron, ni contra las atrocidades que cometieron uno contra el otro Huáscar o Atahualpa, ni han derramado una lágrima por los miles, o acaso cientos de miles (pues ninguna comisión de profesores universitarios se ha puesto a calcular cuántos fueron), de indias e indios sacrificados a sus dioses en bárbaras ceremonias por incas, mayas, aztecas, chibchas o toltecas. Y, sin embargo, estoy seguro de que todos ellos estarían de acuerdo conmigo en reconocer que no se puede ser selectivo con la indignación moral por lo pasado, que la crueldad histórica debe ser condenada en bloque, allí donde aparezca, y que no es justo volcar la conmiseración hacia las víctimas de una sola cultura olvidando a las que esta misma provocó.

No estoy en contra de que se recuerde que la llegada de los europeos a América fue una gesta sangrienta, en la que se cometieron inexcusables brutalidades contra los vencidos; pero sí de que no se recuerde, a la vez, que remontar el río del tiempo en la historia de cualquier pueblo conduce siempre a un espectáculo feroz, a acciones que, hoy, nos abruman y horrorizan. Y de que se olvide que todo latinoamericano de nuestros días, no importa qué apellido tenga ni cuál sea el color de su piel, es un producto de aquella gesta, para bien y para mal.

Yo creo que sobre todo para bien. Porque aquellos hombres duros y brutales, codiciosos y fanáticos que fueron a América —y cuyos nombres andan dispersos en las genealogías de innumerables latinoamericanos de hoy— llevaron consigo, además del hambre de riquezas y la implacable cruz, una cultura que desde entonces es también la nuestra. Una cultura que, por ejemplo, introdujo en la civilización humana esos códigos de política y de moral que nos permiten condenar hoy a los países fuertes que abusan de los débiles, rechazar el imperialismo y el colonialismo, y defender los derechos humanos no sólo de nuestros contemporáneos, sino también de nuestros más remotos antepasados.

Los incas no hubieran entendido que alguien pudiera cuestionar el derecho de conquista, y criticara a su propia nación y se solidarizara con sus víctimas, como lo hizo Bartolomé de las Casas, en nombre de una moral universal, superior a los intereses de cualquier Gobierno, Estado o Patria. Ése es el más grande aporte de la cultura que creó al individuo y lo hizo soberano, dueño de unos derechos que los otros individuos y el Estado debían tener en cuenta y respetar en todas sus empresas. La cultura que daría a la libertad un protagonismo desconocido, en todos los ámbitos de la vida, alcanzando gracias a ello un progreso científico y técnico y una abundancia que haría de ella el sinónimo de la modernidad.

Muchos latinoamericanos que, en Perú u otros países, tratan de resucitar ahora las estériles polémicas entre hispanistas e indigenistas de los años veinte no parecen darse cuenta de que, actuando de ese modo, desaprovechan una oportunidad magnífica para discutir de los problemas más urgentes de América Latina. Éstos no son saber si fue bueno o malo que los españoles llegaran tan lejos, o la cuantía de los latrocinios pasados, sino, por ejemplo, averiguar por qué siguen hoy, después de tantos siglos, marginadas y discriminadas las culturas indígenas. ¿Por qué la integración es tan lenta y difícil? ¿Qué se puede hacer para acelerarla? ¿De qué manera puede Europa —y España en especial— colaborar con los gobiernos latinoamericanos en promover el desarrollo y la modernización de esas «naciones cercadas», como las llamó José María Arguedas?

Los novísimos indigenistas, en sus descargas contra Pizarro y Cortés, olvidan que hace más de siglo y medio que las naciones latinoamericanas con población india son independientes y que en todo ese tiempo nuestros gobiernos republicanos han sido tan ineptos como la administración colonial en la solución del «problema indígena». Un problema que es económico, político y cultural a la vez y que debería ser encarado y resuelto en esos tres planos simultáneamente para que la solución sea justa, además de eficaz.

¿Pueden modernizarse esas culturas indígenas de México, Guatemala, Perú y Bolivia, conservando lo esencial o por lo menos factores fundamentales de su lengua, creencias y tradiciones? Para pueblos como el quechua y el aymara, de millones de personas, con una historia y una cultura que alcanzaron un elevado grado de elaboración y que aún les sirve de aglutinante a los descendientes, tal vez sí. Soy mucho más escéptico en lo que respecta a las pequeñas comunidades arcaicas, como las de la Amazonía, para las cuales la modernización significa inevitablemente la occidentalización. Pero, incluso en el caso de aquéllas, tengo a veces la impresión de que, por insuficiente y cruel que haya sido, el mestizaje ha herido ya de muerte y sustituido buena parte del acervo cultural propio por otro, de clara filiación occidental (y no hablo de cosas tan obvias como la religión, el atuendo, la familia, el trabajo, sino, incluso, de la columna vertebral misma de toda cultura: la lengua). ¿Debería ser este proceso apoyado o combatido? ¿Es la occidentalización del pueblo indígena un crimen o la vía más rápida para que venza el hambre y la explotación de que aún es objeto?

Éstos son algunos de los problemas que hubiera sido conveniente debatir en el marco de la celebración del Quinto Centenario. Pero las circunstancias se han encargado de que en vez de ese fecundo diálogo nos enzarcemos una vez más en una polémica tan fogosa como inútil. ¿Es esto un síntoma de la irremediable idiosincrasia *hispánica* de los latinoamericanos?

En todo caso, eso es lo que pensé, muchas veces, en esas tres semanas que estuve en Lima, oyendo a mis compatriotas despotricar contra la Madre Patria porque se atrevían a cerrarnos las puertas y echarnos, de allá, de España, a nosotros, y a negarnos el derecho de ir a ver toros o a fregar pisos o incluso a limpiarles los bolsillos a los turistas y hasta a tirar bombas, si nos diera en los cojones. Como hace uno en su propia casa, pues.

Berlín, enero de 1992

Cobardía e hipocresía

El cardenal Juan Luis Cipriani, arzobispo de Lima, habla a veces con una claridad tremante. En su homilía del 24 de noviembre, en la catedral de Lima, por ejemplo, llamó «cobardes e hipócritas» a los legisladores peruanos que, dos meses antes, habían considerado, en la revisión de la Constitución que se halla en marcha, exceptuar, dentro de la prohibición del aborto que consigna la carta constitucional, los casos en que el parto pondría en peligro la vida de la madre.

El presidente de la Conferencia Episcopal del Perú, monseñor Luis Bambarén —quien, a diferencia de Cipriani, tiene unas sólidas credenciales de lucha en favor de los derechos humanos en la historia reciente del Perú—, se apresuró a pedir excusas a los congresistas peruanos por el insulto, y, reiterando la oposición de la Iglesia católica al aborto, explicó que aquel exabrupto no comprometía a la Institución, sólo a su exaltado autor.

Juan Luis Cipriani no pasará a la historia por su vuelo intelectual, del que, a juzgar por sus sermones, está un tanto desprovisto, ni por su tacto, del que adolece por completo, sino por haber sido el primer religioso del Opus Dei en obtener el capelo cardenalicio y por su complicidad con la dictadura de Montesinos y Fujimori, a la que apoyó de una manera que sonroja a buen número de católicos peruanos, que fueron sus víctimas y la combatieron. La frase que lo ha hecho famoso es haber proclamado, en aquellos tiempos siniestros en que la dictadura asesinaba, torturaba, hacía desaparecer a opositores y robaba como no se ha robado nunca en la historia del Perú, que «los derechos humanos son una cojudez» (palabrota peruana equivalente a la española «gilipollez»). Porque el cardenal Cipriani es un hombre que, cuando se exalta —lo que le ocurre con cierta frecuencia—, no vacila en decir unas palabrotas que, curiosamente, en su boca tienen un retintín mucho más cómico que vulgar.

Nadie puede regatearle al arzobispo de Lima su derecho a condenar el aborto, desde luego. Éste es un tema delicado, que enciende los ánimos y provoca la beligerancia verbal —y a veces física— en los países donde se suscita, pero sería de desear que los prelados de la Iglesia que tienen posiciones tan rectilíneas y feroces sobre el tema del aborto, y no vacilan en llamar «asesinos», como él lo ha hecho, a quienes estamos en favor de su despenalización, mostraran una cierta coherencia ética en sus pronunciamientos sobre este asunto.

A quienes estamos a favor de la despenalización jamás se nos ocurriría proponer que el aborto fuera impuesto ni obligatorio, como lo fue en China Popular hasta hace algunos años, o en la India, por un breve período, cuando era Primera Ministra la señora Indira Gandhi. Por el contrario; exigimos que, como ocurre en Inglaterra, España, Francia, Suiza, Suecia y demás democracias avanzadas de Europa occidental, donde la interrupción de la maternidad está autorizada bajo ciertas condiciones, ésta sólo se pueda llevar a la práctica después de comprobar que la decisión de la madre al respecto es inequívoca, sólidamente fundada, y encuadrada dentro de los casos autorizados por la ley. A diferencia de esos fanáticos que en nombre de «la vida» incendian las clínicas donde se practican abortos, acosan y a veces asesinan a sus médicos y enfermeras, y quisieran movilizar a la fuerza pública para obligar a las madres a tener los hijos que no quieren o no pueden tener (aunque sean producto de una violación o en ello les vaya la vida), quienes defendemos la despenalización no queremos obligar a nadie a abortar: sólo pedimos que no se añada la persecución criminal a la tragedia que es siempre para una mujer verse obligada a dar ese paso tremendo y traumático que es interrumpir la gestación.

Desde luego que sería preferible que ninguna mujer tuviera que verse impelida a abortar. Para ello, por lo pronto es indispensable que haya una política avanzada de educación sexual entre los jóvenes y que el Estado y las instituciones de la sociedad civil suministren información y ayuda práctica para la planificación familiar, algo a lo que la Iglesia católica también se opone. Desde luego, la planificación familiar sólo puede consistir en facilitar una información sexual lo más amplia y objetiva posible, y una ayuda a quien la solicita, pero de ninguna manera en inducir, y mucho menos en imponer por la fuerza a las mujeres una determinada norma de conducta en torno a la gestación y el alumbramiento.

La dictadura de Fujimori y de Montesinos no lo entendió así. Estaba a favor de la «planificación familiar» y la puso en práctica, con una crueldad y salvajismo sólo comparables a las castraciones y esterilizaciones forzosas que llevaron a cabo los nazis contra los judíos, negros y gitanos en los campos de concentración. Los agentes de salud —enfermeras y médicos entre ellos— de la dictadura que asoló el Perú entre 1990 y 2000 se valían de estratagemas farsescas, en las campañas que llevaban a cabo en comunidades y aldeas campesinas, principalmente andinas, aunque también selváticas y costeñas, como convocar a las mujeres a vacunarse o a ser examinadas gratuitamente. En verdad, y sin que nunca se enteraran de ello, eras castradas. De este modo fueron esterilizadas más de trescientas mil mujeres, según ha revelado una investigación parlamentaria. Fujimori seguía de cerca esta operación —en la que perecieron desangradas o por infecciones millares de campesinas— de la que le informaba semanalmente el Ministerio de Salud.

¿Dónde estaba el furibundo arzobispo de Lima mientras la dictadura de sus simpatías perpetraba, con alevosía y descaro, este crimen de lesa humanidad contra cientos de miles de mujeres humildes? ¿Por qué no salió entonces a defender «la vida» con las destempladas matonerías con que sale ahora a pedir a Dios «que no bendiga» a quienes perpetran abortos? ¿Por qué no ha dicho nada todavía contra esos cobardes e hipócritas funcionarios del fujimorato que cometieron aquellos crímenes colectivos valiéndose del engaño más innoble para cometerlos?

Las organizaciones feministas le han recordado al arzobispo Cipriani que unos trescientos cincuenta mil abortos «clandestinos» se llevan a cabo anualmente en el Perú. Y pongo clandestinos entre comillas pues, en realidad, no lo son. La periodista Cecilia Valenzuela mostró, en su programa «Entre líneas», la misma noche de la homilía del cardenal, un espeluznante reportaje sobre el «aborto clandestino» en el que aparecían dantescas imágenes de fetos arrojados en las playas de Lima y avisos publicitarios, en muchos periódicos locales, de comadronas y aborteros que ofrecían al público servicios de «raspados» y «amarre de trompas», sin el menor disimulo. Ésta es una realidad que el Estado no puede soslayar: cientos de miles de mujeres se ven obligadas a abortar y lo hacen en condiciones que reflejan la abismal disparidad social y económica de la sociedad peruana. En el Perú, como en la mayor parte de los países que penalizan el aborto, las mujeres de la clase media y alta abortan en clínicas y hospitales garantizados, y por mano de médicos diplomados. Las pobres —la inmensa mayoría—, en cambio, lo hacen en condiciones misérrimas en las que a menudo la madre se desangra y muere a causa de la falta de higiene y de infecciones. La despenalización del aborto no persigue estimular su práctica; sólo paliar y dar un mínimo de seguridad y cuidado a un quehacer desgraciadamente generalizado y cuyas víctimas principales son las mujeres de escasos recursos. No es inhumanidad y crueldad lo que lleva a innumerables madres a interrumpir el embarazo: es el espanto de traer al mundo niños que llevarán una vida de infierno debido a la miseria y la marginación.

La Iglesia católica tiene todo el derecho de defender su rechazo del aborto y de pedir a los creyentes que no lo practiquen. Pero no tienen derecho alguno de prohibir a quienes no son católicos actuar de acuerdo a sus propios criterios y a su propia conciencia, en una sociedad donde, afortunadamente, el Estado es laico y —por el momento, al menos— democrático. La discusión sobre dónde y cuándo comienza la vida no es ni puede ser «científica». Decidir si el embrión de pocas semanas es ya la vida, o si el *nasciturus* es sólo un proyecto de vida, no es algo que los médicos o los biólogos determinen en función de la ciencia. Eso es algo que deciden en función de su fe y sus convicciones, como nosotros, los legos. Con el mismo argumento que los partidarios de la penalización proclaman que el embrión es ya «la vida» podría sostenerse que ella existe todavía antes, en el espermatozoide, y que, por lo tanto, el orgasmo de cualquier índole constituye un verdadero genocidio. Por eso, en las democracias, es decir, en los países más civilizados del mundo, donde impera la ley y la libertad existe, y los derechos humanos se respetan y la violencia social se ha reducido más que en el resto del mundo, esa discusión ha cedido el paso a una tolerancia recíproca donde cada cual actúa en este campo de acuerdo a sus propias convicciones, sin imponérselas a los que no piensan igual, mediante la amenaza, la fuerza o el chantaje. Y en ellos se reconoce que la decisión de tener o no tener un hijo es un derecho soberano de la madre sobre la que nadie debe interferir, siempre y cuando aquella decisión la madre la adopte con plena conciencia y dentro de los plazos y condiciones que fija la ley. Si alguna vez el país en el que nací alcanza los niveles de civilización y democracia de Inglaterra, Suecia, Suiza y (ahora) España, para citar sólo los que conozco más de cerca, ésta será también la política que terminará por imponerse en el Perú. (Ya sé que falta mucho para eso y que yo no lo veré).

Una última apostilla. Cada vez que se le afea su conducta ciudadana y sus ucases políticos, el arzobispo de Lima blande la cruz y, envuelto en la púrpura, clama, epónimo: «¡No ataquen a la Iglesia de Cristo!». Nadie ataca a la Iglesia de Cristo. Yo, por lo menos, no lo hago. Aunque no soy católico, ni creyente, tengo buenos amigos católicos, y entre ellos, incluso, hasta algunos del Opus Dei. Tuve un gran respeto y admiración por el antiguo arzobispo de Lima, el cardenal Vargas Alzamora, que defendió los derechos humanos con gran coraje y serenidad en los tiempos de la dictadura, y que fue una verdadera guía espiritual para todos los peruanos, creyentes o no. Y lo tengo por monseñor Luis Bambarén, o por el padre Juan Julio Wicht, el jesuita que se negó a salir de la embajada del Japón y prefirió compartir la suerte de los secuestrados del Movimiento Revolucionario Túpac Amaru, y por el padre Gustavo Gutiérrez, de cuyo talento intelectual disfruto cada vez que lo leo, pese a mi agnosticismo. Ellos, y muchos otros como ellos entre los fieles peruanos, me parecen representar una corriente moderna y tolerante que cada vez toma más distancia con la tradición sectaria e intransigente de la Iglesia —la de Torquemada y las parrillas de la Inquisición— que el vetusto cardenal Juan Luis Cipriani se empeña en mantener viva contra viento y marea.

Lima, 28 de noviembre de 2002

Los hispanicidas

El alcalde de Lima, Luis Castañeda Lossio, ha hecho retirar entre gallos y medianoche la estatua ecuestre de Pizarro que durante muchos años cabalgó simbólicamente en una esquina de la plaza de Armas, frente a Palacio de Gobierno, en un pequeño recuadro de cemento. Leo en un cable de agencia que, a juicio del burgomaestre, esta estatua era «lesiva a la peruanidad». El arquitecto Santiago Agurto, que llevaba ya años haciendo campaña para que se perpetrara este hispanicidio, se apresuró a cantar victoria: «Ese hombre a caballo con la espada desenvainada y el gesto violento dispuesto a matar agrede a las personas. Como peruano, siento que es ofensivo por el aspecto que de Pizarro se elige perpetuar: el de Conquistador». Aquella placita, ya desbautizada, no se llamará más Pizarro sino Perú —naturalmente— y en lugar de la estatua del fundador de Lima lucirá en el futuro una gigantesca bandera del Tahuantinsuyo. Como esta bandera nunca existió, cabe suponer que la está manufacturando a toda prisa algún artista autóctono y que la engalanará con muchos colorines para que resulte más folclórica.

La demagogia, cuando alcanza ciertos extremos, se vuelve poesía, humor negro, disparate patafísico, y, en vez de enojar, resulta divertida. Se habrá advertido que los dos protagonistas de esta historia ostentan apellidos españoles a más no poder (Lossio debe ser italiano) y que, por lo tanto, sin los huesos que acaban de pisotear, sus ancestros jamás hubieran llegado a ese país cuya estirpe tahuantisuyana (es decir, inca) reivindican como la única válida de la «peruanidad». Por lo demás, el indigenismo truculento que aletea detrás de lo que han hecho no es indio en absoluto, sino otra consecuencia directa de la llegada de los europeos a América, una ideología ya por fortuna trasnochada que hunde sus raíces en el romanticismo nacionalista y étnico del siglo XIX, y que en el Perú hicieron suya intelectuales impregnados de cultura europea (que habían leído no en quechua sino en español, italiano, francés e inglés). El de mejores lecturas entre esos indigenistas, el historiador Luis E. Valcárcel, un caballero de abolengo españolísimo, llegó a sostener que las iglesias y conventos coloniales debían ser destruidos, pues representaban «el anti Perú» (después, moderó sus furores antieuropeos y borró esta frase del libro en que la estampó). En lo que parece ser una constante, quienes de rato en rato han enarbolado en la historia del Perú este peruanismo hemipléjico, que pretende abolir la vertiente española y occidental de un país que José María Arguedas —alguien que sí podía hablar del Perú indio con conocimiento de causa— definió con mucho acierto como el de «todas las sangres», y fundar la nacionalidad peruana exclusivamente en el legado prehispánico, no han sido peruanos indios sino distraídos peruanos mestizos o peruanos de origen europeo que, al postular semejante idea tuerta y manca del Perú, perpetraban sin advertirlo una autoinmolación, pues se excluían y borraban ellos mismos de la realidad peruana.

En este caso la mezquindad no atañe sólo a la abolición de la vertiente española de la peruanidad. El alcalde de Lima parece ignorar que el Tahuantinsuyo representa apenas unos cien años de nuestro pasado, el tiempo de un suspiro en el curso de una historia que tiene más de diez mil años de antigüedad. La bandera que se va a inventar para que flamee en la plaza Perú representará apenas a un segmento minúsculo del vasto abanico de culturas, civilizaciones y señoríos prehispánicos —entre ellos los mochicas, los chimús, los aymaras, los nazcas, los chancas, los puquinas y muchos más— que fueron sucediéndose en el tiempo, o mezclándose hasta que, con la llegada de los europeos, surgió, de ese encuentro violento y cargado de injusticias —como han surgido todas las naciones—, la amalgama de razas, lenguas, tradiciones, creencias y costumbres que llamamos Perú. Ser tantas cosas a la vez puede serlo todo —una sociedad que entronca directa o indirectamente con el crucigrama de culturas diseminadas por el mundo, un verdadero microcosmos de la humanidad— o puede no ser nada, una mera ficción de provincianos confusos, si en ese entramado multirracial y multicultural que es nuestro país se pretende establecer una identidad excluyente, que afirmando como esencia de la peruanidad una sola de sus fuentes repudie todas las demás. Parece asombroso tener que recordar a estas alturas de la evolución del mundo que el Tahuantinsuyo desapareció pronto hará quinientos años y que lo que queda de él está indisolublemente fundido y confundido con otros muchos ingredientes dentro de la historia y la realidad contemporánea del Perú. Lástima que los señores Castañeda Lossio y Agurto Calvo no tengan del Perú la noción generosa y ancha que tenían los incas del Tahuantinsuyo. Ellos no eran nacionalistas y, en vez de rechazar lo que no era incaico, lo incorporaban a su mundo multicultural: los dioses de los pueblos conquistados eran asimilados al Panteón cusqueño y desde entonces, al igual que los nuevos vasallos, formaban parte integrante del imperio incaico.

Pizarro y lo que llegó con él a nuestras costas —la lengua de Cervantes, la cultura occidental, Grecia y Roma, el cristianismo, el Renacimiento, la Ilustración, los Derechos del Hombre, la futura cultura democrática y liberal, etcétera— es un componente tan esencial e insustituible de la peruanidad como el Imperio de los incas, y no entenderlo así, si no es ignorancia crasa, es un sectarismo ideológico nacionalista tan crudo y fanático como el que proclamaba no hace mucho que ser alemán era ser ario puro o el que proclama en nuestros días que no ser musulmán es no ser árabe o que quien no es cristiano no es o no merece ser europeo. Si hay algo de veras lesivo a la peruanidad es este nacionalismo racista y cerril que asoma su fea cabeza detrás de la defenestración de la estatua de Francisco Pizarro, un personaje que, les guste o no les guste a los señores Castañeda Lossio y Agurto Calvo, es quien sentó las bases de lo que es el Perú y fundó no sólo Lima, sino lo que ahora llamamos peruanidad.

No era un personaje simpático, sin duda, como no lo son los conquistadores por definición, y desde luego que su vida violenta y sus acciones beligerantes y a veces feroces, y las malas artes de que a menudo se valió para derrotar a los incas deben ser recordadas y criticadas por los historiadores, sin olvidar, eso sí, que buena parte de esa violencia que lo acompañó toda su vida y que sus acciones derramaron a su alrededor venía de los tiempos sanguinarios en que vivía y que idéntica violencia y ferocidad hicieron posible la construcción del Tahuantinsuyo en tan breve tiempo, una historia que, como todas las historias de los imperios —el inca y el español entre ellos— estuvo plagada de sangre, de injusticia, de traiciones y del sacrificio de incontables generaciones de inocentes. Está muy bien criticar a Pizarro y defender la libertad y la justicia y los derechos humanos no sólo en el presente, también en el pasado, aun para aquellos tiempos en que esas nociones no existían con su contenido y resonancias actuales. Pero a condición de no cegarse y asumir la realidad entera, no descomponiéndola y mutilándola artificialmente para bañarse de buena conciencia. Criticar a Pizarro y a los conquistadores, tratándose de peruanos, sólo es admisible como una autocrítica, y que debería ser muy severa y alargarse siempre hasta la actualidad, pues muchos de los horrores de la conquista y de la incorporación del Perú a la cultura occidental se siguen perpetuando hasta hoy y los perpetradores tienen no sólo apellidos españoles o europeos, sino también africanos, asiáticos y a veces indios. No son los conquistadores de hace quinientos años los responsables de que en el Perú de nuestros días haya tanta miseria, tan espantosas desigualdades, tanta discriminación, ignorancia y explotación, sino peruanos vivitos y coleando de todas las razas y colores.

Escribo esta nota en Colombia, un país que, a diferencia del Perú, donde todavía se dan brotes de indigenismo tan obtuso como el que comento, ha asumido todo su pasado sin complejos de inferioridad, sin el menor resentimiento, y que por lo mismo está muy orgulloso de hablar en español —los bogotanos lo hablan muy bien, sea dicho de paso, y algunos colombianos lo escriben como los dioses— y de ser, gracias a su historia, un país moderno y occidental. El conquistador Jiménez de Quesada da su nombre a una de las más elegantes avenidas de la capital y en ella hay un monumento a su memoria no lejos del bonito edificio que es sede de la Academia de la Lengua y del Instituto Caro y Cuervo, un centro de estudios que es motivo de orgullo para todos quienes hablamos y escribimos en español. El alcalde de Bogotá, Antanas Mockus, cuyo origen lituano nadie considera «lesivo a la colombianidad» (¿se dirá así?), en vez de descuajar estatuas de conquistadores e inventarse banderas chibchas, está modernizando y embelleciendo la ciudad de Bogotá —sigue en esto la política de su antecesor, el alcalde Enrique Peñalosa—, perfeccionando su sistema de transportes (ya excelente) y estimulando su vida cultural y artística de una manera ejemplar. Por ejemplo, incrementando la red de bibliotecas —BiblioRed— que el ex alcalde Peñalosa sembró en los barrios más deprimidos de la ciudad. Dediqué toda una mañana a recorrer tres de ellas, la de El Tintal, la de El Tunal y especialmente la envidiable Biblioteca Pública Virgilio Barco. Magníficamente diseñadas, funcionales, enriquecidas de videotecas, salas de exposiciones y auditorios donde hay todo el tiempo conferencias, conciertos, espectáculos teatrales, rodeadas de parques, estas bibliotecas se han convertido en algo mucho más importante que centros de lectura: en verdaderos ejes de la vida comunitaria de esos barrios humildes bogotanos, donde acuden las familias en todos sus tiempos libres porque en esos locales y en su entorno viejos, niños y jóvenes se entretienen, se informan, aprenden, sueñan, mejoran y se sienten partícipes de una empresa común. No le haría mal al hispanicida que en mala hora eligieron los limeños para poner al frente de la municipalidad de Lima darse una vuelta por Bogotá y, observando cómo cumple con sus deberes su colega colombiano, descubrir la diferencia que existe entre la demagogia y la responsabilidad, entre la cultura y la ignorancia y entre la altura de miras y la pequeñez.

Bogotá, 5 de mayo de 2003

El Perú no necesita museos

El autor de esta teoría —que el Perú no necesita museos mientras sea pobre y con carencias sociales— es el señor Ántero Flores Aráoz, ministro de Defensa del Gobierno peruano. No se trata de un gorila lleno de entorchados y sesos de aserrín, sino de un abogado que, como profesional y político, ha hecho una distinguida carrera en el Partido Popular Cristiano, del que se separó hace algún tiempo para representar al Perú como embajador ante la OEA (Organización de Estados Americanos). ¿Qué puede inducir a un hombre que no es tonto a decir tonterías? Dos cosas, profundamente arraigadas en la clase política peruana y latinoamericana: la intolerancia y la incultura.

Para situar el ucase del ministro en su debido contexto hay que recordar que, entre 1980 y 2000, el Perú padeció una guerra revolucionaria desatada por Sendero Luminoso cuyo salvajismo terrorista provocó una respuesta militar de una desmesura también vertiginosa. Cerca de setenta mil peruanos, la inmensa mayoría de los cuales eran humildes campesinos de los Andes y habitantes de los pueblos más pobres y marginales del país, murieron en ese cataclismo.

Al terminar la dictadura de Alberto Fujimori (a punto de ser condenado en estos días por los crímenes contra los derechos humanos perpetrados durante su régimen), el Gobierno democrático nombró una Comisión de la Verdad y la Reconciliación para investigar la magnitud de esta tragedia social. Presidida por un respetado intelectual y filósofo, el doctor Salomón Lerner, ex rector de la Pontificia Universidad Católica del Perú, la comisión elaboró un documentado estudio de esos años sangrientos y un cuidadoso análisis de las causas, consecuencias y el saldo en vidas humanas, destrucción de bienes públicos y privados, torturas, secuestros, desaparición de personas y de aldeas de la violencia de esos años. Un vasto sector de opinión pública reconoció el valioso trabajo de la

621

comisión, pero, como era de esperar, sus conclusiones fueron criticadas y rechazadas por círculos militares y por las pandillas sobrevivientes del fujimorismo, que, de este modo, se curaban en salud de su complicidad con un régimen autoritario que, además de cleptómano y corrompido hasta los tuétanos, detenta un pavoroso prontuario de asesinatos, torturas y desapariciones perpetrados con el pretexto de la lucha antisubversiva.

La comisión organizó, con los materiales de su investigación, una de las más conmovedoras exposiciones que se hayan visto jamás en el Perú y que todavía se puede visitar, aunque en formato algo reducido, en el Museo de la Nación, en Lima. Llamada «Yuyanapaq» («Para recordar»), muestra, en fotos, películas, cuadros sinópticos y testimonios diversos la ferocidad demencial con que los terroristas de Sendero Luminoso y del MRTA (Movimiento Revolucionario Túpac Amaru), y, también, comandos de las Fuerzas Especiales y grupos de aniquilamiento —como el tristemente célebre Grupo Colina— sembraron el horror segando decenas de millares de vidas humanas inocentes y la impotencia y desesperación de los sectores más humildes y desamparados del país ante ese vendaval que se abatió sobre ellos desencadenado por el fanatismo ideológico y el desprecio generalizado de la moral y de la ley.

Cuando la primera ministra alemana, Angela Merkel, vino en visita oficial al Perú ofreció que su Gobierno ayudaría a financiar un Museo de la Memoria, que, siguiendo las pautas sentadas por «Yuyanapaq», sería, a la vez, un documento genuino, didáctico y aleccionador sobre los estragos materiales y morales que padeció el Perú en los años del terror y un llamado a la reconciliación, a la paz y a la convivencia democrática. Por razones obvias, Alemania es sensible a estos temas y no es extraño que un país que ha hecho un admirable esfuerzo para enfrentarse a un pasado atroz con sentido autocrítico y ha conseguido superarlo y es por eso, ahora, una sociedad sólidamente democrática, haya querido apoyar la iniciativa de la Comisión de la Verdad y la Reconciliación.

Fiel a la palabra de la canciller, el Gobierno alemán propuso donar dos millones de dólares al Perú para la construcción del Museo de la Memoria, el que cuenta ya, incluso, con un posible terreno, en el Campo de Marte, en torno a una hermosa escultura de Lika Mutal inspirada en ese mismo drama: *El ojo que llora*. El Gobierno peruano, en una actitud lamentable, ha hecho saber que no acepta el donativo alemán. Y el ministro de Defensa ha sido el encargado de justificar semejante desaire con la teoría resumida en el título de este artículo.

El ministro ha explicado que en un país donde faltan tantas escuelas y hospitales y donde tantos peruanos pasan hambre, un museo no puede ser una prioridad. Según esta filosofía, los países sólo deberían invertir recursos en defensa de su patrimonio arqueológico, monumental y artístico una vez que hubieran asegurado la prosperidad y el bienestar para toda su población. Si semejante pragmatismo hubiera prevalecido en el pasado, no existirían el Prado, el Louvre, la National Gallery ni el Hermitage, y Machu Picchu hubiera debido ser rematado en subasta pública para comprar lápices, abecedarios y zapatos. Y el ministro ha refrendado las críticas que ya se habían hecho en el pasado a la Comisión de la Verdad y la Reconciliación y a «Yuyanapaq»: falta de imparcialidad, mantener una abusiva equidistancia entre los terroristas y las fuerzas del orden.

Esas críticas son de una injusticia flagrante. Nadie criticó al terrorismo de Sendero Luminoso y del MRTA más que yo. Fui candidato aquellos años y dediqué buena parte de mi campaña a denunciar sus crímenes y su locura fanática y a defender la necesidad de combatirlos con la máxima energía, pero dentro de la ley, porque si un Gobierno democrático empieza a utilizar los métodos de los terroristas para derrotar al terrorismo, como hizo Fujimori, aquéllos de algún modo ganan la guerra aunque parezca que la pierdan. Por eso hubo dos atentados fallidos contra mi vida, uno en Pucallpa y otro en Lima. Por otra parte, creo haber criticado con la misma constancia las contemporizaciones, cobardías y medias tintas de los intelectuales de izquierda frente al terrorismo. Por todo ello creo poder decir, con total objetividad, sin ser acusado de simpatías extremistas, después de haber pasado muchas horas leyendo los trabajos de la comisión, que hay en ellos un esfuerzo sostenido para desenterrar la verdad histórica entre el dédalo de documentos, testimonios, informes, declaraciones y manipulaciones contradictorios que debió cotejar. Sin duda que en esos nueve abultados volúmenes se han deslizados errores. Pero ni en sus considerandos ni en sus conclusiones hay la menor intención de parcialidad, sino, por el contrario, un afán honesto y casi obsesivo por mostrar con la mayor exactitud lo ocurrido, señalando de manera inequívoca que la primera y mayor responsabilidad de esa monstruosa carnicería la tuvieron los fanáticos senderistas y emerretistas convencidos de que asesinando a mansalva a todos sus opositores traerían al Perú el paraíso socialista.

Los peruanos necesitamos un Museo de la Memoria para combatir esas actitudes intolerantes, ciegas y obtusas que desatan la violencia política. Para que lo ocurrido en los años ochenta y noventa no se vuelva a repetir. Para aprender de una manera vívida a dónde conducen la sinrazón delirante de los ideólogos marxistas y maoístas y, asimismo, los métodos fascistas con que Montesinos y Fujimori los combatieron convencidos de que todo vale para lograr el objetivo aunque ello signifique sacrificar a decenas de miles de inocentes.

Los museos son tan necesarios para los países como las escuelas y los hospitales. Ellos educan tanto y a veces más que las aulas y sobre todo de una manera más sutil, privada y permanente que como lo hacen los maestros. Ellos también curan, no los cuerpos, pero sí las mentes, de la tiniebla que es la ignorancia, el prejuicio, la superstición y todas las taras que incomunican a los seres humanos entre sí y los enconan y empujan a matarse. Los museos reemplazan la visión pequeñita, provinciana, mezquina, unilateral, de campanario, de la vida y las cosas por una visión ancha, generosa, plural. Afinan la sensibilidad, estimulan la imaginación, refinan los sentimientos y despiertan en las personas un espíritu crítico y autocrítico. El progreso no significa sólo muchos colegios, hospitales y carreteras. También, y acaso, sobre todo, esa sabiduría que nos hace capaces de diferenciar lo feo de lo bello, lo inteligente de lo estúpido, lo bueno de lo malo y lo tolerable de lo intolerable, que llamamos la cultura. En los países donde hay muchos museos la clase política suele ser bastante más presentable que en los nuestros y en ellos no es tan frecuente que quienes gobiernan digan o hagan tonterías.

Lima, 2 de marzo de 2009

¿Un castillo de naipes?

Cuando, en julio de 1974, la dictadura del general Juan Velasco Alvarado estatizó todos los diarios y canales de televisión en el Perú, explicó que hasta entonces en el país sólo había habido libertad de empresa y que a partir de ahora, al pasar los medios de comunicación de sociedades capitalistas al «pueblo organizado», comenzaría a existir la verdadera libertad de prensa. La realidad fue distinta. Los diarios, radios y canales expropiados se dedicaron a ensalzar todas las iniciativas del régimen, a difamar y silenciar a sus críticos y, además de desaparecer toda libertad de información, el periodismo peruano alcanzó aquellos años unos extraordinarios niveles de mediocridad y envilecimiento. Por eso, cuando, seis años después, al ser elegido presidente, Fernando Belaúnde Terry devolvió los diarios y demás medios estatizados a sus dueños, una gran mayoría de peruanos celebró la medida.

Creo que a partir de entonces buena parte de la opinión pública en el país aceptó —algunos con alborozo y otros a regañadientes— que la libertad de prensa era inseparable de la libertad de empresa y de la propiedad privada, pues, cuando éstas desaparecían, con ellas se esfumaba la información independiente así como toda posibilidad de criticar al poder. Por eso, la dictadura de Fujimori y Montesinos utilizó una manera menos burda que la estatización para asegurarse una prensa adicta: la intimidación o repartir bolsas de dólares entre periodistas y dueños de medios de comunicación.

Ahora bien, que haya una economía de mercado y se respete la propiedad privada no basta, por sí sola, para garantizar la libertad de prensa en un país. Ésta se ve amenazada, también, si un grupo económico pasa a controlar de manera significativamente mayoritaria los medios de comunicación escritos o audiovisuales. Es lo que acaba de ocurrir en el Perú con la compra, por el grupo El Comercio, de los diarios de Epensa, operación que le asegura el control de poco menos que el ochenta por ciento de la prensa escrita en el país. (El Comercio posee también un canal de cable y el más importante canal de televisión de señal abierta del Perú). Esto ha generado un intenso debate sobre la libertad de información y de crítica, algo, me parece, sumamente útil porque el tema desborda el ámbito nacional y afecta a buena parte de los países latinoamericanos.

Ocho periodistas han presentado una acción de amparo al Poder Judicial pidiendo que anule aquella compra, pues, alegan, transgrede el principio constitucional prohibiendo que los medios sean «objeto de exclusividad, monopolio ni acaparamiento». Por su parte, El Comercio sostiene que el modelo de compra que ha efectuado con los diarios de Epensa sólo concierne a su impresión y distribución, y preserva su línea editorial. Sin embargo, según precisó Enrique Zileri Gibson, uno de aquellos ocho periodistas, ni uno solo de los diarios de El Comercio y de Epensa informó que el Poder Judicial había dado trámite a la acción de amparo en contra de la fusión. ¿Esta unanimidad en el silenciamiento era puramente casual?

Ningún país democrático admite que un órgano de prensa acapare porcentajes elevados del mercado de la información, porque, si lo admitiera, la libertad de prensa y el derecho de crítica se verían tan radicalmente amenazados como cuando el poder político se apropia de los medios para «liberarlos de la explotación capitalista». La pregunta clave es: ¿cuál es la mejor manera de impedir el monopolio, privado o estatal, de la información? ¿Una ley de medios, discutida y aprobada en el Parlamento? Es lo que ha anunciado que presentará un congresista, Manuel Dammert, proyecto que contaría con el apoyo de dos de los partidos que sostienen al Gobierno del presidente Humala.

Éste sería, en mi opinión, un remedio peor que la enfermedad. En vez de garantizar la diversificación informativa, pondría en manos del poder político un arma que le permitiría recortar la libertad de prensa y hasta abolirla. Es verdad que en varias democracias avanzadas hay leyes específicas contra el monopolio y organismos de Estado que verifican su cumplimiento, como la española Comisión Nacional de la Competencia. Son organismos de Estado, no de gobierno. Esta distinción sólo es real en las sociedades desarrolladas. En el mundo del subdesarrollo la diferencia entre Estado y Gobierno es retórica, pues, en la práctica éste último coloniza el Estado y lo pone a su servicio. Por eso, todas las leyes de medios que se han dado en los últimos años en América Latina, en Venezuela, en Argentina, en Bolivia, en Ecuador, han servido a gobiernos populistas o autoritarios para recortar drásticamente la libertad de información y de opinión y hacer pender, como una espada de Damocles, la amenaza del cierre, la censura o la expropiación a los órganos de prensa indóciles y críticos de su gestión.

¿Cuál es, entonces, la salida? ¿Aceptar, como mal menor, que un órgano de prensa controle más de tres cuartas partes de la información y creer los sofismas de los valedores de El Comercio sosteniendo que la fusión carece de connotaciones políticas y resulta únicamente de la eficacia y talento con que han sabido vender su «producto» en el mercado informativo? Para semejante razonamiento, no hay diferencia entre un órgano de prensa y «productos» como las cacerolas o los jugos de fruta. La realidad es que cuando una cacerola derrota a sus competidores y se queda dueña del mercado lo peor que puede pasar es que el precio de las cacerolas suba o que «el producto» empiece a deteriorarse, porque el monopolio suele producir ineficiencia y corrupción. En cambio, cuando un órgano de prensa anula a los competidores y se convierte en amo y señor de la información, ésta pasa a ser un monólogo tan cacofónico como el de una prensa estatizada y con ella no sólo la libertad de información y de crítica se deterioran, también la libertad a secas se halla en peligro de eclipsarse.

La manera más sensata de conjurar este peligro es, creo, la que han elegido los ocho valientes periodistas que se han enfrentado al gigante: recurrir al Poder Judicial a fin de que determine si la fusión transgrede el principio constitucional contra el monopolio y el acaparamiento, como creemos muchos demócratas peruanos, o es lícita. Este proceso, con las inevitables apelaciones, puede llegar hasta las más altas instancias judiciales, desde luego, e, incluso, al Tribunal Constitucional o a la Corte Interamericana de Derechos Humanos, de San José. A mí me gustaría que llegara hasta allí, porque ésta es una institución verdaderamente independiente y capaz, de modo que su fallo tiene más posibilidades de obtener el asentimiento de la opinión pública peruana.

Nada semejante ocurriría si llega a prosperar la iniciativa —inoportuna y profundamente perjudicial para un Gobierno que, hasta ahora, ha respetado las instituciones democráticas— del congresista Manuel Dammert. Por desgracia, el Congreso tiene muy poca autoridad moral e intelectual en el país —en todas las encuestas es una de las instituciones peor valoradas— y no hay posibilidad de que este debate fundamental sobre la libertad de prensa se lleve a cabo allí de la manera serena y alturada que requiere un asunto esencialmente vinculado a la supervivencia de la democracia.

Una ley de prensa sólo es aceptable si ella nace del consenso de todas las fuerzas democráticas de un país, como ocurre en Estados Unidos, el Reino Unido, España o Francia, algo que, en las actuales circunstancias, en el Perú, donde la vida política está fracturada y enconada hasta extremos absurdos —precisamente en el momento en que su economía marcha mejor, la democracia funciona, crece la clase media, progresa la lucha contra la pobreza y la imagen exterior del país es muy positiva—, jamás se produciría y la fractura y el encono aumentarían en una disputa donde los argumentos legales y principistas serían arrasados en la incandescencia del debate político.

Pero, aun si se produjera aquel consenso, yo creo que una ley de medios es innecesaria cuando existe un dispositivo constitucional tan claro respecto a la necesidad de mantener el carácter plural y diverso de la prensa, a fin de que los distintos puntos de vista encuentren cómo expresarse. Es mejor que cuando se susciten casos como el que nos ocupa, se recurra al Poder Judicial, de manera específica, en busca de una solución concreta al asunto materia de controversia. Es un procedimiento más lento, sin duda, pero con menos riesgos en lo que concierne al objetivo primordial: preservar una libertad de opinión y de crítica sin la cual la democracia se desmorona como un castillo de naipes.

Lima, enero de 2014

Salir de la barbarie

El Perú tiene en estos días una oportunidad para dar un paso más en el camino de la cultura de la libertad, dejando atrás una de las formas más extendidas y practicadas de la barbarie, que es la homofobia, es decir, el odio a los homosexuales. El congresista Carlos Bruce ha presentado un proyecto de ley de Unión Civil entre personas del mismo sexo, que cuenta con el apoyo del Ministerio de Justicia, la Defensoría del Pueblo, de las Naciones Unidas y de Amnistía Internacional. Los principales partidos políticos representados en el Congreso, tanto de derecha como de izquierda, parecen favorables a la iniciativa, de modo que la ley tiene muchas posibilidades de ser aprobada.

De este modo, el Perú sería el sexto país latinoamericano y el sesenta y uno en el mundo en reconocer legalmente el derecho de los homosexuales de vivir en pareja, constituyendo una institución civil equivalente (aunque no idéntica) al matrimonio. Si da este paso, tan importante como haberse por fin librado de la dictadura y del terrorismo, el Perú comenzará a desagraviar a muchos millones de peruanos que, a lo largo de su historia, por ser homosexuales fueron escarnecidos y vilipendiados hasta extremos indescriptibles, encarcelados, despojados de sus derechos más elementales, expulsados de sus trabajos, sometidos a discriminación y acoso en su vida profesional y privada y presentados como anormales y degenerados.

Ahora mismo, en el previsible debate que este proyecto de ley ha provocado, la Conferencia Episcopal Peruana, en un comunicado cavernario y de una crasa ignorancia, afirma que el homosexualismo «contraría el orden natural», «atenta contra la dignidad humana» y «amenaza la sana orientación de los niños». El inefable arzobispo primado de Lima, el cardenal Cipriani, por su parte, ha pedido que haya un referéndum nacional sobre la Unión Civil.

Muchos nos hemos preguntado por qué no pidió esa consulta popular cuando el régimen dictatorial de Fujimori, con el que fue tan comprensivo, hizo esterilizar *manu militari* y con pérfidas mentiras a millares de campesinas (haciéndoles creer que las iba a vacunar), muchas de las cuales murieron desangradas a causa de esta criminal operación.

Hace algunos años, me temo, una iniciativa como la del congresista Carlos Bruce (quien, dicho sea de paso, acaba de ser amenazado de muerte por un fanático) hubiera sido imposible, por la férrea influencia que ejercía el sector más troglodita de la Iglesia católica sobre la opinión pública en materia sexual, y, aunque en la práctica el homosexualismo fuera la opción ejercida por una franja considerable de la sociedad, esta práctica era riesgosa, clandestina y vergonzante, porque quien se atrevía a reivindicarlo a cara descubierta era objeto de un instantáneo linchamiento público. Las cosas han cambiado desde entonces, para mejor, aunque todavía quede mucha maleza por desbrozar. Veo, en el debate actual, que intelectuales, periodistas, artistas, profesionales, dirigentes políticos y gremiales, oenegés, instituciones y organizaciones católicas de base se pronuncian con meridiana claridad contra exabruptos homófobos como los de la Conferencia Episcopal y los de alguna de las sectas evangélicas que están en la misma línea ultraconservadora, y recuerdan que el Perú es constitucionalmente un país laico, donde todos tienen los mismos derechos. Y que, entre los derechos de que gozan los ciudadanos en un país democrático, figura el de optar libremente por su identidad sexual.

Las opciones sexuales son distintas, pero no normales y anormales según se sea gay, lesbiana o heterosexual. Y, por eso, gays, lesbianas y heterosexuales deben gozar de los mismos derechos y obligaciones, sin ser por ello perseguidos y discriminados. Creer que lo normal es ser heterosexual y que los homosexuales son «anormales» es una creencia prejuiciosa, desmentida por la ciencia y por el sentido común, y que sólo orienta la legislación discriminatoria en países atrasados e incultos, donde el fanatismo religioso y el machismo son fuente de atropellos y de la desgracia y sufrimiento de innumerables ciudadanos cuyo único delito es pertenecer a una minoría. La persecución al homosexual, que predican quienes difunden sandeces irracionales como la «anomalía» homosexual, es tan cruel e inhumana como la del racismo nazi o blanco que considera a judíos, negros o amarillos seres inferiores por ser distintos.

La Unión Civil es, claro está, sólo un paso adelante para resarcir a las minorías sexuales de la discriminación y acoso de que han sido y siguen siendo objeto. Pero será más fácil combatir el prejuicio y la ignorancia que sostienen la homofobia cuando el común de los ciudadanos vea que las parejas homosexuales que constituyan uniones civiles conformadas por el amor recíproco no alteran para nada la vida común y corriente de los otros, como ha ocurrido en todos (todos, sin excepción) los países que han autorizado las uniones civiles o los matrimonios entre parejas del mismo sexo. Las apocalípticas profecías de que, si se permiten parejas homosexuales, la degeneración sexual cundirá por doquier ¿dónde ha ocurrido? Por el contrario, la libertad sexual, como la libertad política y la libertad cultural, garantiza esa paz que sólo resulta de la convivencia pacífica entre ideas, valores y costumbres diferentes. No hay nada que exacerbe tanto la vida sexual y llegue a descarriarla a extremos a veces vertiginosos como la represión y negación del sexo. Sacudida como está por los casos de pedofilia que la han afectado en casi todo el mundo, la Iglesia católica debería comprenderlo mejor que nadie y actuar en consecuencia frente a este asunto, es decir, de manera más moderna y tolerante.

Yo creo que eso es una realidad de nuestros días y que cada vez más hay en el mundo católicos —laicos y religiosos— dispuestos a aceptar que el homosexual es un ser tan normal como el heterosexual y que, como éste, debe tener un derecho de ciudad, poder formar una familia y gozar de las mismas prerrogativas sociales y jurídicas que las parejas heterosexuales.

La llegada al Vaticano del Papa Francisco comenzó con muy buenos síntomas, pues los primeros gestos, declaraciones e iniciativas del nuevo pontífice parecían augurar reformas profundas en el seno de la Iglesia que la integraran a la vida y la cultura de nuestro tiempo. Todavía no se han concretado, pero no hay que descartarlo. Todos recordamos su respuesta cuando fue interrogado sobre los gays: «¿Quién soy yo para juzgarlos?». Era una respuesta que insinuaba muchas cosas positivas que tardan en llegar. A nadie —tampoco a los que no somos creyentes— conviene que, por su terca adhesión a una tradición intolerante y dogmática, una de las grandes Iglesias del mundo se vaya alejando del grueso de la humanidad y confinándose en unos márgenes retrógrados. Eso le está pasando en el Perú, por desgracia, desde que su jerarquía ha caído en manos de un oscurantismo agresivo como el que encarna el cardenal Cipriani y transpira el comunicado contra la Unión Civil de la Conferencia Episcopal. Digo, por desgracia, porque, aunque sea agnóstico, sé muy bien que, para el grueso de la colectividad, la religión siempre es necesaria, ya que ella le suministra las convicciones, creencias y valores básicos sobre el mundo y el trasmundo sin los cuales entra en aquel desconcierto y zozobra que los antiguos incas llamaban «la behetría», esa desolación y confusión colectivas que, según el Inca Garcilaso, padeció el Tahuantinsuyo en ese período en que pareció que los dioses se le eclipsaban.

Yo tengo la esperanza de que, contra lo que dicen ciertas encuestas, la ley de la Unión Civil, por la que se acaban de manifestar en las calles de Lima tantos millares de jóvenes y adultos, será aprobada y el Perú habrá avanzado algo más hacia esa sociedad libre, diversa, culta —desbarbarizada— que, estoy seguro, es el sueño que alienta la mayoría de peruanos.

Arequipa, abril de 2014

12. El Perú político V:
La frágil democracia (2000-2016)

La libertad recobrada

El tercer milenio ha traído a los peruanos la libertad que perdieron hace ocho años, con el autogolpe del 5 de abril de 1992. En pocos meses, el país ha cambiado de tal modo que parece otro. En los diarios, la radio y la televisión, así como en la vida política, renacen las costumbres democráticas —diversidad, controversia, crítica, legalidad, coexistencia—, que parecían extinguidas, y se respira por doquier un aire más limpio y confiado. Tal vez la fractura más dramática con lo que ocurría hasta ayer sea la apariencia que ofrece el nuevo Gobierno, el del presidente Valentín Paniagua y el primer ministro Pérez de Cuéllar, elegido por el Congreso para reemplazar al de Fujimori y Montesinos, los dos malhechores prófugos.

Aunque se trata de un Gobierno de transición hacia la democracia, cuya función es conducir un proceso electoral transparente y entregar el mando el próximo 28 de julio a quien resulte elegido en los comicios de abril, las encuestas revelan una inmensa simpatía y reconocimiento por Paniagua, un austero profesor que rehúye la publicidad tanto como su antecesor la buscaba, y que se empeña, con el limitado poder que detenta, en hacer bien su trabajo. Desconcierto, respeto, confianza, es la reacción mayoritaria frente al puñado de personas que, en torno al nuevo mandatario, hacen esfuerzos denodados por enderezar lo mucho que la dictadura torció y ensució: los peruanos redescubren, maravillados, lo importante que es tener en Palacio de Gobierno, y en los ministerios, gente que no roba, que no hace demagogia, que no atropella los derechos elementales y dice la verdad. Gobernantes a los que se puede fiscalizar y criticar. ¿Era esto posible, pues? Sí, desde luego, y más vale descubrirlo tarde que nunca.

Sin embargo, sería exagerado decir que el país ha recibido el año nuevo con la alegría y el optimismo que cabía esperar de una sociedad que se sacude de una dictadura. Por el contrario, la celebración ha sido moderada y, en innumerables familias, simbólica. La razón es la situación económica que, de la clase media para abajo, golpea de manera inmisericorde a los peruanos. Lo he visto de cerca, en un viaje rápido por Arequipa, mi ciudad natal, y alrededores: fábricas quebradas, aumento vertical del desempleo, caída de los niveles de vida, desesperanza e incertidumbre ilimitada, sobre todo en los jóvenes.

Pero, ha contribuido también al abatimiento que cunde en muchos sectores descubrir, gracias a la libertad recobrada, la vertiginosa corrupción que imperó en el Perú, a todos los niveles, en la más absoluta impunidad, durante el decenio fujimori-montesinista. No hay precedentes en la historia del Perú de un saqueo tan sistemático y oprobioso de los recursos públicos, ni de la gestación delictuosa de tales fortunas individuales a la sombra del poder político. Los ochocientos o mil millones de dólares que, se calcula, se embolsilló el ya celebérrimo Vladimiro Montesinos, traficando con los cárteles de la droga, contrabandeando armas o recibiendo comisiones en todas las adquisiciones de material bélico, además de chantajes a empresarios y puesta en subasta de las sentencias judiciales, es sólo la cara más espectacular de la pillería. Todos los días aparecen funcionarios, abogados o militares de la dictadura que, de la noche a la mañana, hicieron formidables inversiones, en propiedades, en acciones, y transfirieron millones de dólares a paraísos fiscales. Para mencionar sólo un ejemplo, al ex ministro de Defensa del régimen autoritario, general Víctor Malca —también prófugo— se le ha descubierto una fortuna de unos quince millones de dólares (en bancos de isla Grand Cayman) que, por fortuna, la comisión que investiga la corrupción ha conseguido congelar. En un país donde un joven profesional, con estudios de posgrado en el extranjero e idiomas, debe considerarse afortunado si consigue empezar con mil dólares al mes, y donde empleados y obreros reciben la tercera o cuarta parte de eso, es comprensible que ese fuego de artificio publicitario de las fantásticas fortunas mal habidas en estos años turbios produzca, junto con una sensación de asco y náusea, una tremenda desmoralización.

El Perú es un país pobre, para no decir pobrísimo. Salvo una minoría muy reducida que goza de altos niveles de vida, el resto, en una pendiente que se ancha como la base de una pirámide, va cayendo de manera veloz hasta los niveles de pobreza extrema en que están atrapados millones de peruanos. Los robos vertiginosos que Fujimori, Montesinos y sus cómplices cometieron en estos años, confiados en la impunidad que les garantizaba el control del Poder Judicial, de los medios de comunicación y de las fuerzas represivas, en un país de estas características paupérrimas, es, desde el punto de vista ético, doblemente punible, pero, también, hay que reconocerlo, una especie de hazaña financiera. El volumen del saqueo no se sabrá nunca con exactitud. Sin embargo, hay bastantes indicios para hacerse una idea de la magnitud de los atracos y despilfarros. Los once mil millones de dólares que entraron a las arcas del Estado en razón de las privatizaciones de empresas públicas ¿qué se hicieron? Una parte se gastó en operaciones populistas demagógicas —distribución de dádivas— en los sectores más pobres para poder acarrear gente a las manifestaciones del régimen. ¿Y el resto? No se empleó en reducir la deuda, desde luego, que, en los años de la dictadura, creció hasta rozar, en la actualidad, los treinta mil millones de dólares. Su servicio constituirá una pesada coyunda en los años venideros.

Acabar de sacar a la luz toda la inmundicia todavía oculta o a medio traslucirse de estos años es una de las obligaciones del Gobierno que van a elegir los peruanos dentro de cuatro meses. La tarea no será fácil, desde luego, pero es indispensable si se quiere que la recuperación democrática se haga sobre bases sólidas, y no sobre los cimientos podridos que deja el fujimorismo-montesinismo.

¿A quién le corresponderá presidir la magna tarea? Escribo este artículo cuando aún no se ha cerrado el plazo de inscripción de los candidatos. Todo indica que habrá muchos, acaso seis o más. Hasta ahora encabeza las encuestas, con una cuarta parte de la intención de voto, Alejandro Toledo, a quien la dictadura le robó la elección de abril pasado, y que, con sus llamados a la movilización popular contra el fraude, fue factor determinante del desplome del régimen. Detrás de él, algo rezagados, van dos figuras muy respetables, de impecables credenciales democráticas: la ex parlamentaria democristiana Lourdes Flores y Jorge Santistevan, el exdefensor del Pueblo. Es posible que haya otros candidatos salidos de la oposición a la dictadura, como el congresista Fernando Olivera, quien presentó el famoso video mostrando a Vladimiro Montesinos comprando a un parlamentario por quince mil dólares, episodio que dio el puntillazo final al régimen de Fujimori.

Esta fragmentación del voto opositor a la dictadura refleja, sin duda, el saludable pluralismo de opciones que caracteriza a la democracia. Pero podría tener, como involuntario corolario político, que en una segunda vuelta electoral —si nadie alcanza la mitad más uno de los votos— pasara a competir con el finalista el candidato del régimen defenestrado: el economista Carlos Boloña.

Ahora tiene sólo el seis por ciento de las intenciones de voto, pero la dispersión de candidaturas podría prestarle un gran servicio. No es un mal candidato. Fue un buen ministro de Economía en los comienzos del gobierno de Fujimori y muchos creemos que si, con el prestigio que entonces tenía, se hubiera opuesto a la alevosa traición antidemocrática de 1992, probablemente el golpe hubiera tenido muchas dificultades para prosperar. Pero no lo hizo y, más bien, lo ha servido hasta el final. Lo hace todavía, ahora con cierta maña.

Sus argumentos son que él salvó al Perú de la hiperinflación heredada del Gobierno de Alan García y que él es un técnico, al que nadie puede achacar ni un robo ni un crimen. Respecto a la corrupción, propone investigar las cuentas bancarias de los ministros de los últimos treinta años, dando a entender, así, subliminalmente, en una vuelta de tuerca a la frase de Simone de Beauvoir, que nadie es ladrón si lo son todos.

Confieso que he escuchado con un escalofrío la manera como Boloña se desentiende de toda responsabilidad con los desafueros cometidos por el Gobierno al que sirvió en dos oportunidades. Él no robó un centavo y por lo tanto nadie puede llamarlo un ladrón. Mientras Montesinos, Fujimori y su corte de forajidos se enriquecían sin freno, él, en su despacho ministerial, trabajaba patrióticamente para poner fin a la cancerosa inflación y atraer inversiones extranjeras. Mientras, en los sótanos de la Comandancia General del Ejército, se torturaba y asesinaba, y los comandos terroristas del Servicio de Inteligencia (SIN) secuestraban, mataban y desaparecían a peruanas y peruanos humildes, sin cara y sin nombre, él —un técnico, no un político— creaba puestos de trabajo. Imposible no recordar a Albert Speer, el ministro de Hitler, proclamando ante

sus jueces que él nunca envió un solo judío a los hornos cremato-
rios, que él era sólo un técnico empeñado en construir carreteras y
museos para el pueblo alemán.

Es hermoso el renacer de la democracia, sin duda. Pero la alegría
que nos causa no debería hacernos olvidar a los peruanos la extremada fragilidad sobre la que la libertad actual se asienta, y lo fácil que
ha sido desbaratarla una y otra vez en la historia por las artes combi-
nadas de la fuerza y el engaño.

Lima, enero de 2001

Entre la magia y la razón

El Perú acaba de celebrar sus primeras elecciones libres, luego de once años, con un rechazo frontal a todo lo que encarnó el régimen anterior. El candidato presidencial y las listas parlamentarias que defendían el legado autoritario y cleptómano de Fujimori y Montesinos se desintegraron en las ánforas, alcanzando porcentajes insignificantes que apenas superan el uno por ciento del total. ¿Qué mejor prueba del colosal fraude con el que la dictadura pretendió arrebatarle la victoria al candidato de la oposición, Alejandro Toledo, en las elecciones de abril pasado? Como ninguno de los aspirantes a la presidencia alcanzó la mitad más uno de los votos válidos, habrá una segunda vuelta, en la tercera semana de mayo, entre Toledo y Alan García, el ex presidente aprista (1985-1990), la gran sorpresa de esta justa electoral.

Luego de una década de ayuno democrático, no es de extrañar que la campaña electoral fuera, en vez de un civilizado cotejo de ideas y programas, un torneo de invectivas y operaciones de guerra sucia, en el que, incluso, el soterrado pero siempre presente asunto del prejuicio racial asomó su fea y explosiva cara. Toledo, que es indio, fue llamado «el auquénido de Harvard» y Lourdes Flores (socialcristiana) acusada de ser la candidata de los «blanquitos miraflorinos».

Mientras los partidarios de Toledo y Lourdes Flores socavaban con esta insensata estrategia de acoso y derribo sus respectivas candidaturas, Alan García, recién vuelto del exilio, y con sus juicios penales por enriquecimiento ilícito prescritos o suspensos, se paseaba por las plazas del Perú como un dechado de buenas maneras: sin atacar a nadie, elogiando a todo el mundo, haciendo un discreto *mea culpa* sobre sus errores pasados, y arrullando a su público con una oratoria de trinos castelarianos. Le dio excelentes resultados, pues obtuvo poco menos que el veintiséis por ciento de los votos, cuando, tres meses antes, las encuestas le concedían un porcentaje de apoyo entre el cuatro y el cinco por ciento. Toledo, en cambio, quien, al comienzo de la campaña, raspaba la mayoría absoluta, terminó sólo con el 36,58 por ciento, y Lourdes Flores —una candidata inteligente, íntegra y de impecables credenciales democráticas— quedó fuera de la liza, en tercer lugar, con el 24,08 por ciento de la votación.

Los resultados obtenidos por Alan García son, sin duda, lo más sorprendente de estas elecciones, teniendo en cuenta que en su gobierno, entre 1985 y 1990, se las arregló para producir la mayor hecatombe económica de la historia del país, y para dejarlo más empobrecido y fracturado que la guerra del Pacífico, a fines del siglo pasado. La sola mención de algunas cifras puede dar idea de lo que la irresponsabilidad y demagogia convertidas en política de gobierno causaron en aquellos cinco años al Perú: dos millones por ciento de inflación acumulada, lo que significa que los precios aumentaron casi veintidós mil veces en promedio; caída en un setenta y cinco por ciento de los salarios reales; desaparición de medio millón de puestos de trabajo; fuga generalizada de capitales; parálisis de la inversión. El PIB decreció en 7,4 por ciento y la producción agropecuaria en veintidós por ciento. Las reservas internacionales netas cayeron de ochocientos noventa y cuatro millones de dólares a ciento cinco millones. La deuda externa de trece mil millones de dólares aumentó a veinte mil millones de dólares. En los cinco años del gobierno de Alan García hubo tres mil quinientas huelgas (noventa mil horas-hombre perdidas) y cerca de trece mil quinientos atentados terroristas. El Perú fue declarado «país inelegible» por la comunidad financiera internacional y, por lo tanto, privado de créditos y ayuda económica en todo el mundo. Las nacionalizaciones, el intervencionismo estatal en la economía y la proliferación cancerosa de la burocracia catapultaron la corrupción a unos niveles desconocidos hasta entonces (pero, eso sí, superados con largueza, luego, por la dictadura fujimontesinista).

¿Tiene alguna explicación racional que alguien con semejantes credenciales obtenga el voto de la cuarta parte de los electores si excluimos la hipótesis de una peste de amnesia y masoquismo que hubiera hecho presa de uno de cada cuatro peruanos?

Las explicaciones que se dan son las siguientes. Que un millón de nuevos votantes no tenían recuerdo alguno de los desastres del Gobierno de García y votaron por éste seducidos exclusivamente por sus dotes oratorias. Que la persecución de que fue víctima —exilio, juicios, campañas mediáticas de descalificación— por parte de la dictadura de Fujimori tuvo el efecto de absolverlo de su desastrosa gestión y darle una suerte de baño político lustral. Que su nuevo mensaje reconciliador, prudente, levemente autocrítico, favorable a una economía «social» de mercado, al equilibrio fiscal, en favor de la inversión, ha causado una favorable impresión —«ha madurado, ya no es el Caballo Loco de los ochenta»—, en tanto que la virulencia de los otros candidatos alarmaba a muchos votantes.

Algo de cierto debe de haber en estas explicaciones, sin duda. Pero, quizás, la principal sea la de la falta de memoria histórica, falta achacable no sólo a los jóvenes, que no recuerdan el pasado porque no lo vivieron, sino también a los maduros y a los viejos, que lo padecieron, pero, luego, a consecuencia de peores padecimientos, lo olvidaron. Si hay algo que caracteriza, en el ámbito político, al subdesarrollo, es el adanismo. Siempre se está empezando desde cero, como si nada hubiera ocurrido antes, como si no hubiera ninguna provechosa lección que sacar de la experiencia vivida. Entender la vida como puro presente puede ser profiláctico, una manera de defenderse contra la hipoteca paralizante de un pasado que, para buen número de miembros de la sociedad, representa la frustración y el horror. Pero ésta es, también, una manera segura de repetir los errores y hacer de la historia, en vez de una línea ascendente de cambio y progreso, un remolino desesperante, una siniestra tautología.

Entre los políticos peruanos, no ha habido ninguno que haya aprovechado mejor, para su subida y eventual retorno al poder, esa naturaleza presentista, adánica, que con frecuencia asume entre nosotros la vida política, que Alan García. Para él hacer política es hablar, seducir, hechizar a un auditorio con las palabras, los gestos y los desplantes. Es decir, puro presente, un espectáculo que dura y tiene realidad sólo mientras se representa. Lo que se diga en él vale sólo mientras se dice, y no compromete las acciones futuras del político-hechicero, como no comprometen al actor los parlamentos de Shakespeare o Calderón que recita en un escenario.

Esta facultad histriónica de gran calado permitió a Alan García ganar las elecciones de 1985 con un alto respaldo popular. Al día siguiente de tomar el poder comenzó a desmentir, con hechos, casi todo lo que había prometido. Aseguró que no tocaría las cuentas de ahorros en divisas de los peruanos y una de sus primeras medidas fue reconvertirlas en moneda nacional, lo que, con ayuda de la inflación que su congelación de precios y aumento generalizado de salarios produjo, equivalió poco menos que a confiscarlas. Prometió que jamás nacionalizaría los bancos, y en 1987 intentó hacerlo, con lo que generó una crisis que culminaría en la hiperinflación que hizo del Perú un país apestado para los inversionistas del mundo entero.

Las personas cambian, desde luego, y no hay razón alguna para que Alan García no haya aprendido la lección de sus monumentales errores, que hizo pagar tan caro al pueblo peruano. El problema es que, con él, nunca habrá manera de saberlo, pues, como en su caso hacer política es siempre puro presente, discurso aislado del pasado y sin continuidad con el futuro, ilusionismo del instante, nada asegura que, de llegar nuevamente al poder, no se desboque adoptando nuevos roles y produzca las consiguientes catástrofes. Ése es un riesgo permanente en personalidades que, según el decir de Koestler, están dotadas del sutil atributo de creerse muy sinceramente sus propios embustes. Sería injusto llamar a García un mentiroso compulsivo, aunque, como político, haya dicho tantas mentiras. Él es un actor y los actores en el escenario no mienten: cambian de libreto, según el papel que hayan elegido representar.

¿Qué ocurrirá en la segunda vuelta electoral? Si hubiera lógica, debería ganar Toledo con comodidad, pues es de suponer que una gran parte de los votantes de Fernando Olivera (diez por ciento del total), un parlamentario que ha construido su prestigio investigando la corrupción durante los gobiernos de García y de Fujimori, lo apoyarán. Y también, sin duda, una significativa fracción de los votantes de Lourdes Flores, cuya orientación centrista y centro derechista los hace adversarios naturales del aprismo. Y, al mismo tiempo, el insólito entusiasmo con que los supérstites del fujimontesinismo se han apresurado a anunciar que votarán por García en esta segunda vuelta (lo han hecho, entre ellos, dos de los más connotados gerifaltes de la dictadura: Martha Chávez y Absalón Vásquez) debería traer más perjuicios que beneficios en las ánforas al ex presidente.

Pero esto es lo que dice la lógica, y las elecciones en el Perú han estado a menudo más cerca de la magia que de la razón.

Lima, abril de 2001

El capitán en su laberinto

Hay algo de las elegantes y barrocas paradojas de los cuentos de Borges en la situación actual del capitán Vladimiro Montesinos, sepultado vivo en una de las mazmorras para terroristas de alta peligrosidad que diseñó él mismo, en la Base Naval del Callao, a fin de encerrar en ellas a Abimael Guzmán —el camarada Gonzalo de Sendero Luminoso— y Víctor Polay, del MRTA (Movimiento Revolucionario Túpac Amaru), los líderes de las dos organizaciones que pusieron a sangre y fuego el Perú durante los ochenta. La nota risueña e irónica, también muy borgiana, es que el hombre de mano de Fujimori se declarase en huelga de hambre en protesta por las condiciones inicuas de semejante ergástulo, pero que —mentiroso y goloso hasta la muerte— hiciera trampas durante su dulce huelga alimentándose de chocolates que llevaba escondidos en los pantalones.

Montesinos pertenece a un antiguo linaje: el de esos discretos y feroces malhechores que son como la sombra de los tiranos, a los que sirven y de los que se sirven, operando en una clandestinidad oficial, que ejercitan el terror y perpetran los grandes crímenes de Estado al mismo tiempo que los robos más cuantiosos, a las órdenes y en estrecha complicidad con unos amos a los que se vuelven imprescindibles y que, sin embargo, siempre, y no sin razón, los miran con extrema desconfianza. Las dictaduras los supuran, como las infecciones a la pus, y casi todos ellos, del Beria de Stalin al Brujo López Rega de Perón, del Pedro Estrada de Pérez Jiménez al coronel Abbes García de Trujillo, suelen morir —millonarios y en París o de misteriosa muerte violenta— sin abrir la boca, llevándose al infierno los pormenores de sus fechorías.

Ésta es la gran diferencia entre los protagonistas de esa historia universal de la infamia autoritaria y el ahora celebérrimo Vladimiro Montesinos. A diferencia de sus congéneres, que callaron sus crímenes, éste va a hablar. Ya comenzó a hacerlo, como una verdadera cotorra, tratando de demostrar que nadie es un pillo en una sociedad donde todos son pillos, y donde la pillería es la única norma política y moral universalmente respetada. Para probarlo, dice tener unos treinta mil videos que documentan la vileza ética y la suciedad cívica de sus compatriotas, algo que, si es cierto, haría de él no el facineroso de marras del que habla la prensa, sino, simplemente, un esforzado peruano que, gracias a sus habilidades y maquiavelismos, creó las condiciones para que un inmenso número de sus conciudadanos pudiera materializar una recóndita predisposición: la de venderse y alquilarse a una dictadura para llenarse los bolsillos en el menor tiempo posible.

Es improbable que esta apocalíptica línea de defensa tenga éxito y, más bien, es casi seguro que —si las estrellas de aquella extraordinaria videoteca no se las arreglan antes para que muera de un infarto o de un suicidio— la justicia decida que el singular personaje se pase, como Abimael Guzmán y Víctor Polay, con quienes comparte la crueldad y la desmesurada falta de escrúpulos, buena parte de lo que le queda de vida entre rejas. Nada sería más justo, desde luego, porque, aunque la larga lista de tiranías que ha padecido el Perú ha generado buen número de rufianes, torturadores y saqueadores de los bienes públicos, nunca antes alguno de ellos llegó a detentar el formidable poder que acumuló ni hacer tanto daño como este oscuro capitán expulsado del Ejército por vender secretos militares a la CIA, abogado y testaferro de narcotraficantes, componedor «jurídico» de los desafueros legales de Fujimori y su brazo derecho en el golpe de Estado que destruyó la democracia peruana en 1992, contrabandista de armas para las guerrillas colombianas, representante de grandes cárteles de la droga a cuyo servicio puso el Ejército y el territorio amazónico nacional, jefe y director intelectual de los comandos terroristas del Estado que, entre 1990 y 2000, torturaron, asesinaron y desaparecieron a miles de personas bajo la sospecha de subversión, chantajista, ladrón y manipulador sistemático del Poder Judicial y de los medios de comunicación a los que, con excepciones para las que sobran los dedos de una mano, compró, sobornó o intimidó hasta ponerlos incondicionalmente al servicio de los abusos y atropellos de la dictadura.

Un matemático se ha tomado el trabajo de calcular cuántas horas de grabación requerirían aquellos treinta mil videos —suponiendo un promedio de dos horas para cada uno— y concluido que los diez años de fujimorismo son insuficientes para tal superproducción mediática, a menos que, además de su oficina en el Servicio de Inteligencia, a la que Montesinos convirtió en un estudio secreto de filmación desde que Fujimori tomó el poder en 1990 y lo instaló en ese codiciado cargo, hubiera habido varios otros estudios camuflados donde el SIM filmaba también a ocultas otras operaciones de rapiña e intriga política del régimen. Esto último no puede descartarse, desde luego. Pero es probable que aquella cifra sea exagerada, la jactancia desesperada del alguacil alguacilado para asustar a sus presuntos acusadores. Ahora bien. Aun cuando sólo exista la décima parte de videos, y, al igual que hizo Fujimori cuando invadió la casa de Montesinos para rescatar aquellas cintas que lo incriminaban y fugarse con ellas al Japón, muchos otros jerarcas de la mafia fujimorista hayan conseguido birlar o desaparecer aquellos videos donde ellos son estrellas, lo que queda —hay unos mil quinientos en manos del Poder Judicial— es un documento precioso, inusitado, sin precedentes en la Historia, para conocer de manera directa y viviente los mecanismos y los alcances —alucinantes— de la corrupción que engendra un régimen autoritario. Sólo por esto, los historiadores futuros quedarán siempre reconocidos a Vladimiro Montesinos.

Mucho se ha conjeturado sobre las razones que lo impulsaron a filmar desde el primer momento aquellas escenas en las que, a la vez que comprometía legal y políticamente a los militares, profesionales, jueces, empresarios, banqueros, periodistas, alcaldes y parlamentarios del régimen o de la oposición, se incriminaba él mismo con un documento que, en un brusco cambio de régimen como el que ocurrió, equivalía poco menos que a un harakiri. La tesis aceptada es que filmó a sus cómplices para tener un instrumento de chantaje y doblegarlos en caso de necesidad. No hay duda de que tener filmados, por ejemplo, a aquellos ministros de Fujimori al que él —bajo las cámaras secretas— les completaba el salario regalándoles cada mes treinta mil dólares convertía a estos pobres diablos mercenarios en diligentes servidores del jefe del SIM a la hora de firmar cualquier decreto. Y que no es de extrañar que aquellos directores de periódicos o dueños de canales de televisión que recibieron miles o millones de dólares —que debieron contar, billete por billete, pacientemente, observados por la cámara oculta— fueran luego dóciles propagandistas de la política gubernamental e implacables denostadores de todo aquel que se atrevía a hacer críticas.

Pero, cuando uno ve esos videos, o lee las transcripciones de esos diálogos, descubre que en ellos hay algo más que un método de coerción. Una cierta visión, infinitamente despectiva, del ser humano; una comprobación reiterada de lo baratos, lo sucios y lo abyectos que podían ser, cuando entraban a ese recinto donde el hombre fuerte de la dictadura tronaba a sus anchas y los tentaba, esos personajes que, en la vida pública del país, gozaban de tanto prestigio y figuración, por su cargo, su influencia, su dinero, sus galones, su apellido o ciertos servicios prestados en el pasado que los habían revestido de autoridad. Hay toda una filosofía detrás de esa larga secuencia de imágenes donde la escena se repite, con personas y voces distintas y mínimas variantes, una y otra vez: unos prolegómenos elusivos e hipócritas, para justificar con argumentos gaseosos la inminente operación, y, luego, en pocas palabras, lo esencial: ¿Cuánto? ¡Tanto! De inmediato y *cash*.

Por la oficina de Montesinos, en los diez años que duró la dictadura de Fujimori —acaso la más siniestra y disolvente que hayamos padecido y sin la más mínima duda la más corrupta— pasaron no sólo las mediocridades oportunistas y los politicastros consabidos que, como las alimañas en las aguas pútridas, prosperan siempre en los regímenes de fuerza. También gentes que parecían respetables, con unas credenciales, en su vida profesional o política, bastante dignas, y buen número de empresarios exitosos —entre ellos, uno de los hombres más ricos del Perú— a quienes, por su influencia, poder y riqueza, uno hubiera creído incapaces de protagonizar semejantes tráficos ignominiosos. A algunas de esas inmundicias humanas que fueron a la oficina de Montesinos a venderse y a vender lo mejor que tenía el Perú —un sistema democrático a duras penas restablecido en 1980 después de doce años de dictadura militar— por puñados o maletas llenas de dólares, por exoneraciones de impuestos para sus empresas, para ganar un juicio, obtener una licitación, un ministerio o una diputación, yo los conocí, y hasta pensé que su adhesión a la dictadura era «pura», producto de ese triste convencimiento tan extendido en la indebidamente llamada clase dirigente peruana: que un país como el nuestro necesita una mano dura para salir adelante porque el pueblo peruano todavía no está preparado para la democracia.

Espero que el Gobierno de Alejandro Toledo, limpiamente nacido en unas elecciones que nadie cuestiona y que inaugura su gestión en estos días, demuestre al mundo que esa creencia es tan falsa como esos falsarios que, diciendo sustentarla, en verdad sólo buscaban coartadas para su envilecimiento. Es evidente que este nuevo Gobierno no está en condiciones de resolver los inmensos problemas que enfrenta el pueblo peruano, y que la dictadura se encargó de agravar, además de añadirles otros nuevos. Pero sí puede y debe sentar las bases para su solución futura, cerrando de una vez por todas la posibilidad de un nuevo desplome del orden constitucional. Para ello, hay que proseguir la moralización iniciada de manera muy firme, dando a los jueces todo el apoyo debido para que juzguen y sancionen a los criminales y a los ladrones, empezando por los más encumbrados. La oportunidad es única. La putrefacción del régimen de Fujimori llegó a tal extremo que, al desplomarse, con él se vinieron abajo todas las instituciones. Lo cual significa, entre otras cosas, que ahora todas ellas —Fuerzas Armadas, Poder Judicial, Administración, etcétera— se pueden reformar de raíz. Y los videos que, sin proponérselo, en buena hora ha legado a la democracia Montesinos deberían permitirle a ésta renovar sus cuadros y sus dirigentes mediante una limpieza lustral.

Marbella, 18 de julio de 2001

Apogeo del espanto

¿Imaginó siquiera Abimael Guzmán, el líder de Sendero Luminoso, al desencadenar en 1980 la guerra revolucionaria que iba a convertir al Perú en una sociedad maoísta fundamentalista, los horrores que esta insurrección provocaría? El año pasado, el informe de la Comisión de la Verdad y Reconciliación, presidida por el doctor Salomón Lerner Febres, documentó de manera escalofriante esta guerra que en un par de décadas asesinó, torturó e hizo desaparecer a más de sesenta y nueve mil peruanas y peruanos, en su inmensa mayoría gentes humildes y totalmente inocentes, que se vieron atrapadas entre los dos rodillos compresores del senderismo y las fuerzas del orden y sacrificadas por ambos con parecido salvajismo. Pese a su ponderación y sus esfuerzos por ceñirse a la estricta verdad de los hechos, este informe fue injustamente criticado y ninguna de sus conclusiones y sugerencias ha sido tomada en cuenta por las autoridades, que lo han encarpetado y olvidado.

Ocurrirá lo mismo, probablemente, con los materiales que añade a este informe el periodista Ricardo Uceda, antiguo director de *Sí*, un semanario de izquierda, que aparecen en su libro recién publicado, *Muerte en el Pentagonito. Los cementerios secretos del Ejército Peruano* (Planeta), fruto de ocho años de investigación, que rastrea, principalmente gracias a testimonios de los propios protagonistas, las operaciones de inteligencia, las torturas y ejecuciones extrajudiciales y las desapariciones que llevaron a cabo en la sombra varios organismos policiales y militares, y una organización paramilitar del Gobierno aprista de Alan García, con el beneplácito, la complicidad o una hipócrita actitud ponciopilatesca de los gobiernos. Aunque Uceda discute y rectifica algunas afirmaciones del informe de la Comisión de la Verdad, en lo esencial ambos trabajos coinciden en mostrar que durante los años de la revolución senderista el Perú vivió lo que un verso de Miguel Hernández llama «el apogeo del espanto».

Era una demencia iniciar semejante levantamiento, y hacerlo precisamente cuando el Perú recuperaba la democracia, luego de doce años de dictadura militar, pues de este modo se dificultaba hasta lo imposible que las instituciones democráticas resucitaran y funcionaran a cabalidad. Las acciones terroristas de Sendero, sus asesinatos y asaltos a policías, autoridades y supuestos explotadores y «enemigos de clase» obligaron a Belaúnde Terry, a poco de asumir su Gobierno, y a regañadientes, a llamar a las Fuerzas Armadas a hacer frente a una subversión que, en Ayacucho y vecindades, parecía progresar como un incendio. El Ejército no estaba preparado para enfrentar una guerra subversiva y Uceda cuenta en su libro que, cuando aquél recibe esta misión, sus servicios de inteligencia ni siquiera tenían idea de qué era y cómo operaba Sendero Luminoso. El militar al que le encargan preparar un informe al respecto, lo elabora a base de folletos y libritos de propaganda que compra en las veredas del parque universitario. Este personaje, el suboficial de inteligencia Julio Sosa, principal informante de Uceda, una verdadera máquina de matar, parece extraído del cine negro o la literatura sádica.

Desde un principio, la estrategia contrarrevolucionaria es elemental: responder al terror con más terror, para obtener información y para que la población civil sepa a lo que se arriesga si colabora con los senderistas. Con esta filosofía, se abría la puerta a las crueldades más vertiginosas. A la brutalidad se sumaba, en muchos casos, la ineficiencia. Los primeros grupos de inteligencia enviados a Ayacucho someten a todo detenido a violencias indecibles, pero ni siquiera saben qué preguntarles y en muchos casos, se diría que por mera impotencia, se limitan a matarlos. El proceso de aprendizaje es una rápida deshumanización en que los defensores de la legalidad, de los derechos humanos y de las libertades que garantiza la democracia terminan conduciéndose de manera tan atroz como los propios senderistas.

Ricardo Uceda da nombres y apellidos, y los grados militares, así como las compañías y batallones a que estaban asignados, de decenas de oficiales y suboficiales que, obedeciendo instrucciones del comando, o convencidos de que actuando como lo hacían cumplían con lo que el Ejército y el poder político esperaban de ellos, perpetraron las más execrables y abyectas violaciones a los derechos humanos, colgando a sus víctimas hasta descoyuntarlas, sumergiéndolas en bañeras hasta reventarles los pulmones, machacándolas a golpes y vesanias múltiples para luego asesinarlas y hacer desaparecer sus cadáveres, a veces quemándolos, o enterrándolos en fosas comunes en lugares secretos. Ni siquiera las más elementales formas y apariencias de la legalidad se guardaban; los jueces no eran informados de las detenciones y a los familiares que venían a inquirir por sus desaparecidos se les negaba saber nada de ellos.

El libro no es fácil de leer porque muchas de sus revelaciones estremecen y producen náuseas. Las páginas más terribles son seguramente las que describen, con gran pormenor de detalles, el funcionamiento del campamento militar de Toctos, donde eran enviados los sospechosos de colaborar con Sendero Luminoso para que fueran interrogados y luego liquidados. Aunque el libro no da cifras, por evidencia interna se desprende que acaso centenares de hombres y mujeres —estudiantes, campesinos, sindicalistas, vagabundos— fueron llevados allí para arrancarles información bajo tormento y luego exterminarlos. No hay la menor duda de que no sólo senderistas y cómplices cayeron entre ellos; un porcentaje alto fueron ciudadanos absolutamente inocentes a los que el azar, o una insidia o una intriga empujaron dentro de esa maquinaria trituradora de la que no había escape posible. Al principio, se mataba para conseguir información o hacer un escarmiento. Después —se había vuelto tan fácil hacerlo— para que no quedaran testigos incómodos y muchas veces sólo para poder robar a las víctimas. Antes de asesinarlas, las muchachas y mujeres torturadas eran entregadas a los soldados para que las violaran, a la orilla misma de las tumbas donde iban a ser sepultadas. Aquello de la función hace al órgano cobra, entre estos testimonios, una espeluznante realidad: algunos ejecutores coleccionaban orejas y narices de los asesinados y los exhibían, ufanos, en frascos o sartas como trofeos de guerra. A un joven subteniente, recién llegado al campamento de Toctos, sus compañeros, en medio de una borrachera, le piden que demuestre su hombría decapitando a un terrorista. El joven va al calabozo y regresa con la cabeza sangrante en las manos.

El libro deja en claro que estas monstruosidades no eran excepciones estrafalarias, sino, en muchos casos, comportamientos que se fueron generalizando en razón de la exasperación que provocaban en las filas de las Fuerzas Armadas y en la sociedad peruana los asesinatos y exacciones de Sendero Luminoso y de la total incapacidad de las autoridades, civiles y militares, para fijar unos límites claros, inequívocos, a la acción antisubversiva, que las excluyera. La verdad es que la jefatura militar las toleró, en muchos casos las instigó y las cubrió, y que el poder político no quiso enterarse de lo que ocurría para no tener que actuar. Eso explica, sin duda, que la recuperación de la democracia en el Perú durara apenas los gobiernos de Belaúnde Terry y Alan García y que, en 1992, Fujimori diera un golpe de Estado ante la indiferencia o con el apoyo de tantos peruanos. ¿Qué democracia iban a defender esos ciudadanos que vivían en la zozobra de las bombas, los crímenes y los atracos de los terroristas, o los que, por hallarse en el medio del campo de batalla, eran brutalizados por igual por éstos y por quienes debían protegerlos?

Con la dictadura de Fujimori y Montesinos el ejercicio del terror no fue ya sólo una práctica solapada, sino una política oficial del Estado que, además, para colmo de males, contaba con un amplio apoyo de una sociedad civil a la que la inseguridad y el miedo habían hecho creer que sólo la «mano dura» restablecería la seguridad ciudadana. Las víctimas ya no eran llevadas a las lejanas serranías de Toctos, sino a los sótanos del Pentagonito, la propia Comandancia General del Ejército, en Lima, para ser exterminadas y disueltas en cal viva. Y las cartas-bomba contra activistas de los derechos humanos, periodistas de oposición y supuestos aliados de los terroristas se cocinaban en las oficinas del propio Servicio de Inteligencia. Sin embargo, algunos de los abominables crímenes que se cometieron en aquellos años, como el asesinato de quince asistentes a una pollada, en una casa limeña de los Barrios Altos, entre ellos un niño de ocho años, en noviembre de 1991, y la matanza de nueve estudiantes y un profesor de la Universidad de La Cantuta —todos supuestos senderistas o aliados de éstos—, en julio de 1992, provocaron protestas y pesquisas que al cabo del tiempo minarían profundamente los cimientos del régimen dictatorial y contribuirían a su caída. Sobre ambos asuntos el libro de Uceda aporta mucha información inédita de la que transpira la inequívoca responsabilidad en ambos crímenes de los más importantes jerarcas del régimen.

No todos los testimonios e informaciones de *Muerte en el Pentagonito* tienen la misma fuerza persuasiva. Y algunas opiniones, no documentadas, incluso desconciertan, como aquella que acusa de falsaria a Leonor La Rosa, miembro del Servicio de Inteligencia, torturada, violada y convertida en un desecho humano —tetrapléjica, vive ahora asilada en Suecia— por sus ex compañeros, que la creían informante de la prensa. Pero, pese a ello, el libro no es una diatriba ni un panfleto sensacionalista y demagógico, sino un serio y responsable esfuerzo por sacar a la luz, cotejando todo el contradictorio y escurridizo material existente y, sin duda, arriesgando mucho en lo personal, el aspecto más amargo de una insensata aventura ideológica que, en vez de establecer el paraíso igualitario que se proponía, multiplicó la tragedia de los pobres en el Perú y ensució moralmente al país entero.

Lima, diciembre de 2004

Payasada con sangre

En la madrugada del 1 de enero, mientras los peruanos celebraban todavía la llegada del nuevo año, el mayor retirado del Ejército, Antauro Humala, y unos ciento cincuenta paramilitares de su movimiento «etnocacerista», capturaron una comisaría en la ciudad andina de Andahuaylas, tomando rehenes a nueve policías y apoderándose del nutrido armamento que albergaba el recinto. Exigían la renuncia del presidente Alejandro Toledo, a quien acusaban, entre otras cosas, de vender el Perú a Chile debido a las importantes inversiones procedentes del vecino país en la economía peruana. La asonada, que duró cuatro días y en la que cuatro policías fueron asesinados por los etnocaceristas y dos civiles perecieron abaleados por las fuerzas del orden, terminó con la captura del cabecilla faccioso y de un centenar de sus partidarios, en tanto que algunas decenas de ellos escaparon por los cerros cuando advirtieron el inminente fracaso de la insurrección.

Antauro Humala y su hermano Ollanta, teniente coronel al que el Ejército acaba de dar de baja —como, al parecer, es el más despierto de los dos, el Gobierno lo tuvo lejos del Perú, de agregado militar en París y en Seúl, con un sueldo de casi diez mil dólares mensuales—, se hicieron famosos en las postrimerías de la dictadura de Fujimori, cuando protagonizaron también un acto insurreccional pidiendo la renuncia del dictador. Juzgados y amnistiados, fundaron un movimiento ultranacionalista que, sin llegar a ser masivo, ha logrado cierto implante en los sectores más pobres y marginales, principalmente entre los varios cientos de miles de reservistas diseminados por toda la geografía peruana. Al igual que en casi todo el Tercer Mundo, en el Perú sólo han sido levados y servido en el Ejército los ciudadanos más humildes —campesinos, marginales, provincianos, desocupados—, el sector social que precisamente ha padecido más las crisis económicas derivadas de las

655

políticas populistas, la corrupción cancerosa y la cataclísmica violencia en los casi catorce años que duró la guerra revolucionaria desencadenada por Sendero Luminoso. Los reservistas o ex soldados se cuentan entre las peores víctimas del paro, la caída de los niveles de vida, el aumento de la delincuencia, y por eso, entre ellos, es altísimo el nivel de frustración y de rechazo a todo el sistema político y legal. No es de extrañar que la prédica de los hermanos Humala haya encontrado un eco favorable entre estos peruanos enfurecidos y frustrados.

El movimiento de los hermanos Humala se llama etnocacerista en homenaje al general Andrés Avelino Cáceres, un presidente del Perú del siglo pasado que organizó una guerra de guerrillas contra el ocupante chileno luego de la guerra del Pacífico de 1879, y debido a un principio racista que es dogma central de su ideario: el verdadero Perú constituye una entidad homogénea, la «etnia cobriza», y quienes no pertenecen a ella —es decir, quienes no son indios o cholos— son peruanos a medias, en verdad forasteros, es decir, advenedizos sospechosos de deslealtad y traición a las esencias de la peruanidad. Los hermanos Humala no sólo han tomado del nazismo el ideal de pureza racial; también la organización militar de sus adeptos, que se llaman entre sí «compatriotas», llevan uniformes, van armados y realizan públicamente maniobras y prácticas de tiro para la revolución que, en una ola de violencia patriótica, limpiará todo el Perú de sus estigmas y de malos peruanos. Sus emblemas e insignias son también hitlerianos; en lugar del águila, sus gallardetes llevan un cóndor de alas desplegadas, y en vez de la esvástica, sus banderas rojas y negras lucen una cruz incaica. Junto al pabellón nacional, en sus marchas y mítines flamean la bandera del Tahuantinsuyo, que, como nunca existió, han reemplazado por la bandera del arcoíris de los gays.

El movimiento etnocacerista quiere armar al Perú para declararle la guerra a Chile y así recuperar Arica, la ciudad y territorio que quedaron en posesión chilena luego de la guerra del Pacífico. También dan mueras al Ecuador en sus manifestaciones callejeras, en las que los etnocaceristas desfilan con sus carabinas, escopetas, armas blancas y garrotes para que nadie ponga en duda la seriedad de sus designios. En el mes de mayo del año pasado, participaron en la captura popular de la localidad de Ilave, en Puno, que terminó con el salvaje linchamiento del alcalde de la ciudad, Cirilo Robles. Defienden el cultivo y consumo de la coca, por ser producto primigenio del Perú ancestral, y rechazan toda campaña o acción contra las drogas, operaciones en las que ven la mano torva de un imperialismo que quiere despojar al Perú de uno de los rasgos telúricos de la nacionalidad. Quieren restablecer la pena de muerte y en su vocero periodístico, *Ollanta*, han publicado la lista de quienes serán fusilados en la plaza de Armas de Lima, por traidores a la patria, cuando el movimiento tome el poder. Figuran en ella dirigentes de los principales partidos políticos, congresistas, ministros y empresarios, y, en general, todos los vendepatrias neoliberales que han entregado nuestras riquezas naturales a la voracidad de los explotadores extranjeros.

Todo esto puede parecer payaso, cavernario y estúpido, y sin duda también lo es, pero sería una grave equivocación suponer que, debido a lo primario y visceral de su propuesta, el movimiento etnocacerista está condenado a desaparecer como una efímera astracanada política tercermundista. Por creer esta simpleza, el Gobierno peruano dejó actuar al mayor Antauro Humala y sus ciento cincuenta secuaces la noche del año nuevo a pesar de que, se ha sabido, los servicios de inteligencia del Ejército advirtieron a las autoridades, dos días antes de la asonada, que había llegado a Andahuaylas esa beligerante formación de paramilitares. También las asonadas que protagonizaron, al principio de su vida política, el teniente coronel venezolano Hugo Chávez y el general ecuatoriano Lucio Gutiérrez parecían unas payasadas sangrientas sin mañana. Pero, ambas, a pesar de la patética orfandad de ideas y el exceso de demagogia e idioteces que exhibían, consiguieron echar raíces en amplios sectores sociales a los que la incapacidad del defectuoso sistema democrático para crear trabajo, oportunidades y la vertiginosa corrupción de la clase dirigente habían vuelto sensibles a cualquier prédica violenta antisistema. Ahora, ambos militares felones, responsables del peor delito cívico, la insumisión contra el Estado de Derecho, presiden, sin que nadie les tome cuentas, la gradual descomposición de las instituciones y el lento retorno de sus países a la antigua barbarie autoritaria.

Aunque terminó pronto, y con pocas víctimas, lo ocurrido en Andahuaylas es muy mal indicio de lo que podría ocurrir en el Perú si las cosas siguen como están. Es decir, si continúa el desprestigio de las instituciones y cada vez un mayor número de peruanos creen, como los insensatos que se alzaron en Apurímac, que no hay espacio dentro de la legalidad y la convivencia democrática para un progreso que no se quede sólo en la cúspide social y alcance también a los millones de peruanos de la base, para que cese la corrupción que cada día delata su ubicua presencia con nuevos escándalos y para que las pavorosas desigualdades sociales y económicas comiencen a cerrarse. Y que sólo la violencia pondrá remedio a todos estos males. Fue inquietante que en muchas ciudades del Perú, como Arequipa, Tacna, Huaraz, Moquegua, Cusco, centenares de personas salieran a las calles a manifestar su apoyo al *putsch* de Humala y que la población de la propia ciudad de Andahuaylas se dividiera, mostrando una buena parte de ella, sobre todo los jóvenes, una solidaridad entusiasta con los insurrectos.

Es verdad que todos los partidos políticos condenaron formalmente la asonada, pero también lo es que muchos exponentes de la ralea política nacional, entre ellos un ex primer ministro de la dictadura de Fujimori y Montesinos, se precipitaron a hablar del «patriotismo» e «idealismo» de los jóvenes seguidores del militar insurrecto y a pedir, desde ahora, antes siquiera de que éstos sean juzgados, una «amnistía» que premie su fechoría. Son los eternos despreciables leguleyos de la historia sudamericana, los infaltables rábulas atentos siempre al ruido de los sables para ir a ofrecer sus servicios al espadón que se avecina.

Lo que ha puesto en evidencia esta payasada con sangre es la fragilidad de la democracia en un país como el Perú. Ni un solo partido político, ni una sola institución cívica, pensó siquiera en convocar una manifestación o hacer público un pronunciamiento a favor de la democracia, ante la bravata incivil que amenazaba con destruirla. ¿Por qué se abstuvieron? Porque sabían que, probablemente, poca gente los seguiría. Aunque los Humala y sus seguidores etnocaceristas son incapaces por el momento de arrastrar tras ellos a grandes masas de peruanos, el entusiasmo que hace cinco años celebró el retorno de la democracia al país luego de diez años de autoritarismo y cleptocracia se ha encogido también como una piel de zapa. Y, ahora, lo que se oye por doquier son palabras de desprecio y repugnancia por este sistema ineficiente, que abre la puerta del poder a mediocridades rechinantes y a pícaros de toda calaña, y las encuestas de opinión muestran, en los primeros puestos de la simpatía popular, ¡a Fujimori! «¿Cuándo se jodió el Perú, Zavalita?». ¿Todavía lo preguntas, imbécil? El Perú es el país que se jode cada día.

Lima, 5 de enero de 2005

Fujimori entre rejas

No es de extrañar que los terroristas hagan de las suyas por doquier y el ciudadano común ande en ascuas por la falta de seguridad en un mundo en el que un reo contumaz, buscado por la Interpol y con orden de captura en ciento ochenta y cuatro países, puede alegremente salir del Japón en un avión privado, dar la vuelta a medio planeta, hacer escala sin ser molestado en Tijuana, México (Estados Unidos ha desmentido que hiciera una parada también en Atlanta), aterrizar en Santiago de Chile y, luego de pasar por la sala VIP del amable aeropuerto chileno, instalarse en una *suite* del Hotel Marriott.

Todo parece indicar que sin el escándalo que su presencia generó, y muy en especial, la protesta de la candidata socialista a la presidencia de Chile, Michelle Bachelet, el ex dictador peruano Alberto Fujimori se hubiera salido con la suya. ¿Cuáles eran sus intenciones? Difícil averiguarlo. No podía entrar al Perú, donde el Congreso de la República lo había privado de los derechos civiles y donde lo esperaba la cárcel. ¿Exiliarse en Chile, desde donde, con sus vastos recursos acumulados en los años que usurpó el poder, podría desestabilizar el proceso electoral peruano? Felizmente, las autoridades judiciales de Chile ordenaron detenerlo. Ahora, entre las rejas doradas de un cuartel de la Gendarmería, espera el fallo de los jueces que decidirán sobre una demanda de extradición que el Gobierno peruano debe presentar antes de dos meses. Aunque, en el Perú, el ex dictador tiene veintidós procesos por tráficos, saqueo de los recursos públicos, complicidad con múltiples delitos, torturas y crímenes contra los derechos humanos, sólo podrá ser juzgado, en caso que Chile lo extradite, por los delitos que las leyes penales chilenas contemplan.

¿Andan tan despistados los policías y los funcionarios de fronteras de México y Chile para que un personaje archiconocido, prófugo de la justicia de su país y perseguido por la policía internacional, se les escurra tan fácilmente, o el poder de corrupción de la mafia fujimorista, que, en los diez años de dictadura —1990-2000— perpetró el más espectacular pillaje del patrimonio nacional de la historia peruana, es capaz de pulverizar todas las barreras legales y las aduanas latinoamericanas? Los dos países han anunciado que investigarán lo ocurrido y sancionarán a los responsables. Ojalá sea así.

Todavía más responsabilidad que la de aquellos países en este lastimoso episodio incumbe a Japón, por la protección sistemática que ha prestado a Fujimori desde que éste, con el pretexto de asistir a un foro internacional en Brunei, fugó del Perú y envió su renuncia a la presidencia por fax al Congreso de la República. No contento con negarse a extraditarlo, alegando que se trata de un súbdito japonés, las autoridades de Tokio, a diferencia de las de Suiza, Estados Unidos y otros países, han cerrado todas las puertas a los pedidos de información del Gobierno del Perú sobre las remesas de las cuantiosas cantidades de dineros ilícitos que Fujimori hizo al país de sus ancestros por el intermedio de su cuñado, Víctor Aritomi Shinto, a quien mantuvo estratégicamente en el puesto de embajador del Perú en Tokio durante su gobierno. Este personaje, también prófugo de la justicia peruana, goza asimismo de un exilio espléndido en Japón. Ahora, como si no le cupiera una importante dosis de complicidad en la ilegal travesía de Fujimori —le permitió abandonar el país y se abstuvo de avisar a las autoridades de México y Chile del viaje del reo contumaz—, el Gobierno nipón se ha lavado las manos, diciendo que su «súbdito» debe ser tratado como un ciudadano normal y que confía en la justicia de Chile. No parece haberse enterado, por lo visto, que, al presentarse en el aeropuerto de Chile con su pasaporte peruano, el ex dictador optó, inequívocamente, por la ciudadanía peruana al emprender su extraña aventura. Ha hecho bien el Gobierno del Perú en retirar su embajador de Tokio para dejar sentada su irritación por el injustificable proceder de Japón con quien cometió tantos y tan abominables delitos mientras estuvo en el poder.

El primero de ellos, haber destruido mediante un golpe de Estado el sistema democrático que, en 1990, lo llevó a la presidencia de la República, al que reemplazó por una satrapía en la que él, su brazo derecho Vladimiro Montesinos y una voraz pandilla de delincuentes se dedicaron a robar y, mediante el chantaje, la corrupción o el crimen, a suprimir toda forma de resistencia a las exacciones que perpetraban. Para dar siquiera una idea de la magnitud de los robos cometidos desde el poder por Fujimori y los suyos, basta señalar algunas cifras. Hasta ahora el Perú ha conseguido repatriar, de bancos suizos, de bancos de Estados Unidos y de bancos mexicanos unos ciento setenta y tres millones de dólares, resultado de peculados y comisiones en agravio del Estado peruano. A estos dineros negros, debidamente comprobados por la justicia de los países que autorizaron la repatriación, hay que añadir unos cuarenta y nueve millones de dólares más que el Perú ha conseguido bloquear, en cuentas secretas de Panamá y otros países, vinculadas a la red de empresas fantasmas que el dictador y sus cómplices regaron por medio mundo para borrar las huellas de sus operaciones ilícitas, muchas de ellas vinculadas a los grandes cárteles del narcotráfico, que, durante los años de la dictadura, gozaron poco menos que de extraterritorialidad en la Amazonía peruana. Estas sumas, de por sí elevadísimas tratándose de un país pobre como es el Perú, son, claro está, apenas la punta del iceberg de las astronómicas sumas de dinero que el dictador y los suyos distrajeron del patrimonio nacional. Sólo en los últimos meses, las autoridades peruanas detectaron setenta nuevas cuentas en Panamá abiertas por aliados, compinches y testaferros de Fujimori por las que se movió, en los años de la dictadura, la formidable cantidad de ochocientos millones de dólares.

Sin embargo, lo que debería pesar sobre todo en la balanza de los jueces chilenos a favor de la extradición del prófugo ex dictador no son sus desfalcos, tráficos y el enriquecimiento ilícito, sino las atrocidades que se cometieron, por órdenes suyas o con su explícita colaboración, contra los derechos humanos en el decenio en que fue amo absoluto del país. Quien quiera conocerlas con cierto detalle sólo tiene que consultar el riguroso trabajo que llevó a cabo la Comisión de la Verdad y Reconciliación, integrada por personalidades independientes y presidida por el entonces rector de la Universidad Católica de Lima, el prestigioso filósofo Salomón Lerner.

La comisión estableció que el presidente Fujimori, su asesor Vladimiro Montesinos y altos funcionarios del Servicio de Inteligencia tuvieron «responsabilidad penal por los asesinatos, desapariciones forzadas y masacres perpetradas por el escuadrón de la muerte denominado Grupo Colina». Esta pandilla, integrada por oficiales en activo de las Fuerzas Armadas, llevó a cabo, entre otras, la matanza de los Barrios Altos, un distrito de Lima, en la que un grupo de quince vecinos, entre ellos un niño de ocho años, que celebraba una fiesta fue asesinado a mansalva y otros cuatro malheridos porque un agente secreto había denunciado a los participantes como cómplices de los terroristas de Sendero Luminoso (la denuncia resultó ser falsa).

Otra de las siniestras hazañas del Grupo Colina fue el asesinato de nueve estudiantes y un profesor de la Universidad Enrique Guzmán y Valle La Cantuta, a los que la inteligencia militar había sindicado como senderistas. Los diez fueron secuestrados, liquidados a balazos, incinerados y enterrados en unas fosas clandestinas, en un descampado en las afueras de Lima. Cuando el crimen se descubrió y se desenterraron los restos, se halló que los huesos calcinados de las víctimas habían sido ocultados en bolsas y cajas de zapatos.

La lista de los asesinatos individuales, con el pretexto de la lucha contra el terrorismo senderista, pero, muchas veces, para silenciar a periodistas, sindicalistas o militantes políticos adversarios de la dictadura, es muy numerosa. En ella figuran la desaparición del periodista Pedro Sauri y el asesinato del dirigente sindical Pedro Huillca, porque en estos casos hubo una movilización para denunciar lo sucedido. Pero, como señaló el informe de la Comisión de la Verdad, fueron incontables los casos de hombres y mujeres humildes a los que la dictadura aniquiló luego de espantosas torturas en calabozos que, algunos de ellos, se hallaban en los sótanos del Ministerio de las Fuerzas Armadas, y junto a los cuales había unos hornos potentes para volatilizar los cadáveres. Centenares de personas, muchas de ellas inocentes, que cayeron en manos de aquel mecanismo homicida, desaparecieron de ese modo sin dejar el menor rastro.

Uno de los crímenes más horrendos de los años de la dictadura se planeó y ejecutó por decisión personal de Fujimori: las esterilizaciones forzadas que el dictador ordenó se llevaran a cabo, a través de campañas del Ministerio de Salud. Con el pretexto de vacunar a las poblaciones de las comunidades indígenas y aldeas aisladas de los Andes, las brigadas enviadas por las autoridades sanitarias, esterilizaban masivamente a las mujeres, sin pedirles su parecer ni informarlas de lo que se hacía con ellas, a resultas de lo cual muchas perecieron desangradas o a causa de infecciones.

¿No son estos ejemplos más que suficientes para justificar la extradición de Alberto Fujimori al Perú? Desde luego que lo son. Es verdad que, a diferencia de otros países latinoamericanos, Chile tiene una sólida tradición jurídica que la dictadura pinochetista no llegó a prostituir del todo, pero hay, por desgracia, algunos casos recientes que ponen en tela de juicio la independencia y la competencia de los jueces chilenos en casos de extradición. Dos altos esbirros del fujimorismo, prófugos de la justicia peruana por delitos flagrantes de apropiaciones ilícitas, corrupción y delitos contra el Estado, han obtenido allá el amparo de la justicia y disfrutan ahora de la hospitalidad chilena (y de sus botines mal habidos). ¿Ocurrirá lo mismo con el reo contumaz? Esperemos que no y que, por una vez en la historia del Perú, un ex dictador comparezca ante un tribunal a responder por sus fechorías.

Madrid, 17 de noviembre de 2005

Hora de votar

De todas las elecciones suele decirse que son decisivas, neurálgicas, que, a partir de lo que revelen aquellas ánforas, ocurrirán cambios fundamentales, para bien o para mal, en el país llamado a votar. Pero es muy posible que este lugar común sea una estricta verdad en el caso de las elecciones presidenciales y parlamentarias que tendrán lugar en el Perú el próximo 9 de abril.

Los dos candidatos que van a la cabeza de todos los sondeos —la democristiana Lourdes Flores y el nacionalista comandante (retirado) Ollanta Humala— representan no sólo dos tendencias políticas sino una alternativa radical: la continuidad del sistema democrático, que la sociedad peruana recuperó en el año 2001, a la caída de la dictadura de Fujimori y Montesinos, o la instauración de un régimen populista y autoritario, semejante al que ha apuntalado ya en Venezuela el comandante Hugo Chávez, de quien Ollanta Humala es protegido y admirador.

El comandante Humala se hizo conocido en las postrimerías de la dictadura de Fujimori, encabezando, con su hermano Antauro, un extraño levantamiento militar que se proclamaba antifujimorista, aunque muchos sospechan ahora que era una maniobra de distracción, planeada en secreto contubernio con Montesinos, para facilitar la fuga de este siniestro personaje, el verdadero poder y jefe de la corrupción detrás de Fujimori.

Ollanta Humala aparece segundo en las encuestas, con un porcentaje de votos que se acerca al tercio de las preferencias del electorado que ya ha decidido su voto (hay todavía un número grande de indecisos). Un porcentaje en verdad muy alto, si se tiene en cuenta que, desde hace por lo menos dos meses, los medios de comunicación han sacado a la luz, en la biografía de Ollanta Humala, toda clase de sapos y culebras que hubieran debido mellar su popularidad: desde los crímenes y torturas en que se habría visto implicado durante la guerra contra Sendero Luminoso, cuando, con el seudónimo de Capitán Carlos, comandaba la guarnición Madre Mía en la selva amazónica, hasta la larga lista de arribistas y politicastros y aun individuos con prontuario policial que se han arrimado a su candidatura y que figuran en su comando de campaña o en sus listas parlamentarias.

Esas revelaciones no han rebajado el respaldo que tiene; lo han aumentado. Esto dice mucho sobre la estructura social y económica del Perú (y de buena parte de América Latina). El país ha tenido unos años de bonanza económica y todos los indicadores «macros» son excelentes: inflación controlada, reservas altísimas, crecimiento sostenido, inversiones y crédito internacional. Pero esta bonanza sólo beneficia de manera tangible a una cuarta o, tirando hacia el optimismo, a esa tercera parte de la población que ve en Lourdes Flores una esperanza de que este relativo progreso continúe y se acelere en su gobierno.

El abismo entre ambos extremos es infranqueable. Por lo menos un tercio de la población vive atrapada en unas condiciones de vida que la impermeabilizan contra todo beneficio derivado de las buenas cifras de la macroeconomía peruana. Campesinos, sectores urbanos marginales, migrantes que no consiguen implantarse en las ciudades, desempleados y jubilados que no pueden parar la olla con sus magras pensiones, etcétera. A estos varios millones de peruanos la idea de que el Perú esté progresando les parece una burla: ¿qué clase de progreso es este que a ellos los deja igual o peor de lo que estaban? Desde su punto de vista, tienen toda la razón del mundo. La bonanza es un privilegio de minorías en una sociedad donde, por falta de reformas básicas en la educación, la salud y la difusión de la propiedad, buena parte de la población queda automáticamente excluida de la modernización y el progreso que monopolizan las élites.

De ahí la frustración, la cólera y el pesimismo que el comandante Ollanta Humala explota con todo éxito. Sus diatribas contra la clase política corrompida, contra los parlamentarios que ganan fortunas y no sirven para nada, contra las empresas extranjeras que se aprovechan de los recursos nacionales y humillan a los peruanos, y sus promesas de llevar a la cárcel o al paredón a los explotadores y ladrones tocan un nervio muy vivo en quienes, por ignorancia, injusticia o desesperación, creen que el sistema democrático y la economía de mercado son los responsables de su perra suerte. No sospechan que las recetas que el comandante Humala les ofrece son peores que la enfermedad y que si éste llegara al poder sus condiciones de vida empeorarían todavía más.

Aparte de Hugo Chávez, el otro modelo de Ollanta Humala es el general Juan Velasco Alvarado, que encabezó entre 1968 y 1975 una dictadura militar que nacionalizó tierras, industrias, medios de comunicación, suprimió toda forma de vida democrática y sumió al Perú en una crisis económica y un desprestigio internacional sin precedentes, sólo comparable al que produjo el Gobierno de Alan García (1985-1990) con la hiperinflación, las estatizaciones y la guerra al sistema financiero internacional que empobrecieron y dejaron al país moral y políticamente en ruinas. Que, pese a semejantes precedentes, el comandante Humala ofrezca repetir dicho modelo socioeconómico y que casi un tercio de los peruanos lo apoye dice mucho sobre la desinformación, la amnesia y el masoquismo que aderezan a veces la política en el Tercer Mundo.

¿Podrá mantener Lourdes Flores hasta el 9 de abril la ventaja de ocho a diez puntos que las encuestas señalan sobre su competidor más cercano? Ojalá que así sea, pero no está asegurado. Es la primera vez, con ella, que la democracia cristiana, un partido que siempre tuvo un techo urbano y limeño, rompe esos límites y consigue una audiencia muy amplia a lo largo y ancho del país. Y es mérito de la candidata, una abogada que se hizo conocida en 1987, oponiéndose a los intentos de estatizar los bancos de Alan García. En los últimos años ha recorrido incansablemente el interior y los sectores más pobres y marginales, explicando, de manera sencilla, sin demagogia, que la pobreza se combate sólo de una manera, creando empleo y riqueza, y que ello es posible si hay una política que incentive las inversiones, la apertura de nuevas empresas, promueva la educación y la salud y vaya creando aquella igualdad de oportunidades sin la cual la democracia es letra muerta para la mayoría de la población.

Lourdes Flores ha resistido con éxito hasta ahora las campañas de guerra sucia —diatribas y calumnias a granel— que el APRA, gran especialista en la materia, ha desatado contra ella. Su condición de mujer la favorece. En el Perú, igual que en otras partes, se tiene la impresión de que las mujeres son menos propensas a la corrupción que los varones (ocurre, por ejemplo, con la policía femenina) y, también, de que, justamente por los esfuerzos enormes que han tenido que hacer para sobresalir en una sociedad tan machista como la peruana, están mejor preparadas para asumir responsabilidades de gobierno. Todas las encuestas dicen que si Lourdes Flores pasa a la segunda vuelta, se impondrá fácilmente a Ollanta Humala, o al candidato que figura tercero en los sondeos: Alan García.

Que, con sus truculentas credenciales, el presidente que trajo al Perú más cataclismo social y económico que la guerra del Pacífico figure tercero en esta liza muestra hasta qué punto, en esta campaña electoral, el olvido es un protagonista mayor, y cómo el histrionismo influye más en ella que los programas y las ideas. Al inicio de su campaña, Alan García se mostró muy serio, tratando de demostrar que había cambiado, que ya no era más el jovencito alocado y demagogo que destrozó al país que le confió la presidencia. Exponía un proyecto socialdemócrata de centro izquierda, con algunas coces a los empresarios y a las transnacionales, para no perder la costumbre. Pero, como esta estrategia responsable lo iba alejando de los dos punteros, comenzó de pronto a condimentar sus presentaciones públicas con el exhibicionismo coreográfico, bailando los bailes de moda, el *reggaeton* y el *perreo*. Muchos creímos que este espectáculo del líder cincuentón, obeso y pelopintado, moviendo con furia el trasero para ganarse a la juventud, lo hundiría del todo en las encuestas y el ridículo. Pero no ha sido así: ha comenzado a ganar puntos y algunos dicen que, si sigue meneándose con tanto ahínco, podría superar a Humala y disputar tal vez la final con Lourdes Flores.

Lima, 8 de marzo de 2006

Razones para una alianza

Aunque, cuando escribo estas líneas, aún no se sabe quién competirá en la segunda vuelta de las elecciones presidenciales peruanas con el ganador de la primera, el comandante Ollanta Humala —si Alan García, del APRA, o Lourdes Flores, de Unidad Nacional—, una conclusión se impone a simple vista según la lógica más elemental: si las fuerzas políticas que representan García y Flores no se unen, cualquiera de ellos que quede finalista será derrotado por el militar que reivindica como mentores y modelos al comandante venezolano Hugo Chávez y al desaparecido dictador del Perú general Juan Velasco Alvarado.

La victoria de Ollanta Humala sería una catástrofe para el Perú y para América Latina, una regresión brutal, en un continente que parecía en vías de democratización, hacia las peores plagas de nuestro pasado: el caudillismo, el militarismo, el populismo y el autoritarismo. El treinta por ciento de peruanos que han votado por él en la primera vuelta en verdad han votado, en su gran mayoría, por un mito antiguo y mentiroso como todos los mitos: el de un redentor miliciano, un hombre fuerte e implacable que hará funcionar a latigazos a la caótica sociedad peruana como un riguroso cuartel, zambullendo en la cárcel a todos los corruptos, vaciando las calles de los ladrones, violadores, secuestradores y pillos de toda calaña que hoy las vuelven tan inseguras, recuperando para el Perú todas las empresas que hoy enriquecen a los extranjeros, y gobernando en favor de los pobres en vez de hacerlo para los ricos como han hecho todos sus antecesores en el poder. El paraíso espera a los humillados y explotados después de ese baño de despotismo, botas y chauvinismo patriotero.

¿Cuántas veces hemos oído semejante cantilena que justificaba el que se abriera las puertas del gobierno a quien, apenas aupado en él, se convertiría en un dictadorzuelo, arruinaría al país y lo dejaría más pobre, más corrompido, más enconado y desquiciado que como lo encontró? Ésa es la historia del general Velasco Alvarado y la pandilla de militares que destrozaron el Perú entre 1968 y 1980 y ésa será la que los venezolanos contarán de Hugo Chávez cuando se libren de su demagogia y sus locuras y comiencen la ardua tarea de reconstruir su democracia.

Para que el Perú no se hunda una vez más en la ciénaga del autoritarismo militarista que representa Ollanta Humala no hay otro camino que una alianza inmediata, de gobierno, sin siquiera esperar los resultados definitivos de la primera vuelta electoral, entre Alan García y Lourdes Flores y las fuerzas políticas que los respaldan. Lo digo sin la menor alegría, como saben todos los que conocen mis críticas a lo que fue el desastroso gobierno de Alan García entre 1985 y 1990. Pero, a estas alturas del partido, lo que debe primar no son las simpatías o antipatías políticas personales, sino la defensa de la democracia en el Perú, que, con Ollanta Humala en la presidencia, corre el riesgo de desplomarse mediante un acto de fuerza (al estilo Fujimori) o de irse degradando a pocos hasta la extinción, a la manera de la Venezuela de Hugo Chávez. Y los peruanos saben —deberían saberlo incluso ese treinta por ciento de desmemoriados que han votado por Humala— que jamás una dictadura ha resuelto problema social o económico alguno en la historia del Perú. Siempre los multiplicó y ésa es la razón de la extremada fragilidad de la democracia, cada vez que renace luego de nuestros largos períodos de oscurantismo dictatorial.

Es cierto que hay acusadas diferencias entre el programa democristiano de Lourdes Flores y el socialdemócrata del APRA. Pero, por debajo o encima de ellas, existe un denominador común que basta y sobra para echar los fundamentos de una alianza, a la manera de la que, en Chile, forjaron democristianos, radicales y socialistas y que tantos beneficios ha traído al país austral: un claro compromiso con la democracia. Porque ésa será la alternativa que se disputará en la segunda vuelta electoral: preservar el sistema imperfecto (pero perfectible) que tenemos los peruanos desde el 2001, que garantiza las libertados públicas, las alternancias en el Gobierno, las elecciones y el derecho de crítica, o el retorno al despotismo y la arbitrariedad —acompañada de censura y de crímenes, además de una maloliente corrupción— de un sistema dictatorial.

La alianza de Unidad Nacional y el APRA tendría, entre otras ventajas, la de atraer a ella a las pequeñas fuerzas democráticas que, en la gran dispersión de la veintena de candidatos que disputaron la primera vuelta, quedaron totalmente marginadas. Entre ellas hay algunas que merecían una suerte mejor, como la Concertación Descentralista de Susana Villarán, una lideresa de izquierda que ha evolucionado hacia posiciones inequívocamente democráticas y antitotalitarias y que por su lucidez y limpias credenciales debería tener cabida y un rol en aquella alianza. Tal vez de este modo se podría dar al futuro Gobierno un sustento mayor que el debilísimo que tienen siempre nuestros gobiernos representativos, lo que impide la estabilidad de las instituciones, la continuidad de las políticas de reforma, y hace que, a cada elección, todo vuelva a fojas cero, a ese adanismo que es una de las manifestaciones más visibles del subdesarrollo.

Esa alianza, para ser eficaz, debe ser de gobierno y no meramente electoral. Es decir, cimentarse en un programa de largo alcance en el que, además de la profundización de la democracia, se preserven ciertas instituciones básicas de una sociedad abierta a las que tanto democristianos como apristas dicen respetar: políticas de mercado, promoción de la empresa privada y las inversiones extranjeras y difusión de la propiedad entre los sectores que aún no tienen acceso a ella. Es decir, los programas básicos que, en países como España y Chile, han estimulado la prosperidad y el progreso de sus economías. Que todo ello incluya un apoyo resuelto y elevado a la educación pública y a la salud es indispensable y es seguro que sobre ello no habría mayores razones de disenso entre los aliados.

En situaciones críticas, como la que vive la sociedad peruana en estos momentos, es imprescindible que la visión del árbol no nos enturbie la perspectiva del bosque. Y saber, con certeza, cuál es el *mal mayor*. Para mí, sin la menor duda, él está representado por el comandante Humala y su clan familiar, el que, pese a la pantomima de divergencias que los distintos parientes, padres y hermanos han representado durante la campaña electoral, pasaría a formar parte del equipo gobernante si el comandante ganara las elecciones. Dentro de la confusión contradictoria y delirante de sus amenazas y proyecciones, aquel clan que aboga por fusilamientos masivos —entre ellos de homosexuales—, por leyes de excepción para periodistas, por nacionalizaciones y por la militarización del país debe ser atajado en la segunda vuelta electoral mediante una gran concentración de todas las fuerzas democráticas, aunque para ello sea preciso vencer escrúpulos, olvidar agravios y votar tapándose la nariz.

La política no es un territorio donde se pueda elegir sólo la excelencia, como en las bellas artes o la literatura. Es un quehacer que refleja la composición de la sociedad donde aquella actividad se ejerce. El Perú contiene comunidades muy diversas, que coexisten en el desconocimiento recíproco, distanciadas unas de otras por la geografía, la educación, las costumbres, los niveles de vida, la lengua y la tradición, los prejuicios y el resentimiento. De una manera general, el tercio que ha dado su apoyo a Ollanta Humala personifica a aquel vasto sector que no ha recibido el menor beneficio del importante crecimiento económico que ha tenido el Perú en los últimos años y que se ha visto una vez más frustrado en sus anhelos, tan marginado y tan pobre como estaba hace cinco años, cuando dio su voto «antisistema» a Toledo. La razón de su marginación es estructural, se debe a la escasa, casi nula movilidad que padece la sociedad peruana, donde la educación, por ejemplo, en lugar de ser el gran instrumento para la creación de igualdad de oportunidades en cada generación, tiende a apuntalar o a agravar las desigualdades entre andinos y costeños, provincianos y capitalinos, ciudadanos del campo y de las ciudades, quechuahablantes e hispanohablantes, pobres y ricos. Y lo que vale para la educación, vale para la salud, el acceso al crédito, al mercado de trabajo y a la propiedad. Mientras no haya una reforma profunda en todos esos ámbitos de la vida social, todo crecimiento económico —como el de estos últimos cinco años— sólo alcanzará a beneficiar a sectores reducidos de la población, incrementando el odio al sistema que explica el fenómeno Humala.

El acuerdo entre las fuerzas democráticas debe incluir un programa radical y realista para llevar a cabo esas reformas que vayan cerrando los abismos que separan a los peruanos de altos y medianos ingresos de los otros, algo que sólo es posible como se lo ha hecho en España o Chile —dos claros ejemplos exitosos de países muy próximos al nuestro—, no destruyendo la democracia sino robusteciéndola y mediante una integración al resto del mundo en vez de levantar fronteras y aislarnos según el nefasto modelo del «desarrollo hacia adentro» que, a lo largo de la famosa década perdida, dejó a América Latina varada mientras el sudeste asiático progresaba velozmente.

Ojalá prevalezca la razón y esa alianza de las fuerzas democráticas se haga realidad en el Perú antes de que sea demasiado tarde para arrepentirse.

Madrid, 20 de abril de 2006

La segunda oportunidad

La victoria de Alan García en las elecciones presidenciales peruanas ha significado un serio revés para Hugo Chávez, el cuasi dictador venezolano, y sus ambiciones megalómanas de crear una clientela de Estados fieles a lo largo y ancho de América Latina, que seguirían el modelo populista, nacionalista y estatista que va convirtiendo a pasos rápidos a Venezuela en la típica republiqueta tercermundista. Y probablemente ha salvado a la democracia peruana de desplomarse bajo un nuevo autoritarismo militar, encabezado por el comandante Ollanta Humala, admirador convicto y confeso del dictador Juan Velasco Alvarado, el general que acabó con el Gobierno constitucional en el Perú en 1968 (la democracia sólo se restablecería doce años después).

Ha hecho bien, pues, la inmensa mayoría de votantes de la social-cristiana Lourdes Flores, en la primera vuelta de las elecciones peruanas, en apoyar al candidato del APRA y darle la victoria. Para muchos no ha sido una decisión fácil, desde luego, porque en la memoria de todos está todavía fresca la catastrófica gestión de Alan García en su primer gobierno, que produjo hiperinflación, corrupción, una insensata guerra con el sistema financiero internacional que declaró al Perú «inelegible» para obtener créditos, caída del empleo, fuga de capitales y paro de contar, lo que desembocó en la dictadura de Fujimori y Montesinos. «¿Cómo, con semejantes credenciales, ha podido pedir usted el voto por Alan García?», me han reprochado algunos críticos. Porque, a pesar de su lamentable actuación como gobernante, el líder aprista respetó en líneas generales la democracia y, por ejemplo, nos permitió a quienes nos movilizamos para impedir la nacionalización de todo el sistema financiero en 1987 atajar, recurriendo a los métodos que la legalidad autoriza, semejante medida que hubiera hundido aún más la desquiciada economía peruana. Y porque garantizó unas elecciones más o menos libres. Con el comandante Ollanta Humala en el poder tengo la seguridad casi absoluta de que la frágil democracia que tenemos los peruanos se hubiera desintegrado una vez más.

Dicho esto, hay que añadir que las circunstancias internacionales y los electores peruanos le han dado, una vez más, a Alan García una oportunidad poco menos que milagrosa para que se redima de sus errores pasados y haga una gestión que enrumbe de una vez por todas al Perú por el camino de la modernidad, es decir, del progreso, la prosperidad y la libertad. Eso es perfectamente posible si, en vez de lo que hizo entre 1985 y 1990, hace ahora lo que han hecho los gobernantes de países como Chile y España, luego de la transición hacia la democracia, un ejemplo de desarrollo acelerado en lo económico y de reforzamiento progresivo de la sociedad civil, de las instituciones, de la movilidad social, del empleo y de la coexistencia en la legalidad.

Nada de eso está reñido, más bien al contrario, con políticas encaminadas a reducir la marginalidad y la extrema pobreza de amplios sectores de la sociedad, cuyo rechazo del sistema y propensión a dejarse seducir por los cantos de sirena de la demagogia, el extremismo y el populismo explican el éxito notable del comandante Ollanta Humala que, en apenas un año, ha sido capaz de constituir un movimiento que le ha dado casi el cuarenta y ocho por ciento de los votos válidos en esta segunda vuelta electoral. Esa enorme masa se siente comprensiblemente frustrada al ver que el crecimiento de la economía y los excelentes datos de la macroeconomía en estos últimos años en el Perú no la han beneficiado casi, ya que, por la rigidez de las estructuras de la sociedad peruana, el auge económico se confina en sectores urbanos y costeños y, sobre todo, en las capas de más altos ingresos de la población.

El denostado Gobierno de Alejandro Toledo deja a Alan García, oh paradoja, una situación que, pese a lo dicho en el párrafo anterior, se puede llamar floreciente. Una inflación totalmente controlada, la más alta cifra de reservas monetarias de la historia del Perú y un apogeo sin precedentes de las exportaciones. En los últimos cinco años la economía peruana ha crecido en veinticinco por ciento, el crédito internacional del país es sobresaliente y las inversiones extranjeras, que en este último lustro han empezado a retornar, sólo esperan la luz verde del nuevo Gobierno para seguir volcándose en un país que, por fortuna, tiene una gran variedad de recursos por aprovechar. Si el presidente Alan García actúa con responsabilidad e inteligencia, y renuncia a toda demagogia, estos cinco años podrían ser decisivos para que el país despegue por fin, como lo han hecho Chile y España, hacia una etapa de progreso sostenido.

El contexto internacional le es también excepcionalmente favorable. La verdad es que tanto Estados Unidos como la Unión Europea, y todos los países industrializados han visto con alivio el triunfo de un candidato que, no por iniciativa suya, sino por la manera como el cuasi dictador venezolano había despotricado contra él amenazando incluso con romper relaciones con el Perú si su protegido Ollanta Humala no ganaba las elecciones, se había convertido, a escala continental, en el escollo que encontraba Hugo Chávez para extender su influencia continental. Es obvio que, en esas condiciones, Alan García sube al poder con el beneplácito de la comunidad internacional y, en especial, de los países desarrollados y las grandes democracias que ven con creciente angustia los desafueros y provocaciones del jefe de Estado de un país cuyas inmensas reservas petroleras le dan un protagonismo indiscutible en la escena internacional. No aprovechar esta circunstancia para impulsar la modernización del Perú sería imperdonable, desde el punto de vista del país, y del propio Alan García. Porque es seguro que el cartero no volverá a tocarle la puerta una tercera vez.

Es verdad que la formidable fuerza popular que ha respaldado a Ollanta Humala en estas elecciones no le permitirá una vida fácil al nuevo Gobierno. Acaso lo más impresionante es que en ella están todas las regiones del sur y los sectores sociales más desfavorecidos del Perú, es decir, aquellos peruanos a los que las políticas nacionalistas, estatistas y socializantes de Humala hubieran empobrecido todavía más. Pero eso no es de sorprender. En verdad, lo que ha llevado a este sector de peruanos a favorecer la opción Humala ha sido algo más negativo que positivo: la cólera y la desmoralización que les producen la corrupción y una clase política incompetente, en la que los parlamentarios ganan un mínimo de diez mil dólares al mes (tres veces más de lo que gana un parlamentario en Suecia, el país más caro de Europa) en tanto que un maestro a duras penas llega a trescientos, y la sensación de estar condenados a vegetar en la misma situación, sin que se les abran por lado alguno oportunidades de mejorar su condición. Ésta es la gran tarea por hacer en un país como el Perú: devolver a los marginados la confianza de que dentro del sistema democrático las posibilidades de progresar, encontrando trabajos estables, existen y están al alcance de todos.

Ese estado de cosas sólo se logra si un gobernante entiende el mundo en que vivimos y aprovecha las lecciones que, por doquier, muestran a quien no está ciego y sordo a la realidad que lo rodea, cuáles son las políticas que hacen prosperar a un país y cuáles lo arruinan y barbarizan. Es evidente que estas políticas no pueden ser las de Cuba, donde un pueblo esclavizado hace medio siglo sólo espera la muerte del patriarca para empezar, otra vez, a levantar cabeza, ni las de Venezuela, donde, a pesar del maná petrolero y el derroche asistencialista, la situación de los pobres empeora. O las de Bolivia, donde las nacionalizaciones han secado las inversiones y tendrán sin duda las mismas consecuencias que las que hizo Velasco Alvarado en el Perú. España y Chile no son los únicos ejemplos de países que en un cuarto de siglo han progresado a pasos de gigante. Irlanda, los países bálticos, las antiguas democracias populares de Europa central, los países asiáticos de la cuenca del Pacífico, Nueva Zelanda, la India, la lista podría ser muy larga. Todos han hecho lo mismo: abrir sus fronteras, integrar sus economías al resto del mundo, estimular la inversión y mantener una moneda estable, a la vez que asegurar a través de la educación, el fomento de la cultura y la diseminación de la propiedad privada entre quienes no tienen acceso a ella aquella igualdad de oportunidades sin la cual la democracia será siempre coja y manca aunque haya elecciones libres y se respete la libertad de prensa.

Lo peor que podría hacer García, en el país dividido y enconado por la campaña electoral, es convertir su Gobierno en un monopolio del partido aprista, sabiendo que su victoria sólo ha sido posible gracias a los votos que emigraron hacia él de fuerzas políticas adversarias y de independientes que no le eran favorables, para evitar el triunfo de Humala. La mejor y más inmediata demostración de que no es el mismo que subió al poder en 1985 es pedir la colaboración de gentes capaces e íntegras cuya sola presencia en su Gobierno muestre a la opinión pública que esta vez no habrá contemplaciones con la corrupción y que es sincera su afirmación de que su Gobierno no tendrá un carácter sectario ni prohijará el mercantilismo. La primera prueba que deberá pasar es la relativa a la aprobación parlamentaria del Tratado de Libre Comercio con los Estados Unidos. Este acuerdo, que abrirá para los productos peruanos el enorme mercado norteamericano, es un requisito indispensable para mantener el ritmo de crecimiento de la economía peruana y el mejor indicativo para los inversionistas extranjeros de que el nuevo Gobierno tiene de veras el propósito de atraer los capitales que el Perú necesita y de integrarse al mundo en vez de ensimismarse en el solipsismo nacionalista que sólo trae más pobreza y subdesarrollo.

Madrid, junio de 2006

El dictador en el banquillo

Parecía imposible pero ha ocurrido: Alberto Fujimori, que durante diez años gobernó el Perú con la brutalidad de las peores satrapías de la historia, está ahora en el banquillo de los acusados para responder por sus delitos ante la Corte Suprema de la República. En el primero de los juicios que se le siguen, por allanar ilegalmente el piso de la esposa de su cómplice Vladimiro Montesinos, disfrazando a uno de sus colaboradores militares de fiscal, en busca de los videos de la corrupción que podían comprometerlo, el martes 11 de diciembre fue condenado a seis años de cárcel y a una reparación civil de cuatrocientos mil soles. Y la víspera, 10 de diciembre, se inició el megajuicio en el que el fiscal Supremo ha pedido para él, por su responsabilidad en dos de los más crueles asesinatos colectivos cometidos durante su gobierno, los de Barrios Altos y La Cantuta, treinta años de cárcel y el pago de cien millones de soles.

Es la primera vez en la historia del Perú, y creo que en América Latina, que un Gobierno democrático, siguiendo los procedimientos legales y respetando las garantías que establece el Estado de Derecho, juzga a un ex dictador por los crímenes y robos que cometió en el ejercicio arbitrario del poder. Fujimori no podrá ser juzgado por todas las faltas y agravios que abultan su prontuario; sólo por aquellos que la Corte Suprema de Chile admitió en la sentencia que permitió que Fujimori fuera extraditado al Perú. Pero aun así, este puñado de asesinatos, tráficos y violaciones a los derechos humanos son un diáfano muestrario de los horrores que vivieron los peruanos entre 1990 y 2000 y más que suficientes para que el ex mandatario pase un buen número de años en la cárcel, al igual que Vladimiro Montesinos y el general Hermoza Ríos, ex comandante general del Ejército, el trío que diseñó y puso en marcha la «guerra de baja intensidad» para poner fin a las acciones apocalípticas de Sendero Luminoso.

¿Se hará verdaderamente justicia y el proceso y la sentencia serán probos y rectilíneos? El Poder Judicial tiene muy mala fama en el Perú y el fujimorismo, aunque en repliegue, cuenta con abundantes medios de coerción y reservas económicas producto del saqueo de los recursos públicos —el Perú ha repatriado apenas unos doscientos cincuenta millones de dólares de los cientos y acaso miles de millones mal habidos—, pero tirios y troyanos reconocen que la Sala de la Corte Suprema que juzga a Fujimori, presidida por un prestigioso penalista, el doctor César San Martín, parece capaz y de fiar. Es indispensable que el juicio se desarrolle con la máxima transparencia, para que lo que resulte de él sea verdaderamente instructivo y sirva de antídoto a potenciales aspirantes a dictadores. Hay cerca de ciento cincuenta periodistas extranjeros siguiendo las sesiones, que se transmiten por televisión, de modo que la opinión pública podrá juzgar por sí misma si los jueces actúan con imparcialidad y competencia.

El proceso dará origen a una interesante controversia sobre los alcances y límites de la lucha contra el terrorismo y la subversión, pues la línea de defensa del ex dictador es que, si se cometieron «execrables excesos» en la guerra contra Sendero Luminoso y el MRTA (Movimiento Revolucionario Túpac Amaru), ellos se debieron al contexto de violencia enloquecida que generaron en el país los secuestros, asesinatos, coches bomba y atentados ciegos contra la población civil, por ambas organizaciones terroristas cuyas víctimas, decenas de miles, eran en su inmensa mayoría ciudadanos sin militancia política, sacrificados por el fanatismo.

¿Es lícito combatir el terror con el terror? Protagonista central de este proceso será el Grupo Colina, comando secreto constituido por el régimen fujimorista desde el año 1991 con miembros de las Fuerzas Armadas y bajo el mando de un militar especializado en inteligencia, el mayor Santiago Martín Rivas, ahora en prisión al igual que buen número de sus subordinados, para ejecutar operaciones especiales —torturas, asesinatos, desapariciones, secuestros y acciones de intimidación— contra los terroristas y sus reales o supuestos cómplices, a fin de desalentar la colaboración de la población civil con los movimientos subversivos.

Una de las peores fechorías del Grupo Colina fue la matanza de los Barrios Altos, en Lima, la noche del 3 de noviembre de

1991, en la que este comando exterminó a balazos a quince personas —once hombres, tres mujeres y un niño de ocho años— que celebraban una pollada en un modesto piso supuestamente para recaudar fondos a favor de Sendero Luminoso. Ni siquiera es seguro que todos los asesinados fueran miembros o simpatizantes del movimiento terrorista, sólo dos de ellos parecen haber tenido contactos con la izquierda revolucionaria, de modo que la salvaje matanza inmoló sobre todo a inocentes. El mayor Martín Rivas, en una entrevista que concedió en la clandestinidad —antes de ser capturado— al periodista Umberto Jara, explicó que aquella operación no quería capturar terroristas, sino hacer llegar «un mensaje» a Sendero Luminoso: «Te golpeo en el lugar que te escondes. Ya sabemos que las polladas y los heladeros son tus disfraces».

La otra matanza materia de este juicio, la de la Universidad Enrique Guzmán y Valle, llamada La Cantuta, tuvo lugar en la madrugada del 18 de julio de 1992. En este caso, la intervención del Ejército fue más explícita, pues soldados de la División de Fuerzas Especiales, que dirigía el general Luis Pérez Document —ahora también preso—, rodearon el local de la universidad mientras los integrantes del Grupo Colina, enmascarados, entraban a uno de los dormitorios y secuestraban a nueve alumnos y un profesor a los que exterminaron a balazos en Huachipa, adonde trasladaron a los detenidos en un camión transporta-soldados de aquel mismo cuerpo militar. La aparición de aquellos cadáveres mutilados, carbonizados y enterrados en bolsas y cajas de zapatos, descubiertos gracias a la pesquisa de unos periodistas temerarios, provocó un gran escándalo en el Perú y empezó a socavar la popularidad de que gozaba todavía la dictadura.

¿Hasta qué punto estuvo personalmente involucrado Fujimori en estas matanzas? ¿Las ordenó? ¿Fue informado de ellas por Montesinos y el general Hermoza y contribuyó a cubrirlas y a garantizar la impunidad para los ejecutores? Eso es lo que este juicio debe dilucidar. El ex dictador sostiene, claro está, que él no sabía nada, que todos esos crímenes se cocinaban en el secreto y que ni siquiera se enteró de la existencia del Grupo Colina. Pero abundan los testimonios de los propios implicados —jefes y ejecutores de los crímenes— afirmando que aquellas operaciones formaban parte de una rigurosa estrategia de guerra clandestina contra el terror concebida y ordenada por el vértice mismo de la jerarquía militar cuyo jefe supremo, según la Constitución, es el presidente de la República. Parece difícil, por decir lo menos, que en un régimen tan vertical y personalizado como el que estableció la dictadura fujimorista pudieran operar *motu proprio*, sin el aval de la jerarquía máxima, comandos de oficiales en ejercicio, que utilizaban una infraestructura militar en todos los pasos que daban, para cometer acciones en las que ponían en juego su carrera profesional y su libertad.

En todo caso, lo cierto es que la famosa «guerra de baja intensidad» contribuyó, tanto como los horrendos crímenes de Sendero Luminoso, a llenar de cadáveres, de desaparecidos, de mutilados y de miedo y odio al Perú de los años noventa. Cerca de setenta mil peruanos murieron o desaparecieron en esa contienda, la inmensa mayoría de ellos gentes humildes y desvalidas cuya desgracia fue estar allí, en medio de dos terrores, formando parte de esa anónima masa a la que «terroristas» y «contraterroristas» enviaban mensajes en forma de balazos y explosivos para mostrarles quién era más cruel y desalmado. La mejor demostración de que esa estrategia era no sólo inmoral e inaceptable en una sociedad democrática, sino también contraproducente, es que la operación decisiva que quebró a Sendero Luminoso y precipitó su desintegración no fueron las matanzas del Grupo Colina, sino la captura de Abimael Guzmán y casi todo su Comité Central, llevada a cabo por un grupo de policías dirigido por el general Antonio Ketín Vidal y el coronel Benedicto Jiménez, valiéndose de los métodos más modernos de rastreo y seguimiento, sin torturar ni matar a nadie y sin siquiera disparar un tiro.

El juicio a Fujimori debe durar unos ocho o diez meses. El Perú, que políticamente ha dado en el pasado tantos espectáculos penosos —cuartelazos, demagogos, políticas insensatas—, merece ahora que la opinión pública internacional se interese en lo que aquí ocurre, no sólo por los excelentes índices de crecimiento de su economía y su estabilidad institucional, sino por este juicio a un ex dictador, ejemplo altamente civilizado para esta América que, como escribió Germán Arciniegas, todavía se debate entre la libertad y el miedo.

Lima, diciembre de 2007

Aviso para dictadores

La condena del ex dictador Alberto Fujimori a veinticinco años de cárcel por delitos contra los derechos humanos que ha dictado un tribunal de la Corte Suprema del Perú trasciende largamente la demarcación geográfica peruana y gravita a partir de ahora sobre toda América Latina como una advertencia a quienes, de un confín a otro del continente, aspiren a tomar por asalto el poder y gobernar amparados por la fuerza. Ya saben los gobernantes que pisotean la Constitución y las leyes y mandan torturar y asesinar que sus crímenes no quedarán impunes, como casi siempre ha ocurrido hasta ahora, sino que tarde o temprano pueden ser juzgados y sancionados por sus propios pueblos. Se trata de un precedente histórico señero para quienes soñamos con una América Latina emancipada para siempre de la peste autoritaria.

El ex dictador ha sido condenado por dos secuestros y dos matanzas particularmente crueles de las muchas que se perpetraron durante su régimen, pero no por el delito más grave que cometió: haber destruido mediante un acto de fuerza militar el 5 de abril de 1992 la democracia gracias a la cual dos años antes había sido elegido en comicios legítimos para ocupar la presidencia del Perú. Los dos secuestros —del periodista Gustavo Gorriti y del empresario Samuel Dyer— coincidieron con el golpe de Estado. La primera de las matanzas se había realizado unos meses antes, en noviembre de 1991, en un barrio del centro de Lima —Barrios Altos—, donde un escuadrón de la muerte conocido como el Grupo Colina, integrado por militares y formado con anuencia de Fujimori, asesinó a quince personas, entre ellas un niño de ocho años, que celebraban una fiesta en un vecindario, con el pretexto —falso— de que eran senderistas y se proponían recolectar fondos para el movimiento terrorista de Sendero Luminoso. Uno de los factores que desencadenaron el *putsch* fue, por lo tanto, garantizar la impunidad para los delitos que ya venía cometiendo el nuevo Gobierno, no sólo contra los derechos humanos, también económicos, pues ya había comenzado el saqueo de los haberes públicos, algo que, en los años siguientes, alcanzaría un ritmo paroxístico bajo la batuta del brazo derecho del presidente y experto en latrocinios Vladimiro Montesinos.

La otra matanza tuvo lugar en julio de 1992. Los pistoleros del Grupo Colina invadieron de noche la Universidad de La Cantuta, que estaba intervenida y cercada por una fuerza militar, y secuestraron a nueve estudiantes y un profesor, a quienes asesinaron en un descampado vecino de un tiro en la nuca. Allí los enterraron y, tiempo después, cuando el periodismo independiente, pese a las maniobras de encubrimiento del régimen, descubrió las huellas del crimen, los desenterraron, quemaron y volvieron a enterrar los huesos en otro lugar. El escándalo internacional que estalló cuando esta macabra historia se hizo pública y se conocieron las sangrientas entrañas del sistema fue uno de los episodios que más melló la imagen de la dictadura ante el pueblo peruano, parte del cual hasta entonces la apoyaba en la errónea creencia de que un Gobierno autoritario podía ser más eficaz que la democracia para combatir a los terroristas de Sendero Luminoso y del Movimiento Revolucionario Túpac Amaru. En verdad, no fueron los escuadrones de la muerte de la dictadura los que derrotaron a Abimael Guzmán y los senderistas, sino un hecho que marcó un cambio cualitativo en la lucha antisubversiva: la captura de su líder y casi todo el Comité Central de Sendero Luminoso, gracias al rastreo científico que hizo de ellos un pequeño grupo de policías que estaba enfrentado con Vladimiro Montesinos y el Servicio de Inteligencia del régimen.

El juicio a Fujimori duró cerca de diecisiete meses, fue televisado, asistieron a él periodistas y observadores internacionales y el acusado gozó de todas las garantías del derecho de defensa. El tribunal de tres miembros, presidido por un prestigioso penalista, magistrado y profesor universitario, el doctor César San Martín, cuya conducta a todo lo largo del proceso fue de una serenidad y corrección que le reconocen tirios y troyanos, ha emitido una sentencia que debería publicarse y enseñarse en las escuelas de toda América Latina (resumida, porque tiene cerca de setecientas páginas) para que las nuevas generaciones conozcan, a través de hechos concretos y personas identificadas, la tragedia que significa para un país, en sufrimiento humano, inseguridad pública, delincuencia, distorsión de valores, mentiras, desprecio de los más elementales derechos de que un ciudadano debería gozar en una sociedad moderna y en corrupción y degradación de las instituciones, una dictadura como la que padeció el Perú entre 1992 y el año 2000, cuando Fujimori, fracasado su intento de hacerse reelegir en unos comicios fraudulentos, huyó al Japón y renunció a la presidencia mediante un fax.

Mientras existan las fronteras, las Fuerzas Armadas son una necesidad perentoria para los países, y, debido a que la sociedad les confía, al mismo tiempo que la responsabilidad de velar por su seguridad, las armas que le permitan cumplir con su misión, es indispensable que aquella institución funcione dentro de la más estricta legalidad y sea un baluarte de la sociedad civil, no su enemiga. Fujimori hizo un daño incalculable a las Fuerzas Armadas imponiéndoles como verdadero mentor a Vladimiro Montesinos, un capitán al que el Ejército peruano había expulsado y condenado como traidor a su patria y a su uniforme, y que, desde entonces, mediante manipulaciones y chantajes, abusaría de manera ignominiosa del poder que se le confirió. Montesinos fue postergando a los oficiales probos y capaces, obligándolos a veces a pedir su baja, en tanto que ascendía y colocaba en los puestos claves a sus cómplices y a colaboradores serviles, que ampararon sus desafueros —un vasto abanico de horrores que iban desde tráfico de armas hasta operaciones de narcotráfico— y se beneficiaron con ellos.

Uno de los aspectos más aleccionadores de la sentencia es la demostración inapelable de que, contrariamente a la pretensión de los fujimoristas de exonerar al ex dictador con el argumento de que Montesinos era quien delinquía y, aquél, un cándido que no se enteraba de nada de lo que pasaba bajo sus narices, había una absoluta simbiosis del dictador y su asesor, la que existe entre una persona y su sombra o entre el muñeco y el ventrílocuo que lo hace hablar. Ambos se repartían un trabajo en el que, por una parte, los hombres del poder se enriquecían a manos llenas, eliminaban adversarios, compraban y amedrentaban jueces, copaban cargos públicos, y de otra, mediante el soborno o el chantaje, controlaban los medios para manipular a la opinión pública con campañas televisivas *ad hoc* y hundir en el desprestigio a sus críticos valiéndose de los plumarios de una prensa amarilla que financiaban o de conductoras de *reality shows*.

Sólo en un medio ambiente semejante, de desplome total de la legalidad y la decencia política, de imperio del ucase y la prepotencia, se entiende que prosperara el Grupo Colina y que en un par de años asesinara, en nueve operaciones perfectamente planeadas y ejecutadas, a unas cincuenta personas. Quienes integraron sus filas sabían que lo que hacían estaba ordenado y amparado por la más alta autoridad y, por eso, recibieron la ayuda logística necesaria de la institución militar y el encubrimiento político y judicial debido —incluida una ley de amnistía— cuando sus negras hazañas fueron descubiertas y denunciadas. Lo que no sabían es que la dictadura caería —siempre caen—, la democracia rebrotaría de sus cenizas y —por primera vez en la historia del Perú— un ex dictador y sus principales cómplices serían llevados al banquillo de los acusados.

Los peruanos que vivimos en el extranjero solemos ver aparecer a nuestro país en los diarios, radios y cadenas de televisión de los lugares donde estamos, porque en el Perú ha habido un golpe de Estado, un atentado terrorista, un terremoto o quintillizos, es decir, siempre alguna catástrofe o anomalía política o social. Qué extraño y qué hermoso lo que nos ha ocurrido en estos últimos días, advertir que el Perú del que habla la prensa y las personas en la calle con respeto y admiración es una civilizada nación que enfrenta su pasado con dignidad y coraje y donde un tribunal civil juzga y sanciona los crímenes de un dictador. Un ejemplo para América Latina, sí. Y para el mundo entero.

Madrid, 15 de abril de 2009

Carta a Alan García

París, 13 de septiembre de 2010

Excmo. Señor Dr. Alan García Pérez,
presidente del Perú
Lima

Señor presidente:
Por la presente le hago llegar mi renuncia irrevocable a la Comisión Encargada del Lugar de la Memoria cuya presidencia tuvo usted a bien confiarme y que acepté convencido de que su Gobierno estaba decidido a continuar el perfeccionamiento de la democracia peruana tan dañada por los crímenes y robos de la dictadura de Fujimori y Montesinos.

La razón de mi renuncia es el reciente Decreto Legislativo 1097 que, a todas luces, constituye una amnistía apenas disfrazada para beneficiar a buen número de personas vinculadas a la dictadura y condenadas o procesadas por crímenes contra los derechos humanos —asesinatos, torturas y desapariciones—, entre ellos al propio ex dictador y su brazo derecho. La medida ha indignado a todos los sectores democráticos del país y a la opinión pública internacional, como lo muestran los pronunciamientos del relator de la ONU, la Comisión Interamericana de Derechos Humanos, la Conferencia Episcopal, la Defensoría del Pueblo y representantes de numerosas organizaciones sociales y políticas, entre ellos algunos congresistas apristas. Coincido plenamente con estas protestas.

Hay, a mi juicio, una incompatibilidad esencial entre, por una parte, auspiciar la erección de un monumento en homenaje a las víctimas de la violencia que desencadenó el terrorismo de Sendero Luminoso a partir de 1980 y, de otra, abrir mediante una triquiñuela jurídica la puerta falsa de las cárceles a quienes, en el marco de esa funesta rebelión de fanáticos, cometieron también delitos horrendos y contribuyeron a sembrar de odio, sangre y sufrimiento a la sociedad peruana.

Ignoro qué presiones de los sectores militares que medraron con la dictadura y no se resignan a la democracia, o qué consideraciones de menuda política electoral lo han llevado a usted a amparar una iniciativa que sólo va a traer desprestigio a su Gobierno y dar razón a quienes lo acusan de haber pactado en secreto una colaboración estrecha con los mismos fujimoristas que lo exiliaron y persiguieron durante ocho años. En todo caso, lo ocurrido es una verdadera desgracia que va a resucitar la división y el encono político en el país, precisamente en un período excepcionalmente benéfico para el desarrollo y durante un proceso electoral que debería servir más bien para reforzar nuestra legalidad y nuestras costumbres democráticas.

Pese a haber sido reñidos adversarios políticos en el pasado, en las últimas elecciones voté por usted y exhorté a los peruanos a hacer lo mismo para evitar al Perú una deriva extremista que nos hubiera empobrecido y desquiciado. Y he celebrado públicamente, en el Perú y en el extranjero, su saludable rectificación ideológica, en política económica sobre todo, que tan buenas consecuencias ha tenido para el progreso y la imagen del Perú en estos últimos años. Ojalá tenga usted el mismo valor para rectificar una vez más, abolir este innoble decreto y buscar aliados entre los peruanos dignos y democráticos que lo llevaron al poder con sus votos en vez de buscarlos entre los herederos de un régimen autoritario que sumió al Perú en el oprobio de la corrupción y el crimen y siguen conspirando para resucitar semejante abyección.

Lo saluda atentamente,

MARIO VARGAS LLOSA

Retorno a la dictadura, no

Cuando los tres candidatos que representan la defensa del sistema democrático y liberal se dedican a destrozarse unos a otros, como ocurrió en las recientes elecciones peruanas —me refiero a Luis Castañeda, Alejandro Toledo y Pedro Pablo Kuczynski—, el resultado es previsible: los tres se autodestruyen y abren el paso de la segunda vuelta electoral a dos candidatos que, desde los extremos, representan una amenaza potencial para la supervivencia de la democracia y el desarrollo económico que, desde hace diez años, había convertido al Perú en el país que progresaba más rápido en toda América Latina. El poeta César Moro no exageraba demasiado cuando escribió: «En todas partes se cuecen habas, pero en el Perú *sólo* se cuecen habas».

Bien, no es cuestión de suicidarse, porque el suicidio no resuelve los problemas para los que se quedan vivos, de modo que, ahora, por lo menos la mitad de los peruanos debemos elegir entre dos opciones que habíamos descartado: Ollanta Humala y Keiko Fujimori. Algunos amigos míos han decidido viciar su voto, pues rechazan a ambos candidatos por igual. Ésa es una decisión respetable desde el punto de vista individual y moral, pero nada efectiva en términos colectivos y prácticos, pues no votar equivale siempre a votar por el que gana, ya que se renuncia a hacer algo —aunque sea tan mínimo como lo que representa un solo voto— para impedirlo.

Creo que es preferible elegir, haciendo un esfuerzo de racionalidad y aceptando las tesis del compromiso sartreano, según las cuales siempre hay una opción preferible a las otras, aunque semejante elección implique inevitablemente un riesgo y la posibilidad del error.

No tengo duda alguna de que elegir presidenta del Perú a Keiko Fujimori sería la más grave equivocación que podría cometer el pueblo peruano. Equivaldría a legitimar la peor dictadura que hemos padecido a lo largo de nuestra historia republicana. Alberto Fujimori no sólo fue un gobernante asesino y ladrón, tal como estableció el tribunal que, en un proceso modélico, lo condenó a veinticinco años de cárcel. (Según la Procuraduría, sólo se han repatriado unos ciento ochenta y cuatro millones de dólares de los seis mil que por lo menos se birlaron durante su régimen de las arcas públicas). Fue, además, un traidor a la legalidad constitucional que le permitió acceder al poder en unos comicios legítimos, dando el golpe de Estado que acabó con la democracia en el Perú el 5 de abril de 1992. Keiko Fujimori ha reivindicado ese hecho bochornoso y su entorno está plagado de colaboradores de la dictadura. Como han comprobado los medios de comunicación, el propio ex dictador ha coordinado la campaña presidencial de su hija desde su cárcel dorada.

El pueblo peruano no puede haber olvidado lo que significaron esos ocho años en que Fujimori y Vladimiro Montesinos perpetraron un saqueo sistemático de los recursos públicos, la corrupción que cundió por todos los mecanismos e instituciones del poder en la más absoluta impunidad, el tráfico de armas y de drogas, la manera como políticos, empresarios, directores de canales de televisión iban a venderse a la dictadura por bolsas y fajos de billetes, escenas de escándalo que han quedado registradas en los videos que el propio Montesinos grababa sin duda para chantajear a sus cómplices.

Tampoco puede olvidar los innumerables crímenes, desapariciones, torturas, ejecuciones extrajudiciales y toda clase de violaciones de derechos humanos de campesinos, estudiantes, sindicalistas, periodistas, que marcaron esos años de horror, y contra los que el pueblo peruano reaccionó, a fines de la década de los noventa, cuando, con movilizaciones como la Marcha de los Cuatro Suyos, consiguió derrotar a la dictadura y devolver la libertad al Perú. No es posible que en tan pocos años en la memoria de los peruanos se haya borrado esta ignominia histórica y una mayoría decida ahora con sus votos que se abran las cárceles y las decenas de ladrones y asesinos de la dictadura salgan de nuevo a gobernar el Perú. Todo lo que queda de digno en el país debe impedir, valiéndose del civilizado recurso de las ánforas, semejante vergüenza para nuestra patria.

Votar por Ollanta Humala implica un riesgo para todos quienes defendemos la cultura de la libertad, lo sé muy bien. Su antigua simpatía por las políticas catastróficas de la dictadura del general Velasco y del dictador venezolano Hugo Chávez justifica los recelos de que su subida al poder pudiera significar una ola de estatizaciones que hundiera nuestras industrias y ahuyentara a las empresas e inversores que, en los últimos diez años, han contribuido de manera decisiva al notable crecimiento de nuestra economía, a la creación de tantos miles de empleos, a la reducción de la pobreza de más de cincuenta por ciento a un tercio de la población y a la buena imagen que se ha ganado el Perú en el extranjero. Asimismo, es lícito el temor de que aquellas antiguas simpatías puedan inducir a su Gobierno a desaparecer una vez más en nuestra historia la libertad de prensa en el país.

Sin embargo, la verdad es que en esta campaña Ollanta Humala ha moderado de manera visible su mensaje político, asegurando que se ha separado del modelo autoritario chavista e identificado con el brasileño de Lula. Por lo demás, en esta campaña ha tenido asesores brasileños cercanos al Partido de los Trabajadores. Ahora asegura que respetará la propiedad privada, que no propiciará estatizaciones, que no recortará la independencia de la prensa ni la inversión extranjera y que está dispuesto a renunciar a la idea de una Asamblea Constituyente que (como lo hizo Chávez en Venezuela) reemplace a la actual Constitución que prohíbe la reelección presidencial.

¿Son éstas las convicciones genuinas de alguien que ha evolucionado ideológicamente desde el extremismo hasta las posiciones democráticas de la izquierda latinoamericana que encarnan un Ricardo Lagos, en Chile, un José Mujica en el Uruguay, un Lula y una Dilma Rousseff en Brasil, o un Mauricio Funes en El Salvador? ¿O es una mera postura táctica para ganar una elección, ya que Ollanta Humala sabe muy bien que sólo vencerá en esta segunda vuelta si un importante sector de la clase media peruana vota por él? Creo que la respuesta a esta pregunta que se hacen hoy día tantos peruanos que votaron por Castañeda, Toledo y Kuczynski no depende tanto de las secretas intenciones que pueda tener el candidato en el fondo de su conciencia, sino de los propios electores que decidan apoyarlo y de la manera en que lo hagan.

Este apoyo no puede ser una abdicación, sino un apoyo exigente y crítico, a fin de que Ollanta Humala nos dé pruebas fehacientes de su identificación con la democracia y con una política económica de mercado sin la cual el Perú entraría en una crisis y un empobrecimiento que condenaría al fracaso todos los programas de redistribución y de combate a la pobreza que figuran en el plan de gobierno de Gana Perú. Para que aquellos programas sean exitosos es indispensable que el Perú siga creciendo como lo ha hecho estos últimos años, ya que si no hay riqueza no hay nada que redistribuir. Eso lo han entendido los socialistas chilenos, brasileños, uruguayos y salvadoreños, y por eso, aunque se sigan llamando socialistas, aplican o han aplicado en el Gobierno políticas social-demócratas (no digo liberales para no espantar a nadie, pero si dejara esa palabra no mentiría). Si Ollanta Humala persevera en esta dirección que parece haber emprendido, la democracia peruana estará a salvo y continuará el progreso económico, acompañado de una política social inteligente que devolverá la confianza en el sistema a quienes, por sentirse marginados y frustrados de ese desarrollo que no los alcanzaba, optaron por los extremos.

Cuando escribo este artículo, buena parte de votantes por el partido de Alejandro Toledo, Perú Posible, parece haber optado por ese apoyo exigente y crítico a Ollanta Humala que yo propongo. Mi esperanza es que los otros partidos democráticos del Perú, como Acción Popular, el Partido Popular Cristiano y el APRA, que, con tantos miles de independientes, combatieron con gallardía a la dictadura fujimorista y ayudaron a derrotarla, se sumen a este empeño, para evitar el retorno de un régimen que envileció la política y sembró de violencia, delito y sufrimiento nuestro país y para asegurarnos que la llegada de Ollanta Humala al poder fortalezca y no destruya la democracia que recobramos hace apenas diez años.

Buenos Aires, 21 de abril de 2011

La hora de la verdad

Aunque no soy creyente, tengo muchos amigos católicos, sacerdotes y laicos, y un gran respeto por quienes tratan de vivir de acuerdo con sus convicciones religiosas. El cardenal Juan Luis Cipriani, arzobispo de Lima, en cambio, me parece representar la peor tradición de la Iglesia, la autoritaria y oscurantista, la del *Index*, Torquemada, la Inquisición y las parrillas para el hereje y el apóstata, y su reciente autodefensa, *Los irrenunciables derechos humanos*, publicada el 1 de mayo en Lima, justifica todas las críticas que en nombre de la democracia y los derechos humanos recibe con frecuencia y, principalmente, de los sectores católicos más liberales.

En su texto, desmiente que dijera jamás que «los derechos humanos son una cojudez» (palabrota peruana equivalente a la española «gilipollez») y afirma que, en realidad, a quien aplicó tal grosería fue sólo a la Coordinadora de Derechos Humanos, una institución dirigida por una ex religiosa española, Pilar Coll, que durante los años de las grandes matanzas perpetradas por la dictadura fujimorista llevó a cabo una admirable campaña de denuncia de los crímenes, torturas y desapariciones que se cometían con el pretexto de la lucha contra Sendero Luminoso. (La Comisión de la Verdad, que presidió el ex rector de la Pontificia Universidad Católica del Perú, Salomón Lerner, ha documentado estas atrocidades).

El cardenal Cipriani desmiente, además, que durante la dictadura hubiera guardado silencio frente a uno de los crímenes colectivos más abyectos cometidos por Fujimori y sus cómplices: la esterilización, mediante engaños, de unas trescientas mil campesinas a las que, por orden del dictador, los equipos del Ministerio de Salud ligaron las trompas o castraron, asegurándoles que se trataba de simples vacunas o de una medida que sólo temporalmente les impediría concebir. ¿Cómo es que nadie se enteró en el Perú de que el arzobispo había encontrado reprobables estos atropellos? Porque en vez de protestar públicamente ¡se limitó a hacerlo en privado, es decir, susurrando con discreción su protesta en el pabellón de la oreja del dictador!

El cardenal no suele ser tan discreto cuando se trata de protestar contra los preservativos y no se diga el aborto, o, para el caso, contra quienes en esta segunda vuelta de las elecciones peruanas apoyamos a Ollanta Humala. Por ejemplo, por haberlo hecho yo, me ha amonestado de manera estentórea y nada menos que desde el púlpito de la catedral de Lima, durante un oficio. Me ha pedido «más seriedad» y ha clamado que cómo me atrevo a dar consejos por quién votar a los peruanos. El cardenal está nervioso y olvida que todavía hay libertad en el Perú y que cualquier ciudadano puede opinar sobre política sin pedirle permiso a él ni a nadie. (Claro que las cosas cambiarán si sale elegida la señora Fujimori, la candidata a la que él bendecía en aquel mismo oficio en el que me prohibía opinar).

No sólo el arzobispo de Lima se excede en estos días de campaña y guerra sucia en el Perú. Una connotada fujimorista, también del Opus Dei, como monseñor Cipriani, Martha Chávez, ha amenazado públicamente al presidente del Poder Judicial, el doctor César San Martín, eminente jurista que presidió el tribunal que condenó a veinticinco años de cárcel a Fujimori por crímenes contra los derechos humanos, con esta frase profética: «Tendrá que responder en su momento».

Pero acaso lo más inquietante sean los intentos de purgar a los medios de comunicación, principalmente los canales de televisión, de periodistas independientes y probos, que se resisten a convertirse en propagandistas de la candidatura de la hija del ex dictador. El caso más sonado ha sido el de Patricia Montero, productora general, y José Jara, productor de un noticiero, ambos del Canal N, despedidos, según ha denunciado la primera de ellos, porque los directivos estimaron que habían «humanizado» al candidato Humala en los boletines (¿pretendían que lo animalizaran, más bien?). Estos despidos han provocado una verdadera tempestad de críticas, entre ellas de los más prestigiosos periodistas del propio Canal N, en defensa de sus colegas, y amenazas de renuncias masivas en caso de que continúe la caza de brujas. Lo cual parece haber paralizado por el momento el despido de la prestigiosa y experimentada periodista del Canal 4, Laura Puertas, a quien se reprocha también, por lo visto, padecer de total ineptitud para el servilismo.

Finalmente, una denuncia publicada el miércoles 4 de mayo en el diario *La Primera*, que dirige César Lévano, precisa que el Gobierno, apoyado por empresarios mineros, habría encargado a los servicios de inteligencia del Estado un «Plan Sábana», destinado a destruir la campaña de Ollanta Humala con los métodos delictuosos —espionaje telefónico, operaciones calumniosas y escandalosas filtradas a la prensa para minar su prestigio y el de su entorno familiar utilizando mercenarios y provocadores— con que, en 1990, el Gobierno conspiró contra mí cuando yo fui candidato a la presidencia. La denuncia proviene, al parecer, de militares y civiles del Servicio de Inteligencia indignados de que se los utilice para fines políticos ajenos a su misión específica.

Todo esto merece una reflexión. Si estas cosas comienzan a ocurrir ahora, en plena campaña electoral, ¿no es fácil imaginar lo que sucedería en el caso de que la señora Fujimori ganara las elecciones y la dictadura fujimontesinista recuperara el poder, oleada y sacramentada por los votos de los peruanos? Los periodistas decentes y responsables expulsados de sus puestos no serían cinco (también han sido despedidos tres de Radio Líder, Arequipa), sino decenas, y las radios, los canales y los periódicos convertidos, como lo estuvieron durante los ocho años de oprobio que vivió el Perú, en órganos de propaganda encargados de justificar todas las tropelías y tráficos del poder y de cubrir de injurias y calumnias a sus críticos. No sólo el doctor César San Martín sería víctima de su probidad y entereza magisterial. Todo el Poder Judicial se vería una vez más sometido a una criba implacable para apartar de sus cargos, o reducirlos a la total inoperancia, a los jueces que se resistieran a ser meros instrumentos dóciles del Gobierno. Reparticiones públicas, Fuerzas Armadas, empresas privadas serían, otra vez, incorporadas al sistema autoritario para que, de nuevo, el país entero quedara a merced del puñadito de forajidos que, entre los años 1990 y 2000, perpetró el más espectacular saqueo de las arcas públicas y los más horrendos crímenes contra los derechos humanos de nuestra historia.

Quienes quieren semejante futuro para el Perú no son muchos, pero sí son poderosos y, como están asustados con la perspectiva de que Humala gane las elecciones y cometa los desafueros y horrores de Hugo Chávez en Venezuela, están dispuestos a cualquier cosa con tal de asegurar el triunfo de Keiko Fujimori. Extraordinaria paradoja: con tal de evitar el socialismo, que venga el fascismo. ¡Y todo eso, en nombre de la libertad, de la democracia y del mercado libre!

En verdad, la disyuntiva que tiene por delante el Perú en las elecciones del 5 de junio próximo es la de salvaguardar la imperfecta democracia política que tenemos desde hace diez años y una política de mercado y de apertura al mundo que ha hecho crecer nuestra economía de manera notable, o volver a un régimen dictatorial que, guardando ciertas formas institucionales, restablecería en el Gobierno a quienes, en complicidad con Fujimori y Montesinos, destruyeron el Estado de Derecho, se enriquecieron cometiendo las más descaradas pillerías y durante ocho años perpetraron horrendos crímenes con el pretexto de combatir la subversión. A mi juicio en semejante disyuntiva la peor opción es Keiko Fujimori.

Ollanta Humala ha hecho un «Compromiso con el Pueblo Peruano» que conviene tener muy presente, no sólo a la hora de votar por él, sino sobre todo una vez que acceda al gobierno, para recordárselo cada vez que parezca apartarse de alguna de sus promesas. No habrá reelección. Se cumplirá con los tratados firmados, no habrá estatizaciones, se respetará el derecho de propiedad y las Administradoras de Fondos de Pensiones (AFP), la lucha contra la corrupción será implacable, habrá una política de apoyo social sostenida, sobre todo en los campos de la educación y la salud pública, para los sectores más desfavorecidos, así como estímulos y facilidades para la formalización de las empresas. El respeto al pluralismo informativo, a la independencia de la prensa y al derecho de crítica será total. Estos puntos han sido expresados, además, de viva voz, en las reuniones que ha celebrado el candidato con la confederación de empresarios y las asociaciones de prensa. Todo esto es perfectamente compatible con la democracia y con las políticas de mercado vigentes y tiende a perfeccionarlas, no a recortarlas ni menos suprimirlas. No sólo depende de la voluntad de Ollanta Humala que este compromiso se cumpla. Depende, sobre todo, de que quienes lo apoyemos en la elección del 5 de junio dejemos claro que es a estas políticas a las que damos nuestro apoyo y que nos mantendremos firmes exigiendo su cumplimiento.

Madrid, mayo de 2011

La derrota del fascismo

La victoria de Ollanta Humala en la segunda vuelta de las elecciones presidenciales, el último 5 de junio ha salvado al Perú de la instalación de una dictadura que, amparada por una mayoría electoral, hubiera exonerado al régimen de Fujimori y Montesinos (1990-2000) de los crímenes y robos que cometió, así como de los atropellos a la Constitución y a las leyes que marcaron ese decenio. Y hubiera devuelto al poder a los setenta y siete civiles y militares que, por delitos perpetrados en esos años, cumplen prisión o se encuentran procesados. Por la más pacífica y civilizada de las formas —un proceso electoral— el fascismo hubiera resucitado en el Perú.

«Fascismo» es una palabra que ha sido usada con tanta ligereza por la izquierda, más como un conjuro o un insulto contra el adversario que como un concepto político preciso, que a muchos parecerá una etiqueta sin mayor significación para designar a una típica dictadura tercermundista. No lo fue, sino algo más profundo, complejo y totalizador que esos tradicionales golpes de Estado en que un caudillo moviliza los cuarteles, trepa al poder, se llena los bolsillos y los de sus compinches, hasta que, repelido por un país esquilmado hasta la ruina, se da a la fuga.

El régimen de Fujimori y Montesinos —da vergüenza decirlo— fue popular. Contó con la solidaridad de la clase empresarial por su política de libre mercado y la bonanza que trajo la subida de los precios de las materias primas, y de amplios sectores de las clases medias por los golpes asestados a Sendero Luminoso y al Movimiento Revolucionario Túpac Amaru, cuyas acciones terroristas —apagones, secuestros, cupos, bombas, asesinatos— las tenían en la inseguridad y el pánico. Sectores rurales y lumpen fueron ganados mediante políticas asistencialistas de repartos y dádivas. Quienes denunciaron los atropellos a los derechos humanos, las torturas, desapariciones y aniquilamiento masivo de campesinos, trabajadores y estudiantes acusados (falsamente en la mayoría de los casos) de colaborar con el terrorismo fueron perseguidos e intimidados, y sufrieron toda clase de represalias. Montesinos prohijó una floración de una «prensa chicha» inmunda, cuya razón de ser era hundir en el oprobio a los opositores mediante escándalos fabricados.

Los medios de comunicación fueron sobornados, extorsionados y neutralizados, de modo que el régimen sólo contó con una oposición en la prensa minimizada y en sordina, la necesaria para jactarse de respetar la libertad de crítica. Periodistas y dueños de medios de comunicación eran convocados por Montesinos a su oscura cueva del Servicio de Inteligencia, donde no sólo se les pagaba su complicidad con bolsas de dólares, también se les filmaba a escondidas para que quedaran pruebas gráficas de su vileza. Por allí pasaban empresarios, jueces, políticos, militares, periodistas, representantes de todo el espectro profesional y social. Todos salían con su regalo bajo el brazo, encanallados y contentos.

La Constitución y las leyes fueron adaptadas a las necesidades del dictador, a fin de que él y sus cómplices parlamentarios pudieran reelegirse con comodidad. Las pillerías no tenían límite y llegaron a batir todas las marcas de la historia peruana de la corrupción. Ventas de armas ilícitas, negocios con narcotraficantes a quienes la dictadura abrió de par en par las puertas de la selva para que sus avionetas vinieran a llevarse la pasta básica de cocaína, comisiones elevadas en todas las grandes operaciones comerciales e industriales, hasta sumar en diez años de impunidad la asombrosa suma de unos seis mil millones de dólares, según cálculos de la Procuraduría que, al volver la democracia, investigó los tráficos ilícitos durante el decenio.

Esto es, en apretado resumen, lo que iba a retornar al Perú con los votos de los peruanos si ganaba las elecciones la señora Keiko Fujimori. Es decir, el fascismo del siglo XXI. Éste ya no se encarna en esvásticas, saludo imperial, paso de ganso y un caudillo histérico vomitando injurias racistas en lo alto de una tribuna. Sino, exactamente, en lo que representó en el Perú, de 1990 a 2000, el Gobierno de Fujimori. Una pandilla de desalmados voraces que, aliados con empresarios sin moral, periodistas canallas, pistoleros y sicarios, y la ignorancia de amplios sectores de la sociedad, instala un régimen de intimidación, brutalidad, demagogia, soborno y corrupción, que, simulando garantizar la paz social, se eterniza en el poder.

El triunfo de Ollanta Humala ha mostrado que todavía quedaba en el Perú una mayoría no maleada por tantos años de iniquidad y perversión de los valores cívicos. Que esta mayoría fuera apenas de tres puntos pone los pelos de punta, pues indica que las bases de sustentación de la democracia son muy débiles y que hay en el país casi una mitad de electores que prefiere vivir bajo una satrapía que en libertad. Es una de las grandes tareas que tiene ahora en sus manos el Gobierno de Humala. La regeneración moral y política de una nación a la que el terrorismo de un lado y, del otro, una dictadura integral han conducido a tal extravío ideológico que buena parte de ella añora el régimen autoritario que padeció durante diez años.

Un rasgo particularmente triste de esta campaña electoral ha sido la alineación con la opción de la dictadura del llamado sector A, es decir, la gente más próspera y mejor educada del Perú, la que pasó por los excelentes colegios donde se aprende el inglés, la que envía a sus hijos a estudiar a Estados Unidos, esa «élite» convencida de que la cultura cabe en dos palabras: whisky y Miami. Aterrados con los embustes que fabricaron sus propios diarios, radios y canales de televisión, que Ollanta Humala reproduciría en el Perú la política de estatizaciones e intervencionismo económico que ha arruinado a Venezuela, desencadenaron una campaña de intoxicación, calumnias e infamias indescriptibles para cerrarle el paso al candidato de Gana Perú, que incluyó, por supuesto, despidos y amenazas a los periodistas más independientes y capaces. Que éstos, sin dejarse amedrentar, resistieran las presiones y lucharan, poniendo en juego su supervivencia profesional, para abrir resquicios en los medios donde pudiera expresarse el adversario, ha sido uno de los hechos más dignos de esta campaña. (Por ejemplo, destaco la labor realizada por la publicación digital *La Mula*). Así como fue uno de los más indignos el papel desempeñado en ella por el arzobispo de Lima, el cardenal Cipriani, del Opus Dei, uno de los pilares de la dictadura fujimontesinista, que me honró haciendo leer en los púlpitos de las iglesias de Lima, en la misa del domingo, un panfleto atacándome por haberlo denunciado de callar cuando Fujimori hacía esterilizar, engañándolas, a cerca de trescientas mil campesinas, muchas de las cuales murieron desangradas en esa infame operación.

¿Y ahora, qué va a pasar? Leo en *El Comercio*, el diario del grupo que superó todas las formas de la infamia en su campaña contra Ollanta Humala, un editorial escrito con gran moderación y, se diría, con entusiasmo, por la política económica que se propone aplicar el nuevo presidente, la que ha sido celebrada también, en un programa televisivo, por directivos de la confederación de empresarios, uno de los cuales afirmó: «En el Perú lo que falta es una política *social*». ¿Qué ha ocurrido para que todos se volvieran humalistas de pronto? El nuevo presidente sólo ha repetido en estos días lo que dijo a lo largo de toda su campaña: que respetaría las empresas y las políticas de mercado, que su modelo no era Venezuela sino Brasil, pues sabía muy bien que el desarrollo debía continuar para que la lucha contra la pobreza y la exclusión fuera eficaz. Desde luego, es preferible que los nostálgicos de la dictadura escondan ahora los colmillos y ronroneen, cariñosos, a las puertas del nuevo Gobierno. Pero no hay que tomarlos en serio. Su visión es pequeñita, mezquina e interesada, como lo demostraron en estos últimos meses. Y, sobre todo, no hay que creerles cuando hablan de libertad y democracia, palabras a las que sólo recurren cuando se sienten amenazados. El sistema de libre empresa y de mercado vale más que ellos y por eso el nuevo Gobierno debe mantenerlo y perfeccionarlo, abriéndolo a nuevos empresarios, que entiendan por fin y para siempre que la libertad económica no es separable de la libertad política y de la libertad social, y que la igualdad de oportunidades es un principio irrenunciable en todo sistema genuinamente democrático. Si el Gobierno de Ollanta Humala lo entiende así y procede en consecuencia por fin tendremos, como en Chile, Uruguay y Brasil, una izquierda genuinamente democrática y liberal, y el Perú no volverá a correr el riesgo que ha corrido en estos meses, de volver a empantanarse en el atraso y la barbarie de una dictadura.

Madrid, junio de 2011

13. Cultura popular, toros y gastronomía

¿Un champancito, hermanito?

Huachafería es un peruanismo que en los vocabularios empobrecen describiéndolo como sinónimo de cursi. En verdad, es algo más sutil y complejo, una de las contribuciones del Perú a la experiencia universal; quien la desdeña o malentiende queda confundido respecto a lo que es este país, a la psicología y cultura de un sector importante, acaso mayoritario de los peruanos. Porque la huachafería es una visión del mundo a la vez que una estética, una manera de sentir, pensar, gozar, expresarse y juzgar a los demás.

La cursilería es la distorsión del gusto. Una persona es cursi cuando imita algo —el refinamiento, la elegancia— que no logra alcanzar, y, en su empeño, rebaja y caricaturiza los modelos estéticos. La huachafería no pervierte ningún modelo porque es un modelo en sí misma; no desnaturaliza patrones estéticos sino, más bien, los implanta, y es no la réplica ridícula de la elegancia y el refinamiento, sino una forma propia y distinta —peruana— de ser refinado y elegante.

En vez de intentar una definición de huachafería —cota de malla conceptual que, inevitablemente, dejaría escapar por sus rendijas innumerables ingredientes de ese ser diseminado y protoplasmático— vale la pena mostrar, con algunos ejemplos, lo vasta y escurridiza que es, la multitud de campos en que se manifiesta y a los que marca.

Hay una huachafería aristocrática y otra proletaria, pero es probablemente en la clase media donde ella reina y truena. A condición de no salir de la ciudad, está por todas partes. En el campo, en cambio, es inexistente. Un campesino no es jamás huachafo, a no ser que haya tenido una prolongada experiencia citadina. Además de urbana, es antirracionalista y sentimental. La comunicación huachafa entre el hombre y el mundo pasa por las emociones y los sentidos antes que por la razón; las ideas son para ella decorativas

703

y prescindibles, un estorbo a la libre efusión del sentimiento. El vals criollo es la expresión por excelencia de la huachafería en el ámbito musical, a tal extremo que se puede formular una ley sin excepciones: para ser bueno, un vals criollo debe ser huachafo. Todos nuestros grandes compositores (de Felipe Pinglo a Chabuca Granda) lo intuyeron así y, en las letras de sus canciones, a menudo esotéricas desde el punto de vista intelectual, derrocharon imágenes de inflamado color, sentimentalismo iridiscente, malicia erótica, risueña necrofilia y otros formidables excesos retóricos que contrastaban, casi siempre, con la indigencia de ideas. La huachafería puede ser genial, pero es rara vez inteligente; ella es intuitiva, verbosa, formalista, melódica, imaginativa y, por encima de todo, sensiblera. Una mínima dosis de huachafería es indispensable para entender un vals criollo y disfrutar de él; no pasa lo mismo con el huayno, que pocas veces es huachafo, y, cuando lo es, generalmente es malo.

Pero sería una equivocación deducir de esto que sólo hay huachafos y huachafas en las ciudades de la costa y que las de la sierra están inmunizadas contra la huachafería. El «indigenismo», explotación ornamental, literaria, política e histórica de un Perú prehispánico estereotipado y romántico, es la versión serrana de la huachafería costeña equivalente: el «hispanismo», explotación ornamental, literaria, política e histórica de un Perú hispánico estereotipado y romántico. La fiesta del Inti Raymi, que se resucita anualmente en el Cusco con millares de extras, es una ceremonia intensamente huachafa, ni más ni menos que la Procesión del Señor de los Milagros que amorata Lima (adviértase que adjetivo con huachafería) en el mes de octubre.

Por su naturaleza, la huachafería está más cerca de ciertos quehaceres y actividades que de otros, pero, en realidad, no hay comportamiento u ocupación que la excluya esencialmente. La oratoria sólo si es huachafa seduce al público nacional. El político que no gesticula, prefiere la línea curva a la recta, abusa de las metáforas y las alegorías y, en vez de hablar, ruge o canta, difícilmente llegará al corazón de los oyentes. Un «gran orador» en el Perú quiere decir alguien frondoso, florido, teatral y musical. En resumen: un encantador de serpientes. Las ciencias exactas y naturales tienen sólo nerviosos contactos con la huachafería. La religión, en cambio, se codea con ella todo el tiempo, y hay ciencias con una irresistible predisposición huachafa, como las llamadas —huachafísicamente— «ciencias sociales». ¿Se puede ser «científico social» o «politólogo» sin incurrir en alguna forma de huachafería? Tal vez, pero si así sucede, tenemos la sensación de un escamoteo, como cuando un torero no hace desplantes al toro.

Acaso donde mejor se puede apreciar las infinitas variantes de la huachafería es en la literatura, porque, naturalmente, ella está sobre todo presente en el hablar y en el escribir. Hay poetas que son huachafos a ratos, como Vallejo, y otros que lo son siempre, como José Santos Chocano, y poetas que no son huachafos cuando escriben poesía y sí cuando escriben prosa, como Martín Adán. Es insólito el caso de prosistas como Julio Ramón Ribeyro, que no es huachafo jamás, lo que tratándose de un escritor peruano resulta una extravagancia. Más frecuente es el caso de aquellos, como Bryce y como yo mismo, en los que, pese a nuestros prejuicios y cobardías contra ella, la huachafería irrumpe siempre en algún momento en lo que escribimos, como un incurable vicio secreto. Ejemplo notable es el de Manuel Scorza, en el que hasta las comas y los acentos parecen huachafos.

He aquí algunos ejemplos de huachafería de alta alcurnia: retar a duelo, la afición taurina, tener casa en Miami, el uso de la partícula «de» o la conjunción «y» en el apellido, los anglicismos y creerse blancos. De clase media: ver telenovelas y reproducirlas en la vida real; llevar tallarines en ollas familiares a las playas los días domingos y comérselos entre ola y ola; decir «pienso de que» y meter diminutivos hasta en la sopa («¿Te tomas un champancito, hermanito?») y tratar de «cholo» (en sentido peyorativo o no) al prójimo. Y proletarias: usar brillantina, mascar chicle, fumar marihuana, bailar rock and roll y ser racista.

Los surrealistas decían que el acto surrealista prototípico era salir a la calle y pegarle un tiro al primer transeúnte. El acto huachafo emblemático es el del boxeador que, por las pantallas de televisión, saluda a su mamacita que lo está viendo y rezando por su triunfo, o del suicida frustrado que, al abrir los ojos, pide confesión. Hay una huachafería tierna (la muchacha que se compra el calzoncito rojo, con blondas, para turbar al novio) y aproximaciones que, por inesperadas, la evocan: los curas marxistas, por ejemplo. La huachafería ofrece una perspectiva desde la cual observar (y organizar) el mundo y la cultura. Argentina y la India (si juzgamos por sus películas) parecen más cerca de ella que Finlandia. Los griegos eran huachafos y los espartanos no; entre las religiones, el catolicismo se lleva la medalla de oro. El más huachafo de los grandes pintores es Rubens; el siglo más huachafo es el XVIII y, entre los monumentos, nada hay tan huachafo como el Sacre Coeur y el Valle de los Caídos. Hay épocas históricas que parecen construidas por y para ella: el Imperio bizantino, Luis de Baviera, la Restauración. Hay palabras huachafas: telúrico, prístina, societal, concientizar, mi cielo (dicho a un hombre o a una mujer), devenir en, aperturar, arrebol. Lo que más se parece en el mundo de la huachafería no es la cursilería, sino lo que en Venezuela llaman la pava. (Ejemplos de pava que le oí una vez a Salvador Garmendia: una mujer desnuda jugando billar; una cortina de lágrimas; flores de cera y peceras en los salones). Pero la pava tiene una connotación de mal agüero, anuncia desgracias, algo de lo que —afortunadamente— la huachafería está exenta.

¿Debo terminar este artículo con una frase huachafa? He escrito estas modestas líneas sin arrogancia intelectual, sólo con calor humano y sinceridad, pensando en esa maravillosa hechura de Dios, mi congénere: ¡el hombre!

Lima, agosto de 1983

Las palabras mentirosas

De México a Ecuador la palabrota *pendejo* quiere decir tonto. Misteriosamente, al cruzar la frontera peruana se vuelve su opuesto. En el Perú el *pendejo* es el vivo, el inescrupuloso audaz. En Colombia, en Venezuela, al cacaseno de provincias recién llegado a la capital al que le venden el metro o el Palacio de Gobierno llaman lo que en el Perú al ministro manolarga que se llena los bolsillos robando y no le ocurre nada. En Centroamérica, una pendejada es una despreciable estupidez; en el Perú, una deshonestidad que tiene éxito.

La forma en que esa palabreja, originalmente empleada para designar el anodino velillo del pubis, se antropomorfizó y pasó a designar al bípedo completo no es algo que me quite el sueño. Pero sí me intriga sobre manera —no: me llena de pavor— esa misteriosa razón por la que en mi país los tontos de otras partes resultan los vivos y los vivos foráneos, los tontos. Pues la contrapartida de aquella metamorfosis es la que experimenta la palabra *cojudo*, apócope o reducción de *cojonudo*, que en tantas partes de España e Hispanoamérica sirve para designar —con grosería— a la persona o cosa formidable y excelente y, en el Perú, en cambio, al imbécil.

Esas mudanzas semánticas no son gratuitas, desde luego. Detrás y debajo de ellas, provocándolas y apuntalándolas, hay una idiosincrasia y una moral, y, para decirlo con pedantería, una *Weltanschauung*. Podemos hablar de inversión de valores, craso maquiavelismo o de un pragmatismo pervertido que asfixia toda consideración, principio altruista o solidario y promueve en la vida social un darwinismo nietzscheano: el culto al superhombre que sabe salirse con la suya aplastando a los demás y el desprecio al ingenuo que, por respetuoso de la norma, está condenado a fracasar en lo que emprende.

Entre 1945 y 1948 gobernó el Perú un destacado jurista: el doctor José Luis Bustamante y Rivero. Escribía él mismo sus discursos en un castellano castizo y elegante, era de una honradez escrupulosa y tenía la manía del respeto a la Constitución y a las leyes, a las que citaba, vez que abría la boca, para explicar lo que hacía o se debía hacer. La oposición lo bautizó: el *cojurídico*. Es decir, un idiota que cree que las leyes tienen importancia, que se han hecho para ser cumplidas. El infame apodo prendió rápidamente en el pueblo.

Durante la campaña electoral para la presidencia, en 1990, una agencia especializada en encuestas de opinión me permitió asistir (del otro lado de un falso espejo) a una sesión en la que una señora diestra en estos menesteres auscultaba la opinión de quince ciudadanos limeños sobre un candidato al que, en esos mismos momentos, se acusaba de tráficos con propiedades inmuebles. Sin una sola excepción, todos afirmaron que votarían por él. Y uno de ellos sintetizó el por qué con una frase exultante de admiración: «¡Es un gran *pendejo*, pues!».

Desde entonces he sentido la tentación de escribir, con el título de *Diálogo del pendejo y el cojudo*, una suerte de apólogo, a la manera de esos que escribían los filósofos del Siglo de las Luces, sosteniendo que las miserias de mi país no cesarán, y más bien seguirán aumentando, hasta que los peruanos recompongamos nuestra tabla de valores semánticos y dejemos de llamar vino al pan y pan al vino. O, dicho sin alegorías, degrademos al último lugar de la escala de tipos humanos a ese admirado *pendejo* que hoy la preside y ascendamos de un solo envión, al primer lugar, al ridiculizado *cojudo*. Porque no son los pícaros audaces y simpatiquísimos que actúan como si estuvieran más allá del bien y del mal los que labran la grandeza de las naciones, sino esos aburridos personajes que conocen sus límites, diferencian lo que se debe y puede hacer de lo que no y son tan poco imaginativos que viven siempre dentro de la ley.

Lo que ocurre con las palabras pasa también con las instituciones, y eso no sólo en el Perú: es, por desgracia, un mal latinoamericano. En nuestros países, las ideas, las creencias, los sistemas que importamos a menudo experimentan mágicas sustituciones de sentido y de médula, aunque su apariencia prosiga incólume. Se siguen llamando lo mismo pero, en realidad, se han vuelto antípodas de lo que dicen ser. El fenómeno es tan extendido y de consecuencias tan nefastas para la vida política, económica y cultural de América Latina, que sin exageración puede decirse que nuestro fracaso como naciones —nuestra pobreza y atraso en relación con América del Norte, Europa y, ahora, con buen número de países del Asia— se debe a esa terrible propensión nuestra a desnaturalizar lo que decimos y hacemos, empleando mal las palabras, corrompiendo las ideas y suplantando los contenidos de aquellas instituciones que regulan nuestra vida social, unas veces de manera sutil y otras abrupta y soez.

Nos emancipamos de España para ser libres, pero nuestra ineptitud para gobernarnos con algo de sentido común —para «aprender del error» según la fórmula de sir Karl Popper— y hacer las cosas de manera razonable nos empobreció tanto que nuestra adquirida libertad se volvió caricatura, una forma más sutil de servidumbre que nuestra antigua condición colonial. La libertad con pobreza (o, peor, con miseria) es tal vez posible en el caso de ciertos individuos fuera de lo común, personalidades ejemplares a quienes el desasimiento de lo material, la vida ascética, da una gran fortaleza de espíritu; pero, en el caso de una nación, la soberanía es un mito, una fórmula retórica desmentida brutalmente cada vez que sus intereses entran en colisión con los de las naciones poderosas. Como, luego de alcanzar la independencia, fuimos incapaces de darnos gobiernos estables y democráticos, y nos dividimos y desangramos en luchas de facciones, nos quedamos pobres, y por tanto vulnerables, víctimas de invasiones, ocupaciones y despojos. Por eso perdimos muchas veces en la práctica esa libertad de la que se jactaban nuestros gobernantes y nuestras constituciones. Aunque no nos guste que así sea —y a mí no me gusta, desde luego—, lo cierto es que un país pobre y atrasado es precariamente libre. Pues en términos nacionales una cierta prosperidad y poderío es el requisito indispensable de la libertad.

En tanto que nuestro vecino del norte, luego de su independencia, se dio una Constitución —sencilla y breve— que hasta ahora le sirve para organizar el funcionamiento democrático de esa vasta sociedad que son los Estados Unidos, la proliferación de cartas magnas, leyes fundamentales o constituciones en los países latinoamericanos sólo puede parangonarse con la hinchazón palabrera de esos mismos textos, cada uno de los cuales, por lo general, aventaja y enaniza al precedente en el número de capítulos y disposiciones. El pecado mortal de todos ellos es que nunca tuvieron mucho que ver con la realidad que los produjo; eran ficciones que no decían su nombre, así como muchas obras latinoamericanas del período indigenista y costumbrista que se llamaban novelas eran, en verdad, documentales sociológicos, compilaciones étnicas, arengas políticas o catastros geográficos sin mayor parentesco con la literatura.

Enfrascarse en esas constituciones que, en la historia de Hispanoamérica, se suceden como las bengalas de un fuego de artificio es pasear por la irrealidad, entrar en contacto con un curioso híbrido: lo imaginario-forense, lo poético-legal. Su abundosa logomaquia prescribe —describe— repúblicas ejemplares, poderes independientes que se fiscalizan uno al otro, voluntades ciudadanas que se manifiestan a través del voto, comicios pulquérrimos, libertades garantizadas, tribunales probos y asequibles a todo el que sienta sus derechos vulnerados, propiedad privada inalienable, Fuerzas Armadas sometidas al poder civil, educación universal y gratuita, etcétera. Por lo común, nada de lo que aquellas cartas fundamentales disponían llegó a encarnarse en esos países reales que, a lo largo del siglo XIX y buena parte del XX, vivieron convulsionados por guerras civiles, motines, golpes de Estado, elecciones amañadas, el caciquismo y la dictadura militar.

De manera poco menos que axiomática, fueron los tiranos más sangrientos los que hicieron promulgar las constituciones más civiles y liberales, y los regímenes más oligárquicos los de cartas magnas más igualitaristas. El desprecio por el contenido genuino de las palabras y las ideas, esa olímpica desvergüenza para divorciar lo que se dice de lo que se hace son constantes latinoamericanas que han practicado por igual conservadores y progresistas. Y ello es evidente, sobre todo, en esas constituciones puntillosas y libérrimas que nunca fueron aplicadas; que no fueron concebidas para ser aplicadas, sino para estar allí, como bellos adornos y coartadas formales de los dueños del poder. Su parecido es grande con esos discursos de los dictadores, de cualquier signo, que, de Somoza a Fidel Castro, han chisporroteado siempre con ruidos que sonaban así: «justicia» y «libertad».

Esa aptitud para desalmar a las palabras, desasociándolas de los actos y las cosas, desastrosa en la vida social y política, pues de ella resultan la confusión y la anarquía, tiene en cambio muy provechosas consecuencias en la literatura. Esa alquimia irresponsable en el uso del lenguaje se convierte, por ejemplo, en manos de un poeta como Vallejo, a la hora de *Trilce*, en suprema libertad, en audaz rebeldía contra el acartonamiento de las imágenes y las rutinas verbales de su tiempo, y, en el Neruda de *Residencia en la tierra*, en una profunda exploración de la subjetividad y el instinto, en una representación alucinante del deseo humano, dominio donde la incoherencia y los contrasentidos son inevitables. Y en un Nicanor Parra, que ha hecho del disparate semántico y gramatical una forma de genialidad artística, en un refinado método de creación poética.

Un artista puede permitirse todas las suplantaciones que se le antojen a la hora de crear: ellas quedarán justificadas o invalidadas por el grado de consistencia y originalidad que alcance lo que crea. (El poeta simbolista peruano José María Eguren encontraba que la palabra «nariz» era horrible y la reemplazaba en sus poemas con «nez». Escribía también barbaridades como «tristura» o «celestía» que, fuera de sus poemas, hacen chirriar los dientes; dentro de ellos, en cambio, suenan bien).

Pero en el discurso político la falta de propiedad es un signo inequívoco de incivilización. El «babelismo» que practicamos al elaborar nuestros idearios, explicar nuestras convicciones, intenciones y metas cívicas, dictar las leyes, justificar nuestras conductas y definir nuestras instituciones hace que nuestra vida política y social —por lo menos la oficial— tenga mucho que ver con la ilusión y poco con la realidad. Esta cesura es peligrosísima, por dos razones. La primera, porque, en una sociedad democrática, toda acción de reforma económica o institucional requiere apoyo popular, y este apoyo, para ser sólido y bien fundado, exige una comprensión cabal de aquello que está en juego, de la naturaleza y sentido de lo que se va a reformar y de la manera en que la reforma va a ser hecha. Si las palabras no expresan nítidamente lo que deben expresar, si no se funden y desaparecen hasta ser una misma realidad con la cosa o el acto que nombran o califican, si se las usa de manera ambigua o, peor aún, mentirosa, para pasar de contrabando algo diferente a lo que son y representan, un principio básico de la cultura democrática queda vulnerado: el famoso «contrato social» se vuelve «estafa social». Y cuando el pueblo descubre que se le ha dado gato por liebre, que —engañado por el espejismo de las palabras— apoyó algo opuesto a lo que se le dijo que apoyaba —o rechazó algo distinto a lo que creyó que rechazaba— simplemente retira su respaldo y lo muda en rechazo frontal. Y en democracia no hay política que tenga éxito con la hostilidad activa de la población.

La segunda razón es que ella devalúa el lenguaje político hasta restarle credibilidad a la política misma y, por supuesto, a los políticos. Aquélla aparece, más y más, como una representación —en la acepción teatral del término— en la que lo que se dice y hace es una suerte de coreografía desconectada de la verdad y de la experiencia —los problemas que se viven, los sufrimientos que se padecen, las necesidades que claman por una solución—, en la que unos personajes más o menos locuaces e insinceros se ejercitan en el arte de embaucar a las gentes, diciendo cosas que no hacen y haciendo cosas que no dicen.

Que aquello ocurra con las dictaduras no tiene nada de sorprendente. El arte de mentir les es constitutivo, sobre todo en América Latina, donde, con la excepción tal vez de las dictaduras de Castro y de Pinochet —inspiradas en una cierta concepción ideológica no democrática que ellos reivindicaban como fuente de legitimidad—, todos los tiranuelos y dictadorzuelos que hemos padecido no basaban su poder en creencia, filosofía o idea alguna, sólo en la fuerza, el apetito crudo de llegar al poder y perpetuarse en él para aprovecharlo hasta el hartazgo. Es natural que en las bocas de estos hombres fuertes —generalísimos, padres de la patria, benefactores, caudillos, etcétera— y en el de los letrados, polígrafos, leguleyos y rábulas a su servicio, el vocabulario político se prostituyera sin remedio y palabras como «legalidad», «libertad», «democracia», «derecho», «orden», «equidad», «igualdad» adoptaran, desde la perspectiva del hombre común, las mismas jibas, bubas, excrecencias monstruosas y grotescas que adoptan las caras y cuerpos de las personas en esas casetas de espejos deformantes de los parques de atracciones.

Pero lo grave es que en nuestros períodos democráticos, cuando la vida política de nuestras naciones transcurría bajo gobiernos nacidos de elecciones, ocurría también a menudo la misma desnaturalización del discurso político por obra de los políticos (entendida esta expresión en su sentido más ancho: los que hacen política y los que hablan y escriben sobre ella). Ésta es una poderosa tradición que gravita con mucha fuerza sobre nuestras sociedades y, por eso, no es fácil sacudirse de ella. Pero si no hacemos un esfuerzo titánico para conseguirlo y purgamos nuestro lenguaje político de las infinitas impurezas, equívocos, paralogismos, contradicciones, mitos y trampas que lo tienen estragado, y no le devolvemos la propiedad semántica que nos permita entendernos sobre lo que queremos y hacemos, y averiguar lo que realmente nos acerca o nos distancia, corremos el riesgo, ahora que tantas cosas parecen haber cambiado para bien en América Latina —han caído las dictaduras militares y, con excepción de Cuba, todos nuestros gobiernos son civiles y representativos y, lo más importante, hay un consenso en nuestros pueblos en favor del sistema democrático—, de fracasar una vez más en nuestra historia y de que el ideal de ser países modernos quede remitido de nuevo a las calendas griegas.

Lima, 16 de septiembre de 1991

El arte de mecer

Esta mañana, a la hora del almuerzo, escuché a mi hija Morgana contar los cuentos que les cuenta, a ella y a Stefan, su marido, la compañía de Cable Mágico para justificar su demora en instalarles el sistema de televisión por cable. Les juran que irán esta tarde, mañana, mañana en la tarde, y nunca van. Hartos de tanto cuento, han decidido pasarse a la competencia, Direct TV, a ver si es más puntual.

Lo ocurrido a Stefan y Morgana me ha tenido varias horas recordando la maravillosa historia de Ventilaciones Rodríguez S. A. que viví y padecí cerca de doce meses, aquí en Lima, hace la broma de treinta años. Nos habíamos comprado una casa en el rincón de la ciudad que queríamos, frente al mar de Barranco, y un arquitecto amigo, Cartucho Miró Quesada, me había diseñado en toda la segunda planta el estudio de mis sueños: estantes para libros, un escritorio larguísimo de tablero muy grueso, una escuadra de sillones para conversar con los amigos y una chimenea junto a la cual habría un confortable muy cómodo y una buena lámpara para leer.

Las circunstancias harían que la pieza más memorable del estudio fuera, con el tiempo y por imprevistas razones, la chimenea. Era de metal, aérea y cilíndrica, y Cartucho la había diseñado él mismo, como una escultura. ¿Quién la fabricaría? Alguien, tal vez el mismo Cartucho, me recomendó a esa indescriptible empresa de apelativo refrigerado: Ventilaciones Rodríguez S. A. Recuerdo perfectamente aquella tarde, a la hora del crepúsculo, en que su propietario y gerente, el ingeniero Rodríguez, compareció en mi todavía inexistente estudio para firmar el contrato. Era joven, enérgico, hablador, ferozmente simpático. Escuchó las explicaciones del arquitecto, auscultó los planos con ojos zahoríes, comentó dos o tres detalles con la seguridad del experto y sentenció: «La chimenea estará lista en dos semanas».

Le explicamos que no debía apurarse tanto. El estudio sólo estaría terminado dentro de mes y medio. «Ése es su problema», declaró, con un desplante taurino. «Yo la tendré lista en quince días. Ustedes podrán recogerla cuando quieran».

Partió como una exhalación y nunca más lo volví a ver, hasta ahora. Pero juro que su nombre y su fantasma fueron la presencia más constante y recurrente en todos los meses sucesivos a aquel único encuentro, mientras el estudio se acababa de construir y se llenaba de libros, papeles, discos, máquinas de escribir, cuadros, muebles, alfombras, y el hueco del techo seguía allí, mostrando el grisáceo cielo de Lima y esperando a la chimenea que nunca llegaba.

Mis contactos con Ventilaciones Rodríguez S. A. fueron intensos, pero sólo telefónicos. En algún momento yo llegué a contraer una pasión enfermiza por la secretaria del ingeniero Rodríguez, a quien tampoco nunca vi la cara ni conocí su nombre. Pero recuerdo su voz, sus zalamerías, sus pausas, sus inflexiones, su teatro cotidiano, como si la hubiera llamado hace media hora. Hablar con ella cada mañana, los cinco días hábiles de la semana, se convirtió en un rito irrompible de mi vida, como leer los periódicos, tomar desayuno y ducharme.

«¿Qué cuento me va usted a contar hoy día, señorita?», la saludaba yo.

Ella nunca se enojaba. Tenía la misma irresistible simpatía de su jefe y, risueña y amable, se interesaba por mi salud y mi familia antes de desmoralizarme con el pretexto del día. Confieso que yo esperaba ese instante con verdadera fascinación. Jamás se repetía, tenía un repertorio infinito de explicaciones para justificar lo injustificable: que pasaban las semanas, los meses, los trimestres y la maldita chimenea nunca llegaba a mi casa. Ocurrían cosas banales, como que el señor de la fundición caía presa de una gripe con fiebres elevadas, o verdaderas catástrofes como incendios o fallecimientos. Todo valía. Un día, que yo había perdido la paciencia y vociferaba en el teléfono como un energúmeno, la versátil secretaria me desarmó de esta manera:

«Ay, señor Vargas Llosa, usted riñéndome y amargándose la vida y yo desde aquí estoy viendo el cielo, le digo».

«¿Cómo que viendo el cielo? ¿Qué quiere usted decir?».

«Que se nos ha caído el techo, le juro. Anoche, cuando no había nadie. Pero no es ese accidente lo que me da más pena, sino haber quedado mal con usted. Mañana le llevamos su chimenea sin falta, palabra».

Un día tuvo la extraordinaria sangre fría de asegurarme lo siguiente:

«Ay, señor Vargas Llosa, usted haciéndose tan mala sangre y yo viendo desde aquí su chimenea linda, nuevecita, partiendo en el camión que se la lleva a su casa».

Mentía tan maravillosamente bien, con tanto aplomo y dulzura, que era imposible no creerle. Al día siguiente, cuando la llamé para decirle que no era posible que el camión que me traía la chimenea se demorara más de veinticuatro horas en llegar de la avenida Colonial de Lima hasta Barranco (no más de diez kilómetros), se sobrepasó a sí misma, asegurándome en el acto, con acento afligido y casi lloroso:

«Ay, usted no se imagina la desgracia terrible que ocurrió: el camión con su chimenea chocó y ahora el chofer está con conmoción cerebral en el Hospital Obrero. Felizmente, su chimenea no tuvo ni un rasguño».

La historia duró más de un año. Cuando la chimenea llegó por fin a la casa de Barranco ya casi nos habíamos acostumbrado al hueco del techo por el que, un día, una paloma distraída se extravió y aterrizó en mi escritorio. Lo más divertido —o trágico— del final de este episodio fue que a la chimenea bendita sólo pudimos usarla una sola vez. Con resultados desastrosos: el estudio se llenó de humo, todo se ensució y yo tuve un comienzo de asfixia. Nunca más intentamos encenderla.

Aquella secretaria mitológica de Ventilaciones Rodríguez S. A. era una cultora soberbia de una práctica tan extendida en el Perú que es poco menos que un deporte nacional: el arte de mecer. «Mecer» es un peruanismo que quiere decir mantener largo tiempo a una persona en la indefinición y en el engaño, pero no de una manera cruda o burda, sino amable y hasta afectuosa, adormeciéndola, sumiéndola en una vaga confusión, dorándole la píldora, contándole el cuento, mareándola y aturdiéndola de tal manera que se crea que sí, aunque sea no, de manera que por cansancio termine por abandonar y desistir de lo que reclama o pretende conseguir. La víctima, si ha sido «mecida» con talento, pese a darse cuenta en un momento dado que le han metido el dedo a la boca, no se enoja, termina por resignarse a su derrota y queda hasta contenta, reconociendo y admirando incluso el buen trabajo que han hecho con ella. «Mecer» es un quehacer difícil, que requiere talento histriónico, parla suasoria, gracia, desfachatez, simpatía y sólo una pizca de cinismo.

Detrás del «meceo» hay, por supuesto, informalidad y una tabla de valores trastocada. Pero, también, una filosofía frívola, que considera la vida como una representación en la que la verdad y la mentira son relativas y canjeables, en función no de la correspondencia entre lo que se dice y lo que se hace, entre las palabras y las cosas, sino de la capacidad de persuasión del que «mece» frente a quien es «mecido». En última instancia, la vida, para esta manera de actuar y esta moral, es teatro puro. El resultado práctico de vivir «meciendo» o siendo «mecido» es que todo se demora, anda mal, nada funciona y reina por doquier la confusión y la frustración. Pero ésa es una consideración mezquinamente pragmática del arte de mecer. La generosa y artística es que, gracias al meceo, la vida es pura diversión, farsa, astracanada, juego, mojiganga.

Si los peruanos invirtieran toda la fantasía y la destreza que ponen en «mecerse» unos a otros, en hacer bien las cosas y cumplir con sus compromisos, éste sería el país más desarrollado del mundo. ¡Pero qué aburrido!

Lima, febrero de 2010

El corazón goleador

Que el Cienciano ganara la Copa Sudamericana 2003 (auspiciada por Nissan), luego de eliminar a lo largo del torneo a equipos tan importantes como Cristal y Alianza del Perú, Universidad Católica de Chile, Santos de Brasil, Nacional de Medellín y River Plate de la Argentina, provocó un orgasmo de felicidad colectiva en el Perú y una descomunal sorpresa en los aficionados al fútbol de América Latina.

¿Qué equipo era éste de nombre tan estrafalario? ¿De dónde salía y, sobre todo, qué hacía compitiendo con —y, para colmo, derrotando a— clubs señeros del fútbol sudamericano? Estas preguntas eran perfectamente pertinentes, porque, comparado con cualquier equipo de nivel internacional de esos que aparecen en la televisión y cuyas estrellas se han convertido en íconos de la vida moderna, el Cienciano, pura y simplemente, no existe. O, mejor dicho, no tiene derecho a la existencia, pues todas sus credenciales y características deberían condenarlo a no figurar siquiera en alguna competencia internacional y a languidecer en las polvorientas canchas del fútbol provinciano, donde se pierden las fronteras entre el fútbol profesional y el *amateur*, entre el juego serio y sometido a reglas y lo que los peruanos llamamos «la chacra», es decir, el fútbol de pelotera, patada en la canilla, entrevero y cargamontón.

Veamos escorzos del *identikit* del flamante ganador de la Copa Sudamericana 2003. Lo más ilustre que lo adorna es su solera; un siglo y un año de existencia. Es del Cusco, una tierra cargada de historia y de deslumbrantes bellezas naturales y arqueológicas, pero, hasta ahora, sin méritos conocidos —y sin siquiera dar señales de vida— en la pedestre geografía del balompié. Los periodistas, para destacar más la hazaña del Cienciano, han hecho algunas comparaciones entre este club y el River Plate de la Argentina, con el que dirimió la final. La plantilla total de sueldos del Cienciano no alcanza a cubrir lo que gana uno solo de los jugadores del cuadro argentino. El goleador de River, Marcelo Salas, tiene un sueldo mensual de cien mil dólares. El jugador mejor pagado del Cienciano, el arquero Óscar Ibáñez, de tres mil.

El Cienciano —se llama así porque nació como equipo de fútbol del Colegio Nacional de Ciencias del Cusco— no tiene estadio propio ni local social. Entrena en estadios alquilados y muchas veces en los parques y descampados cusqueños o en la planicie que rodea a las ruinas incaicas de Sacsayhuamán.

Si por algo se le conocía antes de su proeza sudamericana era por constituir algo así como un club-asilo, en el que naufragaban los jugadores profesionales despedidos por su escaso rendimiento de los clubs importantes o por haber alcanzado una edad excesiva para el promedio futbolístico. Por ejemplo, su goleador en el torneo, Germán Carty —seis goles en su haber— tiene treinta y siete años. Los amantes de la estadística precisan que los tres jugadores ases del Cienciano suman juntos más de cien años de edad. Y es ya un hecho sabido y repetido hasta el cansancio que el estratega de su hazaña, el entrenador Freddy Ternero, hoy un héroe nacional en el Perú, era un desempleado para el fútbol hace apenas un año, cuando se ganaba la vida, modestísimamente, en una escuelita de un barrio pobre de Lima.

¿Cómo pudo este equipo tan menesteroso y desarmado realizar una odisea semejante? Porque, *un* partido se puede ganar por accidente o celadas del azar. Pero un campeonato, es decir, una serie de encuentros en escenarios internacionales, en el que compiten equipos de primera categoría, exige algo más que buena estrella y el favor del Espíritu Santo: es decir, un rendimiento parejo y un excelente estado físico de los jugadores, una estrategia eficaz y exitosa y, además de empeño y voluntad, una infraestructura que dé a los jugadores en la cancha ese apoyo físico, moral y psicológico que suele ser un componente neurálgico de las grandes victorias deportivas.

¿Qué tenía el Cienciano, al que le faltaba casi todo aquello que acabo de enumerar? Lo que nosotros, los hinchas de la «U» (el Universitario de Deportes), nos gusta decir le ha sobrado siempre a nuestro club (ya no es tan cierto, ay): «garra». Es decir, pundonor, locura y corazón a la hora de salir a la cancha. Se trata de un factor emotivo y pasional, que todo técnico serio mira con desconfianza y se siente obligado a descartar cuando traza el plan de trabajo —la hoja de ruta— del equipo. Él sabe que el entusiasmo no mete goles ni reemplaza la destreza y la contundencia que resultan de la preparación, la disciplina, el dominio de la pelota y las tácticas bien concebidas y mejor practicadas. Él sabe y puede demostrar que el mejor futbolista no es un romántico exaltado, sino una máquina: una fuerza muscular fría y eficiente, erizada de reflejos condicionados, una verdadera computadora que contrarresta la fuerza y los conocimientos del adversario y, coordinando con los compañeros como coordinan los instrumentos de una orquesta bien dirigida, encuentra fatídicamente el camino del gol.

Esto es cierto en la mayoría de los casos. Pero, a mí, como, estoy seguro, a muchísimos aficionados al fútbol, me da una gran alegría saber, gracias al éxito inesperado del Cienciano, que hay excepciones y que, incluso en nuestros días, en que el fútbol se ha convertido en una de las más portentosas industrias del planeta, y cuando los grandes equipos y sus goleadores son, en su perfección y eficiencia, cada vez más máquinas potentes y cada vez menos seres mortales del común, el fútbol vuelve a ser, aunque muy de vez en cuando y por una conjunción excepcional de circunstancias, no una operación matemática de resultados previsibles, sino un encuentro de consecuencias imprevistas, entre seres vivos que juegan más para divertirse y gozar que por un salario o una copa, y para sentirse unidos y embriagados en esa excitación fraterna que brota en los partidos en los que, al mismo tiempo que la sabiduría y la experiencia, se enfrentan —echando chispas a cada pelotazo— el sentimiento y la pasión. Esas tardes en que no los pies sino el corazón mete los goles y que se recuerdan después como una de esas experiencias que nos reconcilian a nosotros, los hinchas pobres diablos, con la vida.

La victoria del Cienciano dejó de ser muy pronto un logro deportivo y, previsiblemente, se convirtió en un hecho simbólico de connotaciones sociales, económicas y políticas. No podía ser de otro modo en un país acostumbrado desde hace tiempo a perder todos los partidos, y no sólo en el fútbol. Si esos once valientes lo habían conseguido en las canchas derrochando coraje, ¿por qué no podríamos los peruanos, enrazándonos como ellos, derrotar también nuestra condición de país pobre, atrasado, fracturado y caótico? La respuesta es brutal: porque, aunque en el fútbol todavía son posibles —aunque raros— los milagros, en lo tocante al desarrollo institucional y económico de un país hay que descartarlos de plano. En este dominio no hay garra ni pundonor que valga. Allí hay que aplicar las mismas fórmulas y esquemas que han permitido salir del atraso y la pobreza a los países más prósperos del planeta, que son también —hay una relación de causa-efecto en ello— los más democráticos y abiertos, es decir, los países donde las instituciones funcionan y las leyes se cumplen. El progreso económico y social no resulta nunca del puro entusiasmo, sino de una ecuación en la que el trabajo, la legalidad y la libertad se apoyan mutuamente para sacar cada vez mejor provecho de los recursos humanos y naturales de un país.

Pero claro que es estimulante saber que en el fútbol, como en las artes y en la literatura, la inspiración individual, la improvisación genial y la euforia puedan a veces producir cosas bellas e inverosímiles. Eso saca a la vida de la rutina y la vuelve aventura, sueño.

Gracias, Cienciano.

Lima, febrero de 2004

El caballito y la pava

Hace veintiún años, a un trujillano de vieja cepa y amante de su tierra, Guillermo Ganoza Vargas, que presidía el Club Libertad, se le ocurrió organizar un Concurso Nacional de Marinera. Fue una iniciativa fértil, pues, desde entonces, ha venido celebrándose puntualmente cada año, el último fin de semana de enero, con un entusiasmo creciente y una participación que ha llegado a abarcar todo el Perú.

Se trata de una fiesta llena de color y de gracia, que vale la pena ver, y que convierte a Trujillo —esa ciudad que fundó Almagro, que fue llamada «alivio de caminantes» y llaman ahora de la eterna primavera— en escenario de un bello espectáculo. De niño, pasé muchas veces por Trujillo, de ida o de venida de Piura, y en mi memoria las escalas trujillanas tenían siempre algo de adusto, pomposo, almidonado y tristón. Todo se entristecía y aseñoraba al llegar a Trujillo: el paisaje, las casas y, sobre todo, las gentes. En contraste con la espontaneidad vivísima, actual, llena de picardía y llaneza de los piuranos, qué formales, tradicionistas y protocolares me parecían los trujillanos, casi tan rígidos como las rejas labradas de sus casonas. Se diría que se habían tomado de veras aquello de que en su tierra —según reza la tradición— estaba enterrada una canilla del Quijote.

Me ha dado gusto, al volver a Trujillo después de dos años, encontrarme con una ciudad bastante menos tiesa y empaquetada e infinitamente más alegre. Las calles de antaño están siempre ahí, claro está, tan rectas que parecen subrayadas, lo mismo que las arrogantes casonas (algunas de las cuales, dicho sea de paso, como la de Bracamonte y la de Urquiaga, han sido admirablemente restauradas). Pero la atmósfera de la ciudad es otra: más campechana y directa, más abierta y con más sentido del humor.

Un amigo mío decía que durante la Feria de Octubre, en Lima, todos los limeños, les gusten o les disgusten los toros, inconscientemente comienzan a marcar la zeta. En Trujillo debe ocurrir algo parecido con la marinera: la bailen o no la bailen, les plazca o no, por un oscuro mandato que les viene de atrás y de adentro, todos vibran con ella. Basta verlos en el Coliseo Chimú, el día domingo, cuando se otorgan los premios, en los graderíos abarrotados, siguiendo la música con una animación que no decae y que a cada momento renuevan las barras con que las peñas y los clubs alientan a los concursantes, para darse cuenta de lo genuina y sentida que es la fiesta. Se trata, por lo demás, de una feria policlasista y democrática, en la que resulta simpático ver codearse, jaleando y zapateando, a los encopetados y a los humildes. Entre tantas cosas que tienden a separar a los peruanos —posición económica, ideas políticas, prejuicios sociales, diferencias culturales, incomunicación geográfica— es bueno que haya otras que contrarresten esos factores de desapego y desarmonía nacionales, recalcando lo compartible, el denominador común, aun cuando esa comunión y fraternización colectivas que generan las fiestas —laicas o religiosas— tengan siempre mucho de ilusorio.

El Concurso de Marinera dura dos días, pero los ensayos que lo preceden cubren toda la semana y dan pretexto, cada noche, para otras tantas fiestas. Los bailarines vienen de distintos lugares del país y, el día domingo, el espectáculo, entre otros rasgos, es un muestrario de las diversas maneras como se baila la marinera. El profano en materias folclóricas, como el que esto escribe, tiene entonces ocasión de conocer el complejo abanico de estilos y ritmos de esta danza según el lugar donde se baila y las personas que lo hacen. La marinera resulta un modelo maleable, al que cada región, medio social, cultura, ha impreso cierta idiosincrasia propia y la consecuencia es, partiendo de un tronco común, una extraordinaria floración de tonalidades y matices.

Así, mientras más norteña, la marinera es más saltarina, hasta confundirse casi con el tondero piurano. En cuanto comienza a trepar la sierra, en cambio, su semblante se agrava y sus movimientos se vuelven más hieráticos; hay un efecto de contaminación evidente que hace que, bailada por huancaínos, parezca un «huaylas» y que, en los pies de los puneños y cuzqueños, se asemeje al huayno. Vi, también, a una pareja de shipibos de Pucallpa, cuya marinera estaba impregnada de reminiscencias selváticas. Pero, acaso más contundentes que las diferencias impuestas por la geografía, sean las sociales. Hay un mundo de distancia entre la marinera de salón, elegante, refinada, de filigranas minuciosamente previstas y la marinera mulata, de callejón, desinhibida y con amplio margen para la invención, en la que comparece un poderoso elemento sensual. Pero es la marinera campesina, la llamada «norteña», la que se llevó los mejores premios y los mayores aplausos. A mí también es la que me impresionó más por la destreza y la felicidad con que la vi bailar por los libertéños.

Más interesante que la historia es la leyenda de los bailes, los chismes y fabulaciones sobre sus orígenes, significado, símbolos. Aparte de la explicación ortodoxa, según la cual la marinera habría nacido durante la guerra del Pacífico, y sido bautizada con ese nombre en homenaje a Miguel Grau y a las hazañas del Huáscar, oí muchas otras, tan curiosas como inverificables.

Al igual que su nacimiento, las influencias que cristalizan en ella son objeto de discusión. Hay quienes sostienen que es netamente hispánica (y muy concretamente andaluza) en tanto que, para otros —sin duda lo más exacto— se trata de la más mestiza de las danzas, pues en ella se confunden lo indio, lo negro y lo español. Tuve la suerte, durante las funciones del concurso, de estar rodeado de conocedores y de adictos cuyos comentarios, críticas, apostillas y diálogos eran por momentos tan divertidos como los propios bailes. Existe una vistosa mitología alrededor de la marinera, una abigarrada hermenéutica en torno a lo que inspira y representa cada figura y cada paso, en la que es imposible discernir la sutil observación de la desalada fantasía. Ya había oído —y ahora me convencí que era cierto— que los movimientos del varón —en la marinera «norteña»— estilizan los movimientos y desplantes del caballo de paso. Pero nadie me había dicho que las mujeres, en esa misma variante, miraran a la pava, y que buena parte de la indumentaria con que la bailan —como el «tembleque» u horquillas flexibles en el moño que simulan una cresta— persigue este efecto mimético. Basta que una interpretación sea, como ésta, seductora, para que uno comience a comprobarla. Y, en efecto, esas faldas negras recogidas en las vueltas y revueltas se convirtieron, de pronto, en las airosas, encrespadas colitas de unas pavas orondas, encerradas en un laberinto de figuras trazadas por el caracoleo alado de unos gallardos caballitos de paso. Hermosa mitología esta, la del insólito encuentro, en un terraplén trujillano, de un caballito y una pava para bailar en recuerdo de un caballero que murió en el mar.

Trujillo, febrero de 1981

Nace una estrella. Andrés Roca Rey

La gran estrella de esta temporada taurina en España ha sido el peruano Andrés Roca Rey. La crítica ha sido unánime y también el público aficionado, que lo sigue a través de todas las plazas de la Península, lo aplaude a rabiar, hace flamear los pañuelos blancos pidiendo que se le concedan las orejas —y a veces el rabo—, y que a menudo lo saca en hombros después de sus faenas memorables. Todo ello está más que justificado: Andrés Roca Rey es una de esas raras figuras que aparecen de pronto en el mundo de los toros, elevándose sobre todas las otras con ese estilo personal y único que hace de los grandes pintores, músicos, escritores y artistas los símbolos de una época.

Tiene apenas veinticuatro años pero su biografía es ya larguísima. Nació el 21 de octubre de 1996, en Lima, y, aunque usted no lo crea, a los siete años toreó su primera becerra en la plaza Torocuma, de Pachacamac, que le regaló el ganadero Rafael Puga. Andrés pertenece a una familia, los Roca Rey, tradicionalmente taurina y que desde hace varias generaciones fomenta con entusiasmo las corridas de toros y la formación de jóvenes espadas. Un hermano de Andrés, Fernando, es también matador; tiene un tío, José Antonio, que fue rejoneador, y uno de sus ascendientes administró durante muchos años la plaza de Acho, en Lima, que es, después de la española de Ronda, la más antigua del mundo. Los padres de Andrés alentaron siempre, desde la niñez, la vocación taurina de su hijo y lo enviaron cuando tenía diecisiete años a que perfeccionara su talento bajo la dirección del maestro José Antonio Campuzano, en Andalucía.

Los toros forman parte de la historia peruana, desde que llegaron los conquistadores españoles. La primera corrida tuvo lugar en la plaza de Armas de Lima y desde entonces la afición taurina se extendió por todo el Virreinato y, sobre todo, prendió en las comunidades indígenas de la sierra. Por eso hay sembradas en muchas localidades rurales de los Andes antiguas placitas de toros y, según el antropólogo Juan Ossio, más de trescientas comunidades indígenas en el Perú celebran sus fiestas patronales con corridas de toros. Una de las más hermosas novelas de José María Arguedas, *Yawar Fiesta*, describe precisamente una de estas corridas que, apartándose de las reglas tradicionales y con participación de toda la colectividad, tiene lugar en una de estas comunidades donde pasó su infancia el novelista peruano. Cuando era todavía un niño, Andrés Roca Rey toreó en muchas de estas plazas serranas, donde recibió un entusiasta aliento para esa vocación suya todavía en embrión.

He visto torear muchas veces a Andrés Roca Rey y casi siempre he sentido ese escalofrío que nos produce, en ciertas corridas extraordinarias y fuera de lo común, esa extraña complicidad que se establece de pronto entre el toro y el torero, algo que sublima la fiesta y la enriquece con una dimensión espiritual y anímica, porque allí, en el coso, ha surgido algo que expresa la condición humana de manera visible, aquella tensión entre la vida y la muerte en la que estamos siempre sumidos los seres humanos. Es verdad que todas las grandes obras literarias, musicales, pictóricas, cuando alcanzan la condición de obras maestras nos revelan también la esencia de lo que somos, de nuestra presencia en este mundo, pero probablemente ninguna obra maestra exprese de manera tan evidente como la fiesta de los toros lo precaria que es la vida, la manera como en todas circunstancias la rodea esa nada que es la muerte: ese espectáculo tiene lugar sólo en ciertos momentos privilegiados del arte taurino.

Que yo recuerde, sólo creo haber vivido momentos así en un tendido en algunas tardes de Antonio Ordóñez o, más cerca de nuestro tiempo, la única vez que vi, encerrado con seis toros, en Francia, a José Tomás. Después de ellos, creo que sólo Andrés Roca Rey me ha hecho sentir, durante sus pases estatuarios y su sabiduría y valentía sin par, dominando a la fiera tumultuosa que se le echa encima y a la que termina siempre sometiendo, la naturaleza profunda de esa vida pasajera y frágil que tenemos y que es inseparable de la extinción que nos precede y continúa.

Roca Rey es muy delgado, alto, y representa a veces ese toreo trágico de los que fueron emblemas un Manolete o (sólo ciertas tardes) el mexicano Procuna. Pero puede ser también festivo, risueño, juguetón, cuando se enreda y desenreda en gaoneras y chicuelinas, y esa versatilidad es una de sus características más originales. Pero también lo he visto imponer uno de esos silencios que sobrecogen a veces la plaza de Sevilla, sobre todo cuando cita al toro con desplantes a mucha distancia y el animal se arranca, veloz y feroz, y parece que fuera a destrozar en su embestida aquella figurilla petrificada, que, sin embargo, se las arregla en el último instante para quedar indemne porque el toro pasó sólo rozándolo.

La valentía, la temeridad, son sólo uno de los aspectos indispensables en la maestría de un torero. Pero, por sí solo, hacerse derribar, o cornear, tiene que ver poco con el arte supremo del toreo, en el que, además del coraje, es indispensable el conocimiento y los secretos de esa técnica compleja, difícil, matemática, que es la tauromaquia. Andrés Roca Rey tiene ambas cosas: valentía y sabiduría, un arriesgarse hasta extremos suicidas y un dominio de las formas que le permite hacer pases asombrosos —esos derechazos o naturales lentísimos, por ejemplo—, desafiando al toro hasta extremos suicidas, e ir dominando poco a poco a la fiera más indócil. En ese juego teatral, en esa danza en que la vida y la muerte parecen confundirse, Roca Rey es maestro supremo. Sólo los grandes toreros son capaces de producir esa complicidad con el toro que convierte al diestro y al animal en una pareja de baile, que danzan, juegan, se acercan a las orillas de la muerte y luego se distancian, en un entendimiento que disimula y borra toda la violencia recóndita que significa siempre una faena.

Es interesante que la figura extraordinaria de Andrés Roca Rey haya surgido en esta época. Quiero decir, en una época en la que la llamada corriente «animalista» se ha desencadenado tanto en España como en América Latina —no así en Francia, el primer país en declarar Patrimonio Nacional la fiesta de los toros—, pidiendo que se prohíba la fiesta por la crueldad que supuestamente habría en ella. Quienes piensan esto, y desde luego que tienen derecho a pensarlo, se hacen una idea muy equivocada de lo que es una corrida. Éste es un arte muy antiguo, cuyo origen se pierde en un mundo de mitologías y ritos religiosos, cuyas raíces se hunden en la noche de los tiempos. El toro de lidia no es un animal pacífico. Por el contrario, la violencia forma parte de su ser; es un animal hecho para embestir y matar, y, por eso, quienes piden el final de la fiesta taurina, si lograran su objetivo, no conseguirían que los toros de lidia sobrevivieran paseando por los campos y espantando mariposas con el rabo. Sólo conseguirían su extinción. El toro bravo existe porque existe la fiesta de los toros. Ésa es la única razón por la que hay reses bravas y criadores que dedican su vida y su fortuna a criarlas, tratándolas con infinitos miramientos y cuidados. El toro bravo desaparecería para siempre si se prohibiera las fiestas de los toros. Es verdad que éste es un arte violento y nadie que no pueda tolerar el espectáculo de la sangre está obligado a pisar una plaza en días de corrida. Si los toros desaparecieran, la vida se empobrecería, ni más ni menos que si se prohibieran la pintura, la música, la literatura. Los toros son un arte, hecho de danza, música, pintura y, además, dotado de una simbología propia que tiene que ver con la condición humana, un arte que produce una exaltación del ánimo y un enriquecimiento de la sensibilidad, y nos hace sentir, en sus grandes momentos, aquello de lo que estamos hechos, es decir, de vida y de muerte entremezcladas.

Andrés Roca Rey es uno de esos milagros que de cuando en cuando produce la fiesta de los toros. He tenido ocasión de conocerlo de cerca, y me ha sorprendido su sencillez, la timidez incluso que muestra cuando se le acercan los aficionados a abrumarlo de elogios. Parece intimidado con esas muestras de simpatía y entusiasmo, y es tan joven y tan franco que alguna vez le he oído decir, con absoluta naturalidad, que todavía no ha aprendido a hacerse el nudo de la corbata. Sin embargo, en ese joven amable y educado, cuando viste el traje de luces y sale a la plaza se opera una verdadera transfiguración. Allí, jugándose la vida a cada instante, arriesgando todo lo que le permite el carácter del animal que enfrenta, surgen el genio, la intuición que le permite saber hasta dónde puede llegar a desafiar al astado y su soberbio manejo de la técnica taurina. De todo ese esfuerzo va resultando el dominio que suele imponer a la fiera, obligándola a pasar una y otra vez bajo el engaño, en alardes y pases que hacen las delicias de los tendidos. Los aficionados sentimos exaltación y al mismo tiempo miedo pánico de que aquellas figuras tan hermosas, en las que el toro y el torero parecen una misma cosa inseparable, pudieran terminar en tragedia. Por desgracia, ha estado a punto de ocurrir algunas veces, como en Las

Ventas de Madrid, hace tres años, cuando Roca Rey recibió tres cornadas y sin embargo consiguió matar a su enemigo antes de ser llevado en hombros a la enfermería.

La vocación es algo misterioso, que está en los genes de un ser humano, en el entorno en que se cría y en ciertas aptitudes y cualidades que, en un momento dado, asume la conciencia. Ser un torero, en el fondo, es semejante a ser un poeta, o un músico o un escultor. Pero la vocación es sólo un punto de partida: hay que cuidarla, educarla y convertirla en una forma de vida. Cuando uno lee la biografía de Andrés Roca Rey, descubre que su vocación precoz no hubiera significado nada si no se hubiera dedicado a ella con tanto empeño y disciplina a lo largo de toda su infancia y juventud. Desde esa becerra que le regaló Rafael Puga a los siete años, sorprende saber que no ha hecho otra cosa que torear, en las plazas de toros de todo el Perú, y luego en las de México, y en las de Venezuela y Ecuador, y por fin en España. Ahora lo hace en todas las plazas del mundo. En su propio país ha estado en todas partes, incluso en las más humildes fiestas taurinas, como en Celendín, Chalhuanca, Cutervo y Huamachuco. Y, desde que vino a España, ha trabajado sin descanso, depurando sus conocimientos y su destreza bajo la guía del maestro Campuzano, que ahora lo representa. Esa entrega total ha convertido su vocación en la sabiduría y la solvencia que hoy luce en las plazas y que sigue empeñado en sutilizar y embellecer todavía más. Lo que significa que, al igual que en todas las artes, la vocación debe ser alimentada a diario a base de constancia, terquedad, autoexigencia, de modo que así brote el talento y, algunas raras veces, el genio. Es el caso de Andrés Roca Rey y ojalá que para el arte de los toros siga así por mucho tiempo, deslumbrando a los aficionados y convirtiendo cada faena en una experiencia sublime que nos hace gozar y nos ayuda a entender mejor lo que somos y hacia dónde vamos.

Noviembre de 2018

Los toros y el Perú

Quiero felicitar a los miembros del Tribunal Constitucional del Perú por haber rechazado, en un fallo que los honra, la solicitud de los «animalistas» que pedían prohibir las corridas de toros y las peleas de gallos en nuestro país. Es verdad que esta sentencia se alcanzó a duras penas —cuatro votos contra tres—, pero, por el momento, y espero que este momento dure un buen tiempo, los enemigos de la fiesta, que son pocos entre los peruanos, pero, eso sí, bien fanáticos, cesarán en sus intentos de poner fin a un espectáculo que forma parte esencial de la cultura peruana desde que ésta existe, es decir, desde el instante preciso en que, luego de una lucha feroz, ambas vertientes de nuestra tradición, la española y la prehispánica, se fundieron en una sola y que pronto cumplirá cinco siglos de existencia.

La astucia de los animalistas los llevó a identificar las corridas de toros y la pelea de gallos como dos manifestaciones de la crueldad contra los animales, una viveza criolla típicamente deshonesta, pues acerca cosas que son muy distintas, aunque en ninguna de ellas haya razón para prohibirlas. A mí, por ejemplo, aunque he asistido en el Perú a algunas galleras, la verdad es que ese espectáculo nunca me interesó, y que, en efecto, hasta me desagradó por su violencia manifiesta, pero reconozco que tiene una vieja tradición en la cultura peruana —el más hermoso cuento de Abraham Valdelomar describe en tonos épicos la historia de un gallo peleador— y que está bien enraizada sobre todo en la región costeña. Pero de ahí a prohibirlas, hay un paso demasiado largo para mi espíritu democrático y liberal. Nadie está obligado a asistir, ni a llevar a su familia, a una corrida de toros o a una gallera.

A diferencia de los toros, las peleas de gallos no forman parte de las bellas artes ni tienen esa remotísima tradición cuyos orígenes míticos se pierden en el fondo de los tiempos, asentada principalmente en el área del Mediterráneo. No pretendo rebajar en modo alguno el fervor con que los aficionados y practicantes dedican su tiempo y su cuidado a entrenar a sus gallos, enseñándoles a atacar y a defenderse, ni el empeño con que, gracias a sus esfuerzos, a menudo heroicos, sobreviven las galleras. Pero las peleas de gallos, aunque tienen una larga historia que, por ejemplo, en Europa, tuvo en Inglaterra poco menos que su época de oro —cuando yo llegué a Londres en los años sesenta del siglo pasado todavía sobrevivían en algunos pubs carteles que las recordaban—, son un deporte violento, en el que los seres humanos no participan directamente ni ha generado aquella riquísima huella en todas las ramas de la cultura, como ocurre con la fiesta taurina.

Las galleras se parecen mucho más a un ring de box que a un coso taurino. Éste es un escenario muy parecido a una sala de conciertos, o al tablado de un ballet, y, en última instancia, al rincón donde los poetas escriben sus poemas o al taller donde los escultores y pintores fraguan sus creaciones. Y, al igual que en las otras ramas de la cultura, una corrida puede cambiar la vida de las gentes, como una función teatral o un libro o un cuadro. Yo lo pensaba hace pocos días, visitando el bellísimo museo dedicado a las esculturas de Chillida, en las afueras de San Sebastián: Chillida Leku. Era un día deslumbrante, de cielo azul y sol pleno, sin una sola nube, y sus formidables creaciones de acero o piedra, tan bien distribuidas en el parque, parecían moverse, hervir, vivir con una plenitud devoradora. Entonces, pensé en aquellos momentos prodigiosos que suelen suceder en las plazas de toros, cuando, de un modo misterioso, el toro y el torero alcanzan una complicidad inexplicable, como si el diestro y el animal hubieran establecido un pacto de honor para rozar la muerte sin hollarla, mostrar la vida en todo su extraordinario esplendor y recordarnos al mismo tiempo su fugacidad, esa paradoja en la que vivimos, como el torero nos muestra en una buena faena, que lo hermosa que es la vida depende en gran parte de su precariedad, de ese pequeño tránsito en que ella puede desaparecer tragada por la muerte. Por eso, ningún otro espectáculo como la fiesta representa con más belleza y agonía que los toros la condición humana.

¿Es ésta la razón por la que la presencia taurina es visible en tantas manifestaciones artísticas y literarias? Sin duda. Y también, porque ella ha sido capaz de llegar a seducir a vastos públicos de otros orígenes, como es el caso, en el Perú, de la población campesina. Los toros están enraizados en casi todos los sectores sociales, pero, sobre todo, han calado en los sectores indígenas, donde difícilmente se puede concebir una fiesta patronal en una comunidad sin una corrida de toros. Y, por eso, las plazas de toros más antiguas de América del Sur están en los pueblos de Cajamarca, el departamento más taurino del Perú, según el crítico del diario *El Comercio*, Gómez-Debarbieri, que ha desempeñado una magnífica labor en la defensa de la tauromaquia en nuestro país. Y él ha reseñado, por ejemplo, no hace mucho, las corridas en las ferias populares de Chota y Cutervo, donde, en los últimos tiempos, a diferencia de lo que ocurría en el pasado, que se llevaban a cabo con toreros de segundo nivel o aficionados, ahora cuentan con espadas de primera línea, como Andrés Roca Rey y Joaquín Galdós, además de toreros españoles de categoría. Me parece una idea magnífica que ambas aficiones, la campesina y la urbana, se unifiquen y dejen de lado su ignorancia recíproca, como ocurría hasta hace poco. Yo recuerdo haber leído en mi adolescencia *Yawar Fiesta*, de José María Arguedas, y haberme sorprendido mucho de que aquella corrida, en torno a la cual gira la novela, sucediera en la sierra. Hasta entonces ignoraba que los toros eran un ingrediente central de las celebraciones populares en los Andes.

La campaña contra la fiesta de los toros no va a prosperar, pese al empeño que han puesto en ello los fanáticos animalistas. Francia fue el primer país que declaró la tauromaquia un bien cultural nacional y ahora España ha blindado también las corridas contra sus adversarios. En América Latina, pese a las primeras victorias que obtuvieron los enemigos de las corridas sorprendiendo a los tribunales, ahora se va retrocediendo, aunque las victorias judiciales, como en Ecuador, lo sean sólo a medias. Pues, en este país donde había ferias taurinas célebres, ahora, como en Portugal, se ha optado por una fiesta coja y manca, pues se prohíbe matar a los toros. Pero en Bogotá se ha ganado la partida en toda la línea y ojalá que sea por mucho tiempo.

Porque, detrás de la prohibición de las corridas, hay algo mucho más grave y siniestro que aquella compasión por los animales que es el pretexto que utilizan los antitaurinos para combatir las corridas. Es la falta de respeto, para no decir el desprecio por la libertad, la misma cerrazón mental que llevó a los inquisidores a prohibir las novelas durante los tres siglos coloniales en América hispana con el pretexto de no llenar la cabeza de los indígenas con patrañas, el origen de todas las censuras que persiguen domesticar el pensamiento y la libre elección de los ciudadanos. Por eso, el fallo de los jueces del Tribunal Constitucional del Perú hay que celebrarlo no como un episodio local, sino como una victoria de la democracia y de la libertad contra sus tradicionales enemigos.

Madrid, febrero de 2020

El sueño del chef

A comienzos de los años setenta, en una casa limeña situada en el límite mismo de dos barrios, San Isidro y Lince, donde se codeaban la pituquería y el pueblo, un niño de pocos años solía meterse a la cocina para escapar de sus cuatro hermanas mayores y los galanes que venían a visitarlas. La cocinera le había tomado cariño y lo dejaba poner los ojos, y a veces meter la mano, en los guisos que preparaba. Un día la dueña de casa descubrió que su único hijo varón —el pequeño Gastón— había aprendido a cocinar y que se gastaba las propinas corriendo al almacén Súper Epsa de la esquina a comprar calamares y otros alimentos que no figuraban en la dieta casera para experimentar con ellos.

El niño se llamaba Gastón Acurio, como su padre, un ingeniero y político que fue siempre colaborador cercano de Fernando Belaúnde Terry. Alentado por su madre, el niño siguió pasando buena parte de su niñez y su adolescencia en la cocina, mientras terminaba el colegio y comenzaba en la Universidad Católica sus estudios de abogado. Ambos ocultaron al papá esta afición precoz del joven Gastón, que, acaso, el *pater familias* hubiera encontrado inusitada y poco viril.

El año 1987 Gastón Acurio fue a España, a seguir sus estudios de Derecho en la Complutense. Sacaba buenas notas, pero olvidaba todas las leyes que estudiaba después de los exámenes y lo que leía con amor no eran tratados jurídicos sino libros de cocina. El ejemplo y la leyenda de Juan María Arzak lo deslumbraron. Entonces, un buen día, comprendiendo que no podía seguir fingiendo más, decidió confesarle a su padre la verdad.

Gastón Acurio papá, un buen amigo mío, descubrió así, en un almuerzo con el hijo al que había ido a visitar a Madrid y al que creía enrumbado definitivamente hacia la abogacía, que a Gastón-hijo no sólo no le gustaba el Derecho, sino que, horror de horrores,

¡soñaba con ser cocinero! Él reconoce que su sorpresa fue monumental y yo estoy seguro que perdió el habla y hasta se le descolgó la mandíbula de la impresión. En ese tiempo, en el Perú se creía que la cocina podía ser una afición, pero no una profesión de señoritos.

Sin embargo, hombre inteligente, terminó por inclinarse ante la vocación de su hijo, y le firmó un cheque para que se fuera a París, a completar su formación en el Cordon Bleu. Nunca se arrepentiría y hoy debe ser, sin duda, uno de los padres más orgullosos del mundo por la formidable trayectoria de su heredero.

Gastón estuvo dos años en el Cordon Bleu, y allí conoció a una muchacha francesa, de origen alemán, Astrid, que, al igual que él, había abandonado sus estudios universitarios —ella, de Medicina— para dedicarse de lleno a la cocina (principalmente, la pastelería). Estaban hechos el uno para el otro y era inevitable que se enamoraran y casaran.

Después de terminar sus estudios y hacer prácticas por algún tiempo en restaurantes europeos, se instalaron en el Perú y abrieron su primer restaurante, Astrid y Gastón, el 14 de julio de 1994, con cuarenta y cinco mil dólares prestados entre parientes cercanos y lejanos. El éxito fue casi inmediato y, quince años después, Astrid y Gastón exhiben sus exquisitas versiones de la cocina peruana, además de en Lima, en Buenos Aires, Santiago, Quito, Bogotá, Caracas, Panamá, México y Madrid.

En estos restaurantes la tradicional comida peruana es el punto de partida pero no de llegada: ha sido depurada y enriquecida con toques personales que la sutilizan y adaptan a las exigencias de la vida moderna, a las circunstancias y oportunidades de la actualidad, sin traicionar sus orígenes pero, también, sin renunciar por ello a la invención y a la renovación. Otra variante del genio gastronómico de Gastón Acurio es La Mar, un restaurante menos elaborado y formal, más cercano a los sabores genuinos de la cocina popular, que, al igual que Astrid y Gastón, después de triunfar en el Perú, tiene ya una feliz existencia en siete países extranjeros. Y, como si esto fuera poco, han surgido en los últimos años otras cadenas, cada una de ellas con una personalidad propia y que desarrolla y promueve una rama o especialidad del frondoso recetario nacional, Tanta, Panchita, Pasquale Hermanos, la juguería perua-

736

na, La Pepa y —el último invento por ahora— Chicha, en ciudades del interior dotadas de una comida regional propia, a la que estos restaurantes quieren dignificar y promover. En el año de 2008 la cifra de ventas del complejo fue de sesenta millones de dólares.

Pero el éxito de Gastón Acurio no puede medirse en dinero, aunque es de justicia decir de él que su talento como empresario y promotor es equivalente al que despliega ante las ollas y los fogones. Su hazaña es social y cultural. Nadie ha hecho tanto como él para que el mundo vaya descubriendo que el Perú, un país que tiene tantas carencias y limitaciones, goza de una de las cocinas más variadas, inventivas y refinadas del mundo, que puede competir sin complejos con las más afamadas, como la china y la francesa. (¿A qué se debe este fenómeno? Yo creo que a la larga tradición autoritaria del Perú: la cocina era uno de los pocos quehaceres en que los peruanos podían dar rienda suelta a su creatividad y libertad sin riesgo alguno).

En buena parte es culpa de Gastón Acurio que hoy los jóvenes peruanos de ambos sexos sueñen con ser chefs como antes soñaban con ser psicólogos, y antes economistas, y antes arquitectos. Ser cocinero se ha vuelto prestigioso, una vocación bendecida incluso por la frivolidad. Y por eso, pese a la crisis, en Lima se inauguran todo el tiempo nuevos restaurantes y las academias e institutos de alta cocina proliferan.

Si alguien me hubiera dicho hace algunos años que un día iba a ver organizarse en el extranjero «viajes turísticos gastronómicos» al Perú, no lo hubiera creído. Pero ha ocurrido y sospecho que los chupes de camarones, los piqueos, la causa, las pachamancas, los cebiches, el lomito saltado, el ají de gallina, los picarones, el suspiro a la limeña, etcétera, traen ahora al país tantos turistas como los palacios coloniales y prehispánicos del Cusco y las piedras de Machu Picchu. La casa-laboratorio que tiene Gastón Acurio en Barranco, donde explora, investiga, fantasea y discute nuevos proyectos con sus colaboradores, ha adquirido un renombre mítico y la vienen a visitar chefs y críticos de medio mundo.

Gracias a Gastón Acurio los peruanos han aprendido a apreciar en todo lo que vale la riqueza gastronómica de su tierra. Él tiene un programa televisivo en el que, desde hace cinco años, visita cada semana un restaurante distinto, para mostrar lo que hay en él de original y de diverso en materia de menú. De este modo ha ido revelando la increíble diversidad de recetas, variantes, innovaciones y creaciones de que está hecha la cocina peruana. Cómo se da tiempo para hacer tantas cosas (y todas bien) es un misterio. Su programa «Aventura culinaria» ha servido, entre otras cosas, para que se sepa que, además de Gastón Acurio, hay en el Perú de hoy otros chefs tan inspirados como él. Esa generosidad y espíritu ancho no es frecuente entre los empresarios, ni en el Perú, ni en ninguna otra parte.

Si en Astrid y Gastón, La Mar o cualquiera de los otros restaurantes de la familia, usted se siente mejor atendido que en otras partes, no se sorprenda. Los camareros de Gastón Acurio —juro que esto no es invención de novelista— siguen cursos de inglés, francés y japonés, y toman clases de teatro, de mimo y de danza. Si después de recibir este entrenamiento deciden buscarse otro trabajo, «mejor para ellos», dice Acurio. «Ésa es la idea, justamente».

El éxito no lo ha mareado. Es sencillo, pragmático, vacunado contra el pesimismo, y, como goza tanto con lo que hace, resulta estimulante escucharlo hablar de sus proyectos y sueños. No tiene tiempo para envidias y su entusiasmo febril es contagioso. Si hubiera un centenar de empresarios y creadores como Gastón Acurio, el Perú hubiera dejado atrás el subdesarrollo hacía rato.

Lima, marzo de 2009

14. El Perú político VI: Años de inestabilidad y de futuro incierto (2016-2023)

País imprevisible

Hace algunas semanas estuve en Estados Unidos en una conferencia económica que organizó el Citibank dedicada a América Latina. Había unos trescientos empresarios, banqueros y analistas que pasaron revista a lo largo de un par de días al estado de la región. No creo exagerar si digo que la impresión general de los asistentes sobre la situación del Perú no podía ser más positiva. Sin excepciones, reconocían que, desde la caída de la dictadura de Fujimori, el año 2000, la democracia había funcionado y que, durante los gobiernos de Valentín Paniagua, Alan García, Alejandro Toledo y el actual de Ollanta Humala, las instituciones operaban sin mayores trabas, la economía había crecido por encima del promedio latinoamericano, la reducción de la extrema pobreza era notable, así como el crecimiento de las clases medias. Y que, dada su estabilidad institucional y su apertura económica, el Perú era uno de los países más atractivos para la inversión extranjera. No es ésta la única ocasión en que oigo cosas parecidas. La verdad es que nunca, desde que tengo memoria, la imagen de mi país ha sido tan positiva en el resto del mundo.

Y, sin embargo, quien vive en el Perú, donde acabo de pasar una temporada, puede tener una impresión muy diferente: la de un país exasperado, al borde de la catástrofe por la ferocidad fratricida de las luchas políticas, y al que las huelgas antimineras, en Cajamarca y Arequipa sobre todo, la corrupción que se encarniza en las regiones por culpa de las mafias locales y el narcotráfico y la agitación social están haciendo retroceder y acercarse de nuevo al abismo, es decir, a la barbarie del subdesarrollo e, incluso, del quiebre constitucional.

¿Cómo explicar semejante incongruencia entre la imagen externa y la interna del país? Por la falta de perspectiva, la concentración fanática en la rama que nubla la visión del bosque. Es, probablemente, el defecto mayor de la prensa en el Perú —escrita, radial y televisiva—, controlada en un ochenta por ciento por un solo grupo económico, que, como está en su inmensa mayoría en la oposición al Gobierno, propaga una visión apocalíptica de una problemática social y política que, hechas las sumas y las restas, es bastante menos grave que la de la mayoría de los países del resto del continente. Y, por otra parte, olvida y trata incluso de quebrantar la más alta conquista que ha alcanzado el Perú actual en toda su historia: un amplio consenso nacional a favor de la democracia política y la economía de mercado. Sin este acuerdo nacional, del que, con la excepción de grupúsculos insignificantes, participan tanto la derecha como la izquierda, jamás hubiera progresado el Perú tanto como lo ha hecho en los últimos quince años.

A fines del mes de marzo la situación se agravó de tal manera que cualquier catástrofe hubiera podido ocurrir. El Parlamento censuró a la primera ministra Ana Jara en una sesión que seguí en parte en la televisión, abrumado por los niveles de ignorancia y demagogia a que podían llegar algunos de nuestros legisladores. El presidente Humala nombró el 2 de abril un nuevo gabinete presidido por Pedro Cateriano, que había sido, por dos años y ocho meses, su antiguo ministro de Defensa. Casi todo el mundo vio en este nombramiento una provocación del mandatario, a fin de producir una nueva censura, lo que le permitiría constitucionalmente cerrar el Congreso y convocar otras elecciones parlamentarias. Cateriano ha sido, a lo largo de toda su gestión ministerial, un crítico implacable del fujimorismo y del aprismo, las dos fuerzas más hostiles al Gobierno y cuyos dirigentes —Keiko Fujimori y Alan García— son seguros candidatos presidenciales en las elecciones del próximo año.

Pero nada ocurrió como estaba previsto. En vez de ser el pugnaz provocador que se esperaba, Pedro Cateriano mostró desde el primer momento una sorprendente voluntad de coexistencia y de diálogo. Y explicó: «Voy a tener que cambiar. Como presidente del Consejo de Ministros, mis opiniones políticas personales tendrán que ser, en muchos casos, reemplazadas por el criterio del Gobierno». Visitó a todos los líderes políticos, sobre todo a los de la oposición, les explicó sus planes, escuchó sus críticas y hasta se fotografió dando la mano a sus archirrivales Keiko Fujimori y Alan García. El resultado es que, después de casi diez horas de debate, el nuevo gabinete presidido por Cateriano fue aprobado por setenta y tres congresistas, con la abstención de treinta y nueve y el rechazo de diez. Y, lo más notable, una insólita paz y clima de convivencia parece haberse instalado de pronto en un país que hace muy poco daba la impresión de estar al borde de un golpe de Estado o una guerra civil.

En buena hora, desde luego, y ojalá que esta civilizada tregua dure, pueda el Gobierno gobernar en paz en su último año y haya una campaña electoral y unas elecciones libres y genuinas que no destruyan, sino consoliden, este proceso que desde hace quince años ha traído un progreso sin precedentes en nuestra historia.

Hay que felicitar al presidente Humala por su audaz apuesta de haber elegido a Pedro Cateriano como su nuevo primer ministro, pese a su fama de peleón y arrebatado. Supo ver en él, por debajo de las apariencias pendencieras, a un político fuera de serie en la escena peruana. Yo lo conozco bien, desde hace muchos años. Pero es completamente falso, como se ha dicho, que yo hubiera intervenido para nada en sus nombramientos. Jamás le he pedido —ni le pediré— favor alguno al presidente Humala, a quien, pese al apoyo que le he brindado, también he criticado cuando lo he creído justo. (Por ejemplo, por no haber recibido ni apoyado públicamente a la oposición democrática venezolana que resiste heroicamente los zarpazos dictatoriales del inefable y despreciable Maduro). Y tampoco se los pediré, claro a está, al nuevo primer ministro, precisamente porque es un viejo amigo.

La primera vez que lo vi, durante la campaña electoral en la que fui candidato, Cateriano arengaba al vacío en la plaza de Tacna, donde habíamos convocado un mitin al que asistieron apenas cuatro gatos. Lo hacía con una convicción insólita y sin importarle para nada el ridículo. Expresaba ideas en vez de lugares comunes o improperios y era un hombre culto y decente, y honrado hasta el tuétano de sus huesos. No sólo incapaz de perpetrar uno de esos tráficos o acomodos de sinvergüenzas que son tan frecuentes entre las gentes de poder, sino, también, de tolerarlos a su alrededor. No tengo la más mínima duda de que, con él al frente del Consejo de Ministros, la lucha contra la corrupción —una de las plagas que asola toda Latinoamérica— tomará nuevos bríos.

A lo largo de casi toda mi vida he sido bastante pesimista sobre el futuro del Perú. Quizás contribuyó a ello el haber pasado mi niñez y mi juventud en un país envilecido por una dictadura militar, la de Odría, que prostituyó todas las instituciones —entre ellas la universidad donde estudié— y, luego, haber visto cómo se frustraban entre nosotros todos los intentos democráticos, destruidos por unos partidos políticos ineptos que preferían destrozarse entre sí a hacer funcionar la democracia, aunque ello acarreara una y otra vez el siniestro retorno de la dictadura. Desde el año 2000, con la caída de Fujimori y Montesinos —ladronzuelos y asesinos que batieron todos los récords de criminalidad establecidos por los dictadores peruanos—, de pronto, empezaron a pasar cosas en mi país que me inyectaron la esperanza. Desde hace tres lustros, con algunos tropezones e interrupciones, ella se ha mantenido. En estos días, aletea de nuevo, viva todavía, pero como un candil en el viento, y siempre con el sobresalto de que surja un golpe de viento que lo apague.

Madrid, abril de 2015

La hora gris

Las elecciones peruanas del domingo pasado dejan para la segunda vuelta, que tendrá lugar en junio, a dos candidatos —Keiko Fujimori y Pedro Pablo Kuczynski— que representan dos opciones meridianamente claras. La primera, hija del dictador que cumple veinticinco años de cárcel por los crímenes y robos que cometió durante los diez en que gobernó el Perú, constituiría una legitimación de aquella dictadura corrupta y sanguinaria y un retorno al populismo, a la división enconada y a la violencia social de los que el país había comenzado a salir desde que recuperó la democracia en el año 2000. La segunda, un reforzamiento de la línea democrática y del progreso institucional y económico que ha convertido al Perú en los últimos quince años en uno de los países más atractivos para la inversión extranjera y que progresa más rápido en América Latina.

En estas condiciones, la victoria de Pedro Pablo Kuczynski debería estar asegurada si primaran la sensatez y el buen juicio. Pero no siempre es así y, en América Latina sobre todo, lo que suele prevalecer en ciertos períodos electorales son la sinrazón y la pasión demagógica, como saben muy bien los amigos venezolanos que, hasta en cinco ocasiones, votaron por el «socialismo del siglo XXI» y ahora no tienen cómo librarse de esa semidictadura que los ha arruinado económicamente y los hace vivir en la asfixia y el miedo.

El fujimorismo cuenta con grandes medios económicos —sólo unos ciento ochenta millones de dólares ha recuperado el Perú de los seis mil que se robaron en aquellos años— y su propaganda ha empapelado literalmente el país, al mismo tiempo que los medios que controla han ido cimentando la ficción según la cual el encarcelado ex dictador derrotó a Sendero Luminoso, envió a su líder Abimael Guzmán a la cárcel y sacó al país de la devoradora inflación que lo estaba deshaciendo. Puro mito. En verdad, la dictadura

745

combatió el terror con el terror, asesinando, torturando y llenando las cárceles de inocentes, y la desenfrenada corrupción con la que se enriquecieron los dirigentes fujimoristas desprestigió al país y lo enconó hasta ponerlo al borde del abismo. Por eso se fugó Fujimori del Perú y —caso único en la historia— envió desde el extranjero su renuncia a la presidencia por fax.

¿A eso quisieran volver los peruanos que han dado a Keiko Fujimori en esta primera vuelta electoral cerca del cuarenta por ciento de los votos y una mayoría parlamentaria? Porque, aunque haya prometido aquélla que no volverá a haber un «5 de abril» —día del autogolpe con el que Fujimori acabó con la democracia que le había permitido llegar al poder—, es obvio que, si ella es la próxima presidenta, tarde o temprano se abrirán las cárceles y los ladrones y asesinos fujimoristas, empezando por su padre, pasarán de los calabozos a detentar nuevamente el poder. Pone los pelos de punta imaginar la violencia social que todo aquello produciría, con la consiguiente parálisis económica, la retracción de las inversiones y la gangrena populista resucitando aquellos demonios de la inflación y el paro de los que nos hemos ido librando estos últimos tres lustros.

Por eso es importante que haya una gran movilización popular de todas las fuerzas democráticas del espectro político, sin exclusión alguna, para derrotar al fujimorismo y llevar a la presidencia a Pedro Pablo Kuczynski. Y, sobre todo, que las decenas de miles de peruanos que se abstuvieron de votar o viciaron su voto en esta primera vuelta recobren la confianza y crean que hay esperanza. PPK es una persona de impecables credenciales políticas, que sólo ha servido a gobiernos legítimos y, en todos los casos, con competencia y honradez. Su historia tiene algo de novelesca. Fue una dictadura, la del general Velasco, la que lo obligó a exiliarse cuando era un joven funcionario del Banco Central de Reserva, permitiéndole de este modo hacer una meteórica carrera en el mundo internacional de las finanzas, donde llegó a ser presidente del First Boston. Que, pese a haber alcanzado tan alta posición, apenas volvió la democracia a su país, retornara a trabajar al Perú demuestra muy a las claras su vocación de servicio. Pocos dirigentes políticos conocen mejor que él la problemática peruana, a la que ha estudiado con devoción, y pocos tienen ideas más prácticas y funcionales para enfrentar sus grandes carencias y necesidades. De otro lado, no hay dirigente político peruano que tenga más prestigio y sea más conocido que él en el ámbito internacional.

Por eso, desde que decidió lanzarse a la ardua empresa electoral, lo ha rodeado una entusiasta caravana de jóvenes empeñados en hacer del Perú un país moderno y próspero, una verdadera democracia con oportunidades para todos, que, sustituyendo con su entusiasmo la falta de estructuras partidarias y recursos, han conseguido para él este segundo puesto en la primera vuelta que debería permitirle ganar las elecciones de junio, salvando al Perú de la catástrofe que sería el retorno al poder del fujimorismo.

El adanismo ha sido una de las grandes desgracias de América Latina. Cada Gobierno quería empezar desde cero, haciendo tabla rasa de todo lo conseguido por su predecesor. Esta falta de continuidad nos ha hecho vivir en lo inestable y lo precario, porque los esfuerzos se frustraban cuando acababan de empezar. Esta maldita costumbre del adanismo se rompió por fortuna para el Perú en los últimos tiempos. Porque, desde la caída de la dictadura en el año 2000, el país ha tenido cuatro gobiernos democráticos —uno de ellos de transición— de líneas políticas diferentes, que, pese a ello, coincidieron en respetar la legalidad democrática y una política económica de mercado y de aliento a la inversión que ha traído enormes beneficios. La extrema pobreza se ha reducido de manera dramática, han crecido las clases medias a un ritmo muy intenso, la inversión extranjera se ha mantenido a niveles elevados y, con todas las limitaciones que impone el subdesarrollo, el Perú ha ido progresando gracias a la libertad y a esos amplios consensos que, por primera vez, han caracterizado la vida política peruana en los últimos quince años. Pero, una vez más, todo aquello se encuentra amenazado en este proceso electoral y corremos el terrible riesgo de volver a las andadas, que es lo que ocurriría si una mayoría electoral, presa del desvarío populista, lleva a Keiko Fujimori al poder.

Afortunadamente, la historia no está escrita, ella no sigue derroteros fatídicos. La historia la escribimos diariamente los hombres y las mujeres mediante nuestras acciones y decisiones, y podemos imprimirle la dirección y el ritmo que mejores nos parezcan. Los peruanos nos hemos equivocado muchas veces en nuestra historia y, por eso, ese país que fue justo y grande alguna vez, se ha ido empobreciendo y violentando como pocos en América Latina. Hace quince años aquello comenzó a cambiar de una manera notable. Surgieron unos consensos muy amplios respecto a la economía y la política que dieron al país una estabilidad primero y luego un empuje progresista muy notables, al extremo de que, por primera vez, yo he escuchado en los últimos años en el extranjero sólo elogios y parabienes sobre el acontecer peruano.

Sólo de nosotros depende que esta hora gris en la que estamos sumidos no sea el anuncio de una noche siniestra y anacrónica, sino un anticipo del amanecer, con su tibieza y su luz clara.

Abril de 2016

El Perú a salvo

La ajustada victoria de Pedro Pablo Kuczynski en las elecciones presidenciales del 5 de junio ha salvado al Perú de una catástrofe: el retorno al poder de la mafia fujimorista que, en los años de la dictadura de Alberto Fujimori y Vladimiro Montesinos, robó, torturó y asesinó con una ferocidad sin precedentes y, probablemente, la instalación del primer narcoestado en América Latina.

La victoria de Keiko Fujimori parecía irremediable hace unas pocas semanas, cuando se descubrió que el secretario general y millonario financista de su campaña y su partido, Fuerza Popular, Joaquín Ramírez, estaba siendo investigado por la DEA por lavado de activos; se recordó entonces que la policía había descubierto un alijo de unos cien kilos de cocaína en un depósito de una empresa de Kenji, hermano de Keiko y con pretensiones a sucederla. El fujimorismo, asustado, intentó una operación sucia; el dirigente de Fuerza Popular y candidato a una vicepresidencia, José Chlimper, filtró a un canal de televisión cercano al fujimorismo una grabación manipulada para desinflar el escándalo; el ser descubierto, lo multiplicó. Muchos presuntos votantes de Keiko, que ingenuamente se habían tragado su propaganda de que sacando el Ejército a las calles a combatir a los delincuentes y restableciendo la pena de muerte habría seguridad en el Perú, cambiaron su voto.

Pero, el hecho decisivo, para rectificar la tendencia y asegurarle a Kuczynski la victoria, fue la decisión de Verónika Mendoza, la líder de la coalición de izquierda del Frente Amplio, de anunciar que votaría por aquél y de pedir a sus partidarios que la imitaran. Hay que decirlo de manera inequívoca: la izquierda, actuando de esta manera responsable —algo con escasos precedentes en la historia reciente del Perú—, salvó la democracia y ha asegurado la continuación de una política que, desde la caída de la dictadura en el año 2000, ha traído al país un notable progreso económico y el fortalecimiento gradual de las instituciones y costumbres democráticas.

El nuevo Gobierno no va a tener la vida fácil con un Parlamento en el que el fujimorismo controla la mayoría de los escaños; pero Kuczynski es un hombre flexible y un buen negociador, capaz de encontrar aliados entre los adversarios para las buenas leyes y reformas de que consta su programa de gobierno. Hay que señalar, por otra parte, que, al igual que Mauricio Macri en Argentina, cuenta con un equipo de colaboradores de primer nivel, en el que figuran técnicos y profesionales destacados que hasta ahora se habían resistido a hacer política y que lo han hecho sólo para impedir que el Perú se hundiera una vez más en el despotismo político y la ruina económica. De otro lado, es seguro que su prestigio internacional en el mundo financiero seguirá atrayendo las inversiones que, desde hace dieciséis años, han venido apuntalando la economía peruana, la que, recordemos, es una de las que ha crecido más rápido en toda la región.

¿Qué ocurrirá ahora con el fujimorismo? ¿Seguirá subsistiendo como siniestro emblema de la tradición incivil de las dictaduras terroristas y cleptómanas que ensombrece el pasado peruano? Mi esperanza es que esta nueva derrota inicie el mismo proceso de descomposición en el que fueron desapareciendo todas las coletas políticas que han dejado las dictaduras: el sanchecerrismo, el odriísmo, el velasquismo. Todas ellas fueron artificiales supervivencias de los regímenes autoritarios, que poco a poco, se extinguieron sin pena ni gloria. El fujimorismo ha tenido una vida más larga sólo porque contaba con los recursos gigantescos que obtuvo del saqueo vertiginoso de los fondos públicos, de los que Fujimori y Montesinos disponían a su antojo. Ellos le permitieron, en esta campaña, empapelar con propaganda el Perú de arriba abajo, y repartir baratijas y hasta dinero en las regiones más empobrecidas. Pero no se trata de un partido que tenga ideas, ni programas, sólo unas credenciales golpistas y delictuosas, es decir, la negación misma del Perú digno, justo, próspero y moderno que, en estas elecciones, se ha impuesto poco menos que de milagro a un retroceso a la barbarie.

La victoria de Pedro Pablo Kuczynski trasciende las fronteras peruanas; se inscribe también en el contexto latinoamericano como un nuevo paso contra el populismo y de regeneración de la democracia, del que son jalones el voto boliviano en contra de los intentos reeleccionistas de Evo Morales, la derrota del peronismo en Argentina, la destitución de Dilma Rousseff y el desplome del mito de Lula en Brasil, la aplastante victoria de la oposición a Maduro en las elecciones parlamentarias en Venezuela y el ejemplo de un régimen como el de Uruguay, donde una izquierda de origen muy radical en el poder no sólo garantiza el funcionamiento de la democracia, sino practica una política económica moderna, de economía de mercado, que no es incompatible con un avanzado empeño social. Quizás cabría señalar también el caso mexicano, donde las recientes elecciones parciales han desmentido las predicciones de que el líder populista Andrés Manuel López Obrador y su partido serían poco menos que plebiscitados; en verdad el ganador de los comicios ha sido el Partido Acción Nacional, con lo que el futuro democrático de México no parece amenazado.

¿Es ingenuo ver en todos estos hechos recientes una tendencia que parece extenderse por América Latina a favor de la legalidad, la libertad, la coexistencia pacífica y un rechazo de la demagogia, el populismo irresponsable y las utopías colectivistas y estatistas? Como la historia no está escrita, siempre puede haber marcha atrás. Pero creo que, haciendo las sumas y las restas, hay razones para ser optimistas en América Latina. Estamos lejos del ideal, por supuesto; pero estamos muchísimo mejor que hace veinte años, cuando la democracia parecía encogerse por todas partes y el llamado «socialismo del siglo XXI» del comandante Chávez seducía a tantos incautos. ¿Qué queda de él, ahora? Una Venezuela en ruinas, donde la mayoría de la gente se muere de hambre, de falta de medicinas, de inseguridad callejera, y donde una pequeña pandilla encaramada en el poder da golpes de ciego a diestra y siniestra, cada vez más aislada, ante un pueblo que ha despertado de la seducción populista y revolucionaria y sólo aspira ahora a recobrar la libertad y la legalidad.

Acabo de pasar unas semanas en la República Dominicana, Chile, Argentina y Brasil, y vengo a Europa mucho más animado. Los problemas latinoamericanos siguen siendo enormes, pero los progresos son también inmensos. En todos esos países la democracia funciona y las crisis que padecen no la ponen en peligro; por el contrario, y pienso sobre todo en Brasil, creo que tienden a regene-rarla, a limpiarla de la corrupción, a permitirle que funcione de verdad. En ese sentido, la victoria de Pedro Pablo Kuczynski en el Perú es otro pasito que da América Latina en la buena dirección.

Madrid, junio de 2016

Por el buen camino

El 28 de julio asumió la presidencia del Perú Pedro Pablo Kuczynski. Es, desde la caída de la dictadura de Fujimori el año 2000, el quinto mandatario —luego de Valentín Paniagua, Alejandro Toledo, Alan García y Ollanta Humala— que llega al poder por la vía democrática. Pesa sobre sus hombros la responsabilidad de impulsar una legalidad y un progreso que en estos dieciséis años han caracterizado la orientación del país. Este progreso hay que entenderlo de manera muy amplia, es decir, no sólo representado por el desarrollo económico que ha hecho del Perú una de las naciones latinoamericanas que ha crecido más y atraído más inversiones en este período, sino, también, por ser un país en el que se ha respetado la libertad de expresión y de crítica, y donde han funcionado la diversidad política, el pluralismo y la coexistencia en la diversidad.

Los problemas son todavía enormes, desde luego, empezando por la seguridad y las desigualdades, la corrupción, la falta de oportunidades para los pobres, la insuficiente movilidad social y muchos otros. Pero sería una gran injusticia desconocer que en todos estos años el Perú ha gozado de una libertad sin precedentes, que se ha reducido de manera drástica la extrema pobreza, que la clase media ha crecido más que en toda su historia pasada y que la descentralización económica, administrativa y política del país ha avanzado de manera impresionante.

Pero, tal vez, lo más importante ha sido que en estos últimos dieciséis años una cultura democrática parece haber echado unas raíces que hasta hace poco eran muy débiles y ahora cuentan con el respaldo de una gran mayoría de peruanos. Es posible que todavía haya algunos estrafalarios de la vieja derecha que crean en la solución militar y golpista, y, en la extrema izquierda, grupúsculos que sueñan todavía con la revolución armada, pero, si realmente existen, se trata de sectores muy marginales, sin la menor gravitación en el grueso de la población. La derecha y la izquierda parecen haber depuesto sus viejos hábitos antidemocráticos y haberse resignado a operar en la legalidad. Tal vez hayan comprendido que ésta es la única vía posible para que los remedios de los problemas del Perú no sean peores que la enfermedad.

¿Qué explicación tiene semejante evolución de las costumbres políticas en el Perú? Los experimentos catastróficos de la dictadura militar socialista del general Velasco, cuyas reformas colectivistas y estatistas empobrecieron al país y sembraron el caos; la guerra revolucionaria y terrorista de Sendero Luminoso y la represión consiguiente que causaron cerca de setenta mil muertos, decenas de miles de heridos y unos daños materiales cuantiosos. Y, finalmente, la dictadura de Fujimori y Montesinos, con sus crímenes abominables y los vertiginosos robos —unos seis mil millones de dólares, se calcula— de los que el país ha podido recobrar sólo migajas.

Para algunos podría tal vez parecer contradictorio con esto último que la hija del ex dictador, Keiko Fujimori, sacara tan alta votación en los últimos comicios y que la bancada que le es adicta sea mayoritaria en el Congreso. Pero esto es puro espejismo; como el odriísmo y el velasquismo, el fujimorismo es una construcción artificialmente sostenida con una inyección frenética de demagogia, populismo y cuantiosos recursos, y destinada a desaparecer —apostaría que a corto plazo—, igual que aquellos vestigios de las respectivas dictaduras de las que nacieron. Su existencia nos recuerda que el atraso y la barbarie política, aunque han retrocedido, están todavía lejos de desaparecer de nuestro entorno. El camino de la civilización es largo y difícil. Este camino, emprendido hace un poco más de tres lustros por el Perú, no debe tener retrocesos, y ésa es la tarea primordial que incumbe a Pedro Pablo Kuczynski y al equipo que lo rodea.

La imagen internacional del Perú nunca ha sido mejor que la de ahora; en Estados Unidos y en Europa aparecen casi a diario análisis, comentarios e informes entusiastas sobre su apertura económica y los incentivos para la inversión extranjera que ofrece. Las empresas peruanas, algunas de las cuales comienzan desde hace algunos años a salir al extranjero, han experimentado un verdadero salto dialéctico, así como la explosión turística, incrementada en los últimos años por el atractivo culinario local, que se ha puesto de moda, en buena medida, quién lo podría negar, gracias a Gastón Acurio y un puñadito de chefs que, como él, han revolucionado la gastronomía peruana.

Las perspectivas no pueden ser más alentadoras para el Gobierno que se inicia en estos días. Para que ellas no se frustren, como tantas veces en nuestra historia, es imprescindible que la batalla contra la corrupción sea implacable y dé frutos, porque nada desmoraliza más a una sociedad que comprobar que el poder sirve sobre todo para que los gobernantes y sus cómplices se enriquezcan, violentando la ley. Ése, y la falta de seguridad callejera, sobre todo en los barrios más desfavorecidos, es el gran lastre que frena y amenaza el desarrollo, tanto en Perú como en el resto de América Latina. Por eso, la reforma del Poder Judicial y de los organismos encargados de la seguridad, empezando por la policía, es una primera prioridad. Nada inspira más tranquilidad y confianza en el sistema que sentir que las calles que uno transita son seguras y que se puede confiar en los jueces y policías; y, a la inversa, nada desmoraliza más a un ciudadano que salir de su casa pensando en que será atracado y que si acude a la comisaría o al juez en busca de justicia será atracado otra vez, pues jueces y policías están al servicio no de las víctimas, sino de los victimarios y ladrones.

Lo que ocurre en el Perú está ocurriendo también en otros países de América Latina, como Argentina, donde el Gobierno de Mauricio Macri trata desesperadamente de devolver al país la sensatez y la decencia democráticas que perdió en todos los años delictuosos y demagógicos del kirchnerismo. Y hay que esperar que Brasil, donde la revuelta popular contra la corrupción cancerosa que padecía el Estado ha conmovido hasta los cimientos a casi todas sus instituciones, salga purificado y con una clase política menos putrefacta de esta catarsis institucional.

Ojalá la política diplomática del Gobierno de Pedro Pablo Kuczynski sea coherente con esa democracia que le ha permitido llegar al poder. Y no incurra, como tantos gobiernos latinoamericanos, en la cobardía de mantener una neutralidad cómplice frente a la tragedia venezolana, como si se pudiera ser neutral frente a la peste bubónica. Es una obligación moral para todo Gobierno democrático apoyar a la oposición venezolana, que lucha gallardamente tratando de recuperar su libertad contra una dictadura cleptómana, de narcotraficantes, que representa un pasado de horror y de vergüenza en América Latina.

Agosto de 2016

Las delaciones premiadas

Algún día habrá que levantar un monumento en homenaje a la compañía brasileña Odebrecht, porque ningún Gobierno, empresa o partido político ha hecho tanto como ella en América Latina para revelar la corrupción que corroe a sus países ni, por supuesto, obrado con tanto empeño para fomentarla.

La historia tiene todos los ingredientes de un gran *thriller*. El veterano empresario Marcelo Odebrecht, patrón de la compañía, condenado a diecinueve años y cuatro meses de prisión, junto con sus principales ejecutivos, luego de pasarse un tiempito entre rejas anunció a la policía que estaba dispuesto a contar todas las pillerías que había cometido a fin de que le rebajaran la pena. (En Brasil llaman a esto «las delaciones premiadas»). Comenzó a hablar y de su boca —y las de sus ejecutivos— salieron víboras y ponzoñas que han hecho temblar a todo el continente, empezando por sus presidentes actuales y pasados. El señor Marcelo Odebrecht me recuerda al tenebroso Gilles de Rais, el valiente compañero de Juana de Arco, que, llamado por la Inquisición de Bretaña para preguntarle si era cierto que había participado en un acto de satanismo con un cómico italiano, dijo que sí, y que, además, había violado y acuchillado a más de trescientos niños porque sólo perpetrando esos horrores sentía placer.

La compañía Odebrecht ha gastado cerca de ochocientos millones de dólares en coimas (sobornos) a jefes de Estado, ministros y funcionarios para obtener licitaciones y contratos, que, casi siempre escandalosamente sobrevaluados, le permitían obtener ganancias sustanciosas. Esto venía ocurriendo hace muchos años y, acaso, nunca hubiera sido castigado si entre sus cómplices no estuviera buena parte de la directiva de Petrobras, la petrolera brasileña que, investigada por un juez fuera de lo común, Sergio Moro —es un milagro que esté todavía vivo—, destapó la caja de los truenos.

Hasta el momento hay tres mandatarios latinoamericanos implicados en los sucios enjuagues de Odebrecht: de Perú, Colombia y Panamá. Y la lista sólo acaba de comenzar. El que está en la situación más difícil es el ex presidente peruano Alejandro Toledo, a quien Odebrecht habría pagado veinte millones de dólares para asegurarse los contratos de dos tramos de la Carretera Interoceánica que une, a través de la selva amazónica, al Perú con el Brasil. Un juez ha decretado contra Toledo, que se halla fuera del Perú en condición de prófugo, prisión preventiva de dieciocho meses mientras se investiga su caso; las autoridades peruanas han dado aviso a la Interpol; el presidente Kuczynski ha llamado al presidente Trump pidiendo que lo devuelva al Perú (Toledo tiene un trabajo en la Universidad de Stanford) y el Gobierno israelí ha hecho saber que no lo admitirá en su territorio mientras no se aclare su situación legal. Hasta ahora, él se niega a regresar, alegando que es víctima de una persecución política, algo que ni sus más ardientes partidarios —le quedan ya pocos— pueden creer.

Me apena mucho el caso de Toledo porque, como ha recordado Gustavo Gorriti en uno de sus excelentes artículos, él encabezó con gran carisma y valentía hace diecisiete años la formidable movilización popular en el Perú contra la dictadura asesina y cleptómana de Fujimori y fue un elemento fundamental en su desplome. No sólo yo, toda mi familia se volcó a apoyarlo con denuedo. Mi hijo Gonzalo se gastó los ahorros que tenía en la gran Marcha de los Cuatro Suyos, en la que miles, acaso millones, de peruanos se manifestaron en todo el país a favor de la libertad. Mi hijo Álvaro dejó todos sus trabajos para apoyar a tiempo completo la movilización por la democracia y, a la caída de Fujimori, su campaña presidencial hasta la primera vuelta, y fue uno de sus colaboradores más cercanos. Luego, algo extraño ocurrió: rompió con él, de manera precipitada y ruidosa. Alegó que había oído, en una reunión de Toledo con amigos empresarios, algo que lo alarmó sobremanera: Josef Maiman, el expotentado israelí, dijo que quería comprar una refinería que era del Estado y un canal de televisión. (Maiman, según las denuncias de Odebrecht, ha sido el testaferro del ex presidente y sirvió de intermediario haciendo llegar a Toledo por lo menos once de los veinte millones recibidos bajo mano para favorecer a aquella empresa). Cuando ocurrió aquello, pensé que la susceptibilidad de Álvaro era exagerada e injusta y hasta tuvimos un distanciamiento. Ahora, me excuso con él y alabo sus sospechas y olfato justiciero.

Espero que Toledo regrese al Perú *motu proprio*, o lo regresen, y sea juzgado imparcialmente, algo que, a diferencia de lo que ocurría durante la dictadura fujimorista, es perfectamente posible en nuestros días. Y si es encontrado culpable, que pague sus robos y la enorme traición que habría perpetrado con los millones de peruanos que votamos por él y lo seguimos en su campaña a favor de la democratización del Perú contra los usurpadores y golpistas. Lo traté mucho en esos días y me parecía un hombre sincero y honesto, un peruano de origen muy humilde que por su esfuerzo tenaz había —según le gustaba decir— «derrotado a las estadísticas», y estaba seguro de que haría un buen Gobierno. Lo cierto es que —pillerías aparte, si las hubo— lo hizo bastante bien, pues en esos cinco años se respetaron las libertades públicas, empezando por la libertad para una prensa que se encarnizó con él, y por la buena política económica, de apertura e incentivos a la inversión, que hizo crecer al país. Todo eso ha sido olvidado desde que se descubrió que había adquirido costosos inmuebles y dio unas explicaciones —alegando que todo aquello había sido obtenido por su suegra ¡con dinero del celebérrimo Josef Maiman!— que en vez de exonerarlo nos parecieron a muchos comprometerlo todavía más.

Las «delaciones premiadas» de Odebrecht abren una oportunidad soberbia a los países latinoamericanos para hacer un gran escarmiento contra los mandatarios y ministros corruptos de las frágiles democracias que han reemplazado en la mayor parte de nuestros países (con las excepciones de Cuba y Venezuela) a las antiguas dictaduras. Nada desmoraliza tanto a una sociedad como advertir que los gobernantes que llegaron al poder con los votos de las personas comunes y corrientes aprovecharon ese mandato para enriquecerse, pisoteando las leyes y envileciendo la democracia. La corrupción es, hoy en día, la amenaza mayor para el sistema de libertades que va abriéndose paso en América Latina luego de los grandes fracasos de las dictaduras militares y de los sueños mesiánicos de los revolucionarios. Es una tragedia que, cuando la mayoría de los latinoamericanos parecen haberse convencido de que la democracia liberal es el único sistema que garantiza un desarrollo civilizado, en la convivencia y la legalidad, conspire contra esta tendencia positiva la rapiña frenética de los gobernantes corruptos. Aprovechemos las «delaciones premiadas» de Odebrecht para sancionarlos y demostrar que la democracia es el único sistema capaz de regenerarse a sí mismo.

Madrid, febrero de 2017

¿Indultar a Fujimori?

Las conversaciones privadas no deben convertirse en públicas y, por desgracia, la que tuve con el presidente del Perú Pedro Pablo Kuczynski durante su reciente visita a España ha sido objeto de rumores y especulaciones que no siempre corresponden a la verdad. Por eso autoricé a mi hijo Álvaro para que, en una entrevista en *El Comercio*, reprodujera lo que le dije al mandatario respecto a la posibilidad de que indultara a Fujimori.

Nunca me indicó que tuviera la menor intención de hacerlo; sólo que, como le llegaban numerosas cartas y documentos pidiendo el indulto por razones de salud, había entregado todo ese material a tres médicos a fin de que le informaran sobre el estado del reo. Mi impresión personal es que Kuczynski es un demócrata cabal y una persona demasiado decente para cometer un desafuero tan insensato como sería el sacar de la cárcel y devolver a la vida política a un ex mandatario que, habiendo sido elegido en unas elecciones democráticas, dio un golpe de Estado instalando una de las dictaduras más corruptas de la historia del Perú. Y echando por tierra la sentencia de un tribunal civil que en un juicio abierto, con observadores internacionales y de manera impecable, condenó al exdictador por sus crímenes a pasar un cuarto de siglo entre rejas.

Ese juicio no tiene precedentes en la historia peruana. Nuestros dictadores o morían en la cama, sin haber devuelto un centavo de todo lo que robaban, o eran asesinados, como Sánchez Cerro. Algunos, como Leguía, murieron en la cárcel, sin haber sido juzgados. Pero, en este sentido, el juicio de Fujimori fue ejemplar. Lo juzgó un tribunal civil, dándole todas las garantías para que ejercitara su derecho de defensa, y, pese a las campañas millonarias de sus partidarios, ninguna instancia jurídica o política internacional ha objetado el desarrollo del proceso ni a los magistrados que lo sentenciaron.

Por otra parte, él no ha manifestado jamás arrepentimiento alguno por los asesinatos, secuestros y torturas que ordenó y que se perpetraron durante su dictadura, y tampoco ha devuelto un solo centavo de los varios miles de millones de dólares que sacó al extranjero de manera delictuosa durante su gobierno. (Los únicos ciento ochenta millones de dólares que ha recuperado el Perú de los cuantiosos robos de aquellos años los devolvió Suiza, de una cuenta corriente que había abierto Vladimiro Montesinos, el cómplice principal de Fujimori). Su liberación sería un acto ilegal flagrante, como ha afirmado en *The New York Times* Alberto Vergara, teniendo en cuenta que todavía no ha sido juzgado por otra de las matanzas del Grupo Colina, realizada en Pativilca en 1992. Sería una «aberración jurídica que perdonase a Fujimori hacia el futuro, por crímenes todavía no procesados».

No sólo sería una ilegalidad; también, una traición a los electores que lo llevamos al poder y a las familias de las víctimas de los asesinatos y desapariciones, a quienes prometió firmemente que no liberaría al ex dictador. No nos engañemos. La extraordinaria movilización entre la primera y la segunda vuelta que permitió el triunfo de Pedro Pablo Kuczynski se debió en gran parte al temor de una mayoría del pueblo peruano de que el fujimorismo volviera al poder con Keiko, la hija del condenado. El voto de la izquierda, decisiva para esa victoria, jamás se hubiera volcado masivamente a darle el triunfo si hubiera imaginado que iba a devolver a la vida pública peruana a uno de los peores dictadores de nuestra historia.

Hay quienes piensan que el indulto ablandaría al Parlamento que, hasta ahora, además de tumbar varios ministros del Gobierno, ha paralizado la acción gubernamental obstruyendo de manera sistemática las iniciativas del Ejecutivo para materializar su programa, introduciendo reformas económicas y sociales que dinamizaran la economía y extendieran la ayuda a las familias de menores ingresos. Quienes piensan así se equivocan garrafalmente. No se aplaca a un tigre echándole corderos; por el contrario, se reconoce su poder y se lo estimula a que prosiga su labor depredadora. Fue una equivocación no haber enfrentado con más firmeza desde un principio la irresponsable oposición del fujimorismo en el Congreso; pero, al menos, ha servido para mostrar a la opinión pública la indigencia intelectual y la catadura moral de quienes, desde las curules parlamentarias, están dispuestos a impedir la gobernabilidad del país, aunque sea hundiéndolo, para que fracase el Gobierno al que detestan por haberlos derrotado en aquella segunda vuelta que ya festejaban como suya.

La dictadura es siempre el mal absoluto, el régimen que destruye no sólo la economía, sino también la vida política, cultural y las instituciones de un país. Las lacras que deja perduran cuando se restablece la democracia y muchas veces son tan mortíferas que impiden la regeneración institucional y cívica. La gran tragedia de América Latina en su vida independiente han sido las dictaduras que se sucedían manteniéndonos en el subdesarrollo y la barbarie pese a los esfuerzos desesperados de unas minorías empeñadas en defender las opciones democráticas.

Desde que cayó la dictadura fujimorista, en el año 2000, el Perú vive un período democrático que ha reducido la violencia e impulsado su economía de manera notable, al extremo de que su imagen internacional, en estos últimos años, ha sido la de un país modelo que atraía inversiones y parecía un ejemplo a seguir por los países del Tercer Mundo que aspiran a dejar atrás el subdesarrollo. El indulto a Fujimori echaría por los suelos esta imagen y nos retrocedería otra vez a la condición de república bananera.

Es verdad que, gracias a las revelaciones y denuncias de Odebrecht, la gestión de algunos de los expresidentes de la democracia, como Toledo, primero, y ahora Humala, se ha visto empañada con acusaciones de malos manejos, corrupción y tráficos ilícitos. En buena hora: que todo aquello se ventile hasta las últimas consecuencias y, si ha habido efectivamente delito, que los delincuentes vayan a la cárcel. Esas cosas las permite la democracia, un sistema que no libra a los países de pillos, pero permite que sus pillerías sean denunciadas y castigadas. La democracia no garantiza que se elija siempre a los mejores, y, a veces, los electores se equivocan eligiendo la peor opción. Pero, a diferencia de una dictadura, una democracia, sistema flexible y abierto, puede corregir sus errores y perfeccionarse gracias a la libertad. Fujimori, que llegó al poder, arrasó con todas las libertades y con ese sistema democrático que le había permitido alcanzar la más alta magistratura. No es por ese crimen mayúsculo por el que está en la cárcel, sino porque, además de haber acabado con nuestra precaria democracia, se dedicó a robar de la manera más descarada y a asesinar, torturar y secuestrar con más alevosía que los peores dictadores que ha padecido el Perú. No puede ni debe ser indultado.

Madrid, julio de 2017

La traición de Kuczynski

El presidente del Perú, Pedro Pablo Kuczynski, se salvó de milagro el 21 de diciembre de ser destituido por «permanente incapacidad moral» por un Congreso donde una mayoría fujimorista le había tumbado ya cinco ministros y tenía paralizado a su Gobierno.

La acusación se basaba en unas confesiones de Odebrecht, en Brasil, afirmando que en los años en que Kuczynski fue ministro de Economía y primer ministro, la empresa brasileña había pagado a una compañía suya la suma de 782.207,28 dólares. A la hora de la votación, se dividieron los parlamentarios del APRA, de Acción Popular, de la izquierda y —oh, sorpresa— los propios fujimoristas, diez de los cuales, encabezados por Kenji, el hijo de Fujimori, se abstuvieron. Los que respaldaron la moción se quedaron ocho votos por debajo de los ochenta y siete que hacían falta para echar al presidente.

Esta sesión fue precedida de un debate nacional en el que todas las fuerzas democráticas del país rechazaron el intento fujimorista de defenestrar a un jefe de Estado que, si bien había pecado de negligencia y de conflicto de intereses al no documentar legalmente su separación de la empresa que prestó servicios a Odebrecht mientras era ministro, tenía derecho a una investigación judicial imparcial ante la cual pudiera presentar sus descargos, y a lo que parecía un intento más del fujimorismo para hacerse con el poder.

Vale la pena recordar que Kuczynski ganó las elecciones presidenciales poco menos que raspando y gracias a que votaron por él todas las fuerzas democráticas, incluida la izquierda, creyéndole su firme y repetida promesa de que, si llegaba al poder, no habría indulto para el ex dictador condenado a veinticinco años de cárcel por sus crímenes y violaciones a los derechos humanos. Hubo manifestaciones a favor de la democracia y muchos periodistas y políticos independientes se movilizaron contra lo que consideraban (y era) un intento de golpe de Estado. En un emotivo discurso (por el que yo lo felicité) el presidente pidió perdón a los peruanos por aquella «negligencia» y aseguró que, en el futuro, abandonaría su pasividad y sería más enérgico en su acción política.

Lo que muy pocos sabían es que, al mismo tiempo que hacía estos gestos como víctima del fujimorismo, Kuczynski negociaba a escondidas con el hijo del dictador o con el dictador mismo un sucio cambalache: el indulto presidencial al reo por «razones humanitarias» a cambio de los votos que le evitaran la defenestración. Esto explica la misteriosa abstención de los diez fujimoristas que salvaron al presidente.

Las vilezas forman parte por desgracia de la vida política en casi todas las naciones, pero no creo que haya muchos casos en los que un mandatario perpetre tantas a la vez y en tan poco tiempo. Los testimonios son abrumadores: periodistas valerosos, como Rosa María Palacios y Gustavo Gorriti, que se multiplicaron defendiéndolo contra la moción de vacancia, y el ex primer ministro Pedro Cateriano, que también dio una batalla en los medios para impedir la defenestración, recibieron seguridades del propio Kuczynski, días u horas antes de que se anunciara el indulto, de que no lo habría, y que los rumores en contrario eran meras operaciones psicosociales de los adversarios.

De esta manera, quienes en las últimas elecciones presidenciales votamos por Kuczynski creyéndole que en su mandato no habría indulto para el dictador que asoló el Perú, cometiendo crímenes terribles contra los derechos humanos y robando a mansalva, hemos contribuido sin saberlo ni quererlo a llevar otra vez al poder a Fujimori y a sus huestes. Porque, no nos engañemos, el fujimorismo tiene ahora, gracias a Kuczynski, no sólo el control del Parlamento, por el cuarenta por ciento de votantes que en las elecciones respaldaron a Keiko Fujimori; controla también el Ejecutivo, pues Kuczynski, con su pacto secreto, no ha utilizado al ex dictador, más bien se ha convertido en su cómplice y rehén. En adelante, deberá servirlo, o le seguirán tumbando ministros, o lo defenestrarán. Y esta vez no habrá demócratas que se movilicen para defenderlo.

La traición de Kuczynski permitirá que el fujimorismo se convierta en el verdadero gobierno del país y haga de nuevo de las suyas, a menos que la división de los hermanos, los partidarios de Keiko y los de Kenji (este último, preferido por el padre) se mantenga y se agrave. ¿Serán tan tontos para perseverar en esta rivalidad ahora que están en condiciones de recuperar el poder? Pudiera ocurrir, pero lo más probable es que, estando Fujimori suelto para ejercer el liderazgo (apenas se anunció su indulto, su salud mejoró), se unan; si persistieran en sus querellas el poder podría esfumárseles de las manos.

Por lo pronto, el proyecto fujimorista para defenestrar a los fiscales y jueces que podrían ahondar en la investigación, ya insinuada por Odebrecht, de que Keiko Fujimori recibió dinero de la celebérrima organización para sus campañas electorales, podría tener éxito. Recordemos que el avasallamiento del Poder Judicial fue una de las primeras medidas de Fujimori cuando dio el golpe de Estado en 1992.

El fujimorismo tiene ya un control directo o indirecto de buen número de los medios de comunicación en el Perú, pero algunos, como *El Comercio*, se le han ido de las manos. ¿Hasta cuándo podrá mantener ese diario la imparcialidad democrática que le impuso el nuevo director desde que asumió su cargo? No hay que ser adivino para saber que el fujimorismo, envalentonado con la recuperación de su caudillo, no cesará hasta conseguir reemplazarlo por alguien menos independiente y objetivo.

Luego de este descalabro democrático, ¿en qué condiciones llegará el Perú a las elecciones de 2021? El fujimorismo las espera con impaciencia, ya que es más seguro gobernar directamente que a través de aliados de dudosa lealtad. ¿No podría Kuczynski traicionarlos también? Las próximas elecciones son fundamentales para que el fujimorismo consolide su poder, como en aquellos diez años en que gozó de absoluta impunidad para sus fechorías. En su discurso exculpatorio Kuczynski llamó «errores y excesos» a los asesinatos colectivos, torturas, secuestros y desapariciones cometidos por Fujimori. Y éste le dio inmediatamente la razón pidiendo perdón a aquellos peruanos que, sin quererlo, «había decepcionado». Sólo faltó que se dieran un abrazo.

Felizmente, la realidad suele ser más complicada que los esquemas y proyecciones que resultan de las intrigas políticas. ¿Imaginó Kuczynski que el indulto iba a incendiar el Perú, donde, mientras escribo este artículo, las manifestaciones de protesta se multiplican por doquier pese a las cargas policiales? ¿Sospechó que partidarios honestos renunciarían a su partido y a su gabinete? Yo nunca hubiera imaginado que tras la figura bonachona de ese tecnócrata benigno que parecía Kuczynski se ocultara un pequeño Maquiavelo ducho en intrigas, duplicidades y mentiras. La última vez que nos vimos, en Madrid, le dije: «Ojalá no pases a la historia como el presidente que amnistió a un asesino y un ladrón». Él no ha asesinado a nadie todavía y no lo creo capaz de robar, pero, estoy seguro, si llega a infiltrarse en la historia será sólo por la infame credencial de haber traicionado a los millones de compatriotas que lo llevamos a la presidencia.

Madrid, diciembre de 2017

Jueces y presidentes

El ex presidente Alan García, cercado por la Justicia debido a supuestos malos manejos y coimas recibidas durante su segundo gobierno con motivo de la construcción del Metro de Lima, ha optado por pedir asilo en la embajada del Uruguay alegando ser objeto «de persecución política». El pretexto es simplemente grotesco porque en el Perú de hoy no hay un solo preso político y nadie es perseguido por sus ideas o filiación partidista; y probablemente nunca ha habido tanta libertad de expresión y de prensa como la que hoy existe en el país.

Eso sí, la otra cara de la moneda es que los cuatro últimos jefes de Estado son objeto de investigación judicial por presunción de robos y se hallan investigados por el Poder Judicial, con órdenes de arraigo y embargo de sus bienes, o prófugos. De otro lado, el ex dictador Alberto Fujimori, condenado a veinticinco años de cárcel por sus crímenes, se halla refugiado en cuidados intensivos de la Clínica Centenario de Lima, de donde, si se mueve, volverá a la cárcel de la que lo sacó un indebido indulto del ex presidente Pedro Pablo Kuczynski. Este último, también con orden de arraigo, es objeto de una investigación judicial por lavado de activos al igual que el ex presidente Ollanta Humala, quien, con su esposa Nadine, pasó una prisión preventiva de diez meses. El otro ex presidente, Alejandro Toledo, huyó a los Estados Unidos cuando se descubrió que había recibido cerca de unos veinte millones de dólares de sobornos de Odebrecht, y es objeto ahora de un juicio de extradición entablado por el Gobierno peruano.

Esta colección de presidentes sospechosos de corrupción —a los cuales me acuso de haber promovido y votado por ellos creyéndolos honestos— justificaría el más negro pesimismo sobre la vida pública de mi país. Y, sin embargo, después de haber pasado ocho días en el Perú, vuelvo animado y optimista, con la sensación de que, por primera vez en nuestra historia republicana, hay una campaña eficaz y valiente de jueces y fiscales para sancionar de veras a los mandatarios y funcionarios deshonestos, que aprovecharon sus cargos para delinquir y enriquecerse. Es verdad que en los cuatro casos hasta ahora sólo hay presunción de culpabilidad, pero los indicios, sobre todo en lo relativo a Toledo y García, son tan evidentes que resulta muy difícil creer en su inocencia.

Como en buena parte de América Latina, el Poder Judicial en el Perú no tenía fama de ser aquella institución incorruptible y sabia encargada de velar por el cumplimiento de las leyes y sancionar los delitos; y tampoco de atraer, con sus mediocres salarios, a los juristas más capaces. Por el contrario, la mala fama que lo rodeaba hacía suponer que buen número de magistrados carecían de la formación y la conducta debidas para impartir justicia y merecer la confianza ciudadana. Y, sin embargo, de un tiempo a esta parte, una silenciosa revolución ha ido operándose en el seno del Poder Judicial, con la aparición de un puñado de jueces y fiscales honestos y capaces, que, corriendo los peores riesgos y apoyados por la opinión pública, han conseguido corregir aquella imagen, enfrentando a los poderosos —tanto políticos como sociales y económicos— en una campaña que ha levantado el ánimo y llenado de esperanzas a una gran mayoría de peruanos.

La corrupción es hoy en día en América Latina el enemigo mayor de la democracia: la corroe desde adentro, desmoraliza a la ciudadanía y siembra la desconfianza hacia unas instituciones que parecen nada más que la llave mágica que convierte a las fechorías, delitos y prebendas en acciones legítimas. Lo ocurrido en el Brasil en los últimos años ha sido un anuncio de lo que podría ocurrir en todo el continente. La corrupción se había extendido por todos los rincones de la sociedad brasileña, comprometiendo por igual a empresarios, funcionarios, políticos y gente del común, estableciendo una suerte de sociedad paralela, sometida a las peores componendas e inmoralidades, en la que las leyes eran sistemáticamente violadas por doquier, con la complicidad de todos los poderes. Contra ese estado de cosas se levantó el pueblo, encabezado por un grupo de jueces que, al amparo de la ley, comenzaron a investigar y a sancionar, enviando a la cárcel a quienes por su poder económico y político se creían invulnerables. El caso de Odebrecht, una compañía todopoderosa que corrompió por lo menos a una decena de gobiernos latinoamericanos para conseguir contratos multimillonarios de obras públicas —sin sus famosas «delaciones premiadas», los cuatro ex jefes de Estado peruanos estarían libres de polvo y paja—, se convirtió poco menos que en el símbolo de toda aquella podredumbre. Eso es lo que explica el fenómeno Jair Bolsonaro. No que cincuenta y cinco millones de brasileños se hayan vuelto fascistas de la noche a la mañana, sino que una inmensa mayoría de brasileños, hartos de la corrupción que se había tornado el aire que se respiraba en el Brasil, decidieran votar por lo que creían la negación más extrema y radical de aquello que se llamaba «democracia» y era, pura y simplemente, una delitocracia generalizada. ¿Qué pasará ahora con el nuevo Gobierno de aquel caudillo abracadabra? Mi esperanza es que, por lo menos dos de sus ministros, el juez Moro y el economista liberal Guedes, lo moderen y ciñan a actuar dentro de la ley y sin reabrir las puertas a la corrupción.

Sería una vergüenza que el Uruguay concediera el asilo a Alan García, que no está siendo investigado por sus ideas y actuaciones políticas, sino por delitos tan comunes como recibir coimas de una compañía extranjera que competía por contratos multimillonarios de obras públicas durante su gobierno. Sería como proporcionar una coartada de respetabilidad y victimismo a quien —si es verdad aquello de que es acusado— contribuyó de manera flagrante a desnaturalizar y degradar esa democracia de la que, con justicia, se ufana de haber mantenido en buena parte de su historia aquel país sudamericano. El derecho de asilo es, sin duda, la más respetable de las instituciones en un continente tan poco democrático como ha sido América Latina, una puerta de escape contra las dictaduras y sus acciones terroristas para acallar las críticas, silenciar a las voces disonantes y liquidar a los disidentes. En el Perú conocemos bien a ese tipo de regímenes autoritarios y brutales que han sembrado de sangre, dolor e injusticias buena parte de nuestra historia. Pero, precisamente porque estamos conscientes de ello, no es justo ni aceptable que en un período como el actual, en el que, en contraste con aquella tradición, se vive un régimen de libertades y de respeto a la legalidad, el Uruguay conceda la condición de perseguido político a un dirigente a quien la justicia investiga como presunto ladrón.

Los jueces y fiscales peruanos que se han atrevido a atacar la corrupción en la persona de los últimos cuatro jefes de Estado cuentan con un apoyo de la opinión pública que no ha tenido jamás el Poder Judicial en nuestra historia. Ellos están tratando de convertir a la realidad peruana en algo semejante a lo que por mucho tiempo el Uruguay representó en América Latina: una democracia de verdad y sin ladrones.

Madrid, noviembre de 2018

Del desorden a la libertad

Ha hecho muy bien el presidente del Perú Martín Vizcarra disolviendo el Congreso y convocando nuevas elecciones para el próximo 26 de enero, fecha que acaba de ser avalada por el Jurado Nacional de Elecciones. Y han hecho muy, pero muy bien, las Fuerzas Armadas y la policía reconociendo la autoridad del jefe del Estado; no ha sido muy frecuente en la historia peruana que las fuerzas militares apoyen a un Gobierno constitucional como el que preside Vizcarra; lo «normal» era que contribuyeran a derribarlo.

La decisión de cerrar el Congreso ha sido rigurosamente constitucional, como han mostrado muchos juristas eminentes y ha explicado al gran público, con su lucidez característica, uno de los mejores y más valientes periodistas del Perú: Rosa María Palacios. La Constitución autoriza al jefe del Estado a cerrar el Congreso luego de que éste le niegue dos veces la cuestión de confianza, y a la vez lo obliga a convocar inmediatamente elecciones para reemplazar al Parlamento destituido. Ambas cuestiones se han cumplido en este caso. Por lo mismo, no se trata ni mucho menos de un «golpe de Estado», como ha querido hacer creer la alianza aprofujimorista, que tenía mayoría simple en el Congreso y había convertido a éste en un circo grotesco de forajidos y semianalfabetos, con algunas pocas (pero, eso sí, muy respetables) excepciones. Por eso se han echado a la calle, en todas las ciudades importantes del país, a aplaudir al presidente Vizcarra, cientos de miles de peruanos, celebrando la medida en nombre de la libertad y de la legalidad de las que la mayoría parlamentaria de apristas y fujimoristas había hecho irrisión.

Como siempre, por debajo y por detrás de las discusiones legales que sustentan las instituciones de una democracia, hay intereses personales, muchas veces innobles, que suelen prevalecer. Para eso existen la libertad de expresión y el derecho de crítica que, bien ejercidos, hacen los deslindes y denuncias necesarios estableciendo las prioridades y sacando de las tinieblas en que quisieran sumirlas sus enemigos, la verdad y la libertad.

En estos casos, sin la más mínima duda, ambos valores están representados por la decisión del presidente Vizcarra, y los genuinos enemigos de la verdad y de la libertad son quienes hasta ahora han ensuciado hasta extremos inconcebibles el Congreso de la República, convirtiéndolo en un instrumento de la venganza de Keiko Fujimori contra Pedro Pablo Kuczynski, quien la derrotó en unas elecciones presidenciales que creía ganadas: los sondeos lo decían así. Entonces, ella, a través del Congreso, se dedicó a tumbarle ministros e impedirle gobernar. Por su parte, Kuczynski, al que muchos creíamos el presidente mejor preparado de la historia del Perú y que resultó uno de los peores, creyó aplacar al tigre echándole corderos (es decir, indultando al ex presidente Fujimori de la condena de veinticinco años de cárcel que cumple por asesino y por ladrón), con lo que se hizo el harakiri y debió finalmente renunciar. Ahora está en arresto domiciliario investigado por el Poder Judicial, acusado de malos manejos.

Probablemente nada de lo que ha ocurrido hubiera tenido las proporciones que ha alcanzado si, en el intermedio, no hubiera aparecido el famoso Lava Jato en el Brasil, en que la empresa Odebrecht y las «delaciones premiadas» —es decir, autoconfesiones de hechos ilícitos a cambio de condenas reducidas o simbólicas— revelaron que en el Perú varios presidentes, ministros y parlamentarios habían sido comprados por la tristemente célebre empresa (y por otras, también) para favorecerla con concesiones en obras públicas y otras prebendas. Esto sacó de quicio principalmente a apristas y fujimoristas, implicados en estos sucios enjuagues. Y su pánico fue mucho peor cuando, a la vez que ocurría todo esto en el Brasil, surgía dentro del Poder Judicial peruano un grupo de fiscales honestos y valerosos empeñados en aprovechar las «delaciones premiadas» para sacar a la luz la corrupción en el Perú y sancionar a sus culpables.

Ésta es la razón profunda que está detrás de los atropellos e ilegalidades cometidas por la mayoría simple parlamentaria que detenta la alianza de apristas y fujimoristas y que ha obligado al presidente Vizcarra a clausurar este Congreso y convocar elecciones para reemplazarlo. Ojalá, sea dicho de paso, los peruanos voten el próximo 26 de enero mejor que en las elecciones anteriores, y no vuelvan a sumir al Perú en un Parlamento tan mediocre y obtuso como el recién desaparecido. Pero las condiciones mismas de esta elección no favorecen que haya muchos candidatos de lustre para ocupar los escaños; el tiempo de vida del que dispondrán será muy escaso —unos dieciséis meses— y, como no hay reelección, según las recientes disposiciones electorales, los incentivos para los nuevos congresistas no resultan nada estimulantes.

Pero, en todo caso, se trata de un paso adelante en la consolidación de la democracia en el Perú. Muchos peruanos, ante el espectáculo bochornoso de este Parlamento, que parecía dedicado exclusivamente a impedir que funcionaran las instituciones, a defender la corrupción y a sus líderes deshonestos, se habían desencantado de la legalidad. ¿Para esto servían las elecciones libres? Ahora saben que, por más errores que se puedan cometer dentro de una democracia, en una sociedad libre se puede sacar a la luz todo aquello que anda mal, y que ésta es la gran superioridad de las sociedades abiertas sobre las dictaduras.

Quisiera también destacar el espíritu cívico que ha sacado a las calles a tantos peruanos a renovar su convencimiento de que la libertad es siempre la mejor opción. Una de las buenas cosas que ocurrían en el Perú, pese al Congreso, ha sido la libertad de expresión. El periodismo en el Perú ha funcionado en estos años expresando la gran diversidad política que existe en el país, y muchas de las críticas de esta prensa han sido certeras e impedido que, en el desorden que había, pereciera la legalidad. Pero un país no sólo funciona con la democracia. Es imprescindible que haya trabajo, que los ciudadanos sientan que hay igualdad de oportunidades, que todos pueden progresar si se esfuerzan para ello, y que existe un orden legal al que pueden recurrir si son víctimas de injusticias y atropellos.

Curiosamente, en estos años de desorden político, el país es uno de los pocos que en América Latina ha crecido económicamente; se han ensanchado las clases medias y, pese a las catástrofes naturales, el Perú progresa en creación de riqueza y en oportunidades. Una sola mancha en este panorama: la idea de que *toda* minería es negativa y que hay que combatirla para que no destruya el medio ambiente. Esto es absurdo, pero ha calado más allá de los demagogos de la extrema izquierda que la promueven; y, a la vez que esto ocurre, crece la minería ilegal que, ella sí, es una amenaza gravísima contra la salud ecológica de un país. Ojalá que liberada de este Congreso repelente y los desórdenes que auspiciaba, la democracia peruana empiece también a funcionar dentro de una legalidad y libertad dignas de ese nombre.

Madrid, octubre de 2019

Asomándose al abismo

Contra todos los pronósticos de las agencias, entre los dieciocho candidatos a la presidencia del Perú, un maestro provinciano, natural de Chota, en el interior de Cajamarca, Pedro Castillo, ganó la primera vuelta de las elecciones y deberá enfrentar en la segunda y definitiva a Keiko Fujimori, la hija del dictador, quien cumple en la actualidad veinticinco años de cárcel por delitos cometidos durante los años que ejerció el poder. Ella ha prometido que, de ganar las elecciones, lo indultará.

Aunque se trata de una sorpresa para todo el mundo, empezando por los peruanos, es preciso señalar que en esta primera vuelta sólo ha participado un setenta por ciento del electorado del Perú. Aun así, la victoria de Castillo es contundente, pues ha ganado en muchas regiones del sur, del centro y Cajamarca, y tendrá probablemente cerca de un tercio del Parlamento nacional con los treinta y siete congresistas que parece haber sacado. Su triunfo derrota a los partidos más moderados de la izquierda, aunque ya haya voces, entre estas fuerzas, que se adelanten a apoyarlo.

¿Cuáles son las ideas que propugna Castillo? Bastante contradictorias, por lo pronto, aunque, como regla general, de extrema izquierda en el campo económico y de extrema derecha en el social, pues está contra los matrimonios gays, la enseñanza sexual en las escuelas y el aborto, campo en el que coincide íntegramente con la Iglesia católica que ha dado una batalla últimamente contra los intentos de la izquierda y el centro más progresista en defensa de la mujer y los derechos de los homosexuales a ser considerados normales y en igualdad con los heterosexuales, algo que siempre he apoyado.

¿Cuáles son las ideas que defiende el candidato victorioso en esta primera vuelta en el campo económico? Las inspiradas por sus dos maestros, el boliviano Evo Morales y el ecuatoriano Rafael Correa, quien, como es sabido, no puede poner los pies en su país, pues iría a la cárcel, donde ha sido condenado por delitos cometidos durante su gestión presidencial. Evo Morales se ha precipitado a felicitar a Castillo y hay rumores de que habría apoyado económicamente su candidatura. Si gana la segunda vuelta electoral, Pedro Castillo se propone establecer una «Economía popular con mercados», inspirado, justamente, en el modelo de Bolivia y del Ecuador (que ahora, con la victoria presidencial de Guillermo Lasso, cambiará radicalmente de orientación hacia la defensa de la propiedad privada y la apertura de mercados). Los contratos estatales se renegociarán, pues, a juicio de Castillo, en la actualidad «las transnacionales se quedan con el setenta por ciento de las ganancias y el Estado sólo con el treinta por ciento»; bajo su presidencia esta proporción se invertirá, las transnacionales sólo retendrán el veinte por ciento y el Estado el ochenta por ciento restante. Esto significa que el Estado «privatizador y exportador de capitales cambiará y será en adelante un Estado nacionalizador soberano que fortalezca la economía interna invirtiendo sus capitales en el país». Las empresas que no acepten este planteamiento serán nacionalizadas, así como los principales yacimientos mineros, gasíferos, petroleros y centros energéticos, pues Castillo quiere acabar con la minería nacional, que le parece incompatible con una política de defensa genuina de la naturaleza y una política social de progreso. La Constitución será derogada y todos los tratados internacionales «revisados», de modo que en el futuro no haya en el Perú la inicua desproporción que «hace ganar a un patrón veinte veces lo que gana un obrero». Las empresas que se resistan a cambiar de régimen serán nacionalizadas y, según los casos, se compensará o no a sus dueños.

No haría falta mucho más para indicar que el Perú de Pedro Castillo integrará los países que, siguiendo al Gobierno de México, quieren resucitar el grupo de Puebla y romper con el grupo llamado de Lima. En otras palabras, será calcado del que inauguró el comandante Chávez en Venezuela, el «socialismo del siglo XXI», que ha obligado a más de cinco millones de venezolanos a emigrar a los países vecinos para no morirse de hambre.

Si ésta es la sociedad que va a crear Pedro Castillo, es obvio que ella tendrá todas las características de una sociedad comunista, en una época en la que —los peruanos que votaron por él no parecen haberse dado cuenta todavía— el comunismo ha desaparecido del planeta, con las excepciones más horripilantes, es decir, Cuba, Venezuela, Nicaragua y Corea del Norte. Tengo el convencimiento absoluto de que si Castillo, con semejantes ideas, llega a tomar el poder en la segunda vuelta electoral, dentro de un par de meses, no volverá a haber elecciones limpias en el Perú, donde, en el futuro, aquéllas serán una parodia, como las que organiza de tanto en tanto Nicolás Maduro en Venezuela para justificar su régimen impopular. Eso significará probablemente un golpe de Estado militar a corto plazo en el Perú, de militares derechistas, o izquierdistas a la manera «velasquista», que, como ha ocurrido siempre en nuestra historia, retrocederá bárbaramente al país y lo empobrecerá mucho más de lo que está. Querer acabar con la minería, que es la riqueza de los Andes peruanos, es una temeridad sin precedentes, hija de la pura ignorancia, que sofocaría una de las fuentes básicas del desarrollo nacional.

Este asomarse al abismo que promete a los peruanos Pedro Castillo ¿a quién tiene al frente? A Keiko Fujimori, que hasta ahora ha defendido a su padre, el ex dictador, de quien estuvo provisionalmente distanciada, pero ya no, pues ha prometido indultarlo si llega al poder. Ella participó, además, de manera muy directa, beneficiándose de la dictadura, y está acusada por el Poder Judicial de haberse lucrado con la operación Lava Jato, de la que habría recibido dinero, por lo cual el Poder Judicial ha pedido para ella treinta años de cárcel.

Pese a ello, como saben de sobra quienes leen esta columna y reconocen que, desde que, violentando las leyes que lo habían llevado al poder, Fujimori instaló una dictadura, he combatido al fujimorismo de manera sistemática, como lo he hecho con todas las dictaduras de izquierda o de derecha, creo que en las elecciones que se vienen —las de la segunda vuelta—, los peruanos deben votar por Keiko Fujimori, pues representa el mal menor y hay, con ella en el poder, más posibilidades de salvar nuestra democracia, en tanto que con Pedro Castillo no veo ninguna. A condición, claro está, de que Keiko Fujimori se comprometa, en nombre de estas libertades públicas que dice defender ahora, a respetar la libertad de expresión, a no indultar a Vladimiro Montesinos, responsable de los peores crímenes y robos de la dictadura, a no expulsar ni cambiar a los jueces y fiscales del Poder Judicial, que han tenido en los últimos tiempos una actitud tan gallarda en defensa de la democracia y los derechos humanos, y, sobre todo, a convocar elecciones al término de su mandato, dentro de cinco años. Si se ajusta a estas obligaciones, Keiko Fujimori tiene la oportunidad, única, de tomar el poder a través de elecciones limpias y de contar con una ancha base social y popular para hacer las reformas necesarias que conviertan al Perú en un país justo, libre y moderno y le devuelvan el liderazgo que alguna vez tuvo en el pasado de América Latina.

Se comprende que, hartos de las pillerías de los gobiernos que eligieron, los peruanos hayan votado como lo hicieron, además de soportar una pandemia que causa estragos y muestra de manera muy vívida las grandes desigualdades del Perú, que se pueden y deben corregir dentro de estructuras libres y democráticas. Pero el derecho a votar no basta, si los peruanos se equivocan y votan mal. Ya lo hicieron en la primera vuelta. Es importante que no dupliquen el error.

16 de abril de 2021

En la cuerda floja

Si ponemos un mapa de la América del Sur bajo nuestros ojos, es evidente que en los últimos años las fuerzas de izquierda han cosechado considerables triunfos. En el gigante brasileño, además de las barbaridades que comete el propio Jair Bolsonaro y las que le atribuye la prensa extranjera, que lo odia, los jueces han soltado a Luiz Inácio *Lula* da Silva y el Partido dos Trabalhadores está bien encaminado para la próxima elección. Si pudieran votar los extranjeros, Lula, su niño mimado, barrería. Los brasileños son más cautos: recuerdan sobre todo que pesan varias condenas sobre él, por aprovecharse del poder y por corrupción. La candidatura del juez Sergio Moro a la presidencia de la República —el hombre que mandó a la cárcel al mayor número de empresarios, funcionarios y delincuentes en la historia de Brasil en la operación Lava Jato— se ha ido desinflando y ahora parece paralizada, acaso abolida.

En Argentina, el dúo Alberto Fernández/Cristina Kirchner se lleva cada día peor y la ruptura está en el aire; pero ambos son menos insensatos de lo que se piensa y probablemente mantendrán una aparente convivencia para conservar el poder. No les sirve de mucho, a juzgar por la situación catastrófica de la nación. Chile no anda mucho mejor y todo en este país, que parecía haber hecho sus deberes y crecido hasta distanciarse del resto de América Latina y alcanzar niveles europeos, ahora es un absoluto caos. El Partido Comunista, que se había encogido hasta ser casi marginal, es ahora el primer partido político del país, conducido por aguerridos jóvenes de ambos sexos que sueñan con una nación uniformada, de economía estatizada, que arruinaría una sociedad que, parecía, iba a ser la primera en América Latina en acabar con el subdesarrollo. ¿Pero quién se acuerda ahora de ello? El Partido Comunista y los revolucionarios y anarquistas del Frente Amplio, y sus jóvenes furibundos, parecen tener el futuro inmediato conquistado, y, para colmo de males, la derecha —la ultraderecha que es, además, ultra-católica— parece confinada en el barrio pituco de Las Condes. ¿Cómo van a hacer las ciento cincuenta personas elegidas —tal vez sean más— para redactar la nueva Constitución? Jalándose los pelos, por supuesto. El país que creíamos en la vanguardia ha pasado a la retaguardia de América Latina entre las devastaciones de las que basta una cifra para medir la catástrofe: en menos de media hora los rebeldes quemaron y destruyeron ocho estaciones del metro más moderno y costoso de América Latina.

En Bolivia, las fuerzas de Evo Morales han vuelto al poder y éste tiene ahora un candidato al cual promociona y llama «hermano» y «cholito» en todos sus discursos. Pero no es boliviano sino peruano: Pedro Castillo, que se disputa la segunda vuelta con Keiko Fujimori en las elecciones peruanas que se decidirán hoy domingo. Colombia, como se ve en los periódicos, arde por todas partes y el presidente Iván Duque es atacado incluso por su propio partido y su maestro, el expresidente Álvaro Uribe, lo acusa de ser débil y no recurrir más al Ejército para aplacar a los violentos que, guiados por la mano venezolana, quieren arrebatarle el poder. El solitario Ecuador, con otro solitario, Uruguay, países donde los votantes han sido más sensatos que el resto de los sudamericanos, son las escasas excepciones democráticas en un subcontinente que parece empeñado en resucitar el marxismo-leninismo que los europeos y asiáticos se han encargado de enterrar.

El caso del Perú, país que tiene fronteras con cinco naciones sudamericanas, y es un blanco favorito en lo inmediato para el eje cubano, venezolano, boliviano y nicaragüense, se dirimirá este domingo, entre el candidato de esa cuadriga, Pedro Castillo, y Keiko Fujimori, los dos finalistas de la primera vuelta electoral. Esta última ha ido reduciendo la distancia que tenía con el ganador, de más de seis puntos, y aquél descendiendo suavemente hasta alcanzar ambos, según las últimas encuestas, un empate técnico. Gane quien gane tendrá muchos problemas con un Parlamento muy dividido, en el que será difícil, para cualquier Gobierno, obtener esa mayoría indispensable que se necesita para aprobar las leyes.

Pero, a diferencia de otras, esta elección en Perú va a significar no un cambio de personas en el poder, como hasta ahora, sino un cambio de sistema. Si Pedro Castillo gana la elección, el marxismo-leninismo-mariateguismo (así lo definen sus huestes) llegará al poder oleado y sacramentado con los votos de los peruanos, y, como han dicho con claridad los dirigentes del partido Perú Libre que presentó a este candidato, el de Vladimir Cerrón, no piensan dejar el poder, a la manera de todos los regímenes comunistas que existieron en el pasado en el planeta y de los que son ejemplos sobrevivientes Cuba, Venezuela y la Nicaragua del comandante Daniel Ortega y su esposa Rosario Murillo. ¿Eso quieren los peruanos? ¿Un país devastado por la censura, la incompetencia económica, sin empresas privadas ni inversiones extranjeras, empobrecido por burócratas desinformados y serviles, y una policía política que ahoga a diario fantásticas conspiraciones creando una dictadura más feroz y sanguinaria que todas las que ha conocido el país a lo largo de su historia?

Muchos peruanos creemos que no y hemos decidido votar por Keiko Fujimori. Ella ha pedido perdón públicamente por sus errores del pasado y ampliado considerablemente su equipo de gobierno, incorporando a antifujimoristas convictos y confesos, y comprometiéndose a respetar la libertad de expresión, al poder judicial y a entregar el mando luego de los cinco años que establece la Constitución. No es seguro que estas promesas le hagan ganar la elección. Pero, si la pierde, lo seguro, eso sí, es que con Pedro Castillo en el poder no volverá a haber elecciones limpias en el Perú, y las supuestas «consultas» electorales serán idénticas a esas farsas colectivas de Cuba, Venezuela y Nicaragua, cada cierto número de años, en que se pide a la población que confirme con sus votos a los candidatos que elige el poder.

Mi impresión es que buena parte de la izquierda peruana se resigna a una dictadura como la que se avecina en el país si el pequeño partido de Vladimir Cerrón (que se graduó de médico en Cuba, donde vivió diez años), el exgobernador de Junín que no pudo ser candidato presidencial de su partido por haber cometido delitos sancionados por los jueces, gana la segunda vuelta. La aparición de Pedro Castillo, un maestro de Chota, una región de Cajamarca, ha sido una sorpresa para los limeños, que de pronto descubrieron que las provincias existían, con reivindicaciones enormes contra la capital —que representa más o menos la tercera parte de la población pero que concentra la mayor parte del poder económico y político del país— y un resentimiento que el pésimo manejo de la pandemia ha agravado pues mató hasta ahora a uno de cada doscientos peruanos (unas ciento ochenta mil personas), sobre todo en las provincias y aldeas de la sierra, se refleja como en un espejo en estas elecciones. Pero ceder a lo más inmediato, como las enormes distancias que separan a los ricos de los pobres en el país y que esta pandemia ha hecho más visibles y dramáticas, es precipitarse en un suicidio político que cerraría para siempre —o por muy largo tiempo— la posibilidad del país de recuperar su vieja historia, cuando fue, en el pasado prehispánico, cabeza de un imperio que daba de comer a todo el mundo, o en los trescientos años coloniales, cuando el virreinato peruano era el más próspero de América. Todo ello para convertirse en un agente al servicio de Cuba y Venezuela, países que, aunque se mueren de hambre y convertidos en cárceles, saben sobre todo reprimir y controlar a una sociedad en bancarrota. Por eso, he hecho campaña por Keiko Fujimori y deseo ardientemente que gane esta elección.

Madrid, 13 de junio de 2021

El caso del Perú

Imitando a Alberto Fujimori, el presidente de la República del Perú, Pedro Castillo, quiso dar un golpe de Estado, pero se olvidó de informar a los militares, o por lo menos a los que realmente cuentan, que son los que saben de estas cosas. Pese a ello, el mandatario peruano salió a las radios y a la televisión, anunció su «golpe», destituyó a todos los parlamentarios, declaró que el poder judicial sería «reorganizado» y anunció que habría nuevas elecciones para reformar la Constitución y crear un nuevo Congreso Nacional. Dicho esto, como su famoso «golpe» no prosperaba, indicó a su escolta que lo llevara a la Embajada de México, donde su nuevo compinche, el presidente de México, Andrés Manuel López Obrador, había dado órdenes de que lo asilaran para darle un exilio que prometía ser «dorado». El cuerpo de protección con que cuenta un jefe del Estado, luego de recibir las órdenes del presidente, las incumplió y, en vez de llevarlo al exilio, lo depositó en la Prefectura. De allí pasó a la cárcel, donde se encuentra ahora. Esa cárcel, recordemos, es una dependencia policial que fue acondicionada especialmente para el exmandatario Fujimori, con el que Pedro Castillo tendrá seguramente en el futuro mucho tiempo para conversar.

Entre tanto, la vicepresidenta, Dina Boluarte, elevada a la Presidencia por los parlamentarios, anunció que se abría un período de paz en la república. Sin saber que todos los grupos de izquierda y de extrema izquierda, que tienen cierta capacidad de movilización en el sur del Perú, habían tomado muy en serio la causa del expresidente, declarando que la «derecha» lo había secuestrado. Estos grupos procedieron de inmediato a cerrar carreteras, capturar aeropuertos, atacar policías y asaltar dependencias del poder judicial y la Fiscalía, y extender el caos en el pobre país. La situación se ha tranquilizado por el momento, pero el famoso Congreso de la Lengua, que se reúne cada cuatro años y se iba a celebrar en Arequipa, ya no tendrá lugar:

ahora se llevará a cabo en un lugar más pacífico, Cádiz, que viene reclamando este Congreso desde hace algún tiempo.

Este evento, que iba a llevar a Arequipa a cerca de trescientos investigadores de todo el mundo hispánico, y a los propios Reyes de España, ha sido suprimido, lo que deja un vacío que sin duda no volverá a llenarse, por lo menos en un futuro previsible. Qué lástima. Con el entusiasmo con que esperaban este congreso todas las universidades de Arequipa, donde muchos profesores se preparaban para presentar ensayos y tesis sobre «el mestizaje», tema sobre el que debía discutirse en dicho evento internacional.

¿Cuál es la situación actual en el Perú? La vicepresidenta, reconocida como presidenta por los parlamentarios una vez destituido el presidente golpista de acuerdo con el procedimiento constitucional, ha prometido abandonar su cargo luego de la primera elección, que tendrá lugar dentro de un año y tres meses. Luego de la efervescencia que conmovió al país, éste parece haberse tranquilizado y la situación da la impresión que es la de un sosiego calmo, aunque podría transformarse con cualquier pretexto.

Tal vez es ridículo celebrar lo ocurrido, ya que la imagen internacional del Perú se ha visto en estas semanas gravemente afectada. Todo esto era previsible desde que los peruanos, en una equivocación garrafal, eligieron a un presidente como Pedro Castillo, que, claramente, no tenía la preparación básica para ejercer ese mando. Por eso, yo llamé a mis compatriotas a votar por Keiko Fujimori, que parecía más preparada que el pobre cajamarquino que fue elegido, y que ha sido declarado, según un consenso casi general, el peor presidente de la historia del Perú (incluyendo, por supuesto, a los golpistas). Hay cargos que no se puede encomendar a un maestro rural como él, pues es claramente una temeridad. Este candidato era alguien que se presentaba por un partido marxista, que había estado cerca de un grupo de fachada de Sendero Luminoso, que desconocía las leyes y que no tenía idea de los problemas básicos del país de los que han resultado los embrollos subsiguientes.

¿Hay alguna posibilidad de que la calma actual se prolongue hasta las próximas elecciones? No es imposible, a condición de que los grupos y grupitos de la extrema izquierda se calmen, entierren a sus muertos con circunspección, y tengan la paz y la coexistencia como su principal reclamo. Es mucho pedir, sin duda, en la alborotada América Latina de estos días. Habría que reclamar una cosa parecida a los mandatarios de México, Bolivia, Argentina y Colombia, que, de manera irresponsable, han apoyado a Pedro Castillo y a la extrema izquierda peruana, en su delirante tesis del «secuestro» del expresidente, olvidando sin duda los problemas que tienen en su propia tierra y que parecen bastante graves. Tanto que, comparados con los del Perú, estos últimos parecen pecados apenas veniales. Pero no está excluido que el presidente de México, sobre todo, que se ha llevado a la familia del expresidente peruano y le ha concedido el asilo, y que parece tener una inquina especialmente con los asuntos peruanos, persista. De él se puede decir que, como no está en condiciones de resolver los problemas mexicanos, se empeña en resolver los asuntos peruanos. Pero no sabe cómo hacerlo, y con sus absurdas declaraciones sólo enreda la cosa cada vez más. Éste, y los tres países que lo acompañan, harían bien en seguir el ejemplo del mandatario chileno Gabriel Boric, que, de manera admirable, se ha abstenido de meter la mano en el avispero peruano, manteniendo una neutralidad que lo honra, así como el Perú guardó una respetuosa neutralidad cuando las manifestaciones y escándalos afectaron lo que parecía una fórmula exitosa para la sociedad chilena. Por lo menos en este caso, cada país baila con su propio pañuelo y resuelve los problemas como puede y debe.

Quizás vale la pena terminar con una breve reflexión sobre América Latina en general. Las cosas no van bien en los países que puso en contacto con el resto del mundo Cristóbal Colón. En vez de elegir las fórmulas más sensatas —promover las inversiones, enfrentar mediante la relación con la comunidad internacional las grandes carencias nacionales—, América Latina parece empeñarse en seguir el ejemplo de Cuba y Venezuela, países que, basta averiguar lo que ocurre con sus poblaciones, y la deserción de sus habitantes para partir al extranjero —a Estados Unidos por supuesto, o, en todo caso, a cualquiera de los países de América Latina—, en busca de trabajo y de un futuro que no sea seguirse empobreciendo y arruinando, para darse cuenta de que ofrecen las peores perspectivas. Ya basta de imitar los malos ejemplos, que sólo conducen a agravar la situación de los pobres, sobre todo, pero también de esas clases medias a las que parecería que queremos llevar a la ruina, hundiéndolas cada vez más en la miseria o la desocupación... Venezuela ha «expulsado» a seis millones de habitantes (un millón ha ido al Perú), a juzgar por la manera como los pobres venezolanos han invadido los países de América Latina, en busca de paz y de trabajo. No es de esta manera como un país progresa y se levanta. Hoy en día cualquier país puede elegir el progreso y la modernidad. Pero, para ello, debe renunciar a políticas absurdas y que ya han sido derrotadas por la historia del siglo xx. Mientras nos aferramos a un pasado anacrónico, podemos perder el tren. Y el resultado es un conjunto de países cada vez más pobres y atrasados, del que los ciudadanos sólo quieren huir. ¿Eso es lo que queremos para América Latina?

Enero de 2023

15. Escritos autobiográficos

Una vida en el siglo

Nació en Tacna, el 16 de julio de 1881, y sigue en pie, lúcida y animosa, a pesar de los inevitables achaques que le ha infligido el tiempo: algo de sordera y una hernia que le entorpece el andar. Ha cumplido cien años con una memoria en la que se hallan perfectamente identificados todos sus hijos, nietos, bisnietos y el primer tataranieto. Se llama Carmen Ureta de Llosa y yo soy una de las ramitas —el nieto mayor— de ese árbol frondoso del que ella es tronco.

Ha sido testigo de muchas cosas que le han ocurrido a su país en este último siglo, pero resulta particularmente emocionante oírla hablar de la Tacna de su infancia y juventud, esa ciudad pequeñita ocupada entonces todavía por el Ejército chileno. Eran días difíciles, las manifestaciones de patriotismo acarreaban sinsabores a los tacneños, pero había, asimismo, momentos de exaltación. Ella recuerda cómo el bardo Federico Barreto cantaba al Perú en versos sonoros que hacían derramar lágrimas a sus compatriotas. Pero la ocupación era sólo un aspecto de la vida y no estropeaba toda la existencia de esas tacneñas casaderas de las inmediaciones del siglo xix para las que había, también, los bailes en el Orfeón, los paseos campestres a merendar a las orillas del Caplina y las clases de pintura en el taller de don Modesto Molina.

Ella fue alumna aprovechada de don Modesto: lo prueban esos óleos y el biombo que ornan la casita donde vive, sola, en Miraflores. Los pintó hace ochenta años y las flores siguen tan lozanas y los paisajes tan invitadores como entonces. ¿Son de Tacna esos campos y ese río, abuelita? «No, son de Italia. Porque don Modesto era un enamorado de ese país y, en vez de hacernos pintar del natural, nos ponía de modelo, siempre, grabados italianos». Si hubiera tenido una vida menos movediza, la abuela hubiera sido pintora. La afición la mantuvo siempre, en medio de las incontables mudanzas, e innumerables ramos de flores, salidos de sus pinceles, cuelgan de otras tantas salas de las parejas de la parentela: ella se los pintó cuando se casaron o pusieron casa.

Aunque ha vivido en muchos sitios, después de Tacna lo que más quiere y recuerda es Arequipa: ella se considera tan arequipeña como tacneña. Viajar ahora es fácil, pero ¡en esos tiempos! ¿Cómo era en esos tiempos, abuelita? «Toda una aventura, hijito. El viaje de Tacna a Arequipa, por ejemplo, ¡qué odisea! En tren de Tacna a Arica, de allí en barco hasta Mollendo o Camaná, donde a una la desembarcaban en altamar metida en unas canastas, igualito que a las vacas. Y luego el viaje por tierra a Arequipa, a lomo de mula. A una le duraba la *makurka* muchos días...».

De todos los sitios donde vivió tiene nostalgia, en todos dejó amistades, ahijados, y de todos se trajo algo, alguien, en el corazón: Arequipa, Camaná, Cochabamba, Piura. Recuerdo la partida de Cochabamba, un día de 1945. El andén de la estación hervía de gente que había venido a despedirla. Estaban allí Saturnino, el barrendero, que lloraba a lágrima viva, la lavandera, la cocinera, el almacenero y decenas de vecinos. Ha sido una persona que supo hacerse querer de la gente, pues todavía, ahora, en su centenario, caen alguna vez a visitarla y traerle un recuerdo viejecitos y viejecitas que son los hijos y a veces los nietos de esas amistades, protegidos, comadres y compadres que fue regando por los lugares donde pasó.

Vivir cien años significa, también, haber visto morir a mucha gente. A ella se le murió el marido, la prima que fue como su hermana y que la acompañó toda la vida, dos hijos, una nieta e innumerables parientes. ¿Cómo se siente una persona que sabe que toda su generación descansa ya para siempre? Serena y, a lo más, con algunas nostalgias. A ello la ayuda esa fe que, en toda su larga existencia, no parece haber sufrido una sola resquebrajadura, y ese amor a la vida tan espléndido que tampoco la abandona ni siquiera en los momentos de mayor aflicción. Verla a la hora de la comida, por ejemplo, es un espectáculo que abre el apetito. No sólo por ese organismo envidiable que le permite despachar alegremente los chicharrones, las frituras, los mariscos, el ají y cualquier explosivo culinario, sino por la fruición con que saborea cada bocado y la elegancia con que sus deditos agarrotados por los años siguen cogiendo el tenedor.

Siempre fue una buena lectora de novelas, pero desde hace algún tiempo, en vez de leer, relee los libros que le gustaron. Ésa es la razón de que las visitas se tropiecen, en el sofá de su casa, con esa edición amarillenta de *El médico de las locas* de Xavier de Montépin, o con *Aura o las violetas* de Vargas Vila (la única obra propia de ese autor impropio) o con *Los miserables* de Victor Hugo, cuyas páginas han perdido ya las letras de tanto ser leídas. Uno de mis fracasos como escritor será que la abuela Carmen se irá al cielo (pues sospecho que si el cielo existe se irá allá) sin haber leído un libro mío. Intentó leer la primera novela, pero, como en el primer capítulo se dio con ciertas palabrotas, la cerró, apenada, y me advirtió que no repetiría la experiencia. Porque, pese a ser una dama sensible y de lágrima fácil, doña Carmen Ureta de Llosa es una mujer de principios y uno de esos principios dice que las damas no leen libros con palabrotas.

La política le interesó siempre, pero por razones que difícilmente comprenderían los políticos. Quiero decir que también en este dominio se dejó guiar exclusivamente por los sentimientos, no la razón. Ha sido una bustamantista acérrima, por parentesco y arequipeñismo, y una allendista entusiasta porque tuvo a Salvador Allende (le dice «el Chicho») en brazos, cuando era un recién nacido, y porque fue íntima de su madre. Su sentimentalismo hubiera complicado mucho la vida social si ella hubiera tenido alguna vez poder, pues, por ejemplo, cuando era esposa del prefecto de Piura, allá por los años cuarenta, y visitaba la cárcel, se conmovía tanto con esas pobres gentes que se pasaba los días haciendo gestiones con los jueces de la corte para que los soltaran a todos.

Para conmemorar su centenario, la familia le dio una fiesta. Ella misma pasó revista a los invitados y añadió algunos nombres, con seguridad. El día del fasto fue a la peluquería y, además de peinarse, se arregló las uñas. Discutió los detalles del vestido que se puso para la ocasión y en la fiesta estuvo contenta y sociable, rodeada de tantos parientes cercanos y lejanos que vinieron a felicitarla. Pero al retirarse a su casa delicadamente hizo notar que, pese a haber sido una reunión en su honor, casi no había probado bocado. De modo que antes de acostarse se preparó ella misma una taza de café con leche. Así ha empezado su segundo siglo de vida esa tierna y robusta señora que, ya lo dije, es la raíz de la intricada selva en la que nació este escriba.

Lima, julio de 1981

Regreso a San Marcos

Tenía diecisiete años cuando entré a San Marcos a seguir las carreras de Letras y Derecho, la primera por vocación y la segunda por resignadas razones alimenticias. Mi ingreso a esta universidad fue una manifestación de rebeldía. Mi familia hubiera preferido que estudiara en la Católica, donde iban los jóvenes de «buena familia», donde se trenzaban relaciones provechosas para el futuro y donde los estudiantes estudiaban, en vez de hacer huelgas y política.

Corría 1953 y, en esa época, hacer política era una actividad subversiva en el Perú. La dictadura de Odría (1948-1956) la había prohibido, además de poner fuera de la ley a todos los partidos, con excepción del suyo. Una ley de Seguridad Interior sancionaba a los infractores con penas severísimas. La censura tenía embozados a radios y diarios, que rivalizaban en la exaltación áulica del régimen. Con muchos opositores presos y exilados, y algunos asesinados, la dictadura creía haber impuesto a la sociedad peruana ese letargo cívico que es el ideal y el sustento del autoritarismo.

San Marcos era una de las excepciones a este estado de sonambulismo político. El año anterior, 1952, los estudiantes se habían enfrentado a Odría con una huelga que fue reprimida con violencia y que, decían, causó la muerte del rector Pedro Dulanto. A raíz de ella, hubo una nueva racha de detenciones y exilios. Los patios de Letras y Derecho pululaban de policías disfrazados de estudiantes, enviados allí como espías por Esparza Zañartu, el Vladimiro Montesinos de entonces, aunque, comparado con este desmesurado rufián, aquél, que nos parecía tan siniestro, era un niño malcriado. Pese a todas estas medidas para domesticar a San Marcos, la universidad se resistía al avasallamiento, y, en la clandestinidad, hacía política. De este modo, salvaba la dignidad de un país, buena parte del cual, por falta de convicciones democráticas, oportunismo o cobardía, aceptaba —como lo haría durante las dictaduras de Velasco y de Fujimori— que una casta de felones lo privara de su libertad.

Contrariamente a la mitología, el grueso de los sanmarquinos no se interesaba en la política, aunque en ciertas circunstancias se dejara arrastrar a mítines que decidía una pequeña minoría. Pero esta minoría tenía la sensación, probablemente exacta, de que, aunque la mayoría se abstuviera del quehacer político, contaba con su aval. En comparación con lo que ocurriría después en la historia peruana, la radicalización ideológica de los sesenta y setenta, la lucha subversiva y las acciones terroristas de los ochenta, nuestros empeños de los cincuenta fueron bastante benignos. No iban más allá de imprimir volantes, publicar un periodiquito clandestino, formar círculos de estudios marxistas y, de manera directa e indirecta —academias, centros federados, entidades culturales—, ganar adeptos para la revolución. Y discutir, interminablemente, comunistas y apristas, apristas y trotskistas, comunistas y trotskistas, pues hasta discípulos de León Davidovich había en las catacumbas de San Marcos. Cuando digo discutir, hablo de enérgicos intercambios de ideas, pero, también, de consignas y exabruptos, y, a veces, ay, hasta de cabezazos y patadas.

Nosotros éramos menos que los apristas pero más que los trotskistas, aunque sin duda no muchos más, y, en todo caso, resultaba imposible saberlo, debido a un sistema compartimentado de organización, diseñado contra la infiltración policial. Este sistema que, más tarde, leyendo a Conrad, me haría soñar retroactivamente haber participado, en la adolescencia, de esas aventuras de conspiradores que pueblan sus historias, nos hacía sentir los esforzados combatientes de un ejército en las sombras, preparando, como los héroes de André Malraux, un mundo mejor.

El Grupo Cahuide era el último vestigio de un partido comunista segado por la represión y por la traición de un puñado de dirigentes que se vendieron a Odría. Yo no creo haber conocido a más de una quincena de miembros y mi militancia en sus filas no duró mucho, pero, sin embargo, aquella experiencia me marcó, me educó, me ilusionó y me defraudó de una manera tan profunda que nunca se me ha olvidado. No la puedo rememorar sin emoción, pues muchas de las cosas que ahora creo, defiendo o aborrezco tuvieron su semilla en aquella aventura juvenil. Éramos bastante sectarios —el dogma en esos años de ortodoxia estalinista asfixiaba—, pero actuábamos con idealismo, animados por un ardiente anhelo de poner fin al atraso, la injusticia y el despotismo en el Perú. Por eso, dedicábamos a la revolución tanto o más tiempo que a las clases. Pero, para muchos de nosotros, la revolución, antes que tomar por asalto, otra vez, muchas veces, el Palacio de Invierno, era una cuestión de ideas, de libros, de entender, a la luz de la doctrina que había prestigiado José Carlos Mariátegui, y que parecía una llave mágica para conocer las leyes de la historia, la manera más eficaz de transformar la sociedad. Como esos libros prohibidos no se estudiaban en las aulas, y había que procurárselos bajo mano, los estudiábamos en garajes, sótanos, altillos y hasta en parques públicos, en sesiones de las que salíamos roncos de tanto discutir.

Aunque los años nos han ido aventando a todos por direcciones diferentes, y a la mayoría de estos compañeros —perdón, camaradas— no los he vuelto a ver, ellos figuran entre mis irreductibles recuerdos sanmarquinos. Héctor Béjar, mi primer instructor en el círculo y su aterciopelada voz de locutor; Podestá, Martínez, Antonio Muñoz. Pero, sobre todo, Lea Barba y Félix Arias Schreiber, con quienes conformamos un trío irrompible. Nos tomaba media hora caminar desde San Marcos a casa de Lea, en Petit Thouars; una hora más hasta la de Félix, en la avenida Arequipa; y a mí, solo, una última media hora hasta la calle Porta. Eran unas caminatas efusivas, dialécticas, entrañables, de intensos intercambios y ferviente amistad, la que por cierto no impedía la pugnacidad crítica. Todavía recuerdo mi desazón de aquella noche en que Félix, luego de una violenta discusión sobre el realismo socialista, me lapidó de esta manera: «Eres un subhombre».

Nunca me he arrepentido de aquella decisión de ingresar a San Marcos, atraído por esa aureola de institución laica, inconformista y crítica que la rodeaba, y que a mí me seducía tanto como la perspectiva de seguir los cursos de algunas célebres figuras que en ella profesaban. La obligación de una universidad no puede ser sólo la de formar buenos profesionales, y menos en un país con los problemas básicos de la civilización y la modernidad sin resolver. Es igualmente imprescindible que contribuya a formar buenos ciudadanos, hombres y mujeres sensibles respecto a la sociedad en que viven, alertas a sus retos, a sus abismales disparidades, y conscientes de su responsabilidad cívica. Una universidad que evita la política es tan defectuosa como aquella donde sólo se hace política. No era el caso de San Marcos cuando yo frecuenté sus aulas, entre 1953 y 1958. No todavía.

Además de tomar las primeras lecciones de civismo y militancia, en la nerviosa clandestinidad, con mis amigos de Cahuide, y de participar en innumerables mítines relámpago contra Odría en el parque universitario, La Colmena y la plaza San Martín, que venían a romper los manguerazos de agua pútrida del aparatoso Rochabus, en mis años de sanmarquino leí y estudié mucho, y puedo asegurar que a la sombra de los portales y palmeras del patio de Letras se forjó mi vocación de escritor. Cuando entré en San Marcos, era un muchacho que amaba la literatura, lleno de incertidumbre sobre mi porvenir. Cuando salí, el adolescente confuso se había convertido en un joven convencido de que su destino era escribir y resuelto a hacer lo imposible para lograrlo.

La literatura estaba en el aire de la Facultad, no sólo en las clases y en la polvorienta biblioteca. Se la vivía también a plena luz, cada mediodía, cuando acudían los poetas, los narradores, los dramaturgos, reales o en ciernes, pues el patio de Letras funcionaba como el cuartel general de la literatura peruana. Escuchando a esos adelantados, el primerizo aprendía sobre autores indispensables, libros claves y técnicas de vanguardia, tanto o más que en las clases. Allí oí yo a Carlos Zavaleta mencionar por primera vez a William Faulkner, que sería desde entonces uno de mis autores de cabecera. Y allí descubrí a Joyce, a Camus, a John Dos Passos, a Rulfo, a Vallejo, a *Tirant lo Blanc*. Allí oí hablar por primera vez de Julio Ramón Ribeyro, que ya vivía en Europa, y conocí a Eleodoro Vargas Vicuña, el autor de los delicados relatos de *Ñahuin*; y al impetuoso Enrique Congrains Martín, un ventarrón con pantalones que fue, antes de narrador, inventor de un sapolio para lavar ollas, y luego, de muebles de tres patas, y que editaba y vendía sus libros, de casa en casa y de oficina en oficina, en contacto personal con sus lectores. Y allí pasamos muchas horas discutiendo sobre Sartre, Borges, *Les Temps Modernes* parisinos y la revista *Sur* de Buenos Aires, con Luis Loayza y Abelardo Oquendo, que, aunque de la Católica, venían también a las tertulias peripatéticas del patio de Letras. Allí me pusieron mis amigos el apodo de «el Sartrecillo valiente» que me llenaba de felicidad. En verdad los narradores estaban en minoría, proliferaban sobre todo los poetas: Washington Delgado, Carlos Germán Belli, Pablo Guevara, Alejandro Romualdo, y algunos que eran ya críticos y profesores, como Alberto Escobar. El teatro no estaba tan bien representado, aunque algunas mañanas hacía sus rápidas apariciones por el patio de Letras, con una galante rosa roja en la mano para homenajear a una estudiante de la que estaba prendado, el afilado perfil de Sebastián Salazar Bondy, hombre de teatro, de poesía, de relatos, crítico, divulgador y promotor de cultura, que sería, años después, íntimo amigo.

Enseñar en San Marcos era entonces prestigioso desde el punto de vista social y hasta mundano, y sus facultades contaban con las figuras más destacadas de cada disciplina y profesión. Abogados, médicos, economistas, farmacéuticos, dentistas, químicos, físicos, psicólogos y, por supuesto, los humanistas de todas las especialidades tenían, como suprema distinción de su carrera, enseñar en San Marcos. Y por eso, aunque los sueldos fueran escuálidos y las condiciones de trabajo sacrificadas, la universidad podía jactarse de ofrecer a los estudiantes que supieran aprovecharla la más enjundiosa preparación intelectual.

La mejor universidad del Perú, académicamente hablando, era entonces la más popular. Pues, en sus facultades abiertas a todos los sectores sociales convivían muchachas y muchachos a los que las diferencias de fortuna y condición difícilmente hubieran permitido acercarse y conocerse fuera del recinto universitario. Luego, la explosión demográfica estudiantil, las crisis económicas y políticas y la multiplicación de centros de enseñanza superior han ido desapareciendo esa composición multiclasista y multisectorial que todavía tenía San Marcos cuando yo fui sanmarquino. Hoy, el paisaje universitario se ha descentralizado de manera notable, lo que es magnífico. Pero no lo es que este paisaje reproduzca, al milímetro, los grandes abismos de ingreso y de cultura que separan a los peruanos. Y que en algunos de esos centros, precisamente los de más alto nivel técnico y profesional, los estudiantes vivan a veces en una campana neumática, sin enterarse de los grandes conflictos y traumas del Perú, ni codearse con quienes más los padecen.

En los años cincuenta, San Marcos era aún, en formato reducido, una réplica bastante aproximada de la sociedad peruana y este hecho resultaba, de por sí, pedagógico. Los problemas del Perú repercutían en sus aulas, reverberaban en sus patios, contaminaban sus laboratorios y seminarios, a través de la procedencia versátil de los estudiantes, e impregnaban íntimamente los estudios, las relaciones personales y la marcha de la institución. Fuera cual fuera la especialidad elegida, los sanmarquinos recibían, en sus años universitarios, un curso acelerado sobre la problemática peruana.

Si mencionara a los profesores de San Marcos a los que debo algo, la lista sería larga. Pero quiero hacer un recuerdo especial de Raúl Porras Barrenechea, con el que, además de ser alumno, tuve el privilegio de trabajar, en su casita de la calle Colina invadida de libros y quijotes, de lunes a viernes, todas las tardes, cerca de cinco años. En España, en Francia, en muchos lugares me ha tocado escuchar a sabios expositores, a eminentes maestros. Por ejemplo, a Marcel Bataillon, reconstruyendo, en el Colegio de Francia, los días finales del Incario como si hubiera estado allí, ante un auditorio extasiado con la elegancia de su exposición; o a Dámaso Alonso, en la Complutense de Madrid, que, no cuando explicaba filología, sino cuando desmenuzaba un poema de Quevedo, de San Juan de la Cruz o de Góngora, se tornaba un delicado relojero de la lengua, un verdadero rabdomante en pos de aquella humedad íntima del ser donde, según él, nace la poesía. Pero ni ellos, ni ningún otro, fulguran en mi memoria como mi maestro sanmarquino de manos pequeñas, ojos azules y barriguita prominente, que, cuando subía a su pupitre, armado con su panoplia de fichas atiborradas de letras microscópicas, como patitas de araña, y comenzaba a hablar, se convertía en un gigante. A su llamado acudían, prestos, luminosos, diáfanos, los grandes y menudos hechos del pasado peruano. Porras no era un orador, si orador quiere decir regurgitar banalidades y lugares comunes con voz arrulladora y ademanes de domador de circo. Era un sutil expositor, cuyo dominio del idioma daba a su exposición una fluidez de río sereno y poderoso, una gran precisión y sutileza enriquecida por la gracia. Lo que él decía estaba dicho con desenvoltura, ironía, color; pero, además, se apoyaba en una investigación rigurosa y personal de cada tema, de modo que, escuchándolo, sus alumnos teníamos, junto al deslumbramiento por la riqueza de la aventura histórica, la certeza de que aquello no era repetición, enseñanza ya sabida, sino historia gestándose ante nuestros ojos y oídos, en el salón de clases.

El Perú, «un país antiguo», como decía José María Arguedas, alcanzó algunas veces en su historia milenaria la grandeza y la fuerza, aunque nunca, por desdicha, la justicia y la libertad, inseparables de esa flora todavía exótica en su suelo: la cultura democrática. San Marcos es uno de los emblemas de los períodos de auge en la historia nacional. Es la primera universidad que la corona española fundó en América, hace cuatrocientos cincuenta años, con la intención de que fuera un foco espiritual que irradiara sobre todo el continente, un centro neurálgico de recepción, creación y transmisión de la cultura, un semillero de ideas y valores, una formadora de eminencias. Eso ha sido San Marcos en los mejores momentos, cada vez que resucitaba de esas crisis que parecían a punto de extinguirla. Y eso deberá volver a ser en el futuro, cuando, y si, como en un cuento de Borges, el Perú se encuentra por fin, alguna vez, con su escurridizo destino.

Lima, abril de 2001

La capa de Belmonte

La capa de Belmonte fue un objeto mítico de mi infancia y, probablemente, la razón del nacimiento de mi afición a la fiesta de los toros. Pertenecía a mi tío Juan Eguren, el marido de la tía Lala, hermana de mi madre. En la casa tribal de Cochabamba, de la calle Ladislao Cabrera, el tío Juan nos contaba a mí y a mis primas Nancy y Gladys que esa hermosa capa oro y gualda, recamada de pedrerías y testigo de milagrosas faenas en los cosos de España y América, se la había regalado el gran Juan Belmonte a su padre, el primer Eguren que llegó a Arequipa desde su lejana tierra vasca. Eran íntimos amigos, acaso compadres, y el progenitor del tío Juan había acompañado al eximio matador en incontables giras y por eso éste, al separarse, le había regalado en prenda de amistad esa hermosa capa que, en las grandes ocasiones, el tío Juan y la tía Lala desenterraban del baúl donde la tenían guardada, entre coberturas de papel de seda y bolitas de naftalina.

No era un capote de torear, sino una capa de adorno, para el paseíllo, pero mi tío Juan la utilizaba igual para citar al invisible astado y con movimientos lentos, rítmicos, de graciosa elegancia, confundir y marear al animal obligándolo a embestir una y otra vez, raspándole el cuerpo, en una danza mortal que a mí y mis primas nos mantenía hipnotizados. Aquellas noches yo salía a las plazas a torear y escuchaba clarines, pasodobles, y veía los tendidos alborotados por los gritos entusiastas y los pañuelos de los aficionados.

Un acontecimiento excepcional de aquellos años fue la llegada al Cine Rex, cercano a la plaza de Armas de Cochabamba, de la película *Sangre y arena*, con Tyrone Power, Linda Darnell, Akim Tamiroff y Rita Hayworth. Gocé, sufrí y soñé tanto con ella —me la sabía de memoria y además la reprodujimos varias veces en el vestíbulo y los patios de la profunda casa cochabambina donde vivía la tribu familiar— que nunca he querido volverla a ver, temeroso de que aquella inolvidable historia sentimental, de amores heroicos y corridas épicas, vista hoy día desencantara y aniquilara uno de mis mejores recuerdos de la infancia. ¿Cuántas veces la vimos? Varias, y la que más, la prima Gladys, a quien recuerdo echando unos lagrimones la tarde que el tío Juan la mató de pena confirmándole que, definitivamente, una mujer no podía ser torero.

De modo que aquella soleada tarde en que el abuelo Pedro —yo debía de andar por los ocho o nueve años de edad— me tomó de la mano y me hizo subir la larga cuesta que conducía a El Alto, aquella cumbre desde la que se divisaba todo el valle de Cochabamba y donde estaba la placita de toros de la ciudad, para presenciar la primera novillada de mi vida, yo era ya poco menos que un experto en tauromaquia. Sabía que una corrida constaba de tres tercios, los nombres de los pases, que los Miuras eran los bichos más bravos y más nobles, y que las banderillas y la pica no se infligían al toro por pura crueldad, sino para despertar su gallardía, embravecerlo y, a la vez, paradójicamente, bajarle la cabeza a la altura de la muleta. Pero una cosa era saber todo eso y mucho más, en teoría, y otra ver y tocar la fiesta y vivirla en un estado de trance, emocionado hasta los tuétanos. Todo era hechicero y exaltante en el inolvidable espectáculo: la música, los jaleos de la afición, el colorido de los trajes, los desplantes de los espadas, y los mugidos con que el toro expresaba su dolor y su furia. Elegancia, crueldad, valentía, gracia y violencia se mezclaban en esas imágenes que me acompañaron tanto tiempo. Estoy seguro de que al regresar a la casa de Ladislao Cabrera, todavía en estado de fiebre, aquella tarde había tomado ya la resolución inquebrantable de no ser aviador ni marino, sino torero.

Cuando la familia regresó al Perú, en 1945 o 1946, luego de diez años de exilio boliviano, la capa de Belmonte todavía existía y el tío Juan y la tía Lala la mostraban de vez en cuando a los amigos y parientes, en su casita miraflorina de Diego Ferré, donde yo pasé muchos fines de semana y fui tan feliz como lo había sido en Cochabamba. No puedo separar el recuerdo de esa capa de la figura epónima de Mito Mendoza, un primo del tío Juan, que sabía de toros todavía más que éste, y que, hablando de la fiesta, contando corridas célebres y faenas paradigmáticas y chismografías de ganaderos, empresarios y toreros, se excitaba de tal modo que se ponía colorado y accionaba y alzaba la voz como si algo lo hubiera enfurecido. Pero estaba feliz y en esas apoteosis solía exigir que le pusieran en las manos la capa de Belmonte para pasar a la acción. Yo y mis primas hacíamos de toro y era una verdadera felicidad embestir y obedecer el engaño a que nos sometían las diestras manos de Mito Mendoza, a quien admirábamos sin límites, porque de él se decía que, además de torearnos a nosotros, toros inofensivos, había toreado toros de verdad, como torero-señorito, y destacado en las tientas por su dominio de la técnica y su valentía. Mito Mendoza desapareció un día de la casita del tío Juan y la tía Lala y después supimos que había partido a Estados Unidos y que allí, para conseguir la residencia o la nacionalidad, se había enrolado en el Ejército y muerto como combatiente en la lejana y misteriosa guerra de Corea.

El tío Juan, el tío Jorge y el tío Lucho me llevaron muchas veces a los toros, a Acho, la placita de toros colonial, acogedora y de sabor inconfundible, en la que habían toreado Belmonte y Manolete —la más antigua del mundo, después de la de Ronda—, que el arquitecto Cartucho Miró Quesada restauró por aquellos años en que debió inaugurarse la Feria de Octubre, y a la plaza Monumental, que hizo construir la dictadura de Odría y que fue una chapuza tan monumental como su nombre. Nunca prendió, la afición jamás se acostumbró a ella, y menos los toreros, y quizás todavía menos los toros que en esa pretenciosa y desmesurada construcción de cemento armado, barrida por los vientos y de atmósfera glacial, se sentían tristes y desbrujulados. Pero allí vi yo algunas corridas memorables, como las que protagonizaba el gran Procuna, torero esquizofrénico, que una tarde huía de los toros empavorecido, amarillo de espanto, arrojando la capa y zambulléndose de cabeza por las defensas si hacía falta, y a la siguiente encandilaba y enloquecía a los tendidos en un despliegue de temeridad y sabiduría con el capote y la muleta que cortaban el habla y la respiración. Y allí vi y oí resonar en el silencio eléctrico de aquella tarde la bofetada que el torero argentino Rovira descargó en las mejillas de Luis Miguel Dominguín, con la que prácticamente se suicidó (taurinamente hablando).

Pero al ídolo de mi juventud, al maestro de los maestros, al quieto, elegante y profundo Ordóñez, restaurador y exponente eximio del toreo rondeño, lo vi por primera vez —en una corrida a la que para entrar empeñé mi máquina de escribir— en la alegre y sabrosa plaza de Acho, en una soleada tarde de octubre en que la enfervorecida y agradecida multitud lo llevó en hombros, desde el Rímac hasta el Hotel Bolívar de la plaza San Martín. No recuerdo haber visto entusiasmo igual ni haber sentido como esa vez que lo que ocurría allí en el ruedo era una magia aterradora y excelsa que me asustaba, hechizaba, entristecía y alegraba. Su lentitud, sus poses estatuarias, su serenidad y su dominio del toro, su desprecio del riesgo tenían algo escalofriante, interpelaban a la muerte y eran belleza en estado puro. Ver torear a Ordóñez casi siempre me levantaba del asiento. Lo vi muchas veces después, en España, en aquellos años de 1958 y 1959 en que gracias a la beca Javier Prado, que obtuve para hacer el doctorado en la Complutense, viví como un pachá. (Recibía ciento diez dólares al mes, lo que en la pobretona España de entonces era una verdadera fortuna). Para ver a Ordóñez tomaba trenes y hacía largos viajes y, por supuesto, concebía fantásticos proyectos literarios: llegar hasta él, amigarnos y acompañarlo por las plazas de toros de toda España a lo largo de una temporada entera, para escribir un libro sobre él que nos —o que en todo caso me— inmortalizaría. Un libro que sería mejor que todos los cuentos y ensayos taurinos que había escrito Hemingway, un novelista que yo admiraba mucho y al que leía con pasión, salvo cuando hablaba de toros, porque, aunque le gustaban mucho, me daba la impresión de que nunca los entendía a cabalidad, que se quedaba sólo con lo que la fiesta tenía de peor, la brutalidad, y que se le escapaban su misterio, su delicadeza, su estética y esa extraña virtud de exponernos en ciertos momentos privilegiados, con desnudez total, la condición humana. Y, a propósito, la única vez que vi en persona al autor de *El viejo y el mar* fue en la plaza de toros de Madrid, una tarde de San Isidro, bajando los graderíos de sombra del brazo nada menos que de la deslumbrante Ava Gardner, hacia la barrera. Parecía igual que su mito: grande, fuerte, vital, ávido y feliz, un verdadero dueño del mundo. Y, sin embargo, por debajo de esa apariencia de triunfador había empezado ya la irremisible decadencia del titán, la intelectual y la física, esa desintegración que lo iría empujando en los años siguientes hacia el disparo de Idaho, como a uno de sus héroes de malograda virilidad, tema obsesivo de sus historias.

¿Qué se hizo de la querida capa de Belmonte que tan bellos recuerdos me trae de mi niñez? Cuando, ya adulto, comencé a preguntarme si aquella capa había pertenecido de verdad a Belmonte el Trágico —como lo llamó Abraham Valdelomar en el delicioso librito que escribió sobre él—, si el abuelo de mis primas Nancy y Gladys y el torero habrían sido de verdad tan amigos, o si todas esas historias que nos contaba el tío Juan para amansarnos cuando éramos niños eran meras fabulaciones que la familia patentó, la capa ya se había eclipsado. ¿Se la robaron? ¿Se extravió en algunas de las muchas mudanzas de que estuvo repleta la historia familiar? ¿Acaso fue vendida en algunas de las crisis económicas que golpearon con dureza, en la etapa final, al tío Juan y a la tía Lala? Nunca lo he sabido. En verdad, no tiene la menor importancia. Esa capa de Belmonte sigue existiendo donde nadie puede dañarla ya, ni perderla, ni apropiársela: en la memoria de un veterano que la preserva, la cuida y la venera como uno de los recuerdos más tiernos y emocionantes de su niñez, esa edad que con toda justicia llaman de oro.

Washington D.C., octubre de 2003

La casa de Arequipa

La casa en que nací, en el número 101 del boulevard Parra, en Arequipa, el 28 de marzo de 1936, no tiene ninguna distinción arquitectónica particular, salvo la vejez, que sobrelleva con dignidad y que le da ahora cierta apariencia respetable. Es una casa republicana, de principios del siglo XX.

Había oído en la familia que desde su lado este se tenía una magnífica vista de los tres volcanes tutelares de mi ciudad natal, pero ahora ya no se ven los tres, sólo dos, el Misti y el Chachani, que lucen esta mañana soberbios y enhiestos bajo el sol radiante. En los setenta y cinco años transcurridos desde que vine al mundo han surgido edificios y construcciones que ocultan casi enteramente al tercero, el Pichu Pichu. Otro mérito de esta casona es haber resistido los abundantes temblores y terremotos que han sacudido a Arequipa, tierra volcánica si las hay, desde entonces.

Consta de dos pisos y desde su terraza trasera se divisa una buena parte de la sosegada campiña arequipeña, con sus pequeños huertos y chacras. Su jardín delantero está completamente muerto, pero las lindas baldosas modernistas de la entrada brillan todavía. La familia Llosa alquilaba el segundo piso a los dueños, la familia Vinelli, que vivía en la planta de abajo. La primera vez que yo pude entrar y conocer por dentro la casa donde nací y pasé mi primer año de vida fue a mediados de los años sesenta. Entonces vivía allí, solo, un señor Vinelli, afable viejecito que se acordaba de mi madre y mis abuelos, y que me enseñó el cuarto donde mi madre estuvo sufriendo lo indecible durante seis horas porque yo, por lo visto, con un emperramiento tenaz, me negaba a entrar en este mundo. La comadrona, una inglesa evangelista llamada Miss Pitzer, después de esta batalla tuvo todavía ánimos para ayudar a dar a luz a la madre de Carlos Meneses, que es ahora director del diario *El Pueblo de Arequipa*.

Como sólo viví un año aquí, no tengo recuerdo personal alguno de la casa del boulevard Parra. Pero sí muchos heredados. Crecí en Cochabamba, Bolivia, oyendo a mi madre, mis tíos y abuelos contar anécdotas de Arequipa, una ciudad que añoraban y querían con fervor místico, de modo que, cuando vine por primera vez a la Ciudad Blanca —así llamada por sus hermosas iglesias, conventos y casas coloniales construidas con piedra sillar que destella con la luminosidad de las mañanas—, yo tuve la sensación de conocerla al dedillo, porque sabía los nombres de sus barrios, de su río Chili, de sus volcanes y de esas barricadas de adoquines que levantaban los arequipeños cada vez que se alzaban en revolución (lo hacían con frecuencia).

Mis primeros recuerdos personales de Arequipa son de ese viaje, que tuvo lugar en 1940. Había un Congreso Eucarístico y mi mamá y mi abuela me trajeron consigo. Nos alojamos donde el tío Eduardo García, magistrado y solterón, que era reverenciado en la familia porque había estado en Roma y visto al Papa. Vivía solo, cuidado por su ama de llaves, la señora Inocencia, que puso bajo mis ojos, por primera vez, un chupe de camarones rojizo y candente, manjar supremo de la cocina arequipeña, que luego sería mi plato preferido. Pero esa primera vez, no. Me asustaron las retorcidas pinzas de esos crustáceos del río Majes y hasta parece que lloré. Del Congreso Eucarístico recuerdo que había mucha gente, rezos y cantos, y que un señor con corbata pajarita, en lo alto de una tribuna, discurseaba con ímpetu. Lo aplaudían y mi abuelita Carmen me instruyó: «Se llama Víctor Andrés Belaúnde, es un gran hombre, y además nuestro pariente». Estoy seguro de que en ese viaje ni mi madre ni mi abuela me mostraron la casa en que nací.

Porque la casa del boulevard Parra traía a mi madre recuerdos siniestros, que sólo muchos años después, cuando yo era un hombre lleno de canas y ella una viejecita, se animó a contarme. En esa casa se había casado, con un lindo vestido de novia, en un oratorio levantado bajo la escalera —lo atestigua la fotografía de los «Vargas Hermanos», inevitables en todos los casamientos de la Arequipa de entonces—, con mi padre, un año antes de mi nacimiento, y de allí habían partido ambos hacia Lima, donde la pareja viviría. Se habían conocido en el aeropuerto de Tacna poco antes, y mi madre se había enamorado como una loca de ese apuesto radio operador que volaba en los aviones de la Panagra. Mis abuelos habían intentado demorar esa boda. Les parecía precipitada y rogaron a mi madre esperar un tiempo, conocer mejor a ese joven. Pero no hubo manera, porque a Dorita, cuando algo se le metía en la cabeza nadie se lo sacaba de allí, ni siquiera cortándosela (rasgo que, creo, también le heredé).

El matrimonio fue un absoluto desastre, por los celos y el carácter violento de mi padre. Sin embargo, cuando mi madre quedó embarazada, el caballero pareció amansarse. Mi abuelita anunció que iría a Lima, a acompañar a su hija durante el parto. Mi padre propuso que más bien Dorita viajara a dar a luz a Arequipa, rodeada de su familia. Así se hizo. Desde el día en que se despidieron, el caballero no volvió a dar señales de vida, ni a responder las cartas y telegramas que mi madre le enviaba. Así fue como ella, mientras yo crecía en su vientre y pegaba las primeras pataditas, descubrió que había sido abandonada. «Fue un año atroz», me confesó, con la voz que le temblaba. «Por la vergüenza que sentía. Durante el primer año de tu nacimiento no salí casi nunca de la casa del boulevard Parra. Me parecía que la gente me señalaría con el dedo». Había sido abandonada por un canalla y era ella la que se sentía avergonzada y culpable. Tiempos atroces, en efecto.

Todas las veces que he venido a Arequipa desde entonces y he pasado por el boulevard Parra a echar un vistazo a la casa en que nací, he tratado de figurarme lo que debió ser la vida de esa muchacha veinteañera, con un hijo en brazos y sin marido (cuando mis abuelos, a través de un abogado amigo, hicieron saber a mi padre que había tenido un hijo, él se apresuró a entablar una demanda de divorcio), autosecuestrada en esta vivienda por temor al qué dirán. Los abuelos debieron también sufrir mucho con lo ocurrido y pensar que aquello era una deshonra para la familia. Por eso, nadie me quita de la cabeza que la familia Llosa abandonó el terruño a que estaba tan aferrada y partió a Bolivia para poner una vasta geografía de por medio con aquella *tragedia* de la pobre Dorita.

¿Lo consiguieron? ¿Fueron felices en Cochabamba? Yo creo que sí. Recuerdo mis años cochabambinos como un paraíso. En la gran casa de la calle Ladislao Cabrera, la vida de la tribu familiar parecía transcurrir con sosiego y alegría. Mi madre era joven y agraciada, pero nunca aceptó galanes, en apariencia porque, siendo tan católica, para ella no había más que un matrimonio, el de la Iglesia. Sin embargo, la razón profunda era que, pese a todo, seguía amando con toda su alma al caballero que la maltrató. Que diez años después de su *tragedia* volviera a juntarse con él así lo demostraría.

Pero esta mañana soleada y hermosísima no está para pensar en cosas tristes y truculentas. El cielo es de un azul impresionista y hasta el desvencijado caserón del boulevard Parra parece contagiado del regocijo general. El alcalde de Arequipa acaba de decir unas cosas muy bonitas sobre mis libros y si mi madre hubiera estado aquí habría soltado algunos lagrimones. El burgomaestre recordó, también, todo el tiempo que han pasado aquí los Llosa, desde que llegó a esta tierra el primero de la estirpe, a comienzos del siglo XVIII, don Juan de la Llosa y Llaguno, desde la remota Trucios, un enclave cántabro incrustado en Vasconia. Y por supuesto que mi madre se hubiera alegrado mucho de saber que esta casa que le traía tan malos recuerdos será, a partir de ahora, una institución cultural, donde los arequipeños vendrán a leer y a sumergirse en las fantasías literarias y a soñar con ellas y a vivirlas, como ella me enseñó a hacer para buscar la felicidad cuando todavía yo babeaba y mojaba las sábanas a la hora de dormir.

Arequipa, 24 de marzo de 2011

Un alto en el camino

Cumplir ochenta años no tiene mérito alguno, en nuestros días cualquiera que no haya maltratado excesivamente su organismo con alcohol, tabaco y drogas lo consigue. Pero tal vez sea una buena ocasión para hacer un alto en el camino y, antes de reanudar la cabalgata, mirar atrás.

Lo que yo veo son historias, muchísimas, las que me contaron, las que viví, leí, inventé y escribí. Las más antiguas, sin duda, son aquellas que me contaban en Cochabamba la abuelita Carmen y la Mamaé para que fuera tomando la sopa y no me volviera tuberculoso. La tisis era el gran cuco de la época, como lo sería décadas después el sida, al que, ahora, la medicina también ha conseguido domesticar. Pero de tanto en tanto se desatan todavía las pestes medievales que asolan el África, como para recordarnos de vez en cuando que es imposible enterrar del todo el pasado: lo llevamos a cuestas, nos guste o no.

He conocido en mi larga vida muchas personas interesantes, pero, la verdad, ninguna está tan viva en mi memoria como ciertos personajes literarios a los que el tiempo, en vez de borrar, revitaliza. Por ejemplo, de mi infancia cochabambina recuerdo con más nitidez a Guillermo y a su abuelito, a los tres mosqueteros que eran cuatro —D'Artagnan, Athos, Portos y Aramis—, a Nostradamus y a su hijo y a Lagardère que a mis compañeros del colegio de La Salle donde, en la clase del hermano Justiniano, aprendí a leer (maravilla de las maravillas).

Algo parecido me pasa cuando recuerdo mis años adolescentes de Piura y de Lima, donde no hay ser viviente que esté tan vivo en mi memoria como el Jean Valjean de *Los miserables* cuya trágica peripecia —largos años de cárcel por haber robado un pan— me estremecía de indignación, así como la generosidad de Gisors, el activista de *La condición humana* que regala su arsénico a dos jóvenes muertos de pavor de que los echen vivos a una caldera y acepta esta muerte atroz, me sigue conmoviendo como la primera vez que leí esa extraordinaria novela.

Es difícil decir la inmensa felicidad y riqueza de sentimientos y de fantasía que me han dado —que me siguen dando— los buenos libros que he leído. Nada me apacigua más cuando estoy en ascuas o me levanta el espíritu si me siento deprimido que una buena lectura (o relectura). Todavía recuerdo la fascinación maravillada con que leí las novelas de Faulkner, los cuentos de Borges y de Cortázar, el universo chisporroteante de Tolstói, las aventuras y desventuras del Quijote, los ensayos de Sartre y de Camus, y los de Edmund Wilson, sobre todo esa obra maestra que es *To the Finland Station*, que he leído de principio a fin por lo menos tres veces. Lo mismo podría decir de las sagas de Balzac, de Dickens, de Zola, de Dostoievski, y el difícil desafío intelectual que fue poder llegar a gozar con Proust y con Joyce (aunque nunca conseguí leer el indescifrable *Finnegans Wake*).

Quiero dedicar un párrafo aparte a Flaubert, el más querido de los autores. Nunca olvidaré aquel día, recién llegado a París en el verano de 1959, en que compré en La Joie de Lire, de la rue Saint-Séverin, aquel ejemplar de *Madame Bovary*, que me tuvo hechizado toda una noche, leyendo sin parar. A Flaubert le debo no sólo el placer que me depararon sus novelas y cuentos, y su formidable correspondencia. Le debo, sobre todo, haberme enseñado el escritor que quería ser, el género de literatura que correspondía a mi sensibilidad, a mis traumas y a mis sueños. Es decir, una literatura que, siendo realista, sería también obsesivamente cuidadosa de la forma, de la escritura y la estructura, de la organización de la trama, de los puntos de vista, de la invención del narrador y del tiempo narrativo. Y haberme mostrado con su ejemplo que si uno no nacía con el talento de los genios, podía fabricarse al menos un sucedáneo a base de terquedad, perseverancia y esfuerzo.

Había mucho de locura en querer ser escritor en el Perú de los años cincuenta, en que yo crecí y descubrí mi vocación. Hubiera sido imposible que lo consiguiera sin la ayuda de algunas personas generosas, como el tío Lucho y el abuelo Pedro. Y más tarde, en España, sin el aliento de Carlos Barral, que movió cielo y tierra para poder publicar *La ciudad y los perros*, salvando el escollo de la severa censura de entonces. Y de Carmen Balcells, que hizo esfuerzos denodados para que mis libros se tradujeran y vendieran a fin de que yo pudiera —algo que siempre creí imposible— vivir de mi trabajo de escritor. Lo conseguí y todavía me asombra saber que puedo ganarme la vida haciendo lo que más me gusta, lo que pagaría por hacer: escribir y leer.

Ya se ha dicho todo sobre esa misteriosa operación que consiste en inventar historias y fraguarlas de tal manera valiéndose de las palabras para que parezcan verdaderas y lleguen a los lectores y los hagan llorar y reír, sufrir gozando y gozar sufriendo, es decir —resumiendo—, vivir más y mejor gracias a la literatura.

Escribí mis primeros cuentos cuando tenía quince años, hace por lo menos sesenta y cinco. Y sigue pareciéndome un proceso enigmático, incontrolable, fantástico, de raíces que se hunden en lo más profundo del inconsciente. ¿Por qué hay ciertas experiencias —oídas, vividas o leídas— que de pronto me sugieren una historia, algo que poco a poco se va volviendo obsesivo, urgente, perentorio? Nunca sé por qué hay algunas vivencias que se vuelven exigencias para fantasear una historia, que me provocan un desasosiego y ansiedad que sólo se aplacan cuando aquélla va surgiendo, siempre con sorpresas y derivas imprevisibles, como si uno fuera apenas un intermediario, un correveidile, el transmisor de una fantasía que viene de alguna ignota región del espíritu y luego se emancipa de su supuesto autor y se va a vivir su propia vida. Escribir ficciones es una operación extraña pero apasionante e impagable en la que uno aprende mucho sobre sí mismo y a veces se asusta descubriendo los fantasmas y aparecidos que emergen de las catacumbas de su personalidad para convertirse en personajes.

«Escribir es una manera de vivir», dijo Flaubert, con muchísima razón. No se escribe para vivir, aunque uno se gane la vida escribiendo. Se vive para escribir, más bien, porque el escritor de vocación seguirá escribiendo aunque tenga muy pocos lectores o sea víctima de injusticias tan monstruosas como las que experimentó Lampedusa, cuya obra maestra absoluta, *El gatopardo*, la mejor novela italiana del siglo XX y una de las más sutiles y elegantes que se hayan escrito, fuera rechazada por siete editores y él se muriera creyendo que había fracasado como escribidor. La historia de la literatura está llena de estas injusticias, como que el primer

Premio Nobel de Literatura se lo dieron los académicos suecos al olvidado y olvidable Sully Prudhomme en vez de a Tolstói, que era el otro finalista.

Quizás sea un poco optimista hablar del futuro cuando se cumplen ochenta años. Me atrevo sin embargo a hacer un pronóstico sobre mí mismo; no sé qué cosas me puedan ocurrir, pero de una sí estoy seguro: a menos de volverme totalmente idiota, en lo que me quede de vida seguiré empecinadamente leyendo y escribiendo hasta el final.

Madrid, marzo de 2016

Referencias

1. Crónicas del Perú

«Crónica de un viaje a la selva», *Cultura Peruana*, Lima, septiembre de 1958.

«Mi pariente de Arequipa», *El Día*, Las Palmas, 27 de febrero de 1981. *Obras completas IX. Piedra de toque I*, Barcelona, Galaxia Gutenberg, 2012.

«El último mangache», *El Comercio*, Lima, 4 de abril de 1981. *Obras completas IX. Piedra de toque I*, Barcelona, Galaxia Gutenberg, 2012.

«Una visita a Lurigancho», *El Comercio*, Lima, 22 de agosto de 1981. *Obras completas IX. Piedra de toque I*, Barcelona, Galaxia Gutenberg, 2012.

«El valle de las maravillas», *Caretas*, n.º 760, Lima, 8 de agosto de 1983. *Obras completas IX. Piedra de toque I*, Barcelona, Galaxia Gutenberg, 2012.

«El país de las mil caras», *The New York Times Magazine*, Nueva York, 20 de noviembre de 1983. *Contra viento y marea III*, Barcelona, Seix Barral, 1990. *Sables y utopías. Visiones de América Latina*, Madrid, Aguilar, 2009. *Obras completas IX. Piedra de toque I*, Barcelona, Galaxia Gutenberg, 2012.

«El Parque Salazar», *El País*, Madrid, 14 de mayo de 2000. *Obras completas XI. Piedra de toque III*, Barcelona, Galaxia Gutenberg, 2012.

«Peregrinación a las fuentes», *El País*, Madrid, 22 de diciembre de 2002. *Obras completas XI. Piedra de toque III*, Barcelona, Galaxia Gutenberg, 2012.

«Antonia y los cóndores», *El País*, Madrid, 26 de marzo de 2006. *Obras completas XI. Piedra de toque III*, Barcelona, Galaxia Gutenberg, 2012.

«La desaparición de los "piajenos"», *El País*, Madrid, 11 de marzo de 2012. *Obras completas XI. Piedra de toque III*, Barcelona, Galaxia Gutenberg, 2012.

«Chacas y el cielo», *El País*, Madrid, 7 de abril de 2013.

«Cusco en el tiempo», *El País*, Madrid, 11 de enero de 2015.

2. EL PERÚ POLÍTICO I: TIEMPO DE REVOLUCIÓN (1962-1968)

«Homenaje a Javier Heraud», *Marcha*, n.º 1159, Montevideo, 7 de junio de 1963. *Obras completas IX. Piedra de toque I*, Barcelona, Galaxia Gutenberg, 2012.

«Toma de posición», *Caretas*, n.º 317, Lima, 19 de agosto de 1965. *Contra viento y marea I*, Barcelona, Seix Barral, 1986. *Obras completas IX. Piedra de toque I*, Barcelona, Galaxia Gutenberg, 2012.

«En un pueblo normando recordando a Paúl Escobar», *El Comercio*, Lima, 3 de mayo de 1981. *Contra viento y marea I*, Barcelona, Seix Barral, 1986. *Obras completas IX. Piedra de toque I*, Barcelona, Galaxia Gutenberg, 2012.

3. LITERATURA PERUANA

«Nota sobre César Moro», *Literatura*, n.º 1, Lima, febrero de 1958. *Expreso*, Lima, 27 de diciembre de 1998.

«Belli y la rebelión», *El Comercio*, Lima, 8 de junio de 1958.

«César Vallejo, poeta trágico», *Les Lettres Françaises*, n.º 923, París, 19 de abril de 1962. *Obras completas IX. Piedra de toque I*, Barcelona, Galaxia Gutenberg, 2012.

«José María Arguedas descubre al indio auténtico», *Marcha*, n.º 1165, Montevideo, 19 de julio de 1963.

«Un mito, un libro y una casta», *Marcha*, n.º 1202, Montevideo, 24 de abril de 1964. *Contra viento y marea I*, Barcelona, Seix Barral, 1986. *Obras completas IX. Piedra de toque I*, Barcelona, Galaxia Gutenberg, 2012.

«En torno a un dictador y al libro de un amigo», *Expreso*, Lima, 27 de diciembre de 1964. *Contra viento y marea I*, Barcelona, Seix Barral, 1986. *Obras completas IX. Piedra de toque I*, Barcelona, Galaxia Gutenberg, 2012.

«Ensoñación y magia en José María Arguedas», *Expreso*, Lima, 24-26 de abril de 1966. *Obras completas IX. Piedra de toque I*, Barcelona, Galaxia Gutenberg, 2012.

«Sebastián Salazar Bondy y la vocación del escritor en el Perú», *Revista Peruana de Cultura*, Lima, 7-8 de junio de 1966. *Contra viento y marea I*, Barcelona, Seix Barral, 1986. *Obras completas IX. Piedra de toque I*, Barcelona, Galaxia Gutenberg, 2012.

«Ciro Alegría», *Caretas*, n.º 349, Lima, marzo de 1967. *Obras completas IX. Piedra de toque I*, Barcelona, Galaxia Gutenberg, 2012.

«En Londres el poeta Cisneros ha sorteado las dos amenazas», *Caretas*, n.º 369, Lima, marzo de 1968. *Obras completas IX. Piedra de toque I*, Barcelona, Galaxia Gutenberg, 2012.

«Homenaje a Emilio Adolfo Westphalen», *Caretas*, Lima, 3 de marzo de 1977. *Obras completas IX. Piedra de toque I*, Barcelona, Galaxia Gutenberg, 2012.

«Ribeyro y las sirenas», *Caretas*, n.º 807, Lima, 9 de julio de 1984. *Contra viento y marea III*, Barcelona, Seix Barral, 1990. *Obras completas X. Piedra de toque II*, Barcelona, Galaxia Gutenberg, 2012.

«Contra la amnesia», *El País*, Madrid, 11 de enero de 2004. *Obras completas XI. Piedra de toque III*, Barcelona, Galaxia Gutenberg, 2012.

«Elogio de Blanca Varela», *El País*, Madrid, 20 de mayo de 2007. *Obras completas XI. Piedra de toque III*, Barcelona, Galaxia Gutenberg, 2012.

«Vivir es una obra maestra», Prólogo. Jorge Eielson. *Arte come nodo / nodo come dono*, Edizioni Gli Ori, Pistoia, 2008.

«Los ensayos de Luis Loayza», *El País*, Madrid, 10 de abril de 2011. *Obras completas XI. Piedra de toque III*, Barcelona, Galaxia Gutenberg, 2012.

4. El Perú político II:
Las dictaduras de los generales Juan Velasco Alvarado
y Francisco Morales Bermúdez (1968-1980)

«Carta abierta al general Juan Velasco Alvarado», *Última Hora*, Lima, 24 de marzo de 1974. *Contra viento y marea I*, Barcelona, Seix Barral, 1986. *Sables y utopías. Visiones de América Latina*, Madrid, Aguilar, 2009. *Obras completas IX. Piedra de toque I*, Barcelona, Galaxia Gutenberg, 2012.

«*Caretas*, *Oiga* y unos jóvenes amables», *El Comercio*, Lima, 24 de octubre de 1974. *Contra viento y marea I*, Barcelona, Seix Barral, 1986.

Obras completas IX. Piedra de toque I, Barcelona, Galaxia Gutenberg, 2012.

«La revolución y los desmanes», *Caretas*, n.º 510 (número censurado), Lima, 6 de marzo de 1975. *Contra viento y marea I*, Barcelona, Seix Barral, 1986. *Obras completas IX. Piedra de toque I*, Barcelona, Galaxia Gutenberg, 2012.

«El Ratón Mickey subversivo», *Equis X*, Año I, n.º 26, Lima, 11 de marzo de 1976. *Obras completas IX. Piedra de toque I*, Barcelona, Galaxia Gutenberg, 2012.

«El caso Zileri: Un aniversario penoso», *Equis X*, Año I, n.º 27, Lima, 18 de mayo de 1976. *Obras completas IX. Piedra de toque I*, Barcelona, Galaxia Gutenberg, 2012.

«Perú: La revolución de los sables», escrito en 1976, publicado en *Oiga*, Lima, 19 de diciembre de 1983. *Contra viento y marea II*, Barcelona, Seix Barral, 1986. *Obras completas IX. Piedra de toque I*, Barcelona, Galaxia Gutenberg, 2012.

«*La commedia è finita*», *Caretas*, n.º 543, Lima, 20 de julio de 1978. *Obras completas IX. Piedra de toque I*, Barcelona, Galaxia Gutenberg, 2012.

«Libertad de información y derecho de crítica», *Oiga*, n.º 23, Lima, 24 de julio de 1978. *Obras completas IX. Piedra de toque I*, Barcelona, Galaxia Gutenberg, 2012.

5. El legado prehispánico

«Una doncella», *El País*, Madrid, 29 de noviembre de 1997. *El lenguaje de la pasión*, Madrid, Ediciones El País, 2000. *Obras completas X. Piedra de toque II*, Barcelona, Galaxia Gutenberg, 2012.

«El largo viaje», *El País*, Madrid, 2 de febrero de 2003. *Obras completas XI. Piedra de toque III*, Barcelona, Galaxia Gutenberg, 2012.

«Eros primitivo», Texto para el catálogo de la exposición «El primer Eros», del Museo de Historia de la Ciudad de Barcelona (Victoria Combalía). Junio-octubre de 2004.

«Viaje a las fuentes», *El País*, Madrid, 27 de febrero de 2011. *Obras completas XI. Piedra de toque III*, Barcelona, Galaxia Gutenberg, 2012.

6. El Perú político III: El regreso de la democracia. Fernando Belaúnde Terry, Alan García y el terrorismo de Sendero Luminoso (1980-1990)

«Las elecciones peruanas», *Caretas*, n.º 601, Lima, 2 de junio de 1980. *Contra viento y marea II*, Barcelona, Seix Barral, 1986. *Obras completas IX. Piedra de toque I*, Barcelona, Galaxia Gutenberg, 2012.

«La lógica del terror», *Caretas*, n.º 630, Lima, 5 de enero de 1981. *Contra viento y marea II*, Barcelona, Seix Barral, 1986. *Sables y utopías. Visiones de América Latina*, Madrid, Aguilar, 2009. *Obras completas IX. Piedra de toque I*, Barcelona, Galaxia Gutenberg, 2012.

«Los riesgos de la libertad», *Caretas*, n.º 631, Lima, 12 de enero de 1981. *Obras completas IX. Piedra de toque I*, Barcelona, Galaxia Gutenberg, 2012.

«Las metas y los métodos», *El Comercio*, Lima, 22 de abril de 1984. *Contra viento y marea II*, Barcelona, Seix Barral, 1986. *Sables y utopías. Visiones de América Latina*, Madrid, Aguilar, 2009. *Obras completas X. Piedra de toque II*, Barcelona, Galaxia Gutenberg, 2012.

«Una cabeza fría en el incendio», *Caretas*, n.º 869, Lima, 23 de septiembre de 1985. *Contra viento y marea III*, Barcelona, Seix Barral, 1990. *Obras completas X. Piedra de toque II*, Barcelona, Galaxia Gutenberg, 2012.

«Epitafio para un caballero», *El País*, Madrid, 9 de junio de 2002. *Obras completas XI. Piedra de toque III*, Barcelona, Galaxia Gutenberg, 2012.

«El APRA y el Perú», *El Comercio*, Lima, 17 de enero de 1981. *Contra viento y marea II*, Barcelona, Seix Barral, 1986. *Obras completas IX. Piedra de toque I*, Barcelona, Galaxia Gutenberg, 2012.

«Una montaña de cadáveres», *El Comercio*, Lima, 23 de junio de 1986. *Contra viento y marea III*, Barcelona, Seix Barral, 1990. *Obras completas X. Piedra de toque II*, Barcelona, Galaxia Gutenberg, 2012.

«Hacia el Perú totalitario», *El Comercio*, Lima, 2 de agosto de 1987. *Contra viento y marea III*, Barcelona, Seix Barral, 1990. *Sables y utopías. Visiones de América Latina*, Madrid, Aguilar, 2009. *Obras completas X. Piedra de toque II*, Barcelona, Galaxia Gutenberg, 2012.

«El Perú en llamas», *El País*, Madrid, 10 de marzo de 1991. *Desafíos a la libertad*, Madrid, El País/Aguilar, 1994. *Obras completas X. Piedra de toque II*, Barcelona, Galaxia Gutenberg, 2012.

«Alan García», *El País*, Madrid, 21 de abril de 2019.

7. La masacre de Uchuraccay

«Informe sobre Uchuraccay», *Contra viento y marea III*, Barcelona, Seix Barral, 1990. *Obras completas IX. Piedra de toque I*, Barcelona, Galaxia Gutenberg, 2012.

«Historia de una matanza», *The New York Times Magazine*, Nueva York, 31 de julio de 1983. *Contra viento y marea III*, Barcelona, Seix Barral, 1990. *Obras completas IX. Piedra de toque I*, Barcelona, Galaxia Gutenberg, 2012.

«El periodismo como contrabando», *El Comercio*, Lima, 17 de julio de 1983. *Contra viento y marea III*, Barcelona, Seix Barral, 1990. *Obras completas IX. Piedra de toque I*, Barcelona, Galaxia Gutenberg, 2012.

«Respuesta a Bo Lindblom», *Dagens Nyheter*, Estocolmo, 21 de diciembre de 1983. *Contra viento y marea III*, Barcelona, Seix Barral, 1990. *Obras completas IX. Piedra de toque I*, Barcelona, Galaxia Gutenberg, 2012.

«Contra los estereotipos», *ABC*, Madrid, 16 de junio de 1984. *Contra viento y marea III*, Barcelona, Seix Barral, 1990. *Obras completas IX. Piedra de toque I*, Barcelona, Galaxia Gutenberg, 2012.

8. Arte peruano

«La pintura de Szyszlo», *Plural*, V-9-57, México D. F., abril de 1976.

«Carlos Revilla... Los hijos de la pesadilla...», *Caretas*, Lima, 26 de mayo de 1980.

«Heduardo con hache», *Caretas*, n.º 585, Lima, 28 de enero de 1980. *Obras completas IX. Piedra de toque I*, Barcelona, Galaxia Gutenberg, 2012.

«Martín Chambi», Londres, 1990, inédito.

«El último de los justos», *El País*, Madrid, 5 de junio de 1994. *Obras completas XI. Piedra de toque III*, Barcelona, Galaxia Gutenberg, 2012.

«Bienvenida a Fernando de Szyszlo», *Arkinka*, Año 3-n.º 26, Lima, enero de 1998. *Sables y utopías. Visiones de América Latina*, Madrid, Aguilar, 2009.

«*El ojo que llora*», *El País*, Madrid, 14 de enero de 2007. *Obras completas XI. Piedra de toque III*, Barcelona, Galaxia Gutenberg, 2012.

9. En campaña

«Frente a la amenaza totalitaria», 2 de agosto de 1987.

«En el torbellino de la historia», *ABC*, Madrid, 1 de noviembre de 1987. *Contra viento y marea III*, Barcelona, Seix Barral, 1990. *Obras completas X. Piedra de toque II*, Barcelona, Galaxia Gutenberg, 2012.

«Por un Perú posible», Mensaje leído por la radio y la televisión peruanas el 16 de septiembre de 1988. *Contra viento y marea III*, Barcelona, Seix Barral, 1990. *Obras completas X. Piedra de toque II*, Barcelona, Galaxia Gutenberg, 2012.

10. El Perú político IV: El fujimorato (1990-2000)

«Regreso a la barbarie», *El País*, Madrid, 14 de abril de 1992. *Desafíos a la libertad*, Madrid, El País/Aguilar, 1994. *Sables y utopías. Visiones de América Latina*, Madrid, Aguilar, 2009. *Obras completas X. Piedra de toque II*, Barcelona, Galaxia Gutenberg, 2012.

«Violencia y ficción», *El País*, Madrid, 23 de agosto de 1992. *Desafíos a la libertad*, Madrid, El País/Aguilar, 1994. *Obras completas X. Piedra de toque II*, Barcelona, Galaxia Gutenberg, 2012.

«El "pueblo" y la "gente decente"», *El País*, Madrid, 4 de mayo de 1992. *Desafíos a la libertad*, Madrid, El País/Aguilar, 1994. *Obras completas X. Piedra de toque II*, Barcelona, Galaxia Gutenberg, 2012.

«El preso 1509», *El País*, Madrid, 4 de octubre de 1992. *Desafíos a la libertad*, Madrid, El País/Aguilar, 1994. *Obras completas X. Piedra de toque II*, Barcelona, Galaxia Gutenberg, 2012.

«Los asesinos», *El País*, Madrid, 27 de febrero de 2000. *Obras completas X. Piedra de toque II*, Barcelona, Galaxia Gutenberg, 2012.

«La reelección permanente», *El País*, Madrid, 8 de septiembre de 1996. *Obras completas X. Piedra de toque II*, Barcelona, Galaxia Gutenberg, 2012.

«Los buenos terroristas», *El País*, Madrid, 24 de diciembre de 1996. *Sables y utopías. Visiones de América Latina*, Madrid, Aguilar, 2009.

Obras completas X. Piedra de toque II, Barcelona, Galaxia Gutenberg, 2012.

«Siete años, siete días», *El País*, Madrid, 18 de mayo de 1997. *El lenguaje de la pasión*, Madrid, Ediciones El País, 2000. *Obras completas X. Piedra de toque II*, Barcelona, Galaxia Gutenberg, 2012.

«Los patriotas», *El País*, Madrid, 10 de agosto de 1997. *Obras completas X. Piedra de toque II*, Barcelona, Galaxia Gutenberg, 2012.

«Acoso y derribo», *El País*, Madrid, 5 de octubre de 1997. *Obras completas X. Piedra de toque II*, Barcelona, Galaxia Gutenberg, 2012.

«Oro y esclavos», *El País*, Madrid, 9 de enero de 2000. *Obras completas XI. Piedra de toque III*, Barcelona, Galaxia Gutenberg, 2012.

«¿Una luz en el túnel?», *El País*, Madrid, 2 de abril de 2000. *Obras completas XI. Piedra de toque III*, Barcelona, Galaxia Gutenberg, 2012.

«Viles y malvados», *El País*, Madrid, 5 de agosto de 2000. *Obras completas XI. Piedra de toque III*, Barcelona, Galaxia Gutenberg, 2012.

«La herencia maldita», *El País*, Madrid, 30 de septiembre de 2000. *Obras completas XI. Piedra de toque III*, Barcelona, Galaxia Gutenberg, 2012.

«Podredumbre terminal», *El País*, Madrid, 12 de noviembre de 2000. *Obras completas XI. Piedra de toque III*, Barcelona, Galaxia Gutenberg, 2012.

11. Tensiones culturales y conflictos sociales

«Sobre la guerra», *El Comercio*, Lima, 14 de febrero de 1981. *Obras completas IX. Piedra de toque I*, Barcelona, Galaxia Gutenberg, 2012.

«La guerra absurda», *El País*, Madrid, 13 de febrero de 1995. *Obras completas X. Piedra de toque II*, Barcelona, Galaxia Gutenberg, 2012.

«El nacimiento del Perú», *El País*, Madrid, 13 de abril de 1986. *Contra viento y marea III*, Barcelona, Seix Barral, 1990. *Obras completas X. Piedra de toque II*, Barcelona, Galaxia Gutenberg, 2012.

«La historia interminable», *El País*, Madrid, 12 de mayo de 1991. *Obras completas X. Piedra de toque II*, Barcelona, Galaxia Gutenberg, 2012.

«Cabezazos con la Madre Patria», *El País*, Madrid, 26 de enero de 1992. *Obras completas X. Piedra de toque II*, Barcelona, Galaxia Gutenberg, 2012.

«Cobardía e hipocresía», *El País*, Madrid, 8 de diciembre de 2002. *Obras completas XI. Piedra de toque III*, Barcelona, Galaxia Gutenberg, 2012.

«Los hispanicidas», *El País*, Madrid, 11 de mayo de 2003. *Sables y utopías. Visiones de América Latina*, Madrid, Aguilar, 2009. *Obras completas XI. Piedra de toque III*, Barcelona, Galaxia Gutenberg, 2012.

«El Perú no necesita museos», *El País*, Madrid, 8 de marzo de 2009. *Obras completas XI. Piedra de toque III*, Barcelona, Galaxia Gutenberg, 2012.

«¿Un castillo de naipes?», *El País*, Madrid, 12 de enero de 2014.

«Salir de la barbarie», *El País*, Madrid, 20 de abril de 2014.

12. El Perú político V: La frágil democracia (2000-2016)

«La libertad recobrada», *El País*, Madrid, 6 de enero de 2001. *Obras completas XI. Piedra de toque III*, Barcelona, Galaxia Gutenberg, 2012.

«Entre la magia y la razón», *El País*, Madrid, 15 de abril de 2001. *Obras completas XI. Piedra de toque III*, Barcelona, Galaxia Gutenberg, 2012.

«El capitán en su laberinto», *El País*, Madrid, 22 de julio de 2001. *Obras completas XI. Piedra de toque III*, Barcelona, Galaxia Gutenberg, 2012.

«Apogeo del espanto», *El País*, Madrid, 26 de diciembre de 2004. *Sables y utopías. Visiones de América Latina*, Madrid, Aguilar, 2009. *Obras completas XI. Piedra de toque III*, Barcelona, Galaxia Gutenberg, 2012.

«Payasada con sangre», *El País*, Madrid, 9 de enero de 2005. *Sables y utopías. Visiones de América Latina*, Madrid, Aguilar, 2009. *Obras completas XI. Piedra de toque III*, Barcelona, Galaxia Gutenberg, 2012.

«Fujimori entre rejas», *El País*, Madrid, 20 de noviembre de 2005. *Obras completas XI. Piedra de toque III*, Barcelona, Galaxia Gutenberg, 2012.

«Hora de votar», *El País*, Madrid, 12 de marzo de 2006. *Obras completas XI. Piedra de toque III*, Barcelona, Galaxia Gutenberg, 2012.

«Razones para una alianza», *El País*, Madrid, 23 de abril de 2006. *Obras completas XI. Piedra de toque III*, Barcelona, Galaxia Gutenberg, 2012.

«La segunda oportunidad», *El País*, Madrid, 18 de junio de 2006. *Obras completas XI. Piedra de toque III*, Barcelona, Galaxia Gutenberg, 2012.

«El dictador en el banquillo», *El País*, Madrid, 16 de diciembre de 2007. *Obras completas XI. Piedra de toque III*, Barcelona, Galaxia Gutenberg, 2012.

«Aviso para dictadores», *El País*, Madrid, 19 de abril de 2009. *Obras completas XI. Piedra de toque III*, Barcelona, Galaxia Gutenberg, 2012.

«Carta a Alan García», 13 de septiembre de 2010.

«Retorno a la dictadura, no», *El País*, Madrid, 24 de abril de 2011. *Obras completas XI. Piedra de toque III*, Barcelona, Galaxia Gutenberg, 2012.

«La hora de la verdad», *El País*, Madrid, 8 de mayo de 2011. *Obras completas XI. Piedra de toque III*, Barcelona, Galaxia Gutenberg, 2012.

«La derrota del fascismo», *El País*, Madrid, 19 de junio de 2011. *Obras completas XI. Piedra de toque III*, Barcelona, Galaxia Gutenberg, 2012.

13. CULTURA POPULAR, TOROS Y GASTRONOMÍA

«¿Un champancito, hermanito?», *El Comercio*, Lima, 28 de agosto de 1983. *Contra viento y marea II*, Barcelona, Seix Barral, 1986. *Obras completas IX. Piedra de toque I*, Barcelona, Galaxia Gutenberg, 2012.

«Las palabras mentirosas», *El País*, Madrid, 22 de septiembre de 1991. *Obras completas X. Piedra de toque II*, Barcelona, Galaxia Gutenberg, 2012.

«El arte de mecer», *El País*, Madrid, 21 de febrero de 2010. *Obras completas XI. Piedra de toque III*, Barcelona, Galaxia Gutenberg, 2012.

«El corazón goleador», *Etiqueta Negra*, Año 2, n.º 11, Lima, febrero de 2004. *Obras completas XI. Piedra de toque III*, Barcelona, Galaxia Gutenberg, 2012.

«El caballito y la pava», *Caretas*, n.º 635, Lima, 9 de febrero de 1981. *Obras completas IX. Piedra de toque I*, Barcelona, Galaxia Gutenberg, 2012.

«Nace una estrella. Andrés Roca Rey», *Esquire*, Madrid, marzo de 2019.

«Los toros y el Perú», *El País*, Madrid, 1 de marzo de 2020.

«El sueño del chef», *El País*, Madrid, 22 de marzo de 2009. *Obras completas XI. Piedra de toque III*, Barcelona, Galaxia Gutenberg, 2012.

14. El Perú político VI: Años de inestabilidad y de futuro incierto (2016-2023)

«País imprevisible», *El País*, Madrid, 3 de mayo de 2015.

«La hora gris», *El País*, Madrid, 17 de abril de 2016.

«El Perú a salvo», *El País*, Madrid, 12 de junio de 2016.

«Por el buen camino», *El País*, Madrid, 4 de agosto de 2016.

«Las delaciones premiadas», *El País*, Madrid, 19 de febrero de 2017.

«¿Indultar a Fujimori?», *El País*, Madrid, 16 de julio de 2017.

«La traición de Kuczynski», *El País*, Madrid, 31 de diciembre de 2017.

«Jueces y presidentes», *El País*, Madrid, 25 de noviembre de 2018.

«Del desorden a la libertad», *El País*, Madrid, 6 de octubre de 2019.

«Asomándose al abismo», *El País*, Madrid, 18 de abril de 2021.

«En la cuerda floja», *El País*, Madrid, 13 de junio de 2021.

«El caso del Perú», *El País*, Madrid, 8 de enero de 2023.

15. Escritos autobiográficos

«Una vida en el siglo», *El Comercio*, Lima, 8 de agosto de 1981. *Obras completas IX. Piedra de toque I*, Barcelona, Galaxia Gutenberg, 2012.

«Regreso a San Marcos», *El País*, Madrid, 29 de abril de 2001. *Obras completas XI. Piedra de toque III*, Barcelona, Galaxia Gutenberg, 2012.

«La capa de Belmonte», *El País*, Madrid, 2 de noviembre de 2003. *Obras completas XI. Piedra de toque III*, Barcelona, Galaxia Gutenberg, 2012.

«La casa de Arequipa», *El País*, Madrid, 27 de marzo de 2011. *Obras completas XI. Piedra de toque III*, Barcelona, Galaxia Gutenberg, 2012.

«Un alto en el camino», *El País*, Madrid, 4 de abril de 2016.

Este libro se terminó
de imprimir en
Móstoles, Madrid,
en el mes de
mayo de 2024